리처드 파인만
사진 제공: 미셸 파인만, 칼 파인만

파인만의 컴퓨터 강의 (2판)
양자 컴퓨터를 고안한 천재가 들려주는 계산 이야기

초판 1쇄 발행 2006년 5월 29일
2판 1쇄 발행 2025년 6월 25일
2판 2쇄 발행 2025년 10월 30일

지은이 리처드 파인만 / **엮은이** 토니 헤이 / **옮긴이** 서환수 / **펴낸이** 전태호
펴낸곳 한빛미디어(주) / **주소** 서울시 서대문구 연희로2길 62 한빛미디어(주) IT출판2부
전화 02-325-5544 / **팩스** 02-336-7124
등록 1999년 6월 24일 제25100-2017-000058호 / **ISBN** 979-11-6921-397-4 93000

책임편집 박지영 / **기획·편집** 이민혁 / **교정** 오은교
디자인 표지 박정화, 박정우 내지 박정우 / **전산편집** 백지선
영업마케팅 송경석, 김형진, 장경환, 조유미, 한종진, 이행은, 김선아, 고광일, 성화정, 김한솔 / **제작** 박성우, 김정우

이 책에 대한 의견이나 오탈자 및 잘못된 내용은 출판사 홈페이지나 아래 이메일로 알려주십시오.
파본은 구매처에서 교환하실 수 있습니다. 책값은 뒤표지에 표시되어 있습니다.

한빛미디어 홈페이지 www.hanbit.co.kr / **이메일** ask@hanbit.co.kr

©2025 Hanbit Media, Inc.
ISBN 9780367857332 **Feynman Lectures on Computation**
Anniversary edition published 2023
by CRC Press

CRC Press is an imprint of Taylor & Francis Group, LLC

© 2023 Carl R. Feynman and Michelle Feynman
Editor's Preface, Afterword, and Reminiscences © 2023 Tony Hey
Chapter 7 and Reminiscences © 2023 John Preskill
Chapter 9 © 2023 John Shalf
Chapter 10 © 2023 Eric Mjolsness
Reminiscences © 2023 Michael Douglas

First published 1996 by Westview Press
First edition published by CRC Press 2018

All Rights Reserved.
Authorized translation from the English language edition published by CRC Press, a member of Taylor & Francis Group LLC
KOREAN language edition published Hanbit Media Inc. Copyright ©2025
The Korean edition was published by arrangement with CRC Press, a member of Taylor & Francis Group LLC through Agency-One, Seoul.

이 책의 한국어판 저작권은 에이전시 원을 통해 저작권자와의 독점 계약으로 한빛미디어(주)에 있습니다.
저작권법에 의해 한국 내에서 보호를 받는 저작물이므로 무단 복제 및 무단 전재를 금합니다.

지금 하지 않으면 할 수 없는 일이 있습니다.
책으로 펴내고 싶은 아이디어나 원고를 메일(writer@hanbit.co.kr)로 보내주세요.
한빛미디어(주)는 여러분의 소중한 경험과 지식을 기다리고 있습니다.

양자 컴퓨터를 고안한 천재가 들려주는 계산 이야기

파인만의 컴퓨터 강의 2판

리처드 파인만 지음
토니 헤이 엮음
서환수 옮김

지은이 · 엮은이 · 옮긴이 소개

지은이 리처드 파인만 Richard Feynman

캘리포니아 공과대학에서 리처드 체이스 톨만 이론물리학 석좌교수로 재직했다. 양자전기역학 발전에 기여한 공로로 1965년 노벨상을 수상했으며, 물리학의 여러 분야에 중요한 이론과 성과를 남겼다. 널리 알려지지는 않았지만, 양자 컴퓨팅에 관한 아이디어로 컴퓨터 과학에도 영향을 미쳤다. 물리학계와 대중에게 가장 유명하고 사랑받는 20세기의 인물 중 한 명이다.

엮은이 토니 헤이 Tony Hey

영국 하웰에 있는 러더퍼드 애플턴 연구소의 최고 데이터 과학자이다. 영국 사우샘프턴 대학교 공대 학장 등 학계에서 경력을 쌓은 후, 영국 최초의 e-사이언스 이니셔티브 책임자로 임명되었다. 미국 레드먼드에 있는 마이크로소프트 리서치에서 10년간 부사장으로 재직한 뒤 영국으로 돌아와 현재는 실험 과학 데이터 분석에 딥러닝 신경망을 적용하는 그룹을 이끌고 있다.

옮긴이 서환수 hwansoo@gmail.com

서울대학교 물리학과에서 박사 학위를 받고 지금은 삼성전자 SAIT에서 차세대 소자와 디지털 트랜스포메이션을 연구하고 있다. 『헤드 퍼스트 자바(3판)』(2024), 『헤드 퍼스트 디자인 패턴(개정판)』(2022), 『프로그래밍 면접, 이렇게 준비한다(4판)』(2019), 『slide:ology - 위대한 프레젠테이션을 만드는 예술과 과학』(2010, 이상 한빛미디어)을 비롯한 여러 권의 번역서를 냈다.

| 추천사 |

리처드 파인만이 컴퓨터 과학을 강의할 당시 나는 마이크로소프트에서 열심히 일하고 있었다. 그러나 처음 내 관심을 끈 것은 컴퓨터에 대한 그의 생각이 아니라 물리학에 대한 그의 메신저 강연$^{\text{Messenger Lectures}}$이었다.

1980년대 중반, 친구와 함께 여행을 계획하다가 우리의 휴식에 배움의 시간을 더하기로 하고 지역 대학의 영화 자료실에서 메신저 강의 중 하나를 발견했다. 강의가 너무 마음에 든 나머지 결국 두 번이나 시청했고, 곧바로 다른 강연도 찾기 시작했다! 몇 년 후, 나는 그 강의의 저작권을 사들여 마이크로소프트와 협력해 무료로 온라인에 공개했다.

파인만은 물리학을 명확하고 재미있게 만드는 놀라운 재능을 가지고 있었다. 그는 진정으로 지식을 즐기는 사람이었다. 강의를 하는 동안 흥미로운 주제가 나오면 그의 얼굴이 환하게 밝아지는 모습을 볼 수 있다. 또한 누구나 이해할 수 있을 정도로 개념을 명쾌하게 설명했다. 나는 나중에야 그의 컴퓨터 강의를 접했지만, 그 역시 즐거움을 주는 요소로 가득 차 있었다.

컴퓨터 산업이 얼마나 빠르게 발전했는지 생각해 보면 30년 전의 강의가 오늘날에도 여전히 의미가 있을지 의문이 들 수밖에 없다. 발전 정도가 얼마나 대단한지 내가 이 서문을 쓰고 있는 현시점에는 누구나 인터넷을 연결해 인공지능 에이전트(파인만이 '고급 애플리케이션'이라고 불렀던 것)와 대화할 수 있다. 머지않아 인간은 컴퓨터를 활용해 더 많은 일을 하게 될 것이다.

그럼에도 이 강의가 여전히 가치 있는 이유는 다음과 같다. 우선, 원본의 일부 챕터는 30년 전은 물론이고 지금까지도 여전히 유용하다. 예를 들어, 처음 세 챕터

추천사

는 그동안 본 것 중 컴퓨터가 어떻게 작동하는지를 가장 명확하고 간결하게 설명하고 있다. 연구를 하거나 코드를 작성하는 사람은 물론, 단순히 노트북의 작동 방식을 이해하고 싶은 사람이라도 흥미롭게 읽을 수 있는 내용이다.

거기에 더해 내 친구이자 예전 동료였던 토니 헤이가 2판에 신경망, 양자 컴퓨팅, 무어의 법칙의 종말에 관한 새로운 내용을 추가했다. 이러한 주제가 이 책에 자연스럽게 들어맞는다는 것은 파인만의 통찰력이 옳았다는 증거이기도 하다. 그는 로보틱스, 컴퓨터 비전, 음성 인식과 같이 수십 년 뒤에야 가능해진 기술들을 예견했을 뿐만 아니라, 이를 모두 설명할 수 있을 만큼 강력하고 유연한 지적인 틀을 만들어 두었다.

마지막으로 파인만이 스스로에게 적용했던 높은 기준은 우리 모두에게 중요한 교훈을 준다. 그는 스스로 이해하지 못하면 다른 사람에게 설명할 수 없다고 주장했다. 무엇보다도, 자신 역시 스스로를 속이고 있을지도 모른다는 가능성에 혐오감을 느꼈다. 나는 사업을 하는 동안에는 물론이거니와 지금 자선 활동을 하면서도 오랫동안 이런 태도를 본받으려고 노력했다. 비록 컴퓨팅에는 관심이 없더라도, 스스로가 깔고 있는 가정을 점검하는 태도는 중요하다. 그리고 리처드 파인만만큼 엄격하게 자신의 가정을 철저하게 검증한 사람은 없다.

빌 게이츠

| **옮긴이의 말** |

리처드 파인만은 20세기, 그리고 미국을 대표하는 물리학자이자, 물리학자가 아닌 일반인들에게도 큰 영향을 끼친 과학적 사고의 대중화에 기여한 인물이다. 그는 양자전기역학의 발전에 핵심적인 기여를 한 공로로 노벨 물리학상을 수상했으며, 파인만 다이어그램과 경로 적분처럼 물리학 전반에서 계산과 직관을 돕는 혁신적인 도구들을 만들어냈다. 과학 교육 면에서도 그는 칼텍에서 진행한 역사적인 2년짜리 강의를 바탕으로 집필된 『파인만의 물리학 강의』(승산, 2004)(일명 '빨간 책')를 통해, 전통과는 다른 자신만의 방식으로 물리학을 설명하고 전달하는 새로운 틀을 제시했다. 이론물리학자였던 그가 실험과 경험, 실용의 중요성을 유독 강조했다는 점도 주목할 만하다. "아무리 이론이 아름답고, 아무리 당신이 똑똑해도, 실험과 맞지 않으면 그건 틀린 것이다"라는 말은, 그 정신을 압축적으로 보여준다. 이러한 그의 태도는 이 책에 담긴 컴퓨터 강의에서도 여지없이 드러난다.

파인만은 컴퓨터를 단순히 계산을 빠르게 수행하는 기계로 보지 않았다. 그는 계산이란 궁극적으로 물리적 과정이라는 통찰을 바탕으로, 그 이론적 기초부터 물리적 한계에 이르기까지 근본적인 질문을 던졌다. 이 책은 그가 1980년대 초 칼텍에서 실제로 진행한 강의를 바탕으로 정리된 것으로, 컴퓨터 과학과 물리학, 정보 이론, 열역학, 양자역학의 경계를 넘나들며 계산의 본질을 다층적으로 파고든다. 계산을 물리학의 언어로 설명하고, 물리학을 계산의 관점에서 조명하는 그의 시도는 양자 컴퓨팅, 가역 계산, 계산 가능성에 대한 철학적 논의 등 오늘날의 다양한 연구 분야에 지대한 영향을 미쳤다.

나는 물리학을 전공하고 연구자로서 나노물리학과 양자 물질, 반도체 분야에 오

| 옮긴이의 말 |

랜 시간 몸담아 왔다. 대학 시절 『파인만의 물리학 강의』를 보며 물리를 처음 제대로 배웠고, 파인만이 1959년 미국물리학회에서 발표한 전설적인 강연문 〈바닥에는 충분한 공간이 있다There's Plenty of Room at the Bottom〉를 읽으며 원자 수준에서 물질을 제어하고 연구한다는 그의 통찰에 매료되었다. 그 시절에는 상상조차 어려웠던 미래는 오늘날 나노기술의 형태로 이미 실현되었고, 이제는 그가 예견했던 또 다른 미래인 양자 컴퓨팅이 현실로 다가오고 있다. 게다가 그가 관심을 가졌던 신경망 기반 인공지능(AI) 기술이 세상을 바꾸고 있는 지금, 이 책을 다시 들여다보며 '그는 이미 미래를 보고 있었던 것은 아닐까' 하는 생각이 들기도 한다.

2판에는 원래의 강의 내용을 충실히 유지하면서도, 동시대 독자들을 위해 세 명의 저명한 연구자들이 새로운 장을 추가했다. 양자 컴퓨팅의 대가 존 프레스킬은 7장 '40년 후의 양자 컴퓨팅'에서 파인만의 아이디어가 실제 기술과 이론으로 어떻게 발전해 왔는지를 살펴본다. 존 샬프는 9장 '무어의 법칙을 넘어선 컴퓨팅의 미래'에서 현대 컴퓨팅이 물리적 한계에 직면한 이후의 방향성을 조망하고, 에릭 폴스네스는 10장 '파인만과 인공지능'을 통해 파인만이 인공지능에 대해 가졌던 초기 통찰을 재조명한다.

이 책은 단순히 컴퓨터나 반도체, 논리회로의 작동 방식을 설명하는 데 그치지 않는다. 열역학과 통계역학, 양자역학, 정보이론, 양자 컴퓨팅, 인공지능 등 광범위한 영역에 걸쳐 심도 있는 논의가 펼쳐진다. 이해가 쉽지만은 않지만, 파인만이라는 거인이 계산과 컴퓨팅을 어떻게 바라보고 고민했는지를 엿볼 드문 기회이기도 하다. 그의 사고와 통찰이 오늘날 양자 컴퓨팅과 AI의 밑바탕에 어떻게 살아 숨쉬고 있는지를 따라가다 보면, 독자들은 '계산'이라는 개념을 물리학의 시각에서 새롭게 재구성하는 경험을 하게 될 것이다.

이 책은 단순한 계산 이론서가 아니다. 자연의 일부로서의 계산을 이해하고, 물리 법칙이라는 제약 안에서 우리가 어디까지 도달할 수 있을지 고민하게 만드는 철학적 여정이다. 수십 년이 지난 지금, 그 질문을 다시 꺼내보는 일은 여전히 유의미하며, 파인만이 그려낸 사유의 궤적을 따라가려는 독자에게 이 책이 하나의 이정표가 되기를 바란다.

**2025년 6월
서환수**

| 엮은이의 말 |

이 책의 초판은 1996년에 출간되었다. 강의를 정리해 출간한 지도 어느덧 25년이 넘게 흘렀지만, 그 내용의 대부분은 계산 가능성과 정보 이론과 같은 컴퓨터 과학의 여러 표준적인 주제를 파인만 특유의 방식으로 풀어 낸 설명으로 이루어져 있으며, 그 외에 가역성 컴퓨팅이나 양자 컴퓨팅 같은 다소 비표준적인 주제들도 담겨 있다. 2019년 5월, 테일러 앤 프랜시스$^{\text{Taylor and Francis}}$의 편집 기획자인 캐롤라이나 앤튜네스$^{\text{Carolina Antunes}}$로부터 강의 25주년을 기념하여 2판 출간을 타진하는 연락을 받았을 때는 깜짝 놀랐다. 하지만 2판 출간 일정은 코로나19 팬데믹으로 인해 지연되었다.

40년 전인 1981년 5월, MIT에서 열린 한 학회에서 파인만은 새로운 유형의 컴퓨터를 만들 수 있을 가능성을 제기했다. 양자역학적 요소들로 구성된 컴퓨터를 만들면 고전적인 컴퓨터로는 시뮬레이션할 수 없는 거대한 양자 시스템을 시뮬레이션할 수 있다는 것이다. 놀랍게도 파인만은 당시 이미 그러한 컴퓨터는 '튜링 기계가 아니라 전혀 다른 종류의 기계'라고 명확히 언급했다. 나는 이 책에 그러한 양자 컴퓨터를 어떻게 설계할 수 있는지에 대해 그가 나중에 더 자세히 분석한 내용을 포함시켰다.

오늘날 양자 컴퓨팅의 발전에 대한 기대가 고조되면서 파인만의 강의에 대한 관심은 계속해서 커지고 있다. 강의가 처음 출판된 지 25년이 넘게 지난 지금에는 또 무엇이 변했을까? 파인만은 논리 게이트와 컴퓨터에 대한 간단한 소개를 마친 후 수학, 정보 이론, 열역학, 양자역학, 반도체 기술 등 다양한 분야에서 컴퓨팅의 본질적인 한계를 살펴본다. 이 과정에서 눈에 띄는 두 가지 주요한 변화는 첫째, 유용한 계산을 수행할 수 있는 양자 컴퓨터를 실제로 구축하는 데 상당한 진전이 있었다는 점이다. 둘째, IT 산업 기술 로드맵에 구현된 무어의 법칙이 점점 한계에 다다르고 있다. 이 로드맵은 역사적으로 약 2년마다 디지털 시스템을 더 빠르고, 더 작고, 더 저렴하게 만드는 산업 발전의 방향을 제시해 왔다. 따라서 이 두 영역의 중요한 발전과 변화를 보여주는 새로운 내용을 추가해야 했다.

이번 2판에 이 두 분야의 발전에 관한 전문가가 쓴 두 개의 장을 추가할 수 있게 되어 매우 기쁘다. 존 프레스킬[John Preskill]은 캘리포니아 공과대학[Caltech](이하 칼텍)의 리처드 P. 파인만 이론물리학 교수로, 1981년 MIT에서 파인만이 발표한 최초의 강연 이후 이루어진 발전 과정을 자세히 설명하는 '40년 후의 양자 컴퓨팅'이라는 새로운 장을 기고했다. 로렌스 버클리 국립연구소의 선임 과학자인 존 샬프[John Shalf]는 '무어의 법칙을 넘어선 컴퓨팅의 미래'라는 장을 기고했는데, 이 장에서는 역사적인 기술 동인의 붕괴를 배경으로 컴퓨팅 성능 향상을 지속하기 위한 다양한 기회와 전략을 다루고 있다.

또한, 파인만 강의의 오디오 녹음본과 이에 대한 나의 원본 노트를 살펴보면서 추가적으로 포함할 만한 중요한 내용이 있는지 확인했다. [그림 0-1]은 1981년 파인만이 적었던 원본 노트로, 그가 계산학 수업에서 다루고 싶어 했던 주제들을 보여준다. 그 후 몇 년 동안 그는 이러한 주제 목록을 여러 버전으로 만들었고, 제리 서스만[Gerry Sussman]과 샌디 프레이[Sandy Frey]와 같은 초청 강사들이 진행하는 강의와 자신이 진행하는 강의의 주간 일정도 만들었다. 1985/1986년 마지막 버전의 강의 일정은 [그림 0-2]에서 찾아볼 수 있다. 강의 일정을 보면, 파인만이 강의에서 중점적으로 다룬 주요 주제를 이 책이 꽤 정확하게 반영하고 있음을 알 수 있다. 흥미로운 점은 1985-1986년 강의 일정에서 '양자역학적 컴퓨터'라는 주제에 대한 강의는 단 한 번만 진행했다는 것이다.

엮은이의 말

```
COMPUTER COURSE TENTATIVE TOPIC LIST.          May 22, 1981

1. "Theory" of Computer Science          Feyn  What level
     Simple gates =D- etc                      of students?!
     FINITE STATE MACHINES
     TURING MACHINES            0. Initial Lect. Programming
     SIMULATION (UNIVERSAL MACHINES)
     HALTING PROBLEM
     COMPLEXITY (ABSTRACT)
2.   A BRIEF DISCUSSION OF SOME (OR A FEW) REAL MACHINES
     HOW GATES MAKE SCALERS, MEMORIES, ADDERS
     "VAN NEUMAN" MACHINES
                                   MACHINE LANGUAGE
     PROGRAMMING SOME CHIP (6502? DETAILS)
                   SOME DEVICE
     THE DESIGN OF VLSI (OR OTHER)
3.   GATES, TRAN PHYSICS OF GATES
        TRANSISTOR GATES - ENERGY, TIME, WIRES ETC
        OTHER (SUPERCONDUCTOR?)
        FREE ENERGY ENTROPY ETC
        REVERSIBLE GATES + COMPUTERS
4.   ERROR CORRECTION
        INFORMATION (SHANNON)
        HAMMING CODES
        OTHER        "
```

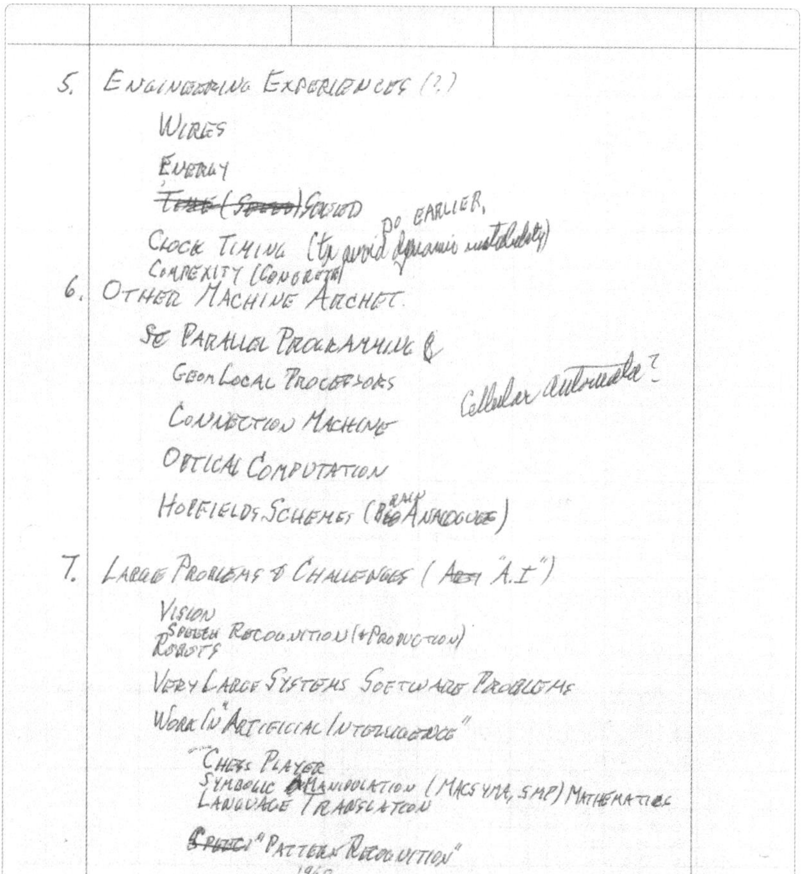

5. ENGINEERING EXPERIENCES (?)
   WIRES
   ENERGY
   ~~TIME (SPEED)~~ SPEED DO EARLIER,
   CLOCK TIMING (to avoid dynamic instability)
   COMPLEXITY (CONCRETE)
6. OTHER MACHINE ARCHIT.
   SE PARALLEL PROGRAMMING &
   GEOM LOCAL PROCESSORS   Cellular automata?
   CONNECTION MACHINE
   OPTICAL COMPUTATION
   HOPFIELDS SCHEMES (& ANY ANALOGUE)
7. LARGE PROBLEMS & CHALLENGES (ART "A.I.")
   VISION
   SPEECH RECOGNITION (+PRODUCTION)
   ROBOTS
   VERY LARGE SYSTEMS SOFTWARE PROBLEMS
   WORK IN "ARTIFICIAL INTELLIGENCE"
     "CHESS PLAYER
      SYMBOLIC MANIPULATION (MACSYMA, SMP) MATHEMATICS
      LANGUAGE TRANSLATION
     ~~SPEECH~~ "PATTERN RECOGNITION"
                    1960
     OLD WORK ("PROBLEM SOLVER", "ANALOGY", "QUESTION-ANSWER" ETC.)
     NEW WORK? (1960-80)
     GENERAL QUESTIONS & DISCUSSION.

그림 0-1 1981년 파인만이 작성한 강의 개요 초안. 사진 제공: 칼텍 문서 보관소

엮은이의 말

```
OUTLINE:CS/PH 187                    (Revised - Oct. 4, 1985)


INTRODUCTION                         Feynman:  Oct. 2

THE VON NEUMANN COMPUTER

Fundamental Operation                Feynman:  Oct. 4
    File Clerk Model
    Instruction Fetch
    Registers and Instruction Set

Gates and Combinatorial Logic        Feynman:  Oct. 7
    Simple ALU Parts, ROM's, PLA's

Registers and Sequential Machines    Feynman:  Oct. 9-11
    Flip-flops, RAM's, Counters, Shift Registers
    Clocking, Timing, and Self-timing

Computing a Simple Function          Frey:     Oct. 14-18
    GCD Machine (Breadboard of Chips and LED's)
    Registers and Data Paths
    State Machine Controller

Specifying More Complex Functions    Frey:     Oct. 21-25
    Data Hierarchy;
        Addressing, Indirection, and Typing
    Software Hierarchy;
        Processes, Macros, and Sub-routines
        Operating Systems

Modern Languages (Kajiya-3 hrs.)     Kajiya:   Oct. 28-30-
                                               Nov. 1


LOGICAL LIMITATIONS OF COMPUTING ENGINES

    Theory of Computation - What Can Be Computed?   Feynman: Nov. 4-11
        Finite-State Machines                                '6-8'
            Transducers, Recognizers
            Regular Expressions
        Universal Machines - Infinite Memory
            Turing Machines, Post Machines, RAM Machines
            Interpretation is the Major Idea!
        Uncomputable Functions
            Counting Arguments
            Halting Theorem
        Logical Classes of Machines
            Grammars

    Physical Basis of Computing Engines     Feynman: Nov. 13-25
        Free Energy                                  15-19-20-25
        Bennett's Ideas
        Maxwell's Daemon
        Information as a Source of Free Energy
        Reversible Computation
            Fredkin Gates
```

```
        Billiard-Ball Computer
    Free Energy vs. Speed

Information and Communications
    More Information and Entropy            Feynman:   Nov. 27
    Noise and Communications
        Shannon's Theorem
        Data Compression                    Feynman:   Dec. 2
        Hamming Codes
        More Error Correcting Codes         Frey:      Dec. 4

Algorithms and Complexity
    Time and Space                          Frey:      Dec. 6
    Some Examples
    NP-Completeness                         Frey:      Dec. 9

Digital Signalling                          Frey:      Dec. 11-13
    Sampling Theorem
    Spectral Analysis


PHYSICAL ASPECTS OF COMPUTATION

Semiconductor Physics                       Feynman:   Jan. 8
    PN, NPN

CMOS Inverter                               Feynman:   Jan. 10
    Timing
    Energetics                              Feynman:   Jan. 13
    Pass Transistors
    Hot Clocking                            Feynman:   Jan. 15
    Use of Inductance

Integrated Circuit Technology (VLSI example)
    Planar Process Fabrication Technology   Feynman:   Jan. 17
        Stick figures
        Layout and design rules
        Examples - Registers, PLA,...
    2-Phase Clocks and Synchronous Design   Feynman:   Jan. 20

Practical Limitations                       Feynman:   Jan. 22
    Wires - Rence's rule
    Cray Design Ideas (other than algorithmic)  Feynman:   Jan. 24
        Measured terminated transmission lines
        Getting the heat out
        Power supplies

Other Fundamental Technologies
    Bipolar                                 Feynman:   Jan. 27
    Gallium Arsinide
    Three-dimensional VLSI                  Feynman:   Jan. 29
    Superconductors - Josephson Junction
    Optical Computing                       Feynman:   Jan. 31
        Two-dimensional parallel                       -Feb. 3
            Linear
            Non-linear amplifiers
            Memory storage
        Optical fibers
        Electro-optical transducers
    Quantum Mechanical Computer             Feynman:   Feb. 5
```

엮은이의 말

```
ORGANIZATIONAL ASPECTS OF COMPUTING: Architectures of Computing Engines

The Von Neumann Architecture                       Frey:      Feb. 7
    The memory interface bottleneck                           -10-12
    Cache memory
    RISC machines
    Pipelines and look-ahead
    I/O, interrupts, and instruction sequencing
    Wide horizontal microcode
        Specialized processing units
            SCHEME chip
            Floating Point Processing Element

Concurrent Processor Architectures

    Microscopic parallelism
        Local communication only
            Systolic arrays of Kung and Leiserson  Douglas:   Feb. 14
            Cellular automata                      Feynman:   Feb. 17
        Connection Machine                         Feynman:   Feb. 19-21
            Memory
            Processors
            Routing communications
        Hopfield type machines                     Feynman:   Feb. 24

    Process concurrency
        Special purpose hardware                   Douglas:   Feb. 26
            Orrery example
            QCD Machines
        Cosmic cube                                Frey:      Feb. 28
            Fine grain                                        -Mar. 3
            Large grain
        Ultra and the IBM RP3                      Frey:      Mar. 5
        Application/process decomposition          Frey:      Mar. 7

    Macroscopic parallelism                        Frey:      Mar. 10
        Networks of large computers

    Communication problems and limits              Frey:      Mar. 12-14
        Global communication schemes
            Batcher sorting nets
            Shuffles
            Hypercubes
        Assynchronous arbiters
        Networks
        General properties of array machines
            Error detection and correction


MORE DIFFICULT COMPUTER APPLICATIONS


Computer Intelligence
    Example: Chess Playing Machines

Robotics
    Closed-loop, Real-time Control Systems
```

```
Vision
    Creating Scenes
    Recognition
    Stereopsis
    Examples:
        Fingerprint Identification
        Grabbing Errant Satellites for Repair
        Selecting Parts from Bins

Speech
    Creation
    Recognition

Natural Language Understanding
    Syntax
    Semantics
    Translation

Searching Algorithms
    Monte Carlo
    Spin-Glass Annealing
    Alpha-Beta (Example, Chess playing machines)

Pattern Directed Search
    Representation of Knowledge
        Semantic networks
        Frames
        Mathematical logic as a representational system
            Planner, Prolog
        Analogical Representation
            Example, Blocks world
        Heuristic Search Rules
        Examples; Eurisco, Wilkins chess player

Useful Applications
    Sumbolic Manipulation (MACSYMA, SMP)
    Computer Aided Design and Manufacture (CAD-CAM)
    Expert Systems
        Example, MYCIN, why not so useful
    Chip and Board Layout Machines
    Spelling Correctors, Indexers, Translators

Summary and Conclusions
    What the big problems are today
    How we might go about solving them
```

그림 0-2 파인만의 1985년 강의 계획서. 사진 제공: 칼텍 문서 보관소

존 프레스킬이 새로 기고한 7장에서는 1981년 파인만의 제안 및 1980년대 초의 실제 강의와 현재 사이의 간극을 메우고자 한다.

| 엮은이의 말 |

1983년 여름, 파인만은 씽킹 머신즈 코퍼레이션$^{\text{Thinking Machines Corporation}}$의 컨설턴트로 일했다. 대니 힐리스가 이 회사를 창립하면서 세운 야심 찬 목표는 박사 학위 논문에서 다룬 대규모 병렬 컴퓨터 아키텍처에 대한 아이디어를 '커넥션 머신$^{\text{Connection Machine}}$'이라는 상용 제품으로 성공시키는 것이었다. 1980년대 초반은 병렬 컴퓨팅 아키텍처에 대한 실험이 활발했던 시기였고, [그림 0-2]를 보면 '동시성 프로세서 아키텍처$^{\text{Concurrent Processor Architectures}}$'라는 제목의 섹션이 포함되어 있다. 여기에는 파인만의 커넥션 머신에 관한 강의 외에도 칼텍에서 자체 개발한 코스믹 큐브 분산 메모리 병렬 컴퓨터와 IBM의 실험적인 공유 메모리 병렬 컴퓨터인 RP3 프로젝트에 관한 강의도 있다.

거의 40년이 지난 지금, 칼텍이라는 다윗이 IBM이라는 골리앗을 물리쳤다는 것이 분명해졌다. 코스믹 큐브의 분산 메모리, 메시지 전달, 병렬 아키텍처의 스타일이 오늘날 거의 모든 슈퍼컴퓨터의 기반이 되었기 때문이다. 반면, 당시 시도하기는 했지만 상업적으로 성공하지 못했던 병렬 컴퓨터 아키텍처에 대한 수많은 연구를 자세히 소개하는 것은 별 의미가 없어 보인다. 대신 존 샬프가 새로 쓴 장에서는 무어의 법칙 이후의 컴퓨터 아키텍처와 기술에 대한 개요를 설명한다. [그림 0-3]은 잭 동아라$^{\text{Jack Dongarra}}$가 수집한 실패한 병렬 컴퓨터 회사들의 머그잔 컬렉션이다.

그림 0-3 잭 동아라의 실패한 컴퓨터 회사 머그컵 컬렉션. 사진 제공: 잭 동아라

파인만은 원래 강의 서문에서 '인공지능' 즉 AI 분야를 짧게 언급했는데, 그는 이 분야를 '고급 애플리케이션'이라고 부르는 쪽을 선호했다. [그림 0-2]를 보면 컴퓨터 비전과 로보틱스에서 음성 및 자연어 이해까지 이르는 '더 어려운 컴퓨터 애플리케이션'의 목록을 볼 수 있다.

이 책을 준비하면서 이 강의의 조교로 일했던 에릭 폴스네스가 작성한 강의 자료에서 정말 많은 도움을 받았다. 에릭은 현재 캘리포니아 대학교 어바인 캠퍼스에서 컴퓨터 과학과 수학 교수로 재직 중이며, 그의 연구 관심사는 신경망, 머신러닝, 다차원 과학 문제에 적용되는 기호주의 인공지능이다. 에릭은 강의가 진행되던 당시 존 홉필드와 함께 신경망을 연구하는 박사 과정 학생이었으며, 신경망 접근법을 AI에 적용할 것을 주장하는 파인만과 기호주의 인공지능의 기존 관행을 옹호하는 제리 서스만의 토론을 지켜보기도 했다.

엮은이의 말

지난 25년 동안의 가장 큰 변화 두 가지는 양자 컴퓨팅의 발전과 무어의 법칙의 종말이라고 생각하지만, 사실 여기에 세 번째로 중요한 변화를 추가해야 한다고 본다. 바로 신경망의 초기 개척자 중 한 명인 테리 세즈노스키Terry Sejnowski가 '딥러닝 혁명The Deep Learning Revolution'[1]이라고 부른 변화이다. 이 혁명은 페이페이 리Fei-Fei Li가 주도한 이미지넷ImageNet 컴퓨터 비전 경연대회와 2012년 토론토 대학의 제프리 힌튼Geoffrey Hinton 팀이 개발한 '심층 신경망'인 알렉스넷AlexNet에 의해 촉발되었다. 나는 에릭이 '파인만이 본 인공지능 및 머신러닝'이라는 장을 기꺼이 써 주기로 한 것에 대해 매우 기쁘게 생각한다. 이 장에서 그는 자신의 경험을 비롯해 파인만과의 강의에 대한 논의를 풀어놓는다.

마지막으로, 칼텍에서 파인만과 함께 보낸 시절을 회상하는 두 가지 짧은 회고록을 새로 추가했다. 하나는 존 프레스킬이 쓴 것으로, 칼텍 동료로서의 파인만에 대한 기억을 담고 있다. 흥미롭게도 존은 이 글에서 파인만과 양자 계산에 대해 논의할 기회를 가지지 못한 것을 후회한다고 밝혔다. 또 다른 글은 디지털 천체관측기 프로젝트에서 제리 서스만과 함께 일했고, '컴퓨팅 기계의 가능성과 한계'에 관한 파인만 강의의 학생이기도 했던 마이클 더글러스가 쓴 것이다. 마이클은 그 후속 강좌의 조교로 일했으며, 지금은 스토니브룩 대학의 사이먼스 기하학 및 물리학 센터에서 저명한 끈 이론String Theory의 권위 있는 연구자로 일하고 있다.

1996년 초판에서 여러 오류와 오탈자를 수정하는 데 도움을 주신 두 분께 늦게나마 감사의 말씀을 전하고 싶다. 한 분은 당시 일본 테이쿄 대학에 재직 중이던 하라 야스오 교수님이다. 그는 파인만의 강의를 일본어판으로 번역하며 많은 도움

---

[1] 『딥러닝 레볼루션』(한국경제신문, 2019)

을 주셨다. 또 한 분은 괴팅겐에 있는 막스 플랑크 생물리화학연구소의 신경생물학 학생이던 조엘 차바스로, 그는 3장에서 UTM 사양을 수정해 주었다.

2판의 엮은이의 말을 마무리하며, 이 책을 헬렌 터크를 추모하는 의미로 헌정하고자 한다. 헬렌은 1981년에 칼텍의 노벨상 수상자인 리처드 파인만과 머레이 겔-만 교수의 비서로 일하기 시작했다. 그는 전설적인 전임 비서였던 줄리 커시오가 은퇴한 후 이 흥미롭지만 벅찬 일을 맡게 되었다. 나는 1981년에 캘리포니아 공과대학에서 안식년을 보내면서 헬렌과 가까이 지낼 기회를 얻었다. 헬렌은 파인만이 자신의 강의를 정리해서 출간하기를 진심으로 원한다는 것을 알고 있었지만, 여러 사람이 이를 시도하다가 결국은 포기하고 말았다. 그런 가운데 헬렌은 1987년 11월에 나를 편집자로 추천해 주었다.

그 후 1988년 1월 하이퍼큐브 컴퓨팅 콘퍼런스 참석을 위해 칼텍을 방문했을 때 파인만과 직접 만나 그의 강의 노트를 출판하기로 합의했다. 당시 그가 암에 걸렸다는 것을 알고 있었지만, 우리가 약속을 하고 나서 얼마 지나지 않아 그가 세상을 떠났을 때는 큰 충격을 받았다. 헬렌은 파인만의 컴퓨터 강좌와 관련된 강의 노트와 오디오 테이프 등 모든 자료를 받을 수 있도록 도와주었다. 출판에 적합한 형태로 편집하는 데 오랜 시간이 걸렸지만, 헬렌의 믿음에 보답하기 위해 이 일을 끝내겠다고 굳게 마음먹었다. 마침내 파인만의 컴퓨터 강의가 책으로 출간된 것은 오롯이 헬렌의 헌신과 끈기 덕분이다.

토니 헤이

| 지은이의 말 |

30년 전에 처음 물리학 강의를 만들었을 때는 물리학을 전공하려는 학생들을 대상으로 했다. 수백 년에 걸쳐 발전해 온 과학을 단 세 권의 책에 구겨 넣는다는 것은 정말 힘든 일이었다. 이 책에서는 상황이 약간 나아지긴 했지만 그렇다고 해서 훨씬 수월한 작업도 아니었다. 우선 이 강의는 컴퓨터 과학$^{computer\ science}$(전산학)을 전공하는 학생들만을 위한 것은 아니기 때문에 시험의 족쇄에서 조금은 자유로울 수 있고, 단순히 재미있다는 이유 하나만으로도 내 마음에 드는 주제를 가르칠 수 있었다. 또한, 컴퓨터 과학은 물리학만큼 오래된 학문이 아니다. 물리학보다 200년 정도 더 늦게 시작되었다고 하지만, 그렇다고 컴퓨터 과학에서 다룰 내용이 물리학보다 훨씬 적은 것도 아니다. 더 젊은 학문이지만 그만큼 더 활발하게 발전하고 있는 분야다. 그렇다 보니 공부할 주제도 많다.

컴퓨터 과학은 자연을 대상으로 하지 않기 때문에 엄밀하게는 과학이라고 부르기가 조금 힘들다는 점에서 물리학과 차이를 보인다. 수학적 추론을 아주 많이 사용하지만 수학이라고 할 수도 없다. 오히려 공학에 가깝다. 스미스[1] 이전의 지질학처럼 추상적인 내용만 다루는 것이 아니라 뭔가로 하여금 실질적으로 뭔가를 작동하게 만드는 분야이기 때문이다. 오늘날 컴퓨터 과학에서는 '광산을 파고 내려가는 일'도 해야 한다. 일반화는 잠시 미뤄두고 세부 내용을 먼저 살펴본다고 해서 별로 문제될 것도 없다.

하지만 그렇다고 해서 컴퓨터 과학을 완전히 실용 학문이라고만 할 수도 없다. 실

---

[1] 엮은이_ 윌리엄 스미스는 현대 지질학의 아버지로, 그는 수로 및 광산 엔지니어로 일하면서 바위의 체계적인 층리를 관찰하고 화석이 지층이 형성된 연대를 결정하는 수단으로서 중요하다는 것을 알게 되었다. 이로 인해 그는 바위가 오래된 지층 위에 연속적으로 쌓이는 중첩 원리를 공식화했다. 스미스의 위대한 공헌 이전에는 지질학이 경험적 과학이라기보다는 의자에 앉아 이론을 세우는 철학에 가까웠다.

은 전혀 그렇지 않으며, 컴퓨터 과학에서는 여러 심오한 주제들을 다룬다. 우리가 이미 알고 있다고 여겼던 언어의 본질도 새로 연구한다. 기존에 시도했던 기계 번역은 문법에 대한 기존 접근법으로는 언어의 모든 성질을 포착하지 못했기 때문에 실패하고 말았다. 또한 컴퓨터 과학은 계산 가능성의 한계에 대해 질문을 던진다. 즉, 우리가 주변 세상을 얼마나 알고 이해할 수 있는지를 다시금 생각하게 만든다.

많은 컴퓨터 과학자가 인간이 단순히 기계에 불과한지, 그리고 인간의 두뇌가 언젠가는 복제될 수 있는 강력한 컴퓨터인지를 고민한다. '인공지능'이라는 분야에서는 '진짜' 지능과 정신 세계를 공부해야만 한다. 물론 두뇌가 작동하는 원리로부터 유용한 아이디어를 얻을 수도 있지만, 자동차가 치타 같은 동물처럼 다리를 써서 움직이는 것이 아니며 비행기가 새처럼 날개를 펄럭이면서 날아다니지도 않는다는 점을 염두에 둬야 한다. 쓸모 있는 기술을 만들기 위해 반드시 살아있는 생물의 신경학적인 특성을 속속들이 알아야만 하는 것은 아니지만, 잘못된 이론조차도 기계를 설계하는 데는 도움이 될 수 있다. 어쨌든, 컴퓨터 과학 공부를 하다 보면 기술적인 내용 외에도 꽤 흥미로운 내용을 연구하고 있음을 알 수 있을 것이다.

이 책은 오늘날 우리가 기계로 할 수 있는 것과 할 수 없는 것, 그리고 그 이유에 대해 다룬다. 특히 박사 학위 논문을 쓰기 시작하는 대학원생들이 갖춰야 할 태도를 유지하기 위해 노력했다. 연구를 시작할 무렵의 나 자신, 즉 똑똑하지만 연구 주제는 잘 모르는 사람에게 설명하는 듯한 자세로 접근한 것이다. 간단히 요약하자면, 먼저 몇 가지 기본 개념을 소개한 다음 논리 게이트에서부터 양자역학에 이

| **지은이의 말** |

르기까지 발생하는 컴퓨터의 한계를 다섯 장에 걸쳐 알아볼 계획이다. 나머지 부분에서는 영상, 로봇, 전문가 시스템, 체스 두는 기계와 같은 고급 응용 분야에 대해 초빙 강사로부터 강의를 듣는 기회로 꾸며보겠다.[2]

리처드 파인만

---

2 엮은이_ 1999년에 이 강의의 부록인 『Feynman and Computation』(CRC Press)이 출간되었다. 이 책에는 파인만의 강의에 기여한 많은 전문가들의 글과 파인만이 쓴 〈바닥에는 충분한 공간이 있다〉와 〈컴퓨터로 재현하는 물리학〉을 모았다.

1판(1996년) 서문

파인만이 세상을 뜬 지도 벌써 8년 정도 되었으니 이제 『파인만의 컴퓨터 강의』 가 어떻게 만들어지게 되었는지 얘기할 때도 된 것 같다. 1987년 11월, 오랫동안 파인만의 비서로 일한 헬렌 터크로부터 파인만의 컴퓨터 관련 강의록을 출판하려는데 그 일을 해 줄 수 없겠느냐고 묻는 전화가 왔다. 16년 전에 칼텍에서 박사 후 연구원으로 일할 때도 쪽입자^{parton}에 대한 그의 강의록 편집을 맡아줄 수 있겠냐는 요청을 받은 적이 있었지만, 당시에는 연구에 방해된다는 이유로 거절했다. 그러고 나서 여러 번 후회했기 때문에 이번에는 망설임 없이 제안을 수락했다. 내가 칼텍에서 처음으로 일했을 때는 입자물리를 전공하고 있었지만, 10년이 지난 1981년에 안식년을 맞아 다시 칼텍에 갔을 때는 (나중에 알고 보니) 파인만이 여러 해 전에 했던 것과 비슷한 변분적인 접근법을 사용하는 전산물리 쪽에 흥미를 가지고 있었다. 그 무렵 카버 미드가 칼텍 콜로퀴엄에서 발표한 'VLSI의 미래'라는 강연에서 큰 자극을 받은 뒤 나는 병렬 컴퓨팅과 전산학 분야에 관심을 가지기 시작했다.

파인만은 맨해튼 프로젝트와 내폭형 플루토늄 핵폭탄을 연구하던 시절부터 꽤 오랫동안 컴퓨터 쪽에 관심을 가지고 있었다. 『파인만 씨, 농담도 잘하시네!』(사이언스북스, 2000)라는 책의 '밑바닥에서 본 로스앨러모스' 부분에는 자신이 핵폭탄의 내폭 과정에서 방출되는 에너지를 계산하기 위한 'IBM 그룹'을 맡았던 시절을 회상하는 내용이 나온다. 디지털 컴퓨터가 나오기 전인 그 시절에도 파인만 팀에서는 병렬로 계산하는 방법을 사용하고 있었다. 칼텍에 남아 있는 공식 기록을 보면 파인만이 존 홉필드, 카버 미드와 함께 1981년부터 '계산의 물리학'이라는 공동 강의에 참여했다고 나와있다. 그 강의는 2년에 걸쳐 진행되었지

1판(1996년) 서문

만 존 홉필드에게 들은 바로는 세 명이 모두 같은 해에 강의하지는 못했다고 한다. 첫 해에는 파인만이 아팠고, 그다음 해에는 미드가 휴가 중이었기 때문이다. 1982~1983년 강의 시간에 배포된 유인물을 보면 그 수업의 성격을 추정할 수 있다. 계산의 기초, 계산 가능성 및 정보이론, '물리계에서 발생하는 계산의 한계 및 계산의 근본적인 한계' 같은 내용이다. 그 해 강의는 파인만과 홉필드, 그리고 마빈 민스키, 존 코크, 찰스 베넷을 비롯한 각 분야의 전문가로 구성된 객원 강사에 의해 진행되었다. 파인만은 1983년 봄에 MIT와의 관계와 아들 칼을 통한 개인적인 친분을 통해 신생 병렬 컴퓨터 회사인 씽킹 머신즈 코퍼레이션에서 대니 힐리스와 함께 컨설턴트로 활동하기도 했다.

1983년 가을에는 처음으로 계산에 관한 강의를 단독으로 진행했는데, 칼텍 기록에는 '계산용 기계의 잠재력과 한계'라는 강의명이 남아 있다. 이 책은 1984~1985년과 1985~1986년 강의를 녹음한 테이프와 파인만의 노트를 바탕으로 재구성한 것이다. 헬렌 터크의 연락을 받고 나서 나는 1988년 1월에 '하이퍼큐브 학회'에서 발표하기 위해 칼텍에 방문할 예정이라고 답했다. 이 학회는 칼텍에서 일하던 제프리 폭스와 척 자이츠가 만든 '코스믹 큐브$^{cosmic\ cube}$'라는 병렬 컴퓨터로 이룩한 선구적인 업적으로부터 비롯된 병렬 컴퓨팅 학회였다. 1월에 파인만과 얘기를 나눠보니 그 강의록을 꽤나 출판하고 싶은 눈치였다. 나는 그 일을 맡기로 하고 계속 연락하자는 약속을 한 다음 사우샘프턴으로 돌아왔다. 하지만 안타깝게도 얼마 지나지 않아 파인만이 세상을 떠났고, 그 강의록에 대한 자세한 논의는 영영 할 수 없게 되고 말았다.

나중에 헬렌 터크가 강의 테이프와 파인만의 강의 노트 사본을 보내왔다. 파인만의 강의 내용을 출판할 수 있는 형태로 정리하는 일은 꽤나 힘들었다. 앞서 홉필드와 미드와 함께 진행한 기존 강의와 마찬가지로, 여러 객원 강사들이 '스킴Scheme'이라는 프로그래밍 언어부터 '코스믹 큐브'를 물리학에 응용하기까지 다양한 주제로 강의했다. 그리고 나 말고도 강의록을 출판하려는 시도가 많았다는 것도 알 수 있었다. 그러나 파인만 강의의 핵심은 그리 어렵지 않게 정리할 수 있었다. 강의 내용은 컴퓨터 기초에 대한 입문에서 시작해 다섯 개의 섹션, 즉 논리 게이트의 구조, 수학적인 논리, 부품의 신뢰성, 계산의 동역학, 반도체의 물리적 특성으로부터 기인하는 컴퓨터의 한계를 살펴보는 부분으로 이루어졌다. 여섯 번째 섹션에서는 양자역학으로 인한 컴퓨터의 한계도 다루었다. 양자 컴퓨터에 대한 분석은 파인만이 1984년 6월에 애너하임에서 열린 학회에서 발표한 것으로, 1985년 2월 〈Optics News〉라는 학술지에 출간되었다. 그리고 강의 후반부는 여러 초빙 강사에 의해 로보틱스, 인공지능, 화상처리, 병렬 아키텍처를 비롯해 매년 조금씩 다른 주제로 진행되었다.

파인만의 강의는 제목에서 알 수 있듯이 컴퓨터의 한계와 잠재력을 탐구하는 데에서 출발한다. 10여 년 전 강의인데도 불구하고 별로 오래됐다는 느낌이 들지 않으며, 컴퓨터 과학 분야의 표준에서 어느 정도 벗어난 내용을 파인만 특유의 관점으로 조망하고 있다. 전체적으로 보면 이 강의는 매우 독특하고 광범위한 내용을 다루고 있다. 계산 가능성, 튜링 기계, 섀넌의 정리와 정보이론과 같은 주제에 대한 파인만식 설명을 선보일 뿐만 아니라 가역 계산, 계산의 열역학이나 양자 컴퓨터와 같은 주제도 다룬다. 컴퓨터의 근본에 대한 광범위한 논의는 더할 나위 없

1판(1996년) 서문

이 독특하면서도 파인만 고유의 비주류적인 시각을 보여준다. 그렇다고 해서 이 강의가 컴퓨터와 관련된 내용을 전부 다루는 것은 아니며, 프로그래밍 언어나 운영체제 같은 중요한 내용이 빠져있기도 하다. 하지만 이 강의는 디지털 컴퓨터의 진정한 근본적 한계를 매우 훌륭하게 요약해 준다. 파인만이 전산학 전공자가 아니라서 그런지 상당한 분량의 내용을 엄청난 속도로 훑고 넘어가며, 자세한 내용을 파고들기보다는 핵심적인 흐름에 초점을 맞추는 편이다. 이러한 그의 주제 접근 방식은 꽤 실용적이며, 이는 튜링 기계에 대한 논의를 통해 계산 가능성 이론을 다루는 부분에서도 잘 드러난다. 파인만은 튜링 기계처럼 간단해 보이는 것에서 시작해 그런 심오한 내용으로 이끌어가는 과정을 매우 즐기는 편이다. 여기에는 그의 학습과 발견에 대한 철학도 분명하게 드러난다. 파인만은 항상 학생들이 직접 뭔가를 하는 것이 중요함을 항상 강조하면서 이것저것 해보다가 '전문가'들은 어떻게 했는지를 살펴보는 것으로 그 내용을 마무리한다. 파인만이 일하는 방식이 극명하게 드러나는 것이다.

이 책을 편집하면서 여러 곳에서 편집자로서의 재량을 발휘했는데, 여기에서 설명을 해야 할 것 같다. 우선 파인만이 강의 시간에 한 얘기 중 각주로 들어가야 할 만한 내용은 각주로 빼 놓고 **파인만_**'이라고 표시해 놓았다. '**엮은이_**'라고 적어놓은 것은 나와 공동 편집자 로빈 앨런이 추가한 부분이다. 그리고 파인만이 썼던 표기법을 요즘 널리 쓰이는 표기법으로 고친 것도 있다.

파인만이 뭔가를 배우는 방식은 꽤나 독특했다. 보통 누군가가 재미있어 보이는 것을 얘기해 주면 파인만은 그 내용을 혼자서 깊게 파고들었다. 그러다가 그 분야에서 뭔가 새로운 것을 발견해내는 일도 종종 있었다. 양자 계산에 대한 분석도 그런 예로 볼 수 있는데, 어찌 보면 이런 방식의 단점을 보여주는 것일 수도 있다. 파인만이 쓴 양자 계산 논문을 보면 참고문헌 맨 뒤에 파인만답게 '참고문헌을 작성하는 데 큰 도움을 준 T. 토폴리에게 감사합니다'라는 감사의 글이 붙어있다. 파인만이 가진 특유의 통찰력과 명확한 사고방식은 과학 발전에 기여했을뿐 아니라 문제의 근본을 분명하게 파악하는 데도 큰 도움을 줬다. 이런 이유에서인지 다른 방식으로 크게 기여한 다른 논문들이 있음에도 불구하고 파인만의 양자 계산에 관한 논문은 널리 인용되고 있다. 파인만이 양자 계산 관련 문제를 베넷으로부터 처음으로 들었기 때문인지 찰스 베넷의 논문은 자주 인용되지만 롤프 란다우어나 폴 베니오프에 대한 얘기는 나오지 않는다. 파인만이 그들의 공로를 일부러 무시하려고 그랬던 것은 아닌 듯하여 각주에 역사적 기록을 조금 더 보충해 해당 주제와 관련된 제대로 된 역사를 전달하기 위해 노력했다. 사실 파인만은 어떤 주제의 역사보다는 실제 문제를 푸는 쪽에 관심을 두고 있었을 뿐이다.

1980년대 중반을 거치면서 시대에 맞지 않다거나 이제는 별로 의미 없어진 강의 내용도 편집 과정에서 제외시켰다. 하지만 강의의 특성을 보다 정확하게 전달하기 위해 칼텍에서 있었던 강의에 참가한 또 다른 전문가들이 쓴 심화 주제에 대한 글도 별도의 책으로 출판할 계획이다. 그 책에서는 지난 10년 동안 있었던 성과를 정리하고 파인만의 컴퓨터에 대한 탐구를 회고하는 기회를 가져볼까 한다.

이 프로젝트를 성공적으로 마무리하기까지 정말 많은 사람으로부터 도움을 받았다. 우선 나보다 이 강의록을 먼저 정리한 샌디 프레이와 에릭 뮬스네스에게 감사드린다. 파인만의 강의를 수강한 학생들을 찾아준 제프리 폭스와 직접 필기한 노트를 복사해서 보내준 로드 반 미터와 다카코 마토바에게도 감사드린다. 그리고

| 1판(1996년) 서문 |

이 작업을 시작할 때 용기를 북돋워준 제리 서스만과 지금은 고인이 된 얀 반 데 스넵슈트에게도 감사를 표한다. 제리는 파인만이 혼자서 수업을 진행하기로 했을 때 MIT에서 휴가차 칼텍에 와 있던 중이었고, 파인만의 강의 계획을 도와주었다.

편집자들의 몰이해로 인해 책이 잘못 만들어지는 일이 생기지 않도록 여러모로 노력을 기울였다. 그 과정에서 많은 분의 도움을 받았다. 롤프 란다우어는 5장 '가역 계산과 계산의 열역학' 부분을 직접 읽고 고쳐줬으며, 그 주제와 관련된 역사를 참을성 있게 자세히 들려주었다. ARM RISC 프로세서를 설계했고 지금은 맨체스터 대학교에서 교수로 재직 중인 스티브 퍼버는 VLSI를 다룬 7장을 손봐주었다. 사우샘프턴 대학교에 있는 여러 동료도 원고 교정을 도와주었다. 1, 2장에는 아드리안 피커링과 에드 잘루스카, 3장에는 앤디 그라벨, 4장에는 라호스 한조, 5장에는 크리스 앤서니, 8장에는 피터 애시번과 존 하멜, 그렉 파커, 에드 잘루스카가 도움을 주었다. 또한 사우샘프턴의 데이비드 배런, 닉 배런, 마이크 퀸과 MIT의 톰 나이트가 원고 전체를 교정해 준 덕분에 여러 오류와 모호한 부분을 수정할 수 있었다. 혹시 다른 오류나 이상한 부분이 있다면 그 모든 책임은 나에게 있다. 이 외에도 베이컨 암호에 대한 정보를 제공해 준 카디프 대학교의 밥 처치하우스 교수님과 윌리엄 스미스라는 지질학자를 소개시켜 준 사우샘프턴의 밥 네스빗 교수님, 적분의 알고리즘적인 해결법과 관련된 참고문헌을 알려준 바스 대학교의 제임스 대이븐포트 교수님께도 감사드린다. 파인만이 양자역학적 계산을 주제로 1985년에 〈Optics News〉에 기고했던 논문을 조금 수정해 6장에 수록할 수 있게 허락해 준 미국 광학회에도 감사드린다.

파인만이 세상을 떠난 후 미망인인 그웨네스와 파인만가의 친구인 더들리 라이트로부터 강의 테이프를 녹취하는 비용뿐만 아니라 여러 면에서 큰 도움을 받았다. 파인만 유고의 소유권에 대한 길고 지루한 법정 공방 끝에 이 프로젝트를 다시 시작하는 데 도움을 준 공동 편집자 로빈 앨렌도 절대 빼놓을 수 없다. 그가 아니었다면 이 책이 나오지 못했을 것이다. 오랜 소송 기간 동안 이 프로젝트를 지속적으로 지원하고 모든 도움을 아끼지 않았던 미셸 파인만과 칼 파인만, 그리고 그의 부인 폴라 파인만에게도 감사드린다. 당시 애디슨 웨슬리 출판사의 전문서 프로그램 팀장이었고 이 프로젝트 초기에 확신을 가지고 작업을 추진해 준 앨런 와일드에게도 감사드린다. 별로 중요해 보이지 않는 세부사항에 집착하느라 어쩔 수 없이 발생한 원고 지연을 놀라운 참을성으로 이해해 준 후임 제프 로빈스, 헤더 밈너프 팀장에게도 감사하다. 마지막으로, 나를 믿고 이 작업을 끝낼 수 있을 것이라 확신을 줬던 헬렌 터크에게도 감사의 마음을 전한다. 부디 이 책이 마음에 들었으면 한다.

1996년 5월
토니 헤이

1판 서문에 덧붙이는 글

1996년 1판 서문에서 캘리포니아 공과대학에서 열린 파인만 강좌에 참여한 또 다른 '전문가들'이 쓴 '심화 주제'에 대한 글이 별도로 출판될 것이라고 언급했다. 이 책은 지난 10년 동안 이루어진 진보에 대해 다루며, 파인만의 컴퓨터 탐구를 기념하여 『Feynman and Computation』라는 제목으로 1999년 웨스트뷰 출판사의 전문서적 프로그램을 통해 출판되었다.

이 모음집은 파인만의 강의에 참여했던 세 명의 공동 작업자인 존 홉필드, 카버 미드, 제리 서스만의 글과 파인만의 강의에 다양한 방식으로 기여한 여러 전문가들의 기고문으로 구성되어 있다. 여기에는 가역성 컴퓨팅과 셀룰러 오토마타와 같은 주제에 대해 파인만과 많은 논의를 했던 찰스 베넷, 에드 프레드킨, 롤프 란다우어, 마빈 민스키, 노먼 마골루스, 토마소 토폴리, 그리고 병렬 컴퓨팅의 대가인 대니 힐리스와 제프리 폭스가 포함되어 있다. 또한 파인만이 작성한 〈바닥에는 충분한 공간이 있다〉와 〈컴퓨터를 이용한 물리학 시뮬레이션〉의 재판본, 그리고 1985년 일본에서 '미래의 컴퓨팅 머신'라는 제목으로 행한 니시나 기념 강연의 녹취록도 포함되어 있다.

| 목차 |

지은이 · 엮은이 · 옮긴이 소개 ································· 4
추천사 ·· 5
옮긴이의 말 ·· 7
엮은이의 말 ··· 10
지은이의 말 ··· 22
1판(1996년) 서문 ··· 25
1판 서문에 덧붙이는 글 ···································· 32

CHAPTER 1 컴퓨터 개론

1.1 문서 정리원 모형 ·· 48
1.2 명령어 집합 ·· 53
1.3 마무리 ··· 65

CHAPTER 2 컴퓨터 구조론

2.1 논리 게이트와 조합 논리 ······························ 71
2.2 이진 디코더 ··· 82
2.3 기타 게이트: 가역 게이트 ···························· 86
2.4 연산자의 완전 집합 ····································· 92
2.5 플립플롭과 컴퓨터 메모리 ··························· 95
2.6 타이밍과 시프트 레지스터 ·························· 100

목차 33

| 목차 |

CHAPTER 3 계산이론

3.1 유효 절차와 계산 가능성 ·············· 110
3.2 유한 상태 기계 ························· 113
3.3 유한 상태 기계의 한계 ················ 118
3.4 튜링 기계 1 ····························· 125
3.5 튜링 기계 2 ····························· 136
3.6 범용 튜링 기계와 종료 문제 ········· 142
3.7 계산 가능성 ····························· 151

CHAPTER 4 코딩과 정보이론

4.1 계산과 통신이론 ······················· 162
4.2 오류 검출 및 정정 코드 ·············· 163
    4.2.1 패리티 체크 ······················ 164
    4.2.2 해밍 코드 ·························· 167
    4.2.3 메모리 ······························ 174
4.3 섀넌의 정리 ····························· 177
4.4 메시지 공간의 기하학 ················ 182
4.5 데이터 압축과 정보 ··················· 188
4.6 정보 이론 ································ 194
4.7 기타 코딩 기법 ························· 197
    4.7.1 허프만 코딩 ······················ 198
    4.7.2 예측 코딩 ·························· 202
4.8 아날로그 신호 전송 ··················· 204

CHAPTER 5 가역 계산과 계산의 열역학

5.1 정보의 물리학 ··· 216
    5.1.1 맥스웰의 도깨비와 측정의 열역학 ··································· 228
    5.1.2 에너지와 섀넌의 정리 ·· 230
5.2 가역 계산과 계산의 열역학 ·· 231
    5.2.1 가역 컴퓨터 ·· 233
    5.2.2 복사 연산 ·· 236
    5.2.3 물리적인 구현 ·· 241
    5.2.4 살아있는 컴퓨터 ·· 245
5.3 계산: 에너지 비용 vs. 속도 ·· 249
5.4 일반적인 가역 컴퓨터 ··· 254
5.5 당구공 컴퓨터 ··· 259
5.6 양자 계산 ·· 266

CHAPTER 6 양자역학적 컴퓨터

6.1 개론 ··· 271
6.2 가역 컴퓨터를 이용한 계산 ·· 274
6.3 양자역학적인 컴퓨터 ··· 279
6.4 불완전성과 비가역적인 자유 에너지 손실 ··························· 288
6.5 구현 단순화 방법 ·· 291
6.6 결론 ··· 299
6.7 참고문헌 ·· 300

| 목차 |

CHAPTER 7 40년 후의 양자 컴퓨팅

    7.1 파인만과 양자 계산 ·· 304
        7.1.1 파인만의 1981년 강연 ··· 304
        7.1.2 마닌과 베니오프 ·· 306
        7.1.3 파인만에서 쇼어, 그리고 그 너머 ························ 308
        7.1.4 미래에 대한 상상 ··· 309
    7.2 우리가 가는 곳, 우리가 있는 곳 ····································· 310
        7.2.1 양자 컴퓨터는 어떻게 사용될까? ·························· 310
        7.2.2 NISQ 시대의 개막 ··· 311
        7.2.3 NISQ 시대의 양자 시뮬레이션 ···························· 314
        7.2.4 NISQ에서 FTQC로 ·· 316
    7.3 양자 정보 ·· 317
        7.3.1 양자역학 대 고전역학 ··· 317
        7.3.2 큐비트 ·· 319
        7.3.3 텐서 곱 ·· 321
    7.4 양자 컴퓨터란 무엇일까? ··· 326
        7.4.1 양자 회로 모형 ·· 326
        7.4.2 계산 가능성 및 효율성 ······································· 332
        7.4.3 양자 하드웨어 ··· 334
    7.5 양자 동역학 시뮬레이션 ··· 338
    7.6 에너지 고윳값 및 고유상태 ·· 344
        7.6.1 양자 푸리에 변환 ··· 344
        7.6.2 위상 추정 ··· 347
        7.6.3 해밀토니안 고유상태 ·· 349
        7.6.4 초기 상태 준비 ·· 351

7.7 양자 오류 정정 ··· 352
    7.7.1 양자 오류 정정의 조건 ··· 353
    7.7.2 보호된 양자 메모리와 위상론적 질서 ································ 354
    7.7.3 표면 코드 정확도 임곗값 ·· 357
    7.7.4 확장 가능한 양자 컴퓨팅 ·· 361
7.8 전망 ·· 363
7.9 참고문헌 ·· 365

CHAPTER 8 계산의 물리적 측면

엮은이로부터 ·· 377
8.1 반도체 소자 물리학 ·· 379
    8.1.1 np 접합 다이오드와 npn 트랜지스터 ································ 383
    8.1.2 MOSFET ·· 390
    8.1.3 MOSFET 논리 게이트 및 회로 요소 ································ 401
8.2 컴퓨터에서의 에너지 사용 및 열 손실 ·· 406
    8.2.1 CMOS 인버터 ·· 407
    8.2.2 핫 클라킹 ··· 416
    8.2.3 몇 가지 일반론과 특이한 관계 ·· 422
8.3 VLSI 회로 구축 ··· 429
    8.3.1 평면형 공정 제조 기법 ·· 429
    8.3.2 회로 설계 및 패스 트랜지스터 ·· 437
    8.3.3 PLA ··· 439
8.4 컴퓨터 설계와 연관된 몇 가지 추가 제약조건 ······························· 445
    8.4.1 클락 불균형 ··· 446
    8.4.2 전선 패킹: 렌트의 규칙 ·· 449

| 목차 |

CHAPTER 9 무어의 법칙을 넘어선 컴퓨팅의 미래

- 9.1 소개 ·· 459
  - 9.1.1 개요 ·· 459
  - 9.1.2 앞으로 나아가기 위한 다양한 경로 ···················· 462
- 9.2 새로운 계산 모형의 보완적 역할 ································ 464
- 9.3 특화 설계 ··· 466
  - 9.3.1 특화된 하드웨어를 위한 도전 과제 ···················· 466
  - 9.3.2 프로그래밍 시스템 및 소프트웨어 도전 과제 ······· 469
  - 9.3.3 데이터 이동의 도전 과제 ································· 472
  - 9.3.4 포토닉스와 자원 분리 ······································ 475
- 9.4 CMOS 대체: '새로운 트랜지스터' 발명하기 ················ 476
  - 9.4.1 도전 과제 ·· 476
  - 9.4.2 발견의 속도를 가속화하는 심층 공동 설계 ········· 477
- 9.5 가역성 돌아보기 ·· 479
- 9.6 결론 ··· 481
- 9.7 참고문헌 ··· 481

CHAPTER 10 파인만과 인공지능

- 10.1 소개 ·· 489
- 10.2 1980년대의 물리학과 유사한 신경망 ······················· 493
  - 10.2.1 신경 활성화 동역학 ·· 493
  - 10.2.2 신경 학습 동역학 ··· 499
- 10.3 AI/ML의 봄 ··· 504

10.4 계산 과학을 위한 AI/ML ··· 510
10.5 수학적 합성과 기호주의 AI로의 회귀? ····················· 511
10.6 결론 ··· 513
10.7 참고문헌 ·· 514

EPILOGUE **파인만과의 기억**

칼텍에서의 파인만 ··· 521
물리학과 계산: 파인만, 홉필드, 서스만에게 배운 것 ········ 538
파인만을 추억하며 ··· 538

CHAPTER

1

컴퓨터 개론

1.1 문서 정리원 모형
1.2 명령어 집합
1.3 마무리

CHAPTER 1

컴퓨터는 정말 다양한 일을 할 수 있다. 수백만 개의 숫자를 눈 깜짝할 사이에 더하고 세계 체스 챔피언과 체스 시합에서 이기기도 한다. 또한 폭탄을 정확한 표적에 떨어뜨리는 데 도움을 주기도 한다. 비행기를 탈 때 기타를 치는 수녀와 담배를 피우지 않는 물리학과 교수 사이에 있는 자리를 예약할 수도 있다. 봉고 드럼을 연주하는 컴퓨터까지 있다. 이렇게 다양한 일을 할 수 있는 컴퓨터에 대한 이야기를 풀기 전에, 먼저 어떤 컴퓨터를 어떤 방식으로 알아볼 것인지를 짚어 보겠다.

특정 컴퓨터 하나를 자세히 뜯어보는 데 시간을 많이 투자하지는 않을 것이다. 컴퓨터도 사람과 마찬가지로 속속들이 파악하면 결국 엇비슷하기 때문이다. 음악을 만드는 컴퓨터, 그림을 그리는 컴퓨터가 있는가 하면, 키보드 입력으로 작동하는 컴퓨터부터 자동차 바퀴에 걸린 토크로 작동하는 컴퓨터도 있다. 이렇게 컴퓨터마다 기능이나 입출력 방식은 다양하지만 기본 원리는 모두 비슷하다. 따라서 우리는 컴퓨터의 내부 구조에만 집중할 것이다. 컴퓨터 안팎으로 정보가 전달되는 입출력(I/O) 구조를 깊이 다루지는 않겠다. 어떤 식으로 들어가고 나오든 정보는 결국 디지털 형식, 곧 1과 0으로 이루어진 이진수로 표현된다는 점이 중요하다.

그렇다면 컴퓨터의 내부는 어떻게 생겼을까? 기본적으로 단순하고 기본적인 요소들로 구성되어 있다. 이 요소들은 그리 특별하지는 않다. 예를 들어 제어 밸브나 주판알 같은 단순한 부품일 수도 있다. 중요한 점은 다양한 기본 요소를 조합해 원하는 것은 무엇이든 만들 수 있다는 것이다.

그럼 기본 요소는 어떤 식으로 배치할까? 여러 방법이 있지만 속도, 에너지 소모량, 겉모양 등을 고려해 결정해야 할 것이다. 이런 관점에서 보면 컴퓨터의 다양성은 마치 집의 다양성과도 비슷하다. 베벌리힐스에 있는 호화 주택과 뉴욕에 있는 차고는 겉으로는 아주 달라보여도 결국은 둘 다 벽돌, 시멘트, 나무 같은 것으로 만들어진다. 단지 호화 주택에 더 많은 재료가 들어가고, 집주인의 요구 사항에 따라 재료를 배치하는 방식이 달라질 뿐이다. 속속들이 따져보면 다들 아주 유사하다.

조금 추상적인 쪽으로 방향을 돌려서 '어떤 기본 요소를 어떻게 연결해야 가장 많은 일을 할 수 있을까?'라는 질문에 답해보자. 사실 이는 상당히 심오한 질문이다. 하지만 답은 어느 정도는 정해져 있다. 어떻게 하든 크게 상관없다는 것이다.

일단 컴퓨터가 몇 가지 일을 할 수 있다면(좀 더 정확히 말하자면 충분한 기본 기능을 갖추고 있다면) 다른 컴퓨터가 하는 일도 모두 할 수 있으며, 이는 범용성^{universality} 원칙의 기초가 된다. 크레이 슈퍼컴퓨터를 써야 계산할 수 있는 목성의 붉은 점 시뮬레이션을 휴대용 계산기로 돌릴 수는 없지 않느냐고 묻는 독자도 있을 것이다. 하지만 꼭 불가능한 것은 아니다. 프로그램을 새로 짜고 메모리를 추가하여 인내심을 가지고 오래 기다리면 아주 느리기는 해도 크레이 슈퍼컴퓨터와 같은 결과를 얻을 수 있다.

A와 B라는 두 개의 컴퓨터가 있다고 가정하자. 우리가 A 컴퓨터의 작동 방식과 '상태 전환 규칙' 따위를 모두 알고 있고 B 컴퓨터는 A의 상태를 '기술^{describe}'하는 기능만 있다고 하면, B를 이용해 A의 모든 변환 과정을 기술해 A의 작동 방식을

그대로 흉내 낼 수 있다. 즉, B는 A가 하는 일을 그대로 모방하는 것이다. 물론 B가 아주 저사양이고 A는 매우 고사양 컴퓨터라면 어마어마한 시간이 걸리겠지만, 분명 그 일을 할 수는 있다. 뒤에서 B 컴퓨터, 흔히 튜링 머신$^{\text{Turing machine}}$이라고 널리 알려진 컴퓨터를 만들어 이를 증명해 보겠다.

범용성을 다른 방법으로 이해하기 위해 이번에는 언어를 예로 들어보자. 뭔가를 묘사하기에 가장 좋은 언어는 무엇일까? 예를 들면 바퀴가 넷 달린, 기름으로 움직이는 교통 수단은 어떤 언어로 설명해야 가장 좋을까? 물론 대부분의 언어에는 저런 사물을 지칭하는 단어가 있다. 한국어는 '자동차', 미국식 영어는 'Automobile', 영국식 영어는 'Car', 프랑스어는 'Voiture' 같은 단어를 쓴다. 자동차에 해당하는 단어가 없는 언어를 쓰는 문화권에서는 새로운 단어를 만들어야 하고, 이렇게 만들어진 단어는 아주 길고 복잡해지기도 한다. 하지만 앞서 나열한 단어들이 더 낫다고도 할 수 없다. 각자 맡은 역할을 다하지만 효율성면에서 차이가 날 뿐이다. 굳이 단어 수준에서까지 민주주의를 도입할 필요는 없다.

알파벳을 생각해 보자. 영어에서 가장 훌륭한 알파벳은 무엇일까? 왜 미국인은 26개의 알파벳만 사용할까? 모든 알파벳은 사실 3개의 기호만으로도 표현할 수 있다. 점, 긴 점, 빈 칸으로 이루어진 모스 부호 말이다. 아니면 A에서 Z까지의 문자를 다섯 자리 이진수로 표기하는 베이컨 암호$^{\text{Baconian cipher}}$도 있다. 기본 원소는 자유롭게 선택할 수 있으며 영향을 미치는 것은 언어의 효율성, 말하자면 책의 두께 정도일 뿐이므로 '최고의' 언어나 문자를 따지는 것은 무의미하다. 모든 언어는 각각 논리적으로 범용성을 가지며, 서로를 서로의 방식으로 모형화할 수 있다. 컴퓨터도 마찬가지다. 어떤 작업을 수행하는 데 필요한 기본 절차들이 '충분히' 갖춰져 있다면 그 절차들의 세부적인 구조와는 상관없이 다른 복잡한 작업도 수행할 수 있다. 이것이 범용성이다.

요즘의 컴퓨터가 복잡한 작업을 수행하려면 그 작업 처리 방법을 일련의 간단한 기본 절차로 정확하고 완벽하게 기술할 수 있어야 하고, 이러한 절차를 주어진 순서에 맞게 수행할 수 있는 장비가 필요하다. 전자가 바로 소프트웨어^{software}, 후자가 하드웨어^{hardware}다. 이때 쓰이는 명령들은 모두 정확하고 분명해야 한다. 물론 현실에서 우리가 다른 사람에게 말할 때 항상 정확하게 말하는 것은 아니다. 맥락, 몸짓, 눈치 등을 통해 언어로 전달한 내용에서 부족한 점을 메꿀 수 있기 때문이다. 하지만 컴퓨터는 인간처럼 지시 사항을 적당히 받아들이거나 비언어적인 신호를 해석할 수 없으므로 할 일을 세세한 부분까지 정확히 지시해야 한다. 언젠가는 대충 말해도 알아듣는 컴퓨터가 나올 수 있겠지만, 아직은 아주 꼼꼼하게 가르쳐주는 수밖에 없다.

일련의 기본 요소로부터 복잡한 명령을 구축하는 방법을 살펴보자. B라는 명령어 집합이 있다고 했을 때, B가 아주 간단하다면 복잡한 과정을 기술하는 데 어마어마한 길이의 설명이 필요할 것이며, 이를 여러 개 모아 프로그램을 만들면 훨씬 더 길고 복잡한 코드가 되어버릴 것이다. 예를 들어 이 컴퓨터로 다양한 수치 계산을 하려고 했는데, 알고 보니 B에 곱셈 연산이 포함되어 있지 않다면 어떻게 될까? 컴퓨터에게 '3 곱하기 35'를 구하라고 하면 알아듣지 못할 것이다. 물론 B에 덧셈이 포함되어 있다면 덧셈을 반복해 원하는 결과를 얻을 수 있다. 35를 3번 더하면 된다(35 + 35 + 35). 하지만 B 명령어 집합에 기본적으로 곱셈 연산을 추가하면 프로그램은 훨씬 깔끔해진다. 그냥 '컴퓨터, 3 곱하기 35'라고 말하면 '곱하기'라는 단어를 알아듣고 곱셈, 즉 여러 번 반복해서 더하는 작업을 해 주는 것이다.

이처럼 컴퓨터는 복합 명령어를 자동으로 기본 명령어로 쪼개어 실행하기 때문에 사용자는 항상 저수준 개념에 얽매이지 않아도 된다. 아무리 복잡한 절차도 이런 식으로 단계별로 차곡차곡 만들면 된다. 이런 일은 사람에게도 늘 일어난다. 사람 또한 여러 개념을 엮어 하나의 단어를 만들곤 한다. 여러 개념과 그 개념들 사이의 관계를 통틀어 하나의 단어만 써서 지칭하면 모든 저수준 개념을 일일이 설명하지 않아도 되기 때문이다. 컴퓨터 역시 상당히 복잡한 물건이므로 이렇게 개념을 단순화시키는 일을 해야 하며, 자질구레한 요소 때문에 고생하지 않으려면 애초부터 프로그램을 잘 설계해야 한다.

우선 기본 절차 집합을 구축하는 것부터 시작한 다음 두 수를 더한다든가 두 수를 한 메모리 저장소에서 다른 곳으로 옮기는 방법을 생각할 수 있다. 그리고 나서 한 단계 더 올라가 간단한 연산을 활용해 곱셈과 같이 더 복잡한 연산을 처리하는 방법을 알아봐야 한다. 하지만 여기서는 그 정도로 복잡한 내용까지는 다루지 않는다. 그러니 자세한 내용은 P.J. Denning과 R.L. Brown이 쓴 운영체제에 대한 논문(〈Scientific American〉 1984년 9월호, pp. 96-104)을 읽어보기 바란다. 이 논문에서는 총 13단계를 설명하는데, 레지스터, 게이트, 버스와 같은 전자회로로 구성되는 1단계부터 시작해 사용자 프로그래밍 환경을 조작하기 위한 운영체제 셸인 13단계까지 구분되어 있다. 명령어를 체계적으로 조합하여 0, 1을 전달하는 1단계의 기초 작업이 13단계에 이르면 비행기 착륙 시뮬레이션을 실행하거나 어떤 40자리 수가 소수인지를 판단하기 위한 명령으로 변모할 수 있다. 여기서는 꽤 낮은 단계부터 시작해 상황에 따라 더 깊은 계층구조로 넘나들며 살펴보도록 하겠다.

또한 여기서는 '폰 노이만 아키텍처$^{Von\ Neumann\ architecture}$'를 사용하는 컴퓨터만 다룬다. '아키텍처'라는 단어 때문에 겁먹을 필요는 없다. 어려워 보이기는 해도 사물을 늘어놓는 방법을 뜻하는 단어라고 생각하면 된다. 건축에서의 아키텍처와 다른 점은 벽돌이나 기둥 대신 전자 부품을 늘어놓는다는 것뿐이다. 폰 노이만은 아주 유명한 수학자로, 양자역학의 기초를 수립하는 데 기여했을 뿐 아니라 최초로 근대 컴퓨터의 기본 원리를 명확하게 정리하는 업적을 남긴 사람이다. 나중에는 같은 문제를 서로 다른 방식의 컴퓨터에서 어떤 식으로 처리하는지 살펴볼 기회도 있을 것이다. 물론 그때는 모든 컴퓨터가 병렬적이 아니라 순차적으로, 즉 여러 연산을 동시에 풀지 않고 순서대로 한 부분씩 해결하는 방식을 기본 가정으로 한다. '병렬 처리$^{parallel\ processing}$'를 한다고 해서 근본적인 개념이 달라지는 것은 아니며 속도가 더 빨라질 뿐이다.

앞에서 컴퓨터 과학$^{computer\ science}$(전산학)은 진정한 과학이 아니라고 했다. 사실 '컴퓨터'라는 말도 다시 생각해봐야 한다. 컴퓨터란 말 그대로 '계산^{compute}하는 기계'이므로 덧셈, 뺄셈, 곱셈 같은 것을 먼저 떠올리기 쉽다. 사실 일반적인 컴퓨터에는 이런 기본적인 계산을 처리하는 부분도 있지만 그 외의 부분에서는 컴퓨터의 주된 작업, 즉 여러 쪽지들을 여기저기로 옮기는 일을 주로 한다. 물론 여기서 쪽지는 디지털 전기 신호다. 컴퓨터는 여러 면에서 문서 정리원과도 비슷하다. 문서 정리원은 문서 캐비닛 사이를 돌아다니면서 서류를 꺼내거나 집어넣고, 쪽지에 뭔가를 적기도 하고, 다른 사람에게 전달하기도 한다. 바로 여기서부터 컴퓨터 구조의 기본 개념을 따져봐야 한다. 우리는 앞으로 이 개념을 꽤 자세하게 살펴볼 텐데, 성미가 급한 독자라면 너무 자질구레한 내용까지 세세하게 다루는 게 아니냐고 생각할 수도 있다. 하지만 이는 컴퓨터의 핵심 원리를 배우기에 완벽에 가까운 모형이기 때문에 충분히 시간을 들여 탐구할 가치가 있다.

1.1 문서 정리원 모형

많은 영업사원을 거느리고 있는 큰 회사를 상상해 보자. 각 영업사원에 대한 수많은 정보가 대형 문서 시스템에 저장되고, 문서 정리원 한 명이 그 시스템을 관리한다. 문서 정리원은 문서 시스템에서 정보를 꺼내는 방법을 잘 알고 있다. 데이터는 카드에 저장되는데, 각 카드에는 영업사원의 이름, 지역, 매출액과 유형, 월급 등의 정보가 기록된다.

```
이   름: _____
매 출 액: _____
월   급: _____
지   역: _____
           .
           .
           .
```

이제 '캘리포니아의 총 매출액은 얼마인가?'라는 구체적인 질문에 대한 답을 구해야 한다고 가정하자. 따분하고 단순한 질문으로 보이겠지만, 나중에 복잡한 문제를 이해하려면 단순한 문제부터 먼저 시작해 보는 것이 좋다. 그럼 이 문서 정리원은 캘리포니아의 총 매출액을 어떻게 알아낼까? 우선 다음과 같은 방법을 생각할 수 있다.

> 카드를 한 장 꺼낸다.
> '지역' 항목에 '캘리포니아'라고 적혀 있으면
>   '매출액' 항목에 적힌 수를 총 매출액에 더한다.
> 카드를 제자리에 집어넣는다.
> 다음 카드를 골라서 같은 작업을 반복한다.

물론 위와 같은 과정을 카드를 모두 처리할 때까지 반복해야 한다. 그런데 안타깝게도 읽기는 그럭저럭 하지만 총 매출액을 더하는 계산을 잘 못해서 위의 지시사항을 제대로 처리하지 못하는 어리숙한 직원밖에 뽑을 수 없다고 해 보자. 그렇다면 이제 그 직원이 일을 제대로 할 수 있도록 도와줘야 한다. '합계' 카드를 만들면 직원이 이 카드를 사용할 때 다음과 같은 절차로 총 매출액을 구할 수 있다.

> 다음 '매출액' 카드를 꺼낸다.
> 지역이 '캘리포니아'인 카드면
>   '합계' 카드를 꺼낸다.
>   카드에 있는 숫자에 '매출액' 항목에 적힌 수를 더한다.
>   '합계' 카드를 집어넣는다.
> '매출액' 카드를 집어넣는다.
> 다음 카드를 꺼내서 같은 작업을 반복한다.

컴퓨터에서 총 매출액을 계산하는 과정도 대략 이와 같다. 물론 컴퓨터는 정보를 카드에 저장하지도 않고, 카드를 '꺼내는' 행동도 하지 않는다. 그저 레지스터에 저장된 정보만 읽어와 작업할 뿐이다. 물리적으로 뭔가를 집어넣거나 꺼낼 필요 없이 레지스터에서 가상의 '카드'에 정보를 기록할 수도 있다.

이제 문서 정리원에게 더 복잡한 일을 시켜보자. 영업사원은 기본급 외에 매출액에 따른 성과급을 받는다고 하면, 성과급 액수는 그들의 각 매출액에 정해진 퍼센트를 곱해서 결정된다. 문서 정리원에게 이 성과급 액수를 결정하는 일을 시켜봤더니, 이 친구는 저렴한 인건비로 빠르게 일할 줄만 알지 구구단을 못한다. 5에 7을 곱하라고 하면 "곱하기가 뭐죠?"라고 되물을 뿐이다. 따라서 우리는 이 친구에게 곱셈을 가르쳐야 한다. 이때 이 문서 정리원이 제일 잘 하는 것, 즉 카드를 아주 빠르게 가져올 수 있는 능력을 활용해 보도록 하자.

일단 모든 숫자는 이진법으로 생각한다. 사실 이진법 계산 규칙은 십진법보다 훨씬 쉽다. 곱셈표도 카드 한 장이면 충분할 정도로 단순하다. 우리의 문서 정리원도 이 정도는 외울 수 있을 것이다. 다음 예처럼 시프트^{shift} 연산(어떤 숫자의 자리를 옮기는 연산)과 자리 올림^{carry} 연산만 할 줄 알면 된다.

```
십진법:        22 x 5 = 110
이진법:
               10110              십진법:      22
                 101                            5
               10110                          ───
         10110    (두 번 시프트)
         ────────                              110
         1101110
```

문서 정리원이 시프트 연산과 자리 올림 연산만 할 줄 알면 사실상 곱셈도 할 수 있다. 일을 참 멍청하게 하지만 빠르기는 정말 빠르다. 컴퓨터도 이에 비할 바 없이 멍청하지만 계산 속도는 진짜 빠르다. 1초에 간단한 연산을 수백만 번씩 할 수 있는, 엄청나게 손이 빠른 문서 정리원이라고 보면 된다. 컴퓨터가 아주 무식한 방법으로 일을 한다는 사실을 우리가 잘 모르는 이유는 속도가 아주 빠르기 때문이다(신기하게도 사람 두뇌에 있는 뉴런에서 기본 연산을 처리하는 데는 수 밀리초 정도가 걸린다. 이렇게 보면 두뇌는 어찌 그리 똑똑한 건지 감탄스럽기까지 하다. 곱셈 등의 연산은 컴퓨터가 훨씬 빠르지만, 사람을 알아보거나 어떤 물건을 조작하는 등 어린아이도 쉽게 하는 일은 컴퓨터가 어려워하는 경우가 많다).

다음 단계로 넘어가기 전에 기본 연산을 더 정확하게 짚고 넘어가자. 가장 기본적인 연산 중 하나는 문서 정리원이 읽은 카드에서 정보를 가져와 계산에 사용할 메모지로 옮기는 것이다.

> **보내기 연산**
> '카드 X 꺼내기' = 카드 X에 있는 정보를 메모지로 옮김
> '카드 Y 넣기' = 메모지에 있는 정보를 카드 Y로 옮김

'카드 X 꺼내기' 명령은 카드 X에 있는 정보를 메모지로 복사하는 것으로, '카드 Y 넣기' 명령은 그 반대의 의미로 정의했다. 다음으로 문서 정리원에게 카드 X에 적힌 지역이 캘리포니아인지 확인하도록 명령해야 한다. 모든 카드를 처리해야 하

므로, 가장 먼저 할 일은 한 카드에 있는 '캘리포니아' 단어를 기억하는 것이다. '캘리포니아'가 적힌 또 다른 카드 C를 준비해 놓는다면 다음과 같이 명령을 정의할 수 있다.

> 카드 X 꺼내기 (저장소에서 메모지로)
> 카드 C 꺼내기 (저장소에서 메모지로)
> 카드 X에 적힌 내용과 카드 C에 적힌 내용 비교

그리고 나서 양쪽 카드에 적힌 지역이 같다면 특정 작업을 수행하고, 다르면 카드 X는 다시 집어넣고 다음 카드를 꺼내 처음부터 다시 시작하라고 지시하면 된다.

그런데 매번 캘리포니아라고 적힌 카드를 꺼내 비교하는 방식은 아주 비효율적이다. 게다가 꼭 그렇게 해야만 하는 것도 아니다. 대신 메모지에 캘리포니아라는 정보를 한동안 적어두면 된다. 하지만 메모지에 남은 빈 공간이나 문서 정리원이 메모지에 기록할 정보의 양에 따라 이런 방법을 쓸 수도 있고 못 쓸 수도 있다. 만약 메모 공간이 부족하면 카드를 넣었다 꺼내는 작업을 수없이 반복해야 한다. 실제 컴퓨터에서 작업을 처리할 때도 이런 문제를 신경 써야 한다.

문서 정리원이 하는 복잡한 작업을 더 간단하고 기초적인 작업으로 쪼갤 수도 있다. 저장된 카드의 '지역'을 확인하려면 어떻게 해야 할까? 불쌍한 문서 정리원에게 이런 내용이 적힌 카드를 주는 방법을 생각해볼 수 있다.

0000 0000 0000 0000 0000 1111 0000 0000 00000 0000…

이 숫자들의 각 부분은 카드에 있는 특정 정보와 연관된다. 맨 앞에 있는 숫자 0들은 영업사원의 이름, 그 다음 숫자들은 영업사원의 나이와 연결되어 있는 식으로 말이다. 문서 정리원은 1 여러 개가 나올 때까지 쭉 넘어간 다음 그 옆의 정보를 읽어온다. 이 경우에는 1111 옆에 캘리포니아에 대응되는 정보가 적혀 있다고 해 보자. 실제로 컴퓨터에서도 이런 식으로 지역을 알아내는데, 이때 '비트 단위

AND 연산' 같은 기법을 활용하기도 한다(자세한 내용은 나중에 더 자세히 다룰 것이다). 잠시 얘기가 다른 데로 빠졌는데, 방금 설명한 내용은 문서 정리원이 하는 일을 절대 당연하게 받아들이면 안 된다는 것을 보여주기 위한 예다. 잘못하면 문서 정리원을 점점 더 멍청하게 만들 수도 있다.

1.2 명령어 집합

문서 정리원의 메모지를 살펴보자. 아직 문서 정리원에게 이 메모지를 사용하는 방법을 가르쳐주지 않았으므로 지금부터 설명할 것이다. 문서 정리원이 처리할 수 있는 명령어는 크게 두 부류로 나눌 수 있다. 첫 번째는 덧셈이나 보내기 연산과 같이 메모지에 기본적으로 포함된 간단한 절차들이 모여 있는 핵심 '명령어 집합$^{instruction\ set}$'이다. 이런 명령어 집합은 하드웨어에 들어있기 때문에 문제가 달라져도 바뀌지 않는다. 즉, 문서 정리원의 기본 능력 정도로 생각해도 좋다. 두 번째 집합은 작업에 따라 달라지는 것으로, 영업사원의 성과급을 계산하는 일 등이 여기에 속한다. 이 집합의 원소는 핵심 명령어 집합에 들어있는 명령어에 의해 앞서 설명한 방식으로 만들어지며, 주어진 문제를 해결하는 데 필요한 문서 정리원의 능력의 조합을 나타낸다.

문서 정리원에게 가장 먼저 알려줘야 할 것은 바로 올바른 순서로 일을 처리하는 능력, 즉 명령어를 주어진 순서대로 처리하는 능력이다. 이를 위해 메모지의 저장 공간 일부를 '프로그램 카운터$^{program\ counter}$'로 지정한다. 거기에는 문서 정리원이 계산 절차 가운데 현재 어느 부분을 수행하고 있는지를 알려주는 숫자가 적혀 있다. 문서 정리원 입장에서 그 숫자는 주소다. 문서 정리 체계에는 '명령어 문서' 서류함이라는 특별한 서류함이 있고, 카운터에 적힌 숫자는 그 문서 안에 있는 어떤 카드를 가리키는데, 문서 정리원은 그 카드를 가져와야 한다. 그 카드에는 다음에

할 일이 적혀 있다. 문서 정리원은 명령어를 받아서 메모지에 있는 '명령어 레지스터instruction register'라는 부분에 저장한다.

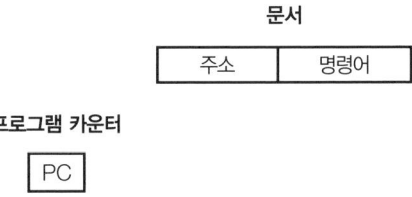

명령어를 수행하기 전에 프로그램 카운터 숫자를 증가시켜서 다음 명령어를 처리할 준비를 해야 하는데, 이때는 기존 프로그램 카운터 값에 1만 더하면 된다. 그리고 나서 레지스터에 들어있는 명령어에 따라 지시한 일을 처리한다. (PC)가 PC 안에 들어있는 내용물을 뜻한다고 할 때 문서 정리원이 하는 일은 다음과 같은 식으로 표현할 수 있다[1] (이런 식의 괄호 표현법은 앞으로도 자주 사용하니 잘 기억해두자).

> 주소 프로그램 카운터로부터 명령을 가져옴
> PC ← (PC)+1
> 명령 처리

두 번째 줄은 카운터인 PC가 (PC)+1이라는 새로운 값을 '받는다'는 말을 조금 있어 보이게 표현한 것이다. 문서 정리원이 가지고 있는 메모지에는 임시 저장 공간이 있어야 계산할 때 쓴다거나 할 수 있다. 이 공간을 레지스터register라고 부르는데, 레지스터는 다른 숫자를 찾는 동안 뭔가를 저장할 공간을 제공한다. 두 수를 더하는 간단한 작업을 할 때도 두 번째 수를 가져오는 동안 첫 번째 수를 기억해 둬야 한다. 모든 작업은 순서대로 처리되어야 하는데, 레지스터가 있어야 주변

---

[1] 엮은이_ 레지스터 전달 언어(register transfer language, RTL)의 표기법은 작성자마다 다를 수 있다. 여기서는 표준 프로그래밍 언어에서 사용하는 '오른쪽에서 왼쪽으로' 집어넣는 표기법을 따른다.

을 정리해 가면서 제대로 일을 할 수 있다. 레지스터에는 보통 이름을 붙이며, 여기서는 4개의 레지스터에 A, B, X, C라는 이름을 각각 붙이겠다. 이 중 C는 조금 특별한 레지스터로, 윗자리로 올라가는 수를 저장하기 위한 용도로만 쓰이기 때문에 1비트만 저장할 수 있으며, 이를 자리 올림 레지스터^{carry register}라고 부르겠다. 일반적으로 레지스터가 많을수록 프로그램을 만들기 쉬워지지만, 여기에서 다루는 내용을 설명하는 데는 네 개면 충분하다.

이제 우리의 문서 정리원은 자신이 할 일을 찾는 방법과 그 일을 언제 해야 하는지를 안다. 그가 사용하는 메모지의 핵심 명령어 집합을 살펴보자. 첫 번째 명령어 유형은 한 카드에서 다른 카드로 정보를 보내는 것이다. 예를 들어 메모지에 M이라는 메모리 위치가 있다고 하면, 우선 레지스터 A에 들어있는 내용을 메모리 M으로 보내는 명령어가 필요하다.

> (A)를 M으로 보내기, 또는 M ← (A)

반대로 메모리 M에 있는 내용을 레지스터 A로 보내는 명령어도 필요하다.

> (M)을 A로 보내기, 또는 A ← (M)

같은 방식으로 메모리 M과 레지스터 B 사이에서 내용을 주고받는 것도 다음과 같이 정의할 수 있다.

> (B)를 M으로 보내기, 또는 M ← (B)
> (M)을 B로 보내기, 또는 B ← (M)

X 레지스터는 조금 다른 방식으로 사용해 보겠다. 우선 B에서 X로, 그리고 X에서 B로 보낼 수 있다고 하자.

> X ← (B)   그리고   B ← (X)

문서 정리원은 프로그램 카운터인 PC에 탭을 설정하거나 PC를 조작할 수도 있어야 한다. 예를 들어 곱셈을 하러 잠시 자리를 비웠다가 나중에 되돌아왔을 때, 이전에 어느 자리에 있었는지 기억해야 하기 때문이다. 이를 위해 PC의 값을 X 레지스터에 저장하자. 다음과 같이 보내는 명령어를 추가하면 된다.

> PC ← (X)   그리고   X ← (PC)

여기에 계산 및 논리 연산도 필요한데, 이 중 가장 기본은 소거 명령어다. 이는 A에 무엇이 있든 전부 지워버리라는 의미다.

> A 소거   또는   A ← 0

소거 명령어 외에 덧셈 명령어도 있어야 한다. 레지스터 A에 들어있던 값에 B의 값을 더한 후 이를 A에 저장하라는 명령어다.

> A에 B 더하기   또는   A ← (A) + (B)

또한 곱셈용 명령어를 핵심 명령어 집합에 추가하지 않고도 곱셈을 할 수 있게 해주는 시프트 연산도 있어야 한다. 왼쪽 시프트는 A에 있는 모든 비트를 왼쪽으로 한 자리씩 옮기는 명령어로, A의 맨 왼쪽 비트가 1이면 올림수를 저장하기 위한 C 레지스터에 1을 저장한다. 오른쪽 시프트는 모든 비트를 오른쪽으로 한 자리씩 옮기는 명령어로, 지금은 별로 쓸모 없지만 나중에 요긴하게 쓰인다.

> A 왼쪽 시프트   그리고   A 오른쪽 시프트

이제 논리 연산을 살펴보자. 자세한 내용은 다음 장에서 살펴보겠지만, 구색을 맞추기 위해 여기서 간략하게만 언급하겠다. 가장 기본이 되는 논리 연산은 AND, OR, XOR이다. 각각은 2개의 디지털 입력 x, y에 대한 함수다. AND는 둘 다 1 인 경우에만 1이 나오고, 나머지 경우는 모두 0이다. AND 연산은 이진 덧셈과 곱셈에 쓰인다. 만약 x와 y를 더한다면 (x AND y)는 올림수 비트의 값이 된다. x, y가 모두 1인 경우에만 1이 되기 때문이다. 레지스터로 설명하자면 x와 y는 각각 (A), (B)이고 AND는 이 두 레지스터에 작용하는 연산이라고 보면 된다.

> AND: $A \leftarrow (A) \wedge (B)$

여기서 $\wedge$는 AND 연산의 논리기호다. 한 쌍의 변수에 AND 연산자를 적용한 결과는 [표 1-1]의 진리표와 같다.

표 1-1 AND 연산자에 대한 진리표

A	B	X
0	0	0
0	1	0
1	0	0
1	1	1

$X = A \wedge B$

다른 두 연산자도 비슷하게 이해하면 된다. OR도 (A)와 (B)에 대해 작용하는 연산자로 (A)와 (B)가 모두 0인 경우에만 0이 된다. (x OR y)는 x 또는 y가 1 이면 1이 되기 때문이다. '배타적 OR$^{\text{exclusive OR}}$'이라고도 하는 XOR은 OR과 비슷한데, (A)와 (B)가 모두 1이면 0이 된다는 점이 OR과 다르다. XOR 연산의 결과는 x와 y를 더한 값의 첫째 자리 수와 같다. 예를 들어 1과 1을 더하면 10이 되며, 이때 일의 자리 수인 0은 (1 XOR 1)이다. OR과 XOR은 다음과 같은 논리기호로 표현한다.

OR: $B \leftarrow (A) \vee (B)$
XOR: $B \leftarrow (A) \oplus (B)$

OR과 XOR 연산도 다음과 같은 진리표 형태로 정리할 수 있다.

표 1-2 OR과 XOR 연산자에 대한 진리표

A	B	X
0	0	0
0	1	1
1	0	1
1	1	1

$X = A \vee B$

A	B	X
0	0	0
0	1	1
1	0	1
1	1	0

$X = A \oplus B$

A를 1만큼 증가 또는 감소시키는 연산도 여러모로 유용하게 쓰인다.

A 증가   또는 $A \leftarrow (A) + 1$
A 감소   또는 $A \leftarrow (A) - 1$

이 외에도 상황에 따라 꼭 필요하거나 자주 쓰이지는 않지만 편의를 위해 명령어를 추가할 수도 있다. 지금까지 정의한 명령어만 해도 계산하는 데 필수적인 명령어보다 많지만, 여러 방법을 써서 또 다른 명령어도 만들어보자. 특정 데이터 항목을 레지스터에 직접 집어넣는 명령어도 꽤 유용하다. 예를 들어 카드에 캘리포니아라고 적은 후 카드에서 메모리로 보내는 대신 메모리에 직접 캘리포니아라고 적을 수 있다면 꽤 편리할 것이다. 이때는 다음과 같은 '직접 로딩' 명령어를 만들 수 있다. N에는 어떤 상수도 들어갈 수 있다.

직접 로딩: $B \leftarrow N$

지금까지 정의하지 않은 명령어 중 정말 중요한 것이 하나 있다. 바로 분기 명령어다. 'Z로 분기하시오'라는 명령은 마치 문서 정리원에게 Z 위치에 있는 명령을 바로 찾아보라는 것과 같다. 즉, 프로그램 카운터 값을 평상시와 같이 1씩 변화시키지 않는 것이다. 이렇게 하면 프로그램의 다른 부분으로 자유롭게 건너뛸 수 있다. 분기에는 무조건 분기와 조건 분기가 있다. 무조건 분기는 전에도 얘기했듯이 다음과 같이 정의할 수 있다.

> (Z)로 분기   또는   PC ← (Z)

반면 처음 등장하는 조건 분기는 다음과 같다. 이때는 올림수를 위한 C 레지스터의 올림수 비트가 1인 경우에만 (Z) 위치로 분기한다. 이러한 조건 분기가 없다면 컴퓨터를 설계하는 데 수많은 제약 조건이 생길 수 있다.

> C = 1이면   (Z) 위치로 분기

이 밖에도 다양한 분기 명령을 추가할 수 있다. 때때로 특정 지역이 아닌 특정 단계만큼 뒤에 있는 위치로 건너뛰는 명령어가 있으면 편리한 경우도 있다. 다음과 같이 넘어갈 단계 수를 프로그램 카운터에 더하는 분기 명령어를 추가하면 된다.

> (PC) + (Z)로 분기   또는   PC ← (PC) + (Z)
> C = 1이면   (PC) + (Z) 위치로 분기

마지막으로 문서 정리원에게 일을 그만하라고 명령할 때는 다음과 같이 종료 명령어를 추가한다.

> 종료

이 명령어들을 활용하면 무슨 일이든 할 수 있다. 몇 가지 연습문제를 직접 풀어

보기 전에 앞서 살펴본 내용과 앞으로 할 일을 잠시 정리하고 넘어가겠다. 지금까지 컴퓨터의 기본 연산을 알아본 이유는 컴퓨터 안에 실제로 무엇이 있는지를 파악하기 위함이다(물론 실제로 어떤 식으로 되어 있는지 설명한 것은 아니지만 꽤 가까이 왔다). 레지스터의 개수는 컴퓨터의 복잡도에 따라 다르지만 규모만 다를 뿐 기본 개념은 같다.

이제 우리가 다룬 명령어를 표현하는 방법을 살펴보자. 명령어는 크게 두 부분으로 이루어지는데, 첫 번째 부분은 명령어 주소이고 두 번째 부분은 명령어 번호다.

명령어 주소	명령어 번호/opcode

예를 들어 '메모리 M에 있는 내용을 레지스터 A에 집어넣으시오'라는 명령이 있다고 해 보자. 컴퓨터는 인간의 언어를 바로 이해하지 못하기 때문에 이 명령을 컴퓨터가 이해할 수 있는 언어, 즉 이진수 형태로 바꿔줘야 한다. 이 이진수가 바로 명령어 번호이며, 명령어 번호의 자릿수에 의해 명령어 개수가 결정된다. 만약 명령어 번호가 네 자리 이진수라면 총 2^4 = 16개의 서로 다른 명령어가 있을 수 있으며, 메모리 주소에 들어있는 내용을 A로 불러오는 명령은 그 중 하나가 된다. 나머지 부분인 명령어 주소에는 A에 집어넣을 것을 어디에서 찾을지 알려주기 위한 주소가 들어가며, 여기서는 메모리 주소 M이 들어간다. 'A 소거'를 비롯한 일부 명령어는 명령어 주소가 필요 없다.

명령을 사용하기 위해 명령어 번호 표현법이나 메모리가 데이터를 저장하는 방식까지 자세히 알아야 할 필요는 없다. 그런 내용은 여러 단계로 이뤄진 계층 구조의 가장 첫 번째 단계이면서 기본 단계에 해당하지만, 우리 입장에서는 그냥 그런 게 있다고 하고 넘어가도 무방하다. 즉, 이런 디테일을 한 번 설계해 놓고 나면 나중에 이를 활용할 때 하위 수준의 디테일에는 신경 쓰지 않아도 된다.

그런데 우리가 지금까지 전혀 생각하지 않았던 기능이 하나 있다. 현재까지 설명한 컴퓨터에는 숫자를 넣거나 빼는 기능이 없는데, 그런 컴퓨터가 제대로 돌아갈 리 없다. 따라서 입출력 방법을 추가로 고려해야 한다. 한 가지 해결책은 메모리의 특정 위치를 입력으로 할당하고 거기에 키보드를 연결하여 누군가 그 내용을 바꿀 수 있도록 하는 방법이다. 마찬가지로 다른 위치를 출력 주소로 정해 놓고 TV 모니터와 연결해서 계산 결과를 보여줄 수도 있을 것이다.

이러한 개념을 더 잘 이해하는 방법에는 크게 두 가지가 있다. 한 가지는 기본 개념을 일단 외운 다음 시간을 들여 각 명령어를 직접 정리하며 익히는 방법이다. 필요에 따라 더 많은 명령어를 외울 수도 있고, 최소한의 명령어만 외울 수도 있다. 다양한 문제를 해결하다 보면 명령어가 얼마나 필요한지 알 수 있다. 나는 성격상 이 방법을 선호한다. 원래 공부를 할 때 이것저것 직접 해보고 만들면서 배우는 편이기 때문이다. 물론 모든 것을 직접 만드는 것은 아니며, 자질구레한 것까지 일일이 외우지는 않고 몇 가지 중요한 힌트만 외운다. 이런 성향을 가지고 있는 독자라면 나처럼 이것저것 직접 해보며 공부하면 된다.

또 다른 방법은 다른 사람은 어떻게 했는지 꼼꼼하게 읽어보는 방법이다. 이 방법도 아주 훌륭하다. 나는 기본 개념을 확실히 이해하고 나면 첫 번째 방법을 더 좋아하지만, 중간에 막히면 다른 사람이 어떻게 했는지를 잘 보여주는 책을 읽기도 한다. 책장을 넘겨보다가 내가 뭘 잘못했는지 깨닫고 나면 책을 덮고서 하던 일을 계속 한다. 그리고 문제를 모두 해결하면 다른 사람이 어떻게 했는지 보며 내가 얼마나 바보같이 풀었는지, 그리고 다른 사람들이 얼마나 똑똑하고 효율적으로 문제를 해결했는지 확인하곤 한다. 그러면 다른 사람들의 아이디어가 얼마나 좋은지도 알 수도 있고, 문제를 사고하는 틀도 생긴다. 물론 다른 사람들의 방법을 처음부터 끝까지 그대로 읽으면 전체적인 그림을 제대로 잡기 어려워 흥미를 잃기 쉽다. 적어도 나는 그렇다.

이 책 곳곳에 독자들이 직접 풀어볼 수 있도록 연습문제를 수록했다. 연습문제를 건너뛰고 싶을 수도 있다. 문제가 너무 어렵다면 어쩔 수 없다. 실제로 아주 어려운 문제도 있다. '어차피 누군가가 이미 풀었을 텐데 뭐 하러 풀어야 하지?'라고 생각하는 독자도 있을 것이다. 물론 연습문제라는 것은 이미 해결된 문제다. 하지만 그러면 어떤가? 그냥 재미삼아 풀어보면 된다. 그렇게 연습하다 보면 문제를 해결하는 감각을 익히게 된다. 한 가지 예로, 다음과 같이 1부터 62를 모두 더해야 한다고 해 보자.

$$1 + 2 + 3 + 4 + 5 + 6 + 7 ...$$

아마 다들 이 문제를 어떻게 푸는지 알고 있을 것이다. 하지만 이를 어린 아이가 풀어야 한다면, 그리고 아직 어떻게 풀지 모르는 상태라면 풀이법을 알아내는 과정 자체가 즐거울 수 있다. 그렇게 스스로 문제를 해결하다 보면 자신감을 얻을 수 있다. 이미 남이 발견한 것이라고 해도 별 문제될 것은 없다. 어떤 바보가 할 수 있는 일이라면 다른 바보도 할 수 있고, 그 바보가 나를 이길까봐 스트레스받을 필요도 없다. 뭔가 새로운 것을 발견했다는 짜릿한 쾌감을 느끼는 것만으로도 좋지 않겠는가! 이 책에 있는 연습문제에는 대부분 수만 가지 훌륭한 해법이 존재한다. 하지만 재미삼아 기존 문제를 직접 증명하다 보면 자신감도 얻을 수 있고, 점점 더 복잡한 문제를 해결하다 보면 언젠가는 아무도 풀지 못한 문제를 풀었다는 걸 깨달을 수도 있다. 컴퓨터 과학자는 그런 식으로 탄생한다.

내 경험을 하나 들려줄까 한다. 앞에서 정수를 쭉 더하는 문제를 언급했는데, 오래 전에 이 문제를 일반화하는 데 흥미를 가진 적이 있었다. 제곱의 합, 세제곱의 합, 이런 식으로 해서 m개 항의 n승의 합을 계산하는 공식을 구했다. 결국은 그 문제를 푸는 데 성공했고, 여러 가지 멋진 관계식도 발견할 수 있었다. 나중에는 각 항에 대한 공식을 특정 수의 식으로도 만들 수 있었는데, 각 n마다 하나씩 있는 특정 수에 대한 공식은 구할 수가 없었다. 쭉 적어 놓고 살펴봐도 그 수를 구하기 위한 일반적인 규칙을 찾을 수 없었다. 그런데 신기하게도 $n=13$까지는 그 수가 항상 정수였지만, 그 후로는 정수가 아니라는 것을 알아냈다(691을 좀 넘는 숫자였다). 상당히 놀라우면서도 재미있는 일이었다.

나중에 알고 보니 그 수들은 1746년에 이미 발견된 것이었다. 결국 나는 1746년에 이뤄진 일까지 해낸 것이다. 그 수는 '베르누이 수$^{\text{Bernoulli numbers}}$'라는 것으로, 구하는 공식이 매우 복잡해서 간단한 형태로는 표현할 수 없다. 단, 한 값을 알고 있을 때 그 다음 값을 알아내는 점화식은 구할 수 있었다. 내가 살아온 여정은 늘 이런 식이었다. 그 다음에는 1889년에 처음 보고된 것을 발견하고, 1921년에 연구된 것도 찾아내고, … 그러다 보니 내가 발견한 것이 그날 세상에서 처음 발견된 것인 적도 있었다. 이렇게 무언가를 발견해가는 과정이 정말 재미있었고, 나와 비슷한 재미를 느끼는 사람이 있을 것이라고 생각해 함께 즐길 수 있도록 연습문제를 싣기로 했다(물론 사람마다 즐기는 방식은 서로 다르겠지만 말이다).

절대로 연습문제를 무서워하거나, 남들이 이미 푼 문제라고 해서 그냥 넘겨버리는 일은 없길 바란다. 새로운 것을 발견하려면 먼저 기존의 문제를 많이 연습해야 한다. 연습문제를 풀다 보면 신기한 관계식이나 흥미로운 패턴 등을 발견할 수 있다. 또한 다른 사람들이 어떻게 풀었는지를 읽어보면 그 과정이 얼마나 힘들었는지, 무엇을 해결하려고 했는지, 어떤 난관이 있었는지 등을 이해할 수 있다. 스스로 문제를 풀기 위해 씨름하고 나서 정답을 보면 바로 정답부터 볼 때보다 훨씬 잘 이해할 수 있다. 이런 이유로 모든 독자들이 여기에 있는 연습문제를 꼭 풀어보기를 권한다.

연습문제 1.1

(a) 앞서 살펴봤던, 어리숙한 문서 정리원이 캘리포니아의 총 매출액을 구하는 문제로 돌아가보자. 총무부에 문서 정리원을 한 명 더 고용하면 일을 더 빠르게 처리할 수 있을까? 만약 그렇다면 문서 정리원을 어떻게 활용할 것이며 계산 속도를 정말 두 배 향상시킬 수 있을지 답해보자. 문서 정리원들에게 어떤 명령을 내릴지 구체적으로 생각하자. 문서 정리원이 K명, 또는 2^K명이 있

는 경우에도 같은 방법을 일반화할 수 있을까?

(b) K명의 문서 정리원을 써서 속도를 높일 수 있는 문제 유형은 무엇인가? 반대로 속도를 높이기 어려운 문제 유형은 무엇인가?

(c) 대부분의 컴퓨터는 CPU가 하나다. 즉, 문서 정리원 한 명이 하루 종일 카드를 안팎으로 옮기면서 빠른 속도로 미친듯이 일하는 것과 같다. 결국 컴퓨터의 속도는 문서 정리원의 속도, 즉 CPU에서 주어진 일을 처리하는 속도에 의해 결정된다. 이제 컴퓨터의 성능을 향상시키는 방법을 생각해 보자. 예를 들어 n비트의 두 수를 비교하는 작업을 한다고 가정할 때, 여기서 n은 1,024 같이 큰 수이며 두 수가 똑같은지 먼저 알아내야 한다. 문서 정리원 한 명이 이 작업을 처리하는 가장 쉬운 방법은 두 수의 각 자리 숫자를 순서대로 비교하는 것이다. 단, 이때는 확인할 수의 자릿수(비트수)인 n에 비례하는 시간이 걸린다. 그런데 문서 정리원을 n명, 아니면 2n명, 3n명 고용한다고 해 보자. 고용하는 사람의 수를 편의상 n의 배수라고 할 때, 문서 정리원의 수를 늘리면 비교하는 데 걸리는 시간을 $\log_2 n$에 비례하는 값으로 줄일 수 있다. 왜 그럴까?

(d) 위 문제를 제대로 풀었다면 더 어려운 문제에 도전해 보자. 두 개의 n비트 수를 $\log n$ 수준의 시간 내에 더하는 방법을 찾는다. 이 문제는 자리 올림까지 고려해야 하기 때문에 좀 더 어렵다.

연습문제 1.2

이번에는 문서 정리원에게 곱셈을 시켜보자(문서 정리원이 알고 있는 기본 명령어 집합에는 곱셈 명령어가 없다는 것을 전제로 한다). 문제는 크게 두 부분으로 나뉜다. 먼저, 곱셈을 수행하는 데 필요한 기본 명령어를 찾는다. 기본 명령어를 찾아내면 곱셈을 할 때마다 매번 다시 작성하지 않도록 이를 적당한 위치, 예를 들어 m과 $m+k$ 사이에 저장해 둔다고 가정하자. 문서 정리원에게 이렇게 미리 설정해 둔 것을 쭉 실행하고 나서 올바른 위치로 돌아가도록 지시하는 방법을 설명한다.

1.3 마무리

지금까지 컴퓨터 설계를 이해하는 데 필요한 내용을 대부분 다뤘다. 이제는 특정 컴퓨터를 자세하게 살펴보는 대신 조금 다른 것을 해 보자. 지금 위치에서 위로 올라갈 수도 있고, 아래로 내려갈 수도 있으며, 옆으로 움직일 수도 있다.

조금 이상하게 들릴지도 모르지만, 여기서 위로 올라간다는 것은 컴퓨터의 작동 원리에 대한 자세한 내용은 줄이고 사용자 입장에 더 가까운 추상적인 면에 접근하는 것을 뜻한다. 예를 들어 기본 명령어 집합에 들어있는 연산을 여러 개 써서 곱셈을 하는 대신 그런 연산을 모아 새로 곱셈을 만들어내면 위로 올라가는 것에 해당된다. 그러면 곱셈을 할 때마다 이렇게 만들어 둔 곱셈 '서브루틴'만 쓰면 된다.

또 한 가지는 메모리 주소가 아닌 대수학에서 쓰는 것과 같은 변수를 사용하는 경우다. 예를 들어 X와 Y를 더한 값을 Z라고 부른다고 해 보자.

$$Z = X + Y$$

X와 Y는 컴퓨터가 이미 알고 있으며, 메모리 상의 특정 주소에 저장되어 있다. 가장 먼저 할 일은 메모리의 한 위치에 Z의 값을 저장하기 위한 공간을 할당하고, 그 자리에 X, Y 메모리 셀의 내용물을 더한 값을 집어넣는 것이다. 이렇게 하면 Z를 $Z + X$ 같은 다른 작업을 처리하기 위한 용도로도 쓸 수 있다. 처음 정의하는 것은 힘들어도 메모리 주소를 일일이 사용하는 것보다는 변수를 사용하는 쪽

이 훨씬 편리하다. 지금까지는 특정 수가 저장된 위치를 정확히 알아야 했지만, 이제는 Z라는 변수가 하나 생겼으니 컴퓨터에게 "Z를 저장할 공간을 찾아 저장하고, 그 위치를 나에게 알릴 필요는 없어."와 같이 명령만 내리면 된다. 바로 이런 것이 위로 올라가는 것, 즉 추상화이다.

물론 우리는 이미 앞에서 'A 소거' 같은 명령어로 여러 연산을 정리하면서 위로 올라간 적이 있다. 이런 명령어들은 사람의 편의를 위해 만든 것일 뿐이며 어차피 컴퓨터는 이해하지 못한다. 따라서 'A 소거' 같은 어셈블리 언어는 컴퓨터가 이해할 수 있는 기계어로 변환되어야 하며, 이는 어셈블러라는 프로그램이 수행한다. 더 높은 단계는 곱셈이나 변수 등이 추가된 고수준 언어로, 이를 어셈블리 언어로 바꾸려면 또 다른 프로그램이 필요하다. 이를 인터프리터 또는 컴파일러라고 부른다. 이 둘의 차이는 번역되는 시점이다. 인터프리터는 프로그램을 실행하면서 각 명령어를 순차적으로 한 줄씩 읽고 해석하며 저수준 언어로 바꾼다. 반면 컴파일러는 프로그램 전체를 한 번에 받아서 전부 어셈블리어 또는 기계어로 바꾼 뒤에 프로그램을 실행한다. 이는 **코드** 전체를 분석한 뒤 필요한 연산을 최적화할 수 있기 때문에 경우에 따라 불필요한 연산을 줄이고 실행 속도를 향상시키는 등의 장점도 있다. 이것이 **컴파일러 최적화**의 핵심이며, 특히 **비 폰 노이만** 방식의 병렬 컴퓨터와 같은 유형에서 점점 더 중요해지고 있다.

계속해서 위로 올라가면 새로운 알고리즘이나 프로그래밍 언어를 개발하거나, 프로그램이나 데이터가 들어있는 파일을 다루는 기능을 추가하는 등 다양한 시도도 할 수 있을 것이다. 요즘에는 웬만하면 고수준 언어를 사용해 컴퓨터를 쉽게 프로그래밍할 수 있는 수준에 이르렀다. 기계어만으로 작업해야 했던 옛날을 생각해 보면 얼마나 힘들었을지, 그리고 여전히 그런 일을 해야 하는 컴퓨터 설계 쪽에 종사하는 사람들은 얼마나 힘들지 충분히 짐작될 것이다.

지금까지는 '위로' 올라가는 방식에 대해 살펴봤다면, 이제는 반대로 '아래로' 내려가는 것을 생각해 보자. 멍청한 문서 정리원에게 간단한 명령어 목록으로 일을 시키는 것보다 더 단순한 것이 더 있을까? 아직 우리는 문서 정리원이 어떻게 만들어져 있는지는 생각해 보지 않았다. 조금 더 구체적으로 얘기하면, 지금까지 논의한 다양한 기능을 작동시키기 위해 실제로 만들어야 할 전기 회로는 생각해 보지 않은 것이다. 이 내용은 바로 다음 장에서 알아볼 것이다.

하지만 그 전에 '옆으로' 이동하는 것이 무엇을 뜻하는지 먼저 짚고 넘어가겠다. 옆으로 이동한다는 것은 지금까지 살펴본, CPU가 하나이고 모든 일을 '하나씩 가져와서 실행하는' 방식으로 순차적으로 처리하는 폰 노이만 아키텍처와 전혀 다른 방식을 고려하는 것이다. 이렇게 비非 폰 노이만 아키텍처로 이뤄진 다양한 컴퓨터에 대한 연구가 진행되고 있으며, 그 중 일부는 이미 상용화되었다. 따라서 옆으로 이동한다는 것은 같은 수준을 유지하면서도 다른 구조를 가진 컴퓨터에서 계산을 처리하는 방법으로 이해하면 된다. 앞의 연습문제에서 살펴본 것처럼 문서 정리원을 여러 명 투입하여 작업 속도를 높이는 방법이 바로 병렬 컴퓨터의 개념과 연결된다.

CHAPTER 2

컴퓨터 구조론

2.1 논리 게이트와 조합 논리

2.2 이진 디코더

2.3 기타 게이트: 가역 게이트

2.4 연산자의 완전 집합

2.5 플립플롭과 컴퓨터 메모리

2.6 타이밍과 시프트 레지스터

CHAPTER 2

2.1 논리 게이트와 조합 논리

이 장에서는 '아래로' 내려가면서 여러 가지 기본적인 연산을 수행하는 데 필요한 요소들을 살펴볼 것이다. 덧셈, 전송, 제어 결정과 같은 연산을 수행하기 위해서는 필요한 게 별로 없다는 것을 알 수 있을 것이다. 무슨 말인지 감을 잡기 위해 일단 덧셈부터 시작해 보자.

우선 내려야 하는 중요한 결정은 모든 것을 2를 바탕으로 하는 수, 즉 이진수로만 생각하자는 것이다. 이진수에는 0과 1만 있는데, 이는 컴퓨터라는 프레임워크에 정말 잘 맞는 성질이다. 전기적으로 각 부품을 ON/OFF 상태로만 나타내면 되기 때문이다.

이를 좀 더 직관적으로 이해하기 위해 이진수를 0과 1을 줄줄이 적는 대신 길쭉한 플라스틱 띠에 칸막이가 있는 모양의 그림으로 간단히 표현해 보자. 마치 냉동실에 얼음을 얼릴 때 쓰는 틀의 각 칸이 각 자리의 숫자를 나타낸다고 보면 된다. 칸이 비어 있으면 그 자리 숫자는 0이고, 돌멩이가 들어있으면 1이다. 그런 띠가 다음과 같이 2개 있을 때 이 두 띠가 나타내는 수를 더하고, 두 띠 밑에는 두 값을 더한 결과를 기록할 띠가 하나 더 있다고 하자(그림 2-1).

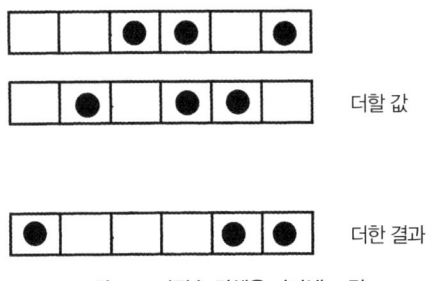

그림 2-1 이진수 덧셈을 나타낸 그림

이렇게 하면 추상적인 수학 문제를 실제 물건을 다루는 구체적인 문제로 바꿀 수 있다. 돌멩이를 옮기는 간단한 규칙만 정하면 덧셈을 할 수 있는 것이다. 단, 다루기도 힘들고 시간도 많이 걸리는 돌멩이 대신 전선을 사용하여 전압이 높은 쪽을 1, 낮은 쪽을 0으로 표현할 수도 있다. 그렇게 해도 기본 규칙은 바뀌지 않는다. 그러면 돌멩이나 전압을 더하는 규칙은 어떻게 될까? 이진수 덧셈의 기본 규칙은 다음과 같다.

> $0 + 0 = 0$
> $0 + 1 = 1$
> $1 + 0 = 1$
> $1 + 1 = 0$ 한 자리 위에 1을 더함

정말 멍청해서 돌만 옮길 줄 아는 사람에게 '돌 두 개가 위아래로 있으면 그 밑에 있는 칸은 비우고 대신 그 왼쪽 자리에 돌을 하나 놓아라'고 설명했다고 가정하자. 이렇게 구체적으로 규칙을 만들어 두면 바보라 하더라도 어떤 큰 수든 더할 수 있다. 더 나아가 곱셈이나 심지어는 초기하함수 같은 복잡한 계산까지도 다룰 수 있다. 명령만 제대로 한다면 겨우 돌멩이만 움직일 줄 아는 바보한테도 복잡한 일을 맡길 수 있는 것이다. 만약 이 바보가 돌멩이를 아주 빠르게 옮긴다면 똑똑한 사람보다 더 빨리 계산을 마칠 수도 있다. 그렇다면 그 바보가 나보다 똑똑하다고 얘기할 수 있지 않을까?

물론 실제 컴퓨터는 돌멩이를 옮겨가며 계산하지 않는다(아주 옛날에 사용하던 계산용 기계는 비슷한 식으로 작동하기는 한다). 컴퓨터는 전기 신호를 조작해 계산을 한다. 따라서 조금 전에 설명한 연산 방법을 구현하려면 전기 회로를 생각해야 한다. 이제 얼음 틀과 돌멩이는 잊고 두 개의 이진수 A와 B를 더하는 물리적인 가산기^{adder}를 만드는 방법을 살펴보자. 가산기에서는 합 S와 올림수(윗자리로 올라가는 수) C가 생성되며, 그 값을 정리하면 [표 2-1]과 같다.

표 2-1 이진 덧셈용 진리표

A	B	S	C
0	0	0	0
0	1	1	0
1	0	1	0
1	1	0	1

이 가산기를 두 전선 A, B가 들어가고 두 전선 S, C가 나오는 블랙박스[1]로 표현하면 다음과 같다(그림 2-2).

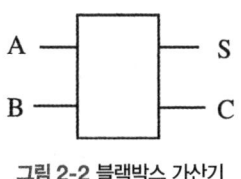

그림 2-2 블랙박스 가산기

이 상자의 특징은 잠시 후에 자세히 알아보도록 하고, 지금은 그냥 잘 작동한다고 가정하고 넘어가자(참고로, r비트의 두 수를 더하려면 이런 가산기가 몇 개 있어

---

[1] 파인만_ 반가산기라고 부르기도 한다. 잠시 후에 전가산기도 다룬다.

야 할까? 조금만 생각하면 1비트 가산기 $2r-1$개가 필요함을 알 수 있다. 이 역시 단순한 기본 단위를 모아 복잡한 것을 만드는 예라 할 수 있다).

다시 1비트짜리 블랙박스 가산기로 돌아가 우선 올림수 비트만 살펴보자. 이 값은 A와 B가 모두 1일 때만 제외하고 항상 0이다. 즉, 부울 논리상의 AND 게이트와 작동 방식이 같다. AND 게이트 자체도 입력선이 2개, 출력선이 1개인 블랙박스이며, 입력에 따른 출력을 나타내는 특정 진리표에 따라 작동한다. 진리표와 AND 게이트를 나타내는 기호는 [그림 2-3]과 같다.

A	B	A AND B
0	0	0
0	1	0
1	0	0
1	1	1

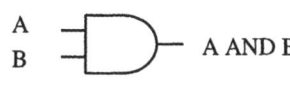

그림 2-3 AND 게이트

개념은 전혀 복잡하지 않다. A AND B는 A와 B가 둘 다 1인 경우에만 1이다. 따라서 올림수는 사실상 AND 게이트에서 나온 값과 같으며, 올림수 비트는 A와 B를 AND 게이트에 집어넣어서 구할 수 있다. AND 게이트를 미지의 블랙박스로 표현했지만, 실제로 특정 재료를 써서 A, B, C 역할을 하는 진짜 전기 신호로 AND 게이트를 만들 수 있기 때문에 가산기를 구현하는 것도 그리 어렵지 않다. 가산기의 합 비트인 S는 배타적 OR$^{\text{exclusive OR}}$, 또는 XOR이라고 부르는 논리 게이트로 구할 수 있다. XOR의 진리표와 기호는 [그림 2-4]와 같다.

A	B	A XOR B
0	0	0
0	1	1
1	0	1
1	1	0

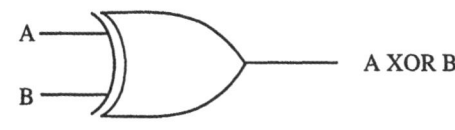

그림 2-4 XOR 게이트

A XOR B는 A나 B 중 하나만 1이면 결과가 1이지만, A와 B가 둘 다 0이거나 1이면 0이다. XOR은 일반 OR 게이트와는 확연히 구분된다. OR 게이트의 진리표와 기호는 [그림 2-5]와 같다.

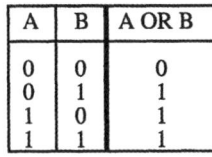 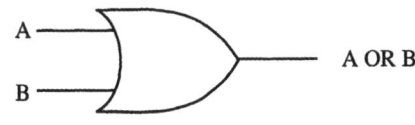

그림 2-5 OR 게이트

여기에 있는 게이트는 모두 어떤 이진값을 입력받아서 이진 함수를 계산하는 스위칭 함수^{switching function}다. 부울 대수 규칙을 스위칭 네트워크에 처음으로 적용한 사람은 클로드 섀넌^{Claude Shannon}이다. 섀넌은 1937년에 쓴 MIT 석사 학위 논문에 그 업적을 소개했다. 스위칭 함수는 게이트라는 기초 회로를 사용하여 전기적으로 구현할 수 있다. 전선에 전기 신호가 있으면 1(또는 참)이고, 없으면 0(또는 거짓)이다. 이제 더 낮은 수준으로 계속 내려가서 기본 게이트를 자세히 살펴보자.

가장 간단한 연산은 아무것도 하지 않는 항등^{identity} 연산이다. 이는 [그림 2-6]과 같이 전선 한 가닥이 상자로 들어갔다가 같은 신호로 나가는 것으로, 단순히 전선이라고 생각하면 된다.

그림 2-6 항등

실제 컴퓨터에서는 이런 요소를 지연^{delay}으로 간주할 수 있다. 8장에서 배우겠지만, 전기 신호가 전선을 따라 전달되는 데는 분명히 시간이 걸리며, 실제로 컴퓨터를 설계할 때는 이런 유한한 전송 시간, 즉 지연 시간을 고려해야 한다. 종이 위에서 볼 때는 별것 아닌 것 같아도 컴퓨터에는 큰 영향을 미칠 수 있기 때문이다.

그러나 이 연산은 일단 건너뛰고, 이번에는 들어오는 신호를 반대로 뒤집는 가장 간단한 연산을 살펴보자. 즉 1이 입력되면 0이, 0이 입력되면 1이 출력된다. 이런 연산을 NOT 연산이라고 부르며, 진리표와 기호는 [그림 2-7]과 같다.

그림 2-7 NOT 게이트

NOT 게이트 기호는 지연 게이트 끝에 조그만 동그라미를 그려놓은 모양이다. 조금만 생각해 보면 NOT을 사용하여 OR과 AND를 연관지을 수 있음을 알 수 있다. 진리표를 자세히 보면 A OR B와 NOT{(NOT A) AND (NOT B)}가 같음²을 확인할 수 있을 것이다. 이를 연산자 사이의 동등성이라고 하는데, 이 외에도 여러 연산 사이에서 동등성을 발견할 수 있다. 물론 OR을 꼭 AND와 NOT으로만 표현해야 하는 것은 아니다. 반대로 AND를 NOT과 OR을 사용해 표현할 수도 있다.

용도에 따라 가장 적합한 게이트의 집합을 찾고 다른 연산자를 기본 게이트로 표현해 보는 것도 흥미로운 일이다. 이런 과정을 반복하다 보면 가능한 논리 함수를 모두 만드는 기본 게이트의 집합을 이론적으로 찾을 수 있는지 궁금해질 것이다. 가령 가능한 모든 입력 상태에 대한 출력을 정의하여 임의의 블랙박스를 만들었을 때, 기본 집합에 들어있는 게이트만으로 그 함수를 실제로 만들 수 있을까 하는 의문이 생기는 것이다. 연산자 집합에 대한 완전성^{completeness} 문제는 워낙 증명하기도 어렵고 이 책의 수준을 넘어서기 때문에 자세하게 다루지는 않겠다. 대신 2.4절에서 소개할 간단한 증명 수준에서 만족하고 넘어가도록 하자. 결과만 말하자면 AND, OR, NOT 이렇게 세 연산자를 모아 놓으면 완전성이 만족된다. 즉,

---

2 엮은이_ 이 관계는 그 유명하고 유서 깊은 드 모르간의 법칙의 구체적인 사례다.

이 세 연산자만 있으면 어떤 스위칭 함수든 만들 수 있다. 독자들의 호기심을 돋우기 위해 한 가지 알려주자면, 단 하나의 연산자만으로도 완전성을 만족시킬 수 있다.

지금까지 대부분의 논리회로를 표현할 수 있는 게이트 기호를 모두 익혔다. 기호는 실제 물리적인 게이트들 간의 연결을 보여주기 위한 용도로 많이 쓰인다. 가령 AND, OR, NOT 사이의 관계는 [그림 2-8]과 같이 그릴 수 있다.

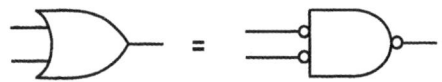

그림 2-8 AND, OR, NOT 사이의 관계

위 그림에서는 전선에 동그라미를 덧붙여서 NOT을 표기하는 관례를 따랐으며, NOT을 표기할 때 반드시 삼각형 기호를 그려야 하는 것은 아니다.

이런 기호를 여러 가지로 활용해 보자. XOR 게이트는 위 3가지 기호로 어떻게 표현할 수 있을까? XOR에서는 A=1, B=0 또는 A=0, B=1일 때만 1을 내보낸다. 게이트를 새로 만들 때는 우선 A AND B, A OR B, A AND (NOT B)에 대한 진리표를 작성한 다음 그 출력값을 다른 게이트에 입력해 원하는 결과를 얻을 수 있는지 알아봐야 한다. 예를 들어 A AND (NOT B)는 A=1, B=0일 때만 1이고 나머지는 모두 0이다. 마찬가지로 (NOT A) AND B는 A=0, B=1일 때만 1이다. 이 두 게이트의 출력값을 다른 OR 게이트에 집어넣으면 결과적으로 XOR 게이트가 만들어진다(그림 2-9).

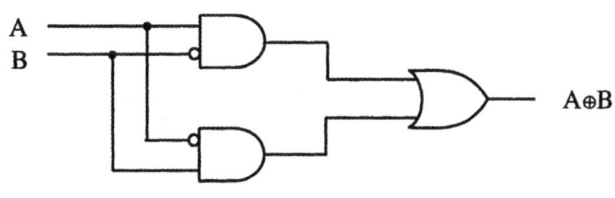

그림 2-9 AND와 OR로 만든 XOR 게이트

여기서는 교차하는 두 전선이 전기적으로 연결되어 있으면 교차점에 점을 추가로 찍고, 연결되어 있지 않으면 교차점에 아무런 표시도 하지 않는 표기법을 썼다. 물론 위 회로가 A, B의 다른 조합에서도 제대로 작동하는지 확인해야 한다. A, B가 둘 다 0이면 두 AND 게이트에서 모두 0이 나오기 때문에 OR 게이트에서도 0이 나온다. A, B가 둘 다 1인 경우에도 두 AND 게이트에서 모두 0이 나오기 때문에 마찬가지로 최종 결과는 0이다. 위와 같은 회로가 유일한 해답은 아니라는 점에 주의하자. XOR 스위치는 다음과 같이 만들어도 된다(그림 2-10).

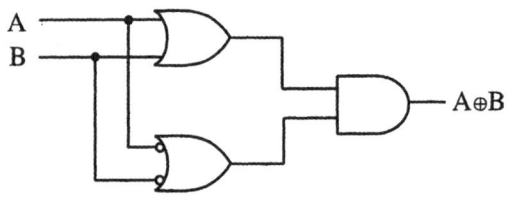

그림 2-10 다른 방법으로 만든 XOR 게이트

실제로 XOR 회로를 만든다면 어떤 식으로 해야 할까? 이는 하드웨어, 반도체 기술 조건 등에 따라 달라질 것이다. 그 외에 기본 요소 개수를 최소화시켜야 한다든가 하는 다른 고려 사항이 추가될 수도 있다. 그런 문제도 분명 연구할 가치가 있지만 여기서는 깊이 다루지 않겠다. 지금 중요한 사실은 AND, OR, NOT만 잔뜩 있으면 다른 어떤 스위치도 만들 수 있다는 것이다.

우리는 이미 1비트 가산기를 만드는 방법을 배웠다. 올림수 비트는 AND 게이트로 구할 수 있고, 합 비트는 XOR 게이트로 구할 수 있다. XOR 게이트는 앞에 나온 것처럼 기본 게이트로 만들면 되기 때문에 이번에는 A, B, C, D 4개가 입력되는 다중 AND를 생각해 보자. 이 경우 입력은 4개지만 출력은 여전히 1개이며, 입력이 2개인 경우처럼 입력이 전부 1인 경우에만 1이 출력된다. 이 문제를 논리식 기호로 표현하면 다음과 같다.

$$A \wedge B \wedge C \wedge D$$

앞에서도 언급한 바와 같이 ∧는 AND를 뜻한다. 물론 이런 논리식을 쓴다고 해서 논리학자들이 그 연산을 수행하기 위한 특정 회로를 염두에 두는 것은 아니다. 하지만 우리는 기본 게이트들로 다중 AND 회로를 설계할 수 있다. [그림 2-11] 처럼 AND 게이트 3개면 충분하다.

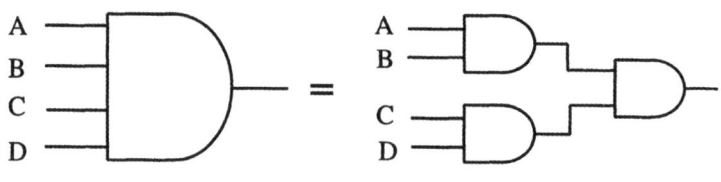

그림 2-11 다중 AND 게이트

비슷한 방법으로 다양한 크기의 다중 AND 게이트도 자유자재로 만들 수 있다.

이제 정말 맨 밑바닥까지 내려가서 논리 게이트를 만들 때 사용할 실제 전자부품을 살펴보자. 완전히 바닥을 훑는 일, 즉 반도체 안에서 전자가 돌아다니는 수준까지 살펴보는 일은 이후 8장에서 해볼 예정이다. 여기서는 전자공학을 어느 정도 알고 있는 사람이라면 쉽게 이해할 수 있는 수준에서 게이트를 만드는 방법을 간략하게 짚고 넘어가겠다.

모든 게이트 구성의 중심에는 트랜지스터가 있다. 반론의 여지도 있지만 트랜지스터는 전자부품 가운데 가장 중요하다고 할 수 있으며, 전자산업의 발전과 성장에 결정적인 역할을 했다. 전기로 돌아가는 것 중에 트랜지스터가 들어가지 않는 것은 거의 찾아볼 수 없으며, 컴퓨터를 이해하는 데도 트랜지스터를 아는 것이 필수다. 컴퓨터에서는 트랜지스터가 스위치로 쓰이기 때문이다. 이제 트랜지스터를 사용하여 NOT 게이트를 구축하는 방법을 살펴보자. [그림 2-12]의 회로를 살펴보자.

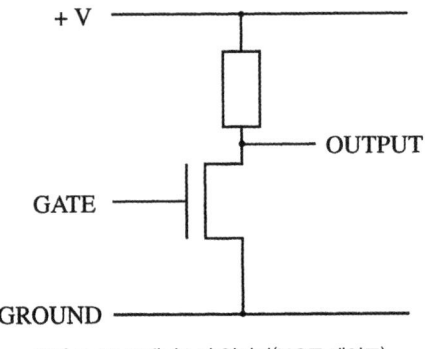

그림 2-12 트랜지스터 인버터(NOT 게이트)

트랜지스터에는 전선 3개가 연결된다. 하나는 게이트 신호에, 다른 하나는 접지선에, 또 다른 하나는 저항을 통해 양전압이 걸린 전선에 연결된다. 트랜지스터의 주된 속성은 게이트에 양전압이 걸리면 전도성을 띠고, 0이나 음전압이 걸리면 전도성이 없어진다는 점이다. 이제 게이트에 전압이 입력될 때 출력 전압을 살펴보자. 양전압이 걸릴 때가 1이 입력되는 경우라면, 트랜지스터는 전도성을 띠고 전류가 흐른다. 그러면 출력 전압은 0이 되어 이진수로 따지면 0이 출력되는 셈이 된다. 반면에 게이트에 0V 또는 음전압이 걸리면 전류가 흐르지 않기 때문에 출력 전압은 +V가 되어 1이 출력된다. 따라서 출력은 입력과 정반대가 되므로 NOT 게이트가 된다.[3]

AND 게이트는 어떻게 만들까? 트랜지스터의 특성상 AND 게이트보다는 NAND 게이트부터 시작하는 쪽이 더 편하다. MOS 환경에서는 NAND를 만들기가 더 쉬우며, 일단 NAND를 만들면 드모르간의 법칙 중 하나인 AND≡NOT{NAND}에 의해 AND를 만들 수 있기 때문이다. [그림 2-13]의 회로가 이를 보여준다.

---

[3] 파인만_ 잠깐 기술적인 얘기를 하자면, 여기에서 모든 회로는 MOS(금속 산화물 반도체) 기술을 기반으로 만든다고 가정했다. MOS에서는 저항을 만들기 어렵기 때문에 보통 다른 유형의 MOS 트랜지스터를 대신 사용한다(8장 참조).

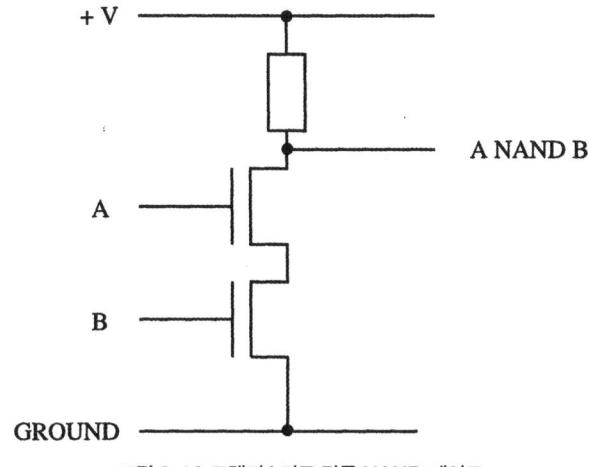

그림 2-13 트랜지스터로 만든 NAND 게이트

출력 전압이 0이 되려면 A와 B에 모두 전류가 흘러야 하므로 A와 B에 모두 양전압이 걸려야 한다. 따라서 이 회로는 NOT AND, 즉 NAND 게이트가 된다. AND 게이트를 만들고 싶다면 [그림 2-13]의 NAND 출력을 [그림 2-12]처럼 NOT 게이트에 입력하면 된다.

그럼 OR 게이트는 어떻게 만들까? 이미 앞에서 AND와 NOT을 이용해 OR을 만드는 방법을 살펴봤기 때문에 원한다면 앞서 만든 트랜지스터 회로를 잘 조합해 OR을 만들 수도 있다. 하지만 개념적으로나 제조 관점에서 더 쉬운 방법은 [그림 2-14]와 같이 병렬 회로를 고려하는 것이다.

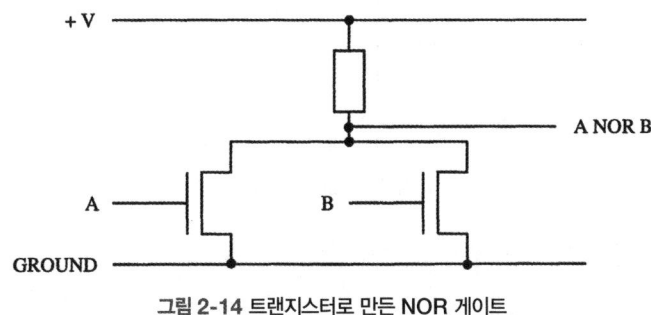

그림 2-14 트랜지스터로 만든 NOR 게이트

A나 B 중 어느 한쪽에라도 양전압이 걸리면 전류가 흘러서 출력은 0이 된다. 반대로 A, B가 둘 다 0이면 +V, 즉 1이 출력된다. 따라서 이 회로는 NOT OR 또는 NOR 게이트가 된다. 이 출력을 NOT 게이트로 보내면 우리가 원하는 OR 게이트가 만들어진다.

이 정도면 이제 기본 게이트 기능을 하는 전기회로를 충분히 만들 수 있을 것이다. 다시 한 단계 위로 올라가 기본 요소를 가지고 만들 수 있는 보다 복잡한 장치를 생각해 보자.

2.2 이진 디코더

우선 이진 디코더$^{binary\ decoder}$부터 살펴보자. A, B, C, D 4개의 선이 입력된다고 가정하면 이 4개의 선으로는 어떤 값이든 들어올 수 있다. 만약 1011과 같이 특정한 값이 들어오면 이를 감지할 수 있어야 한다. 즉, 디코더가 1011을 감지하면 신호를 보내는 것이다. 마치 디코더로 들어오는 4비트를 계속 감시하다가 값이 1011이 되면 우리에게 신호를 보내주는 요정이라도 있는 것처럼 말이다. 이런 디코더는 살짝 변형시킨 AND 게이트만 있으면 그런 요정 없이도 쉽게 만들 수 있다. [그림 2-15]와 같은 회로에서는 A, C, D가 1이고 B가 0일 때만 1이 출력된다.

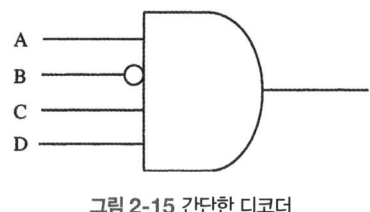

그림 2-15 간단한 디코더

이는 고정된 신호가 들어오는 경우에만 반응하는 특수한 디코더다.

이번에는 조금 더 일반화시켜서 여러 요정이 각자 자기 선만 감시해서 아주 다양한 조합을 잡아낼 수 있다고 생각해 보자. 각 디코더를 병렬로 연결하면 그런 디코더를 만들 수 있다. 이렇게 가능한 모든 입력을 디코딩할 수 있는 디코더를 풀 디코더$^{full\ decoder}$라고 부른다.

3-8 이진 디코더$^{3-to-8\ binary\ decoder}$를 가지고 풀 디코더가 어떤 식으로 작동하는지 살펴보자. 이 디코더는 입력선이 3개이기 때문에 총 $2^3=8$가지 조합이 가능하다. 따라서 출력선은 8개가 되고, 각 입력 조합마다 서로 다른 출력선을 할당할 게이트를 만들어야 한다. 그러면 8개의 출력선 가운데 하나에만 1이 출력되므로 디코더로 어떤 신호가 입력됐는지 한눈에 알 수 있다. 이 디코더는 [그림 2-16]과 같이 구성할 수 있다.

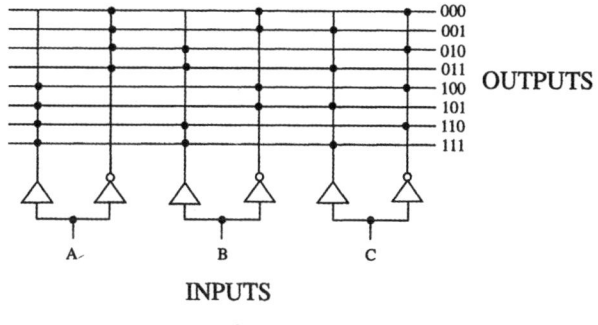

그림 2-16 이진 디코더

[그림 2-16]에서 한 수평선 위에 있는 3개의 점은 3중 AND 게이트를 나타낸다 ([그림 2-11]의 다중 AND 게이트에 대한 설명 참조). 각 입력선은 A와 NOT A 신호로 분기되는데, 즉 A가 1이면 아래쪽에 있는 4개의 출력선만 1이고, 위쪽 4개의 출력선은 0이 된다. 마찬가지로 B와 C(또는 NOT B와 NOT C)에 연결된 수직선에 있는 점도 8개의 선 가운데 1 값을 가질 수 있는 선과 연결되어 있다. 각 출력선에는 1이 출력될 때의 입력 상태를 표기했다. 이렇게 만들어진 게이트는 3-8 이진 디코더 역할을 한다.

[그림 2-16]의 장치는 정말 중요한 용도로 쓰인다. 컴퓨터 설계에서 디코더는 필수다. 만약 디코더의 수평 방향 입력선 모두에 1을 집어넣고, 교차점에 있는 점은 다음과 같이 양방향 AND라고 해 보자.

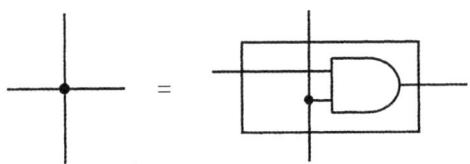

이때 점이 없는 교차점은 연결되지 않은 부분이다.

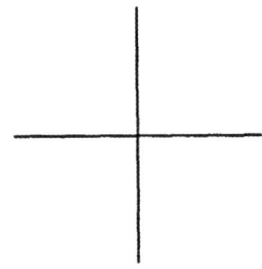

왼쪽에서 신호 1이 들어왔을 때 첫 번째 점을 통과하려면 A=1이나 NOT A=1 같은 올바른 신호가 들어와야 한다. B, C도 마찬가지다. 이 회로도 여전히 이진 디코더라는 점에서는 변함이 없다. 하지만 이는 컴퓨터가 작동하는 데 필수적인 역할을 한다. 바로 특정 선으로 연결시켜주는 다중 스위치 역할을 하기 때문이다. 디코더의 원래 입력선 역할을 하던 A, B, C는 이제 어떤 출력선으로 신호가 갈지를 결정하는 주소선 역할을 한다. 이 장치는 멀티플렉서^{multiplexer}와도 매우 유사하다. 멀티플렉싱이란 여러 입력선으로 들어온 신호 중 하나를 선택해 하나뿐인 출력선으로 전송하는 기능을 말한다. 여기서는 [그림 2-17]과 같이 8개의 출력선을 8단 OR 게이트에 입력시켜주기만 하면 멀티플렉서가 만들어진다.

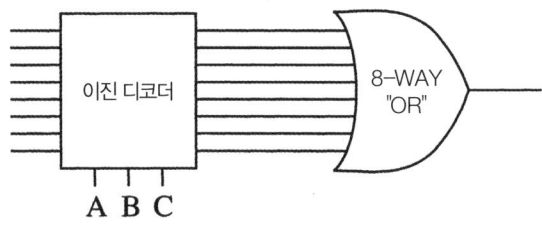

그림 2-17 멀티플렉서

이러한 회로를 사용하면 3비트짜리 주소 코드를 사용하여 왼쪽으로 들어오는 8개의 입력선 중 원하는 것만 골라 전송할 수 있다. 이와 같은 멀티플렉서는 컴퓨터에서 메모리에 데이터를 입출력하는 것을 비롯해 다양한 용도로 쓰인다.

몇 가지 연습문제를 풀어보자.

연습문제 2.1

8-3 인코더를 설계해 보자. 즉, 앞서 만든 회로와 반대로 입력선 8개 중 하나로만 신호가 들어올 때 어떤 선에 신호가 들어왔는지를 인코딩해서 3개의 출력선으로 내보내는 회로를 만들어 보자.

연습문제 2.2

AND, OR, NOT 게이트를 사용해 단순 가산기를 설계해 보자.

연습문제 2.3

1비트 전가산기를 설계해 보자.

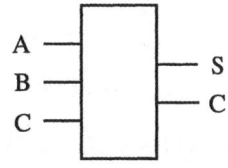

Chapter 2 컴퓨터 구조론

연습문제 2.4

1비트 전가산기를 r개 사용해 r-비트 전가산기를 만들어 보자. 이때 필요한 단순 가산기의 개수는?

2.3 기타 게이트: 가역 게이트

우리는 앞서 증명 없이도 AND와 NOT 회로를 조합하면 어떤 스위칭 함수도 만들 수 있다는 것을 살펴보았다.

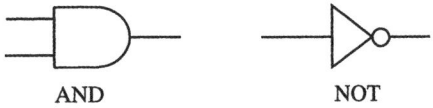

그런데 별다른 언급 없이 추가로 사용한 기본 요소가 2개 더 있다. 바로 FANOUT과 EXCHANGE 연산이다(그림 2-18).

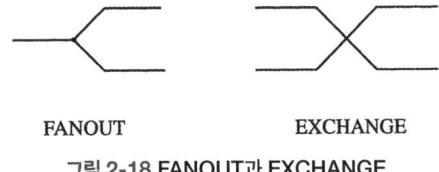

그림 2-18 FANOUT과 EXCHANGE

1과 0 신호가 흐르는 전선이라면 이런 게이트가 당연히 존재할 수밖에 없다. FANOUT은 하나의 전선을 2개 이상의 전선으로 갈라주는 게이트에 불과하고, EXCHANGE는 한 쌍의 연결을 맞바꿔주기만 하면 되기 때문이다. 하지만 정보가 돌멩이를 통해서 전달된다면 FANOUT 게이트는 돌멩이 1개가 2개가 되어야 하는, 부자연스러운 연산이 되고 만다. 마찬가지로 정보가 서로 다른 곳에 있는 두 상자에 저장되어 있었다면 EXCHANGE도 그리 자연스럽지 못하다. 지금 이 부자연스러워 보이는 두 연산을 포함시켜야 할 필요성을 강조하는 이유는 가역성에 대해 논할 때 이 두 연산이 꼭 필요하기 때문이다. 또한 0과 1이 무한히 공급된다는 가정도 필요하다. 어딘가에 전선을 연결하기만 하면 0과 1을 원하는 만큼 가져다 쓸 수 있는 저장소가 있다고 가정하자. 이는 예기치 않게 필요할 수 있다. 예를 들면, 앞에서도 얘기했듯이 AND와 NOT은 NAND 게이트 1개로 바꿀 수 있다(그림 2-19).

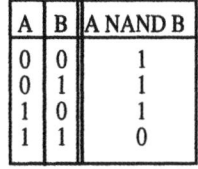 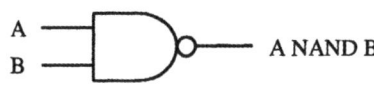

그림 2-19 NAND 게이트

이 게이트만 하나 있으면 AND와 NOT이 따로 있을 필요가 없다. NAND를 가지고 NOT을 만들고 싶다면 1이 가득 들어있는 창고에서 선을 하나 끌어와 NAND에 입력만 하면 된다. 그러면 A가 어떤 값을 가지고 있든 무조건 NOT A가 출력된다.

NOT과 NAND가 있으면 당연히 AND도 만들 수 있다. 따라서 AND와 NOT 대신 NAND 하나만 있어도 된다.

이제 조금 더 복잡한 문제와 신기한 논리 게이트를 살펴보자. AND와 NAND, OR과 XOR 연산은 모두 비가역 연산이다. 게이트에서 출력된 값으로부터 입력값을 재구성할 수가 없기 때문이다. 비가역 게이트에서는 정보가 손실되고 그 손실은 돌이킬 수 없다. 예를 들어 입력선이 4개인 AND 게이트에서 0이 출력된다면 가능한 입력은 총 15가지인데, 그 중 어떤 조합에 의해 0이라는 결과가 나오는지는 알 수 없다(물론 1이 출력된다면 어떤 신호가 입력되었는지 알 수 있다). 출력되는 정보를 가지고 어떤 정보가 입력됐는지 알아낼 수 있는 가역 연산 개념을 도입해 보자. 나중에 컴퓨터 계산의 열역학을 공부할 때 이 개념이 반드시 필요하다. 계산의 열역학을 배우면 계산하는 데 필요한 자유 에너지나 계산의 물리적인 효율 따위를 계산할 수 있다.

가역 컴퓨터 문제에 처음 손을 대기 시작한 건 베넷과 프레드킨이다. 가역 컴퓨터는 기본적으로 NOT(N), CONTROLLED NOT(CN), CONTROLLED CONTROLLED NOT(CCN)의 3개 게이트로 만들어진다. NOT은 이전과 동일한 NOT 게이트이며, CN은 AND나 NAND처럼 입력값이 2개지만 출력값도 2개라는 점이 다르다. [그림 2-20]을 보면 2개의 선이 있는데 한 선 위에는 O 표시, 다른 선 위에는 X 표시가 있다. O 표시가 그려진 선이 제어선이다.

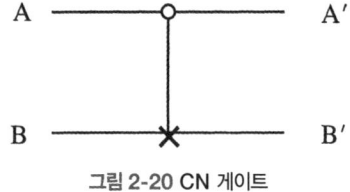

그림 2-20 CN 게이트

여기서 X 표시는 NOT 연산을 뜻하지만, 일반 NOT과는 다르게 O 표시가 있는 선에 의해 제어된다. O 표시가 있는 선으로 들어오는 값이 1이면 X 표시가 있는 선으로 들어온 값이 반전된다. 그러나 O 표시가 있는 선으로 입력된 값이 0이면 NOT 게이트가 작동하지 않아 X 표시가 있는 선으로 입력된 값이 바뀌지 않고 그대로 출력된다. 즉, O 표시가 된 선으로 들어온 입력값이 아래쪽 선의 NOT 게이트를 활성화하는 역할을 한다. 위쪽 선의 출력은 입력값과 똑같다. 이 게이트에 대응되는 진리표는 다음과 같다.

표 2-2 CN 게이트 진리표

A	B	A′	B′
0	0	0	0
0	1	0	1
1	0	1	1
1	1	1	0

여기서 B′는 A와 B가 XOR 게이트에 입력됐을 때의 출력과 같다. 즉 B′ = XOR(A, B)이다.

이 CN 게이트의 가장 중요한 특징 가운데 하나는 바로 가역적이라는 점이다. 즉, 출력된 값으로부터 입력값을 알아낼 수 있다. [그림 2-21]처럼 CN 게이트를 두 번 반복하면 기존 입력값이 그대로 출력된다.

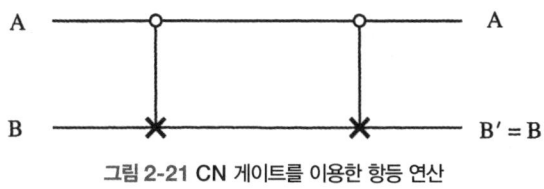

그림 2-21 CN 게이트를 이용한 항등 연산

CN 게이트를 이용하면 FANOUT 회로를 만들 수 있다. B=0으로 해 놓으면 출력은 B′=A, A′=A가 된다. 연습 삼아 CN 게이트를 연결해서 EXCHANGE 연산자를 만드는 문제를 풀어보자(힌트: CN 게이트가 여러 개 필요하다).

하지만 N과 CN 게이트만 가지고 모든 연산을 수행할 수는 없다. 이때는 뭔가 다른 것이 필요한데, 바로 CCN(CONTROLLED CONTROLLED NOT) 게이트[4]다(그림 2-22).

---

[4] 엮은이_ CCN 게이트는 이를 발명한 토마소 토폴리(Tommaso Toffoli)의 이름을 따서 토폴리(Toffoli) 게이트라고도 부른다.

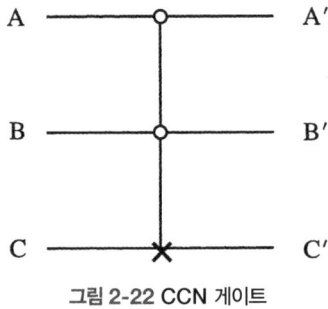

그림 2-22 CCN 게이트

이 게이트에는 A, B 2개의 제어선이 있으며, CN 게이트처럼 O 표시가 있는 선으로 입력된 신호는 그대로 출력되어 A′=A, B′=B가 된다. X 표시가 있는 마지막 선은 NOT 연산이 적용되는 선인데, A와 B 둘 다 1일 때만 C′=NOT C가 된다.

이 게이트는 막강한 기능을 자랑한다. 우선 A, B를 모두 1로 해놓으면 단순한 N 게이트 역할을 한다. 그리고 A만 1로 고정하면 B, C를 입력으로 하는 CN 게이트처럼 작동한다. 따라서 1과 0만 충분히 제공되면 CCN 게이트 하나만 가지고 CN과 N 게이트까지 대신할 수 있다.

또한, CCN 게이트만 있으면 무슨 논리 연산이든 할 수 있다. 앞에서도 보았듯이 CN 게이트로 XOR 출력을 만들 수 있다. 여기에 NOT을 몇 개 추가하면 AND 게이트도 만들 수 있다. CCN 게이트 하나만으로 완전한 연산자 집합이 완성되는 것이다. 예를 들어 C=0으로 고정하면 A, B를 입력으로 하는 AND 게이트가 만들어진다. C′는 NOT 게이트가 활성화될 때, 즉 A=B=1일 때만 NOT C인 1 값을 가지고, 나머지 경우에는 항상 0이다. 따라서 C′ = A AND B가 된다.

이제 가역 연산자들을 가지고 뭔가 쓸모 있는 것을 만들 수 있음을 보이는 일이 남았다. 사실 그리 어렵지는 않다. 이미 일반적인 완전 연산자 집합으로 무엇이든 할 수 있음을 조금 전에 증명했기 때문이다. 그러나 무엇을 만들든 가역적으로 만들어야 한다는 차이점이 있다. 가역 연산을 이용하여 전가산기를 만드는 문제를 생각해 보자.

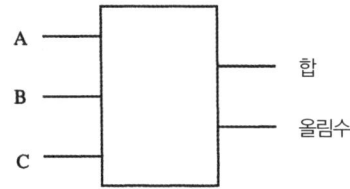

A, B, C를 더해서 합과 올림수를 구해야 하는데, 이 연산은 비가역적임을 금방 알 수 있다. 일반적으로 합과 올림수 정보만으로는 3개의 입력선으로 들어온 값을 알아내는 것이 불가능하기 때문이다. 우리는 가역 전가산기를 만들어야 하므로 출력되는 정보를 지금보다 늘려야 한다. 조금만 생각해 보면 알 수 있듯이, 가역 게이트에서는 일반적으로 '입력선 개수 = 출력선 개수'라는 공식이 성립한다. 그래야 가능한 모든 입력 조합과 같은 수의 출력이 나올 수 있기 때문인데, 전가산기 문제에서도 출력선이 하나 더 필요하다. 결과적으로 게이트의 출력선은 2개가 더 있어야 한다. 입력선도 하나 더 많아져야 하는데, 그 값은 항상 0으로 고정되어 있다. N, CN, CCN을 가지고(또는 CCN만 가지고) AND, OR, XOR 연산자를 만들 수 있기 때문에 그런 연산자들을 조합하면 가산기를 만들 수 있다. 가역적으로 만들려면 추가로 만들어지는 출력을 적절히 활용해서 합과 올림수 위에 A와 B가 그대로 나오는 출력선을 추가하면 된다. 연습 삼아 직접 만들어 보기 바란다.

프레드킨은 게이트의 입력과 출력에 한 가지 제약 조건을 추가했다. 게이트가 가역적이라는 조건 외에 1과 0의 개수가 바뀌지 않아야 한다는 것이다. 이러한 제약을 추가한 특별한 이유는 없지만 그는 그렇게 설정했다. 그리고 이를 실현하기 위해 [그림 2-23]과 같이 제어된 교환 연산을 처리하는 CONTROLLED EXCHANGE 게이트를 도입했다.

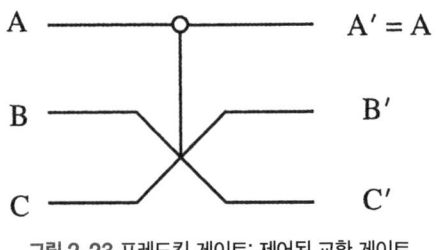

그림 2-23 프레드킨 게이트: 제어된 교환 게이트

이 게이트는 프레드킨의 이름을 따서 프레드킨 게이트$^{Fredkin\ gate}$라고 부른다. 이쯤 되면 제어선의 개념에 제법 익숙해졌을 것이다. 제어선은 특정 선으로 입력된 값의 연산을 활성화시키는 역할을 한다. 위 경우는 EXCHANGE 게이트에 해당한다.

프레드킨 게이트는 다음과 같이 작동한다. 먼저 A=0이면 B와 C가 바뀌지 않는다. 즉 B′=B, C′=C이다. 하지만 A=1이면 B′=C, C′=B가 된다. 이렇게 되면 1과 0의 개수가 일정하게 유지된다. 연습 삼아서 CCN 게이트 대신 프레드킨 게이트만 사용해도 모든 논리 연산을 수행할 수 있음을 증명해 보자.

2.4 연산자의 완전 집합

지금까지 AND, NOT, OR 게이트 외에도 다른 컴퓨터 논리 연산이 있을 수 있음을 알았다. 가역 게이트는 5장에서 다시 살펴보기로 하고, 일단은 연산자 집합의 완전성을 다시 살펴보겠다. 연산자의 완전 집합$^{complete\ set}$이 있으면 무엇이든 할 수 있다. 즉, 어떤 논리함수도 만들 수 있는 것이다. 완전 집합에 AND, NOT, FANOUT, EXCHANGE 연산을 집어넣자. 이 집합이 완전한지 어떻게 알 수 있을까? 가령 n개의 입력선이 있고 각각에 X_1, X_2, ..., X_n이라는 레이블이 붙어 있다고 가정하자. 입력 $\{X\}$의 가능한 모든 패턴에 대해 일련의 전선 Y_1, Y_2, ..., Y_m으로 특정한 출력 패턴이 있으며, 이때 m은 반드시 n과 같을 필요는 없다.

Y_i의 출력은 X_i의 논리함수다. 이를 공식으로 표현하면 다음과 같다.

$$Y_i = F_i\left(\{X\}\right), i = 1, \ldots, m \qquad \text{식 2-1}$$

우리는 임의의 함수 F_i의 집합이 있을 때, 기본 게이트 집합만 가지고도 주어진 입력에 대해서 그 함수를 수행하는 회로를 만들 수 있음을 보여야 한다. 여기서는 입력된 값의 합을 구하는 구체적인 예를 살펴보겠다. 이론적으로는 다음과 같이 하면 된다. 앞서 다룬 이진 디코더에는 입력선이 n개, 출력선이 2^n개 있었고, 여러 개의 AND 게이트를 써서 특정 출력선을 선택했다. 이번에는 그 출력이 다른 입력선으로 들어갈 특정 신호를 만들려고 한다. 그리고 입력된 패턴의 합에 해당하는 이진수가 출력되도록 해 보자.

X의 특정 입력 집합에 대해 하나의 선만 선택했다고 가정하자. 이 선만 '활성화된' 상태고, 나머지는 모두 '비활성화된' 상태다. 이 선이 활성화되면 특정 출력 신호가 생성된다. 이는 디코더와 반대되는 것으로, 이번에는 인코더encoder를 만들어야 한다. 앞에서 풀었던 연습문제에서 알 수 있듯이, OR 게이트를 여러 개 사용하면 인코더를 만들 수 있다. 따라서 이 문제는 두 부분으로 나눌 수 있다. 첫 번째 부분은 앞에서 살펴본 것으로, 입력에 따라 서로 다른 선으로 1이 출력되도록 배치하는 방법이며 그 답은 디코더였다. 인코더에는 입력선이 많아야 하지만 그 중 하나의 선으로만 1이 입력되어야 한다. 그리고 어떤 선으로 1이 입력되었는지 알 수 있도록 이진수를 출력해야 한다. [그림 2-24]와 같이 OR 게이트를 연결하면 3비트 인코더를 만들 수 있다.

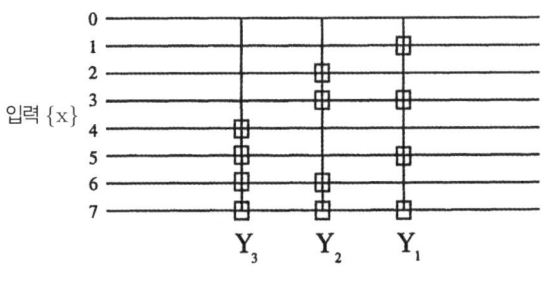

그림 2-24 3비트 인코더

위 그림에서 □ 표시는 다음과 같은 OR 게이트를 나타낸다.

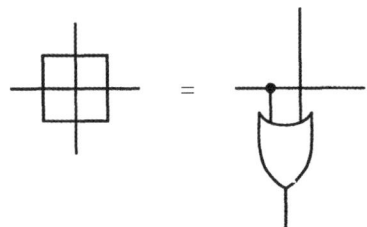

전선이 $2n$개로 급증해도 상관없다면 어떤 논리회로도 만들 수 있다. 일반적으로 AND 영역과 OR 영역, 그리고 그 두 영역을 연결하는 수많은 전선이 있으면 된다(그림 2-25).

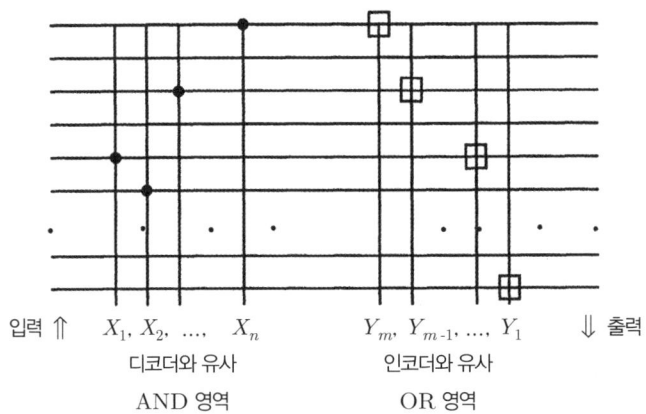

그림 2-25 일반적인 논리 함수 구축 방법

[그림 2-25]에서도 [그림 2-16]과 같은 AND 게이트 표기법을 사용했다. 가산기를 만드는 연습문제 2.2~2.4 중 하나라도 풀었다면 이 원리가 적용되는 간단한 예를 이미 보았을 것이다.

이런 방식으로 만들 수 있는 논리함수는 워낙 간단해서 부울 대수를 이용하면 더 단순하게 설계하여 더 적은 게이트를 사용할 수 있다. 예전에는 많은 사람들이 특정 논리함수를 구현하는 가장 간단하고 작은 시스템을 찾기 위해 많은 노력을 기울였다. 하지만 조금 전에 설명한 접근법은 워낙 단순하고 일반적이라 논리회로 전문가가 아니어도 비교적 쉽게 만들 수 있다. 게다가 이는 실리콘 위에 쉽게 올릴 수 있는 표준적인 배치 유형이기도 하다. 따라서 프로그래밍 가능한 논리 배열^{programmable logic array}(PLA)에서 이런 식의 설계가 많이 쓰인다. 칩을 몇 개만 직접 만들어 써야 하는 경우에 PLA를 많이 사용한다. 고객은 원하는 기능을 구현하기 위해 어떤 AND와 OR을 연결할지만 지정하면 된다. 하지만 대량 생산할 칩을 만들 때는 더 효율적인 배치를 고민해봐야 한다.

2.5 플립플롭과 컴퓨터 메모리

이제 컴퓨터가 작동하는 데 매우 중요한 또 다른 주제를 살펴보자. 먼저 '숫자를 저장할 수 있을까?'라는 간단한 질문에서부터 시작하자. 지금까지 만든 게이트를 사용해 컴퓨터 메모리를 만들 수 있을까? 제대로 된 메모리 저장소라면 저장한 내용을 변경할 수 있어야 한다. 즉, 특정 메모리 주소에 있는 내용물을 지우고 다시 쓸 수 있어야 하는 것이다. 딱 한 비트(0 또는 1)만 저장할 수 있는, 가장 간단한 형태의 메모리 저장소를 살펴보면서 어떻게 이를 조작할 수 있을지 생각해 보자. 메모리 소자를 만드는 첫 단계로 우선 다음과 같은 블랙박스를 살펴보겠다.

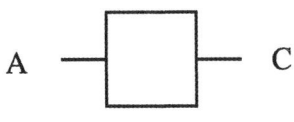

그림 2-26 블랙박스 메모리 저장소

C 선으로 나오는 신호는 메모리에 들어있는 값을 나타낸다. 입력선 A는 제어선으로, 다음과 같은 속성을 가진다. A가 0이면, 즉 박스에 아무것도 집어넣지 않으면 C는 바뀌지 않는다. 하지만 A를 1로 올리면 C가 0에서 1, 또는 1에서 0으로 바뀐다. 진리표는 다음과 같다.

표 2-3 메모리 소자 진리표

A	현재 C	나중 C
0	0	0
0	1	1
1	0	1
1	1	0

이 표를 보면 '나중 C' 값은 A XOR C 결과임을 쉽게 알 수 있다. 따라서 [그림 2-27]처럼 C로부터 피드백^{feedback}을 받는 XOR 게이트를 메모리 기본 단위로 대체할 수 있을 것처럼 보이기도 한다.

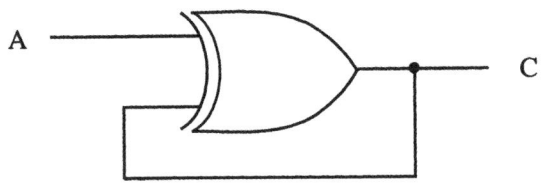

그림 2-27 (현실적이진 않지만) 그럴듯한 메모리 소자

과연 이런 소자가 제대로 작동할까? 작동 여부는 타이밍에 달려있다. 잠시 추상적인 내용에서 벗어나 구체적인 물리적 현상을 따져보자. A는 0, C는 1이라고 가

정하면 모든 것이 안정적이며, 별로 문제될 것이 없다. 그런데 입력 A를 1로 바꾸면 어떻게 될까? 당연히 C는 0으로 바뀌고, 이는 우리가 원하는 바이다. 하지만 그 값은 다시 XOR 게이트로 입력되어 A=1, C=0이므로 출력이 1이 되면서 C가 다시 1로 바뀐다. 그러면 그 값이 다시 XOR 게이트로 피드백되어 A=1, C=1이므로 C는 다시 0으로 바뀐다. 그러면 조금 전과 같은 상황이 되므로 C는 결국 계속해서 0, 1, 0, 1, … 같은 식으로 쉴 새 없이 반복하게 된다. 이렇게 되면 전혀 메모리 소자 역할을 할 수 없다.

조금만 더 생각해 보면 각 단계에서 시간이 조금씩 지연되도록 게이트를 조금 바꿔서 해당 회로를 어느 정도 살릴 수도 있다. 예를 들어 XOR 게이트에서 값이 출력될 때까지 일정 시간이 걸리도록 해도 될 것이다. 하지만 그렇게 해도 C 값은 0과 1 사이를 왔다갔다할 수밖에 없다. 단기 기억을 저장하는 메모리는 만들 수는 있겠지만 단지 휘발성 메모리에 불과하며, 예측할 수 없는 수준으로 값이 진동하기 때문에 사실상 메모리 역할은 할 수 없다. 연습 삼아 XOR 대신 OR을 쓰는 회로를 만들면 어떨지도 생각해 보자.

이 소자에서 가장 문제가 되는 부분은 피드백이다. 그럼 피드백을 제거할 수는 없을까? 물론 가능하긴 하지만 꽤 많은 비용이 든다. 경제적, 공간적인 이유 때문에 컴퓨터에는 동일한 장치로 계산을 반복할 수 있는 기능이 있어야 한다. 예를 들면 어떤 가산기를 사용하여 계산 과정을 일부분 처리한 후 같은 가산기를 다음 부분을 계산하는 데 활용하고, 그 과정에서 이전 계산에서 출력된 결과가 다시 쓰이는 상황을 생각할 수 있다. 그러나 프로그램에 새로운 단계가 추가될 때마다 가산기를 추가할 수는 없는 노릇이다. 같은 장치를 재사용하고 그 과정에서 이전 작업의 결과가 다시 입력될 수 있으려면 어떤 식으로든 피드백을 할 수밖에 없다. 따라서 이 문제는 반드시 해결해야 한다.

전선으로 입력되는 신호를 사용해 리셋하기 전까지는 0 또는 1의 값을 담아둘 수 있는 회로가 필요하다. 이런 기능을 하는 회로를 플립플롭flip-flop이라고 하며, [그림 2-28]과 같은 회로도로 나타낼 수 있다.

그림 2-28 플립플롭

플립플롭에는 입력선이 2개, 출력선이 2개 있으며, 입력선은 각각 셋set(S)과 리셋Reset(R)이고 출력선은 Q와 $\bar{Q}$이다. 여기서 $\bar{Q}$는 Q의 보수(0의 보수는 1, 1의 보수는 0)를 뜻한다. 종종 두 출력선을 각각 0선, 1선이라고 부르기도 하지만 이는 다소 오해의 소지가 있으므로 주의해야 한다. 값이 항상 정해진 것이 아니라 한 출력의 값이 0이면 나머지는 1, 또는 그 반대로 출력되기 때문이다.

실제로 NOR 게이트를 사용하면 플립플롭 기능을 하는 회로를 만들 수 있다(그림 2-29).

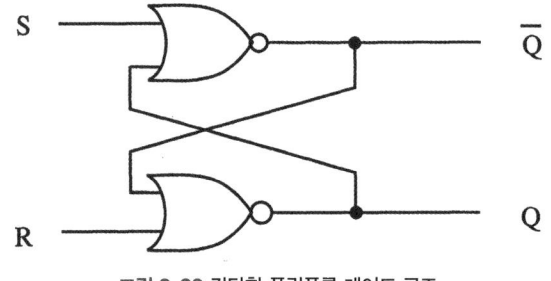

그림 2-29 간단한 플립플롭 게이트 구조

이 장치에도 피드백이 쓰인다. 하지만 앞서 본 XOR을 메모리로 쓰려고 했을 때와는 달리 진동은 일어나지 않는다. 중요한 것은 S와 R이 동시에 1이 되는 일은 절대로 일어나면 안 된다는 것이다. 기계를 만들 때 아예 원천적으로 그런 일이 일어날 수 없도록 설계해야 한다. 이 소자에는 두 가지 출력 상태가 존재하며, 둘

다 안정된 상태다. 하나는 $Q=1(\bar{Q}=0)$이고 다른 하나는 $Q=0(\bar{Q}=1)$이다. 어떻게 이 소자가 메모리 저장소를 만드는 데 도움이 되는 것일까?

다음 진리표를 보면서 어떤 식으로 작동하는지 알아보자.

표 2-4 단순 플립플롭 진리표

현재 Q	S	R	나중 Q
0	0	0	0
0	0	1	0
0	1	0	1
1	0	0	1
1	1	0	1
1	0	1	0

Q 선의 신호는 플립플롭의 내용물로 해석할 수 있으며, S와 R이 모두 0이면 이 값은 바뀌지 않는다. 우선 리셋선인 R에 신호가 없는 경우를 생각해 보자. 그러면 플립플롭의 Q가 처음에 0인 상태에서 S=1을 설정하면 Q가 1로 바뀐다. 그렇지 않으면 S 선은 Q에 영향을 끼치지 못한다. 즉, S 선은 플립플롭의 내용물을 1로 설성하는 역할을 하며, 이후에 S 값을 바꾸더라도 Q 값은 바뀌지 않는다. 플립플롭이 이미 1이었으면 S에 신호를 줘도 그 값은 그대로 유지된다.

다음으로 리셋선 R의 영향을 살펴보자. 플립플롭이 0일 때는 R=1로 설정해도 그 값은 바뀌지 않는다. 하지만 Q=1일 때 R=1로 설정하면 Q 값이 0으로 리셋된다. 따라서 R 선은 플립플롭의 내용물을 소거하는 역할을 한다. 아마 처음 보는 독자라면 꽤 헷갈릴 것이다. 가능하면 완전히 이해할 때까지 이 소자가 어떻게 작용하는지 꼼꼼하게 살펴보길 바란다. 이제 이런 플립플롭을 활용하여 타이밍 문제를 해결하는 방법을 살펴보자.

2.6 타이밍과 시프트 레지스터

앞에서 피드백을 포함하면서도 진동 문제가 생기지 않는 플립플롭 소자를 설계했다. 하지만 여기서 복잡미묘한 문제를 한 가지 짚고 넘어가야 한다. 앞에서도 지적했듯이, 신호가 여러 부품 사이를 오가다 보면 신호가 움직이는 데 걸리는 시간과 각 부품에서 신호를 처리하는 데 걸리는 시간이 적게나마 있을 수밖에 없다. 게다가 휘발성 부품(현재 상태에 대한 정보를 간직하지 못하는 부품)까지 고려하면 예상치 못한 지연 문제가 더 발생할 수 있다. 완벽하게 이상적인 경우라면 문제가 없겠지만, 현실에서는 이런 점도 고려해야 한다. 따라서 예정 시간보다 신호가 늦게 도착할 수 있으며, 그로 인해 게이트가 엉뚱하게 작동할 가능성도 미리 고려해야 한다. 예를 들어 플립플롭에서 두 출력값이 똑같으면 어떻게 될까? 앞에서 두 출력은 항상 서로 보수, 즉 반대라고 가정했는데 그렇지 않은 상황도 생기게 되는 것이다. 이런 일이 발생하면 셋과 리셋의 기능이 전혀 예기치 못하게 진행될 수도 있다.

이 문제를 해결하기 위해 시스템에 클록^{clock}을 도입할 수 있다. 이 클록에서 플립플롭에 일정 간격으로 '작동^{enable}' 신호를 보내도록 하는 것이다. 클록 신호를 받기 전까지는 플립플롭에서 아무 일도 하지 않도록 하면 된다. 클록 신호 사이의 시간 간격은 연산이 실행되기 전에 모든 신호가 안정화될 수 있을 정도로 충분히 길면 된다. 각 입력선에 AND 게이트를 추가한 뒤 각 게이트에 클록 신호를 집어넣으면 이를 실현시킬 수 있다.

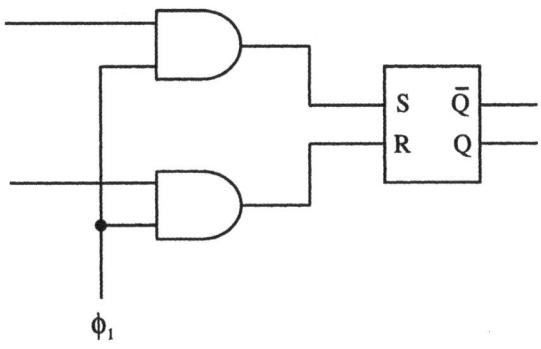

그림 2-30 클록이 추가된 RS 플립플롭

이러한 구조는 클록 신호가 들어갈 때마다 입력 신호가 소자를 통해 그대로 전송되기 때문에 투명 래치$^{\text{transparent latch}}$라고 부르기도 한다.

클록에서 들어오는 신호 ϕ_1는 다음과 같은 일련의 펄스^{pulses} 형태로 표현할 수 있다(그림 2-31).

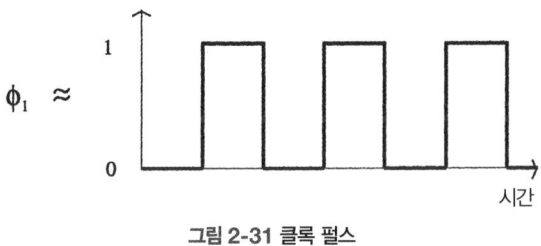

그림 2-31 클록 펄스

AND 게이트로 어떤 신호가 입력되든 클록 ϕ_1이 1인 경우에만 S, R로 신호가 들어갈 수 있다. 따라서 클록 타이밍만 제대로 맞추고, 입력이 이상하게 작동하는 상황에서 게이트를 스위칭하지만 않는다면 문제는 해결된 셈이다. 그런데 여기서 또 다른 문제가 생긴다. 사실 문제를 다른 쪽으로 떠넘긴 것과 마찬가지다. 이 게이트에서 출력된 신호는 다른 게이트로 넘어갈 텐데, 그 과정에서 또 다시 신호 전달 시간 때문에 문제가 생기는 것이다. 모든 게이트에 똑같은 클록 ϕ_1을 연결하는 방법은 도움이 되지 않는다. 한쪽에 신호가 들어가야 할 타이밍에 다른 쪽에서는 이제 막 출력이 나오려고 할 수도 있기 때문에 여전히 시간 지연 문제가 남아 있다.

모든 결과가 제대로 나올 수 있도록 지연 시간 등을 일일이 계산하여 매우 정밀하게 컴퓨터를 만들면 이런 문제가 해결될 거라고 생각할 수도 있다. 물론 가능한 일이며, 그렇게 만든 시스템이 상당히 빠르고 효율적이기는 하다. 하지만 이러한 방식은 설계가 어렵고 비용도 많이 든다.

이 문제를 해결하는 가장 좋은 방법은 또 다른 클록 ϕ_2를 도입해서 그 클록으로 신호가 들어오기 전까지는 다음 게이트에서 첫 번째 게이트로부터 들어오는 입력을 받아들이지 않도록 기다리게 하는 것이다. 주종형 플립플롭$^{\text{master-slave-flip-flop}}$(마스터-슬레이브 플립플롭)이 바로 이런 방식을 기반으로 한다.

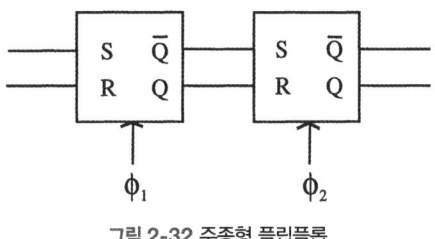

그림 2-32 주종형 플립플롭

이때 두 개의 클록에서 나오는 신호는 서로 보완적이어야 한다.

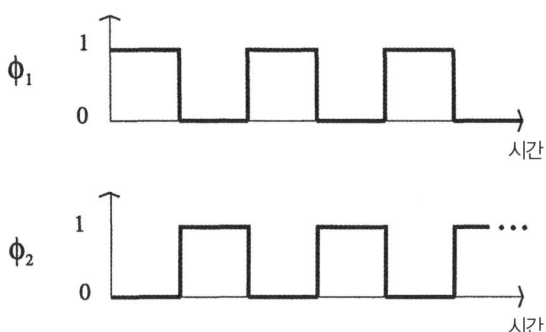

ϕ_2를 만드는 가장 쉬운 방법은 NOT ϕ_1을 활용하는 것이다. 또한 클록 펄스 길이에 비해 논리연산이 충분히 빨라야 한다. 여기에는 ① 모든 신호 수준이 0 또는 1뿐이고(사실 시간에 따라 신호들이 달라지기 때문에 항상 정확하게 0 또는 1인 것은 아님), ② 펄스 사이에 명확하고 일정한 지연 시간이 있다는 가정이 깔려있다. 이는 좋은 이상화이며, 클록 신호 수를 늘리면 더 이상에 가깝게 만들 수 있다.

플립플롭 소자는 다양하게 설계할 수 있으며 각각의 원리를 살펴보는 것도 여러모로 도움이 된다. 대표적인 예가 D형 플립플롭^{D-type flip-flop}이며, 그 구조는 [그림 2-33]과 같다.

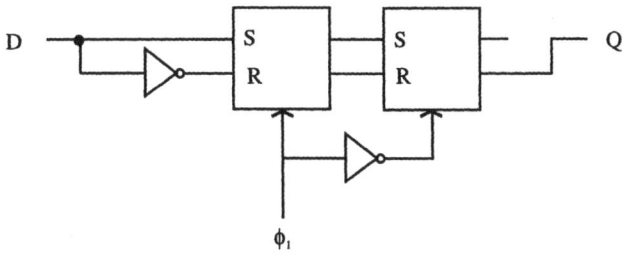

그림 2-33 D형 플립플롭

이 소자를 왜 D형이라 부르는지는 분명하지 않다. 제법 그럴 듯한 속설 가운데 하나는 이 소자의 시간 지연^{delay} 속성에서 D를 따왔다는 것이다. 기본적으로 출력은 입력과 같은데, 클록 펄스가 들어온 후에만 같아진다.

D형 플립플롭을 편의상 다음과 같이 간단하게 그리기로 하자.

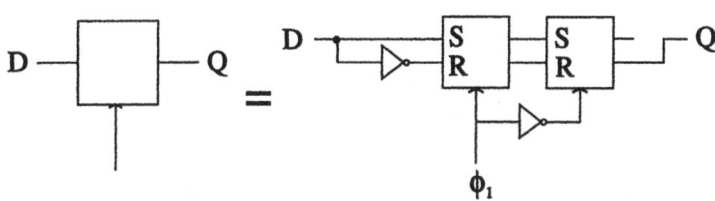

그림 2-34 D형 플립플롭을 간략하게 그린 기호

플립플롭으로 만들 수 있는 유용한 소자 중에 시프트 레지스터[shift register]라는 게 있다. 시프트 레지스터에는 한 비트뿐만 아니라 임의의 이진수(일련의 비트)를 저장할 수 있다. 플립플롭이 줄줄이 연결된 형태로, 이진수를 한 번에 한 비트씩 집어넣을 수 있다. 여기서는 시간 지연이 내장된 기본 시프트 레지스터를 사용하자. 시프트 레지스터의 기본 구조는 [그림 2-35]와 같다.

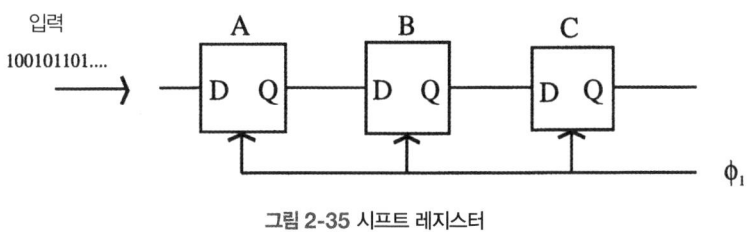

그림 2-35 시프트 레지스터

이 레지스터의 기본 단위는 앞에서 설명한 안정적인 지연 시간을 가진 소자다. 그리고 각 플립플롭에는 똑같은 클록 ϕ_1이 들어간다.

이 소자가 작동하는 원리는 쉽게 이해할 수 있을 것이다. 편의상 모든 플립플롭이 0으로 설정된 상태에서 시작한다고 가정하자. 이 시프트 레지스터에 101이라는 수를 집어넣으면 어떤 일이 일어날까? 가장 낮은 자리 숫자를 먼저 집어넣으면 1이 시프트 레지스터의 가장 왼쪽, 즉 A로 들어간다. 그리고 클록 펄스가 들어올 때까지 기다린다. 펄스가 들어오면 A에서 1이 출력된다. 이제 다음 비트 0을 A에 집어넣는다. 다음 클록 펄스가 들어오기 전까지는 아무 일도 일어나지 않는다. 다음 펄스가 들어오면 두 번째 플립플롭인 B에서 1이 출력된다. 그리고 A에서는 조금 전에 집어넣은 0이 출력된다. 그리고 A에 다음 숫자인 1을 입력한다. 클록 펄스가 한 번 더 들어오면 A의 출력은 1, B의 출력은 0, C의 출력은 1이 된다. 즉, 왼쪽에서 오른쪽으로 우리가 넣어줬던 101이 그대로 들어있게 된다.

같은 방식으로 더 긴 이진수를 저장할 수도 있다(각 플립플롭에는 한 비트씩만 들어갈 수 있으므로 플립플롭이 n개 들어있는 레지스터에는 최대 2^n개까지 저장할 수 있다). 이런 형태의 레지스터에서는 순차적으로 받은 정보를 병렬적인 정보로 바꿀 수 있음을 쉽게 이해할 수 있다. 한 비트씩 옆으로 밀어내고, 나중에 한꺼번에 그 값을 확인할 수 있기 때문이다. 이처럼 레지스터는 이진수를 저장하기 위한 메모리 저장소나 이진 계산을 위한 시프트 소자로도 사용할 수 있으며, 가산기를 비롯한 다양한 회로에서도 활용할 수 있다.

CHAPTER 3

계산이론

3.1 유효 절차와 계산 가능성

3.2 유한 상태 기계

3.3 유한 상태 기계의 한계

3.4 튜링 기계 1

3.5 튜링 기계 2

3.6 범용 튜링 기계와 종료 문제

3.7 계산 가능성

CHAPTER 3

지금까지 컴퓨터로 계산을 할 때 논리 게이트의 구조로 인해 발생하는 제약 조건을 살펴보았다. 이제 더 근본적인 문제를 생각해볼 때다. 컴퓨터로 계산할 수 있는 것에 과연 한계가 있을까? 거대한 컴퓨터라면 무엇이든 계산할 수 있다고 생각하는 사람들도 있을 텐데, 정말 그럴까? 아니면 아무리 애를 써도 절대로 계산할 수 없는 것이 과연 있을까?

아이러니하게도 이런 문제는 컴퓨터가 만들어지기 훨씬 전부터 논의되었다. 어떤 면에서 보면 전산학(컴퓨터 과학)이 컴퓨터가 만들어지기 전부터 먼저 존재했던 셈이다. 이런 문제는 1930년대에 논리학자와 수학자들 사이에서 매우 중요한 주제였다. 원칙적으로 무엇을 계산할 수 있을까 하는 물음에 대해 수많은 논쟁이 오갔다. 수학자들은 유클리드가 했던 것처럼 몇 가지 공리와 기본 요소로 수학 체계를 구축한 뒤 그로부터 무엇을 유도해낼 수 있는지 탐구하는 게임을 즐기곤 했다. 그렇게 수학적인 용어로 만든 명제는 원칙적으로 증명되거나 반증될 수 있다는 가정이 널리 받아들여졌다.

많은 수학자들이 페르마의 마지막 정리라든가 골드바흐의 가설을 비롯한 꽤 간단한 명제를 증명하기 위해 발버둥쳤지만, 언젠가는 어떤 천재가 나타나서 이를 증명해내고 말 것이라고 믿었다.[1] 하지만 동시에 그런 명제들이 본질적으로는 증명 불가능한 것이 아닐까 하는 의문도 제기되기 시작했다. 그리고 마침내 논리학자 쿠르트 괴델이 '괴델의 정리'를 통해서 수학이 불완전하다는 놀라운 결과를 증명한 이후부터 이 문제가 더 첨예하게 부각되기 시작했다.

3.1 유효 절차와 계산 가능성

무엇을 증명할 수 있고 무엇을 증명할 수 없는지, 어떤 수를 계산할 수 있는지 등을 정의하려다 보니 '유효 절차effective procedure'라는 개념이 만들어졌다. 유효 절차란 특정 목표를 달성하기 위해서 매 순간마다 해야 할 일을 알려주는 규칙의 집합, 즉 알고리즘이다. 예를 들어 x의 지수 함수, 즉 e^x을 계산한다고 하자. 이는 다음과 같이 테일러 전개를 이용하여 값을 구할 수 있다.

$$e^x = 1 + x + \tfrac{1}{2!}x^2 + \tfrac{1}{3!}x^3 + \cdots$$

식 3-1

즉, 위 식에 x의 값을 대입하고 각 항을 쭉 더하면 e^x이 나온다. 이때 계산하는 항의 개수가 늘어날수록 실제 값에 가까운 답을 구할 수 있다. 따라서 e^x을 소수점 몇째 자리까지 계산하는 일을 해야 한다면 이 방법으로 구할 수 있다. 이는 느리고 힘든 작업일 수도 있고, 이보다 더 효율적인 방법이 있을 수도 있겠지만 그런 것은 중요하지 않다. 어찌 됐든 이 방법으로 계산할 수는 있기 때문이다. 이것을 바로 유효 절차라고 부른다.

수학 분야에서 또 다른 유효 절차의 예는 미분 방법이다. 변수 x의 어떤 함수가

---

[1] 엮은이_ 페르마의 마지막 정리는 결국 어떤 천재가 나타나서 해결했다. 페르마의 정리는 $x^n + y^n = z^n$(n은 정수, $n \geq 3$)이라는 방정식에서 x, y, z가 정수인 해가 존재하지 않는다는 것으로, 정수론의 대표적인 난제 중 하나였다. 오랫동안 아무도 해결하지 못했던 이 증명(여러 수학 학회에서 포상금을 내걸기도 했다)은 1994년 수학자 앤드류 와일즈와 리처드 테일러가 오랜 세월의 연구 끝에(1993년 한 차례 오류가 발표되기도 했다) 마침내 성공했다.

주어지든 기본적인 미분의 기초를 배웠다면 이를 미분하는 데는 문제가 없다. 계산 과정이 좀 지저분해질 수는 있지만 방법 자체는 아주 간단하며, 반대되는 작업인 적분과는 전혀 딴 판이다. 다들 알고 있겠지만 적분에는 무언가 예술적인 면이 있다. 어떤 식이 주어지면 그 식을 적분하기 위해 변수를 바꿀지, 미분식을 원래 식으로 나눈 형태의 식이 주어졌는지, 부분 적분을 하면 될지 등을 곰곰이 따져봐야 한다. 무조건 정답을 구할 수 있는 방법이 딱히 없기 때문에 적분에는 유효절차가 없다고 말할 수 있다. 그렇다고 해서 적분을 하는 데 어떤 절차도 존재하지 않는다는 뜻은 아니다. 이 분야에서 가장 흥미로운 점 중에 하나가 바로 그러한 절차가 있음을 발견하는 것이다. 특히 삼각함수, 지수함수 등의 기본 함수로 구성되는 함수의 정적분은 유효 절차를 통해 구할 수 있다. 따라서 컴퓨터로도 적분을 할 수 있다. 이 점에 대해서는 수학자 리시^{Risch}의 논문에 고마운 마음을 가지자(Trans. A.M.S. 139(1969) pp. 167-189).

수학에서 유효 절차를 찾을 수 없는 다른 경우도 있다. 일반 대수식을 인수분해하는 과정을 생각해 보면, 4차식까지는 유효 절차가 있지만 5차 이상의 식에 대해서는 유효 절차가 없다. 학생 입장에서 유효 절차를 간절히 바라는 분야 중 하나로 기하학을 들 수 있다. 기하학에서의 증명은 적분과 마찬가지로 독창성이 요구되기 때문에 과학이라기보다 예술같은 느낌이 들기도 한다. 하지만 아이러니하게도 적분처럼 기하에도 유효 절차가 있다. 바로 데카르트 분석기하이다. 이때는 각 점들을 (x, y) 좌표로 표시하고 모든 길이와 각도를 피타고라스 정리를 비롯한 다양한 공식을 써서 구하면 된다. 분석기하를 이용하면 유클리드 기하학을 대수학의 한 분야로 바꿀 수 있으며, 대수학에는 유효 절차가 분명히 존재한다.

앞에서도 지적했듯이 문제를 유효 절차로 바꾸는 것은 그 문제를 컴퓨터가 처리할 수 있는 형태로 고치는 것과 상당히 유사하다. 최근 이런 주제가 관심을 끌고 있는 것도 그런 이유 때문이다(적분의 유효 절차 문제가 최근 들어서야 해결된 것도 그 분야에 대한 관심이 최근에서야 증가했기 때문이다). 수학자들이 처음

이러한 문제에 주목했을 때는 계산의 실질적인 한계보다는 더 근본적인 주제, 즉 무엇을 증명할 수 있는지에 더 큰 관심을 가졌다. 이 문제에 대한 여러 접근법이 제기되었는데, 먼저 영국의 수학자인 앨런 튜링$^{\text{Alan Turing}}$은 '계산 가능성^{computability}'을 어떤 특정한 유형의 기계에서 계산을 수행할 수 있는 능력으로 간주했다. 처치^{Church}는 논리와 명제 체계를 정의하고 그것을 유효 계산 가능성$^{\text{effective computability}}$이라고 불렀다. 클리네^{Kleene}는 '일반 재귀 명제$^{\text{general recursive propositions}}$'라는 것을 정의하고 이를 바탕으로 연구했다. 포스트^{Post}도 또 다른 접근법을 취했으며, 그 외에도 여러 가지 해결책이 제시되었다(연습문제 참조). 이 수학자들은 모두 일종의 수학적인 언어에서 시작하여 그 안에서 유효 계산 가능성의 개념을 정의하려고 했다. 다행히도 여기에 열거된 여러 접근법은 서로 달라 보이지만 사실은 전부 동일함을 증명할 수 있으며, 그렇기 때문에 그 중 한 가지 방법만 살펴봐도 충분하다. 여기서는 가장 일반적인 튜링의 방법을 알아보자.

튜링의 아이디어는 일련의 규칙을 따라야만 하는 수학자를 본뜬 기계를 만드는 것이었다. 그 수학자가 정사각형 모양으로 칸이 나뉘어진 길다란 띠 모양의 종이를 갖고 있어서 각각 한 칸씩 읽고 쓸 수 있다고 하자. 수학자가 살펴본 칸의 내용에 따라 그 수학자의 상태가 결정되고, 그 상태에 의해 다음 칸에 무엇을 쓸지가 결정된다. 수학자의 머릿속에는 다양한 상태들이 있으며 수학자가 종이 띠를 살펴봄에 따라 여러 상태가 섞이거나 바뀌게 된다. 튜링은 이런 사고 과정을 연구하고 추상화한 끝에과 튜링 기계를 만들어냈다. 이 기계는 끔찍할 정도로 비효율적이고 느리지만 참을성 있게 기다리기만 하면 놀라운 일을 해낼 수 있다.

튜링은 온갖 종류의 튜링 기계를 만들었는데, 그중에서도 가장 뛰어난 것이 바로 범용 튜링 기계$^{\text{universal turing machine}}$(UTM)다. UTM은 다른 튜링 기계에서 할 수 있는 일을 모두 할 수 있다. 튜링은 여기에서 한 발 더 나아가 어떤 유효 절차를 거쳐서 할 수 있는 일은 UTM으로도 할 수 있으며, 반대로 UTM으로 풀 수 없는 문제에는 유효 절차도 없다고 주장했다. 이는 단순한 가설에 불과했지만 UTM과 유효 절차에 대한 이 주장은 널리 받아들여졌으며, 이론적으로도 여러모로 뒷받침되고 있다. 잠시 후에 실제로 UTM을 만드는 방법을 보여주겠지만 지금은 UTM의 좀 더 단순한 형제라고 할 수 있는 유한 상태 기계$^{\text{finite state machine}}$를 먼저 살펴보자.

3.2 유한 상태 기계

튜링 기계는 일반적으로 테이프와 기계 두 부분으로 구성된다. 테이프는 무한히 길고, 기계는 그 테이프를 따라 움직이면서 테이프에 기록된 내용을 조작한다. 여기서 테이프는 부수적인 것일 뿐 기계가 좋기 때문에 계산을 할 수 있다고 생각하면 큰 오산이다. 테이프가 없으면 기계에서 아무 일도 할 수 없다(복잡한 적분을 암산으로 구하는 것을 상상해 보라). 이제 튜링 기계를 살펴볼 텐데, 우선 테이프가 없는 튜링 기계, 즉 유한 상태 기계에 대해 알아보자.

여기서는 튜링 기계의 한 구성 요소로써의 유한 상태 기계$^{\text{finite state machine}}$ (FSM)에 주안점을 두고 있지만 FSM 자체도 충분히 중요하다. FSM으로 풀 수 있거나 풀 수 없는 문제에는 어떤 것들이 있을까? FSM으로 풀 수 없는 문제 중에는 튜링 기계로 풀 수 있는 것들도 있다. 왜 이런 차이가 발생할까 하는 궁금증은 일단 잠시 접어두고, 모든 기계를 속이 보이지 않아 그 안에서 어떤 일이 일어나는지 알 수 없는 블랙박스로 생각하자. 지금 중요한 것은 그 기계의 특성뿐이다. [그림 3-1]과 같은 유한 상태 기계의 예를 살펴보면서 몇 가지 중요한 개념을 익혀보자.

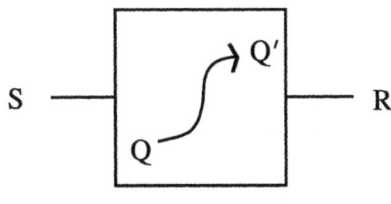

그림 3-1 일반적인 유한 상태 기계

기본 개념은 다음과 같다. 이 기계는 어떤 '내부 상태internal state' Q에서 시작한다. 단순히 메모리에 어떤 수가 들어있는 것이라고 생각해도 좋다. 그런 상태에서 어떤 자극stimulus 또는 입력 S가 들어온다고 하자. 이는 테이프에서 정보를 읽어들인다거나 하는 방식으로 외부로부터 정보를 받아들이는 것을 생각하면 된다. 그러면 기계는 이 입력에 반응하여 새로운 상태 Q'로 바뀌며, 어떤 반응response R을 내보낸다. 이처럼 기계의 나중 상태 Q'와 반응 R은 처음 상태와 입력에 의해 결정된다. 그리고 나면 다시 또 다른 입력을 읽어들이고, 상태를 바꾸고, 반응을 출력하면서 같은 과정을 계속 반복한다.

실제 기계와 연관지어 생각할 수 있도록 불연속적인 시간 변수를 도입하자. 이 시간 변수는 여러 가지 일이 일어날 때 서로 보조를 맞출 수 있게 해 주는 역할을 한다. 어떤 시간 t가 주어졌을 때 Q(t) 상태에 있는 기계는 S(t)라는 자극을 입력받고 그 결과는 다음 순번, 즉 시간이 (t+1)일 때 나온다. 이를 수식으로 표현하면 다음과 같이 두 함수 F와 G를 써서 FSM을 나타낼 수 있다.

$$R[t+1] = F[S(t), Q(t)]$$
$$Q[t+1] = G[S(t), Q(t)]$$

식 3-2

FSM이 작동하는 방식을 깔끔한 상태도state diagram로 표현할 수도 있다. 어떤 기계가 가질 수 있는 상태의 집합을 $\{Q_j\}$라고 하고, S라는 자극을 받았을 때 그 기계가 Q_j라는 상태에서 Q_k라는 상태로 전환되면서 그 결과로 R이라는 반응을 내놓는 과정을 그림으로 나타내면 다음과 같다.

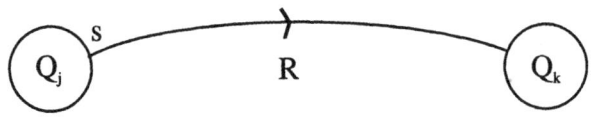

그림 3-2 상태 전환을 표현한 그림

여러 자극이나 반응, 상태 변화가 동시에 등장할 수 있는 경우에는 이런 그림 기법이 여러모로 도움이 된다. 예를 들어 어떤 FSM은 [그림 3-3]과 같이 표현할 수도 있다.

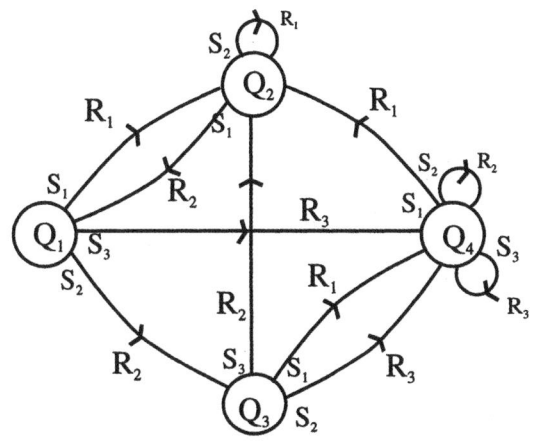

그림 3-3 복잡한 유한 상태 기계

이 FSM의 작동 방식은 다음과 같다. Q_1 상태에서 S_1이라는 자극을 받으면 R_1이라는 반응을 내놓고 Q_2라는 상태로 간다. 같은 상태에서 S_2라는 자극을 받으면 R_2를 내놓고 Q_3로 간다. S_3라는 자극을 받으면 R_3을 내놓고 Q_4로 간다. Q_2 상태에서 S_1 자극을 받으면 R_2 반응을 내놓으면서 Q_1으로 돌아가지만 S_2 자극을 받으면 R1을 내놓으면서 제 상태에 머무른다. Q_3, Q_4에서 상태가 어떤 식으로 전환되는지는 여러분이 직접 해 보기 바란다. 이렇게 하면 복잡한 FSM을 직접 만들어 볼 수도 있을 것이다.

이처럼 유한 상태 기계는 3가지 서로 다른 자극에 반응할 수 있다. 지금부터는 편의상 0과 1 두 가지 자극만 있다고 하자. 가능한 자극의 개수를 둘로 제한하더라도 FSM을 가지고 할 수 있는 일의 범위가 달라지는 것은 아니며, 단지 그 속도가 느려질 뿐이다. 그냥 0 또는 1을 줄줄이 집어넣기만 하면 결국 임의의 종류의 자극을 집어넣는 것과 같기 때문이다. FSM이나 튜링 기계를 연구할 때 작동 속도는 중요하지 않으므로 이런 식으로 단순화시켜서 생각해도 상관없다.

이제 아주 간단한 FSM의 예를 직접 살펴보자. 여기서 살펴볼 유한 상태 기계는 시간 지연 장치로, 어떤 자극을 집어넣으면 입력된 자극과 똑같은 반응이 잠시 후에 출력된다. 그 외에 다른 기능은 없다. 이러한 시간 지연 장치를 상태도로 표현하면 [그림 3-4]와 같다.

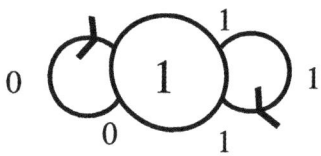

그림 3-4 시간 지연 장치

이보다 단순한 기계를 만들기는 힘들 것이다. 이 기계에는 내부 상태가 두 개 밖에 없다. 시간 지연 장치 역할을 할 수 있는 이유는 자극이 시간 t에 들어오면 반응은 시간 t+1에 나오기 때문일 뿐 다른 이유는 없다. 집어넣은 것을 무조건 그대로 출력하도록 해 놓으면 지연 시간이 무조건 한 시간 단위(1)가 될 것이다. 지연 시간을 늘릴 수도 있지만 그러려면 더 복잡한 기계를 만들어야 한다. 연습 삼아 두 시간 단위 전에 들어온 것을 내보내는, 즉 시간 t에 들어온 자극이 시간 t+2에 반응으로 출력되는 FSM을 만들어보자. 그런 기계는 한 시간 단위 동안 기억력을 가지고 있다고 할 수 있을 것이다. 시간 t+1에서의 상태로부터 시간 t에서의 입력을 알 수 있기 때문이다. 이때 FSM의 반응보다는 상태 자체를 확인하는 것이 더 편리한 경우도 종종 있다.

FSM의 작동 방식을 기술하는 또 다른 방법으로 앞서 언급한 함수 F, G를 표로 나타내는 방법을 들 수 있다. 표로 FSM 작동 방식을 이해하는 것은 앞에 나왔던 상태도로 따져보는 것보다 더 힘들고, 기계가 복잡해질수록 제대로 이해하는 것은 거의 불가능에 가깝다. 하지만 반드시 짚고 넘어가야 하는 부분이므로 간단하게 살펴보겠다.

표 3-1 어떤 FSM의 상태표

G	Q_0	Q_1
S_0	Q_0	Q_0
S_1	Q_1	Q_1

F	Q_0	Q_1
S_0	R_0	R_1
S_1	R_0	R_1

상태도와 상태표는 정말 중요한 기능을 제공한다. 그러므로 상태도 정도는 능숙하게 해독할 줄 알아야 한다. 이번에는 시간 지연 기계보다 조금 더 복잡한 예를 몇 가지 더 살펴보자. 우선 '토글^{toggle}' 또는 '패리티^{parity}' 카운터를 살펴보자. 이 기계에 0과 1로 이루어진 문자열을 입력하면 지금까지 입력받은 1의 개수가 짝수인지 홀수인지를 파악한다. 즉, 문자열의 패리티를 구한다.

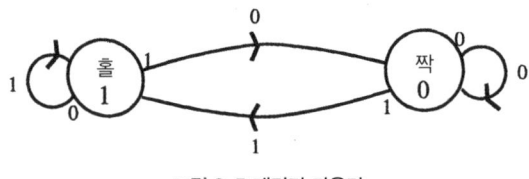

그림 3-5 패리티 카운터

[그림 3-5]를 보면 마지막 숫자가 들어간 뒤 한 시간 단위 후에 FSM에서 출력하는 값으로 짝수 홀수 여부를 파악할 수 있다. 그 값이 1이면 입력된 1의 개수가 홀수 개임을 알 수 있다. 반대로 0이 출력되면 입력된 1의 개수가 짝수 개임을 알 수 있다. 또는 FSM의 상태 자체에서 패리티를 알아낼 수도 있다. [그림 3-5]에서 '짝^{even}' 또는 '홀^{odd}'로 표시해 놓은 부분 중 어느 쪽에 있는지를 확인하면 된다.

몇 가지 간단한 연습문제를 풀어보자.

연습문제 3.1

어떤 기계에 1과 0으로 이루어진 이진수가 들어간다고 할 때, 숫자를 한 쌍씩 더하는 기계를 만들어보자. 즉, 입력되는 숫자를 두 개씩 받아서 두 단계에 걸쳐 그 두 수를 더한 결과를 내보내면 된다. 예를 들어 00이 들어오면 00을, 10 또는 01

이 들어오면 01을, 11이 들어오면 10을(1+1=2이므로 이진수로 바꾸면 10) 내보낸다(힌트: 이 기계에는 4개의 상태가 필요하다).

연습문제 3.2
두 개의 자극을 기억하고 돌려주는 시간 지연 기계를 만들어보자. 이 기계에는 4가지 상태가 필요하다. 00, 01, 10, 11이라는 가능한 4가지 입력에 대응할 수 있어야 하기 때문이다.

연습문제 3.3
더 풀어볼 여유가 있다면 마지막으로 두 값을 동시에 입력받는 이진 가산기를 만들어보자. 가능하면 완벽하게 작동하도록 만드는 것이 좋다. 각각 한 쪽에서 한 비트씩, 두 이진수를 동시에 가장 낮은 자리 수부터 입력한다. 그러면 FSM에서 어느 정도 시간이 지연된 후에 더한 값을 출력해야 한다. 윗자리로 올라가는 올림수는 필요 없고 합한 값만 받으면 된다. 이 가산기의 작동 방식을 간단하게 설명하면 다음과 같다.

시간						
입력값	1	0	1	0	1	1
	0	1	1	0	1	0
출력=합	1	1	0	1	0	0(1이 다음 자리로 올라감)

3.3 유한 상태 기계의 한계

가산기를 만드는 데 성공했다면 이제 크기에 제한 없이 어떤 수든 더할 수 있는 멋진 기계를 만드는 위업을 달성한 셈이다. 이 기계는 여느 FSM과 마찬가지로 느리고 비효율적이긴 하지만 맡은 일은 묵묵히 잘 해낸다. 하지만 이러한 FSM의 한계도 잘 알고 있어야 한다. FSM으로 할 수 없는 일도 꽤 많기 때문이다. 예를 들어 임의의 두 이진수를 곱하는 FSM은 만들 수 없다. 잠시 후에 조금 간단한 예제를 살펴보면 그 이유를 이해할 수 있을 것이다. 우선 괄호를 확인해 주는 괄호 확인기라는 기계를 만든다고 해 보자. 다음과 같이 복잡하게 나열된 괄호가 있다고 하자.

(((( )) (( ) ( ) (( )) ( ) ( ) (( ))) ( ))

괄호 확인기는 괄호가 서로 짝이 맞는지 확인해준다. 즉, 식에 들어있는 왼쪽 괄호와 오른쪽 괄호가 짝이 잘 맞는지를 알아내는 것이다. 이때 단순히 왼쪽 괄호와 오른쪽 괄호 개수가 같은지만 확인한다고 일이 끝나는 것이 아니다. 순서가 제대로 맞는지도 확인해야 하기 때문이다. 산술 및 대수처럼 여러 연산이 서로 중첩되어 있는 경우에는 이런 문제를 해결해야 하는 경우가 종종 있다. 위에 있는 괄호들은 짝이 맞지 않지만 다음 괄호들은 짝이 잘 맞는다.

(( ) ( ) ( )) ((( ) ( ) (( ) ( ))))

궁금하다면 직접 한 번 따져보자.

어쩌면 괄호 확인기를 만드는 게 전혀 어렵지 않게 느껴질 수도 있다. 실제로 그리 어렵지는 않지만, 문제는 FSM만으로는 만들 수 없다는 것이다. 이렇게 한 번 해 보자. 왼쪽부터 시작해서 오른쪽 괄호가 나타날 때까지 왼쪽 괄호 개수를 센다. 오른쪽 괄호가 있으면 맨 오른쪽에 있는 왼쪽 괄호를 지운다. 그리고 다음 한 칸 오른쪽으로 간다. 오른쪽 괄호가 있으면 또 다른 왼쪽 괄호와 함께 지우고, 왼쪽 괄호가 있으면 왼쪽 괄호 개수에 1을 더하고 한 칸 오른쪽으로 이동한다. 이렇게 단순한 방법만 가지고도 괄호 짝이 맞는지 확인할 수 있다. 맨 오른쪽에 있는 오른쪽 괄호를 처리한 후에도 남아 있는 괄호가 있다면 괄호 짝이 맞지 않는 것이다. 그렇다면 왜 FSM만 가지고는 이런 일을 할 수 없는 것일까?

그 이유는 이 괄호 확인기로 임의의 문자열을 처리해야 하기 때문이다. 즉 길이가 정해지지 않은, 그래서 왼쪽 괄호가 몇 개일지 모르고 아주 많이 들어있을 수도 있는, 그런 문자열을 처리할 수 있어야 한다. 이 기계가 제대로 작동하려면 매 단계에서 아직 소거되지 않은 왼쪽 괄호 개수를 파악하고 있어야만 한다. FSM에서 그렇게 할 수 있으려면 왼쪽 괄호의 개수별로 서로 다른 상태가 마련되어 있어야 한다. 그런데 임의의 문자열을 처리할 수 있으려면 임의의 개수의 상태, 즉 무한히 많은 개수의 상태를 갖춘 기계가 필요하기 때문에 '유한' 상태 기계로는 이런 일을 할 수 없다. 그래서 괄호 확인기를 만들려면 튜링 기계가 필요하다. 튜링 기계는 사실상 메모리 용량이 무한대인 FSM이라고 할 수 있기 때문이다.

뭐 이런 것까지 꼬치꼬치 따지냐고 생각하는 사람들도 있겠지만, 원칙은 원칙이다. 실용적인 관점에서 보면 우리가 일상적으로 접할 법한 문자열을 처리할 수 있는 괄호 확인기는 유한 상태 기계로 만들 수 있다. 상태의 개수를 미리 정해놓고 입력 문자열의 길이를 처리할 수 있는 범위 이내로 제한하면 된다. 각 상태를 32개의 32비트 이진수로 표기하면 2^{1000}개가 넘는 상태를 표현할 수 있고, 따라서 괄호가 2^{1000}개 있는 문자열을 처리할 수 있다. 이 정도 크기면 우리가 실제로 다루게 될 문자열보다 훨씬 크다. 심지어 이 우주에 있는 양성자 개수도 약 2^{200}개가 안 된다. 하지만 수학적, 이론적인 관점에서는 이 정도의 유한한 숫자에 만족할 수는 없다. 아무리 큰 수라도 무한하지는 않으며, 학술적인 면에서 보면 그 차이는 매우 중대하다. 임의의 두 큰 수를 더하는 기계는 FSM으로 만들 수 있지만 임의의 문자열을 확인할 수 있는 괄호 확인기는 FSM으로 만들 수 없다. 이진수 곱셈을 하는 기계도 FSM만으로는 만들 수 없으며, 대신 무한한 메모리가 있다면 곱셈기나 괄호 확인기 모두 만들 수 있다.

튜링과 튜링 기계를 살펴보기 전에 유한한 개수의 상태에 대해 몇 가지 더 짚고 넘어가자. 우리는 2장에서 게이트 같은 간단한 기본 논리 유닛으로 얼마나 복잡한 논리함수를 만들 수 있을까 하는 문제를 자세히 살펴본 바 있다. 그리고 바로 이 시점에서도 비슷한 질문을 해 볼 수 있다. FSM에도 어떤 기본 집합이 있어서 그 요소만 있으면 무엇이든 만들 수 있는 것일까? 이런 의문점을 해결하기 위해서는 FSM을 결합하는 방법을 살펴볼 필요가 있다.

[그림 3-6]의 두 기계를 각각 A, B라고 부르자. 그림을 보면 이 두 기계를 복잡하게 연결해 놓았다. 이 그림을 한 눈에 알아보지 못하겠다고 해서 낙담하지는 말자.

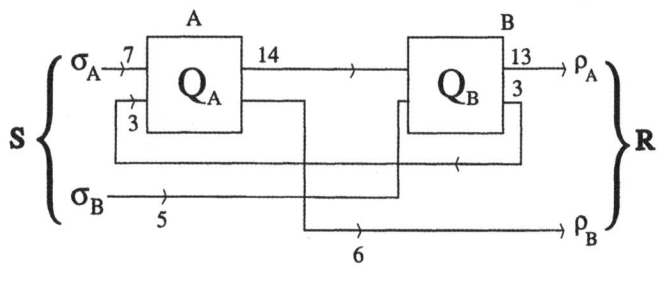

그림 3-6 서로 연결된 FSM

일반적인 FSM에서는 이진수가 자극으로 입력되거나 응답으로 출력된다. 자극은 순서대로 입력되든 병렬(여러 선을 통해서 한꺼번에)로 입력되든 상관없이 둘로 쪼갤 수 있다. 예를 들어 A에 입력되는 자극이 10비트이고 이 자극을 7비트와 3비트 자극으로 나눈다고 하자. 이 중 7비트 입력은 σ_A 선을 통해서 들어오는 외부 입력이고 3비트 입력은 기계 B의 자극으로부터 오는 내부 입력이라고 하자. 그림 B에서는 16비트가 출력되는데, 그 중 13비트는 밖으로 출력되고, 3비트는 A의 자극으로 전달된다. A의 응답을 보면 총 20비트가 출력되는데, 그 중 14비트는 B의 자극으로 입력되고 나머지 6비트는 B를 거치지 않고 바로 출력으로 연결된다. 그리고 B에 입력되는 자극의 나머지 부분은 외부로부터 σ_B 선을 통해 5비트로 전달된다고 하자.

한참 동안 복잡하게 설명했지만 요점은 이 복합 시스템을 다음과 같은 유한 상태 기계 하나로 표현할 수 있다는 것이다.

이 그림에서 입력되는 자극은 σ_A와 σ_B 선으로 들어오는 이진 입력으로 구성되며, 출력되는 반응은 A와 B로부터 나오는 출력의 일부분이 합쳐져 만들어진다. 따라서 입력되는 자극은 7+5, 총 12비트이며 출력되는 반응은 13+6, 총 19비트가 된다. 이 기계에서 하는 일은 A와 B의 특성에 따라 결정된다. 이렇게 만들어진 기계의 내부 상태의 개수가 A와 B 각각의 상태 개수의 곱과 같다고 생각할 수도 있지만, 이는 내부에서 전선을 따라 움직이는 정보나 피드백 등에 의해 달라질 수도 있다. 어쨌든 이 예시에서 보여주고자 했던 것은 간단한 FSM을 적절히 연결하면 더 큰 FSM을 만들 수 있다는 것이다. 피드백을 빼먹는 등 다른 식으로 연결하면 어떻게 될지 궁금해하는 사람도 있을 것이다. 하지만 전체 입력/출력 비트수 등의 제한을 최대한 줄이려면 피드백이 필수다. 출력을 바로 입력으로 연결하는 방식으로 두 기계를 연결하면 전체 자극/반응의 크기에 제약이 생길 뿐 아니라 구성 요소에 해당하는 모든 FSM의 입력 및 출력에도 제약이 생길 수밖에 없다.

이제 앞에서 제기되었던 의문점, 즉 몇 가지 기본 FSM을 연결해 임의의 FSM을 만들 수 있을까 하는 문제로 돌아가보자. 답은 '예'이다. 사실 이 경우에도 AND와 NOT 게이트 자체를 유한 상태 기계로 보면 그것만 가지고도 어떤 FSM이든 만들 수 있다. 어떻게 그럴 수 있는지 대략적으로 살펴보기 위해 우선 몇 가지 새로운 표기법을 쓰도록 하겠다. 신호를 전달하는 전선 k개를 다음과 같이 선 하나에 슬래시가 그어져 있고 그 밑에 전선의 개수 k를 적어놓은 기호로 표기하자.

기호를 사용하면 일반적인 유한 상태 기계를 [그림 3-7]과 같이 편리하게 나타낼 수 있다.

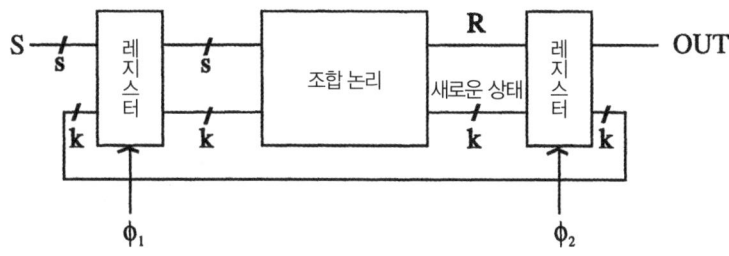

그림 3-7 일반적인 FSM

조금 복잡해 보이지만 작동 방식은 간단하다. 이 기계는 레지스터(2장에서 클록이 있는 플립플롭을 만들 때 썼던 것과 같은 것) 2개와 논리 함수를 수행하는 블랙박스로 이루어진다. 첫 번째 레지스터로 입력되는 신호는 FSM으로 입력되는 자극 S와 현재 기계가 위치한 상태 Q 두 부분으로 구성된다. 이 설계에서 가장 핵심은 내부 상태에 이진수 레이블을 부여할 수 있다는 것이다. 이 경우 자극은 s비트이고 s개의 선을 통해서 입력되며, 내부 상태는 k비트로 k개의 선을 통해 전달된다(결국 이 FSM에는 내부 상태가 최대 2^k개까지 있을 수 있다). 레지스터에서는 타이밍에 맞춰서 이 두 입력을 조합 논리 유닛으로 전달한다(타이밍 문제는 잠시 후에 다시 살펴보겠다). 이 부분이 가장 중요한데, FSM은 주어진 자극과 상태에 따라서 어떤 반응을 만들어낸 다음 새로운 상태로 넘어간다. 위 그림에서 보면 블랙박스가 두 개의 이진 문자열을 받아들여 또 다른 두 이진 문자열을 만들어내는 부분에 해당한다. 이렇게 만들어진 두 이진 문자열 중 하나는 나중에 출력되는 반응이고, 다른 하나는 첫 번째 레지스터로 다시 들어가는 새로운 상태다. 이 새로운 상태는 다시 다음 자극으로 쓰인다. 이와 같이 각 입력에 대해 제대로 된 출력을 만들어주는 논리 유닛만 만들면 FSM을 완성할 수 있으며, AND와 NOT 게이트만 올바르게 연결하면 논리 유닛을 만드는 것은 전혀 문제가 되지 않는다.

타이밍에 대해서 간단하게 짚고 넘어가자. 앞에서 논의했듯이 설계된 회로가 실질적으로 제대로 작동하려면 논리 소자의 입력 및 출력의 클록을 제대로 맞춰야 한다. 신호가 전달되는 데 걸리는 시간을 고려해야 하기 때문이다. FSM도 예외는 아니어서 레지스터에 두 개의 클록을 연결해야 하며, 그 작동 원리는 일반적인 논리회로와 같다. 첫 번째 레지스터는 클록 ϕ_1로, 두 번째 레지스터는 클록 ϕ_2로 구동되며 한 쪽이 ON이면 다른 한 쪽은 OFF가 되도록 해놓는다. 즉, ϕ_2 = NOT ϕ_1이 되도록 설정하고 일반적인 클록에 연결하면 된다. 그리고 각 클록이 켜져 있는 시간은 신호가 전달되고 안정화되는 데 필요한 시간보다 더 길게 해야 한다. 핵심은 ϕ_1이 ON인 동안 ϕ_2가 OFF가 되도록 해서 아직 첫 번째 레지스터에서 작업이 끝나지 않았는데 두 번째 레지스터에서 첫 번째 레지스터로 정보를 보내서 첫 번째 레지스터의 상태를 바꾸는 일이 없어야 한다는 점이다.

연습문제 3.4

튜링 기계로 넘어가기 전에 FSM과 관련된 문제를 하나 더 살펴보자. '군인'이라고 부르는 똑같은 유한 상태 기계가 한 줄로 쭉 늘어서 있다. 군인의 수는 N이라고 하고, 그 줄의 한 쪽 끝에는 '장군'이라는 또 다른 FSM이 있다. 어느 순간 장군이 '발사' 명령을 외친다. 이때 어떻게 하면 다음과 같은 제약 조건을 만족하면서 가장 짧은 시간 안에 모든 군인이 동시에 발사하게 만들 수 있을까?

(1) 시간은 일정한 시간 단위의 정수배만큼씩 흐른다.
(2) 시간이 $T+1$일 때 각 FSM의 상태는 바로 옆에 있는 FSM의 시간 T에서의 상태에 의해 결정된다.
(3) 발사 방법은 문제에서 주어진 군인의 수, 즉 N과는 무관해야 한다.

처음에는 모든 FSM이 휴식 상태에 있다가 장군이 '발사'라는 명령을 보내면 즉시 바로 옆에 있는 군인에게 입력한다고 생각하면 된다. 이 군인은 그 명령에 어떤 식으로든 반응하여 새로운 상태로 들어가고, 이것이 다시 그 옆에 있는 군인에게 영향을 미치는 과정이 계속 반복된다. 모든 군인들은 다른 군인과 상호작용하여 어느 순간에는 모든 군인들이 동시에 발사를 한다(장군은 처음에 발사 명령을 내리는 것 외에는 아무 일도 하지 않는다).

이 문제의 해결 방법은 다양하지만 장군이 명령을 내린 시점으로부터 군인들이 총을 발사하는 순간까지 걸리는 시간은 보통 3N에서 8N 정도로 알려져 있다. 그러나 필요한 정보가 모두 전달되는 데 걸리는 시간을 감안하면 군인들이 T = 2N−2보다 빨리 발사할 수 없음을 수학적으로 증명할 수 있다. 실제로 이 최소 시간 문제의 정답을 발견한 사람도 있지만 정확한 답을 구하는 것은 상당히 어렵다. 꽤 흥미로운 문제이기 때문에 나도 가끔씩 비행기를 타고 돌아다니거나 할 때 이 문제를 곰곰이 생각해 보곤 하는데, 아직 풀지는 못했다.[2]

3.4 튜링 기계 1

드디어 튜링 기계에 대해 알아볼 차례다. 이 기계를 만든 튜링은 어떤 사람(수학자)을 기계로 간주하고 그 사람 머릿속에는 유한 상태 기계가 들어있으며, 마음대로 쓸 수 있는 연습장이 무제한으로 제공된다고 생각했다. 튜링 기계와 FSM의 가장 큰 차이점은 바로 이 무한정 제공되는 연습장, 즉 무한한 메모리다. FSM은 그 정의상 무한한 메모리를 가질 수 없기 때문에 괄호 확인이나 곱셈 같은 문제는 유한 상태 기계로 해결할 수 없다. 하지만 튜링 기계에는 이런 제약이 없다. 그렇

---

2 엮은이_ 정답은 다음 논문에서 찾아볼 수 있다. Waksman, A. (1966). An optimum solution to the firing squad synchronization problem. In Information and Control (Vol. 9, Issue 1, pp. 66–78). Elsevier BV. https://doi.org/10.1016/s0019-9958(66)90110-0

다고 해서 튜링 기계에 들어가는 각 FSM에 붙일 수 있는 종이가 무제한이라는 것은 아니다. 각 단계에서 사용할 수 있는 종이는 제한되어 있지만 필요할 때마다 새로 추가할 수 있다는 점이 일반 FSM과는 다르다. 이런 이유로 '무한'이라는 수식어를 붙였다.

튜링 기계는 여러 방식으로 정의할 수 있지만 여기서는 가장 널리 쓰이고 있는 방식으로 기술하겠다. 내부 상태의 개수가 유한한 조그만 기계가 있고, 그 기계가 길다란 테이프 위로 움직이고 있다고 하자. 연습장 종이를 테이프 모양으로 늘어 놓는다고 생각하면 된다. 이 테이프는 여러 칸^{cell}으로 구분되어 있으며, 각 칸에는 특정한 기호가 들어있을 수 있다. 튜링 기계의 동작 방식은 매우 간단하며 FSM에서 하는 일과 비슷하다고 보면 된다. 기계는 특정 상태에서 시작해 칸에 들어있는 내용물을 순차적으로 살펴본다. 초기 상태와 칸에 들어있는 내용에 따라 칸의 내용을 지운 다음 새로운 내용을 쓸 수도 있고, 칸을 그대로 두고 넘어갈 수도 있다 (편의상 내용을 그대로 남겨두는 것도 기존 내용을 지우고 전에 있던 내용을 다시 쓰는 것으로 간주한다). 그리고 나서 한 칸 왼쪽 또는 오른쪽으로 움직이고 내부 상태를 바꾼다. 이를 그림으로 나타내면 [그림 3-8]과 같다.

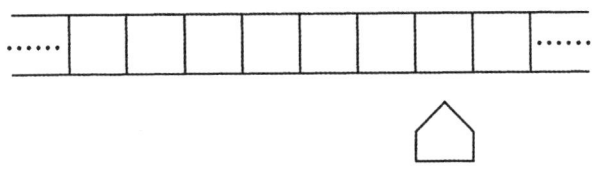

그림 3-8 튜링 기계

튜링 기계와 FSM이 얼마나 유사한지 살펴보자. 튜링 기계에도 FSM처럼 내부 상태가 있다. 칸에 들어있는 내용을 읽어오는 것은 자극을 입력받는 것과 비슷하며, 칸에 새로운 내용을 쓰고 왼쪽이나 오른쪽으로 한 칸 움직이는 것은 반응을 출력하는 것과 비슷하다. 여기서 기계가 왼쪽이나 오른쪽으로 한 번에 한 칸씩만 움직인다고 설명하기는 했지만 꼭 그래야 하는 것은 아니다. 단지 여기서는 최대한 원칙을 간단하게 만들기 위해 그렇게 했을 뿐이다. 튜링 기계에서 필수적인 한 가지 성질은 왼쪽, 오른쪽 중 어느 쪽으로든 움직일 수 있어야 한다는 점이다. 이 개념은 조금 더 공부해야 하긴 하지만 튜링 기계를 한 쪽으로만 움직일 수 있게 해 놓으면 그 기계는 유한 상태 기계가 됨을 증명할 수도 있다.

이제 테이프에서 유한한 길이의 어떤 부분에만 내용이 적혀 있다고 해 보자. 그 영역을 제외한 나머지 부분은 모두 빈 칸이다. 기계는 시간 T에 특정 초기 위치에서 작동하기 시작한다. 시간 $T+1$일 때 기계가 어떻게 동작할지는 시간 T일 때의 상태 Q_i와 방금 읽은 기호 S_i에 의해 정해지는 3가지 함수에 의해 결정된다. 새로운 상태 Q_j, 원래 있던 내용을 지우고 적어 넣을 기호 S_j, 그리고 움직일 방향 D가 바로 그 3가지 함수다. 이를 수식으로 표현하면 다음과 같다.

$$Q_j = F(Q_i, S_i)$$
$$S_j = G(Q_i, S_i)$$
$$D = D(Q_i, S_i)$$

식 3-3

이 함수들은 결국 FSM에서 썼던 함수에 방향을 나타내는 함수 D만 추가한 것이다. 튜링 기계는 이 함수들로 완전하게 기술할 수 있으며, 시간 T일 때의 함수 Q_i, S_i와 시간 $T+1$일 때의 함수 Q_j, S_j, D 이렇게 5개의 함수로 이루어진 커다란, 하지만 유한한 찾아보기 목록으로 기술할 수도 있다. 따라서 우리가 할 일은 어떤 데이터를 집어넣고 시작점을 알려준 다음 결과를 내놓을 때까지 그냥 두기만 하면 된다(데이터를 집어넣을 때는 테이프에 데이터를 적어두는 방법을 사용한다). 기계에서 일을 마치면 계산 결과를 테이프 어딘가에 써 놓을 것이고, 사람들은 테이프만 잘 뒤지면 원하는 값을 알아낼 수 있다. 이때 언제 멈출지를 기계에 알려주는 것도 빼먹으면 안 된다. 너무 당연해 보일 수도 있지만 '종료' 문제는 계산 문제에서 매우 중요하면서도 심오한 문제들을 내포하고 있다.

튜링 기계의 구체적인 예를 살펴보기 전에 왜 우리가 튜링 기계를 연구하는지 다시 한번 언급하고 넘어가야 할 것 같다. 앞에서 어떤 문제에 대한 유효 절차를 찾아내는 것은 그 문제를 풀 수 있는 튜링 기계를 찾는 것과 같다고 했다. 다른 튜링 기계에서 할 수 있는 일을 모두 할 수 있는 범용 튜링 기계(UTM)가 있다는 것을 알기 전까지는 유효 절차와 튜링 기계 사이의 관계가 그다지 중요하게 느껴지지 않을 것이다. UTM은 보다 단순한 튜링 기계에서 문제를 해결하는 행동을 흉내 내는 모조품 같은 역할을 한다(UTM은 여러 방법으로 만들 수 있는데, 컴퓨터 과학적인 면에서 볼 때 그런 모든 UTM은 전부 동등하다). 예를 들어 몇 개의 목록으로 정의되는 일련의 데이터를 입력하면 특정 출력을 계산하는 튜링 기계가 있다고 하자. UTM은 이 튜링 기계의 특성, 즉 이 튜링 기계가 작동하는 기반이 되는 목록과 입력 데이터를 집어넣어서 흉내 내도록 설계할 수 있다(필요한 내용을 집어넣을 때는 다른 튜링 기계에 데이터를 집어넣을 때처럼 UTM에서 이해할 수 있는 방식으로 테이프를 통해서 입력하면 된다). 그리고 각각의 정보가 어디에서 시작하고 어디에서 끝나는지도 알려준다.[3] 그러면 UTM 내부 프로그램에서 그 정보를 받아 읽고 원래 튜링 기계의 행동을 그대로 흉내 내어 최종적으로는 원래 튜링 기계와 같은 결과를 내놓게 된다. UTM의 놀라운 점은 사용자가 함수들을 기술할 수 있는 찾아보기 목록과 몇 가지 초기 데이터만 주면 나머지 부분은 알아서 작동한다는 것이다. 그러므로 상황에 따라 UTM 자체의 특성을 기술하는 목록을 매번 바꿀 필요가 없다.[4] 이러한 범용 튜링 기계가 중요한 이유는 UTM을 의인화하면 어떤 튜링 기계로도 해결할 수 없는, 즉 어떤 수학자도 풀 수 없는 문제가 존재한다는 사실이 드러나기 때문이다.

이제 몇 가지 튜링 기계를 살펴보자. 우선 앞에서 유한 상태 기계에 대해 얘기할 때도 살펴본 패리티 카운터는 이진 문자열을 받아서 1의 개수가 짝수 개인지 홀

---

[3] 파인만_ 테이프 중에서 그 UTM이 흉내내야 할 기계에 대한 정보가 담겨있는 부분을 유사 테이프(pseudo-tape)라고 부른다.
[4] 파인만_ UTM은 나중에 실제로 만들어볼 것이다.

수 개인지를 판단하는 일을 하며, [그림 3-9]와 같이 그릴 수 있다.

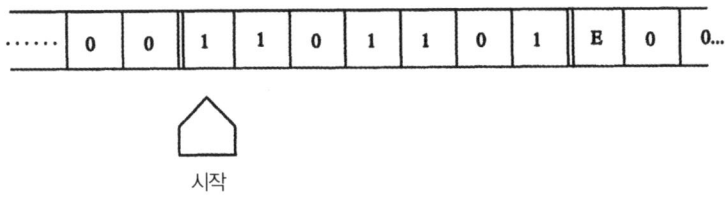

그림 3-9 패리티 카운터로 들어가는 입력 테이프

먼저 입력 데이터인 이진 문자열을 그림과 같이 테이프에 기록하는 것부터 시작한다. 테이프의 각 칸마다 숫자를 한 개씩 적는다. 이 기계의 테이프 헤드는 문자열 왼쪽 끝에 있는 첫 번째 숫자에서 시작하며, 그 기계는 Q_0이라는 초기 상태에서 시작한다고 하자. 문자열을 제외한 나머지 부분은 모두 0으로 채워져 있고 문자열 끝은 E로 표시해 구분해 둔다.

우리는 이 기계의 상태로부터 문자열의 패리티를 알 수 있다. 처음에는 1이 한 번도 나오지 않았기 때문에 1의 개수가 짝수임을 뜻하는 Q_0 상태에서 시작한다. 0이 나오면 상태를 그대로 Q_0으로 두고 오른쪽으로 한 칸 움직인다. 0을 만났을 때는 패리티가 바뀌지 않기 때문에 상태도 바뀌지 않는다. 하지만 1이 나타나면 그 1을 지운 후 0을 적고 다음 칸으로 넘어간 다음 Q_1 상태로 들어간다. 그 후에 다시 0이 나오면 전과 마찬가지로 현 상태 Q_1을 그대로 유지하면서 다음 칸으로 넘어간다. 1이 나오면 1을 지운 후 대신 0을 적은 다음 한 칸 오른쪽으로 옮기고 반대 상태, 즉 Q_0으로 돌아간다. 이제 어떤 식으로 작동하는지 이해될 것이다. 이 기계는 문자열을 왼쪽에서 오른쪽으로 훑어가면서 1을 만날 때마다 상태를 0으로 바꾼다. 문자열의 마지막 숫자를 지웠을 때 이 기계가 Q_0 상태에 있으면 그 문자열의 패리티는 짝수이고, Q_1 상태에 있으면 홀수임을 알 수 있다. 그렇다면 최종 결과는 어떻게 알아낼 수 있을까? 그것도 어렵지 않다. E를 읽었을 때 할 일을 지정해두면 된다. Q_0 상태에서 E를 읽으면 E를 지우고 0을 적어서 패리티가 짝수라는 기록을 남기고, Q_1 상태에서 E를 읽으면 1을 적어서 패리티가 홀수라는 기록을 남기게 하면 된다. 그리고 나면 항상 종료를 나타내는 Q_H 상태로 넘어간다. 종료 상태로 넘어갈 때는 왼쪽이나 오른쪽으로 이동하지 않아도 되며, 테이프에서 헤드 바로 위에 있는 값만 확인하면 답을 알 수 있다. 따라서 최종 결과는 [그림 3-10]과 같다.

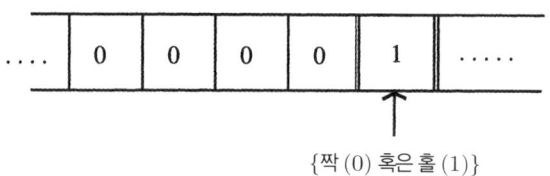

그림 3-10 패리티 카운터에서 출력된 테이프

이 기계의 동작을 기술할 수 있는 각 함수의 목록을 정리하면 [표 3-2]와 같다.

표 3-2 패리티 카운터 작동표

초기 상태	읽기	새로운 상태	쓰기	이동 방향
0	0	0	0	R
0	1	1	0	R
1	0	1	0	R
1	1	0	0	R
0	E	종료	0	–
1	E	종료	1	–

이 기계는 사실 너무 단순하기도 하고 이미 유한 상태 기계로도 만들 수 있음을 보인 바 있다(이 튜링 기계가 한 방향으로만 움직였다는 것을 생각하면 유한 상태 기계로도 만들 수 있음을 짐작할 수 있다). 잠시 후에 FSM으로는 만들 수 없었던 괄호 확인기를 만들면서 튜링 기계가 얼마나 뛰어난지를 확인해 볼 텐데, 그 전에 먼저 복잡하게 꼬여있는 튜링 기계 작동표를 보면서 고생하지 않아도 튜링 기계가 작동하는 방식을 더 쉽게 이해할 수 있는 새로운 기호를 소개하겠다.

이 기호는 FSM을 설명할 때 사용했던 기호와 꽤 비슷하다. 칸에 새로운 값을 쓰고 나서 헤드가 움직이는 방향을 어떤 식으로든 적어준 후 시작 및 종료 조건만 설정하면 된다. 나머지는 FSM을 나타낼 때 사용했던 그림과 똑같다. 방금 만들었던 패리티 카운터는 [그림 3-11]과 같은 식으로 나타낼 수 있다.

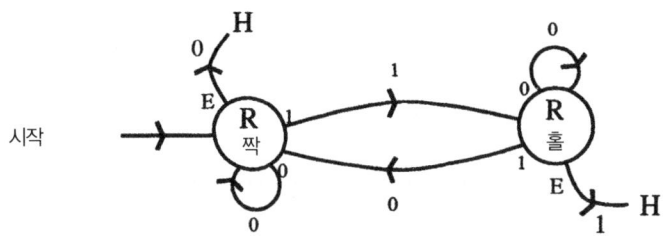

그림 3-11 튜링 기계 패리티 카운터

[그림 3-11]은 같은 일을 하는 FSM을 표현한 [그림 3-5]와 거의 똑같다. FSM의 자극은 튜링 기계에서 칸에 들어있는 내용에 해당한다. 이 그림에서는 선과 원이 만나는 지점에 그 값이 적혀 있다. FSM의 응답은 상태들 사이를 연결하는 화살표 위에 표시했는데, 튜링 기계에서는 칸에 들어있는 기존 값을 그 응답에 해당하는 값으로 덮어쓴다. FSM과 튜링 기계의 상태 레이블은 모두 원 안에 적혀 있다.

[그림 3-5]와 [그림 3-11]에서 두드러지게 차이나는 부분을 살펴보자. 우선 튜링 기계에서는 시작점을 알아야 하기 때문에 [그림 3-11]에는 시작 화살표가 추가되어 있다. 마찬가지로 종료 조건도 추가되어 있어서 기계에서 읽어온 값이 E이면 H로 연결되는 선으로 가고, 작업이 종료된다. 그리고 각 작업이 끝난 후에 헤드가 이동할 방향도 표시해야 한다. 이동 방향이 읽어온 기호와는 무관하게 내부 상태에 의해서만 결정되는 기계라고 해서, 테이프에 기록되어 있는 기호도 이동 방향에 영향을 주는 일반적인 기계에 비해 근본적으로 계산 수행 기능이 떨어지는 것은 아니다. 따라서 여기서는 이동 방향이 내부 상태에 의해서만 결정되는 기계만 다루겠다. 이렇게 하면 [그림 3-11]처럼 튜링 기계를 기호로 나타내기가 더 수월해진다. 상태를 나타내는 상자 안에 이동 방향에 따라 L(왼쪽) 또는 R(오른

쪽)을 적어 두기만 하면 되기 때문이다. 이 경우에는 어느 상태에서든 항상 오른쪽으로만 움직인다.

튜링 기계의 기본 메커니즘과 표기법을 설명하다 보니 별로 까다로울 것도 없는 패리티 카운터에 대한 설명이 길어졌다. 이제 조금 더 흥미로운 괄호 확인기를 만드는 문제를 살펴보자. 이번에는 유한 상태 기계보다 튜링 기계가 우월함을 분명히 확인할 수 있다. 튜링 기계에 공급되는 테이프의 각 칸에 [그림 3-12]와 같은 식으로 괄호가 하나씩 들어가 있다고 하자.

$$\dots E(\,(\,)\,)(\,)(\,(\,)\,)\,)(\,(\,)\,E\dots$$

그림 3-12 괄호 확인기에 들어갈 입력 테이프

문자열의 양쪽 끝은 기호 E로 표시했다. 이 문자열의 괄호가 짝이 맞는지 확인하려면 어떻게 해야 할까? 우선 말로 설명한 다음 각 상태도를 알아보겠다. 이 기계는 문자열의 왼쪽 끝에서 시작해서 오른쪽 괄호가 나타날 때까지 계속 오른쪽으로 넘어간다. 그리고 그 오른쪽 괄호를 X 같은 다른 기호로 덮어쓴 다음 왼쪽으로 넘어간다. 그럼 헤드가 왼쪽 괄호에 위치하게 되는데, 그 왼쪽 괄호도 X로 덮어쓴다. 이렇게 괄호 한 쌍이 상쇄되었다. X가 나타나면 이 기계는 그 자리에 아무것도 없는 것처럼 반응한다. 이런 식으로 한 쌍을 지우고 나면 다시 오른쪽으로 움직이면서 오른쪽 괄호가 나올 때까지 X나 왼쪽 괄호를 지나친다. 그리고 그 오른쪽 괄호와 그 왼쪽으로 처음으로 나타나는 왼쪽 괄호를 다시 X로 덮어쓰는 작업을 반복한다. 이렇게 하면 체계적으로 괄호를 한 쌍씩 지울 수 있다. 이렇게 하다 보면 헤드가 왼쪽 또는 오른쪽에 있는 E에 도달하면서 결과가 결정된다. 기계는 두 E 사이에 있는 테이프에 X만 있는지 아니면 아직 소거되지 않은 다른 괄호가 있는지 확인한다. X만 남으면 괄호의 짝이 제대로 맞는 것이므로 어딘가에 1을 적고, 그렇지 않으면 0을 적는다. 이렇게 결과를 쓰고 나면 기계 작동을 종료한다.

조금만 생각해 보면 이 간단한 절차만 수행하면 문자열의 크기와 상관없이 어떤 문자열이든 괄호의 짝을 확인할 수 있다. 이 기계의 작동 방식은 [그림 3-13]에 있는 상태도로 정리할 수 있다.[5]

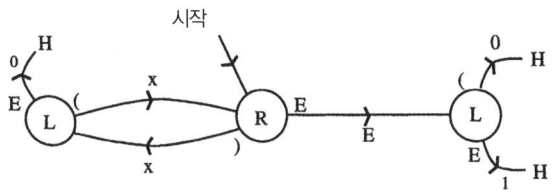

그림 3-13 괄호 확인기 상태도

이 상태도가 FSM과 어떻게 다른지 주의 깊게 살펴보자. 여기서는 시작 및 종료 시점과 이동 방향을 표시해야 하며, 패리티 카운터와 달리 왼쪽으로 움직이는 상태가 두 개 있다.

이제 기본 개념은 어느 정도 익혔으니 다른 튜링 기계를 직접 만들어보자. 아래에 연습 삼아 풀어 볼 연습문제 몇 가지를 수록했다.

연습문제 3.5

일진^{unary} 곱셈기를 설계하자. 일진수란 1진법으로 작성된 수로, 이진수보다도 더 간단하다. 일진수에는 숫자가 1밖에 없으며 숫자 N은 N개의 1로 표시된다. 즉 1은 1, 2는 11, 3은 111, 4는 1111 같은 식으로 쓰면 된다. 임의의 두 일진수를 곱하는 튜링 기계를 설계해 보자. 입력되는 테이프는 다음과 같다.

```
00 ... E 1 1 1 1 .... 1 B 1 1 1 1 .... 1 1 E ... 0 0
            m                  n
```

여기서 m개의 1과 n개의 1은 곱할 수를 나타내며, 두 수는 기호 B로 구분한다.

---

5 『Computation: Finite and Infinite Machines』(Prentice-Hall, 1967)

목표는 mn을 나타내는 테이프를 만드는 것이다. 결과는 다음과 같은 식으로 표현할 수 있다.

```
...00 E 0000...0 B XXX...X E YYYY...Y 00...
        m          n         mn
```

여기서 Y는 0, 1, X, E, B와 구분되는 기호이다. 그림의 테이프 구조를 힌트 삼아 문제를 풀어보자.

연습문제 3.6

이진 가산기는 앞에서 이미 살펴보았으므로 이제 두 이진수를 더하는 튜링 기계를 설계해 보자. 단, 두 이진수의 비트 수가 같은 경우만 고려한다. 다음과 같은 초기 테이프에서 시작할 수 있다.

```
...00 A 1101..1 B 1001..0 C 000...
        m          n
```

m과 n은 더할 수를 나타내고 A, B, C는 세 수를 구분하는 기호다. 기계가 시작하는 위치, 계산 방법, 최종 출력 형태, 결과를 출력할 위치 등은 여러분이 직접 결정하기 바란다.

연습문제 3.7

앞의 두 문제를 쉽게 풀었다면 이번에는 훨씬 어려운 문제에 도전해 보자. 이진수 곱셈을 할 수 있는 튜링 기계를 설계하자.

연습문제 3.8

마지막으로 깔끔하게 일진수를 이진수로 변환하는 변환기를 설계해 보자. 즉, 어떤 일진수를 나타내는 문자열이 입력되면 그 수를 이진수로 변환한 값을 출력하는 기계를 만들면 된다. 이 문제를 풀려면 나눌 수(약수^{divisor})와 나머지 수학적 개념을 알아야 한다. n비트 이진수 $N = N_n N_{n-1} \cdots N_1 N_0$는 다음과 같이 정의할 수 있다.

$$N = N_n \cdot 2^n + N_{n-1} \cdot 2^{n-1} + \cdots + N_1 \cdot 2 + N_0$$

N을 일진수로 표현한 문자열, 즉 N개의 1에서 시작해서 이진수에서의 각 자리 숫자인 위 식의 계수 N_i를 구해야 한다. 제일 낮은 자리 숫자 N_0은 N을 2로 나눈 나머지로 구할 수 있다.

$$N = 2 \cdot X + N_0$$

위 식에서 구한 X는 바로 윗자리 숫자인 N_1을 구할 때 이용할 수 있다.

$$X = 2 \cdot Y + N_1$$

즉, X를 2로 나눈 나머지가 N_1이 된다. 원하는 결과가 나올 때까지 이렇게 2로 나누고 나머지를 확인하는 과정을 반복한다. 이때 N은 n비트 수이므로 그 정의상 N_n은 반드시 1이어야 한다.

만약 N이 일진수 형식으로 주어지면 1들을 한 쌍씩 묶은 다음 남는 것을 확인하는 방법을 쓰면 된다. 한 가지 예로 10진수 9, 즉 1진수 111111111에서 1을 두 개씩 묶으면 다음과 같이 된다.

$$(11)\ (11)\ (11)\ (11)\ 1$$

이렇게 하면 2로 나눈 것과 같은 결과가 나온다. 맨 오른쪽에 묶이지 못한 1이 남으므로 N_0이 1임을 알 수 있다. N_1을 구할 때는 맨 오른쪽에 있는 1을 없앤 다음 나머지 부분을 또 한 쌍씩 묶으면 된다.

$$(11\ 11)\ (11\ 11)$$

이번에는 나머지가 0이므로 N_1은 0이다. 같은 방법으로 N_2가 0이라는 사실도 알 수 있다. 이제 모든 수를 다 묶었으므로 마지막 N_3가 1이 됨을 확인할 수 있고, 결과적으로 111111111(일진수) = 1001(이진수)라는 결론을 내릴 수 있다.

이 알고리즘을 튜링 기계로 구현하는 일은 직접 해 보기 바란다. 숫자들을 두 개씩 묶은 뒤 각각이 한 쌍이라고 표시하고 나머지를 확인한 다음 다시 맨 앞으로 돌아와 전에 했던 일을 반복하는 과정을 구현해야 한다. 두 개를 한 쌍으로 묶을 때는 문자열 맨 왼쪽에서 시작해서 오른쪽으로 가면서 두 개마다 하나씩을 지우고 X로 덮어쓰면 된다. 그 다음 두 개씩 묶인 것을 다시 두 개씩 묶을 때는 X는 그냥 무시하고 1만 세고 넘어가면서 같은 작업을 반복하면 된다. 이 방법을 제대로 구현하기만 하면 변환기를 만들 수 있다. 세부 사항은 직접 만들어보자. 튜링 기계가 시작되는 지점, 변환을 하는 과정, 결과를 쓰고 종료하는 방법 등을 모두 꼼꼼히 고려해야 한다는 점도 잊지 말아야 한다.

3.5 튜링 기계 2

계산의 다른 면을 보여줄 수 있는, 꽤 복잡한 튜링 기계에 대해 알아보자. 앞에서 컴퓨터가 계산기보다는 쪽지를 돌리는 기계에 가깝다고 얘기했는데, 이번에는 산술 연산보다는 서류를 처리하는 튜링 기계를 만들 수 있을지 생각해 보자. 그 중 가장 기본적인 기능인 파일에서 특정 정보를 검색하는 작업을 구현하고자 한다. 우선 파일 시스템에서 특정 파일의 위치를 알아낸 다음 그 파일의 내용을 읽어들여 사용자에게 전달해 주는 기계를 만들 것이다.[6]

다음과 같은 튜링 파일 시스템 테이프가 튜링 기계로 입력된다고 하자(그림 3-14).

---

6 여기에서 논의하는 내용은 민스키의 『Computation: Finite and Infinite Machines』(Prentice-Hall, 1967)를 바탕으로 준비했다.

라이브러리 영역
.... Y (N) X (N_1) (U_1) X (N_2) (U_2) X (N_3) ....
..... Y

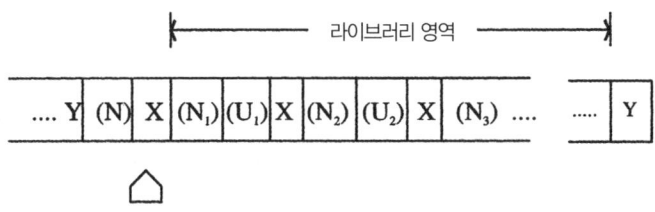

그림 3-14 파일을 찾는 기계에 들어갈 입력 테이프

그림이 조금 암호 같은 느낌이 들지만, 여기에서 *X*라는 기호는 서로 다른 파일을 구분하는 역할을 한다. *X*와 *X* 사이에는 파일이 하나씩만 들어간다. 각 파일은 이름(또는 주소) *N*과 그 내용인 *U*로 구성되며 둘 다 이진 문자열 형태이고, 마찬가지로 한 칸에 한 숫자씩 기록된다. 테이프 맨 왼쪽에는 읽어올 파일 이름이 붙어 있으며 테이프 왼쪽 끝은 *Y*로 표시했다. 그 왼쪽으로는 0들이 쭉 채워져 있으며 테이프 오른쪽 끝도 같은 방식으로 마무리되어 있다. 이 기계는 찾고자 하는 파일 이름 오른쪽에 표시된 위치에서 시작한다.

가장 먼저 할 일은 올바른 파일을 찾는 것이다. 이 작업은 원하는 파일을 찾을 때까지 왼쪽에서 오른쪽으로 움직이면서 각 파일 이름을 찾을 파일 이름과 비교하는 방식으로 진행된다. 작업 처리 방법을 알아보기 위해 다음과 같은 테이프가 있다고 하자(그림 3-15).

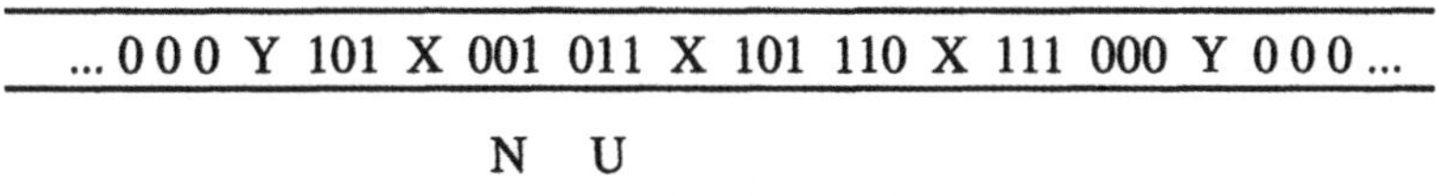

...0 0 0 Y 101 X 001 011 X 101 110 X 111 000 Y 0 0 0...
N U

그림 3-15 파일 처리 테이프의 예

편의상 이름이 저장된 문자열과 데이터가 저장된 문자열이 모두 3비트로 같다고 가정하고, 찾을 파일의 이름은 (101)이며 그 파일의 내용을 읽어와야 한다고 하자. 가능한 모든 대상 파일에 대해 서로 다른 튜링 기계 상태를 할당하는 방법이 제일 그럴듯해 보인다. 이렇게 하면 최대 8개의 상태를 만들 수 있다. 기계는 파일 이름에 의해 정해지는 101 상태에서 시작해 왼쪽으로부터 가장 먼저 등장하는 파일로 가서 이름을 확인한다. 이름이 맞으면 일이 끝난 셈이고 그렇지 않으면 오른쪽에 있는 다음 파일로 넘어가서 파일명을 확인하는 작업을 계속 반복한다. 이렇게 하면 올바른 주소에 다다를 때까지 자연스럽게 왼쪽에서 오른쪽으로 이동하게 된다. 하지만 이 기계에는 상태가 8개 밖에 없기 때문에 3비트짜리 파일명을 쓰는 파일 시스템에서만 적용 가능하다는 문제가 있다. 즉, 범용성이 크게 떨어진다.

우리가 원하는 것은 파일명의 길이에 제약 없이 원하는 작업을 할 수 있는 기계다. 그런 기계를 만들려면 각 파일명을 찾고자 하는 파일명과 한 숫자씩, 비트별로 비교해야 한다. 두 파일명을 왔다갔다 하면서 맞지 않는 숫자가 나타나면 다음 파일명으로 넘어가고, 모든 비트가 맞으면 다시 시작 위치로 돌아온다. 테이프에서 이미 확인한 부분을 파악하기 위해 앞에서 괄호 확인기를 만들 때 했던 것처럼 이미 확인한 부분은 다른 기호로 덮어쓰고 나중에 그 기호는 무시하는 방식을 쓴다. 0과 1 대신 A, B 같은 식으로 다른 기호를 덮어쓰면 나중에도 원래 값이 0이었는지 아니면 1이었는지 알아볼 수 있다. 나중에 이 파일을 다시 쓰고 싶다면 덮어썼던 기호를 전부 다시 0, 1로 바꿔버리면 원래 파일을 복원할 수도 있다.

민스키가 고안한 파일 찾는 튜링 기계는 [그림 3-16]처럼 표시할 수 있다.

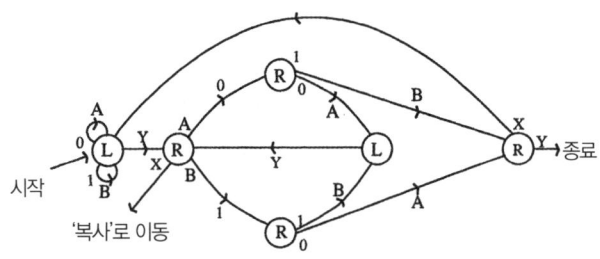

그림 3-16 파일 찾는 튜링 기계

그림을 보면 '복사'로 이동하는 부분이 있는데, 이는 기계가 올바른 파일명을 찾아냈을 때 넘어가는 단계다. 파일에 있는 정보를 테이프에서 원하는 위치로 복사하는 방법은 잠시 후에 살펴보자.

일단은 파일 찾는 기계를 자세히 살펴보자. 헤드는 찾을 숫자 오른쪽에 있는 첫 번째 X에서 시작한다. 순환문을 나타내는 화살표에서 볼 수 있듯이 0과 1을 각각 A와 B로 바꿔가며 왼쪽으로 이동한다. 조금 이상해 보일 수도 있지만 곧 그 이유를 알게 될 것이다. 계속 가다 보면 Y가 나타난다. 그러면 새로운 상태로 들어가서 오른쪽으로 움직이기 시작한다. 그리고 지금까지 덮어썼던 A와 B를 만나게 된다. 이 기계는 그 값들을 원래 숫자 0, 1로 바꿔서 다시 덮어쓰고 오른쪽으로 움직인다(정말 이상해 보이지만 잠시 후에 그 이유를 알 수 있다). 그리고 A, B가 아닌 0, 1만 인식할 수 있는 상태로 들어간다. 만약 A나 B가 나오면 그냥 무시하고 오른쪽으로 넘어간다. 즉, 첫 번째 숫자만 확인하고 넘어가는 셈이다. 이것이 문자열에 들어있던 0, 1을 A와 B로 덮어쓴 이유다. 마찬가지로 X도 곧바로 지나치며 바로 확인할 파일명의 첫 번째 자리로 넘어가게 된다.

이제 핵심적인 부분이 시작된다. 이 기계는 0이나 1을 만나게 될 텐데, 반응 방법은 현재 상황, 즉 찾을 파일명이 첫 번째 자리 숫자에 따라 달라진다. 여기에는 두 가지 가능성이 있는데, 첫 번째는 대상 숫자와 다른 숫자가 나와서 파일명이 서로 맞지 않는 경우 적당한 기호로 덮어쓴 다음 파일의 끝을 나타내는 X가 나올 때까지 오른쪽으로 움직인다. 그리고 나면 다시 왼쪽으로 움직이면서 파일의 나머지 부분을 다시 A 또는 B로 덮어쓴다. 맨 왼쪽 X를 지나서 대상 파일명을 모두 마무리하고 나면 첫 번째 자릿수를 A나 B로 바꾼 다음 Y에 다다른다. 그러면 전체 과정이 새로 시작된다. 이번에는 다음 파일명을 처리한다는 것이 달라질 뿐이다. 이런 식으로 하다 보면 언젠가는 찾을 숫자와 파일명의 첫 번째 자릿수가 같은 경우가 나온다. 이것이 두 번째 경우다.

이렇게 첫 번째 자릿수가 맞는 경우에는 그 숫자를 덮어쓰고 Y가 나타날 때까지 왼쪽으로 돌아가는 상태로 들어간다. 그 다음 다시 오른쪽으로 나가면서 두 번째 기호를 올바른 숫자로 덮어쓴 다음 파일로 넘어간다. 그럼 기계는 두 번째 자리를 확인하는 식으로 작업을 반복한다. [그림 3-17]을 자세히 보면 결국 앞에 있는 [그림 3-15]의 테이프가 다음과 같은 모양으로 바뀔 것임을 알 수 있다.

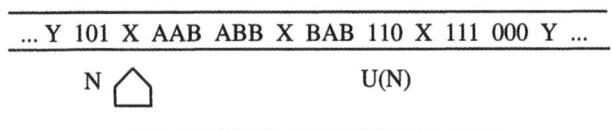

그림 3-17 파일 찾는 튜링 기계에서 나온 테이프

헤드는 시작점으로 돌아와 있고, 튜링 기계에서 작업한 결과 처음 시작점과 찾은 파일명 끝 사이에 있는 0, 1이 모두 A, B로 바뀌었음을 알 수 있다(그러나 파일 내용은 바뀌지 않았다. 파일명을 찾지 못할 경우에는 헤드가 맨 오른쪽 끝에 있는 Y에 이르러 '종료' 명령을 받게 된다).

앞서 언급했듯이, 파일 찾는 튜링 기계에는 '복사' 위치로 이동하기 위한 화살표가 있다. 파일을 찾았으니 이제 다음 단계로 넘어가야 한다. 튜링 기계답게 느리지만 성실하게 데이터를 다른 부분으로 복사해야 한다. [그림 3-18]은 복사용 튜링 기계이며, 파일 찾는 기계에서 출력된 테이프가 바로 이 기계의 입력 테이프가 된다. 이 기계가 어떤 식으로 작동하는지 분석해 보자.

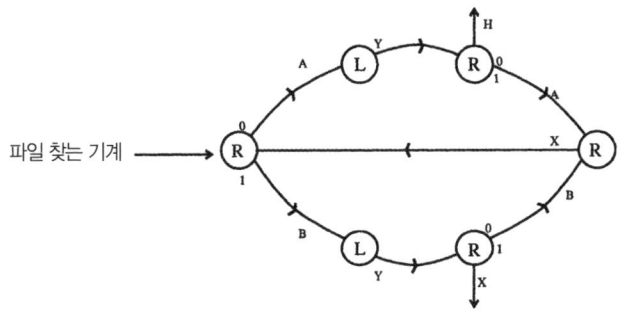

그림 3-18 복사용 튜링 기계

이 기계의 재미있는 특징은 파일의 내용을 원래 테이프에서 찾을 파일명이 기록되어 있던 위치에 복사한다는 점이다. 즉, 찾을 문자열을 덮어쓴다(이것이 가능한 이유는 파일명과 파일 내용의 크기를 똑같이 설정했기 때문이다). [그림 3-17]의 테이프를 [그림 3-18]의 기계에 집어넣으면 [그림 3-19]와 같은 최종 결과가 나온다.

```
... Y BBA X AAB ABB X BAB BBA X B11 000 Y ...
      U
```

그림 3-19 복사용 튜링 기계로부터 출력된 테이프

연습문제를 몇 개 살펴보면서 이 절을 마무리하자.

연습문제 3.9

빈 테이프에서 시작해 모든 이진수를 순서대로 기록하는 테이프를 만드는 튜링 기계를 만들어보자. 각 이진수는 Y로 구분되며, 일단 Y를 기록한 후에는 그 수를 절대로 고칠 수 없다. 필요에 따라서 일단 쓰고 난 수는 다시는 쳐다보지 않는다는 제약조건을 추가할 수도 있다.

연습문제 3.10

다음과 같은 모양의 수열을 인식하는 튜링 기계를 설계해 보자.

$$10110011100011110000\ldots 1^n 0^m$$

이 기계의 작동이 종료된 후에 테이프가 빈 상태가 되면 이 기계에서 그 수열을 받아들인 것이다. 좀 더 일반적으로 얘기하자면 튜링 기계가 테이프를 빈 상태로 남기며 종료되면 그 수열을 튜링 기계에서 '받아들일 수 있는' 것으로 정의한다. 이런 표기 방식은 유한 상태 기계에도 그대로 적용할 수 있다. 어떤 FSM에서든지 받아들일 수 있는 수열의 집합을 정확하게 받아들이는 튜링 기계를 설계해 보자

(힌트: FSM의 함수 F와 G를 사용하여 튜링 기계의 작동 방식을 기술하는 표를 만든다).

3.6 범용 튜링 기계와 종료 문제

우리가 튜링 기계에 대해 공부하고 있는 이유로 돌아가보자. 앞에서 어떤 계산을 수행하는 유효 절차가 있다면 그 계산을 할 수 있는 튜링 기계를 찾을 수 있다고 얘기한 바 있다. 이를 함수를 이용해 정리해 보자. 어떤 변수 x와 그 변수의 함수 $F(x)$가 있다고 하자. 이때 (이진수든 일진수든) 형식을 불문하고 x가 적혀 있는 테이프를 집어넣었을 때 테이프에 $F(x)$를 쓴 다음 종료되는 튜링 기계 $\mathbf{T}_F$를 찾을 수 있다면 $F(x)$는 튜링 계산 가능$^{\text{turing computable}}$하다고 한다. 지금까지 나온 모든 유효 절차가 튜링 계산이 가능하기 때문에 튜링 계산 가능성은 사실상 계산 가능성과 같다고 볼 수 있다.

그런데 이상하게도 어떤 x에 대해서는 튜링 기계가 종료되지 않을 수도 있다. x^2을 비롯한 많은 함수들은 완전^{complete}하다고 불리는데, 여기에서 완전하다는 것은 튜링 기계에 어떤 값을 집어넣어도 그 값에 대응되는 함수값이 출력되면서 종료될 수 있다는 것을 뜻한다. 그렇지 못한 함수는 불완전하다고 하며, 이 경우에는 함수의 정의를 조금 바꿔야 한다. 만약 어떤 값 x가 입력되었을 때 기계가 멈춘다면 그 함수의 함수값을 $F(x)$로 정의하고, 기계가 종료되지 않는다면 그 함수의 값을 0으로 정의한다. 물론 $(x-3)$이라는 함수에 $x=3$을 집어넣어서 0이 나오는 것과 여기에서 x를 F에 집어넣었을 때 0이 나오는 것은 그 의미가 조금 다르다. 여기에서 0은 단순히 튜링 기계에서 계산이 끝나지 않는 경우에 $F(x)$에 붙이는 이름표로 이해해야 한다. 이런 식으로 함수를 새로 정의하고 나면 모든 x에 대해 어떤 수치를 할당할 수 있기 때문에 완전하다고 할 수 있다.

그렇다면 어떤 x 값이 들어갔을 때 기계가 멈추지 않는지 미리 알 수 있는 방법이 있을까? 상황에 따라 가능할 수도 있다. 예를 들어 기계가 아무 일도 하지 못하는 채로 두 상태 사이에서 왔다갔다만 하면 그 기계는 무한 루프에 빠져 절대로 종료되지 않을 것임을 알 수 있다. 하지만 일반적으로는 어떤 x 값에서 문제가 생길지 알아낼 방법이 마땅히 없다. 즉, x가 입력되었을 때 $\mathbf{T}_F$라는 튜링 기계의 종료 여부를 예측하는 계산 가능한 함수를 만드는 것은 불가능하다. 그 이유를 알아보는 과정에서 튜링 기계의 위력을 실감할 수 있을 것이다.

방금 어떤 입력 x에 대해 $\mathbf{T}_F$가 종료되는지를 판단할 수 있는 계산 가능한 함수에 대한 문제를 제기했다. 하지만 그런 함수가 존재한다면 정의상 그 함수도 튜링 기계로 만들 수 있어야 한다. 이렇게 다른 튜링 기계에 대해 알려주는 튜링 기계라는 개념은 범용 튜링 기계$^{universal\ turing\ machine}$(UTM)에서 가장 핵심 주제이다. 이제 범용 튜링 기계에 대해 알아보자.

지금 제기한 문제를 조금 다르게 표현하면 이렇다. **D**라는 기계가 있다고 하자. **D**에는 $\mathbf{T}_F$ 및 $\mathbf{T}_F$에 입력되는 테이프의 초기치(즉 X에 대한 정보)에 대한 정보가 입력된다. 이 **D**라는 기계는 $\mathbf{T}_F$가 종료될지 아닐지를 알려줘야 한다. 중요한 것은 **D** 자신도 반드시 답을 쓴 다음 종료되어야 한다는 것이다.

이제 **D**에서 출력되는 내용에 따라 반응을 보이는 또 다른 기계 **Z**가 있다고 해 보자. **Z**는 다음과 같은 방식으로 작동한다.

> 만약 $\mathbf{T}_F$가 중지하면(**D**가 '예'라고 말한다면), **Z**는 중지하지 않습니다.
> 만약 $\mathbf{T}_F$가 중지하지 않으면(**D**가 '아니오'라고 말한다면), **Z**는 중지합니다.

이렇게 해놓고 **Z**가 자기 자신을 작동시키면 모순되는 결과가 나온다. 좀 더 자세히 파고 들어보자.

D를 찾기 전에 우선 한 튜링 기계에 다른 튜링 기계의 작동 방식을 이해시키려면

어떻게 해야 하는지 생각해 보자. 이를 위해 어떤 기계 **T**와 그 기계에 들어갈 테이프 *t*를 기술해야 하는데, 여기서는 다음 표와 같이 기술할 것이다.

표 3-3 튜링 기계를 기술하는 방법

초기		최종		
상태	읽기	상태	쓰기	이동
Q	S	Q′	S′	d(=L 혹은 R)

우리는 어떤 **T**도 흉내 낼 수 있는 범용 기계를 만들어야 한다. 즉, **T**와 **T**에 들어갈 테이프 *t*에 대한 정보를 집어넣으면 범용 기계에서 **T**에 *t*를 집어넣었을 때 나오는 결과를 내보낼 수 있어야 한다. 이 범용 기계를 **U**라고 부르고, **T**를 기술했을 때와 비슷한 표 형태로 기술해 보자.

U를 기술하는 수치들은 $(q, s; q', s', d)$로 표현한다. 이 값들은 **U**로 흉내 낼 어떤 **T**에 대해서도 적용할 수 있어야 한다. 즉 q, s 같은 것들이 특정 **T**에 의존해서는 안 된다. 그리고 테이프에서 사용하는 기호 S, S', s, s'는 모두 이진수여야 한다는 제약조건이 있다. 임의의 튜링 기계 **T**에는 임의의 가능한 기호가 들어올 수 있겠지만, 잠시 생각해 보면 언제든 서로 다른 기호들에 이진수 레이블을 붙이고 작업할 수 있음을 알 수 있다(예를 들어 기호가 8개 있으면 각 기호를 3비트짜리 이진 문자열을 써서 표현할 수 있다).[7]

U의 기본적인 특징은 매우 간단하게 설명할 수 있다.[8] **U**는 각 단계에서 **T**의 테이프 상태를 기록하면서 **T**가 하는 일을 한 단계씩 흉내 내야 한다. 매 단계마다 **T**의 상태를 확인하고 **T**에 대한 정보가 들어있는 테이프를 확인하여 해당 단계에서 **T**가 무엇을 읽어오고 다음 단계에서 무엇을 해야 할지 파악한다. 민스키는 사

---

[7] 파인만_ 연습문제 삼아 2^n개의 기호로 돌아가는 튜링 기계 **T**를 0과 1만 사용하는 **T**′으로 다시 프로그래밍할 수 있을지 생각해 보자(힌트: **T**에서 한 번에 하나의 기호를 읽었다면 **T**′에서는 한 번에 n개의 기호를 읽어야 한다).
[8] 파인만_ 이 내용도 민스키의 『Computation: Finite and Infinite Machines』(Prentice-Hall, 1967)를 따른다.

람들이 튜링 기계를 기술하는 표와 테이프를 사용해 튜링 기계에서 수행하는 작업을 알아내는 방법을 이 과정과 연계시켰다. 범용 튜링 기계 U는 조금 느린 사람이라고 생각하면 된다.

U에 [그림 3-20]에 나온 것과 같은 테이프를 집어넣어보자.

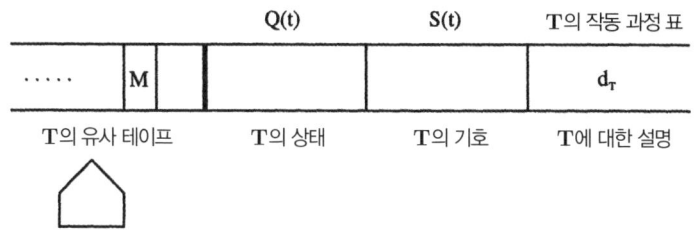

그림 3-20 범용 튜링 기계에 입력되는 테이프

왼쪽에 있는 무한히 긴 '유사 테이프'는 U에서 사용하는 작업 공간으로, 시뮬레이션 각 단계에서 T의 테이프 상태를 기록하고 관리하기 위한 용도로 쓰인다. 꼭 왼쪽으로만 무한하게 만들어야 하는 것은 아니지만 그렇게 하면 생각하기가 조금 더 수월해진다. M은 U에게 T의 테이프 헤드가 지금 t의 어느 위치에 있는지 알려주는 부분이다. 이 작업 공간 오른쪽으로는 T의 상태가 들어있는 부분이 있다. 그리고 그 오른쪽에는 T에서만 읽어 들이는 기호들이 들어있는 부문이 있고, 맨 오른쪽에는 T를 설명하는 내용이 들어있는 부분이 있다. d_T로 표시해 놓은 이 부분에는 T가 작동하는 과정을 기술한 이진 수열로 기록된 표가 들어간다(그림 3-21).

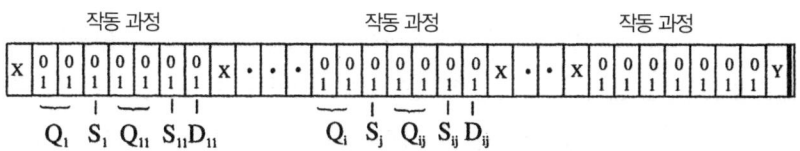

그림 3-21 U에 들어가는 테이프에서 T의 작동 과정을 기술하는 부분

각 항목들은 X로 구분된다. U를 시작할 때는 T의 초기 상태 Q_0과 처음으로 읽어 들이는 기호 S_0을 알려줘야 한다. [그림 3-22]에 나와있는 것처럼 U의 테이프 헤드는 처음에 맨 왼쪽 X에서 시작한다고 하자.

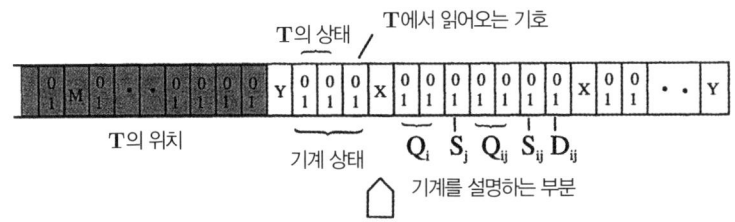

그림 3-22 U의 테이프 헤드 시작 위치

U가 작동하려면 앞에서 설명한 뭔가를 찾고 복사하는 기능이 필수다. 일상적인 용어로 U가 작동하는 방식을 설명하자면 다음과 같다. U는 가장 먼저 주어진 Q와 S에 대한 T의 행동을 기술하는 부분을 찾는다. 이는 앞서 살펴본 파일 찾는 기계와 같은 방식으로 작동하고, (Q, S)가 파일명에 해당한다고 생각하면 된다. 파일 찾는 기계와 마찬가지로 여기에서도 헤드가 지나가면서 모든 0과 1을 A와 B로 바꾼다. 그리고 원하는 (Q, S)를 찾으면 맨 왼쪽에 있는 X로 돌아간다.

다음 단계는 복사용 기계에 대응되는 부분이다. U는 처음으로 0과 1이 나타나는 곳까지 오른쪽으로 쭉 이동한다. 그렇게 하면 아까 찾은 위치에서 (Q, S) 뒤의 나머지 부분이 있는 위치에 다다르게 된다. 그 위치에는 T의 새로운 상태, T에서 (M 위치에 있는 유사 테이프에) 기록할 기호, 그리고 다음 이동 방향이 들어 있다. 그런 정보를 읽어온 다음 테이프 중간에 있는 기계 상태가 기록되는 위치에 새로운 Q와 S를 나타내는 A와 B를 복사해 넣고 이동 방향 d를 기억해 둔다(d는 L 또는 R, 둘 중 한 값을 가질 수 있으며 지금 상황에서는 A 또는 B로 기록되어 있다). 이제 M이 나타날 때까지 왼쪽으로 쭉 움직인 다음 M을 지우고 방향 d를 기록한다. 그리고 다시 오른쪽으로 움직이면서 A와 B를 모두 0과 1로 바꾼다 (M의 기존 위치에는 A, B를 그대로 둔다). 마지막으로 맨 왼쪽에 있는 X 바로 옆 칸으로 가서 거기에 있는 S를 지우고 기억해 둔 다음 그 자리에 V라는 특수기호를 집어넣는다(V는 여기에서만 쓰인다).

이제 마무리 단계에 들어갈 차례다. U는 M에 저장해 둔 A나 B가 나올 때까지 왼쪽으로 움직인다. 그 값은 T가 다음에 움직일 방향 d를 나타낸다. 그 칸에 아까 기억해 둔 S를 덮어쓴 다음 d 값에 따라 왼쪽이나 오른쪽으로 이동한다. 그 칸에 있는 기호를 읽고 기억한 다음 그 자리에 M을 출력한다. V가 나올 때까지 오른쪽으로 움직여서 기억해 둔 기호를 그 자리에 덮어쓴다. 그리고 처음부터 다시 모든 과정을 다시 시작하면 된다.

지금까지 T가 작동할 때 한 바퀴 도는 사이클을 U에서 어떻게 흉내 내는지 살펴봤다. 다시 요약하자면 Q라는 상태에서 시작하여 S라는 기호가 입력되며, 상태를 바꾸고 새로운 기호를 쓴 뒤 다음 기호 위치로 이동하는 과정을 거친다. U에서는 T의 동작을 완전하게 흉내낼 때까지 이런 작업을 계속한다. 중요한 것은 U에 종료 상태가 있다는 점이다. T가 종료되면 그 사실을 파악하고 U 자체도 종료시켜야 하기 때문이다.

민스키가 제안한 이 기계에는 기호 8개와 상태 23개가 필요하다. 이 기계의 전체 구조를 [그림 3-23]에 상태도 형태로 정리했다. 각 부분은 그리 어렵지 않게 쪼개서 살펴볼 수 있을 것이다.

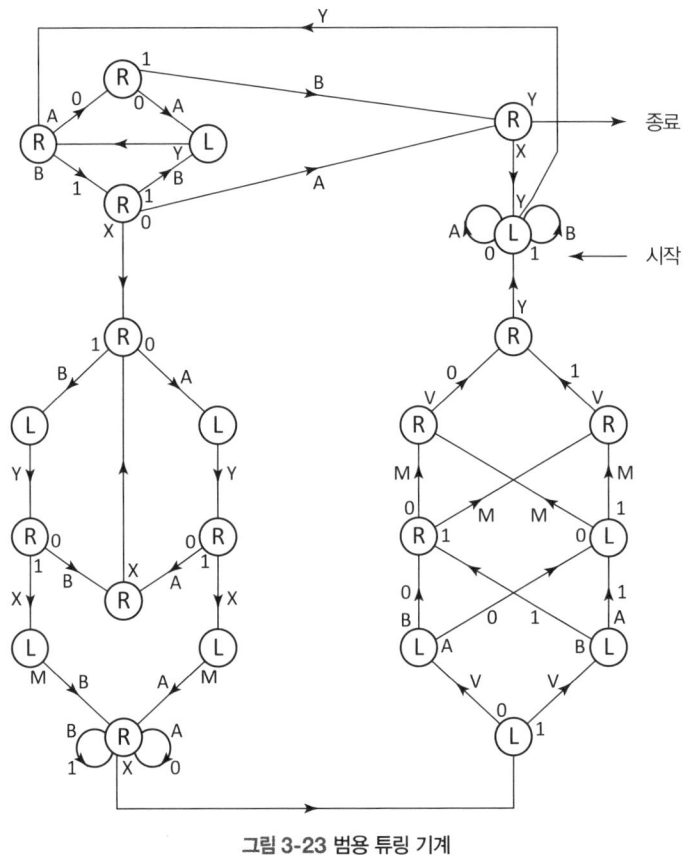

그림 3-23 범용 튜링 기계

기호는 전과 마찬가지로 8개를 쓰면서 상태는 6개만 사용하는 UTM을 만들 수도 있다. 또한 한 상태를 여러 용도로 사용하면 필요한 상태 개수를 최소화할 수도 있다. 예를 들어 UTM을 2개의 상태와 여러 기호를 써서 만들 수도 있고, 2개의 기호와 여러 상태를 써서 만들 수도 있다. 이렇게 일반적인 용도로 쓸 수 있는 기계를 만드는 데 필요한 것이 그렇게 적다는 것이 신기하게 느껴질 수도 있다. 무엇이든 할 수 있는 기계라고 해서 반드시 아주 복잡해야 하는 것은 아니다. 효율적인 UTM을 만드는 것도 흥미로운 주제이지만 그리 크게 의미 있는 일은 아니므로 그냥 넘어가자.

이제 UTM이 실제로 존재하는지 열심히 따져 본 진짜 이유로 돌아가보자. 우리는 어떤 튜링 기계 **T**에 테이프 t가 입력될 때, 모든 **T**와 t에 대해 그 튜링 기계가 종료될지 알려주는 기계를 만들 수 있을지를 생각했다. 이 문제는 범용 기계 **U**에 대한 종료 문제로 바꿔서 생각할 수 있다. 이번에는 **U**와 똑같지만 테이프 t에 대해서 **T**가 종료될지 여부를 알려주는 기능이 추가되어 있는 새로운 기계 **D**를 정의하자. **D**는 모든 기계 **T**와 모든 테이프 t에 대해 종료 여부를 알려줄 수 있다 (그림 3-24).

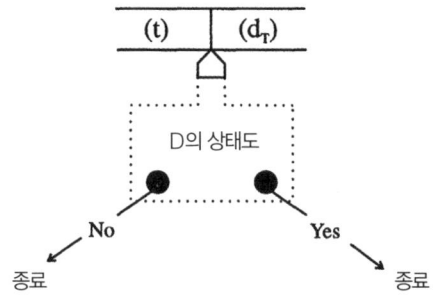

그림 3-24 테이프 t와 d_T에 대해 작동하는 범용 기계 **D**

다시 말하자면 **D**는 항상 어떤 답을 내놓고 종료되어야 한다. 과연 그런 기계가 존재할 수 있을까? 안타깝게도 답은 '아니오'다. 특정 **T**와 t에 대해서 **D**가 제대로 작동하지 않는다는 것만 보일 수 있다면 **D**라는 기계의 존재를 반증할 수 있다.

T와 t에 대한 정보는 **T**를 기술하는 d_T와 테이프에 저장된 정보 t의 형태로 범용 튜링 기계에 전달된다(그림 3-24). 이제 테이프 t에 d_T가 들어가도록 하면 어떤 일이 일어나는지 살펴보자. 기계 **D**를 약간 고쳐서 **E**라는 기계를 만든다. 이 기계는 d_T가 들어있는 테이프만 넣어주면 알아서 그 정보를 테이프의 빈 부분에 복사해 넣은 다음 $t = d_T$와 d_T가 들어있는 테이프가 입력된 **D**처럼 작동한다. 이제 **E**는 **D**와 같은 방식으로 작동하면서 **T**가 자신을 기술하는 정보를 읽고 종료되면 '예', 그렇지 않으면 '아니오'라는 답을 내놓고 종료된다(그림 3-25). 답이

어느 쪽이든 E가 종료되어야 한다는 사실에는 변함이 없다.

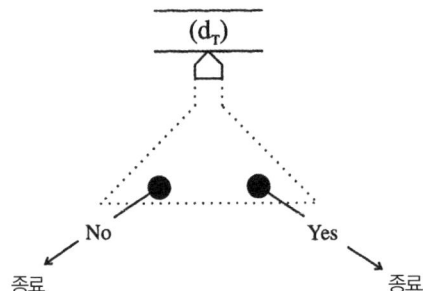

그림 3-25 d_T를 입력받아서 돌아가는 범용 튜링 기계 E

이제 E를 조금 고친 Z라는 기계가 있다고 해 보자. 새로운 Z라는 기계에는 E에서 '예'라는 대답을 내놓는 경우 종료되지 않도록 해 주는 상태가 추가되어 있다 (그림 3-26).

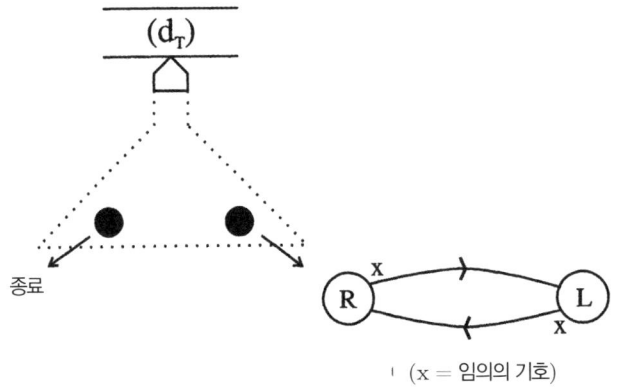

그림 3-26 범용 튜링 기계 Z

Z는 E에서 '예'라는 답을 내놓으면 종료되지 않고 '아니오'라는 답을 내놓으면 똑같이 '아니오'라는 답을 내놓으면서 종료되는(즉, 이 경우에는 Z = E인) 특성을 가지고 있다. 따라서 T에 d_T를 넣었을 때 T가 종료되지 않으면 Z는 종료되고, T가 종료되면 Z는 종료되지 않는다. 이제 드디어 중요한 부분이 시작된다. Z가

작동되는 방법을 기술하는 d_Z를 만든 다음 조금 전까지 설명한 부분의 **T** 자리에 **Z**를 넣어 보자. 그러면 다음과 같은 결론을 얻을 수 있다.

Z를 d_Z에 넣었을 때 종료되는 경우는 **Z**가 종료되지 않을 때뿐이다.

이 결론은 분명히 모순이다. 지금까지 논의한 과정을 쭉 거슬러 올라가 보면 애초에 **D**가 존재한다고 가정했던 것이 틀렸음을 알 수 있다. 따라서 계산 문제 중에는 어떤 튜링 기계로도 풀 수 없는 것(예: UTM이 종료되는지 알아내는 문제)도 있다는 결론을 내릴 수 있다. 이것이 바로 튜링이 내놓았던 주된 결과 중 하나이다.

3.7 계산 가능성

해결할 수 없는 문제는 한 두 개가 아닐 것이다. 그러면 그 수는 얼마나 될까? 가산/비가산 문제를 생각해 보자. 계산 가능한 실수, 즉 기계가 종료되든 종료되지 않든 테이프에 이진수로 쓸 수 있는 수를 생각하면 계산 가능한 실수보다 실수 전체의 개수가 더 많음을 쉽게 알 수 있다. 계산 가능한 실수의 집합은 가산집합이지만 실수 전체의 집합은 비가산집합이기 때문이다. 집합의 각 원소를 양의 정수의 집합과 일대일 대응시킬 수만 있으면 그 집합은 가산집합이다. 즉, 집합의 각 원소에 각각 고유번호(서로 다른 양의 정수)를 붙일 수 있는 것이다. 가산집합의 예로는 짝수의 집합, 유리수의 집합을 들 수 있다.

짝수	0	2	4	6	8	10	...
	0	1	2	3	4	5	
유리수	(1/2)	(1/3)	2/3)	(1/4	2/4	3/4)	...
	1	2	3	4	5	6	

하지만 실수의 집합은 비가산집합이다. 이를 증명하기 위해 실수의 집합이 가산

집합이라고 반대로 가정해 보자. 그러면 실수는 어떤 식으로든 정수와 일대일로 대응시킬 수 있어야 한다. 예를 들면 다음과 같은 방식이다.

정수	실수
1	0.1̲24
2	0.01̲5
3	0.536̲92
4	0.8003̲444
5	0.33410̲5011
6	0.3425...

정수 하나당 실수가 하나씩 있고 모든 실수를 대응시킬 수만 있다면 실수를 어떤 식으로 정수에 대응시키든 상관없다. 하지만 모든 실수를 정수에 일대일 대응시킬 수는 없다. 이 목록에 들어갈 수 없는 실수를 찾아내 보자. 위 목록을 보면 첫 번째 수의 첫 번째 숫자, 두 번째 수의 두 번째 숫자, 세 번째 수의 세 번째 숫자에 밑줄이 그어져 있다. 이 숫자들을 사용해 새로운 실수를 만들어보자. 새로 만드는 실수의 n번째 숫자는 위 목록에 있는 n번째 숫자와 다르게 만들기만 하면 된다. 예를 들어 다음과 같은 무한소수를 생각할 수 있다.

$$0.22741...$$

이 수는 위 목록에서 밑줄 친 숫자들에 전부 1을 더해서 만든 수다(9가 있으면 9+1=0이라고 해서 0을 써도 되고, 어차피 밑줄 친 숫자 대신 다른 숫자를 쓰기만 하면 되기 때문에 어떤 방식으로 해도 무관하다). 그런데 이 수가 어떻다는 말일까? 위에 있는 수의 m번째 숫자는 목록에서 m번째 수의 m번째 숫자와 다르다. 이는 모든 m에 대해서도 그렇다. 따라서 새로 만든 이 수는 위 목록에 있는 어떤 수와도 같지 않다. 대각화^{diagonalization}(밑줄 친 숫자들이 대각선 방향으로 쭉 가로지르고 있기 때문에 이렇게 부름)라고 부르는 이 과정을 통해서 실수의 집합이 가산집합이 아님을 알 수 있다.

하지만 튜링 기계의 집합은 가산집합이다. T라는 기계를 기술하는 d_T를 테이프에 기록해 놓은 정보를 생각해 보자. 각 항목을 구분하기 위한 문자들을 무시하면 이 정보는 이진 기호로 이루어진 기계 고유의 문자열이라고 간주할 수 있다. 즉, 이렇게 만들어지는 이진수는 정수 집합의 원소로 해당 기계를 다른 기계와 구분하게 해 주는 식별자 역할을 한다. 그러나 n번째 튜링 기계가 종료하면 1, 그렇지 않으면 0인 $f(n)$이라는 함수를 정의한다면 이미 종료 문제에서 확인했듯이 이 함수는 계산 불가능하다. 이 밖에도 해결할 수 없는 문제의 많은 예가 있다.

이제 유효 절차에 대한 내용으로 돌아가 몇 가지를 짚고 넘어가겠다. 지금까지 유효절차를 어떤 계산을 가능하게 해 주는 알고리즘처럼 설명했지만 그 중에는 실생활에서 거의 쓸모가 없는 것도 있다. 예를 들어 실행하려면 테이프가 너무 많이 든다거나 너무 많은 자원을 잡아먹는다는 이유로 비현실적인 유효 절차도 있다. 분명 유효 절차가 맞기는 한데 우주의 나이만큼이나 오랫동안 계산을 해도 계산이 끝나지 않는 경우도 있다. 제대로 사용할 수 있으려면 유효할 뿐 아니라 효과적이기도 해야 한다. 물론 효과적이라는 단어는 딱 부러지게 정의하기 힘들기 때문에 깔끔한 논리의 세계를 떠나 상대적으로 지저분하고 막연한(보기에 따라서는 흥미로울 수도 있는) 실제 세계로 들어가서 생각해 볼 수밖에 없다. 얼굴 인식 등을 비롯한 여러 인공지능 문제에 대한 유효 절차 중에는 효과적이지 못한 것도 많고, 심지어는 딱히 유효 절차라고 하기 힘든 것도 있다.

유효 절차가 꼭 필요하지 않은 경우도 있다. 예를 들어 어떤 질문을 받았을 때 확실하게 답할 수는 없지만 $1-10^{-20}$ 정도의 확률로 맞다고 할 수 있을 정도면 꽤 만족스러운 편이다. 틀릴 가능성이 매우 작기 때문이다. 한 예로 누군가가 어떤 수 x를 주면서 그 수가 다른 수 y로 나누어 떨어지는지 묻는다고 생각해 보자. y가 충분히 크다면 '아니오'라고 대답하더라도 맞을 가능성이 꽤 높다. 틀릴 가능성을 정확하게 따져 보면 임의의 난수가 y로 나누어떨어질 가능성밖에 안 된다. 우리가 알고 있는 것은 우리가 증명할 수 있는 것보다 훨씬 많다. 물론 생각보다 아는 게 훨씬 적을 수도 있기 때문에 증명도 자주 해봐야 한다.

이와 관련하여 어떤 수 n이 주어졌을 때 그 수가 소수(素數)인지 판단하는 문제를 살펴보자. 이 문제에 대한 유효 절차를 따르려면 $n^{1/2}$이하의 모든 소수를 찾아 n을 그 소수로 나누었을 때 나누어떨어지는지 확인하고, 어떤 소수로도 나누어떨어지지 않는다면 n이 소수라는 결론을 내려야 한다. 이 방법은 n이 작을 경우 복잡하지도 않고 비교적 깔끔한 편이지만, 숫자가 커질수록 점점 해결하기 어려워진다. 더 간단한 방법으로는 확률을 이용하는 방법이 있다. 이 방법에서는 페르마의 정리 중 하나를 활용한다.

$$a^p = a \ mod \ p \qquad \text{식 3-4}$$

어떤 수 a와 어떤 소수 p가 있을 때 a^p을 p로 나눈 나머지는 a이다. 다음 식을 살펴보자.

$$3^5 = 243 = (48 \times 5) + 3$$

매우 큰 어떤 수 a에 대해서 a^p을 p로 나눈 나머지를 구한다. p가 클수록 p가 소수가 아닐 확률이 높아지고 나올 수 있는 나머지가 워낙 다양하기 때문에 그 값이 a가 아닐 가능성이 매우 높아진다(확률을 실제로 구하긴 힘들지만 꽤 높다는 것은 제법 확실하다). 하지만 p가 엄청나게 크다면, 예를 들어 10^{200} 정도라면 a^p을 어떻게 계산할 수 있을까? 꼭 그 값을 구해야 하는 것은 아니다. 우리는 p로 나눈 나머지만 필요하기 때문이다. 구체적인 방법은 연습문제로 직접 구해 보기 바란다(일반적인 경우까지 고민할 필요는 없고, 그냥 p가 아홉 자리 수라고 가정하고 생각해 보자).

소인수분해 문제도 비슷하다. 누군가가 어떤 수 m을 던져주고 그 수가 두 소수를 곱한 수 $m = pq$라고 알려준 후 그 두 소수 p와 q를 구하라는 문제를 냈다고 해

보자. 이 문제는 아직 유효한 알고리즘이 존재하지 않기 때문에 암호 체계의 기초가 될 수 있다. 즉, 우리가 이 수학 문제의 해법을 모른다는 사실을 바탕으로 어떤 메시지를 남들이 알아볼 수 없게 암호화할 수 있는 것이다. 누군가 이 문제를 풀어버리면[9] 그 암호는 무용지물이 되기 때문에 새로운 암호 체계를 만들어야 한다 (사실 이미 72자리 m까지는 암호를 금방 풀 수 있다).

계산 가능성 문제에 대한 내용을 마치기 전에 그와 관련된 '문법'에 대해 잠시 언급하고 넘어가겠다. 언어학과 마찬가지로 수학에도 언어의 요소를 결합하는 규칙의 집합인 문법이 있다. 다만 그 언어가 수학적 언어(산술, 대수 등)라는 점이 다를 뿐이다. 그런데 그 규칙을 잘못 적용하는 경우가 있다. 다음 식을 살펴보자.

$$(a + b)c \qquad a + b(c$$

산술적인 면에서 보면 왼쪽에 있는 식만 제대로 된 식이라고 할 수 있고 오른쪽에 있는 것은 식이 아니다. 괄호 한 개가 무의미하게 엉뚱한 위치에 있기 때문이다. 계산 분야에서 꽤 많은 관심을 끌고 있는 문제 중에 수학식이 문법적으로 올바른지 검사하는 기계를 만들 수 있을 것인가 하는 것이 있다. 사실 이미 그 중 한 가지, 괄호 확인기를 살펴본 바 있다. 그 기계는 (,) 괄호만 가지고 괄호가 짝이 맞아야 한다는 규칙 한 가지만 검사할 수 있었나. 그럼에도 불구하고 유한 상태 기계로는 안 되고 반드시 튜링 기계가 필요했다. 1만 잔뜩 들어있는 문자열이 있을 때 그 문자열에 들어있는 숫자가 반드시 짝수 개여야 하는 규칙 정도는 FSM으로도 확인할 수 있는 문법이지만, 이런 유형의 기계가 수행할 수 있는 작업에는 한계가 있다. 실제로 문법의 유형과 이를 분석하는 데 필요한 기계의 유형을 표로 정리하면 [표 3-4]와 같다.

---

9 엮은이_ 누군가 충분히 큰 양자 컴퓨터를 만들어 피터 쇼어의 소인수분해 알고리즘을 사용하는 경우 또한 마찬가지다 (7장 참조).

표 3-4 문법 유형 및 그 유형의 문법에 필요한 기계 유형

문법 유형	설명	예시	필요한 기계 유형
유한 열거 가능 언어	허용 가능한 표현식의 목록	ab, abc	메모리(테이블 조회)
정규 언어	*, ∨, ∧, () 등을 사용하여 생성된 정규 표현식. 반복 횟수는 제한 없음.	$ab*c, a(b \vee d)c$	FSM(정리로 증명됨)
문맥 자유 언어	재귀를 허용하는 생성 규칙을 따르는 언어	$a^n b^n$ (a와 b의 지수는 같아야 함)	중간 단계 기계: 푸시다운 자동자. 스택이 있는 기계(맨 위 요소만 제거 가능)
일반 재귀 언어	계산 가능한 함수	$a^n b^m c^q$	튜링 기계

안타깝게도 튜링 기계가 워낙 쉽기 때문에 이런 여러 가지 멋진 이론들을 건너뛸 수밖에 없다. 하지만 컴파일러에서 언어를 해석하는 과정에 이런 이론들이 매우 중요하기 때문에 그쪽에 관심이 있다면 위 표의 내용들을 공부하는 것도 충분히 의미가 있을 것이다.

포스트Post가 대학원생 시절인 1921년에 찾아낸 문제를 마지막으로 계산 가능성에 대한 내용을 마칠까 한다. 10010 같은 임의의 이진 문자열이 주어졌을 때 다음과 같은 규칙을 적용시켜보자. 우선 맨 앞에 있는 세 숫자를 읽는다. 첫 번째 숫자가 0이면 세 숫자를 전부 지우고 맨 뒤에 00을 덧붙인다. 첫 번째 숫자가 1이면 세 숫자를 전부 지우고 맨 뒤에 1101을 덧붙인다. 따라서 10010은 다음과 같은 식으로 바뀐다.

```
    10010
--- 101101
    --- 1011101
        -----
```

그렇다면 이 과정은 영원히 계속될까, 멈출까, 아니면 주기적으로 순환할까? 내가 알기로는 어떤 문자열을 테스트해도 멈추거나 주기적으로 순환한다고 하긴 하는데, 아직 임의의 문자열에 대해 정확하게 증명된 것은 아니다. 이렇게 어떤 문자열 g를 받아서 문자열의 첫 번째 문자 g_1에 따라서 $h(g)$라는 결과를 출력하는 기계를 '포스트 기계'라고 부른다. 이 기계는 튜링 기계가 할 수 있는 일이라면 어떤 일이든 할 수 있는 범용 기계임이 증명되었다.

CHAPTER 4

코딩과 정보이론

4.1 계산과 통신이론
4.2 오류 검출 및 정정 코드
4.3 섀넌의 정리
4.4 메시지 공간의 기하학
4.5 데이터 압축과 정보
4.6 정보 이론
4.7 기타 코딩 기법
4.8 아날로그 신호 전송

CHAPTER 4

지금까지 계산에 대한 추상적인 이론을 다뤘다면 이 장에서는 컴퓨터 구조에 대한 구체적이고도 현실적인 내용을 살펴본다.[1] 특히 기계를 구성하는 부품들의 신뢰성 때문에 생기는 한계를 살펴보고자 한다. 컴퓨터는 수백만 개의 논리 게이트를 비롯한 여러 부품으로 구성되는데, 이러한 부품의 오작동으로 인해 기계의 동작에 심각한 문제가 발생할 수 있다.

부품이 오작동을 하는 이유는 크게 두 가지이다. 하나는 부품 자체에 문제가 있는 경우다. 이는 주로 생산 과정에서 생길 수 있으며 매우 중요한 문제다. 예를 들어 실리콘으로 메모리 칩을 만들 때 재료에 조그만 먼지가 들어간다든가 칩을 만드는 기계가 오작동을 한다든가 등의 아주 사소한 결점 때문에 메모리 전체가 망가질 수 있다. 셀 하나하나가 제대로 작동해야만 시스템 전체가 작동하는 방식이라면 조그만 실수 때문에 아주 큰 대가를 치를 수도 있다. 이때는 결점을 파악하고 그 부분을 차단하여 더 이상 문제를 일으키지 않도록 하는 기계를 만들면 깔끔하게 해결할 수 있다. 이런 부품의 세부 물리적인 구조는 나중에 살펴보자.

---

1 옮긴이_ 이번 장에서 다루는 코딩은 컴퓨터 프로그램을 짜는 코딩이 아니라 부호 이론(coding theory)과 관련된 코딩이니 혼동하지 않도록 주의하자.

여기서는 부품이 오작동하는 두 번째 이유에 초점을 맞춰보고자 한다. 원자의 브라운 운동이나 회로에서 발생하는 불규칙적인 노이즈 때문에 부품이 무작위로 오작동을 하는 경우가 있다. 이로 인해 부품이 잠시 고장날 수도 있고 완전히 망가질 수도 있다. 특정 부품이 고장날 확률이 백만 분의 일이더라도 컴퓨터에 그런 부품이 수십억 개씩 들어간다면 여기저기서 언제든 수천 개가 고장날 수 있다.

초창기에 만들어진 폰 노이만 컴퓨터는 릴레이와 진공관으로 만들어졌는데, 그 부품들은 고장률이 정말 높았고(수천 개 중 하나꼴), 그러다 보니 신뢰성 문제가 정말 심각했다. 부품이 백만 개쯤 있으면 그 중 천 개 정도가 언제 고장날지 모르는 상황이었다. 하지만 트랜지스터로 점점 개선된 시스템을 만들면서 고장률이 현저히 줄었다. 사실 얼마 전까지는 사람들이 이 문제를 그리 심각하게 여기지 않았다. 그러다 컴퓨터에 들어가는 부품 수가 많아지고 컴퓨터 작동 속도가 빨라지면서, 무엇보다도 부품이 작아지면서 이 문제가 점점 더 크게 부각되었다. 요즘 만들어지는 트랜지스터에는 약 10^{11}개의 원자가 들어가는데, 트랜지스터의 크기를 원자 수천 개 정도까지 줄이면 노이즈나 부품이 무작위로 오작동하는 문제가 매우 심각해진다. 따라서 미래의 컴퓨터를 감안하면 신뢰성 문제를 심각하게 고려해야 한다. 그리고 꼭 실용성 때문이 아니더라도 상당히 흥미로운 주제이기 때문에 충분히 공부해 볼 만하다.

4.1 계산과 통신이론

컴퓨터에서 가장 문제의 소지가 많은 메모리 저장소를 살펴보는 것으로 신뢰성 문제를 논의해 보자. 예를 들어 데이터가 꽤 오랫동안 어딘가에 저장되어 있었는데, 갑자기 시스템이 오작동하면서 어떤 비트가 1에서 0으로 바뀐다고 하자. CPU나 다른 부분에서도 오작동이 일어날 수 있지만 메모리 쪽에 트랜지스터를 비롯한 부품 개수가 많다 보니 문제가 생길 가능성이 훨씬 높다. 이를 좀 더 깊이 이해하기 위해 통신이론communication theory이라는 분야와 비교해 설명하겠다.

통신 시스템의 송신부에서는 비트를 줄줄이 보내고 수신부에서는 그 비트를 줄줄이 받아들인다. 그냥 메시지를 보내는 과정이라고 생각하면 된다. 그런데 전송 중에 어떤 오류가 발생할 수 있다. 노이즈 때문에 메시지가 달라지거나 수신 감도가 좋지 않아 툭툭 튀어 버릴 수 있기 때문이다. 이렇게 오류가 나면 송신부에서 보낸 신호와 수신부에서 받는 신호가 달라지는데, 이런 문제를 '노이즈 환경에서의 통신 문제'라고 한다. 메모리는 메시지를 공간보다는 시간을 가로질러 보내기 때문에 두 상황이 완전히 같다고 할 수는 없지만 어느 정도 유사성이 있다. 메시지를 메모리에 저장했다가 나중에 다시 꺼내는 상황을 생각해 보면 저장된 메시지가 노이즈의 영향을 받을 수 있는 것이다. 이렇게 저장된 메모리와 전송된 메시지의 신뢰성을 비교해 보면 한 가지 중요한 차이점이 있다. 메모리는 저장된 내용을 수시로 확인할 수 있지만 나사NASA에서 목성 탐사용 위성에 무선 신호를 보낼 때는 전송된 메시지를 수시로 확인할 수 없다. 하지만 메모리와 통신은 여러 모로 유사하기 때문에 통신이론을 살펴보는 것도 충분히 의미가 있다. 이제 오류를 정정하기 위해 가장 먼저 필요한 오류 검출 방법을 살펴보자.

4.2 오류 검출 및 정정 코드

이제부터 통신과 관련된 내용을 주로 살펴볼 텐데, 이 내용을 컴퓨터의 메모리 시스템과 연계시켜서 이해하는 것은 여러분의 몫으로 남겨두겠다. 일련의 기호[2]로 구성되는 메시지가 전송되고 우리가 그 메시지를 받는다고 가정하자. 메시지를 받을 때는 그 메시지가 얼마나 확실한지를 따져봐야 하는데, 여기서 첫 번째 주

---

[2] 파인만_ 지금부터는 모든 기호가 이진수를 구성하는 0과 1이라고 가정한다.

제, 즉 오류 검출 문제가 시작된다. 우리가 받은 메시지가 올바른지 알아낼 수 있는 방법이 있기는 한 걸까? 가지고 있는 정보는 오직 우리가 받은 메시지뿐이다. 메시지를 보낸 사람에게 전화해서 확인하는 것은 논점에서 벗어난다. 그러면 메시지 자체에 확인 기능을 넣어 제대로 받았음을 알 수 있게 할 수 있을까? 분명 그럴 수 있다. 이제 그 방법을 알아보자.

4.2.1 패리티 체크

우선 메시지에 오류가 발생할 확률이 매우 낮다고 가정하자. 즉, 오류가 발생하더라도 메시지 하나당 평균적으로 하나가 있을까 말까 하며, 오류는 한 비트 단위로만 생긴다고 하자. 오류가 여러 비트에 걸쳐서 생긴다든가 서로 연관된 비트들 사이에 오류가 난다든가 하는 경우(예를 들어 디스크가 긁혀서 줄줄이 오류가 발생하는 경우)는 논의에서 제외시킨다. 오류가 발생할 확률이 10,000분의 1이고 메시지는 보통 10자리라면, 메시지에 오류가 있을 확률은 약 1,000분의 일이다. 한 메시지에 2개의 오류가 동시에 발생할 확률은 100만 분의 1이므로 그런 일이 일어날 가능성은 거의 없다고 할 수 있다. 따라서 한 메시지에 오류가 2개 있을 가능성은 무시하고 오류가 하나 있을 경우 그 오류를 검출하는 방법만 생각해 보자.

패리티 체크$^{parity\ check}$라고 부르는, 오류가 딱 1개 있을 때 오류 발생 여부를 확인하기 위한 아주 간단한 방법을 살펴보자. 예를 들어 다음과 같은 10비트짜리 메시지를 보낸다고 가정한다.

$$1101011001$$

메시지 맨 뒤에는 문자열의 패리티를 알려주는 1비트를 덧붙인다. 여기에는 메시지에 들어있는 1의 개수, 즉 모든 자리 숫자를 더한 값을 2로 나눈 나머지가 들어간다. 바꿔 말하자면 원래 메시지에 들어있는 1의 개수가 홀수이면 새로 추가되는 한 비트의 값은 1이 되고 짝수면 0이 된다. 이는 메시지 '코딩'의 한 예로, 여기서 코딩이란 기본 구조에 뭔가를 더해서 오류를 정정할 수 있게 하는 것을 뜻한다 (물론 보안 유지를 위한 용도로 기본 구조에 뭔가를 더할 때도 있다). 따라서 메시지를 받으면 패리티 비트를 확인해 1의 개수가 패리티 비트의 값과 다르면 메시지에 문제가 있음을 알 수 있다. 그런데 이 방법은 홀수 개의 오류는 감지할 수 있지만 짝수 개의 오류는 확실히 검출할 수 없다(물론 앞에서도 설명했듯이 오류가 1개 있을 확률에 비해 2개 이상일 확률이 워낙 낮기 때문에 이러한 경우는 사실상 무시해도 된다).[3]

이 방법에는 두 가지 단점이 있다. 우선 패리티 비트에 오류가 있을 가능성이 있다. 그러면 메시지에 오류가 없는데도 오류가 있는 것으로 오해할 수 있다. 물론 메시지가 길어질수록 패리티 비트 자체에 문제가 있을 가능성은 적어진다. 두 번째 단점은 패리티를 체크하더라도 기껏해야 오류가 있는지를 알아낼 뿐, 그 오류가 어디에 있는지는 알 수 없다. 이때는 메시지를 다시 보내 달라고 요청하는 것 밖에는 할 수가 없다. 컴퓨터를 사용하는 경우라면 시스템을 재부팅하고 처음부터 다시 시작해야 한다. 그 외에 통신 효율이 조금 떨어진다는 단점도 있다. 이 경우에는 10비트짜리 메시지를 전송하기 위해 11비트를 보내야 하기 때문에 효율이 10% 떨어진다.

그렇다면 오류 존재 여부뿐 아니라 위치까지 검출할 수 있는 방법은 없을까 하는 의문이 자연스럽게 들 것이다. 가능하지만 그 방법이 꽤나 독창적이다. 기본적으로 앞에서 살펴본 패리티 체크를 일반화시킨 것이라고 보면 된다. 메시지에 있는 데이터를 m행 n열의 직사각형 배열로 배치한다고 해 보자(표 4-1).

---

[3] 파인만_ 앞 장에서 살펴본 패리티 FSM을 써서 간단하게 패리티를 체크할 수도 있다.

표 4-1 직사각형 데이터 배열

$$m\begin{vmatrix} & & & n & & \\ 1 & 1 & 0 & 1 & \ldots & 0 & 1 \\ 0 & 0 & 0 & 1 & \ldots & 1 & 1 \\ \ldots & \ldots & \ldots & \ldots & \ldots & \ldots \\ \ldots & \ldots & \ldots & \ldots & \ldots & \ldots \\ 1 & 1 & 0 & 0 & .. & 0 & 1 \end{vmatrix}$$

물론 데이터가 이런 모양으로 전달되지는 않고 이진 수열로 줄줄이 전달지만, 데이터를 받은 후에 n개씩 끊어서 m행으로 늘어놓는 등의 방식으로 위와 같이 배열 형태로 만든다고 생각하자. 오류를 검사하기 위해 각 행 끝에는 그 행의 패리티를 나타내는 비트를 추가하고, 각 열 끝에는 그 열의 패리티를 나타내는 비트를 추가한다. 그리고 이렇게 만든 패리티 비트를 전송하는 데이터에 추가한다. 이렇게 하면 전송받은 배열에 오류가 발생할 경우 오류가 있는 행과 열의 패리티가 틀릴 것이므로 그 위치를 정확히 파악할 수 있다. 이 방식은 원칙적으로 오류가 발생하는 열과 행이 서로 다르기만 하면 몇 개가 있든 정확하게 잡아낼 수 있다.

하지만 패리티 체크 비트에서 발생하는 오류는 꽤 조심해야 한다. 특히 한 행의 메시지 비트와 패리티 비트 둘 다 오류가 발생하면 꽤나 고약한 상황에 처할 수 있다. 열 패리티 비트가 맞지 않기 때문에 오류가 있다는 생각이 들겠지만, 행 쪽의 패리티 비트에는 문제가 없기 때문에 그 열 패리티 비트가 틀렸다고 오판하기 쉽다. 하지만 오른쪽 아래 구석에 또 다른 패리티를 추가하면 이 문제도 해결할 수 있다. 이 비트는 메시지 전체(즉 모든 행과 열)의 패리티를 체크하기 위한 비트로, 한 행이나 열에서 오류가 이중으로 발생하는 경우에 이 패리티 비트를 사용해 확인할 수 있다. 물론 이중 오류를 체크하더라도 어차피 오류의 위치를 정확하게 파악할 수는 없기 때문에 배열 전체를 다시 보내 달라고 해야 하지만, 그래도 전에 비하면 확실히 나아졌다고 할 수 있다.

이런 코딩 방법의 효율을 정량화하기 위한 유용한 방법 중 하나는 **잉여계수** $R^{\text{redundancy}}$을 계산하는 것이다.

$$R = \frac{\text{사용한 전체 비트 수}}{\text{메시지의 비트 수}} \qquad \text{식 4-1}$$

R이 크면 클수록 코드의 효율성이 낮아지는데, 보통 R에서 1을 뺀 값을 '과잉 잉여량$^{\text{excess redundancy}}$'이라고 한다. 처음 예로 든 오류 검출용 코딩 방법은 잉여계수가 $(n+1)/n$이다. 그러나 방금 살펴본 직사각형 배열을 사용하는 방법에서는 $(m-1)(n-1)$ 비트 길이의 메시지를 보내기 위해 mn 비트를 사용해야 하므로 잉여계수는 다음과 같다.

$$R = \frac{mn}{(m-1)(n-1)} \qquad \text{식 4-2}$$

이 값은 배열이 정사각형일 때, 즉 m=n일 때 최소가 된다. 즉, 행과 열의 수가 같을 때 효율이 가장 높다. 언뜻 생각하면 m과 n을 아주 크게 하면 R이 거의 1에 가까워지므로 m, n을 10비트가 아니라 10,000비트쯤 하면 더 좋지 않을까 하는 생각이 들지도 모른다. 하지만 특정 비트에서 오류가 날 확률이 정해져 있는데 행이나 열을 너무 크게 잡아 버리면 한 행이나 열에서 오류가 2개 이상 생길 가능성이 너무 커지므로 바람직하지 못하다.

4.2.2 해밍 코드

직사각형 배열을 이용하는 방법보다 더 효율적이면서 정교한 패리티 기반 코딩 방법을 살펴보자. 이는 배열을 이용하는 방법을 더 고차원적으로 일반화한 것이다. 우리가 메시지를 보낼 때 전달되는 신호 중 일부만 메시지 자체를 이루는 비트이며 나머지는 패리티 비트를 비롯한 코딩 기호다. 만약 주어진 메시지에서 오류를 찾아내는 데만 그치지 않고 그 오류를 정정하려면 체크 비트가 몇 개 있어야 할까? 해밍^{Hamming}이라는 사람이 이 문제에 대한 해결책을 제시했는데, 그 방법은 다음과 같다. 우선 메시지를 몇 개의 부분집합으로 나누는데, 각 부분은 서로 독립적이지 않으며 각 부분집합에 대해 패리티를 체크한다. 오류가 있으면 이 체크 비트 중 일부에서 문제가 생긴다. 이때는 명확하게 정의된 특정 규칙에 따라 '신드롬^{syndrome}'이라는 이진수를 생성하는데, 신드롬이 0이면 모든 패리티 체크를 무사히 통과한 것이므로 오류가 없음을 뜻하고, 0이 아니면 오류가 있는 것이다. 나아가 신드롬 값에 따라 오류의 위치도 정확히 알 수 있다. 예를 들어 신드롬이 101, 즉 10진수 5이면 메시지의 5번째 비트에 오류가 있음을 뜻한다. 신드롬이 110010이면 50번째 비트에 오류가 있다. 그러면 이 개념은 실제로 어떻게 구현할 수 있을까?

우선 체크 비트가 몇 개 필요한지부터 따져보자. 신드롬의 길이가 m비트, 즉 체크 비트가 m개라고 하면 신드롬이 0일 때는 오류가 없음을 나타내므로 최대 $2^m - 1$개의 남은 메시지를 가지고 오류 위치를 표시할 수 있다. 하지만 원래 보내려던 메시지 원본뿐만 아니라 신드롬에도 오류가 있을 수 있다. 따라서 메시지 원본의 길이를 n이라고 하면 다음 두 식을 만족해야 한다.

$$2^m - 1 \geq (n + m) \qquad \text{식 4-3}$$

$$n \leq 2^m - m - 1 \qquad \text{식 4-4}$$

예를 들어 길이가 11비트인 메시지를 보내려면 최소한 4비트짜리 신드롬을 덧붙여서 총 15비트 이상의 메시지를 전송해야 한다. 이렇게 놓고 보면 효율이 그다지 좋지 않아 보인다(11/15, 약 70% 밖에 안 된다). 그런데 메시지 원본 길이가 1,000비트 정도 되면 신드롬은 10비트($2^{10} = 1,024$)만 있으면 되기 때문에 훨씬 나아진다.

이제 이 신드롬이라는 개념이 정확하게 어떤 식으로 작동하는지 살펴보기 위해

11비트짜리 메시지를 보내는 문제를 계속 다뤄보자. 조금 전에 얘기했듯이 체크 비트는 4개 필요하다. 각 체크 비트는 15비트로 이루어지는 전체 메시지 중 한 부분을 체크한다. 간단한 패리티 체크 방법과 마찬가지로 메시지에 있는 특정 비트들을 선택한 다음 전체 패리티를 계산한 후, 총 패리티(전체 메시지 중 일부와 체크 비트의 총합)가 0이 되도록 체크 비트 값을 조절한다. 만약 해당 부분에 오류가 있다면 패리티 체크 과정에서 알 수 있다. 해밍 코드의 가장 영리한 점은 각 메시지 비트가 2개 이상의 부분에 포함되어 패리티 체크를 2번 이상 통과해야 하면서도 모든 패리티 체크에 기여하지는 않는다는 것이다. 따라서 어떤 패리티 체크가 성공하고 실패하는지에 따라 오류가 발생한 위치를 정확히 파악할 수 있다. 신드롬은 어떤 식으로 만들어도 상관없지만, 여기서는 메시지 왼쪽에서 오른쪽으로 패리티를 체크할 수 있게 만들어 보겠다.

일단은 패리티 체크 비트가 메시지 어딘가에 특정 순서로 배치되어 있다고 가정하고 각 부분을 먼저 살펴보자. 메시지 내의 위치를 4자리 이진수로 표현하면 이해하기 쉬울 것이다.

1	0001
2	0010
3	0011
4	0100
5	0101
6	0110
7	0111
8	1000
9	1001
10	1010
11	1011
12	1100
13	1101
14	1110
15	1111

맨 오른쪽에 있는 패리티 체크 비트, 즉 신드롬의 맨 오른쪽 자리를 살펴보자. 이 값이 0이 아니라고 가정하면 위치를 이진수로 표현했을 때 마지막 자리 숫자가 1인 위치에서 패리티 오류가 발생한 것임을 알 수 있다. 즉, 1, 3, 5, 7, 9, 11, 13, 15 중 하나에서 문제가 생긴 것이다. 이 위치들이 바로 첫 번째 부분이다. 두 번째 부분을 알아내려면 오른쪽에서 두 번째 자리에 있는 숫자를 보면 된다. 그 숫자가 0이 아닌 수는 2, 3, 6, 7, 10, 11, 14, 15뿐이다. 이 두 패리티 비트를 체크한 결과 모두 패리티가 안 맞는다고 하면 두 비트 모두에 대응되는 부분에 오류가 있음을 알 수 있다. 즉, 이진수로 나타내면 ab11 위치에 오류가 있는 것이고, 가능한 위치는 3, 7, 11, 15 중 하나로 좁혀진다. 그 중 정확한 위치를 알아내려면 나머지 패리티를 체크해야 한다. 세 번째 비트로는 4~7, 12~15 위치를, 네 번째 비트로는 8~15 위치를 체크할 수 있다. 이 두 비트가 모두 0이어서 두 영역의 패리티에 문제가 없다고 해 보자. 그러면 4~7, 12~15, 8~15(겹치는 부분도 있음) 부분에는 오류가 없음을 알 수 있는데, 앞에서 오류가 3, 7, 11, 15 중 하나에 있음을 알아낸 바 있다. 이 중에서 방금 제외시킨 부분에 포함되지 않는 위치는 3뿐이다. 따라서 오류는 3 위치에 있다는 결론을 내릴 수 있다. 3을 이진수로 표시하면 0011이며, 이 값은 패리티 체크 결과로 얻을 수 있는 신드롬과 같다.

조금 더 현실적인 예를 통해 해밍 코드의 개념을 구체적으로 살펴보자. 먼저 10111011011이라는 11비트짜리 메시지를 보낸다고 가정하면 가장 먼저 할 일은 패리티 비트를 붙일 위치를 결정하는 것이다. 지금까지 패리티 비트가 들어가는 위치는 얘기한 적이 없는데, 사실 아무 데나 붙여도 상관없다. 하지만 위치를 잘 고르면 더 쉽게 인코딩할 수 있으므로 여기에서도 인코딩이 용이한 위치를 사용하겠다. 체크 비트를 1, 2, 4, 8번 위치에 놓으면 다음과 같이 된다.

코드	a	b	1	c	0	1	1	d	1	0	1	1	0	1	1
위치	1	2	3	4	5	6	7	8	9	10	11	12	13	14	15

여기에 있는 체크 비트를 왼쪽에서 오른쪽 순서로 읽으면 신드롬을 뒤집은 것이 나온다. 즉, 신드롬의 맨 왼쪽 숫자는 a가 아니라 d, 맨 오른쪽 숫자는 d가 아니라 a이다. 이는 특별한 이유가 있는 것이 아니고 계산하기 편하게 하다 보니 이렇게 된 것이다.

이제 a, b, c, d를 구해 보자. 비트 a는 홀수 번째 위치인 1, 3, 5, 7, 9에 대응되는 패리티이므로 1이다. 비트 b는 2, 3, 6, 7, 10, 11, 14, 15 위치의 패리티를 쭉 더해 0임을 알 수 있다. 비트 c는 4~7, 12~15까지의 위치에 있는 숫자를 모두 더해 구할 수 있으며, 이 경우에는 1이다. 마지막으로 비트 d는 8~15 위치에 있는 숫자를 모두 더해 구할 수 있고, 이 경우에는 1이다. 체크 비트의 위치를 잘 보면 a, b, c, d를 순서대로 구하는 데 전혀 지장이 없도록 배치되어 있음을 알 수 있다. 예를 들어 체크 비트를 맨 왼쪽의 1~4 위치에 배치했다면 a, b, c, d가 서로 연관되어 계산이 복잡해졌을 것이다. 패리티 비트를 1, 2, 4, 8 위치에 집어넣음으로써 각 패리티 비트가 한 부분에만 들어가게 되어 서로 독립된 식을 만들 수 있다. 이제 a, b, c, d를 집어넣으면 다음과 같은 메시지가 만들어진다.

$$101101111011011$$

전송 과정에서 오류가 발생하면 어떻게 되는지 살펴보기 위해 다음과 같은 메시지를 받았다고 가정해 보자.

$$101101011011011$$

어디에 문제가 있는 것일까? 홀수 번째 위치에 있는 숫자를 전부 더하면 1이 되어 패리티가 안 맞는다는 것을 알 수 있다. 그 값을 신드롬의 맨 오른쪽 자리에 집어넣는다. 그리고 나서 두 번째 패리티를 체크하면 또 1이 나와서 패리티가 안 맞는데, 그러면 신드롬은 xy11 같은 형태가 되어 x와 y만 구하면 된다. y는 다음 패리티를 체크하면 구할 수 있는데, 이번에도 1이 나와서 패리티가 또 안 맞음을 알 수 있다. 그러면 신드롬은 x111이다. 마지막으로 8~15 위치까지의 숫자를 전부 더하면 그 값이 0이 되어 패리티가 맞는다는 결론이 나온다. 따라서 신드롬은 0111, 즉 7번 위치에 문제가 있음을 알 수 있다. 실제로 메시지 원본과 우리가 받은 메시지를 비교하면 7번 위치에 있는 한 비트만 틀렸음을 알 수 있다.

해밍 코드의 특징 중 하나로 메시지와 코드 비트가 딱히 구분되지 않는다는 점을 들 수 있다. 오류가 코드 비트에 있든 메시지 비트에 있든 마찬가지다. 이 코드를 조금 확장하면 이중으로 오류가 있을 때도 제법 간단하게 알아낼 수 있다. 이를 위해 메시지 맨 뒤에 전체 패리티를 나타내는 체크 비트를 추가하는데, 위 메시지 원본의 패리티는 1이므로 맨 뒤에 1을 붙여서 전체 패리티를 0으로 유지한다. 만약 메시지에 오류가 1개 있다면 15비트 길이의 메시지의 패리티가 바뀌면서 16번째 비트와 맞지 않게 된다. 하지만 오류가 2개 있으면 15비트 메시지의 패리티가 바뀌지 않기 때문에 16번째 비트를 가지고 패리티를 따졌을 때는 문제가 없는 것처럼 보인다. 하지만 조금 전에 설명한 방법대로 체크하면 패리티가 맞지 않을 것이고, 그런 경우에는 오류가 2개 있음을 알 수 있다. 만약 15비트만으로 체크했을 때는 문제가 없는데 전체 패리티 체크 비트가 이상하다면 패리티 비트에 오류가 발생했다고 볼 수 있다. 그런데 이렇게 하면 효율이 거의 50% 수준까지 떨어진다. 11비트짜리 메시지를 보내는 데 체크 비트가 5개나 필요하기 때문이다. 하지만 앞에서도 지적했듯이 메시지 길이가 길어지면 효율이 크게 증가하기 때문에 크게 문제가 되지는 않는다. 1,000비트 길이의 메시지를 보낼 때는 체크 비트가 전체의 1% 정도면 된다.

이처럼 체크 비트를 추가하면 효율성 면에서는 약간 손해를 보더라도 메시지 오류로 인한 문제가 줄어들기 때문에 실질적으로 매우 유용하다. 예를 들어 메시지를 약 1,000비트씩 쪼개서 보내고 한 비트에서 오류가 발생할 확률이 10^{-6}, 즉 한 번에 보내는 메시지 안에 오류가 들어있을 확률이 10^{-3} 정도라고 해 보자. 또한 이러한 오류는 무작위적으로 발생하며 각 오류는 다른 오류와 무관하다고 가정하자. 데이터를 한 번 보낼 때 오류가 여러 개 발생할 확률은 푸아송의 법칙^{Poisson's law}

을 이용하여 추정할 수 있다. 예상되는 오류 수의 평균을 m이라고 하면 오류가 k개 발생할 확률은 다음과 같다.

$$\frac{1}{k!}m^k e^{-m}$$

식 4-5

메시지를 한 번 보낼 때 발생하는 오류는 평균 10^{-3}이다. 따라서 한 메시지에 오류가 2개 있을 확률은 $(1/2) \times 10^{-6}$이며(지수함수 부분은 거의 1에 가깝기 때문에 무시해도 된다), 오류가 3개 있을 확률은 $(1/6) \times 10^{-9}$이다. 만약 오류 검출 및 정정 기능을 전혀 사용하지 않았다면 오류가 발생했을 때 전혀 쓸모 없는 메시지를 받고 시스템이 오작동하게 된다. 평균적으로 메시지를 약 1,000번 정도 보낸다고 하면 정말 끔찍한 일이 아닐 수 없다.

이제 단순한 패리티 체크와 같이 오류를 1개까지는 검출할 수 있지만 정정은 할 수 없는 오류 검출 방법을 사용한다고 하자. 이 경우 체크 비트에 약 0.1% 정도를 투자하면 시스템에서 오류가 발견됐을 때 작업을 중단한 후 사용자에게 문제가 있음을 알려주고 어떻게든 그 문제를 해결한다. 물론 이후에도 여전히 1,000번에 한 번 정도씩 오류가 발생하기는 하겠지만 1,000비트당 체크 비트를 한 개씩 추가하는 것만으로도 전보다 훨씬 나아진 셈이다. 그러나 이 시스템 역시 두 개의 오류가 한꺼번에 발생하는, 약 200만 번에 한 번 정도 꼴로 일어나는 사고에는 무방비 상태다.

이번에는 1% 정도를 체크 비트로 사용하며 오류 한 개 정정 및 오류 두 개 검출이 가능한 시스템을 생각해 보자. 이 시스템은 오류 1개는 직접 정정할 수 있고, 2개 오류가 100만 번에 한 번 꼴로 발생하는 경우 사용자에게 그 사실을 알려준다. 이 시스템은 약 60억 번에 한 번 꼴로 일어나는 삼중 오류인 경우에만 오작동할 것이다. 우리가 투자한 것이 1% 밖에 안 된다는 점을 감안하면 꽤 괜찮은 결과라 할 수 있다.

효율과 신뢰성 문제는 컴퓨터 공학에서 가장 핵심이다. 그럼 메시지의 길이는 어느 정도가 적당할까? 코딩 효율 면에서 보면 메시지가 길수록 좋지만 그만큼 오류가 발생할 확률이 높고, 오류가 발생했는지 알아내는 데 걸리는 시간도 길어진다. 반면 짧은 메시지를 탄탄하게 코딩하면 메시지를 확실히 믿을 수 있다. 즉, 효율을 희생하는 대신 신뢰성을 확보하는 것이다. 지구에서 한참 멀리 떨어진 곳에 있는 우주 탐사선 보이저호와 교신하는 상황에서는 후자의 방법을 써야 할 것이다. 수백만 킬로미터가 넘게 떨어진 곳에 있는 수십억 달러 정도 되는 인공위성에 무선으로 메시지를 보내려면 오류가 절대 없어야 한다. 카메라를 목성이나 토성 쪽으로 돌려야 하는데 엉뚱하게 태양 쪽으로 돌리면 안 되니 말이다. 이런 경우에는 효율이 중요하지 않다. 우주선과 통신할 때는 '다수 논리 결정$^{majority\ logic\ decision}$' 이라는 일종의 투표 기법을 사용한다. 이 방법에서는 메시지 원본이 홀수 번 전송되며, 그 중 대부분이 바뀌지 않은 상태로 수신된다고 가정한다. 수신하는 쪽에서는 다수결 원칙에 따라 가장 여러 번 받은 것을 올바른 신호로 인정한다. 보내는 횟수는 오류 발생률에 따라 달라진다.

어쨌든 통신 관련 예는 이 정도로 마치겠다. 통신 문제 자체는 지금 우리가 논의하고자 하는 계산과 바로 연결되지는 않기 때문이다.

4.2.3 메모리

컴퓨터 메모리 시스템에 해밍 코딩을 적용하는 방법을 간략히 살펴보자. 병렬 처리가 발달하면서 여러 기계에서 데이터를 주고받게 되어 정보를 아주 빠른 속도로 올리고 내릴 수 있게 되었다. 정보는 여전히 디스크에 저장되지만 각 디스크에 요구되는 데이터 입출력 속도를 감당할 수 있을 만큼 빠르지는 못하다. 따라서 여러 디스크에서 할 일을 분담해서 데이터를 읽고 쓰는 작업을 동시에 처리하는 방식을 많이 사용한다. 이런 시스템을 사용하면 개별 디스크의 오류에 아주 민감해진다. 한 디스크만 문제를 일으켜도 모든 정보를 못 쓰게 되어버리기 때문이다. 물론 누구나 오류가 없는 완벽한 디스크를 만들고 싶겠지만 그런 일이 가능할 리 없다. 사실 현재 시장에서 유통되는 디스크 중에 문제(먼지 조각이나 긁힘)가 전혀 없는 것은 하나도 없다.[4] 그럼에도 불구하고 우리가 이를 알아차리지 못하는 이유는 기계 쪽에서 그런 문제를 미리 감지하고 손을 쓰기 때문이다. 예를 들어 컴퓨터가 디스크에서 불량 섹터를 발견하면 이를 막아버리고 문제가 없는 다른 섹터를 사용한다. 이런 작업은 사용자가 알아챌 수 없을 만큼 빠른 속도로 진행된다. 하지만 병렬 처리 환경에서 여러 디스크가 함께 가동되고 있을 때는 한 디스크에서 발생한 문제를 해결하느라 잠깐 멈추는 것 때문에 전체 시스템이 엉망이 될 수도 있다.

이런 상황에서도 해밍의 방법을 활용할 수 있다. 가령 디스크 32개를 한꺼번에 사용한다고 가정하고 이 중 26개에는 실제 정보가 들어있으며 나머지 6개는 가짜라고 하자. 즉, 데이터는 26개의 디스크에 들어있지만 시스템으로 들어오는 데이터는 32비트다. 디스크에서 데이터는 한 클록에 한 비트씩 컴퓨터로 전송된다. 이제 해밍의 방법에 따라 한 디스크당 한 비트씩 시스템으로 보내오는 32비트의 입력 데이터의 패리티를 체크해서 오류를 정정해 보자(메시지는 26비트, 패리티가 6비트인 셈이다).

디스크를 이런 식으로 설정하고 사용하면 오류가 이중으로 발생할 가능성은 거의 없다. 2개 이상의 디스크가 똑같은 위치에서 오류를 일으켜야 하기 때문이다. 물론 그럴 가능성이 전혀 없는 것은 아니지만 실제 일어나더라도 시스템을 조금 개조해서 이중 오류가 감지되면 시스템을 잠시 중단시키고 고치는 편이 훨씬 낫다. 여기서 우리가 우려하는 문제점은 앞에서 얘기한 것처럼 완전히 무작위적으로 발생하지는 않는다. 디스크의 특정 위치에서 고정적으로 발생하는 영구적인 문제인

---

[4] 파인만_ 혹시 디스크 회사에 연락해서 제품 불량률을 알아보고 싶은 독자들이 있을지도 모르겠는데, 아마 어떤 회사도 그런 정보는 알려주지 않을 것이다.

경우가 많고, 그런 문제들은 디스크를 사용할 때마다 항상 똑같은 위치에서 발생한다. 이런 유형의 이중 오류는 시스템을 돌려보고 버그를 잡아 같은 위치에 있는 오류 디스크를 새 디스크로 갈아버리면 해결된다. 혹시 이중 오류가 계속 발생한다면 더 이상 생기지 않을 때까지 같은 작업을 반복하면 된다. 무용지물이 될 뻔했던 디스크 병렬 사용 방법도 이렇게 해밍 코딩으로 살려낼 수 있다.

이제 몇 가지 연습문제를 살펴보자.

연습문제 4.1

a개의 원소로 구성된 기수법을 이용해 만들어진 메시지에 대한 해밍 유형의 코드를 고안해 보자(예를 들어 a가 2이면 2진수, 10이면 10진수 같은 식이다). 코드 기호의 개수가 r이고 메시지 전체 길이가 N이면(메시지 원본 길이는 N-r) 다음과 같은 식이 만족되어야 함을 보여라.

$$1 + (a-1)N = a^r$$

그리고 간단한 예를 함께 제시하자.

연습문제 4.2

이 문제는 실용성은 좀 떨어지지만 수학적으로 꽤 흥미롭다. 먼저 다음 두 조건을 만족시키는 코드를 '완벽한' 코드라고 정의하자.

(a) 수신한 각각의 코딩된 메시지는 원본 메시지로 디코딩할 수 있다.

(b) 오류 개수가 정해진 수를 초과하지 않으면 디코딩된 메시지가 원본 메시지와 같다.

코드는 최대 e개의 오류를 정정할 수 있다고 하자(지금까지는 e=1인 경우만 생각했다). 이진 기호를 이용하는 e=3인 경우에 대응되는 완벽한 코드를 만들 수 있을까? 즉, 3중 오류까지 자동으로 정정하는 코드를 만들 수 있을까? (힌트: 메시지가 12비트, 코드(신드롬)가 11비트인 N=23인 상황을 생각해 보자.) 3진수에서 e=3인 경우에도 완벽한 코드를 만들 수 있다. 이 경우 데이터는 6자리, 코드는 5자리인 N=11인 상황을 가지고 생각해 보자.

4.3 섀넌의 정리

지금까지 우리는 여러 가지 근본적인 문제를 생각해 봤다. 이번에는 또 다른 문제를 생각해 보자. 원칙적으로 오류 정정은 어느 정도까지 가능할까? 과연 오류를 몇 개까지 고치는 코드를 만들 수 있을까? 허용 가능한 오류 발생률을 10^{-30}으로 설정해 보자. 이 수치가 마음에 들지 않으면 10^{-100} 정도로 해도 된다. 0만 아니면 된다(0이면 나중에 문제가 생긴다). 나는 10^{-30} 정도면 충분하다고 생각한다.

데이터 원본과 코딩 비트를 합쳐서 전체의 길이가 M_C인 메시지를 보내고 이진수를 사용한다고 해 보자. 데이터 메시지의 길이는 M, 한 비트에서 오류가 날 확률은 q로 가정한다. 다중 오류를 수정하기 위한 코딩 방법을 만들어서 길이가 M_C인 메시지에 정해진 개수보다 많은 오류가 발생할 확률이 미리 정한 10^{-30}보다 더 작아지도록 만들어보자. 이때 코드는 몇 비트여야 할까? M_C에서 실제 메시지 길이는 얼마일까?

클로드 섀넌$^{\text{Claude Shannon}}$은 M과 M_C에 대해 다음과 같은 식이 성립함을 증명했다.

$$\frac{M}{M_c} \leq f(q) = 1 - \left(q\log_2\left[\frac{1}{q}\right] + (1-q)\log_2\left[\frac{1}{1-q}\right] \right) \qquad \text{식 4-6}$$

위 식에 따르면 M_C에 별다른 제한이 없다면 오류 발생률은 원하는 만큼 0에 가깝게 줄일 수 있다. 다시 말해, 수정할 수 있는 다중 오류의 한계를 높임으로써 오류 발생률을 한없이 작게 만들 수 있는 것이다. 이론적으로 유일한 제약조건은 부등식(식 4-6)뿐이다. 하지만 이렇게 하면 데이터 크기도 너무 커지고 코드를 만들기도 상당히 힘들다. 섀넌의 정리에 의하면 오류 발생률을 아주 많이 줄일 수 있음을 확신할 수 있지만, 안타깝게도 그 구체적인 방법은 나와 있지 않다. 어떤 것이 가능하다는 걸 아는 것과 그 방법을 아는 것은 또 다른 문제다.

섀넌의 정리에 따라 여러 q 값에 대한 코딩 효율의 한계를 정리하면 [표 4-2]와 같다.

표 4-2 섀넌의 정리에 따른 코딩 효율의 한계

q	M/M_c	M_c/M
1/2	0	∞
1/3	0.082	12.2
1/4	0.19	5.3
0.1	0.53	1.9
0.01	0.919	1.09
0.001	0.988	1.012

q가 0.5인 경우, 즉 한 비트를 받았을 때 오류가 발생할 확률이 반반이라면 어떤 메시지도 받을 수 없다. 조금만 생각해 보면 이해할 수 있을 것이다. 오류 발생률이 낮아지면 효율이 올라간다. 즉, 데이터 비트당 필요한 코드 비트수가 더 작아진다. 하지만 q의 값이 무엇이든 섀넌의 한계에 접근하는 것은 매우 힘들다.

이 정리를 실제로 증명하는 것은 쉽지 않다. 일단은 이 정리가 어디에서 온 것인지 감이라도 잡을 수 있도록 간단히 따져보자. 나중에는 기하학적으로도 접근해 본 다음, 물리학과 연관된 완전히 다른 방법으로도 이를 증명해 보겠다. 그리고 정보의 양도 정의해 보겠지만 일단은 간략하게만 우선 따져보자. M_C가 매우 크다고 가정할 경우, 한 비트에서 오류가 발생할 확률이 q라면 한 번에 보내는 메시지에 들어있는 평균 오류 수는 다음과 같다.

$$k = qM_c \qquad \text{식 4-7}$$

물론 실제 발생하는 오류 개수는 이 값보다 크거나 작을 수 있지만 평균 개수는 이 정도이다. 이제 평균적으로 이 정도 발생하는 오류를 정정하기 위해 얼마나 많은 코딩 비트가 필요한지 알아봐야 한다. 한 메시지에 있는 평균 개수의 오류를 분산시키는 방법의 경우의 수는 다음과 같다.

$$\frac{M_C!}{k!(M_C-k)!} \qquad \text{식 4-8}$$

코드 비트 수가 m이라고 하자. m비트가 있으면 2^m가지를 표현할 수 있다. 이 m 비트를 가지고 데이터 메시지의 M비트 외에도 오류가 분포된 정확한 위치를 모두 나타낼 수 있어야 한다. 오류가 분포되는 모든 방법의 경우의 수는 $\frac{M_C!}{k!(M_C-k)!}$ 이며, 중복되는 비트가 있을 수 있으므로 $m \leq M_C - M$이 성립한다. 따라서 다음과 같은 부등식이 성립함을 알 수 있다.

$$2^{M_C-M} \geq \frac{M_C!}{k!(M_C-k)!} \qquad \text{식 4-9}$$

이제 양변에 로그를 취해 보자. n이 크면 우변은 다음과 같은 스털링의 공식을 써서 근사적으로 계산할 수 있다.

$$n! = \sqrt{2\pi n}\, n^n e^{-n} \exp\left[\left(\frac{1}{12n}\right) - \left(\frac{1}{360n^3}\right) + \ldots\right] \qquad \text{식 4-10}$$

따라서 $n!$의 로그는 다음 식과 같다(여기서 $\log x = \log_e x$이다).

$$\log n! \approx \left(\frac{1}{2}\right)\log n + n\log n - n + O\left(\frac{1}{n}\right) \qquad \text{식 4-11}$$

마지막 항은 n이 커질수록 작아지는(그리고 무한대로 가는 극한에서는 0으로 수렴하는) 항과 $\log 2\pi$ 같은 항을 모두 포함한 것이다. 그리고 첫 번째 항인 $\left(\frac{1}{2}\right)\log n$도 둘째, 셋째 항에 비하면 훨씬 작기 때문에 무시할 수 있다. 따라서 다음과 같은 근사식으로 쓸 수 있다.

$$\log n! \approx n \log n - n \qquad \text{식 4-12}$$

이렇게 얻은 근사식을 위 부등식 우변의 로그에 적용하면 다음과 같다.

$$M_c \log M_c - M_c \log(M_c - k) + k \log(M_c - k) - k \log k \qquad \text{식 4-13}$$

여기에 $k = qM_C$를 대입하고 조금 더 계산하면 다음 식을 얻을 수 있다.

$$M_c \left[q \log_2 \left(\frac{1}{q} \right) + (1-q) \log_2 \left(\frac{1}{1-q} \right) \right] \qquad \text{식 4-14}$$

여기서 자연로그를 밑이 2인 로그로 고쳤는데, 어차피 양변에 똑같은 수만큼 곱하기만 하면 되기 때문에 그냥 소거해 버려도 무관하다. 이제 부등식의 좌변에 2를 밑으로 하는 로그를 취하고 양변을 M_C로 나누면 섀넌의 부등식이 나온다.

이 부등식으로부터 각 비트의 오류율이 q일 때 오류를 k개까지 정정할 수 있는 방법을 써서 M이라는 메시지를 코딩하면, 그 결과로 만들어지는 코딩된 메시지의 효율은 [식 4-6]의 상한선 이하가 됨을 알 수 있다. 물론 k는 아무렇게나 정해지는 것이 아니라, 여기서는 평균 오류 개수인 qM_C로 정했다. 그런데 여기서 중요한 문제는 과연 오류가 k' 같은 특정 개수보다 많이 발생할 가능성이 10^{-30}처럼 정해진 값보다 더 작도록 메시지를 코딩할 수 있을까 하는 것이다. 섀넌의 정리는 이것이 가능하다고 말한다. 왜 그런지 조금 더 자세하게 증명해 보자.

메시지에서 발생할 수 있는 오류 개수가 항상 k인 것은 아니지만 어떤 범위와 확률 내에서 k개라고 얘기할 수는 있다. 오류의 분포는 평균이 $qM_C(=k)$이고 표준편차는 $\sigma = \sqrt{M_C \cdot q(1-q)}$인 이산분포 binomial distribution를 따른다. 이런 경우에 M_C가 충분히 크고 q가 작으면 이 분포는 평균 $qM_C(=k)$, 표준편차 $\sigma = \sqrt{M_C \cdot q(1-q)}$인 가우스 분포(정규분포)와 거의 같다고 할 수 있다(즉, 평균과 편차는 이전과 같고 분포 양상만 정규분포형과 비슷하다고 생각하면 된다). 이제 오류율이 특정한 값 N(예를 들면 10^{-30})보다 작아야 한다는 것은 수정할 오류의 개수가 k'보다 작아야 한다는 것과 같다.

$$k' = k + g\sigma \qquad \text{식 4-15}$$

여기서 g는 N에 따라 달라질 수 있는 유한한 수다. 가우스 분포에서 오류 개수가 평균 k로부터 표준편차 범위 안에 있을 확률은 68%, 표준편차 2배 범위 안에 있을 확률은 96%, 3배 안에 있을 확률은 99%이다. 따라서 메시지에 오류가 없을 확률이 95%여야 한다면 정정할 수 있는 오류의 개수가 k개가 아니라 다음과 같이 되어야 한다.

$$k + 2\sigma \qquad \text{식 4-16}$$

이 경우에는 g가 2다. 확률을 얼마로 정하든 그 확률에 맞는 g 값을 찾을 수 있다. 일반적으로 오류 개수가 k로부터 표준편차의 g배 범위 안에 있을 확률은 다음과 같다.

$$\exp\left(-\frac{g^2}{2}\right) \qquad \text{식 4-17}$$

알고 보면 g가 별로 크지 않아도 오류 범위에서 벗어날 확률은 아주 작다. 예를 들어 g가 20이면 이 값은 $\exp(-200)$, 즉 약 10^{-100} 정도다. 10^{-30}과 비교하면 어마어마하게 작은 값이다. 10^{-30}을 원한다면 g는 약 6이면 충분하다.

이제 고쳐야 할 오류 개수가 k'이 됐으니 [식 4-9]에서 k를 k'으로 바꾸기만 하면 된다. 적당한 코딩 방법만 찾으면 메시지를 보낼 때 오류가 발생할 확률을 10^{-30}이든 다른 어떤 값이든 원하는 값보다 더 작게 만들 수 있다.

$$k' = k + g\sigma = k + g\sqrt{k(1-q)} \qquad \text{식 4-18}$$

위 식을 앞에 나온 부등식에 대입해 이 경우에도 섀넌의 정리와 결과가 같은지 직접 확인해 보자.

섀넌의 정리로 알 수 있는 것은 효율의 최대값뿐이다. 섀넌이 그 최대값을 만족시킬 수 있는 코딩 방법까지 제시해준 것은 아니다. 그럼 최대 효율을 달성할 수 있는 코딩 방법이 있을까? 분명히 있다. 자세한 내용은 잠시 후에 알아보겠지만, 기본적으로 임의의 코딩 방법을 고른 다음 M_C를 점점 더 키우면 된다. 이는 수학적으로 꽤 중요한 문제이다. M_C만 충분히 크면 어떤 코딩 방법을 쓰든 최대 효율을 달성할 수 있다. 하지만 메시지 길이가 어마어마하게 길어질 수 있다.

M_C를 얼마나 크게 잡아야 하는지 위성통신의 예를 통해 살펴보자. 지구에서 목성이나 토성으로 메시지를 보낼 때는 오류 발생률 q가 $\frac{1}{3}$ 가까이 되는 일도 비일비재하다. 이 경우에는 효율이 기껏해야 8% 정도 밖에 되지 않는다. 즉, 데이터 비트 하나당 필요한 코드 비트 수가 12개까지 될 수 있다는 의미이다. 하지만 그렇게 하려면 M_C를 어마어마하게 길게 만들어야 하기 때문에 실용성이 크게 떨어진다. 실제로는 데이터 비트 하나당 150개의 코드 비트를 보낸다.

4.4 메시지 공간의 기하학

이제 섀넌의 정리를 기하학적인 관점에서 살펴보자. 이 과정에서 '메시지 공간 message space'이라는 개념을 새로 도입할 것이다. 이는 주로 통신에서 중요하지만 컴퓨터 과학 측면에서 봐도 꽤 흥미롭고 유용하다.

메시지 공간이란 간단히 말해서 보낼 메시지로 만들어진 공간이다. 다차원의 연속 또는 불연속적인 좌표의 점에 레이블을 붙일 수 있는 공간이라는 개념에는 어느 정도 익숙해져 있을 것이다. 메시지 공간은 다차원 불연속 공간으로, 그 공간에 있는 점들의 일부 또는 전부가 메시지에 대응된다. 조금 더 구체적으로 설명하기 위해 다음과 같은 3비트짜리 이진 코드를 생각해 보겠다.

000, 001, 010, 011, 100, 101, 110, 111.

이 숫자들은 0에서 7까지를 이진수로 표현한 것에 불과하다. 하지만 이 숫자를 [그림 4-1]처럼 3차원 공간 내에 있는 정육면체의 꼭지점 좌표라고 생각할 수도 있다.

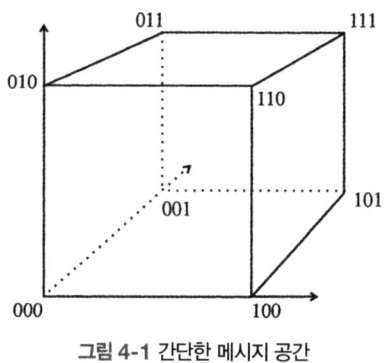

그림 4-1 간단한 메시지 공간

이 정육면체는 3비트 메시지에 해당하는 메시지 공간이다. 이 공간에 있는 점은 정육면체의 꼭짓점들뿐이며, 그 사이의 빈 공간이나 모서리는 메시지 공간에 포함되지 않는다. 이 공간의 점들이 모두 실제 메시지로 쓰일 수 있는 값이라고 보면 매우 빽빽한 상태다. 메시지 중 1비트를 바꾸면 다른 메시지가 만들어진다 낭비되는 공간도 없고 모든 것이 의미가 있다. 이런 공간을 조금 더 일반화해서 4비트 메시지에 대응되는, 즉 꼭지점이 16개인 하이퍼큐브 형태의 메시지 공간을 만들 수도 있지만 안타깝게도 그런 공간은 우리의 뇌로는 그릴 수 없다. m비트짜리 메시지는 m차원 공간으로 표현해야 하기 때문이다.

만약 보내는 도중에 오류가 발생하면 어떻게 될까? 그럼 보낸 메시지 중 일부 비트가 바뀌며, 이는 메시지 공간에서 다른 점으로 이동하는 것과 같다. 직관적으로 보면 오류가 많으면 많을수록 메시지 공간 내에서 '더 멀리' 이동한다고 생각할 수 있다. 앞의 그림을 보면 (000)을 기준으로 할 때 (111)은 (001)이나 (100)

보다 더 먼 곳에 있다. 이런 개념을 활용해 메시지 공간에 대한 '거리 함수^{distance} ^{function}'를 도입해 보자. 여기서는 해밍 거리$^{Hamming\ distance}$를 사용해 보자. 두 점 사이의 해밍 거리는 서로 다른 비트 개수로 정의된다. 따라서 111과 000 사이의 해밍 거리는 3이고 001과 000 사이의 해밍 거리는 1이다. 이 정의에 따르면 4차원 공간에서 1110과 1101 사이의 거리는 0100과 1101 사이의 거리와 같다. 이러한 거리 개념은 오류를 따질 때도 유용하다. 오류가 하나 발생하면 메시지 공간상의 한 점으로부터 해밍 거리가 1인 위치로, 이중 오류면 해밍 거리가 2인 위치로 움직일 것이다. 오류가 e개로 주어지면 메시지 공간 내에 반경이 e인 구를 그릴 수 있고, e개의 오류로 인해 움직일 수 있는 메시지 공간 상의 모든 점이 그 안에 들어간다. 이런 식으로 코딩 절차를 기하학적으로 생각해볼 수 있다.

M이라는 메시지를 코딩할 때마다 M_C라는 더 긴 메시지를 만들게 된다. M_C에 대한 메시지 공간도 M에 대한 메시지 공간처럼 만들 수 있는데, M_C 쪽이 차원도 높고 점 개수도 많기 때문에 메시지 공간이 더 크다. 물론 그 공간에 있는 모든 점이 M 공간에 있는 모든 점들과 일대일 대응되는 것은 아니다. 그렇게 점이 남는다는 사실도 코딩에서는 핵심적인 역할을 한다. e개의 오류를 정정하려면 전송 중에 최대 e개의 오류가 발생하더라도 메시지 원본을 확실히 구할 수 있도록 허용 가능한 코딩된 메시지 M_C의 집합을 설계해야 한다. 기하학적으로 보면 허용 가능한 메시지는 M_C의 메시지 공간 내에 있는 특정 점에 대응된다. 오류가 발생하면 다른 점으로 이동하는데, 이 오류를 정정하려면 허용 가능한 메시지에 대응되지 않는 점에 있을 때 허용 가능한 메시지에 대응되는 유일 점으로 역추적해서 돌아갈 수 있어야 한다. 그 해결책으로는 M_C에서 모든 허용 가능한 코딩 메시지 점들이 최소한 해밍 거리만큼 떨어져 있도록 만드는 방법을 생각할 수 있다.

$$d = 2e + 1$$

식 4-19

그렇다면 오류 정정이 가능한 이유를 따져보자. 허용 가능한 메시지 M을 전송하는 과정에서 오류가 e개 발생한다고 가정하면, 수신자가 받은 메시지 M'은 M_C

공간의 원래 점으로부터 e만큼 떨어진 위치에 있을 것이다. 그럼 어떻게 하면 M'에서 M으로 돌아갈 수 있을까? 허용 가능한 점들은 반드시 $2e+1$ 이상 떨어져 있어야 하기 때문에 M'에서 가장 가까운 허용 가능한 메시지는 M일 수밖에 없다. 다른 허용 가능한 메시지는 모두 M'으로부터 해밍 거리로 최소한 $e+1$ 이상 떨어져 있어야 하기 때문이다. 이보다 더 저렴한 비용으로도 오류를 검출할 수 있다. M_C에서 허용 가능한 점들 사이의 최소 거리를 $2e$로 줄여도 되기 때문이다. 허용 가능한 메시지에 대응되는 점끼리 최소 $2e+1$만큼 떨어져 있도록 해 놓으면 e개의 오류를 정정하거나 $2e$개의 오류를 검출할 수 있다.

다시 정리하면 M의 메시지 공간을 M_C의 메시지 공간에 대응시키는데, 이때 M의 각 원소를 M_C에 있는 한 점과 대응시키고 해밍 거리가 $2e+1$ 이내인 지점에는 다른 어떤 허용 가능한 점도 없도록 한다고 생각하면 된다. M_C 공간의 중심은 허용 가능한 코딩된 메시지에 대응되는 점이고, 반지름이 e인 구(오류 범위를 나타내는 구라는 뜻에서 오류구$^{\text{sphere of error}}$라고 부름)들이 차 있는 모양이라고 할 수 있다(그림 4-2). 우리가 받은 메시지가 어떤 구 안에 들어있는지 알면 메시지 원본이 어떤 점에 해당하는 메시지인지 정확하게 알아낼 수 있다.

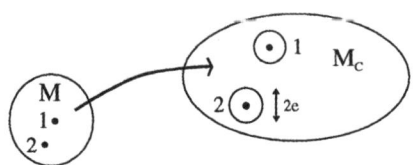

그림 4-2 메시지 공간을 연결하는 방법

조금 더 구체적으로 살펴보기 위해 앞에서 그린 3비트 정육면체를 다시 생각해 보자. 이 정육면체는 다음과 같은 값으로 이루어진 2비트짜리 메시지 체제 M에서 오류를 1개만 검출할 수 있고 정정은 할 수 없는 패리티 코드에 대응되는 메시지 공간 M_C라고 생각할 수 있다.

00, 01, 10, 11.

이 체제의 메시지 공간은 다음과 같은 2차원 정사각형 모양이다.

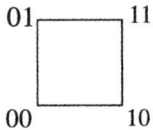

패리티 코드는 M에 있는 각 메시지에 한 자리를 더하기만 하면 되는 단순 코드이므로 M_C의 공간은 다음과 같이 3차원 정육면체 모양으로 만들어진다. 그 중에서 허용 가능한 메시지는 000, 011, 101, 110이다. 따라서 나머지 네 모서리는 그냥 남아도는 점이 된다.

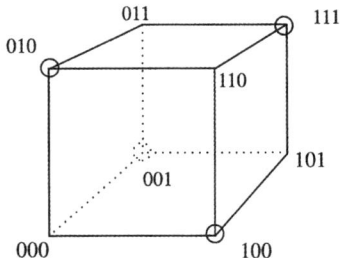

메시지를 보낼 때 오류가 생기면 그림에 표시된 남는 점에 들어가게 되어 오류가 발생했음을 알 수 있지만, 어디서 발생했는지는 알 수 없다. 그림을 잘 보면 오류가 발생했을 때 도달하는 점들이 허용 가능한 점으로부터 해밍 거리로 각 1씩밖에 떨어져 있지 않음을 알 수 있다. 오류를 1개까지 정정하기 원한다면 M_C 공간을 4차원으로 확장해야 한다.

코딩 시스템이 제대로 작동하려면 각 메시지 점을 M_C의 메시지 공간 내에서 충분히 멀리 떨어져 있는 점으로 옮길 수 있어야 한다. 가끔 오류끼리 겹칠 수도 있는데, 이는 크게 문제가 되지 않는다.[5] 이런 기하학적인 접근법으로도 섀넌

---

[5] 파인만_ 앞서 연습문제에서 언급한 '완벽한' 코드는 오류구로 메시지 공간을 채울 때 구끼리 서로 겹치지 않는 코드인 셈이다. 구의 반지름이 e라면 공간에 있는 모든 점들이 한 메시지 점으로부터 e 이하의 거리에 있어야 한다. 즉, 어떤 점으로부터 거리 e 이하만큼 떨어져 있는 메시지 점이 2개 이상 있으면 안 된다.

의 정리를 증명할 수 있다. 원본의 메시지 공간과 코딩된 메시지의 메시지 공간의 차원을 각각 M, M_C라고 하자(차원이라는 어려운 단어를 쓰기는 했지만 사실 문자열의 길이라고 생각하면 된다). M에 있는 점은 2^M개, M_C에 있는 점의 수는 2^{M_C}개다. k개의 오류를 정정하려면 M_C를 M에 있는 각 점마다 반지름이 k인 오류구 1개로 채울 수 있어야 하며, 구끼리 서로 겹치지 않아야 한다. 이 사실을 바탕으로 M_C의 부피와 오류구의 부피 사이를 이어주는 부등식을 만들 수 있다. 메시지 공간은 불연속적이므로 구의 부피는 그 안에 들어있는 점의 개수로 정의해야 한다. M_C차원 공간에서 반지름 k인 구 안에 들어있는 거리가 1인 점들의 개수는 다음과 같다고 알려져 있다.

$$\frac{M_C!}{k!\,(M_C - k)!} \qquad \text{식 4-20}$$

M_C의 부피는 각 오류구에 있는 점의 개수에 구의 개수, 즉 M에 있는 점의 개수를 곱한 값 이상이 되어야 하며, 그 결과로부터 [식 4-9]와 같은 부등식을 얻을 수 있다. 자세한 유도와 증명은 각자 직접 해 보자.

연습문제 4.3

메시지 공간을 사용하여 풀 수 있는 문제다(나도 그렇게 풀었다). 지금쯤이면 메시지 맨 뒤에 패리티 비트를 하나 추가해 오류 1개를 검출하는 방법에 충분히 익숙해졌을 것이다. 이 방법의 큰 특징 하나는 바로 메시지의 길이와 무관하게 체크 비트가 1비트만 있으면 된다는 것이다. 즉, M_C와는 무관하다. 그렇다면 M_C와 무관하게 이중 오류를 검출하는 방법도 만들 수 있을까? 오류를 정정할 필요는 없고 검출만 할 수 있으면 된다. 항상 일정한 개수만큼의 체크 비트만 있어도 이를 할 수 있다면 참 좋을 것이다. 얼핏 보면 2비트만 있으면 될 것 같기도 하다. 해밍 코드를 쓰면 오류 1개를 정정할 수 있고 전체 패리티에 대한 체크 비트와 신드롬을 가지고 이중 오류를 검출할 수 있지만, 신드롬의 길이가 메시지 길이에 따라 달라진다. 이 문제를 풀어보면 메시지의 길이와 무관하게 이중 오류를 검출하는 것은 불가능함을 알 수 있다.

4.5 데이터 압축과 정보

잠시 후에 섀넌의 정리를 또 다른 방식으로 살펴볼 텐데, 그 전에 잠시 다른 내용을 훑어보자. 우선 데이터 압축과 관련된 몇 가지 개념을 정리해 보겠다. 영어와 같은 언어를 생각해 보자. 영어에서는 26개의 알파벳을 사용하며 여기에 쉼표, 마침표, 빈 칸 등을 더하면 약 30개 정도의 기호로 의사소통을 할 수 있다. 만약 기호 10개를 마음대로 쓸 수 있다고 하면 영어로 얼마나 많은 의미를 전달할 수 있을까? 언뜻 보면 30^{10}이라고 생각할 수도 있지만 실은 그렇지 않다. 다음과 같은 문자열을 보자.

> cpfajrarfw

이 문자열은 영어 알파벳으로만 이루어져 있을 뿐, 의미가 없는 단어이다. 마음대로 늘어놓기만 한다고 해서 말이 되는 것은 아니다. 쓸 수 있는 단어는 정해져 있고, 단어에 들어가는 글자의 순서도 마음대로 바꿀 수 없다. 예를 들어 T 다음에 H가 나오는 경우는 흔하지만 X나 J는 잘 나오지 않는다. 모든 글자가 균일하게 쓰이지 않는 데다 영어에서 허용되는 메시지가 생각보다 훨씬 적기 때문이다.

대학생 자녀가 있는 부모 중 상당수가 자식들이 자주 연락하지 않는다고 불평 하곤 한다. 어떤 부모가 자식에게 단답형 문제를 잔뜩 적어서 주소를 적은 엽서를 보냈다고 하자.

> 대학에서 잘 지내고 있고 대학 생활이 즐겁다. 예/아니오

> 예쁜 여자친구 또는 잘생긴 남자친구가 생겼다. 예/아니오
> ... 예/아니오

이 가련한 부모는 긴 문장을 적은 다음 자녀에게서 한 비트짜리 정보를 얻어내려는 것이다. 물론 자식이 잘못을 뉘우치고 부모에게 직접 편지를 쓰길 바라는 마음도 있었을 것이다. 설령 그런 바람이 이루어지지는 않더라도 이는 자식의 근황을 알아낼 수 있는 효율적인 방법이다(물론 자식이 우체통에 엽서를 집어넣는 일마저 안 해버리면 소용없겠지만...). 효율을 높이는 또 다른 예로 전화벨을 이용하는 방법을 들 수 있다. 친구에게 파티에 갈 수 있으면 전화벨을 3번 울린 후 끊고, 갈 수 없으면 전화벨을 5번 울린 후 끊는 식으로 연락하는 방법이다. 아니면 벨이 3번 울린 후 멎으면 내가 차를 타고 출발하는 것이니 5분 후에 집 앞으로 나오라고 미리 약속해 둘 수도 있다. 이런 식으로 연락하면 굳이 전화 통화를 해서 전화비를 들이지 않고도 의사를 전달할 수 있다.

관련된 질문으로 '영어라는 언어는 얼마나 비효율적일까?'라는 물음에 대해 생각해 보자. 열 글자만 가지고 의사를 전달해야 한다면 영문 알파벳으로 그냥 직접 보내면 될까? 아니면 다른 방법을 시도하는 것이 좋을까? 기호가 30개가 아니라 32개라면 각각을 5비트짜리 문자열로 표현할 수 있을 것이다. 따라서 열 글자는 50비트가 되므로 250가지 메시지를 만들 수 있다. 물론 대부분의 메시지가 무의미할 것이다. 예를 들어 Q 뒤에는 거의 항상 U가 나오기 때문에 Q 뒤에는 U를 아예 안 보내도 된다. 물론 Iraq와 같이 아주 드문 예가 있지만, 이 경우에는 그냥 q를 2개 연속으로 보내는 방법으로 일반적인 qu와 구분할 수 있다. 이렇게 언어의 구조를 활용하면 기호를 조금 적게 보낼 수 있다. 지금부터 이런 포장, 즉 압축 방법을 알아보겠다.

포장 방법을 이해할 때 고려할 만한 것으로는 메시지에서 어떤 기호를 받았을 때 다음 기호를 예상하는 정도가 있다. 예를 들어 T를 받았다면 다음에 I가 나오는

경우와 X 또는 J가 나오는 경우 중 어느 쪽이 더 이상하게 느껴질까? 영어에서 T가 있을 때 그 뒤에 J가 올 확률은 아주 낮다. 한 글자 뒤에 아무 글자나 마구 나오는 것이 아니다. 그렇다면 예측 가능성은 어떻게 될까? 친구들과 함께 직접 실험해 보자. 영어책을 하나 꺼내서 조금 읽는다. 그러다가 읽기를 멈추고 친구에게 다음에 어떤 글자나 기호가 나올지 물어본다. 그리고 나서 그 친구가 맞았는지 틀렸는지 알려준다. 친구가 몇 번 만에 맞추는지를 가지고 예측 가능성을 판단할 수 있다. 물론 이 실험이 아주 정확하지는 않다. 사람들이 찍어서 맞추는 것과 기계적인 언어 분석을 비교하기는 힘들기 때문이다. 하지만 어느 정도 감은 잡을 수 있을 것이다. 웬만한 사람이라면 다음 글자를 맞출 확률이 1/30보다는 훨씬 높을 것이다. 실제로 영어에서 한 글자 뒤에 올 수 있는 다음 글자의 평균 개수는 26이 아니라 5 정도밖에 안 된다. 궁금하면 직접 평균을 내 봐도 좋다. 이제 영어를 얼마나 압축할 수 있을지 어느 정도 감이 잡힐 것이다. 그리고 이 문제를 생각하다 보면 메시지에 얼마나 많은 정보가 들어있는지에 대한 문제에도 생각이 미칠 것이다.

압축 문제를 이런 식으로 생각해볼 수도 있다. 32개의 문자를 마음대로 쓸 수 있고, N개의 글자를 써서 메시지를 만든다고 하면 메시지를 몇 개나 보낼 수 있을까? 그리고 과연 얼마나 많은 정보를 담아서 보낼 수 있을까? 앞에서도 얘기했듯이, 대부분의 메시지가 무의미하기 때문에 보낼 수 있는 메시지의 종류가 32^N가지나 되지는 않는다. 실제로 보낼 수 있는 메시지의 개수[6]를 n이라고 가정하고, n개의 메시지 각각에 이진수로 번호를 붙인다고 하자. 메시지를 보내는 쪽과 받는 쪽 모두 각 번호에 대응되는 메시지를 수록한 표를 가지고 있어 메시지를 전부 보내는 대신 숫자만 보낸다고 하자. 앞에서 부모님이 보낸 엽서에 '예', '아니오'로 답을 체크해서 보내는 것과 똑같다고 보면 된다. 이와 같이 메시지 전체를 하나의

---

[6] 파인만_ 엄밀하게 얘기하면 같은 확률로 보낼 수 있는 메시지의 개수를 뜻한다. 현실에서는 메시지마다 확률이 다르다. 하지만 지금 해당 내용을 너무 엄격하게 따지지는 않겠다.

숫자로 압축하는 방법보다 더 간단한 방법은 없다. 그럼 메시지를 모두 전달하려면 몇 비트를 보내야 할까? I비트가 필요하다면 다음과 같은 관계식이 성립한다.

$$2^I = n, \text{ 혹은 } I = \log_2 n \qquad \text{식 4-21}$$

이렇게 N비트의 영어(다른 언어나 시스템이어도 무방)와 같은 내용을 전달하기 위해 필요한 최소 비트 수를 정보^{information}라고 한다. 이 정보는 우리가 생각하는 정보와 의미가 다르다. 전혀 다른 개념은 아니지만 여기서 얘기하는 정보는 메시지의 유용성과는 무관하며, 엄격히 학술적인 용도로 국한되어 있다. 과학에서는 이런 경우를 종종 볼 수 있다. 물리학에서 '일^{work}'이라는 용어가 일상생활의 일과 다른 뜻을 가지는 것과 마찬가지다. 정보의 개념과 더 자세한 정의는 나중에 살펴보고, 지금은 보내는 메시지를 이진법으로 코딩한 다음 필요한 최소한의 비트만 남긴다는 기본 개념만 잘 새겨두고 넘어가자.

지금까지 배운 내용을 바탕으로 '기호당 평균 정보'라는 것을 대략적으로 정의해 볼 수 있다. N개가 아닌 $2N$개의 기호가 있다고 하면, 이에 대응하는 가능한 메시지 수는 몇 가지일까? 이를 직관적으로 이해하기 위해 $2N$개의 기호로 만들어진 문자열 하나를 N개의 기호로 만들어진 문자열 2개로 쪼개보자.

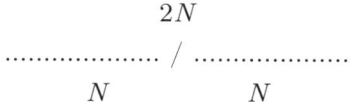

대략 추정해 보면 보낼 수 있는 메시지의 개수는 각 문자열에서 가능한 메시지 개수를 곱한 값, 즉 n^2라고 예상할 수 있다. 물론 일반적으로 정확한 개수를 구하는 건 매우 어렵다. 예를 들어 두 문자열에 걸쳐서 단어가 만들어지는 가장자리 효과$^{\text{edge effect}}$가 있을 가능성이 있다. 기호가 N개인 문자열이 실제로 서로 분리되어 있지 않기 때문이다. 서로 멀리 떨어진 문자열끼리 영향을 주고받는 장거리 상관관계$^{\text{long-range correlations}}$도 있을 수 있다. 메시지의 특정 지점에 있는 어떤 단어가 그 근

처에 있는 다른 단어에도 영향을 미치는 영어의 경우 이런 현상이 흔히 나타난다. 하지만 지금은 이 모든 것들을 정확하게 따질 생각은 아니니 자질구레한 문제는 그만 접어두기로 하자. 사실 N이 커지면 커질수록 추측은 더 잘 맞아떨어진다. 기호가 $2N$개 있으면 가능한 메시지 수는 N^2개, $3N$개 있으면 N^3개, 일반적으로 xN개 있으면 n^x개 정도라 할 수 있다. N개의 기호에서 나오는 정보를 $I(N)$이라고 하면 다음 식이 성립한다.

$$I(xN) \approx \log_2(n^x) = x\log_2 n$$ 식 4-22

그러면 다음과 같이 x와는 무관한 비율이 나온다는 것을 알 수 있다.

$$r = \frac{I(xN)}{xN} \approx \frac{\log_2 n}{N} = \frac{I(N)}{N}$$ 식 4-23

N이 충분히 클 때 근사가 잘 맞아떨어지기만 하면 이 값이 상수가 된다. [식 4-23]의 우변을 보면 알 수 있겠지만, 이 비율을 해당 시스템의 기호당 정보라고 부른다.

정보 얘기로 돌아가서 그 의미를 좀 더 살펴보자. 어떤 면에서 보면 메시지에 들어있는 정보의 양은 그 메시지가 얼마나 예외적인지를 반영한다고 할 수 있다. 예를 들어 서점에서 '다행히도 고객님께서 주문하신 책은 재고가 있습니다.' 또는 '죄송합니다. 주문하신 책은 현재 재고 부족으로 출고가 지연되고 있습니다.' 같은 식으로 안내했다고 해 보자. 이러한 메시지는 길고 복잡하지만 서점 직원에 직접 전화를 걸어 물어봤다면 '예' 또는 '아니오'처럼 짧은 대답만 들었을 것이다. 사실 안내문에 적힌 대부분의 문자는 없어도 그만이다. 읽는 사람 입장에서는 '다행히도', '죄송합니다' 정도만 봐도 무슨 내용인지 단번에 알 수 있다. 이런 측면에서 볼 때 정보는 메시지에 담겨있는 것뿐만 아니라 받는 사람이 이미 가지고 있는 지식에 의해서도 달라질 수 있음을 알 수 있다.

누군가가 똑같은 메시지를 2개 보낸다고 해 보자. 메시지를 한 번 보내고, 그와 동일한 복사본을 다시 보내는 것이다(이는 오류 정정용으로 그런 것은 아니고 그저 그 사람의 단순한 습관일 뿐이다). 우리는 그 두 메시지에 들어있는 정보가 각 메시지에 들어있는 정보의 합($I\,(n_1 n_2)\log_2 n_1 n_2 \log_2 n_1 + \log_2 n_2$)이라고 생각할 지도 모른다. 하지만 여기서는 그렇지 않다. 메시지는 어차피 하나뿐이고, 정보는 오직 첫 번째 메시지에서만 온 것이다. 이 예시에서도 볼 수 있듯이 '정보'는 단순히 메시지의 물리적 성질이 아니라 그것을 받아들이는 수신자의 메시지에 대한 지식에 의해 결정된다.

난수 메시지, 즉 각 비트가 무작위적으로 정해진 N비트짜리 이진 문자열로 지금 논의하는 정보라는 용어와 일상생활에서 쓰이는 정보의 차이를 살펴보자. 만약 가능한 문자열 모두가 허용된 메시지라면, 그리고 확률이 모두 같다면(즉, 각 비트가 0일 확률과 1일 확률이 똑같다면) 그 메시지에 들어있는 정보는 다음과 같이 계산할 수 있다.

$$I = \log_2\left(2^N\right) = N \qquad \text{식 4-24}$$

이 값은 그 기호를 사용할 때 얻을 수 있는 최대 정보다. 다른 어떤 메시지 유형에서도 I가 N까지 갈 수 없다. 분명 말도 안 되는 결과다. 모든 비트가 무작위적으로 정해진 난수 문자열에 도대체 어떤 정보가 들어갈 수 있겠는가? 그런데 최대 정보라니 더더욱 이상하지 않은가? 혹시 '정보'를 잘못 정의한 것은 아닌지 하는 생각이 들 수도 있다. 하지만 앞에서도 논의했듯이 N비트 문자열은 각 메시지를 나타내고, 특정 문자열을 받는다는 것은 2^N개의 가능한 메시지 가운데 우리가 받은 메시지 하나를 골라내는 것이라고 할 수 있다. 이런 관점에서 보면 그 문자열에는 정말 많은 '정보'가 들어있는 셈이다. 메시지를 받는 과정에서는 수신자의 상태는 아무것도 모르는 상태에서 받은 메시지가 무엇인지를 아는 상태로 바뀐다. 받을 수 있는 메시지의 종류가 많아질수록 특정 메시지를 받았을 때 더 의외의 것을 받았다는 느낌을 받을 것이다. 이처럼 정보가 많다는 것은 초기 불확실성과 최종 확실성 사이에 큰 차이가 존재한다는 뜻으로, 바로 이 차이가 '정보'의 가장 중요한 특징이다.

4.6 정보 이론

앞에서 메시지에 들어있는 정보를 다음 식과 같이 정의했다.

$$I = \log_2 n \quad \text{식 4-25}$$

여기서 n은 우리가 받을 수 있는, 즉 받을 확률이 같은 메시지의 개수를 나타낸다. 메시지에 담긴 정보의 양은 모두 똑같다. 일반적인 경우에는 확률이 더 높은 메시지일수록 그 안에 들어있는 정보는 더 적어진다. 메시지에 들어있는 정보가 그것을 받았을 때 느끼는 놀라움을 나타낸다는 것을 떠올려 보면 이해할 수 있을 것이다. 이 절에서는 앞서 논의한 내용을 더 일반화시킨 정보 이론Information Theory이라는 주제에 대해 자세히 알아볼 것이다.

우선 간단한 예부터 시작하자. 어떤 메시지가 특정 기호로 이루어졌다고 가정하자. 이 기호들은 DNA를 구성하는 4가지 염기 같은 식으로 마음대로 정하면 된다. 꼭 영어에서 사용하는 알파벳을 써야 한다는 등의 제한은 없다. i개의 기호를 사용한다고 하고, 각 기호는 다음과 같은 식으로 표시한다.

$$a_1, a_2, \ldots\ldots a_i.$$

메시지는 이러한 기호로 이루어진 길이가 N인 문자열이다. 더 자세한 내용을 살펴보기 전에 메시지에 기호가 분포되는 방식에 대해 몇 가지 가정을 하고 넘어가겠다. 우선 각 기호별로 확률 p_i를 할당하는데, 이 값은 주어진 메시지에 들어있는 기호가 a_i일 확률이다. p_i는 a_i가 등장하는 빈도에 비례한다. 그리고 메시지에 있는 각 기호는 다른 기호와 서로 독립적이라고 가정하자. 즉, 특정 위치에 등장하는 기호는 바로 앞에 있는 기호처럼 다른 위치에 있는 기호와는 무관하게 결정된다. 이런 가정은 사람들이 사용하는 보통 언어를 생각해 보면 상당히 비현실적이다. 이런 가정이 성립하지 않는 경우는 잠시 후에 생각해 보자.

주어진 메시지가 얼마나 많은 정보를 담고 있을지 생각해 보자. 메시지의 길이가 N이라고 가정하면 평균적으로 a_1은 Np_1번, a_2는 Np_2번, … a_i는 Np_i번 등장할 것이다. 그리고 N이 커질수록 실제 값이 평균값과 비슷해질 것이다. 이때 종류가 서로 다른 메시지는 몇 가지나 있을까? 다행히 조합 공식을 쓰면 어렵지 않게 구할 수 있다. 예를 들어 공이 총 N개 있는데, 그중에서 빨간색이 m개, 파란색이 n개, 흰색이 p개,… 이런 식으로 있고 $m + n + p + ... = N$이면 그 모든 공을 늘어놓는 방법의 수는 다음과 같다.

$$\frac{N!}{m!n!p!\ldots} \qquad \text{식 4-26}$$

그러면 평균적으로 N개의 기호로 만들 수 있는 서로 다른 메시지의 개수는 다음과 같다.

$$\frac{N!}{(Np_1)!\,(Np_2)!\ldots} \qquad \text{식 4-27}$$

앞에서는 정보를 문자열에 들어갈 수 있는 메시지의 개수에 2를 밑으로 하는 로그를 취한 값으로 정의했다. 여기에는 모든 메시지가 같은 확률로 만들어진다는 가정이 깔려 있는데, 이제는 확률이 서로 다른 경우에도 그 정의가 유효함을 알 수 있다. 따라서 [식 4-27]에 2를 밑으로 하는 로그를 취하면 메시지의 정보 기댓값 $<I>$를 구할 수 있다. N이 매우 클 때 앞에서도 한 번 사용한 스털링 근사를 적용하면 결과는 다음과 같다.

$$\langle I \rangle = N \sum_{i=1}^{M} (-p_i \log_2 p_i) \qquad \text{식 4-28}$$

따라서 기호당 평균 정보는 다음과 같다.

$$\frac{I}{N} = \sum_{i=1}^{M} (-p_i \log_2 p_i) \qquad \text{식 4-29}$$

이런 식으로 유도하는 것도 직관적으로 보면 충분하지만 보다 자세히 유도할 수도 있다. 섀넌은 메시지에 있는 정보를 메시지가 나타날 확률의 2를 밑으로 하는 로그 값으로 정의했다. 이런 정의는 앞서 이야기한 '의외성'으로써의 정보 개념과 연관된다. 메시지가 나올 가능성이 낮을수록 그 메시지가 담고 있는 정보는 더 커진다. 물론 특정 기호 a_n에 들어가는 정보는 다음 식과 같이 쓸 수 있다.

$$-\log_2 p_n \qquad \text{식 4-30}$$

그리고 메시지에 a_1이 n_1개, a_2가 n_2개 같은 식으로 들어있다면 그 메시지의 정보는 다음과 같다.

$$I = -\log_2 \left[(p_1^{n_1})(p_2^{n_2}) \cdots (p_M^{n_M}) \right] \qquad \text{식 4-31}$$

위 식은 다음과 같이 고칠 수 있다.

$$-(n_1 \log_2 p_1 + n_2 \log_2 p_2 + \cdots + n_M \log_2 p_M) \qquad \text{식 4-32}$$

두 메시지를 이어주면 그 메시지에 담긴 총 정보는 각 메시지에 담긴 정보의 두 배가 된다. 궁금하면 직접 확인해 보자. 메시지에 든 평균 정보는 다음과 같이 확률적인 방법으로 계산할 수 있다.

$$\begin{aligned}\text{평균 정보} &= \Sigma \text{ 기호 정보 } a_i \cdot \text{예상되는 } a_i \text{ 출현 횟수} \\ &= -\Sigma (\log_2 p_i) \times (N p_i)\end{aligned} \qquad \text{식 4-33}$$

이는 앞서 구한 식과 같다. 섀넌은 이 평균 정보를 '엔트로피'라고 불렀는데, 그 명칭 때문에 많은 사람들이 정보 이론과 열역학 사이의 연결 고리를 과대평가하는

경향이 있다 보니 그 이름을 마음에 들어 하지 않는 사람들도 꽤 있다.[7]

이 개념을 조금 다르게 풀어보자. 우리가 전보 회사에서 일한다고 가정하고 불규칙적인 확률로 '생일 축하합니다', '축 성탄' 같은 메시지를 몇 개 보낸다고 해 보자. 고객이 각 메시지를 요청할 확률은 각각 P_m이다(m은 1에서 M까지라고 한다). 여기서는 두 종류의 정보를 정의할 수 있다. 첫 번째는 전보를 받는 사람이 계산하는 정보, 두 번째는 메시지를 보내는 전보 담당자 입장에서 본 정보다. 전보를 받는 사람에게는 생일에 축하 메시지를 받는 것이 의외의 일은 아니기 때문에 그 전보가 그리 많은 정보를 담고 있지는 않다. 그렇다면 두 번째 유형이 꽤 흥미롭다. 이를 제대로 알아보려면 전보 사업이 어떤 식으로 돌아가는지 자세히 살펴보고 전송되는 메시지의 각 유형별 비율을 계산해야 한다. 그러면 m이라는 메시지가 전송될 확률 P_m을 알 수 있는데, 이는 앞에서 살펴본 대학생과 부모 사이에서 엽서를 주고받는 경우와 같이 각 메시지에 레이블을 붙여 어떤 알파벳의 기호처럼 취급하는 방식이라고 할 수 있다. 전보 발신 담당자의 관점에서는 이런 식으로 정보를 계산할 수 있다.

4.7 기타 코딩 기법

이제 코딩이라는 주제로 돌아가 몇 가지 유명한 메시지 코딩 방법을 살펴보자. 여기서 살펴볼 코드는 각 기호가 등장할 확률이 서로 다른 메시지에 대해 쓸 수 있도록 만들어졌다는 점에서 전에 봤던 코딩 방법과는 다르다.

---

[7] 파인만_ 섀넌이 이 용어를 쓰게 된 데는 수학자 존 폰 노이만의 조언이 큰 영향을 끼쳤다는 전설 같은 이야기가 전해진다. 폰 노이만은 "어차피 엔트로피가 무엇인지 제대로 알고 있는 사람이 없으니 꽤 재미있는 논란 거리가 되지 않을까?"라고 얘기했다고 한다.

4.7.1 허프만 코딩

다음과 같이 8개의 기호로 이루어지는 시스템을 생각해 보자. 각 기호 옆에는 그 기호가 등장할 확률을 적어 놓았다(확률 내림차순).

E	0.50
THE	0.15
AN	0.12
O	0.10
IN	0.04
R	0.04
S	0.03
PS	0.02

당연히 그래야 하겠지만, 이 확률을 모두 더하면 1이 된다. 이 시스템으로 다음과 같은 메시지를 만들 수 있다.

ANOTHER

이런 메시지가 만들어질 확률을 계산하면 $0.12 \times 0.10 \times 0.15 \times 0.04$이다. 기호에 따른 확률을 보면 E가 다른 기호에 비해 훨씬 자주 등장함을 알 수 있다. PS와 비교하면 25배나 자주 나타난다. 하지만 이 기호 체계는 그리 효율적인 것 같지는 않다. 이를 개선시킨 새로운 코드를 만들 수 있을까? 그냥 막연하게 '기호가 8개 있으니 3비트 이진 코드를 쓰면 되겠네'라고 생각할 수도 있다. 그런데 E가 워낙 자주 등장하기 때문에 다른 건 그냥 두고 E만 따로 1비트로 표현하는 건 어떨까 하는 생각이 들 수도 있다. 다른 기호를 모두 표현하기 위해 비트 수를 늘려야 할 수도 있지만 다른 기호들은 워낙 드물게 등장하다 보니 그래도 전보다는 나을 것이라고 추측할 수 있다. 사실 메시지가 차지하는 공간면에서 보면 훨씬 더 효율적인 비균등 코드를 만드는 것이 가능하고, 이것이 바로 코드를 압축하는 예에 해당한다. 일찍이 모스도 모스 부호를 만들 때 이런 개념을 활용하여 자주 쓰이는 E는 '· ·'으로, 훨씬 드물게 쓰이는 Q는 '−− · −'로 정했다.

핵심 중 하나는 기호의 길이가 그 기호가 등장할 확률에 대략 반비례해서 달라진 다는 것이다. 그래서 가장 자주 쓰이는 것은 기호 한 개로 표기해 전체 메시지의 길이를 줄일 수 있다. 실제로 모든 기호를 이진 문자열로 고쳐 표기해 보자. 여기서 설명할 기법은 허프만이 만든 방법으로(작동 원리는 스스로 이해해 보자), 구현이 상당히 힘든 편이지만 꽤 널리 쓰이는 방법이다. 이 기법은 두 단계로 진행되며, [그림 4-3]과 같이 각 기호를 확률에 따라 오름차순으로 정리해 놓은 표를 보면 더 쉽게 이해할 수 있다.

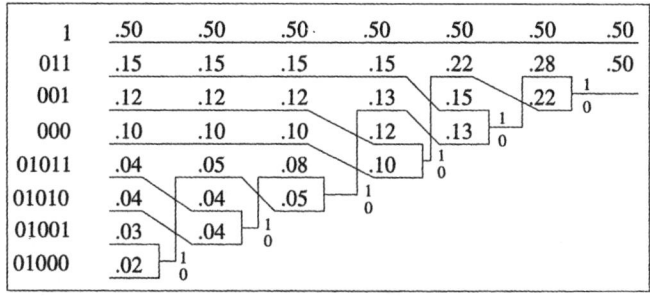

그림 4-3 허프만 코딩 트리

처음 시작은 가장 확률이 낮은 기호 2개를 하나로 합쳐서 그들의 확률을 더하는 것부터 시작한다. 그럼 원래 기호에서 가장 확률이 낮은 두 기호를 빼고 나타날 확률이 0.05인 새로운 '결합' 기호를 더한 새로운 소스 알파벳이 만들어졌다고 할 수 있다. 이제 [그림 4-3]처럼 한 열을 새로 그리고 새로 만들어진 기호를 확률 내림차순에서 적당한 위치로 옮긴다. 이 과정을 계속 반복하면서 맨 밑에 있는 두 기호를 결합해 목록을 한 줄씩 줄이면 된다. 원래 가장 확률이 높았던 기호와 나머지 모든 기호를 더해 만든 '결합' 기호, 이렇게 두 기호로 이루어진 '알파벳'이 트리 맨 오른쪽에 도착할 때까지 같은 작업을 반복한다.

코딩 기호가 실제로 할당되는 과정을 알아보기 위해 트리를 따라 경로를 역추적해 보자. 방법은 단순하다. 원래 기호로 돌아가면서 분기점이 나올 때마다 코드에 숫자를 한 자리씩 추가한다. 위쪽으로 가면 1을, 아래쪽으로 가면 0을 덧붙이면 된다. 트리는 오른쪽에서 왼쪽으로 거슬러 올라가지만 코드는 왼쪽에서 오른쪽으로 적는다. [그림 4-4]에 방법이 나와 있다.

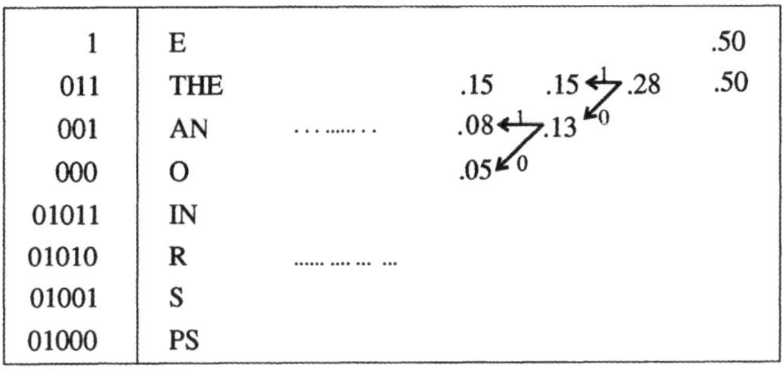

```
1        E                                      .50
011      THE              .15      .15    .28   .50
001      AN       ……..         .08    .13   0
000      O                         .05   0
01011    IN
01010    R            …… ……
01001    S
01000    PS
```

그림 4-4 허프만 코딩

'THE'의 코드를 살펴보자. THE로 가려면 0에서부터 시작하고, 첫 번째 분기점에서 위로 가면 01이 만들어진다. 다음 분기점에서 다시 위로 가면 011이 만들어지며 이것이 바로 THE의 코드가 된다. 다른 코드도 같은 방법으로 알아낼 수 있다. 어떤 점에서 두 기호를 연결했을 때의 확률이 원래 있던 다른 기호의 확률과 같을 때 생길 수 있는 모호성을 잘 따지면 다른 허프만 코드를 개발할 수도 있다. 그럼 같은 값이 생겼을 때는 표에서 위쪽으로 넣어야 할까, 아래쪽으로 넣어야 할까? 꼭 한 번 생각해 보고 넘어가자.

이제 3비트 코드를 사용할 때와 여기에 나온 코드를 사용할 때 메시지 길이가 얼마나 차이가 날지 따져보자. 3비트 코드를 쓰면 기호의 평균 길이는 무조건 3이다. 여기에 나온 허프만 코드를 쓰면 기호의 평균 길이는 다음과 같이 구할 수 있다.

$(1 \times 0.5) + 3 \times (0.15 + 0.12 + 0.10) + 4 \times (0.04 + 0.04 + 0.03 + 0.02) = 2.13$

이 정도면 거의 3분의 1까지 절약할 수 있다.

허프만 방법으로 잘 처리할 수 있는 비균등 코드를 구축할 때는 주의할 사항이 하나 있다. 어떤 코드 단어도 다른 코드 단어의 접두어가 되어서는 안 된다는 점이다. 이 조건을 충족하지 않는 코드를 사용하면 아주 심각한 문제가 발생할 수 있다. 예를 들어 다음과 같은 기호 집합이 있다고 해 보자.

$$1, 01, 10, 101, 010, 011$$

011010110을 디코딩하면 어떻게 될까? 이 메시지는 디코딩할 수 없다. 적어도 디코딩되지 않음은 확실하다. 이 메시지가 01-1-01-01-10인지, 011-01-01-10인지, 01101-01-10인지, 아니면 또 다른 식으로 디코딩할 수 있는지 분명히 알 수 없다. 기호끼리 서로 엮여 있다 보니 의미가 모호해진 것이다. 이 문제를 해결하려면 유일하게 디코딩할 수 있는 기호를 골라야 하며, 허프만 코딩이 그 해결책 중 하나이다. 앞서 예로 든 코드를 쓰면 유일하게 디코딩 가능한 메시지가 항상 만들어지는지 직접 살펴보자.

연습문제 4.4

허프만 코딩은 오류 정정이 아닌 압축을 위해 만들어졌다는 점에서 앞서 살펴본 코딩 방법과 다르다. 이 방법을 이용하면 잘 압축된 코드를 만들 수 있지만 오류에는 매우 취약하다. 다음과 같은 메시지를 생각해 보자.

$$00100001101010 \;(= \text{ANOTHER})$$

여기서 하나의 오류만 발생해도 기호들이 이상하게 뒤바뀔 수 있다. 예를 들어 두 번째 위치에서 오류가 발생하면 THEOTHER라는 메시지가 만들어질 수 있다.[8] 그러면 일반적인 비균등 코딩에서 한 비트에 오류가 생겼다면 최대 몇 개의 기호에 오류가 발생할 수 있을까? 오류가 1개라면 1비트가 틀렸다고 생각하겠지만 비균등 코딩에서는 반드시 그렇지도 않다. 예를 들면 오류가 하나 생겼는데 그 오류로 인해 한 기호가 다른 길이의 또 다른 기호로 바뀌고, 그로 인해 다음 기호도

---

8 파인만_ 오류가 너무 많이 발생하면 메시지가 01011010010011로 바뀔지도 모른다.

줄줄이 바뀌면서 오류가 전체 메시지 문자열로 순식간에 퍼질 수도 있지 않을까? 실제로는 그렇지 않다. 왜 그런지 생각해 보자.

4.7.2 예측 코딩

지금까지는 메시지에서 기호가 등장할 확률이 서로 독립적인 경우, 즉 기호가 메시지 전반에 어떤 영향도 끼치지 못하는 경우만 생각했다. 하지만 영어를 예로 들어 강조한 바와 같이 실제 언어에서는 기호가 메시지 전반에 꽤 큰 영향을 끼치는 경우를 흔히 볼 수 있다. 기호가 쓰일 확률이 조건에 따라 바뀌기도 하는 것이다. 기호 사이에 서로 영향을 미치는 효과를 수학적으로 정확하게 따지기는 상당히 까다롭기 때문에 여기서 자세히 다루지는 않겠다. 하지만 예측 코딩을 살펴보면서 이러한 영향이 제기하는 문제들에 대해 간단하게나마 알아보자. 예측 코딩 역시 코드 정정이 아닌 압축을 위한 또 다른 코딩 방법이다.

어느 지점까지의 메시지 내용을 알고 있다면 다음 기호를 예측할 수 있는 특성을 가진 소스 알파벳이 있다고 가정하자. 이 예측은 확실한 건 아니고 확률적일 것이며, 예측하는 방법을 잘 몰라도 상관없다. 우리가 사용할 방법은 바로 앞에 있는 기호 1개만 알면 될 수도 있고, 4개가 필요할 수도 있고, 메시지 전체를 알아야 할 수도 있다. 어느 쪽인지는 중요하지 않다. 중요한 것은 다음 기호를 예측할 수 있는 규칙이 몇 가지 있다는 점이다.

이제부터 어떤 예측기를 가지고 다음 기호를 예측한다고 상상해 보자. 이 예측기는 속이 어떻게 생겼는지 모르는 블랙박스로 보낼 메시지 바로 옆에 붙여서 쓰며, 그 안에는 예측을 하기 위한 어떤 공식이 들어있다. 작동 방식은 이렇다. 이 예측기는 지금까지 보낸 메시지를 전부 다 알고 있으며(그림에서 박스로 들어가는 선으로 표시), 이를 바탕으로 다음에 보낼 기호를 예측한다. 그리고 나면 이 예측을 실제로 들어오는 소스 기호와 비교한다. 예측이 맞으면 송신 채널을 통해 0을 보내고, 틀리면 1을 보낸다. 이를 구현하는 가장 쉬운 방법은 소스 기호와 예측한 기호를 비트 단위로 더하고 올림수는 무시하는 것이다. 송신부를 개략적으로 그려보면 [그림 4-5]와 같다.

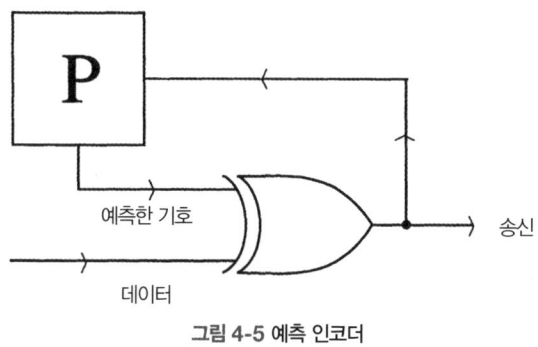

그림 4-5 예측 인코더

그림을 보면 예측기에서 예측한 값이 맞았는지 틀렸는지를 알아내기 위한 피드백 루프가 있다. 좋은 예측기라면 가끔 실수했을 때만 1이 나오고 나머지 경우에는 계속 0만 나온다. 하지만 그냥 아무렇게나 찍는 예측기를 쓰면 0과 1이 반반씩 섞여 있을 것이다. 이렇게 만든 메시지를 어디론가 보낸다고 할 때, 상대편에서 똑같은 예측기를 디코더로 사용하면 원래 메시지를 재구성하는 것이 얼마나 쉬운지 알 수 있다. 그냥 반대로 돌리면 된다. 참 신기하고 멋지긴 한데, 이런 이상한 절차의 포인트가 대체 뭘까? 만약 첫 번째 예측기가 꽤 정확하게 예측할 수 있는 좋은 예측기라면 1보다는 0이 훨씬 많이 나올 것이다. 가끔씩 있는 1을 제외하면 0만 계속 줄지어 있다. 여기서 중요한 것은 메시지를 보낼 때 이 숫자를 줄줄이 다 보내는 것이 아니라 거기에 들어있는 0의 개수만 보낸다는 것이다. 물론 이 숫자는 이진수로 전송된다. 예를 들어 다음 1이 나오기 전까지 0이 연속적으로 22개나 있다면

0000000000000000000000

이렇게 긴 것을 전부 보내는 대신 다음과 같은 이진수를 보낸다.

10110

이러면 송신에 필요한 공간을 상당히 아낄 수 있다. 이제 신호를 받는 쪽에서 주어진 이진수를 쭉 풀어 쓰고 그쪽에 있는 예측기를 써서 원래 메시지를 복원하면 된다. 이렇게 예측 코딩을 사용하면 메시지를 놀라울 정도로 많이 압축할 수 있다.

연습문제 4.5
코드 압축률을 높이는 방법을 찾아내는 문제도 꽤 흥미롭다. 0이 연속으로 나오는 개수의 평균값은 예측기의 성능에 따라 결정된다. 예측기의 성능을 알고 나면 주어진 길이만큼 0이 연속으로 나올 확률을 알아낼 수 있다. 그런 상황에서 허프만 기법을 사용하면 더 강력하게 압축할 수 있다. 예측기가 잘못 예측할 확률이 q이고 확률이 같은 이진 코드를 보낸다고 할 때 압축하는 자세한 방법을 설명해 보자. 이런 방식을 활용하면 섀넌의 한계에 꽤 근접하게 다가갈 수 있다.

4.8 아날로그 신호 전송

코딩이라는 주제를 마무리하기 전에 마지막으로 코딩 문제를 하나만 더 살펴보자. 이번에 생각할 문제는 비트 형태로 표현되지 않는 정보, 즉 아날로그 신호를 보내는 방법이다. 자동차의 유압이나 구동축에 걸리는 토크, 금성 표면의 온도 변화량 같은 정보는 연속적이어서 임의의 값을 가질 수 있다. 그런데 비트 단위로만 전송할 수 있다면 이런 유형의 정보는 어떻게 보낼 수 있을까? 사실 이는 아주 실용적인 문제다. 조금 삼천포로 빠지는 느낌이 들지도 모르지만, 이와 관련된 내용을 잠시 살펴보자(사실 이 책에서 다루는 내용 전체가 좀 변두리를 헤매는 모습 같기도 하다).

우선 여기서 다루고자 하는 연속적인 값 S가 0과 1 사이에 있는 값이라고 가정하자.

$$0 \leq S \leq 1 \qquad \text{식 4-34}$$

S값을 보내는 비결은 근삿값을 찾는 데 있다. 가장 먼저 생각할 것은 보낼 데이터의 정확도다. 예를 들어 S를 1% 이내의 정확도로 보내고 싶다고 해 보자. 별로 힘들 것도 없다. [0, 1] 구간을 100개의 조각으로 쪼갠 다음 S가 들어있는 조각에 대한 정보, 즉 0에서 99 사이의 수 중 하나를 전달하면 된다. 주로 이진수를 사용하는 것을 감안하면 전체 S의 범위를 100조각이 아닌 128 (2^7)조각으로 쪼개고 S의 값을 7비트 이진수로 전송하는 것이 나을 수 있다. 혹시 0.1% 정도의 정확도를 원한다면 [0, 1] 구간을 1,024 (2^{10})조각으로 쪼갠 다음 S가 들어있는 조각을 나타내는 10비트 숫자를 보내면 된다.

만약 변수 S의 범위가 정해져 있지 않다면 어떻게 될까? 그리 드문 일도 아니다. 이런 변수는 보통 고르게 분포되지 않는 값을 가진다. 즉, 모든 값을 가질 확률이 일정치 않다(실제로 물리량 가운데 확률 분포가 평평한 것은 거의 찾아볼 수 없다). 어떤 변수의 확률 분포가 [그림 4-6]과 같이 주어졌다고 해 보자.

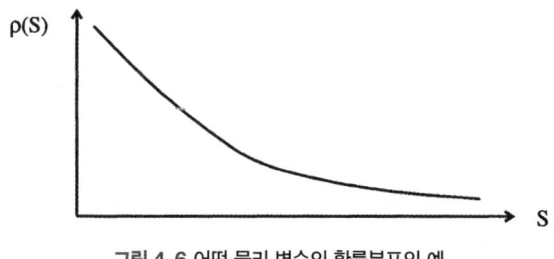

그림 4-6 어떤 물리 변수의 확률분포의 예

확률 밀도 $\rho(S)$는 다음과 같은 식으로 정의된다. S를 측정했을 때 그 값이 S_1과 S_2 사이에 있을 확률은 다음과 같다.

$$\int_{S_1}^{S_2} \rho(S)\, dS \qquad \text{식 4-35}$$

만약 S_1과 S_2가 아주 가까워서 $S_2 = S_1 + \delta s$라면 위 식을 다음과 같이 고칠 수 있다.

$$\rho(S) \cdot \delta s \qquad \text{식 4-36}$$

S를 전송하는 방법도 기본적인 개념은 동일하다. S의 유효 범위를 여러 개의 조각으로 나누는데, 이때 각 조각을 일정 간격으로 나누지 않고 각각의 확률이 같도록 나눈다는 것이 전과 다른 점이다(그림 4-7).

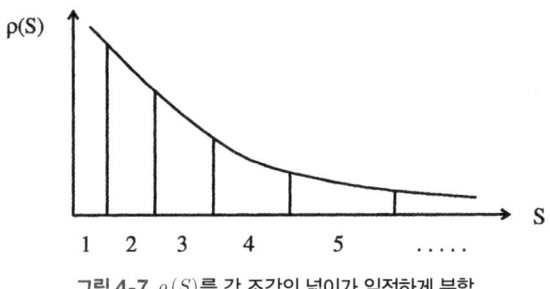

그림 4-7 $\rho(S)$를 각 조각의 넓이가 일정하게 분할

이처럼 각 조각의 너비는 다르지만 확률적으로 볼 때 그 면적이 모두 똑같도록 조각을 나눈다. 식으로 표현하면 다음과 같다.

$$\int_{S_i}^{S_{i+1}} \rho(S)\,dS = 1/128 \qquad \text{식 4-37}$$

여기서 i는 0부터 127까지의 정수이며, i번째 조각이라면 S의 값이 S_i 이상, S_{i+1} 이하인 부분을 뜻한다.

아니면 변수를 치환하는 방법도 있다. S의 각 값 s에 대해 $\rho(s)$라는 함수를 다음과 같이 정의해 보자.

$$P(s) = \int_0^s \rho(S)\,dS \qquad \text{식 4-38}$$

$P(s)$는 S의 누적 확률 함수로, $S \leq s$일 확률을 나타낸다. 이 함수는 $0 \leq P \leq 1$라는 부등식을 만족한다. 이 함수의 중요한 통계적 특징 중 하나로 분포가 고르다는 점을 꼽을 수 있다. 즉, $P(s)$의 확률 분포를 [그림 4-6]과 같이 s의 함수로 그래프에 나타내면 수평선 모양이 그려진다. 여기서 P에서 넓이가 일

정하도록 조각을 분할하면 자동으로 일정 간격이 된다. 그럼 앞의 첫 번째 경우와 같은 방법을 쓰면 된다.

또 다른 관련 문제로 시간의 함수를 전송하는 문제를 생각해 보자(그림 4-8).

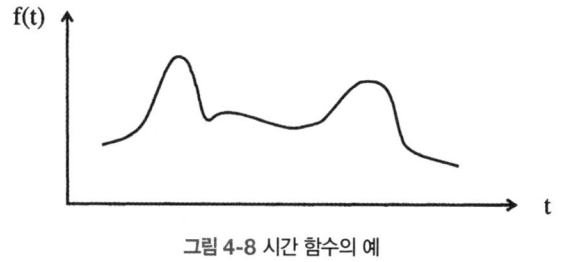

그림 4-8 시간 함수의 예

이런 문제는 클로드 섀넌의 또 다른 주요 업적인 샘플링 정리$^{\text{sampling theory}}$(표본화 정리라고도 부름)를 활용할 수 있다. 기본 개념은 함수 값을 τ 같은 일정한 시간 간격마다 한 번씩 샘플링해서 각 함수 값을 디지털 신호로 보내는 것이다. 수신하는 쪽에서는 이렇게 받은 불연속적인 값을 가지고 신호 원본을 복원해야 한다. 물론 일반적인 함수의 경우는 값이 툭툭 끊어지는 것을 막기 위해 수신자 쪽에서 숫자를 부드럽게 처리하는 작업을 해야 한다. 하지만 연속 함수의 유형에 따라 함수에 대한 정보를 완벽하게 인코딩할 수 있는 방법으로 신호를 샘플링할 수 있는 경우도 있다. 즉, 수신하는 쪽에서 원래의 함수를 완전히 똑같이 복원할 수도 있다. 이렇게 연속 함수를 유한한 개수의 수로 기술하는 것이 어떻게 가능한지 이해하기 위해 푸리에 분석$^{\text{Fourier analysis}}$이라는 수학적 주제를 간단하게 알아보고 넘어가자. 개인적으로 흥미롭다고 생각해 여기에 소개하지만, 수학이 너무 부담스럽다면 이 부분은 건너 뛰어도 좋다.

어떤 함수의 푸리에 변환이 $|\omega| \geq \nu$를 만족하는 모든 ω에 대해 $g(\omega) = 0$이고 $\tau = \pi/\nu$ 간격으로 샘플링을 한다면 이러한 샘플은 함수를 완전하게 기술할 수 있다. 이게 무슨 말일까? 푸리에 정리에 의하면 모든 주기함수 $f(t)$는 삼각함수

의 합으로 표현할 수 있다. 그럼 시간에 대한 일반 함수 $f(t)$에 대해 다음과 같이 쓸 수 있다.

$$f(t) = \left(\frac{1}{2\pi}\right) \int_{-\infty}^{\infty} g(\omega) e^{-2\pi i \omega t} d\omega \qquad \text{식 4-39}$$

여기에서 $g(\omega)$는 $f(t)$의 푸리에 변환이다. 여기에서 한 일은 $f(t)$를 성분 주파수별로 쪼개고 각각에 적절한 가중치를 부여한 것이다. 통신 이론에서 다루는 일반적인 함수(신호)는 제한된 대역폭^{bandwidth}을 가지고 있다. 즉, 신호에 들어있는 주파수에는 한계가 있는 것이다(예를 들어 신호가 전달되는 채널 특성에 따라 특정 주파수 이상은 전송하지 못할 수 있다). 이런 경우에는 [식 4-39]에서 적분 범위를 유한하게 바꿀 수 있다.

$$f(t) = \left(\frac{1}{2\pi}\right) \int_{-W(\nu)}^{W(\nu)} g(\omega) e^{-2\pi i \omega t} d\omega \qquad \text{식 4-40}$$

여기서 W는 대역폭이고 ν는 $f(t)$의 푸리에 전개에서 최고 주파수를 뜻한다.[9]

수학적으로 증명하기에는 조금 복잡하지만 위에 있는 적분식을 다음과 같이 정수에 대한 무한급수 형태로 고칠 수도 있다.

$$f(t) = \sum_{n=-\infty}^{\infty} f\left(\frac{n\pi}{\nu}\right) \cdot \left[\frac{\sin(\nu t - n\pi)}{\nu t - n\pi}\right] \qquad \text{식 4-41}$$

이를 샘플링 정리라고 부른다. 이 식을 잘 보면 시간(t)에서의 함수 $f(t)$ 값은 다음과 같다.

$$t = n\pi/\nu \qquad \text{식 4-42}$$

신호 표본(t)에 의해 정해진 가중치에 맞춰 각 항을 중첩시킨 결과를 가지고 모든 시각에서의 값을 알아낼 수 있다(n은 정수). 이는 [식 4-41]에 대해 다음과

---

9 보통 대역폭 W는 $W = \nu/2\pi$로 주어진다.

같은 극한 관계식을 사용한 결과로부터 구할 수 있다.

$$x \to 0, \ \frac{\sin x}{x} \to 1 \qquad \text{식 4-43}$$

무한급수 계산식에 $t = n\pi/\nu$를 대입하면 n번째 항을 제외한 모든 항이 지워진다. n번째 항은 $t = n\pi/\nu$에서의 f 값에 1을 곱한 값이다. 즉, π/ν의 시간 간격을 두고 함수를 샘플링하면 그 값들로부터 전체 함수를 재구축할 수 있다는 결론이 나온다. 이 결과는 함수 $f(t)$가 유한한 구간 $(0, T)$에서만 정의되어 있는 경우에 물리적인 면에서 매우 흥미로운 성질을 보인다. [식 4-41]의 합이 유한해지면서 유한 개의 값만 샘플링해도 $f(t)$를 재구축할 수 있기 때문이다. 샘플링해야 할 값의 수는 $T\nu/\pi$이다.

샘플링 정리의 수학적인 증명은 간략하게만 다뤘지만, 이 개념이 어디서 왔는지 감은 잡고 넘어가야 할 것 같아 잠시 그 부분을 살펴보겠다. 어떤 함수 $f(t)$를 일정한 시간 간격 τ마다 한 번씩 샘플링하고 있다. 샘플링된 함수의 그래프는 연속함수 $f(t)$의 그래프와 값이 샘플링하는 순간에만 1이고, 그렇지 않을 때는 0인 머리빗 모양의 함수 $C(t)$의 그래프를 곱한 모양이 된다(그림 4-9).

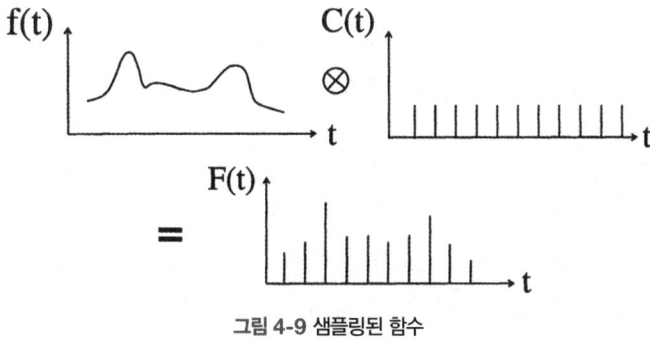

그림 4-9 샘플링된 함수

이제 $f(t)$에 상응하는 푸리에 변환 $\varphi(\omega)$를 생각해 보자. $C(t)$에 상응하는 푸리에 변환은 $\chi(\omega)$이며, 이 함수도 머리빗 모양이다(그림 4-10).

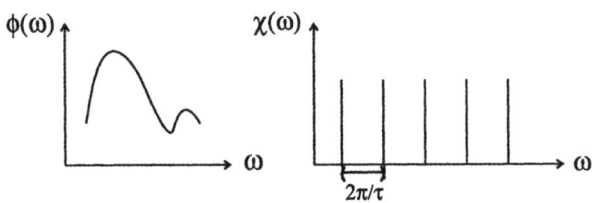

그림 4-10 $f(t)$와 $C(t)$의 푸리에 변환

변환 χ는 사실 일정한 간격($2\pi/\tau$)만큼 떨어져 있는 델타 함수의 집합이다. 샘플링된 함수의 푸리에 함수 $F(t)$는 '합성곱(컨벌루션^{convolution})'이라는 절차를 통해 구할 수 있는데, 시각적으로는 φ의 그래프를 χ의 그래프와 중첩시키는 방식으로 구할 수 있다. $F(t)$의 변환은 $f(t)$의 푸리에 변환의 사본이 수평 축을 따라 일정한 간격을 두고 [식 4-41]의 삼각비에 맞게 높이가 맞춰져서 나열된 모양이다(그림 4-11).

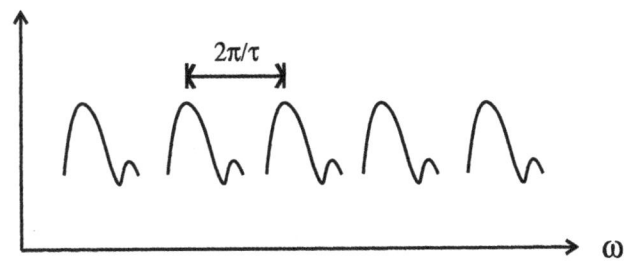

그림 4-11 샘플링된 함수의 푸리에 변환

이 그래프를 자세히 살펴보자. 그림에서 $f(t)$ 전체에 대한 정보를 $F(t)$만 가지고도 추출해낼 수 있다. [그림 4-11]의 푸리에 변환된 그래프 한 조각에도 [그림 4-9] 전체에 있는 것과 같은 정보가 담겨 있다. 이전에 구한 푸리에 변환은 샘플링된 함수 $F(t)$로부터만 나오기 때문에 여기서 샘플링 정리의 기본 개념을 엿볼 수 있다.

샘플링 과정에서도 미묘한 문제에 신경써야 한다. 샘플링 정리에 의하면 어떤 신호의 주파수 상한이 ν, 즉 대역폭이 $\nu/2\pi$이면 신호를 재구성하기 위해 최소

$T\nu/\pi$개의 샘플링 지점이 필요하다. 점의 개수가 이보다 많으면 괜찮지만 이보다 적어지면 샘플링이 부족해질 수 있다($f(t)$의 꼬리가 $(0, T)$ 구간 밖으로 길게 늘어지는 경우에 이런 문제가 발생할 수 있다). 이런 경우에는 계단 현상 같은 것이 생길 수 있다. 표본을 샘플링하는 시간 간격이 너무 길어지면서 $f(t)$의 고주파 성분을 제대로 분해하지 못해 저주파 성분으로 잘못 대응시키는 일이 일어나는 것이다.

이 현상은 우리가 흔히 보는 영화에서도 볼 수 있다. 영화도 표본을 샘플링한 것이다. 사진을 초당 24번씩 돌리면 우리 눈과 뇌는 연속적으로 움직인다고 착각한다. 하지만 종종 샘플링이 있었다는 증거를 확인할 수 있다. 대표적인 예로 서부 영화에 나오는 마차 바퀴를 들 수 있다. 마차가 처음 움직이기 시작할 때는 바퀴살이 제 방향으로 움직이는 것으로 보이는데, 속력을 내기 시작하면 돌아가지 않는 것처럼 보이곤 한다. 그리고 더 빨리 움직이면 오히려 반대 방향으로 돌아가는 것처럼 보인다. 이런 문제가 생기는 이유는 샘플링 때문이다. 또 다른 예로 오디오 데이터를 잘못 처리하는 경우를 들 수 있다. 오디오 데이터를 샘플링하는 과정에서 원래 사람이 듣지 못하는 소리가 엉뚱하게 들릴 수 있는 소리로 바뀌기도 한다. 이런 문제를 해결하려면 표본을 샘플링하기 전에 지나치게 높은 주파수의 음파를 필터로 미리 걸러내야 한다. 영화에서는 구경이 더 넓은 셔터를 열고 사진을 찍어 그림이 적당히 흐려지거나 부드럽게 보이도록 하는 방법을 쓰면 된다.

요즘은 소리를 디지털로 보내는 것도 가능하다. 16비트, 44.1kHz 신호로 소리를 거의 완벽하게 재현할 수 있으며, 잡음에도 꽤 강하다. 이런 방법은 기존 아날로그 기술에 비해 훨씬 우월하므로 미래를 크게 변화시킬 것이다. 영화 화질도 광섬유 등을 사용해 훨씬 깨끗해질 것이고, 심지어 TV 광고도 엄청나게 선명한 화질을 자랑할 것이다. 이런 것을 보면 기술 세계는 발전하고 있지만 진정한 인류의 문화는 점점 진흙 속으로 빠져들고 있지는 않은가 하는 생각도 든다.

CHAPTER 5

가역 계산과 계산의 열역학

5.1 정보의 물리학

5.2 가역 계산과 계산의 열역학

5.3 계산: 에너지 비용 vs. 속도

5.4 일반적인 가역 컴퓨터

5.5 당구공 컴퓨터

5.6 양자 계산

CHAPTER 5

이제부터 정말 흥미롭지만 본질적으로 순수하고 학술적인 주제에 대해 알아보고 자 한다. 바로 계산에 드는 에너지에 대한 문제다. 이번 장에서는 '계산을 수행하는 데는 에너지가 얼마나 들까?'라는 질문을 던져보고자 한다. 이는 그리 학술적인 것처럼 들리지 않을 수도 있다. 사실 요즘 컴퓨터는 대부분 아주 빠르게 작동할 때 상당히 많은 에너지를 소모하며, 컴퓨터를 극한적으로 더 빨리 작동시킬 수 없는 이유 중 하나는 바로 작동 중에 트랜지스터 같은 부품에서 발생하는 열을 빼낼 수 있는 속도에 한계가 있기 때문이다. 이 주제를 '학술적'이라고 한 이유는 더 근본적인 문제를 알아보고 싶기 때문이다. 바로 '계산을 수행하는 데 사용해야 하는 최소 에너지는 얼마일까?'이다.

이 주제를 보다 물리학적인 관점에서 바라보기 위해 4장에서 다뤘던 정보 이론이라는 주제로 다시 돌아가보자. 이는 엄격하게 물리학적인 관점에서도 다룰 수 있으며, 바로 이 지점에서 계산과 에너지 사이의 연결 고리를 만들어볼 수 있다.

5.1 정보의 물리학

우선 메시지에 담긴 정보의 내용에 대한 물리학적인 정의부터 이해해 보자. 이 분야에 물리학이 적용되는 것은 전혀 놀라운 일이 아니다. 섀넌은 처음에 진짜 전선을 통해 메시지를 보내는 것에 관심을 가졌으며, 물리적 세계의 간섭을 전혀 받지 않고 메시지를 보내는 일 또한 불가능하다. 여기서는 메시지 전송의 기초적인 물리 모형을 살펴보면서 이 내용을 알아보기로 하자.

원자가 하나씩 들어있는 일련의 상자 형태로 메시지가 들어온다고 상상해 보자. 각 상자 안에 들어있는 원자는 왼쪽 또는 오른쪽, 이렇게 둘 중 한 곳에 있을 수 있다. 원자가 왼쪽에 있으면 0, 오른쪽에 있으면 1을 나타내는 비트가 된다. 이런 상자가 지나갈 때 원자의 위치를 살펴보면 각각의 비트를 알아낼 수 있다(그림 5-1).

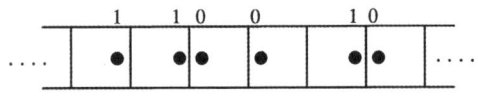

그림 5-1 기본적인 원자 메시지

이런 모형이 정보를 이해하는 데 어떻게 도움이 되는지 알아보기 위해 원자의 움직임에 관한 물리학을 살펴보자. 이를 위해서는 기체의 물리학을 고려해야 하므로 일단 기체에 관한 내용을 조금 공부해 보겠다. N개의 기체 원자(또는 분자)가 V_1이라는 부피를 차지하고 있다고 가정하자. 이 기체는 매우 단순해서 각 원자 또는 분자(여기서는 원자나 분자를 구분하지 않고 쓰도록 하겠다)끼리 서로 끌어당기거나 밀어내는 힘이 없는 자유로운 상태라고 하자(압력이 비교적 낮은 경우에는 이런 가정이 상당히 잘 들어맞는다). 이제 이 기체를 피스톤으로 눌러서 V_2라는 부피로 압축시킨다. 모든 과정은 등온 과정으로 진행된다. 즉, 모든 것이 온도 T로 고정되어 있는 열 저장체thermal bath 안에 들어있어서 이 장치의 온도는 바뀌지 않는다. 이런 내용이 계산과 무슨 관련이 있는지 궁금할 텐데, 조금 있으면 알 수 있을 것이다. 먼저 기체를 압축하기 위해 필요한 일의 양 W를 알아보자(그림 5-2).

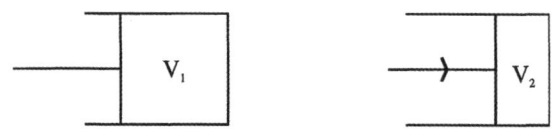

그림 5-2 기체 압축

역학에 의하면 F라는 힘으로 δx라는 작은 변위만큼 움직이면 그때 한 일[1] δW는 다음과 같다.

$$\delta W = F\delta x \qquad \text{식 5-1}$$

기체의 압력이 p이고 피스톤의 단면적이 A라면 $F = pA$로 쓸 수 있고 기체의 부피 변화량은 $\delta V = A\delta x$이므로 위 식은 다음과 같이 고쳐 쓸 수 있다.

$$\delta W = p\delta V \qquad \text{식 5-2}$$

이제 기체 분자 운동론의 결과를 활용해 보자. 압력 p, 부피 V, 온도 T인 이상기체에 대해서는 다음과 같은 관계식이 성립한다.

$$pV = NkT \qquad \text{식 5-3}$$

여기서 N은 기체에 들어있는 분자 개수이고, k는 볼츠만 상수(약 $1.381 \times 10^{-23}\ J/K$)이다. 온도가 일정하다는 등온 과정을 가정했기 때문에 T는 상수이므로 다음과 같은 적분으로 W를 구할 수 있다(여기서 $\log x = \log_e x$이다).

$$W = \int_{V_1}^{V_2} \frac{NkT}{V} dV = NkT \log \frac{V_2}{V_1} \qquad \text{식 5-4}$$

---

[1] 파인만_ 앞에서 언급한 '정보'와 마찬가지로 좀 이상한 용어다. 물리학적 정의에 따르면, 일을 하려면 힘을 가해서 그 방향으로 움직여야만 한다. 무거운 가방을 들고 있기만 하는 건 일이 아니다. 들어 올려야만 일을 한 것이라고 말할 수 있다.

V_2가 V_1보다 작기 때문에 이 값은 음수가 되는데, 이는 기체가 한 일이 아니라 기체에 가해진 일의 부호가 음(-)이라는 관행을 따른 것이다. 보통 기체를 압축하면 온도가 올라가는데, 이는 그 안에 들어있는 원자의 속도가 빨라지고 운동 에너지가 늘어나기 때문이다. 하지만 지금 상황에서는 기체에 들어있는 분자의 운동이 압축 전후에 차이가 없다. 개수도 똑같고 에너지도 전과 같다. 분자 수준에서 보면 압축 전후가 다르지 않은 것이다. 그렇다면 기체에 가해진 일은 어디로 갔을까? 기체를 압축하기 위해 분명히 일을 했으며, 에너지 보존 법칙에 따르면 그 일이 어디론가 사라질 수는 없다. 사실 그 일은 기체 내부의 열로 변환되기는 했다. 하지만 곧바로 열 저장체로 빠져나가면서 기체의 온도를 일정하게 유지시켰다. 이것이 바로 등온 압축 과정이다. 천천히 압축하면서 기체와 기체 주변의 열 저장체가 같은 온도에서 열평형 상태를 유지하도록 하는 것이다.

열역학적 관점에서 보면 부피가 V_1인 기체에서 V_2인 기체로 '상태가 바뀐' 효과가 나타난다. 그 과정에서 기체의 총 에너지 U(각 구성요소 에너지의 합)는 바뀌지 않는다. 보통 이런 상태 변화를 다룰 때는 자유 에너지 F와 엔트로피 S라는 열역학적 양을 사용하는데, 둘의 관계는 다음 식과 같다.

$$F = U - TS \qquad \text{식 5-5}$$

자유 에너지라는 개념은 두 상태 사이에 실제 역학적인 차이가 없더라도 두 상태 사이의 차이점을 논의하기 위해 만들어졌다. 그 의미를 더 잘 이해하기 위해 온도가 일정할 때 작은 변화에 대해 [식 5-5]가 어떤 식으로 연관되는지 살펴보자.

$$\delta F = \delta U - T \delta S \qquad \text{식 5-6}$$

지금 살펴보고 있는 변화에서 기체의 총 에너지는 상수이므로 $\delta U = 0$이고, 따라서 $\delta F = -T \delta S$이다. 여기서 δF는 열 저장체로 빠져나간 '잃어버린' 열 에너지, 즉 앞에서 계산한 값인 $NkT \log(V_1/V_2)$이며, 위 식을 이용하면 엔트로피 변화는 다음과 같이 표현할 수 있다.

$$\Delta S = Nk \log \frac{V_2}{V_1} \qquad \text{식 5-7}$$

지금은 유한한 변화를 다루고 있기 때문에 무한소를 뜻하는 δ 대신 유한한 변화를 뜻하는 Δ를 썼다.

엔트로피는 상당히 이상하고 직관적으로 받아들이기 힘든 양이라 솔직히 엔트로피에 초점을 맞춰야 할지 자유 에너지에 초점을 맞춰야 할지 확신이 잘 안 설 때가 많다. 열역학 지식이 조금 있다면 일반적인 공식 $\delta S = -\frac{\delta F}{T}$이 절대온도 T인 시스템에 δQ라는 열역학적으로 가역적인 상태 변화에서 발생하는 극히 미세한 엔트로피 변화를 나타내는 표준 공식 $\delta S = \frac{\delta Q}{T}$를 변형한 식이라는 것을 알고 있을 것이다. 비가역 과정에서는 등호 대신 부등호를 써야 하며, 열역학 제2법칙인 '고립된 시스템의 엔트로피는 절대 저절로 감소하지 않고 항상 기존 값을 그대로 유지하거나 증가한다'는 것을 다시 한번 확인시켜준다. 엔트로피에 대해서는 잠시 후에 좀 더 알아보겠다.

이제 한 발 앞으로 나갈 때가 됐다. 확신이 서지 않을 수도 있지만, 그래도 된다. 기체 안에 분자가 한 개뿐인 $N = 1$인 경우를 생각하자. 이렇게 분자가 하나뿐이라면 자유 에너지나 엔트로피는 물론이고 온도, 압력, 부피 같은 개념도 쉽게 와 닿지 않는다. 하지만 시간에 대한 평균을 내어 한 입자가 여기저기 튀어 다닐 때 생길 수 있는 불규칙성을 부드럽게 펼쳐주면 이해할 수 있을 것이다. 이렇게 평균을 내는 과정을 거치고 나면 $N = 1$인 경우에도 위 공식이 모두 잘 맞아 떨어진다. 그리고 오히려 더 재미있는 상황을 생각할 수도 있다.

분자가 차지하고 있는 부피를 반으로 줄이는 상황을 $V_2 = V_1/2$라고 가정하자. 그러면 입자의 자유 에너지와 엔트로피의 변화량은 다음과 같다.

$$+kT \log 2, \quad -k \log 2 \qquad \text{식 5-8}$$

이 결과는 어떻게 해석해야 할까? 각 상태를 그림으로 표시하면 다음과 같다.

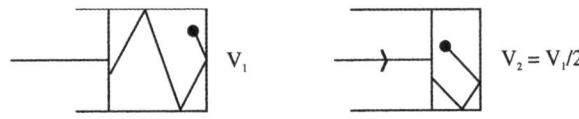

압축 전과 후의 분자의 물리적인 상태는 똑같아 보인다. 예를 들어 실제 (역학적) 에너지는 바뀌지 않았다. 하지만 어떤 이유로 F와 S라는 양은 바뀌었다. 왜 그럴까? 매우 미묘한 변화이지만, '분자가 있을 수 있는 위치에 대한 내 지식이 바뀌었기 때문'이다. 초기 상태에서는 분자가 부피 V_1인 영역 안에 어디든지 있을 수 있었지만, 압축 후에는 부피 V_2인 영역 안에만 있을 수 있다. 즉, 분자가 있을 수 있는 장소가 줄어든 것이다.

이 '지식'의 개념은 엄청나게 중요하며 엔트로피 개념에서도 중심 역할을 하므로 좀 더 알아보자. 엔트로피는 열역학의 지극히 통계적인 특성에서 비롯된다. 기체를 이루는 수많은 입자에 관한 계산을 할 때는 기체에 들어있는 모든 분자의 경로와 운동량을 구하는 것이 불가능하기 때문에 확률 이론에 기댈 수밖에 없다. 이때 기체의 온도와 압력 같은 개념은 기본적으로 통계적인 평균으로 정의된다. 각 분자에 특정한 물리적 특성을 부여하고 이런 분자들이 특정 분포를 따른다고 가정한 후 가중치를 부여하여 평균을 계산한다. 몇 개의 분자들이 어떤 속도로 움직여서 어떤 온도에 대응되고, 또 다른 몇 개의 분자들이 어떤 속도로 움직여서 어떤 온도에 대응되며, 이를 모아 전체 평균을 내는 식으로 말이다. 기체의 엔트로피도 통계적으로 정의된다. 사실 이것이 엔트로피의 가장 핵심적인 정의라고 할 수 있으며, 온도나 에너지 같은 양과는 다른 방식으로 정의된다. 엔트로피는 미시적인 성질의 합으로부터 생기는 거시적인 성질이 아니다. 오히려 '어떤 기체가 발견된 특정 짜임새에 있을 확률'과 직접적으로 연관된다. 여기서 '짜임새^{configuration}'란 용어는 기체를 구성하는 N개의 분자 각각의 위치와 운동량의 특정 배치 상태 또는 배치 상태의 묶음을 뜻한다(좀 더 멋드러지게 말하자면 '위상 공간' 상의 특정 점 또는 영역이라고 할 수 있다). 이런 확률의 존재는 그리 놀라운 일이 아니다. 기체를 살펴보면 모든 분자가 똑같은 방향으로 움직이거나 쌍을 이뤄서 춤추듯 움직일 가능성은 거의 없고, 여기저기로 아무렇게나 튀어다니게 마련이기 때문이다. 엔트로피는 이 개념을 정량화한 것이다. 특정 기체 짜임새의 경우의 수가 W라면 엔트로피는 다음 식으로 표현할 수 있다.

$$S \approx k \log W \qquad \text{식 5-9}$$

W가 클수록 엔트로피는 커지며, 다른 모든 경우의 수와 마찬가지로 W도 더할 수 있으므로 어떤 짜임새 구간에 있을 확률을 직접 계산할 수 있다. 모든 분자가 한 방향으로 움직이고 있는 기체의 W는 더 무질서한 구조를 가지는 기체의 W보다 훨씬 작아서 엔트로피가 낮다. 이런 내용이 계에 대한 지식과 어떤 관련이 있을까? 간단히 말하자면, 기체의 짜임새에 대해 더 적게 알수록 그 기체가 가질 수 있는 상태의 개수가 더 많아지며, 전체적인 W가 커짐에 따라 엔트로피가 더 높다. 이제 기체를 더 작은 부피로 압축시켰을 때 어떤 일이 일어나는지 감을 잡을 수 있을 것이다. 등온 과정을 거치면 분자의 운동량은 그대로 유지된다($\delta U = 0$). 하지만 각 분자가 있을 수 있는 공간상의 위치 개수는 전보다 줄어든다. 따라서 이 기체는 W가 더 작은 짜임새를 가지게 되며 엔트로피가 감소한다. 더불어 열역학 제2법칙에 따라 고립된 계에서는 다음 식이 성립한다.

$$\delta S \approx k \delta W / W \geq 0 \qquad \text{식 5-10}$$

즉, 엔트로피는 절대로 줄지 않는다. 압축된 기체의 엔트로피가 줄어든다는 것은 그 계가 고립되지 않음을 뜻한다. 열을 열 저장체로 흘려보냈기 때문이다. 이렇게 열이 열 저장체로 흘러 들어가면 엔트로피를 증가시키며, 이는 열역학 제2법칙에 위배되지 않는다. 일반적으로 상태에 대한 정보가 적을수록 엔트로피는 더 높다.

엔트로피의 정의는 본질적으로 통계적이기 때문에 조금 미묘한 문제가 있을 수는 있지만, 앞에서 얘기한 것과 같이 분자 한 개로 구성된 기체에 대해 엔트로피를 정의하더라도 문제가 없다. 기체의 부피를 2배로 압축하면 가능한 위치 수도 절반으로 줄고, 분자가 차지할 수 있는 짜임새의 개수도 절반으로 줄어든다. 전에는 상자 안의 양쪽 어디에나 있어도 되었지만 이제는 한쪽에만 있을 수 있다. 따라서 확률적으로 볼 때 엔트로피가 다음과 같은 양만큼 줄어든다는 것을 알 수 있다.

$$\delta S = k \log 2 \qquad \text{식 5-11}$$

이 결과는 일과 자유 에너지를 가지고 계산한 것과 같다.

이제 정보라는 주제로 돌아가 지금까지 따져 본 이상한 물리학이 어떻게 적용되는지 살펴보자. 이 섹션을 시작할 때 얘기했던, 상자 안의 원자의 위치에 의해 메시지의 0과 1 값이 결정되는 원자 테이프를 다시 한번 떠올려보자. 일반적인 메시지라면 어떤 비트에 대해서는(미리 알고 있거나, 아니면 이전에 확인한 다른 비트와의 관계에 의해) 사전 지식이 있을 수 있지만, 다른 비트에 대해서는 사전 지식이 전혀 없을 것이다. 이제 메시지에 포함된 정보가 테이프 전체를 0으로 리셋하는 데 필요한 자유 에너지의 양에 비례한다고 정의하자. 여기에서 '0으로 리셋한다'는 것은 테이프의 각 셀을 압축해서 모든 원자가 '0' 위치에 있도록 만드는 것을 뜻한다.

그런데 이런 식으로 정의하고 나면 0과 1 사이에 부자연스러운 비대칭성이 생긴다는 문제가 생긴다. 원자가 이미 0 위치에 있다면 리셋 과정에서 아무 일도 하지 않게 되어 자유 에너지 차이도 없다. 하지만 1 위치에 있다면 그 원자를 0 위치로 옮기기 위해 일을 해야 한다. 말이 안 되지 않는가? 정보가 테이프를 1로 리셋하는 데 필요한 자유 에너지 크기에 비례한다고 정의한다면, 0과 1의 개수가 같은 경우에는 똑같은 값을 얻을 수 있을 것이다. 하지만 여기에는 약간 미묘한 문제가 숨어 있다. 원자의 처음 위치를 모르는 경우에만 자유 에너지가 필요하다는 것이다. 바로 이런 상황에서만 원자의 위상 공간이 절반으로 줄어들고 엔트로피가 감소한다. 만약 원자의 위치를 안다면 처음에 원자가 어디에 있었든 상관없이 리셋하는 과정에서 에너지를 소모하지 않는다. 즉, 메시지에 들어있는 정보는 숨겨진 비트에 담겨 있다. 그 이유를 이해하는 것은 가역 계산 분야에서 자주 등장하는 논증 형식과 연관되어 있는데, 꼭 한 번 살펴볼 만하다. 1을 0으로 리셋하는 데 들어가는 에너지가 0을 그대로 두는 데 필요한 에너지와 같다(즉, 에너지가 들지 않는다)는 것은 확실히 직관적으로 받아들이기 힘들다.

이 점을 명확히 하기 위해 우선 지금 고려 중인 설정이 매우 이상적임을 강조해야겠다. 비록 '상자' 안에 원자가 들어 있는 설정을 신나게 이야기했지만 이 상자는 실제 골판지로 짠 상자가 아니며, 질량과 역학적 에너지 및 퍼텐셜 에너지를 가진 상자도 아니다. 그리고 여기서 얘기한 에너지는 테이프의 에너지도 아니다. 지금 우리에게 중요한 것은 원자의 위치에 의해 지정되는 메시지의 내용일 뿐이다.

예를 들어 값이 1인 메시지 비트를 알고 있다고 가정해 보자. 즉, 다음 그림과 같이 원자가 오른쪽에 있는 메시지 비트다.

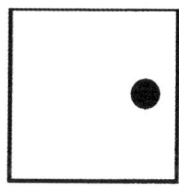

이런 원자를 0으로 리셋하는 데 에너지가 전혀 필요하지 않다는 것을 여러 가지 방법으로 증명할 수 있다. 원자를 제 위치에 가두기 위해 조그만 칸막이를 끼워 넣는다고 해 보자. 그리고 이 상자를 뒤집으면 오른쪽에 원자가 들어있지 않은, 즉 0을 나타내는 비트가 만들어진다(그림 5-3).

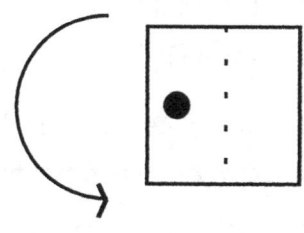

그림 5-3 간단한 리셋 절차

이런 방법은 매우 추상적이다. 에너지를 소모하지 않으면서도 피스톤을 집어넣고 상자를 뒤집는다는 게 이상해 보일 수 있기 때문이다. 물론 현실에서는 불가능한 일이지만 상상 속에서는 문제가 되지 않는다. 조금 전에 얘기했듯이 상자 자체의 운동 에너지나 무게에는 관심이 없기 때문이다. 이런 가정하에서는 에너지를 소모하지 않으면서 상자를 뒤집는 것이 가능하다. 시간이 무한히 오래 걸린다는 단점이 있지만 말이다(이와 관련된 논의는 5.2절에서 다시 살펴보자). 또 다른 방법은 조금 덜 추상적인데, 상자 양쪽에 하나씩 총 두 개의 피스톤을 두고 한 쪽 피스톤을 누르면서 다른 쪽 피스톤을 당기는 방식이다(그림 5-4).

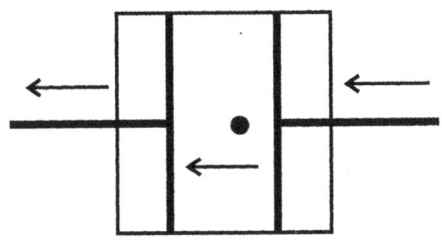

그림 5-4 조금 더 '현실적인' 리셋

이제 왼쪽 피스톤을 움직이는 것과 오른쪽 피스톤을 움직이는 것 사이에는 차이가 없다. 한쪽 방향으로 가해진 일은 반대쪽 피스톤으로 빠져나가기 때문에 받은 일은 결국 0이 된다. 두 피스톤을 바깥 쪽에서 연결해 한쪽 피스톤을 살짝만 건드려도 반대편 피스톤이 따라 움직이게 할 수도 있다. 모든 과정을 아주 천천히 진행하면 리셋하는 과정에서 일을 전혀 하지 않도록 할 수 있다. 테이프를 소거하거나 리셋하는 일은 원자가 어디에 있는지 모르는 상황에서 진행된다. 그런 상태에서 압축을 하는데, 이때 원자의 위치에 대한 무지가 줄어들기 때문에 앞에서 얘기한 것처럼 자유 에너지가 들어가야 한다.

이 아이디어를 실행하는 또 다른 방법 중에 메시지 테이프를 연료로 사용하고 테이프에 들어있는 정보를 연료의 가치(그 연료로부터 얻을 수 있는 에너지의 양)와 연관시키는 베넷^{Bennett}의 방법이 있다. 조금 까다롭긴 하지만 그의 생각을 정리하자면 이렇다. 어떤 열 저장체와 연결되어 있는, 한쪽으로 테이프가 들어가고 다른 쪽으로 테이프가 나오는 기계를 생각해 보자. 일단 그 기계가 잡아먹는 테이프는 빈 테이프, 즉 모든 원자가 0 상태에 있는 테이프라고 가정할 수 있다. 이제 그 테이프로부터 유용한 일, 즉 기계를 움직이는 데 사용하는 에너지를 뽑아내는 방법을 알아보자.

이 시스템에 피스톤을 장착한다. 그리고 테이프가 한 칸(셀)씩 기계에 들어올 때마다 그 안에 피스톤을 집어넣은 다음 각 상자의 중간 위치로 밀어넣는다(그림 5-5).

그림 5-5 정보로 돌아가는 엔진

이제 열 저장체로 셀을 가열한다. 이렇게 하면 셀 안에 들어있는 원자가 피스톤에 부딪히면서 등온 과정을 통해 피스톤을 바깥쪽으로 밀어낸다(그림 5-6).

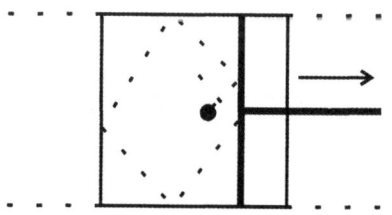

그림 5-6 엔진에서 일을 생성하는 메커니즘

이 과정은 이 절의 시작 부분에서 생각한 기체 압축 과정과 정반대다. 그 결과로 피스톤에 수행된 일을 뽑아낼 수 있다. 즉, 테이프로 일을 수행할 수 있는 것이다. 그러면 n비트 길이의 테이프로 하는 일은 자유 에너지 $nkT \log 2$와 같음을 알 수 있다(T는 열 저장체의 온도). 지금 설명한 절차의 중요한 결론은 바로 기계 밖으로 나오는 테이프가 무작위한 상태가 된다는 것이다. 피스톤이 밖으로 밀려나면 피스톤을 밀어낸 원자는 셀 안의 어느 곳에든 있을 수 있으며, 이는 측정을 할 수 없기 때문에 그 위치를 알 방법이 없다.

이제 피스톤을 조작할 수 있다고 가정하고 논증을 일반화해 보자. 이렇게 하면 1이 들어있는 테이프에서도 일을 뽑아낼 수 있다. 만약 1이 들어오면 피스톤을 셀의 반대편으로 움직여서 1이 있는 반쪽 부분까지 밀어낸 다음 전과 같은 과정을 반복한다. 그러면 $kT \log 2$ 만큼의 일을 뽑아낼 수 있고, 기계에서 나오는 테이프는 다시 무작위 상태가 된다. 여기서 중요한 점은 이제 기계에 어떤 비트가 들어갈지를 아는 것이다. 기계에 들어올 비트를 미리 알아야 일을 할 수 있는 쪽으로 피스톤을 움직일 수 있기 때문이다. 물론 피스톤이 0 위치에 있는 상태에서 1이 들어오면 원자를 0 셀로 움직이기 위해 일을 해야 한다. 그 후에 다시 전체 셀만큼의 부피로 팽창하면 그만큼의 일을 돌려받는다. 그때는 일의 총 양이 0이 된다. 따라서 무작위한 정보를 가지고 있는 테이프의 연료 가치는 0이다. 다음에 어떤 비트가 들어올지 모른다면 피스톤을 어떻게 설정해야 할지 알 수 없다. 결국 피스톤을 한 위치에 둔 채로 단순히 밀어 넣는 작업을 반복해야 할 것이다. 운이 좋다면 원자가 피스톤을 다시 밀어내서 그 원자가 한 일을 돌려받을 수 있지만, 정말 무작위한 메시지가 들어오면 원자가 한 일을 돌려받지 못할 확률과 돌려받을 수 있는 확률이 같아진다. 따라서 이 기계에서 얻을 수 있는 일은 0이 되는 것이다.

베넷의 테이프 기계는 앞서 수행한 리셋 과정과 정반대로 작동한다. 메시지 테이프에서 일을 뽑아내고, 무작위한 비트가 기록된 테이프를 내보낸다. 리셋 과정에서는 무작위한 비트가 기록된 테이프에 일을 수행하여 모두 0 값을 가지는 테이프를 얻었다. 베넷 구조에서의 정보의 정의에는 그 반대 관계가 반영되어 있다. N비트짜리 테이프가 있다고 가정하고, 테이프에 들어있는 정보 I는 다음과 같이 정의하자.

$$연료로서의 가치 = (N - I) \cdot kT \log 2 \quad \text{식 5-12}$$

이 식으로부터 연료로서의 가치를 최대로 발휘할 수 있는 테이프(비트당 $kT \log 2$)는 아무 정보도 가질 수 없음을 알 수 있다. 그런 테이프에는 100% 예측 가능한 내용이 들어있어야 한다는 점을 생각하면 당연한 결과다. 이 두 결과 사이에는 흥미로운 물리적인 대칭성이 있다. 기계에 메시지 테이프를 통과시키면 E라는 일정한 에너지를 뽑아낼 수 있다. 이 에너지 E는 새롭게 무작위화된 테이프를 원래 형태로 되돌리는 데 필요한 에너지와 정확히 똑같다. 어떤 관점을 택할지는 전적으로 여러분에게 달려 있다. 나는 데이터를 소거하는 방법을 더 좋아하는데, 정보를 알아내기 위해 N에서 값을 빼는 것이 귀찮기 때문일지도 모르겠다.

베넷 박사의 기계에 있는 몇 가지 문제점을 생각해 보자.

연습문제 5.1

N비트의 무작위 값을 가지는 테이프가 하나 있고, 그 테이프를 그대로 복사한 테이프가 하나 더 있다고 가정하자. 이 두 테이프를 결합하면 $NkT \log 2$라는 연료 가치를 가진다. 두 테이프로부터 이만큼의 에너지를 뽑아낼 수 있는 기계를 만들 수 있을지 알아보자(힌트: 한 테이프를 다른 테이프에 대해서 '상대적으로' 확장해야 한다).

연습문제 5.2

110110110110…과 같이 세 개의 비트가 반복되는 테이프가 있다. $3N$비트 길이의 테이프가 있을 때, 그 테이프의 연료 가치는 얼마인가? 그리고 그 에너지를 뽑아내는 방법은?

5.1.1 맥스웰의 도깨비와 측정의 열역학

정보의 물리학을 더 자세히 공부하고 싶은 사람이라면 위대한 스코틀랜드 출신 물리학자인 제임스 클럭 맥스웰이 19세기에 발견한 패러독스와 관련된 내용을 살펴보면 여러모로 도움이 될 것이다. 맥스웰의 도깨비^{Maxwell's demon}라는 이 패러독스는 거의 100년 동안 많은 물리학자들을 괴롭히다가 최근에 와서야 해결되었다. 사실 찰스 베넷이나 롤프 란다우어 같은 사람들이 가역 계산이나 계산의 에너지에 대한 연구 끝에 정보와 엔트로피 사이의 관계를 밝혀낸 것도 어느 정도는 이 맥스웰의 도깨비의 유혹에 빠졌기 때문이다. 또 한 가지 중요한 점은 그러한 연구 덕분에 측정의 역할에 대해서도 많은 것이 밝혀졌다는 것이다. 여기서는 아주 자세하게 다루지 않겠지만, 적어도 여러분의 관심을 불러일으키는 데 도움이 될 정도만 언급하고 넘어가겠다.[2]

맥스웰의 생각처럼 위치와 속도가 무작위로 분포되어 있는 기체 분자들이 들어 있고 가운데 칸막이가 있는 상자 위에 조그만 도깨비가 앉아 있다고 상상해 보자 (그림 5-7).

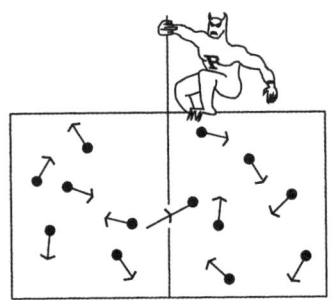

그림 5-7 맥스웰의 도깨비

---

2 엮은이_ 맥스웰의 도깨비에 대한 자세한 내용은 하비 S. 레프(Harvey. S. Leff)와 앤드류 F. 렉스(A. F. Rex)가 편집한 『Maxwell's Demon: Entropy, Information, Computing』(Princeton University Press, 1990)에서 찾아보자.

이 도깨비가 하는 일은 아주 간단하다. 칸막이에는 도깨비가 마음대로 여닫을 수 있는 문이 있다. 도깨비는 상자의 한쪽 부분(왼쪽이라고 해 보자)을 쳐다보면서 빠르게 움직이는 분자가 그 문 가까이 올 때까지 기다린다. 분자가 다가오면 순간적으로 문을 열어 분자가 오른쪽으로 갈 수 있게 한 다음 다시 문을 닫는다. 마찬가지로 느리게 움직이는 분자가 오른쪽에서 다가오면 문을 열어서 왼쪽으로 통과시킨 다음 문을 닫는다. 이 조그만 친구가 이 일을 계속 반복하다 보면 빠르게 움직이는 분자는 오른쪽에, 느리게 움직이는 분자는 왼쪽에 모이게 된다. 즉, 차가운 것과 뜨거운 것이 분리되어서 상자 양쪽의 온도가 달라지는 것과 같다. 그러면 이 계의 엔트로피가 감소해 열역학 제2법칙이 깨지는 것이다!

이러한 모순된 상황 때문에 물리학자들 사이에서 엄청난 분쟁이 일어났다. 열역학 제2법칙은 물리학 분야에서 이미 확실히 자리 잡은 원칙인데, 맥스웰의 도깨비 때문에 그 원칙이 깨질 수 있다면 뭔가 허점이 있다는 뜻이기 때문이다. 맥스웰이 1867년에 이 아이디어를 내놓은 이후 많은 사람들이 그 문제점을 해결하기 위해 달려들었다. 특정 조건을 만족시키는 분자만 골라서 통과시키는 과정에서 어떤 식으로든 엔트로피가 생성되어야만 했다.

비교적 최근까지 도깨비가 분자의 위치를 측정하기 때문에 엔트로피가 증가한다는 것이 정설로 받아들여졌다. 이런 생각이 그리 억지스러운 것도 아니다. 예를 들어 이 도깨비가 도깨비불을 비춰서 빠르게 움직이는 분자를 감지한다고 해 보자. 그러면 그 과정에서 적어도 광자^{photon}(빛알) 한 개는 흩어지게 만들어야 할 텐데, 그러려면 에너지가 든다. 일반화시켜서 말하자면 특정 분자를 보기 전까지는 어떤 분자가 왼쪽, 오른쪽으로 움직이는지 알 수 없다. 하지만 어떻게든 분자를 관측하는 순간에는 불확실성, 즉 엔트로피는 절반으로 줄어들고 결과적으로 그 환경에는 엔트로피가 생성된다.

그러나 놀랍게도 베넷은 맥스웰의 도깨비가 자신이 얻은 정보를 어떤 특정한 규칙에 따라 기록하고 삭제하기만 한다면 에너지 소모 없이 측정하는 게 가능하다는 것을 증명했다. 도깨비는 측정 전에 일종의 표준 상태(S)에 있어야 하며, 이는 불확실한 상태다. 어떤 분자가 움직이는 방향을 측정하고 나면 도깨비는 왼쪽으로 움직이는 상태 또는 오른쪽으로 움직이는 상태 중 하나로 들어간다(L, R). 그리고 원래 S였던 상태를 L 또는 R로 덮어쓴다. 베넷은 에너지를 소모하지 않고도 이 과정을 수행할 수 있음을 보였다. 하지만 다음 단계에서는 측정을 위해 L 또는 R 상태를 '삭제'하고 다시 S 상태로 리셋해야 하는데, 이때 에너지를 소모하게 된다. 계산 프로세스가 아니라 정보의 삭제 과정이 엔트로피를 만들어내는 원천이 된다는 사실은 가역 계산 분야에서 매우 중요한 돌파구가 되었다.

5.1.2 에너지와 섀넌의 정리

정보의 물리학에 대한 내용을 마치기 전에 4장에서 설명한, 어떤 채널을 통해 보낼 수 있는 정보의 한계 부분으로 돌아가 보자. 섀넌의 정리를 물리학이라는 도구를 써서 다시 살펴본다는 것이 그리 생소하게 느껴지진 않을 것이다. 정보의 물리학 연구를 앞에서 살펴본 오류에 대한 연구와 결합시켜보자. 질문은 다음과 같다. 메시지에서 오류가 발생하면 정보의 내용에 어떤 영향을 미칠까? M개의 비트 전체가 완벽하게 알려져 있는, N이라는 정보를 담고 있는 어떤 메시지를 어디론가 보내려고 한다. 이 메시지를 노이즈가 있는 채널을 통해 전송하는 과정에서 각 비트가 잘못될 가능성이 q라고 하자. 그럼 이 M개의 비트에 담겨 있는 정보를 온전히 보내기 위해 전송해야 하는 비트 수는 최소 몇 개일까? 이때는 메시지를 코딩해서 보내야 하며, 앞에서 했던 것과 마찬가지로 코딩된 메시지의 길이를 M_C라고 하자. 즉, 우리가 실제 보내야 할 비트 수가 바로 M_C다. 내용에 대해 전혀 모른다는 가정 하에 테이프를 전부 초기화하려면 다음과 같은 양의 자유 에너지를 써야 한다.

$$M_C kT \log 2 \qquad \text{식 5-13}$$

하지만 이 에너지 중 일부는 오류를 없애는 데 쓰인다. 앞에서 유도한 결과들을 이용하면 그 평균값은 다음과 같다.

$$M_C kT \log 2 \left[-q \log_2 q - (1-q) \log_2 (1-q)\right] = [1 - f(q)] M_C kT \log 2$$

식 5-14

이 에너지는 낭비되는 에너지라고 생각할 수 있다. 따라서 메시지를 삭제하는 데는 다음과 같은 자유 에너지를 소모해야 한다.

$$M_C kT \log 2 - [1 - f(q)] M_C kT \log 2 = f(q) M_C kT \log 2 \quad \text{식 5-15}$$

자유 에너지와 정보 사이의 관계와 에너지 보존 법칙을 이용하면 이 채널을 통해 보낼 수 있는 정보의 최대량은 다음 식과 같이 표현할 수 있다.

$$M_C \left[q \log_2 (1/q) + (1-q) \log_2 (1/(1-q))\right] \quad \text{식 5-16}$$

이렇게 물리학적인 논증이 섀넌의 결과로 이어짐을 알 수 있다.

5.2 가역 계산과 계산의 열역학

지금까지는 모든 계산 단계에서 에너지가 필요하다고 가정했다.[3] 오랫동안 많은 사람들이 컴퓨터에서 논리적인 단계를 수행할 때마다 필요한 최소 에너지가 있다고 믿어 왔다. 지금까지 거쳐온 논의 과정을 바탕으로 한번 따져보자. 소자의 논리적인 상태는 모두 그 소자의 어떤 물리적 상태에 대응되어야 한다. 그리고 AND 게이트에 있는 트랜지스터의 경우처럼 소자의 출력을 0 또는 1 중에서 선택해야 한다면 그 물리적 실체가 차지할 수 있는 위상 공간이 두 가지 옵션에서

---

[3] 엮은이_ 이 주제에 대한 역사적인 배경은 Bennett, C. H. (1988). Notes on the history of reversible computation. IBM Journal of Research and Development, 32(1), 16–23.과 Landauer, R. (1994). Zig-zag path to understanding [physical limits of information handling]. Proceedings of PhysComp 1994.에서 찾아볼 수 있다.

하나로 줄어들기 때문에 위상 공간에서 차지하는 부피가 반으로 줄어야 한다. 따라서 각 논리적 단계마다 최소 $kT \log 2$만큼의 자유 에너지가 필요하다.[4]

또 다른 주장도 있었다. 그 중 하나는 계산 과정의 신뢰성에 초점을 맞춘 것이다. 오류가 일어날 확률이 q라면 최소 에너지는 $kT \log q$다. 최근 들어 이 문제는 더욱 명확해졌다. 단계당 필요한 에너지는 $kT \log q$보다 작으며, 심지어 $kT \log 2$보다도 작다. 사실 여러분이 생각하는 어떤 값보다도 작을 수 있다. 계산을 조심스럽고 천천히 수행한다면 말이다. 이론적으로는 에너지 손실 없이 계산을 처리할 수도 있다.

이를 마찰에 비유해 보자. 어디에나 마찰은 있다. 실생활에서 쓰이는 엔진을 보면 움직이는 여러 부품이 서로 마찰하면서 열 에너지를 배출한다. 이런 식으로 손실되는 에너지는 상당히 크다. 하지만 많은 물리학자들이 좋아하는 카르노 기관 Carnot's engine 에 대해서는 최대 작동 효율을 계산할 수 있다. 카르노 기관은 닫힌 가역 사이클을 반복한다. 즉, 특정 상태에서 시작해 한 바퀴를 돈 다음 다시 그 상태로 돌아온다. 물론 열역학 제2법칙에 의하면 에너지 소모 없이 이런 과정이 진행될 수는 없지만, 마찰 등에 의한 에너지 손실을 최대한 줄이면 최대 효율을 구현하는 기계를 이론상으로는 만들 수 있다. 하지만 그렇게 하려면 엔진을 극도로 천천히 돌려야 한다. 엔진의 열을 주변 열 저장체로 넘기는 과정에서 열 평형 상태를 계속 유지해야 하는데, 엔진을 빠르게 돌리면 열을 균등하게 뽑아낼 수 없고 엔진의 다른 부품으로 열이 전달되어 그 부품에서는 열을 제대로 활용하지 못해 밖으로 내다 버리게 된다. 어쨌든 지금 중요한 것은 이론적으로 그런 엔진을 만들 수 있다는 것이고, 이를 연구하는 과정에서 많은 물리학자들이 열역학에 대해 새

---

4 파인만_ 이 값은 현재 실현 가능한 최솟값보다 훨씬 작다. 일반적인 트랜지스터에서는 매 단계마다 거의 $10^8 kT$ 수준의 에너지를 소모한다.
옮긴이_ 2020년대 초, 로직 반도체를 기준으로 이 수치는 대략 10-100 aJ, 즉 10^3-$10^4 kT$ 수준까지 내려갔다. 이와 관련된 내용은 Datta, S., Chakraborty, W., & Radosavljevic, M. (2022). Toward attojoule switching energy in logic transistors. Science, 378(6622), 633-640.에서 찾아볼 수 있다.

로운 것을 알아냈다는 사실이다. 여기에서 가장 중요한 것은 가역성^{reversibility}이다. 컴퓨터에도 비슷한 아이디어를 적용할 수 있다. 컴퓨터가 가역적이라면(잠시 후에 그 뜻을 정확히 설명하겠지만) 충분히 신중하고 느리게 작동하면 에너지 소모량을 무한히 작게 줄일 수 있다. 카르노 기관과 마찬가지로 너무 빠르게 작동시키면 에너지를 낭비하게 된다.

이쯤 되면 왜 이번 장의 내용이 학술적이라고 했는지 알 수 있을 것이다. 계산에 드는 최소 에너지에 의문을 가진다는 게 좀 엉뚱해 보일지도 모른다(앞에서 얘기했듯이 요즘 기술을 기준으로 해도 트랜지스터를 스위칭할 때마다 약 $10^8 kT$ 정도의 에너지가 소모된다). 하지만 이는 계산 가능성의 한계에 대한 논의 못지않게 중요한 문제다. 먼 미래에 원자 크기의 트랜지스터로 이루어진 궁극의 컴퓨터를 설계하게 된다면 이런 기초적인 물리 법칙상의 한계도 고려해야 할 것이다. 그 정도 크기에 이르면 계산에 필요한 최소 에너지에도 신경을 써야 할 텐데, kT보다 작은 에너지로 동작하지 못할 이유는 없다. 현대 컴퓨터에서 에너지 소모를 줄이는 방법과 같이 더 가까운 미래에 맞닥뜨릴 문제는 나중에 살펴보도록 하자.

5.2.1 가역 컴퓨터

이제 가역 계산 문제로 다시 돌아가보자. 특정 유형의 계산은 입력선과 출력선이 몇 개씩 있는 블랙박스 형태로 나타낼 수 있다(그림 5-8).

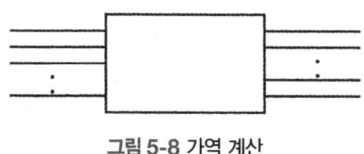

그림 5-8 가역 계산

모든 입력선에 대해 출력선이 하나씩 있고, 출력선은 입력에 의해 결정된다고 가정하자(가장 단순한 경우로 신호가 바뀌지 않고 그대로 블랙박스를 통과하는 경우를 생각할 수 있다). 이런 상황에서는 출력되는 정보가 입력되는 정보보다 더 많은 내용을 포함할 수 없다. 입력을 알고 있다면 출력을 계산할 수 있고, 계산 과정은 가역적이다. 이는 AND 게이트와 같은 일반적인 논리 게이트와는 전혀 다르다(그림 5-9).

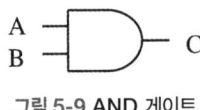

그림 5-9 AND 게이트

여기에는 입력선이 2개, 출력선이 1개 있다. 0이 출력될 수 있는 상태는 총 3가지인데, 3가지 모두 결과가 출력될 수 있기 때문에 입력에 대한 정보를 비가역적으로 잃어버린 셈이 되어 AND 게이트는 비가역적이다. 마찬가지로 OR 게이트도 비가역적이지만, NOT 게이트는 가역적이다. 즉, 입력의 위상 공간이 출력의 위상 공간만큼의 크기로 줄어들기 때문에 엔트로피가 감소할 수밖에 없다. 이런 엔트로피 감소는 다른 곳에서의 열 생성으로 메꿔져야 한다. 모든 사람들이 컴퓨터에서 에너지 소모가 있을 수밖에 없다고 생각한 이유는 논리 연산이 반드시 AND나 OR 게이트처럼 비가역적일 거라는 가정 때문이었다. 하지만 베넷을 비롯한 다른 연구자들은 반드시 그런 것은 아님을 밝혀냈다. 앞에 있는 그림처럼 추상적인 계산에 정보가 추가되지 않는다는 사실은 가역 계산에서는 엔트로피 감소가 없을 수도 있다는 첫 번째 단서다. 실제로 가역 계산에서는 엔트로피 감소가 없다. 가역 컴퓨터는 카르노 기관과 마찬가지로 가역적인 것이 가장 효율적이다. 지금 우리가 생각하는 추상적인 기계에서 생길 수 있는 유일한 엔트로피 손실은 다음 연산을 위한 초기화 과정에서만 일어난다.

조금 더 직접적인 방식으로 가역적인 고수준 컴퓨터를 생각해 보자. 이 컴퓨터에서는 계산 결과와 원래 입력된 것이 함께 출력된다. 즉, 출력 데이터에 입력 데이터를 덧붙인 채 출력되는 테이프를 생각하면 된다. 이런 방법이 계산을 가역적으로 만들 수 있는 가장 직접적인 방법이다. 잠시 후에 에너지를 전혀 소모하지 않고도 이런 계산이 가능함을 이론적으로 증명할 것이다. 에너지 소모는 기계를 다시 시작할 수 있도록 초기화할 때만 발생하는데, 흥미롭게도 이런 에너지 소모량은 계산의 복잡도와는 무관하며 오직 출력 결과에 들어있는 비트 수에만 비례한다. 예를 들어 기계에 들어있는 부품의 수가 수백만 개라도 우리가 받아야 하는 답이 1비트만으로 충분하다면 $kT \log 2$ 만큼의 에너지만 가지고도 모든 계산을 처리할 수 있다.

실제 가역 게이트에 대해서는 앞에서 배운 바 있다. 조금 전에도 언급했듯이 NOT도 가역 게이트다. 그리고 조금 더 복잡한 것으로 프레드킨의 CONTROLLED CONTROLLED NOT(CCN) 게이트(그림 5-10)가 있다.

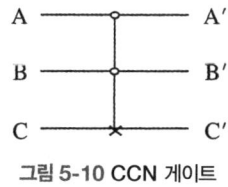

그림 5-10 CCN 게이트

A와 B는 제어선$^{control\ line}$으로, 둘 다 1인 경우를 제외하면 C를 그대로 내보내고 그렇지 않으면 NOT C를 내보낸다. 출력 데이터를 다른 CCN 게이트에 집어넣으면 입력 데이터가 다시 나오기 때문에 이 게이트는 가역 게이트라고 할 수 있다(2.3절 참조).

이제 몇 가지 가역 계산을 더 자세히 살펴보고 최소 에너지에 제한이 없음을 알아보자. 우선 일반적으로 계산이라고 생각하지 않는 '복사' 작업부터 시작해 보겠다(3.5절의 튜링 복사기 부분을 떠올리면 된다). 복사 과정에서 새로운 것을 얻지는 않기 때문에 이게 무슨 계산인가 할 수도 있지만, 에너지 소비와 관련된 기초 개념을 이해하는 데는 도움이 된다. 사실 에너지를 전혀 소모하지 않으면서 한 곳에서 다른 곳으로 정보를 복사할 수 있다는 것이 그리 당연하게 느껴지지는 않는다.

그럼 어떻게 하면 에너지를 소모하지 않으면서 복사를 할 수 있을까? 데이터와 그 복사본이 테이프에 들어있는 메시지 형태로 저장된다고 하고, 원본 메시지를 알고 있을 때와 모르고 있을 때로 나눠 생각해 보자. 원본 메시지를 알고 있다면 테이프에 있는 내용을 삭제할 때 자유 에너지가 전혀 소모되지 않는다. 복사본도 마찬가지다. 필요하면 앞에서 얘기한 방법대로 데이터를 뒤집어 복원하면 된다. 원본 메시지를 모르고 있다면 테이프를 소거할 때 자유 에너지가 소모되지만, 복사본에 들어있는 내용을 소거할 때는 자유 에너지가 소모되지 않는다. 첫 번째 테이프에 들어있는 내용을 알고 있으므로 그 정보를 가지고 비트를 뒤집으면 되기 때문이다. 단순하게 생각하면 데이터와 복사본으로 이루어진 세트에는 데이터 한 세트 분량보다 많은 정보가 들어있지 않다. 즉, 데이터를 지울 때 첫 번째 경우보다 두 번째 경우에 자유 에너지가 더 많이 필요한 게 아니다. 가역 계산 분야에서는 이런 식의 논증을 종종 볼 수 있다.

5.2.2 복사 연산

방금 설명한 아이디어를 조금 더 구체적으로 펼쳐보자. 잠시 후에는 자연계에서 발견되는, 살아있는 세포 안에 들어있는 복사 기계라고 할 수 있는 RNA를 살펴볼 것이다. 하지만 그 전에 먼저 베넷의 연구를 따라 두 가지 인공적인 복사 기계의 예를 살펴보고 넘어가자.

우선 아주 일반적인 복사 과정부터 시작하겠다. 0과 1을 저장할 수 있는 원본 대상(모델^{model})이 있다고 하자. 이 모델은 일종의 쌍안정$^{bistable\ state}$ 물리 소자라고 한다. 마찬가지로 0 또는 1을 저장할 수 있는 또 다른 대상(복사기^{copier})이 있다고 하자. 쌍안정 소자는 다음과 같이 퍼텐셜 우물$^{potential\ well}$로 모형화할 수 있다(그림 5-11).

그림 5-11 퍼텐셜 우물

이런 소자를 물리적으로 구현하는 방법은 잠시 후에 알아보자. 이 추상적인 느낌의 그림은 소자의 일부분(점으로 표시)이 두 가지 안정적인 상태 중 하나(여기서는 왼쪽, 또는 오른쪽의 패인 부분)에 있을 수 있음을 뜻한다. 그리고 이 두 상태는 각각 0과 1을 나타낸다고 보면 된다. 그림에 있는 곡선은 소자 내의 위치에 따른 점의 퍼텐셜 에너지를 나타낸다. 움푹 패인 부분은 에너지가 최솟값을 갖는 점으로, 점은 자연스럽게 양쪽의 패인 부분에 들어가고 이 둘의 깊이는 같기 때문에 점이 각 위치에 있을 확률이 같다. 점을 하나의 공으로, 곡선을 아래로 움푹 패인 실제 곡선으로 생각하고 그 곡선을 따라서 공이 움직이는 모습을 상상하면 비교적 쉽게 이해할 수 있다. 공에 에너지를 가하면 곡선 부분 위아래로 흔들흔들 움직일 테고, 충분한 에너지를 가하면 공이 가운데 언덕을 타고 올라가 옆에 있는 움푹 패인 곳으로 넘어갈 수도 있다. 이런 움직임을 비트 상태가 바뀌는 것으로 이해하면 된다.

언덕의 높이, 즉 비트 변화가 일어나는 데 필요한 에너지 크기는 장벽 퍼텐셜[barrier potential]이라고 부른다. 실제 소자가 작동할 때는 점이 나타내는 일반적인 열요동[thermal fluctuation]이 장벽 퍼텐셜보다 훨씬 작아야 한다. 그렇지 않으면 소자가 불안정해지기 때문이다. 이 퍼텐셜 우물은 한가운데 칸막이가 있는 상자로 생각할 수도 있다. 이때도 점을 한쪽에서 다른 쪽으로 옮기는 데 필요한 에너지를 장벽 퍼텐셜이라고 생각하면 된다.

모델과 복사기는 둘 다 위와 같은 퍼텐셜로 모형화할 수 있고, 모델이 특정 상태에 있다고 가정해 보자. 이 상태는 무작위적일 수도 있으며 값을 몰라도 상관없다. 여기에서는 편의상 [그림 5-12]처럼 모델을 나타내는 점(X로 표시)이 오른쪽에 있는 상태라고 하자.

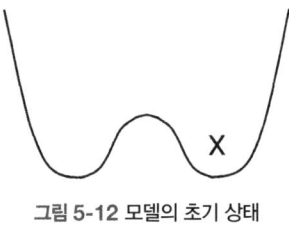

그림 5-12 모델의 초기 상태

복사기는 처음에 어떤 상태에서 시작할까? 복사기도 분명 어떤 표준 상태에 있어야 한다. 복사 과정에서 정해진 상태에 집어넣는 작업이 필요하고, 그렇게 하려면 일(상자와 칸막이 모형에 비유하자면 압축에 해당)을 해야 하기 때문에 무작위적인 상태에 있으면 안 된다. 위상 공간 상에서 고려해볼 수도 있는데, 모델-복사기의 복사 이전의 가능한 상태 네 가지와 복사 이후의 가능한 상태 두 가지를 비교하면 된다. 결국 논리적으로 비가역적인 단계가 된다는 것을 알 수 있다. 이를 피하기 위해 복사기가 모델과 반대 상태에서 시작한다고 해 보자(그림 5-13).

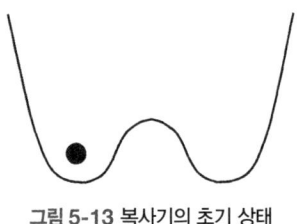

그림 5-13 복사기의 초기 상태

복사를 하려면 어떤 식으로든 점을 한쪽 패인 부분에서 다른 쪽으로 옮기는 작업을 해야 한다. 그러려면 퍼텐셜 곡선을 변형해야 하는데, 즉 점이 자연스럽게 옮겨갈 수 있도록 만들어야 한다. 이를 위해 복사기에 우리가 조절할 수 있는 매개변수가 두 개 있다고 가정하자. 하나는 장벽의 높이이고 다른 하나는 패인 부분의 상대적인 깊이. 그리고 패인 부분의 깊이는 복사기와 모델 사이의 상호작용 힘에 의해 달라질 수 있다고 가정한다(좀 헷갈리고 뜬구름 잡는 듯한 느낌이 들어도 너무 겁내지는 말자. 곧 이해가 될 것이다). 이러한 힘은 그래프를 기울이는 역할을 하므로 '기울임^{tilt} 힘'이라고 부르겠다. 이 두 가지 작업을 결합하여 복사기의 점을 움직여야 하는데, 여기서 중요한 점은 항상 그 점이 접근할 수 있는 유일한 극소점이 존재할 수 있는 방식으로 결합시켜야 한다는 것이다.

구체적인 방법은 이렇다. 우선 모델이 복사기에서 어느 정도 떨어진 곳에 있다고 하자. 이 상태에서도 복사기에 기울임 힘을 약간 가할 수 있다. 그리고 이 힘은 모델에서 점이 있는 위치에 해당하는 복사기의 패인 부분의 깊이를 증가시킨다. 따라서 복사기의 퍼텐셜은 [그림 5-14]처럼 처음보다 약간 비뚤어지게 된다.

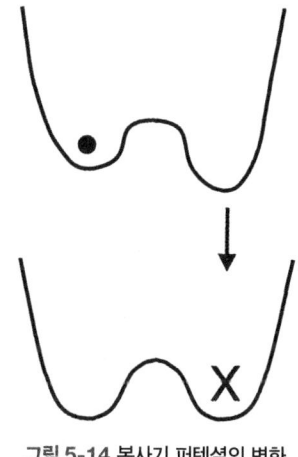

그림 5-14 복사기 퍼텐셜의 변화

복사 과정의 첫 번째 단계는 복사기의 퍼텐셜 장벽을 부드럽게 낮추는 것이다. 이렇게 하면 점이 자유롭게 움직일 수 있으므로 다른 비트 상태로 넘어갈 수 있다. 그럼 무엇이 점을 실제로 이동하게 할까? 바로 모델로 인한 기울임 힘이 작용하기 때문이다. 두 번째 단계에서는 모델을 복사기에 천천히 가까이 가져가서 기울임 힘을 증가시킨다. 그러면 [그림 5-15]처럼 복사기의 퍼텐셜이 더 크게 비뚤어지면서 모델에서 점이 있는 쪽의 패인 부분의 에너지가 더 낮아진다.

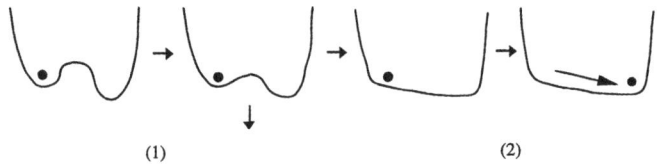

그림 5-15 퍼텐셜 장벽을 낮추고 퍼텐셜을 기울이는 과정

이제 점은 퍼텐셜 곡선을 따라 부드럽게 내려가서 에너지적으로 더 안정된 상태로 이동한다. 세 번째 단계에서는 퍼텐셜 장벽을 다시 만들어서 점이 새로운 위치에 자리잡도록 한 다음, 네 번째 단계에서는 모델을 다시 멀리 떨어뜨려서 복사기의 퍼텐셜을 처음과 같은 상태로 돌려놓는다(그림 5-16).

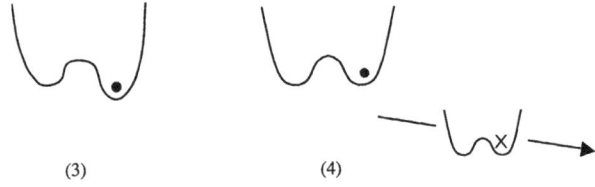

그림 5-16 시스템의 최종 상태

이게 바로 복사 기계의 기본 아이디어다. 물론 방식을 조금 바꿀 수도 있다. 예를 들어 적절한 물리계인 경우 첫 번째 단계에서는 모델을 복사기 가까이 가져가서 기울임 힘을 이용해 현재 점이 들어있는 상태를 더 낮춘 상태에서 퍼텐셜 장벽을 낮출 수도 있다. 이렇게 하면 퍼텐셜 장벽을 낮추는 동안 점이 원래 상태를 안정적으로 유지할 수 있다. 그리고 나서 모델을 반대 방향으로 기울여 점을 모델이 있는 곳과 같은 쪽으로 움직일 수도 있다. 이렇게 복사 연산 방식을 조금 바꿀 수도 있지만 기본적인 아이디어 자체는 전과 크게 다르지 않다.

이 과정에서 제일 중요한 것은 천천히, 그리고 조심스럽게 작업을 처리해야 한다는 점이다. 갑자기 바뀌거나 튀면 안 된다. 점을 한쪽에서 다른 쪽으로 움직이는 가장 쉬운 방법은 모델을 빠르게 가까이 가져가서 패인 부분을 원하는 방향으로 기울인 다음 퍼텐셜 장벽을 확 없애버리는 것이다. 그러면 점은 새로운 위치로 이동할 수 있지만, 빠르고 쉬운 만큼 큰 에너지 손실이 뒤따른다. 하지만 모든 과정을 아주 천천히, 조심스럽게 진행한다면 장벽을 낮추고 움푹 패인 부분을 한쪽으로 기울이고 복사를 하는 모든 과정에서 에너지를 소모하지 않을 수 있다. 이런 상황에서는 에너지 소모에 기여하는 물리량(새로운 상태로 움직이는 점의 운동에너지나 장벽을 올리거나 내릴 때 필요한 일 등)이 무시할 수 있을 정도로 작기 때문이다. 그리고 이 모든 절차는 모델의 현재 상태를 몰라도 제대로 작동한다.

베넷이 이 아이디어를 생각했을 때만 해도 아무도 이런 연산이 가능할 지 몰랐다. 하지만 IBM에 있는 그의 동료인 란다우어에 의해 1961년에 이미 여러 기초 연구가 완성되어 있었다. 그 과정에서 수많은 편견에도 맞닥뜨려야 했다. 나는 이 논의가 틀렸다고 생각하지 않는다. 언젠가는 캘리포니아 공과대학의 카버 미드가 컴퓨터의 에너지 소비에 대해 한 번 살펴봐 달라고 해서 방금 설명한 내용들을 전부 검토한 결과, 결국 계산에 필요한 최소 에너지는 0이라는 결론을 내리게 되었다. 나도 적잖이 놀랐다. 베넷의 결과가 나온지 이미 4년 정도 지난 시기였지만 여전히 그 주제를 두고 싸우는 사람들이 많았다. 그리고 이런 종류의 문제는 혼자서 한 번 생각해 보는 것도 좋은 일이다. 1장에서도 말했듯이 당신이 처음은 아닐지라도, 최소한 제대로 이해하는 데는 확실히 도움이 된다.

5.2.3 물리적인 구현

앞서 살펴본 예로 다시 돌아가 그것을 물리적으로 어떻게 구현할 수 있을지 알아보자. 여기에는 일종의 쌍안정 물리 소자가 필요하다. 두 개의 나침반 바늘, 즉 회전축 위에 올려진 자기 쌍극 두 개가 있다고 생각하면 나침반 바늘의 한쪽은 N극, 다른 쪽은 S극이며, 같은 극끼리는 서로 밀어내고 다른 극끼리는 서로 당긴다. 그리고 모델과 복사기 둘 다 각각 한 쌍의 나침반으로 이루어져 있다고 하자. 편의상 한 쌍의 나침반은 서로 결합되어 있어서 항상 같은 방향만을 가리킨다고 하면 바늘이 수평 방향과 이루는 각도를 나타내는 변수 φ 하나만 가지고도 각 시스템을 분석할 수 있다. 즉, 다음 그림처럼 허용된 짜임새와 금지된 짜임새가 있을 수 있다(그림 5-17(a), 5-17(b)).

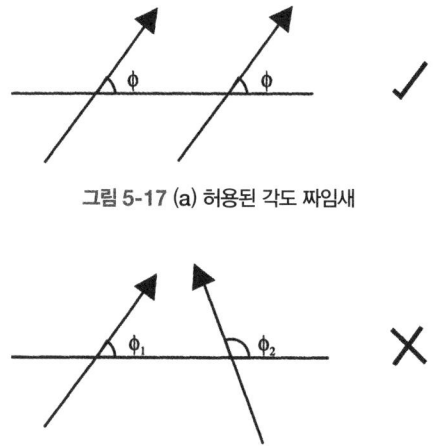

그림 5-17 (a) 허용된 각도 짜임새

그림 5-17 (b) 금지된 각도 짜임새

금지된 짜임새는 어떤 식으로 배치하더라도 불안정할 수밖에 없다. 그리고 [그림 5-18]에 제시된 두 상태를 비교해 보면 나침반 방향에 따라 퍼텐셜이 달라진다는 것을 쉽게 알 수 있다.

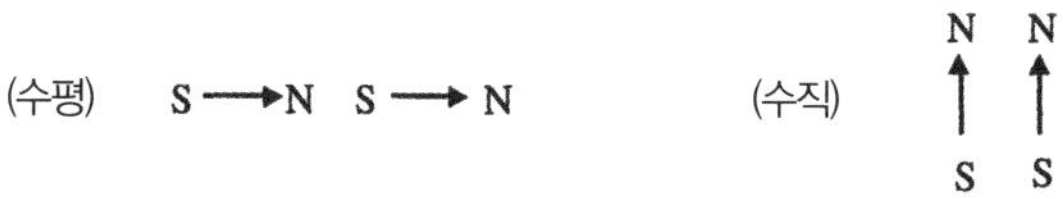

(수평)　S ⟶ N　S ⟶ N　　　(수직)　N　N
　　　　　　　　　　　　　　　　　　↑　↑
　　　　　　　　　　　　　　　　　　S　S

그림 5-18 안정적인 상태와 불안정한 상태

왼쪽처럼 배치되어 있으면 매우 안정적이다. 한쪽 바늘의 끝이 다른 쪽 바늘의 반대극을 당기고 있기 때문이다. 하지만 두 바늘이 모두 수직 방향으로 서 있는 오른쪽과 같은 배치는 꽤 불안정하다. N극끼리와 S극끼리는 서로 밀어내려고 하기 때문에 왼쪽에 있는 형태 또는 반대 형태로 가기 마련이다. 각도가 φ인 상태의 퍼텐셜 에너지를 실제로 계산할 수도 있는데, 대략 다음과 같은 값을 가진다.

$$\text{퍼텐셜 에너지} \approx \sin^2 \varphi \qquad \text{식 5-17}$$

퍼텐셜 에너지 함수는 [그림 5-19]의 그래프와 같은 모양이 된다.

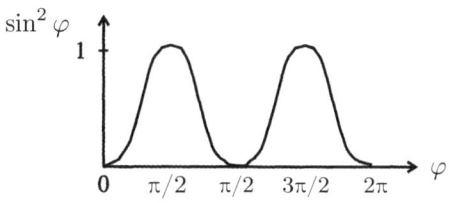

그림 5-19 퍼텐셜 에너지를 φ의 함수로 나타낸 그래프

이 그래프를 보면 앞에 나왔던 퍼텐셜 우물과 상당히 닮았음을 알 수 있다. $\varphi = 0$과 $\varphi = \pi$에 극소점이 있고 이 둘은 안정적인, 즉 '수평' 상태에 해당된다. 그리고 $\pi/2$, $3\pi/2$ 지점은 수직인 상태에 대응되는 부분으로, 극대점이다(그리고 이 그래프의 $\varphi = 0$과 $\varphi = 2\pi$지점은 서로 연결된다는 점도 잘 기억해 두자). 이 계는 명백히 쌍안정성을 띠며, 바늘이 둘 중 한 극소점에 해당하는 각도에 있다면 에너지를 가해야만 다른 극소점에 해당하는 각도로 움직일 수 있다.

이 상황에서 장벽을 조작하기 위해 수직 방향으로 자기장 B를 가해 보자. 그러면 다음과 같은 항이 퍼텐셜 에너지에 추가된다.

$$-B \sin \varphi \qquad \text{식 5-18}$$

B를 증가시키면 그 효과로 인해 0과 π 상태 사이의 장벽이 낮아진다(그림 5-20).

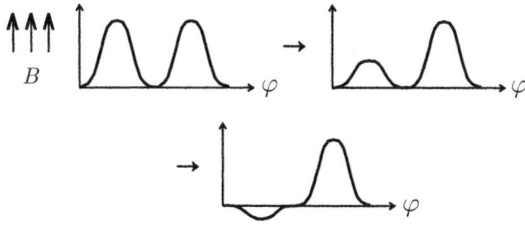

그림 5-20 쌍극자 복사기에서 장벽을 조절하는 방법

전과 마찬가지로(효과를 정확하게 가늠하려면 직접 숫자를 넣어 계산해 봐야 할 것이다), 모델을 복사기에 가까이 가져가 기울임 힘을 작용한다. 이 힘은 데이터 비트로부터 작용하는 자기장 때문에 만들어진다. 이 힘은 B에 수직이며, 모델에 있는 바늘 방향으로 작용한다. 이 자기장을 b라고 하면 이로 인해 다음과 같은 항이 퍼텐셜 에너지에 추가된다.

$$-b\cos\varphi \qquad \text{식 5-19}$$

이 항이 추가되면 $\pi/2$, $3\pi/2$를 중심으로 하는 대칭성이 사라지면서 퍼텐셜 곡선이 기울어진다. 이제 복사 과정이 어떻게 돌아가는지 알 수 있다. 복사기가 어떤 표준 상태, 여기서는 편의상 $\varphi = 0$인 상태(→ →)에서 시작한다고 하자. 장벽이 사라질 때까지 자기장 B를 천천히 증가시키거나 모델을 천천히 복사기에 가까이 가져가서 자기장을 키우면 쌍극자가 수직 방향을 향하게 된다(그림 5-21).

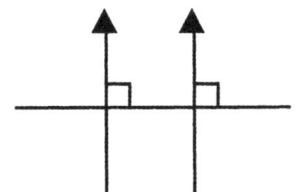

그림 5-21 초기의(불안정한) 복사기 상태

이제 모델을 가까이 가져가보자. 이미 복사기에 어느 정도 영향을 주고 있었지만 아직은 그리 눈에 띄는 효과가 나타나지 않는다. 더 가까이 가져가면 모델에 의한 자기장 때문에 복사기의 바늘이 서서히, 하지만 갑작스럽지는 않게 새로운 상태로 뒤집힌다(물론 새로운 상태가 적절한 상태인 경우에만 그렇다. 만약 표준 상태와 모델의 상태가 같다면 바늘이 원래 위치로 되돌아올 것이다). 모델을 다시 멀리 떨어진 곳으로 옮기고 복사기를 자기장 B가 없는 곳으로 옮기면 복사 작업이 완료된다.

다시 한번 강조하지만, 이 복사 방법은 모델의 상태를 전혀 모르는 상태에서도 작동한다. 그리고 천천히 수행하면 에너지가 소모되지 않는다는 것도 어렵지 않게 알 수 있다. 앞에서 기본 원리를 보여주기 위해 한 설명에 비하면 이 구체적인 예가 더 이해하기 쉬울 것이다.

5.2.4 살아있는 컴퓨터

방금 살펴본 쌍극자의 예시는 어느 정도 물리적인 의미는 있지만 매우 인위적이긴 하다. 이번에는 자연계에 실제로 존재하며 기계적인 힘이 아닌 열역학적인 힘과 연관된 예를 한번 살펴보자.[5] 이 과정은 살아있는 세포 안에서 단백질을 합성하는 과정 중 하나로 일어난다. 단백질이 무엇인지는 아마 다들 알 것이다(트립토판, 알라닌 등 아미노산으로 구성된 꼬인 구조의 분자 사슬). 그리고 이 단백질이 생명체의 구조와 기능 양쪽 모두에서 얼마나 중심적인 역할을 하는지도 잘 알고 있을 것이다. 하지만 단백질이 만들어지는 복잡한 과정을 제대로 이해하려면 생화학을 알아야 하는데, 그 내용은 이 책에서 다루기에는 너무 방대하고 어렵다. 따라서 내가 설명하려는 복사하는 '기계'가 어떻게 작동하는지 이해할 수 있을 만큼의 간단한 배경지식만 짚고 넘어가겠다.

생명체에는 다양한 종류의 단백질이 들어있으며, 각 단백질은 특정 아미노산의 조합에 의해 정의된다. 세포에서 이런 분자를 만들어 내려면 어딘가에 각 단백질 유형에 맞는 설계 규칙이 있어야 한다. 이 정보는 세포핵에 위치한 그 이름도 유명한 '이중 나선' 구조를 가진 DNA(디옥시리보핵산) 분자 안에 들어있다. DNA는 이중 사슬로 이루어지는데, 각 사슬은 인산염과 5탄당 그룹이 하나씩 번갈아

---

[5] 파인만_ 이 주제에 관련된 자세한 내용은 다음 논문에서 찾아볼 수 있다. Bennett, C. H. (1982). The thermodynamics of computation—a review. International Journal of Theoretical Physics, 21(12), 905-940. https://doi.org/10.1007/bf02084158

가며 연결되어 있는 구조를 띤다. 각 5탄당 그룹에는 아데닌(A), 티민(T), 사이토신(C), 구아닌(G), 이렇게 4가지 염기 중 하나가 붙어 있다(염기-당-인산염 그룹을 뉴클레오타이드라고 부른다). 단백질 합성에 필요한 코드는 이러한 염기의 서열에 의해 제공된다.

단백질 합성은 두 단계로 나눌 수 있다. 여기에서 살펴볼 부분은 첫 번째 단계로, 전령 RNA(mRNA)라고 부른다. 이는 염기가 붙은 선 모양의 당 인산염 사슬을 만들어낸다. DNA에 담긴 코드는 RNA 가닥에 각 염기별로 하나하나씩 복사되며 (이때 정확한 결합 규칙을 따르는데, 잠시 후에 알아보겠다), mRNA는 일단 만들어지면 핵에서 나와 다른 곳으로 이동하여 단백질 형성을 돕는다. 이처럼 RNA 복제를 돕는 것을 RNA 중합효소라고 한다.

RNA 형성 과정을 설명하면 다음과 같다. DNA와 효소는 ATP$^{\text{Adenosine TriPhosphate}}$ (아데노신 3인산염), CTP, GTP, UTP(U는 유라실^{uracil}이라는 또 다른 염기) 같은 3인산염 물질들과 섞여 있다. 이들은 모두 뉴클레오타이드에 인산염이 두 개씩 더 붙어있는 물질이다. 중합효소는 복사할 DNA 사슬 중 한 부분에 달라붙은 다음, 사슬을 따라가면서 각 염기별로 RNA 복사본을 하나씩 만들어낸다. 이때 주변에 많이 들어있는 4가지 뉴클레오타이드 성분을 가져와 RNA의 재료로 사용한다. 여기서 RNA는 A, G, C, U(T가 아님)라는 4가지 염기로 구성된다는 점에 주의하자.

이렇게 만들어지는 RNA 사슬은 DNA와 상보적인 구조를 가져야 한다. DNA의 A는 RNA의 U와, T는 A와, C는 G와, G는 C와 짝을 이루어야 하는 것이다. 이 뉴클레오타이드들은 3인산염 형태로 제공되며, 뉴클레오타이드가 추가되는 과정에서 두 개의 인산염이 서로 결합된 피로인산염 상태로 떨어져 나간다. 이때 반드시 올바른 뉴클레오타이드가 선택되어야 한다. 즉, 복사할 DNA 가닥에 있는 염기와 상보적인 염기가 RNA에 들어가야 한다. 예를 들어, DNA 가닥을 따라가던 효소가 C 염기를 만났다고 하자. 이 상태에서 중합효소가 GTP 분자와 결합하면

UTP나 ATP 분자와 결합했을 때보다 더 낮은 에너지를 가지게 된다. 즉, 상보성이란 결국 어떤 것과 결합했을 때 가장 낮은 에너지를 가지는가에 따라 결정된다. 따라서 중합효소는 GTP 분자를 가져와서 피로인산염은 떼어버리고 구아닌을 연결시킨 다음 DNA에 있는 다음 뉴클레오타이드로 넘어간다.

이 과정을 간단하게 그림으로 표현하면 다음과 같다(그림 5-22).

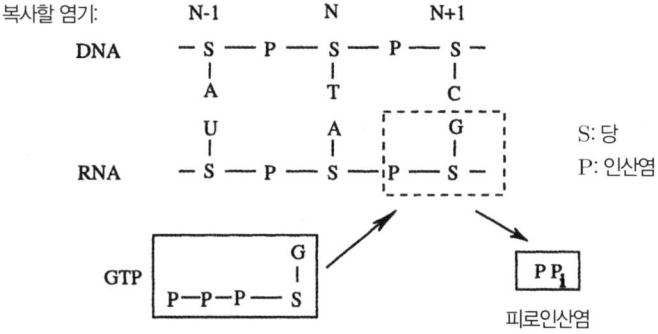

RNA (염기 개수: N개) + (G-S-P-P-P) → RNA (염기 개수: N+1개) + P-P (피로인산염)

그림 5-22 mRNA가 만들어지는 과정

이 생화학 프로세스에서 효소는 촉매 역할을 한다. 즉, 반응이 일어나는 빠르기에만 영향을 끼칠 뿐 반응의 방향에는 영향을 주지 못한다. 모든 화학 반응은 가역적이기 때문에 중합효소 반응 역시 반대로 일어날 수 있다. 이 효소에 의해 mRNA 사슬이 거꾸로 분해될 수도 있는 것이다. 그런 일이 일어나면 피로인산염을 주변에서 끌어와 mRNA의 염기에 부착시켜 다시 3인산염 형태로 되돌리게 될 것이다. 이 효소가 반대 방향으로 이동하면서 G를 잡아먹고, 다시 C를 잡아먹고 하면서 모든 것을 원래대로 돌려 놓을 수도 있다.[6] 반응이 진행되는 방향은 피로인산염과 3인산염의 농도에 따라 결정된다. ATP, GTP 등은 많은데 피로인산염

---

[6] 파인만_ 베넷은 이런 기계에 '브라운(Brownian) 컴퓨터'라는 멋진 이름을 붙였다. 계산 과정은 무작위적이지만 어떤 방향으로든지 구동해 주면 특정 방향으로 흘러가는 특징을 보이기 때문이다.

이 별로 없다면 효소에 의해서 반응이 거꾸로 일어날 확률이 줄어든다. 왜냐하면 mRNA의 뉴클레오타이드를 떼어내는 데 필요한 피로인산을 찾기 어렵기 때문이다. 반대로 3인산염에 비해 피로인산염이 너무 많으면 반대 방향 반응이 일어나 mRNA 복제가 역으로 진행될 가능성이 높아진다.

이러한 상대적인 농도를 주어진 계산 시점에서 그 시스템에서 가능한 상태의 개수로 해석할 수도 있다. 주변에 3인산염이 풍부하다면 RNA가 생성되는 방향의 반응이 많이 일어나고, 반대 방향의 반응은 상대적으로 거의 없어진다. RNA 중합효소는 엔트로피를 낮추는 과정에서 이렇게 RNA가 생성되는 방향의 반응에 도움을 준다. 반응 방향은 농도 변화에 따른 자유 에너지의 차이에 의해 결정된다. 어떤 농도에서는 RNA가 만들어졌다가 다시 분해되는 과정이 반복되면서 복사본이 새로 만들어지지 않을 수도 있다. 실제 세포에서는 가수분해 반응에 의해 피로인산염 농도가 항상 낮게 유지되기 때문에 복사하는 프로세스만 일어나고 역반응은 거의 일어나지 않는다. RNA 중합효소 시스템은 에너지 사용 면에서는 그리 효율적이진 못하다. 대략 비트당 $100kT$씩 소모하며, 만약 효소가 조금만 더 천천히 작용한다면(그리고 농도 변화에 따라 반응 속도가 바뀐다면) 버려지는 에너지를 더 줄일 수도 있다. 하지만 생명을 유지시키기 위해서는 일정 수준 이상의 속도도 필요하다. 게다가 일반적인 트랜지스터에서 버려지는 $10^8 kT$에 비하면 $100kT$ 정도는 아무것도 아니다.

다시 한번 강조하자면, 이 절에서 얘기하고자 하는 것은 복사하는 데 필요한 에너지의 절대적인 최솟값은 없다는 것이다. 하지만 어느 정도 이상의 속도로 복사를 해야 한다면 에너지 소모는 불가피하다.

5.3 계산: 에너지 비용 vs. 속도

속도 문제도 정말 중요하다. 그래서 유한한 시간 안에 계산을 수행하는 데 필요한 자유 에너지의 양을 표현하는 식을 세워볼까 한다. 이 식은 지금까지의 내용에 비해 꽤 실용적이라고 할 수 있다. $10^8 kT$에서 kT 이하로 내려가는 것보다는 조금이나마 더 실현 가능성이 높은 것을 찾을 수 있겠지만, 여전히 가역 컴퓨터가 컴퓨터 분야에서 차지하는 비중은 극히 미미하다(실제로 비가역적으로 $2 \sim 3 kT$까지 내려가는 것도 가능하겠지만, 그 밑으로는 절대 내려갈 수 없다). 예를 들어 수천 개의 프로세서로 병렬 계산을 처리할 때 에러가 발생하는 문제를 생각해 보자. 이런 상황에 대한 제대로 된 해결책은 아직 없다. 내 생각에는 기계에서 쓰이는 모든 소자를 가역적으로 만들면 계산하는 도중에 오류를 발견할 수 있을 것 같다. 그런 가역 소자에 들어가는 비용은 얼마나 될까? 머지않아 이런 소자를 유용하게 활용할 분야가 등장할지도 모른다. 그런 날이 오면 여기에서 공부한 내용이 정말 실용적으로 다가올 것이다. 어쨌든 아직은 아주 먼 미래에나 쓰일 수 있는 내용에 대한 학문적 호기심에 대한 변명은 이제 그만하고 본론으로 돌아가겠다.

지금까지 가역 계산의 예로 DNA를 복사하는 화학적 프로세스에 대해 알아보았나. 앞으로 가기도 하고 뒤로 가기도 하며 들쭉날쭉하긴 하지만, 어떤 방향성 덕분에 결국 계산(이 경우에는 복사)을 해내는 기계의 작동 방식이었다. 이 모형을 조금 더 일반화시켜 브라운^{Brownian} 개념을 사용해 계산 과정에서의 에너지 소모를 나타내는 공식을 도출해 보자. 이 공식은 일반적인 계산 과정에서의 에너지 소모에는 적용되지 않지만, 적어도 이런 계산이 어떻게 이루어지는지를 보여줄 수는 있을 것이다. 본격적인 논의에 앞서 일반적인 공식[7]을 먼저 본 다음 유도되는 결과를 살펴보자.

---

7 파인만_ 이 규칙은 매우 일반적으로 적용될 수 있지만 수정이 필요한 예외적인 경우도 있다. 한 예로 '탄도' 컴퓨터가 있는데, 5.5절에서 직접 살펴보자.

어떤 가역 컴퓨터가 있다고 가정하고 일반적으로 무한하고 천천히, 가역적으로 돌린다면 자유 에너지 소모는 없다. 하지만 이를 r이라는 속도로 작동시킨다고 가정해 보자. 즉, 어떤 단계에서는 앞으로 나가는 계산 단계가 진행될 확률이 뒤로 가는 계산 단계가 진행될 확률의 r배 더 높다고 하면 각 계산 단계마다 소모되어야 하는 최소 에너지는 다음 식과 같다.

$$kT \log r \qquad \text{식 5-20}$$

r이 작을수록 에너지가 소모가 줄어든다는 점에 주목하자.

이제 브라운 유형의 컴퓨터를 살펴보면서 이 규칙을 이해해 보자. 특정 에너지와 관련된 특정 상태에 있는 시스템이나 소자가 있다고 하면 이 시스템은 앞으로 또는 뒤로 가서 다른 상태로 움직일 수 있는데, 앞으로 가는 것은 계산을 하는 것에 대응되고 뒤로 가는 것은 계산을 취소하는 것에 대응된다. 이 상황은 [그림 5-23]과 같은 다이어그램으로 도식화할 수 있다.

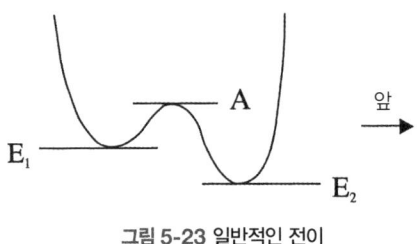

그림 5-23 일반적인 전이

컴퓨터가 에너지 E_1인 상태와 에너지 E_2인 상태 둘 중 하나에 있다고 가정하자. 이 두 에너지는 일반적으로 다르다. 이 소자는 E_1에서 E_2로(앞으로), 또는 E_2에서 E_1으로(뒤로) 갈 수 있다. 계산되는 방향(앞)으로 가면 에너지가 낮아진다는 가정이다. 두 상태의 에너지가 같을 수도 있지만, 외부에서 구동력을 작용하여 한쪽의 에너지를 낮출 수도 있다. 그림을 보면 전이를 일으키기 위해 반드시 공급해야 하는 에너지인 '활성화 에너지' A가 표시되어 있다. 이제 열 요동에 초점을 맞춰보자. 이 컴퓨터는 무작위적으로 열 요동의 에너지가 A를 초과하기만 하면 다른 상태로 넘어갈 수 있다. 이런 열 요동으로 인해 이 소자가 앞뒤로 이동할 수 있는데, 이때 앞 또는 뒤로 가는 빠르기를 계산해 보자. 이 빠르기가 같지는 않을 것이다. 간단히 말하자면 시스템이 에너지가 E_i인 상태로 갈 확률은 우연히 장벽을 넘어서 E_i로 가는 데 필요한 에너지(A)를 얻게 될 확률과 같다. 따라서 E_1에서 E_2로 가는 데 필요한, 즉 앞으로 가는 데 필요한 에너지는 $(A-E_1)$이고, E_2에서 E_1으로 가는 데 필요한, 즉 뒤로 가는 데 필요한 에너지는 $(A-E_2)$이다. 통계역학에서의 표준 결과에 의하면 에너지 차가 δE인(δE는 양수) 두 상태가 있을 때 다른 상태로 전이될 확률은 다음 식과 같다.

$$C \cdot \exp(\delta E / kT) \qquad \text{식 5-21}$$

여기서 C는 주변 환경의 열 요동에 대한 정보를 담고 있는 인자다. 이 값은 상태들 사이의 앙상블 전이 확률을 구해 (엔트로피형) 위상 공간 분석으로 계산할 수 있다. 어쨌든 지금 우리가 알고 싶은 것은 두 상태 사이의 전이 확률인데, 이 확률도 비슷한 공식으로 기술할 수 있다. X라는 다른 인자를 추가해서 전이 확률을 다음과 같은 식으로 써보자. 우선 앞으로 가는 빠르기는 다음과 같이 구할 수 있다.

$$\text{앞으로 가는 빠르기} = CX \exp\left[(A-E_1)/kT\right] \qquad \text{식 5-22}$$

그리고 뒤로 가는 빠르기는 다음과 같이 구할 수 있다.

$$\text{뒤로 가는 빠르기} = CX \exp\left[(A-E_2)/kT\right] \qquad \text{식 5-23}$$

여기에서 X라는 인자는 물질별로 다양한 분자 속성(평균 자유 거리, 속력 등)에 의해 결정된다. 하지만 여기서 우리가 주목할 특징은 그 값이 E와는 무관하다는 점이다($E_1 = E_2$인 경우의 전이율을 생각해 보면 알 수 있다). 따라서 앞으로 가는 빠르기를 뒤로 가는 빠르기로 나눈 값은 다음과 같다.

$$\exp\left[(E_1 - E_2)/kT\right] \qquad \text{식 5-24}$$

이 값은 서로 다른 상태의 에너지 차에 의해 결정된다. 이 식을 통해 계산(=반응)이 진행되는 빠르기 및 각 에너지 단계 사이의 에너지 차를 알 수 있다. 즉, 에너지 차 E_1-E_2가 클수록 E_1에서 E_2로 빠르게 넘어갈 수 있으므로, 더 빠르게 계산할 수 있다.

위의 식을 r이라고 하면 이 결과를 앞에서 소개한 일반식과 연결할 수 있다. 그러면 각 계산 단계에서 소모되는 에너지는 다음과 같이 쓸 수 있다(식 5-25).

$$kT \log r = E_1 - E_2$$ 식 5-25

컴퓨터를 특정 방향으로 구동하는 방법을 하나 더 살펴보자. 이번에는 에너지 차이는 없지만 가용성에서 차이가 있는 경우다. 이 컴퓨터에서는 상태의 에너지가 아닌 같은 종류의 상태 중에 들어갈 수 있는 상태 개수에 따라 어떤 상태로 들어갈지를 결정한다. DNA 복제도 그 중 한 가지에 속한다. RNA 효소가 RNA 사슬에 염기를 붙이고 피로인산염을 떼어내는 과정에서도 상태의 개수에 의해 상태가 결정되는 프로세스가 진행된다. 피로인산염을 가져와 염기를 떼어낼 때도 마찬가지다. 각 단계는 에너지 면에서는 동등하지만 화학 물질의 상대적인 농도에 따라 어떤 상태로 넘어갈지가 결정된다. 예를 들어 인산염은 부족하지만 염기는 풍부하다고 가정해 보자. 그러면 RNA 사슬에 염기가 추가되고, 인산염이 배출되는 (앞으로 가는) 상태의 개수가 인산염이 흡수되고 염기가 배출되는 상태의 개수보다 더 많아진다. 이렇게 가용성이 더 높은 쪽으로 진행되도록 설계된 컴퓨터를 상상할 수 있다. 그림으로 간략하게 표현하면 [그림 5-24]와 같은 상황이다.

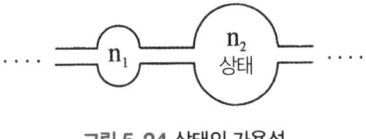

그림 5-24 상태의 가용성

여기에서 n_i는 적용 가능한 상태의 개수다. 이 상황에서 앞으로 가는 빠르기와 뒤로 가는 빠르기 사이의 비는 다음과 같은 식으로 표현할 수 있다(식 5-26).

$$r = n_2/n_1 \qquad \text{식 5-26}$$

앞에서 어떤 시스템의 엔트로피는 다음과 같은 식으로 정의했다(식 5-27).

$$S \approx k \log W \qquad \text{식 5-27}$$

이때 W는 시스템이 해당 짜임새에 있을 확률을 뜻한다. 따라서 다음과 같은 식을 세울 수 있다(식 5-28).

$$kT \log r = kT \left(\log n_2 - \log n_1\right) = (S_2 - S_1)T \qquad \text{식 5-28}$$

여기서 상수 인자들은 서로 상쇄되고 단계별 에너지 소모량은 결국 그 단계에서 생성된 엔트로피에 온도 인자를 곱한 값으로 표현할 수 있음을 알 수 있다. 납득이 갈 만한 결과다.

이제 우리는 앞에서 나온 일반식이 각 상황에 따라 구한 식으로 환원됨을 알 수 있다. 이쯤 되면 한 가지 의문이 생긴다. 실제 상황에서 계산 단계별로 소모되는 에너지를 최소화시킬 수 있을까? 가역 컴퓨터에서는 앞으로 움직일 확률과 뒤로 움직일 확률이 같으므로 에너지를 소모하지 않을 수 있다. 대신 이런 경우에는 계산이 무한히 오래 걸려 언제 끝날지 알 길이 없다. 따라서 여기에는 뭔가 끌어당겨줄 만한 것이 필요하다. 각 단계가 진행될 때마다 에너지가 낮아지거나 가능한 상태의 수가 늘어나야 하는 것이다. 앞으로 가는 빠르기 f가 뒤로 가는 빠르기 b보다 약간 커서 계산이 앞쪽으로 진행될 수 있다고 가정해 보자. 그러면 다음과 같은 식을 쓸 수 있다. 이 식에서 Θ가 작다고 해 보자.

$$f = b + \Theta \qquad \text{식 5-29}$$

그러면 앞에서 만들었던 일반식을 다음과 같이 고쳐 쓸 수 있다.

$$\text{단계별 에너지} = kT \log\left[1 + (\Theta/b)\right] \approx kT\Theta/b = kT(f-b)/b \qquad \text{식 5-30}$$

이 식은 Θ가 작은 경우에 대한 근사식이다. 수학적으로는 약간 부정확할 수 있지만 이 식을 물리학적으로 해석하면 다음과 같은 식으로 고쳐 쓸 수 있다.

$$\text{단계별 에너지} = kT\frac{(f-b)}{(f+b)/2} \quad \text{식 5-31}$$

이 식은 원래 공식과 약 Θ^2 수준 정도 차이가 있다. 이 식에서 분자의 $f-b$는 앞으로 가는 속도, 즉 계산을 처리하는 속도다. 이 속도는 실제 물체가 운동하는 속도와 조금 비슷하다. 컴퓨터가 계산을 처리하는 과정은 천천히 흐르는 물 위에 작은 입자가 떠 있고 그 입자가 브라운 운동을 하면서 물의 흐름에 따라 떠내려가는 것과 비슷한 식으로 진행되는데, 여기서의 빠르기가 결국 계산을 해내는 빠르기를 초당 단계 수로 나타낸 값이 되기 때문이다. 분모는 평균적으로 전이되는 빠르기로, 이 컴퓨터가 앞뒤로 진동하는 정도를 보여준다. 이 값은 컴퓨터가 반대 방향으로는 움직이지 않고 한 방향으로만 거침없이 움직일 때 볼 수 있는 가장 빠른 속도라고 대략 생각할 수 있다. 즉, 흘러내려갈 수 있는 가장 빠른 속도다. 따라서 어림잡아서 다음과 같은 식으로 고쳐 쓸 수 있다.

$$\text{단계별 에너지 소모량} = kT\,\frac{\text{흐르는 속도}}{\text{최대 속도}} \quad \text{식 5-32}$$

시간의 역할을 강조하고 싶다면 다음과 같은 식으로 쓸 수도 있다.

$$\text{단계별 에너지 소모량} = kT\,\frac{\text{단계별 최소 소요 시간}}{\text{단계별 실제 소요 시간}} \quad \text{식 5-33}$$

이제 가역 계산에서 더 일반적인 문제를 알아보자.

5.4 일반적인 가역 컴퓨터

이미 여러 번 얘기했듯이 가역 계산을 하려면 나중에 계산한 것을 다시 원상 복귀할 수 있도록 일반 계산 과정에서라면 그냥 버릴 정보도 전부 저장해야 한다. 가역 컴퓨터의 논리 게이트에서는 우리가 원하는 논리 계산에 대한 답뿐만 아니라 불필요한 정보까지도 전부 결과로 내놓는다. 그 예로 가역 게이트로 만들어진 간단한 가산기를 들 수 있다. 2.3절에서 가역 게이트, 즉 CN과 CCN 게이트(또는 CCN 게이트만)로 3비트짜리 가산기를 만드는 연습문제를 풀었다. 더 간단한 예로 두 비트를 더하는 가산기를 만들면 [그림 5-25]와 같다.

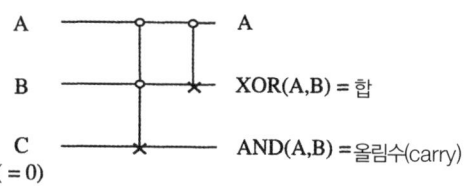

그림 5-25 가역 게이트로 만든 2비트 가산기

C 입력은 계속 0으로 유지된다(3비트 가산기를 만들 때는 0으로 유지되는 네 번째 입력선이 하나 더 필요하다). 이 게이트에서는 AB의 합과 올림수 외에 A 선도 그대로 보내준다. 출력 결과로부터 입력된 내용인 (A, B)를 재구성하려면 이 비트가 반드시 필요하다. 3비트 가산기의 경우에는 출력단에 여분의 비트 두 개가 추가되어야 한다. 따라서 일반적으로 논리 연산 기록을 되돌리기 위한 용도만으로 불필요한 정보를 항상 어느 정도 가지고 있어야 한다.

가역 게이트의 수된 제약 조건을 정리하면 다음과 같다. 우선 컴퓨터가 앞으로 작동하게 하려면 앞으로 가는 단계가 분명해야 한다. 즉, 'go to'를 써서 어디론가 가려면 어디로 갈지 분명하게 알고 있어야 한다. 그런데 가역 컴퓨터에는 한 가지 중요한 조건이 추가된다. 뒤로 가는 단계도 분명해야 한다는 것이다. 어디로 돌아가야 할지 모르는 상황이 생기면 절대 안 된다. 바로 이런 특징 때문에 가역 계산과 일반적인 비가역 계산 사이에 극명한 차이가 생기게 된다.

베넷의 논리를 따라 가장 일반적인 계산 절차를 쫓아가보자. 그리고 그 과정에서 가역 계산에 대한 비판에 답해볼 수 있다. (가역) 논리 장치로 구성된 시스템이 있고, 거기에 어떤 입력 데이터를 집어넣는다고 하자. 이때 가역 게이트를 제어

하기 위해 특정 값으로 설정되어 있는 비트인 일련의 '표준' 0 값도 함께 입력해야 한다('표준' 0 대신 '표준' 1'을 사용하고 싶다면 NOT 연산만 해 주면 된다. NOT 연산은 가역적이기 때문에 전혀 문제가 없다). 논리 장치에서 이런저런 할 일을 처리하고 나면 결과(우리가 원하는 답 외에 과거 기록을 모두 담고 있는 쓰레기 비트도 포함되어 있음)가 나오고, 이를 그림으로 표현하면 [그림 5-26]과 같다.

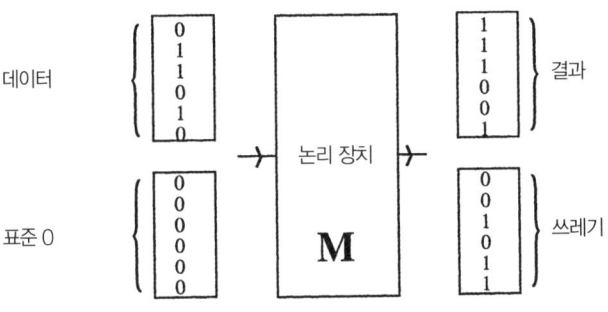

그림 5-26 일반적인 가역 계산

[그림 5-26]을 보면 비어있는 테이프, 또는 사전에 전부 정해진 값으로 채워진 테이프로 시작해서 지저분하고 혼동스러운 테이프로 끝나는 느낌이 들 것이다. 그러다 보니 많은 사람들이 엔트로피가 거기로 간다고 생각했다. '이렇게 0이 무작위적인 값으로 바뀌는 것에 의해 (베넷식 표현으로) 컴퓨터에 연료가 공급된다. 그런데 이 데이터를 보관한다고 해서 정말 계산이 가역적이 될까? 열기관에서 쓰고 버린 열이 저장되어 있는 물을 버리지 않고 모아두면 비가역적인 열기관이 가역적인 열기관이 된다는 주장과도 다를 게 없지 않은가? 가열된 냉각수를 버리지 않으면 시스템의 과거 기록을 알아내는 데 필요한 모든 정보가 있기는 하지만, 그렇다고 해서 물 분자의 움직임을 전부 반대로 되돌려서 열기관을 거꾸로 되돌릴 수 있는 것은 아니다'와 같은 주장을 펼치는 사람들이 많았다. 열역학적인 경우라면 그런 주장은 정말 어처구니없는 이야기일 것이다. 하지만 계산에서는 그렇지 않다. 시스템에 테이프를 1개 더 추가하고 그 결과를 다른 컴퓨터에 집어 넣어 주면 그 문제를 해결할 수 있다(그림 5-27).

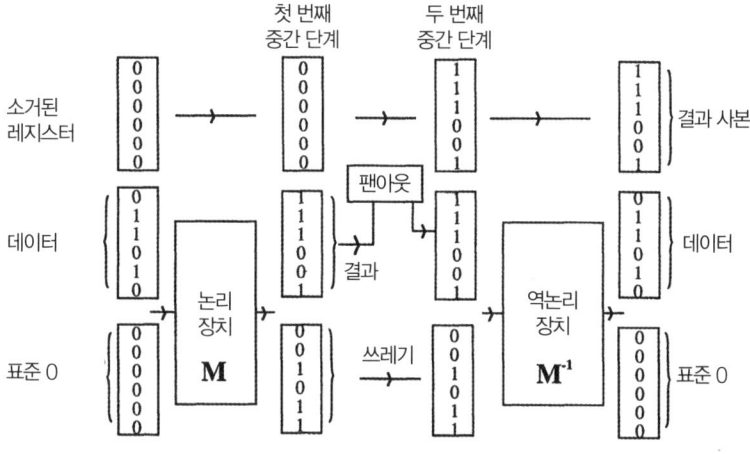

그림 5-27 엔트로피 손실이 없는 가역 컴퓨터

그럼 어떤 식으로 돌아가는지 한번 살펴보자. [그림 5-27]을 보면 원래 논리 장치에서 하는 것과 정반대의 일을 처리하는 새로운 논리 장치(M^{-1}로 표기한 장치)가 추가되었는데, 이 장치 역시 가역적이다. M^{-1}은 M에서 출력된 것을 통과시키면 모든 것을 원상태로 복구시켜 M에 처음 집어넣었던 것을 되돌려주는 역할을 한다. 또한 소거된 레지스터 테이프가 추가되었으며, 계산 결과로 나온 답이 이 테이프에 복사된다. M에는 전과 마찬가지로 입력 데이터와 제어용 표준 비트가 입력된다. M은 답과 함께 히스토리 테이프(그림에서 쓰레기로 표기된 테이프)를 내놓는다. 히스토리 테이프는 바로 M^{-1}로 넘어간다. 그리고 답이 들어 있는 테이프도 M^{-1}로 넘어가지만, 그 전에 소거된 레지스터에 사본을 기록한다. 그림에서는 이 과정을 팬아웃으로 표시했지만, 실제로는 복사 프로세스를 뜻한다(물론 복사 프로세스도 가역 연산이다).

역으로 계산해 주는 컴퓨터인 M^{-1}은 이제 M이 한 일을 전부 원상복구해서 표준 0과 입력 데이터를 다시 내놓는다. 따라서 모든 계산 과정이 끝나면 계산 결과 외에 처음에 시작할 때 입력된 것의 사본이 남는다. 그러므로 이런 기계가 있으면 엔트로피 손실 없이 계산을 할 수 있다(이상적으로 그렇다는 뜻이고, 실제로는 앞에서도 설명했듯이 시스템을 한 방향으로 구동시켜야 한다). 물론 다른 계산을 하기 위해 테이프를 깨끗하게 소거할 때는 에너지를 쓰긴 써야 한다.

가역 계산은 고전적인 부울 방식에 익숙한 사람들에게는 상당히 낯설게 느껴질 것이다. 여기서 배운 개념에 익숙해지는 데 도움이 될 만한 연습문제 몇 개를 직접 한번 해 보자.

연습문제 5.3
가역 컴퓨터에서 계산을 수행하는 데 어떤 서브루틴을 실행해야 한다고 가정하자. 이 컴퓨터는 다른 위치로 가서 몇 가지 명령어를 실행한다. 그 명령어들은 다른 기본적인 계산 요소와 마찬가지로 가역적이어야 한다. 그리고 서브루틴 안에 일단 들어가면 거꾸로 돌아가야 할 수도 있다. 서브루틴의 시작 부분으로 돌아가야 할 수도 있고, 서브루틴에 오기 전에 있던 프로그램 본체의 시작 부분으로 돌아가야 할 수도 있다. 이렇게 계산 과정에서 같은 서브루틴이 여러 번 쓰일 수 있는데, 컴퓨터는 역작업을 할 때 어디로 돌아가야 할지 어떻게 알 수 있을까? 이것은 꼭 한 번 생각해 봐야 할 문제다. 원래는 서브루틴을 찾기 위해 가야 할 곳을 기록해 두기 위한 메모리 스택이 필요한데, 어디로 돌아가야 할지도 기록해 둬야 한다. 이렇게 가역 컴퓨터에서 서브루틴을 처리하는 방법을 생각해 보자.

연습문제 5.4
앞의 연습문제와 비슷하게 if 절을 어떤 식으로 작동시켜야 할 것인가 하는 문제가 있다. 'if… then…' 명령을 따라간 후에 거꾸로 돌아가려면 어떻게 해야 할까? 그리고 어떻게 해야 컴퓨터가 if 절에서 갈라지는 방향을 결정하는 원래의 조건으로 되돌아갈 수 있을까? 물론 초기 조건은 서로 다르더라도 if 절의 결과는 똑같을 수 있기 때문에(예를 들어 '$x = 2, 3, 4$, 또는 6.159이면 $F = d$' 같은 식으로 코드를 작성하면 x가 2든 3이든 4든, 또는 6.159든 상관없이 F에 d가 대입되는 똑같은 결과가 나온다) 조건을 정확하게 하나만 골라내는 것이 그리 쉬운 일은 아니다. 간단하게 생각하면 각 분기별로 변수를 추가한 다음 분기점에서의 각 선택마다 그 변수에 유일한 값을 집어넣는 방법이 있다. 이 과정을 조금 더 구체화시켜보자.

연습문제 5.5

일반적인 가역 컴퓨터와 관련된 간단한 질문 중 하나로 '히스토리 테이프의 용량은 얼마나 커야 할까?'를 들 수 있다. 우리가 지금까지 다뤄온 게이트들은 입력과 출력의 개수가 같았다. 그런데 가역성을 위해 반드시 그래야만 하는 것일까? 내가 알기로는 이 문제는 심지어 이 분야의 이론을 연구하는 사람들조차도 아직 탐구한 적이 없는 것 같다. 입력과 출력의 개수가 꼭 같아야 하는지, 아니면 달라도 되는지 한 번 생각해 보라. 분명 출력의 최소 비트 수는 출력으로 들어올 수 있는 입력의 개수와 연관될 것이고, 그것을 추적하려면 실제 출력된 답 외에 몇 비트가 더 필요할 것이다. 따라서 질문을 다시 정리해 보면 다음과 같다. 우선, 게이트가 가역이 되는 데 필요한 최소 비트 수는 이론적으로 몇 개일까? 그리고 그런 최소 개수의 비트만 가지고 실제로 가역 컴퓨터를 만들 수 있을까?

5.5 당구공 컴퓨터

실제로 계산을 할 수 있는 가역 컴퓨터의 예로 프레드킨, 토폴리 등이 고안한 간단한 컴퓨터를 살펴보자. 이 장치에서는 논리 게이트를 통과하는 전자 신호(비트)의 움직임을 한 평면 위에서 당구공이 움직이는 것으로 흉내 낸다. 컴퓨터로 발사되는 공은 입력 신호를, 컴퓨터에서 나가는 공의 분포는 출력 신호를 나타낸다. 공은 모두 평면 그리드 위에서 대각선 방향으로 움직이며 이상적인 고전역학의 법칙을 따른다(즉, 마찰은 없고 모든 충돌은 완전 탄성 충돌이다). [그림

5-28]을 보면서 기본 개념을 살펴보자.

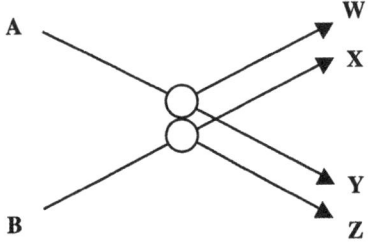

그림 5-28 기본적인 공 두 개짜리 충돌 계산

이 그림은 입력이 두 개, 출력이 네 개인 논리 함수를 두 개의 공이 충돌하는 것으로 구현하는 방법을 보여준다. 이 게이트에서는 특정 위치에 공이 있으면 1, 없으면 0이 되는 방식으로 데이터를 표현한다. 예를 들어 A와 B라는 두 개의 입력 채널이 있다. A에서 공을 쏘아 넣으면 A에서 입력된 값은 1이고, 공이 없으면 0이다. B도 마찬가지다. X 지점으로 공이 나오면 X라는 출력은 1이고, 나오지 않으면 0이다. 이런 식으로 하면 총 네 가지 입력 상태가 있을 수 있으며, 기본적인 역학 법칙을 사용해 이 장치에서 나오는 공의 구성을 계산할 수 있다. 출력 상태도 네 가지가 가능한데, 그 중 두 가지는 공이 하나만 입력되어서 그대로 직진해서 통과하는 경우, 나머지 두 가지는 두 공이 충돌하는 경우에 대응된다.

A에 공이 없다고 가정하자. B에 공이 있다면 이 '기계'를 그대로 통과해서 X로 나온다. 따라서 X에 공이 나오는 경우는 A에 공이 없고 B에 공이 있는 경우뿐이다. 논리적으로는 B가 1이고 A가 0일 때만 X가 1이 된다. 따라서 다음과 같이 쓸 수 있다.

$$X = B \text{ AND NOT } A \qquad \text{식 5-34}$$

마찬가지로 다음과 같은 식도 쓸 수 있다.

$$Y = A \text{ AND NOT } B \qquad \text{식 5-35}$$

W는 조금 더 복잡하다. 공이 A와 B에 모두 있는 경우에만 W에 공이 있을 수 있다. Z도 마찬가지다. 따라서 W와 Z는 똑같이 다음과 같은 AND 함수를 구현한다.

$$W, Z = A \ AND \ B \quad \text{식 5-36}$$

기호로 정리해 보면 다음과 같다(그림 5-29).

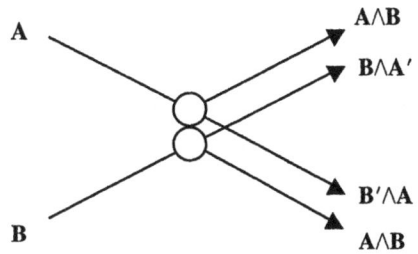

그림 5-29 탄도 충돌 계산의 논리 구조

이 당구공 컴퓨터는 기본적으로 위와 같은 충돌을 하며, 그 충돌로부터 논리 요소가 깔끔하게 도출됨을 알 수 있다. 이 게이트를 가지고 AND 외에 다른 논리 함수도 만들 수 있다. 예를 들어 팬아웃도 구현할 수 있다. A = 1로 설정하고(제어선을 on으로 설정하는 것과 같음) W와 Z로부터 출력을 받으면 B 입력을 가르는 효과가 나타난다. B로 들어온 공에 의해 W와 Z로 공이 하나씩 나가는 것이다. B에 공이 없으면 W와 Z에도 공이 없다. 이 장치로 CN 게이트도 만들 수 있다(이것은 직접 해 보자).

하지만 이런 기본적인 충돌 연산만으로는 컴퓨터를 만드는 데 필요한 모든 요소를 만족시킬 수 없다. 두 방향으로 움직이는 한 쌍의 공만 있을 뿐 뭔가를 바꿀 수는 없기 때문이다. 어떻게 하면 공의 방향을 바꿀 수 있을까? 그러려면 두 가지 기본적인 기계 장치가 필요하다. 첫 번째는 조금은 어이없는 물건인데, 공 두 개가 들어가면 네 개가 나오는 장치다(그림 5-30). 이 장치를 충돌 게이트라고 부르자.

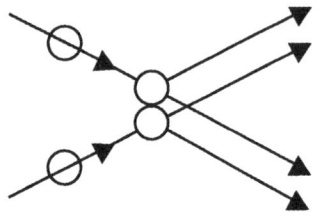

그림 5-30 충돌 게이트

이것은 일종의 이중 팬아웃 과정으로, 들어오는 공 두 개가 정지해 있는 공 두 개와 충돌하도록 하여 만들 수 있다(연습삼아 이 게이트의 에너지 및 운동량 속성을 생각해 보는 것도 좋다). 더 중요한 두 번째 장치는 방향 변경^{redirection} 게이트다. 이 장치는 단지 공을 반사시키는 거울이라고 생각하면 된다. 원하는 방향으로 마음대로 놓을 수 있지만, 여기서는 네 가지 방향으로 제한한다(그림 5-31).

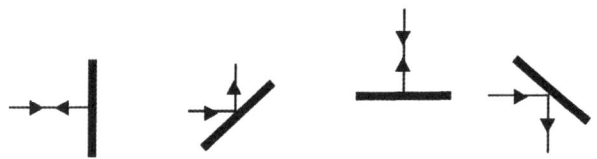

그림 5-31 네 가지 방향 변경 게이트

거울을 쓰면 더 많은 일을 할 수 있다. 예를 들어 거울을 이용해 '교차^{crossover}' 장치를 만들 수도 있다(그림 5-32).

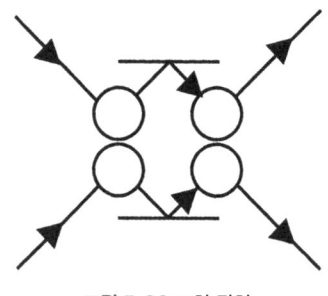

그림 5-32 교차 장치

이 장치를 보면 공의 중요한 특성을 깨달을 수 있다. 공을 서로 구분하기 불가능하다는 것이다. 어떤 공이 어떤 공인지를 분리해서 얘기하지 않고, 단지 어느 위치에 공이 있는지 없는지만 중요하다. 위의 교차 장치는 실제로 들어오는 공을 맞바꾸는 역할을 하지만, 그 둘을 구분할 수 없기 때문에 두 공이 서로 교차하는 것처럼 보인다. 만약 공이 하나만 있다면 그 공은 곧장 통과해 버린다.

이러한 기본 구조로 어떤 것을 만들 수 있는지 알아보기 위해 스위치 역할을 하는 장치를 먼저 살펴보자(그림 5-33).

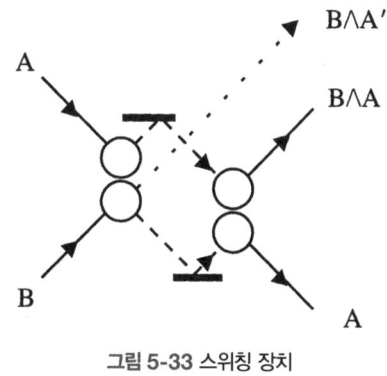

그림 5-33 스위칭 장치

이 장치는 일종의 오프셋이 있는 교차 장치라고 할 수 있다. B 입력이 있든 없든 오른쪽 아래의 출력은 항상 A와 같음을 알 수 있다. 이 비트는 게이트를 통과하는 '찌꺼기' 비트에 해당된다. 아마 독자들도 지금쯤이면 이런 출력에 제법 익숙해져 있을 것이다.

이 장이 진행되고 있는 맥락에서 보면 분명히 '거울과 공을 이용해서 가역 게이트를 어떻게 만든다는 거지?'라는 질문이 떠오를 것이다. 좀 더 구체적으로 생각하면 이런 것을 가지고 CN 게이트 같은 것을 만들 수 있을지가 궁금할 것이다. 정답부터 말하면, CN 게이트는 물론이고 원한다면 CCN 게이트도 만들 수 있다. 여기에서는 프레드킨 게이트, 즉 CONTROLLED EXCHANGE GATE를 만드는 방법을 알아보는 쪽이 이해에 더 도움이 될 것 같다. 프레드킨 게이트만 있으면 무엇이든 만들 수 있기 때문이다. 프레드킨 게이트는 다음과 같이 생겼다(그림 5-34).

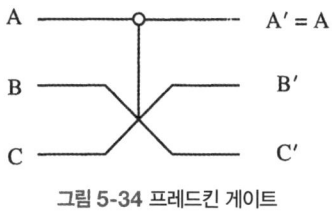

그림 5-34 프레드킨 게이트

이때 A는 변하지 않고 그대로 출력된다. A = 0인 경우에는 B, C도 그대로 출력된다. 하지만 A = 1이면 B, C가 서로 뒤바뀐다. 프레드킨 게이트는 [그림 5-33]과 같은 스위칭 장치 네 개를 [그림 5-35]처럼 구성해서 만들 수 있다.

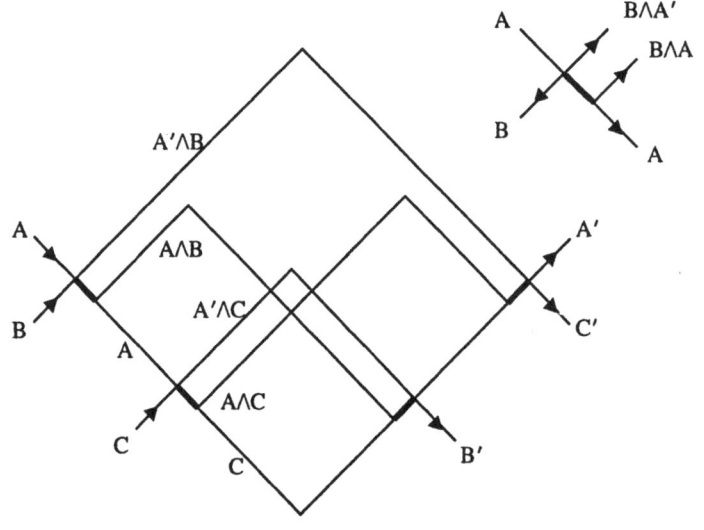

그림 5-35 당구공 게이트로 만든 프레드킨 게이트

물론 이런 컴퓨터를 실제 계산하는 용도로 만들 일은 없겠지만 기본적인 구조만 가지고도 컴퓨터를 간단하게 만들 수 있음을 보여주는 데는 도움이 된다.

실제로 공이 튀어다니는 모습을 생각해 보면 약간의 오차만 있어도 그 결과가 전혀 달라짐을 알 수 있다. 테이블 위에 공 하나를 두고 위에서 정확히 가운데로 다른 공을 떨어뜨린다고 해 보자. 그러면 곧장 아래로 내려갔다가 테이블 위에 있는 공에 부딪히고 나서 다시 정확하게 위로 튀어 올라오는 과정을 반복할 것이다. 하지만 실제로 공을 떨어뜨려 보면 공이 다른 공 위에서 계속 튀는 것이 거의 불가능하다. 공이 중심에서 아주 조금만 비스듬히 튀어도 다음 번에는 중심에서 더 많이 벗어나 기울어진 각도로 충돌하고, 결국에는 점점 더 심하게 예상 궤도를 벗어나게 된다. 몇 번만 튕기고 나면 더 이상 테이블에 있는 공을 맞추지 못한다.

그 이유는 별로 어렵지 않게 알 수 있다. 거시적으로는 공이 안정적이고 단단해 보이지만 미시적으로 보면 쭈글거리는 분자 덩어리에 불구하다. 열 진동, 통계역학적인 요동 등의 모든 것들 때문에 이상적인 충돌과는 다른 결과가 나온다. 사실 미약하기 그지없는 양자역학적인 효과까지도 영향을 끼칠 수 있다. 불확정성 원리에 의하면 공의 위치와 운동량을 모두 정확하게 아는 것이 불가능하기 때문에 공을 정확하게 수직으로 떨어뜨릴 수도 없다. 가령 1센티미터짜리 이상적인 공 두 개가 있다고 해 보자. 10센티미터 높이에서 한 공을 다른 공 위로 떨어뜨리면 양자역학적으로 공이 안 맞게 되기 전까지 몇 번이나 튕겨낼 수 있을까? 실제로 그 회수를 계산해 보면 약 17번 정도다. 물론 실제로는 고전역학적인 현상에 의한 효과가 훨씬 크게 작용하기 때문에 이런 양자역학적 한계에 다다르는 것도 거의 불가능하다. 심지어 공을 떨어뜨리는 우리의 손조차도 브라운 운동에 의해 흔들릴 수 있다.

그러면 당구공 컴퓨터는 정말 말도 안 되는 것일까? 비록 공을 위에서 떨어뜨리는 건 아니지만 어쨌든 공을 충돌시키고 있으니 계속 오류가 누적되는 것을 피할 수는 없다. 그러면 어떻게 물리적으로 가역 컴퓨터를 구현할 수 있다고 주장할 수 있을까? 한 번 충돌할 때마다 생기는 오류율을 알면 컴퓨터가 망가지기까지 걸리는 시간을 짐작할 수 있다. 10^{-3}이면 5분, 10^{-6}이면 10분 정도 갈 수 있다. 사실 거의 도움이 안되는 수준이다.

이 시스템이 제대로 작동하려면 어떻게든 공이 똑바로 움직일 수 있도록 하는 방법이 필요하다. 홈 같은 걸 만들어서 공이 움직일 때 그 홈을 따라가게 할 수도 있다. 하지만 그렇게 하면 마찰이나 에너지 소모 등이 없을 경우 홈을 움직일 때 좌우의 흔들림이 점점 더 심해져 오류를 줄이는 데 별다른 도움이 되지 않는다. 홈을 정말 잘 만들어서 이런 문제가 없게 한다 해도 결국 홈에서의 마찰 때문에 결국 에너지가 손실될 수밖에 없다. 따라서 컴퓨터를 구동하려면 공을 끌어당겨야 한다. 공을 조금이라도 약하게 구동시킨다면 이때 필요한 에너지는 다음과 같은 비율의 최솟값이 될 것이다.

$$kT = \frac{\text{충돌할 때까지 걸리는 시간}}{\text{충돌 시 속력}} \qquad \text{식 5-37}$$

이 식은 아직 당구공 컴퓨터에 대해 깊이 분석된 적은 없다.

5.6 양자 계산

당구공 컴퓨터는 주로 고전역학 법칙에 따라 작동한다. 하지만 그 과정에서 제기된 의문점에 영감을 받아 내게 '양자역학 법칙에 따라 작동하는 컴퓨터에서는 어떻게 될까?'라고 물어온 사람들[8]도 있었다. 가령 원자 몇 개 정도의 크기에 불과한 아주 작은 컴퓨터를 만들고 싶다고 하자. 그렇다면 고전역학이 아닌 양자역학 법칙을 사용해야 할 것이다. 혹시 불확정성 원리 때문에 계산을 못하진 않을까? 꼭 그렇지는 않다. 미래의 컴퓨터가 될지도 모를 양자 컴퓨터에 대해 간략히 다루고 이 장을 마무리하겠다.

---

[8] 엮은이_ 대표적인 인물로 물리학자 폴 베니오프가 있다. ("Quantum Mechanical Models of Turing Machines that Dissipate No Energy", Phys. Rev. Lett. 48, pp. 1581–1585 참조)

여기서 절대적인 한계에 대한 질문을 한 가지 더 하고 넘어가야 할 것 같다. 바로 '컴퓨터를 얼마나 작게 만들 수 있을까?'이다. 내 생각에 이 분야에는 나도 어느 정도 공헌한 것 같다. 컴퓨터는 비행기 같은 물건과 달라서 마음대로 작게 만들 수 있다. 물론 전선[9]을 연결하기 위한 자질구레한 공학적인 문제가 있을 것이고, 출력을 확대하는 방법도 찾아야 하겠지만 여기서는 실용성보다는 이론적인 면에서 접근해 보자. 뭔가를 기록해야 하기 때문에 원자[10]보다 작게 만들 수는 없지만, 기본적으로 서로 통신을 할 수 있는 비트만 있으면 된다. 원자나 원자핵은 그 자체로 '스핀 시스템'이기 때문에 숫자로 측정 가능한 물리적인 속성을 가지고 있고, 서로 다른 숫자가 각각 하나의 상태를 나타낼 수 있기 때문에 비트를 저장할 수 있다. 원자 크기의 자석을 만들 수도 있다(화학자들의 일거리가 줄어들 수도 있겠지만, 어쨌든 원자 크기의 자석이 만들어지는 것도 발전의 한 과정이다). 여기서 핵심은 크기 면에 있어서 통계역학 및 고전역학적인 문제로 인한 제한 외에 양자역학적으로 추가되는 제한은 없다는 것이다.

여기에서 너무 자세한 내용은 다루지 않겠다. 이 주제는 여러 가지 수학적인 내용과 함께 6장에서 다시 살펴보겠다. 일단은 핵심적인 개념만 짚고 넘어가자. 우선 이상적인 양자역학계(아주 작은 것)에서 시작하고, 그 계가 둘 중 한 상태에 있을 수 있다고 가정하자. 예를 들어 둘 중 들뜬 상태는 '업^{up}', 들뜨지 않은 상태는 '다운^{down}'이라고 부르며, 이 두 상태는 양자계의 스핀을 나타낼 수도 있다. 상태의 개수가 세 개 이상이 될 수도 있지만 여기에서는 편의상 이진수를 표기하는 데 필요한 두 상태만 사용하면 된다. 업은 1, 다운은 0을 나타낸다. 이 양자역학계를 원자라고 부르기는 할 텐데, 꼭 원자가 한 개여야 하는 것은 아니고 더 복잡하

---

[9] 파인만_ 컴퓨터에 관한 이론을 연구하는 사람들 대부분은 전선을 공간을 잡아먹지 않는 아주 가는 실로 이상화시켜서 다룬다. 하지만 실제 컴퓨터 공학을 하는 사람들은 전선을 원하는 만큼 충분히 집어넣을 수 없다는 얘기를 종종 한다. 이에 관해서는 8장에서 다시 알아보겠다.
[10] 파인만_ 어떤 똑똑한 사람이 갑자기 나타나서 원자보다 더 작은 입자를 가지고 컴퓨터를 만들 가능성은 여기서 배제했다.

거나 더 간단하게 전자 한 개(전자에도 두 개의 스핀 상태가 있음)가 될 수도 있음을 잘 기억해 두자. 이러한 원자들을 특정한 방식으로 엮어서 컴퓨터를 만들 수 있다는 것이 바로 양자 컴퓨터의 기본 개념이다. 이는 우리의 입력값인 어떤 수를 나타내는 양자계(원자들이 한 줄로 연결되어 있으며, 각각의 원자들은 두 상태 중 하나에 있다)의 일부 또는 전체에서 시작한다. 시간에 따라 양자이론 법칙에 의해 자체적으로 상호작용하도록 놔두면(원자의 상태가 바뀌면서 0과 1이 움직이게 되면) 원자들이 어떤 상태에 이르게 되고, 그러한 원자들이 우리가 원하는 답을 나타내게 된다.

예를 들어 원자 한 개를 그 양자계에 집어넣는 식으로 한 비트를 입력하여 컴퓨터를 가동시키고, 계산이 다 끝나면 시스템 밖으로 원자를 내보내거나 하여 계산이 완료되었음을 알려주도록 설계할 수도 있다. 출력 비트가 1이 되기 전까지는 무엇도 신뢰할 수 없다. 이 비트를 측정한 다음 0으로 바꾸고 결과를 고정시켜 확인해 본다. 정보를 넣고 꺼내는 과정은 양자역학적인 절차는 아니며, 증폭이 문제될 뿐이다. 신기하게도 계산이 끝날 때까지 걸리는 시간을 예측하는 것은 원칙적으로 불가능하다. 프레드킨 게이트처럼 탄도적이긴 하지만, 마지막에 도착하는 답은 단지 파동 묶음$^{\text{wave packet}}$에 불과하다. 컴퓨터에 답이 있는지 없는지는 테스트를 거쳐서 알 수 있다. 6장에 나올 내가 설계한 간단한 컴퓨터의 경우에는 양자역학적인 진폭(양자계의 어떤 물리적인 성질)이 몇 가지 있어서 그것을 측정하면 계산이 어느 정도 진행되었는지 알 수 있지만, 결국 계산이 끝났는지 여부는 컴퓨터가 알려줄 때까지 기다려야 한다.

2050년 즈음에는 우리가 눈에 보이지도 않는 작은 컴퓨터가 나와 있을 수도 있다. 이 이상한 컴퓨터에 대해서는 다음 장에서 자세히 알아보자.

CHAPTER 6

양자역학적 컴퓨터

6.1 개론

6.2 가역 컴퓨터를 이용한 계산

6.3 양자역학적인 컴퓨터

6.4 불완전성과 비가역적인 자유 에너지 손실

6.5 구현 단순화 방법

6.6 결론

6.7 참고문헌

CHAPTER 6

6.1 개론

이 장[1]에서는 물리 법칙으로 인해 발생하는 컴퓨터의 물리적 한계를 분석해 보고자 한다.[2] 예를 들어 베넷[1]은 계산을 할 때 발생하는 자유 에너지 방출에 대해 자세히 연구하였으며, 에너지 소모 없이 계산을 할 수 있음을 밝혔다. 한번은 그가 양자역학과 불확정성 원리에 의한 한계 문제에 대해 생각해 보지 않겠냐고 물어왔다. 나는 컴퓨터를 작동시키려면 적어도 원자는 필요할 것이므로 원자의 크기로 인한 명백한 크기 제한 외에는 양자역학이나 불확정성 원리를 감안하더라도 다른 제한은 없다는 결론을 내렸다.

여기서 우리는 이상적인 컴퓨터를 다루겠다. 불완전성 때문에 생기는 효과는 이후에 고려할 것이다. 이 연구의 목표는 기본 원리에 초점을 맞춰서 컴퓨터 역할을 할 수 있는 계의 해밀토니안을 구하는 것이다. 우리가 다루는 시스템이 가장 효율

---

[1] 엮은이_ 6장은 Feynman, R. P. (1986). Quantum mechanical computers. Foundations of Physics, 16(6), 507-531.을 저작권자(© Optica Publishing Group) 동의 하에 수록한 내용이다. 이 장을 제대로 이해하려면 양자역학에 대한 기본적인 이해가 어느 정도 필요하다.

[2] 엮은이_ 이 장에서 쓰이는 표기법이나 스타일은 다른 장과 조금 다르지만, 파인만이 원래 쓴 느낌을 살리기 위해 그대로 두었다. 이전 장에서 다룬 내용이 일부 반복되기도 한다.

적인지 또는 그러한 시스템을 구현하는 것은 이 연구 주제에서 벗어난다.

양자역학 법칙은 시간에 대해 가역적이기 때문에 그런 가역 법칙을 따르는 계산 기관에 대해서 생각해야 한다. 이 문제는 이미 베넷[1]과 프레드킨과 토폴리[2]가 착안했으며, 이미 상당한 연구가 진행되었다. 독자들에게는 아직 생소한 개념일 수 있으므로 먼저 간략히 살펴본 다음 베넷의 결론[3]을 간단하게 정리해 보겠다. 우리가 다루는 양자계를 분석해 보면 결국 베넷의 결론을 다시 한 번 확인할 수 있을 것이다.

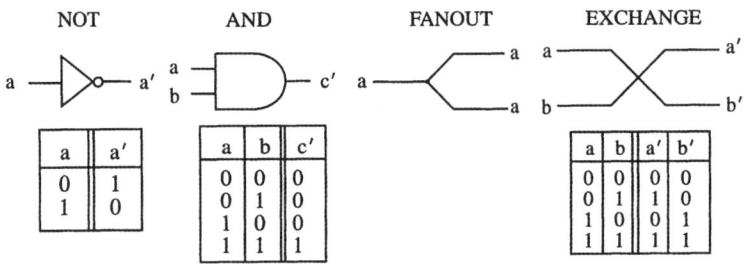

그림 6-1 기본 요소

연구 결과에 따르면, 기본 요소를 서로 연결하여 적절히 복잡한 네트워크를 만들면 범용 컴퓨터를 만들 수 있다. 고전적인 분석법에 따라 기본 요소 사이의 연결은 1과 0을 나타내는 한 개 또는 두 개의 표준 전압이 걸린 이상적인 전선이라고 생각할 수 있다. 기본 요소는 NOT과 AND, 이렇게 두 개만 있으면 된다(사실 NAND, 즉 NOT AND 하나만 있어도 충분하다. 한 입력을 1로 설정하면 나머지 입력에 대해 NOT 연산을 적용한 결과가 나오기 때문이다). [그림 6-1]에 기본 요소를 기호로 표시했으며, 각 입력의 조합에 따른 논리값도 함께 표시해 놓았다. 논리적인 관점에서 볼 때는 전선에 대한 세심한 고려가 필요하다. 다루고자 하는 양자계에서는 시스템에 따라 전선이 없을 수도 있기 때문이다. NOT과 AND 외에도 한 전선이 두 가닥으로 갈라져 나오는 FANOUT, 두 전선이 교차하는 EXCHANGE, 이렇게 두 개의 논리 기본 요소가 추가로 필요하다. 일반적인 컴퓨터에서 NOT과 NAND 기본 게이트는 [그림 6-2]와 같이 트랜지스터로 구현된다.

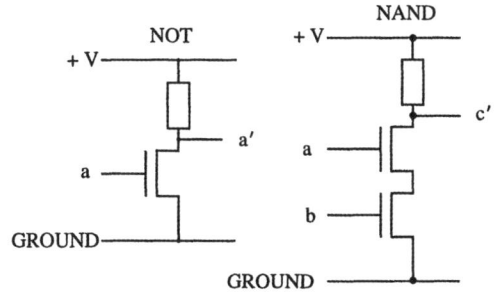

그림 6-2 NOT과 NAND를 구현한 트랜지스터 회로

이와 같은 기본 요소로 만들어진 이상적인 컴퓨터가 작동할 때 소비해야 하는 최소 자유 에너지는 얼마일까? 예를 들어 AND가 작동하면 출력선 c'은 기존 값과 무관하게 두 값 중 하나로 결정되기 때문에 엔트로피 변화는 $\log 2$ 단위가 된다. 엔트로피가 그만큼 변하면 온도가 T일 때 발열량은 $kT \log 2$가 된다. 오랫동안 이 값은 계산할 때 매 기본 단계마다 반드시 소비할 수밖에 없는 절대적인 최소 발열량이라고 여겨져 왔다.

물론 이 실눈은 이론적인 차원에 가깝다. 실제 컴퓨터에서 발열 문제가 꽤 중요하기는 하지만, 트랜지스터로 구성된 컴퓨터에서는 약 $10^8 kT$ 정도의 열량을 소비한다. 베넷[3]이 지적했듯이, 이런 열이 발생하는 이유는 전선의 전압을 바꾸기 위해서는 저항을 통해서 접지부로 연결하고, 다시 한 번 전선을 통해 저항을 거쳐서 전하를 채워야 하기 때문이다. 에너지를 인덕터 같은 데 저장할 수 있다면 낭비되는 열량을 크게 줄일 수 있을 것이다. 하지만 지금 우리가 가지고 있는 기술로는 실리콘 웨이퍼에 인덕터 소자를 만들기가 매우 까다롭다. 심지어 자연계에 존재하는 DNA 복제 메커니즘조차도 한 비트를 복사하는 데 약 $100kT$ 정도의 에너지를 소모한다. 이렇게 $kT \log 2$보다 어마어마하게 큰 에너지가 소모되고 있는 상황에서 $kT \log 2$조차도 실제 필요한 최소 에너지보다 한참 큰 값이기 때문에 최소 에너지가 0인지를 따지는 것은 비현실적이고 쓸모 없는 논의라고 생각하는 사람들도 있다. 게다가 우리는 지금처럼 10^{11}개가 아닌 한 개의 원자에 비트를 기록하는, 아주 먼 미래에나 가능할지 모르는 일도 고려해볼 것이다. 이렇게 터무니없어 보이는 일도 나 같은 교수들에게는 꽤 흥미로운 주제다. 부디 여러분도 흥미를 느끼길 바란다.

베넷은 반드시 비가역적인 기본 요소를 써야 하는 것은 아니기 때문에 기존에 알려졌던 한계가 잘못되었다고 지적했다. 가역적인 기본 요소만으로 구성된 가역적인 컴퓨터로도 계산을 할 수 있다는 것이다. 만약 가역적인 컴퓨터를 정말 만들 수 있다면 필요한 최소 자유 에너지는 복잡한 계산이나 논리적인 단계 수와는 무관하다. 출력되는 답의 비트 수마다 kT만큼의 자유 에너지만 소모될 뿐이다. 하지만 다음 계산을 위해 컴퓨터를 초기화하는 데 필요한 자유 에너지로 볼 수 있는 이 에너지조차도 계산 결과, 또는 다른 지점으로 전송하려 한다면 그 결과에 들어 있는 정보를 가지고 할 일의 일부분으로 간주될 수 있다. 이 한계는 오직 가역 컴퓨터에서 무한히 느린 속도로 계산할 경우에만 이룰 수 있는 이상적인 값이다.

6.2 가역 컴퓨터를 이용한 계산

이제 범용 컴퓨터를 만드는 데 사용할 수 있는 3가지 가역 기본 요소(토폴리[4])에 대해 알아보자. 첫 번째 기본 요소는 아무 정보도 잃지 않기 때문에 가역적인 NOT 게이트다. NOT 게이트를 한 번 더 거치면 원래 정보를 알 수 있기 때문이다. 기존의 NOT 게이트 기호는 모양이 비대칭적이기 때문에 여기서는 선 위에 X 표시를 한 기호를 사용하겠다([그림 6-3]의 (a) 참조).

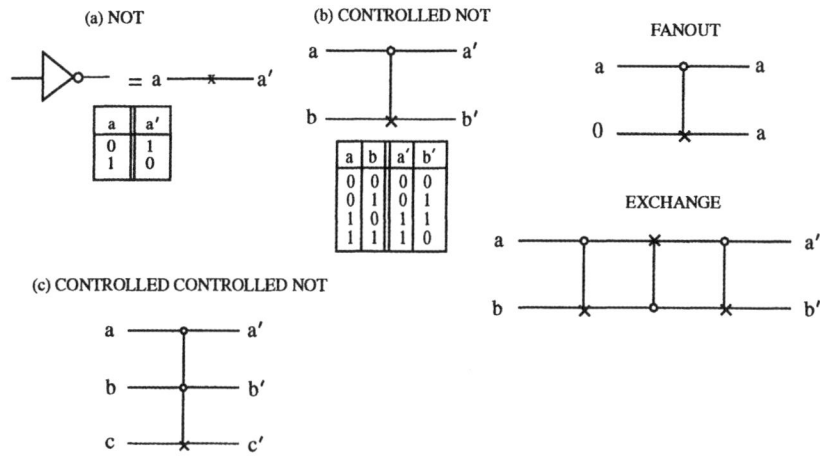

그림 6-3 가역적인 기본 요소

두 번째 기본 요소는 CONTROLLED NOT(CN)이다([그림 6-3]의 (b) 참조). 들어가는 선이 두 개(a,b), 나가는 선이 두 개(a',b')있으며, a'은 제어선으로 항상 a와 똑같은 값을 갖는다. 제어선이 활성화되어 $a=1$이면 b'은 NOT b가 된다. 반면 $a=0$이면 b가 그대로 출력되어 $b'=b$가 된다. 각 입력값에 대한 출력값은 아래에 나와 있다. a',b'에 CN을 반복하면 처음에 입력된 a,b 값을 다시 구할 수 있다. b'은 사실 a와 b에 대해 XOR, 즉 배타적 OR 연산을 수행한 결과다. 즉 a 또는 b 둘 중 하나만 1인 경우에만 1이고, 그렇지 않으면 0이다. 이 값은 a와 b의 합을 2로 나눴을 때의 나머지와 같다. a와 b를 비교해서 서로 다르면 1이고 같으면 0이라고 생각해도 된다. 주의할 점은 XOR 자체는 비가역적이라는 것이다. 예를 들어 a XOR b가 0이면 그것이 $(a,b)=(0,0)$인지 아니면 $(1,1)$인지 알 수 없다. 하지만 $a'=a$가 되도록 제어선을 남겨두면 이를 가역적으로 만들 수 있다. 여기서는 O 표시가 된 제어선과 X 표시가 된 제어선을 수직선으로 연결하여 CONTROLLED NOT을 표기하겠다. 이 요소는 FANOUT 역할도 할 수 있다. $B=0$이면 a가 b' 선으로 복사되어 나오기 때문이다. 이런 COPY 기능은 나중에 중요한 역할을 한다. 이를 한 쌍의 선에 세 번 연속으로 적용하면 입력선을 서로 교환하는 EXCHANGE 기능도 구현할 수 있다. 이때는 제어선을 왔다 갔다하며 바꿔줘야 한다.

그러나 지금까지 설명한 두 기본 요소만 가지고는 임의의 논리 함수를 만들 수 없으므로 세 개의 선을 사용하는 기본 요소가 필요하다. 이때는 CONTROLLED CONTROLLED NOT(CCN)이라는 게이트를 사용하자. CCN에서는 제어선인 a, b가 바뀌지 않으며 c는 제어선이 둘 다 활성화되어 있을 때, 즉 $a = 1$이고 $b = 1$일 때만 NOT c가 된다. 그렇지 않은 경우에는 $c' = c$ 그대로이다. 특히 세 번째 입력인 c가 0이라면 a와 b 둘 다 1일 때만 $c' = 1$이 되므로 AND 기능이 구현된다(표 6-1).

표 6-1 G에서 0이 아닌 값을 가지는 행렬 원소

A	B	C	A'	B'	C'
0	0	0	0	0	0
0	0	1	0	0	1
0	1	0	0	1	0
0	1	1	0	1	1
1	0	0	1	0	0
1	0	1	1	0	1
1	1	0	1	1	0
1	1	1	1	1	1

AND (a, b) 함수는 (a, b)의 세 가지 조합 $(0, 0), (0, 1), (1, 0)$에 대해 모두 0이 되기 때문에 가역 연산이 가능하려면 두 비트가 더 필요하다. 이 두 비트는 입력선 a, b에 저장되는 셈이다. AND 함수는 a와 b를 더했을 때의 올림수 비트에 해당된다.

이 세 요소들을 조합하면 모든 논리 회로를 구성할 수 있으며 실제로 범용 컴퓨터도 만들 수 있다는 사실은 컴퓨터 과학에서 잘 알려져 있다. 간단한 예를 들어보자. 우선 [그림 6-4]처럼 CCN과 CN을 순서대로 사용하면 $a, b, 0$이 입력선으로 들어왔을 때 맨 위의 선에서는 a, 두 번째 선에서는 a와 b의 합(SUM), 그리고 세 번째 선에서는 올림수(CARRY)가 나온다.

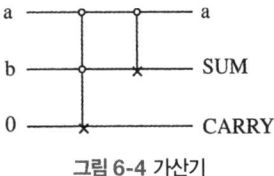

그림 6-4 가산기

또한 [그림 6-5]처럼 이전 덧셈으로부터 넘어온 올림수 c와 다시 덧셈을 처리할 두 선 a, b, 그리고 0이 입력되는 또 다른 입력선 d를 받아 계산하는 전가산기^{full} ^{adder}를 만들 수도 있다.

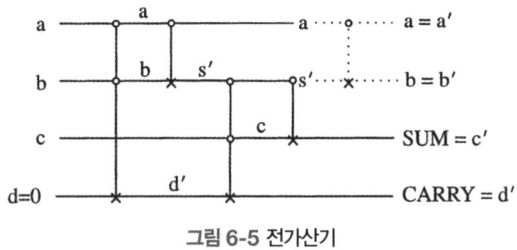

그림 6-5 전가산기

이 가산기를 만들려면 총 네 개의 기본 요소를 연결해야 한다. 이때 a, b, c의 총합과 올림수 외에도 나머지 두 선을 통해 두 개의 정보가 더 출력된다. 하나는 처음에 계산을 시작할 때 썼던 a이고, 다른 하나는 중간에 계산하는 과정에서 만들어진 값이다.

가역 시스템에서는 이런 일을 흔하게 볼 수 있다. 출력되는 내용 중에는 반드시 필요한 것 외에 불필요한 쓰레기도 들어있다. 이 경우뿐만 아니라 일반적으로 다른 모든 경우에도 입력된 값이 쓰레기로 나오도록 조절할 수 있다. [그림 6-5]에 점선으로 표시해 놓은 것처럼 맨 위 두 선에 CONTROLLED NOT만 추가하면 a와 b가 쓰레기로 나온다(회로를 더 간단하게 만들 수도 있지만, 여기서는 설명을 위해 이런 식으로 구성하였다).

Chapter 6 양자역학적 컴퓨터 277

이런 식의 다양한 조합을 통해 n 비트를 가역적으로 n 비트로 변환하는 일반적인 논리 장치를 만들 수 있다. 풀어야 할 문제가 가역적이라면 쓰레기가 생기지 않을 것이고, 일반적인 경우에는 연산을 되돌리기 위해 필요한 정보를 저장할 선이 추가로 필요하다. 이런 경우 쓰레기가 생길 수도 있지만 일반적인 시스템에서 할 수 있는 모든 기능을 구현할 수 있다. 쓰레기에는 모든 과정을 원상복귀하는 데 필요한 정보가 들어있다. 그렇다면 쓰레기는 얼마나 필요할까? 일반적으로 구하고자 하는 출력 데이터가 k 비트라면, 기본 입력과 함께 모두 0으로 채워진 k 비트를 시작점으로 삼아 최초 입력 데이터와 결과가 들어있는 출력 데이터만 나오게 할 수 있다. 이 연산은 입력과 출력을 모두 알고 있어 모든 것을 원상복귀시킬 수 있으므로 가역적인 구성이다. 이렇게 하면 언제나 가역적으로 계산할 수 있다. 관련 내용은 [그림 6-6]에 표시되어 있다.

입력 데이터와 여러 개의 0을 받아 원하는 결과와 쓰레기 데이터를 생성하는 M이라는 기계가 있다고 하자. CONTROLLED NOT을 쓰면 복사 연산을 할 수 있다. 따라서 출력을 저장할 수 있는 k 비트의 빈 레지스터가 있다면 M이라는 처리기에서 연산이 끝난 다음 출력 값을 그 레지스터에 복사할 수 있다(그림 6-6).

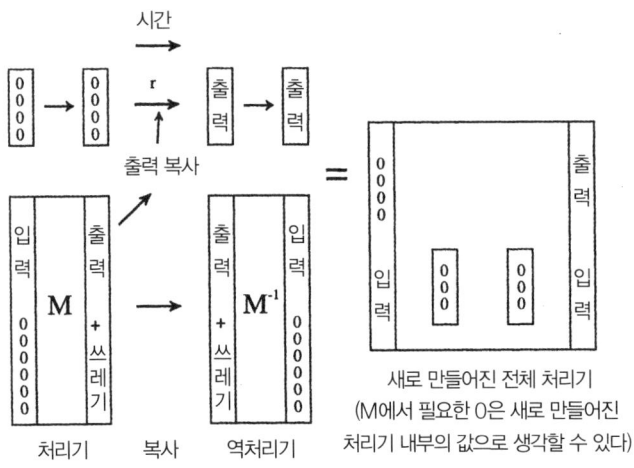

그림 6-6 쓰레기를 없애는 방법

M과 반대로 작동하는 기계를 만들 수도 있다. 이 기계는 M의 출력과 쓰레기를 받아서 원래 입력과 0을 만들어낸다. 따라서 전체적인 기계로 보면 처음에는 출력을 위한 k개의 0이 저장된 레지스터와 입력에서 시작해 마지막에 0이 있던 자리에는 계산 결과가, 입력 데이터가 있던 자리에는 그대로 입력 데이터가 들어있는 출력으로 끝나게 된다. 처음 M에서 쓰레기를 담아두기 위해 필요했던 0들은 나중에 다시 0으로 복구되므로 전체 기계(M, M^{-1}, 복사본)에 들어있는 내부선으로 생각할 수 있다. 결과적으로는 이전에 얘기했던 것처럼 입력과 출력에 필요한 수만큼의 0이 들어있는 비트를 입력 받아 입력 비트와 계산 결과 비트를 출력하는 기계를 만들 수 있다. 따라서 생성되는 쓰레기의 용량은 입력 데이터를 그대로 출력하는 데 필요한 비트 수를 넘지 않는다.

6.3 양자역학적인 컴퓨터

이제 양자역학 법칙으로 방금 설명한 컴퓨터를 만드는 방법을 생각해 보자. 서로 상호작용하는 부분들로 이루어진 시스템의 해밀토니안^{Hamiltonian}을 만들어 볼 텐데, 이 시스템은 범용 컴퓨터 역할을 할 수 있는 대규모 시스템에서도 똑같은 식으로 작동할 것이다. 물론 큰 시스템도 양자역학 법칙을 따르긴 하지만, 열 저장체를 비롯한 다양한 부분과 상호작용을 하기 때문에 사실상 비가역적이 된다. 우리가 하려는 것은 컴퓨터를 최대한 작고 단순하게 만드는 것이다. 해밀토니안으로 내부에서 일어나는 계산 과정을 자세하게 기술하긴 하겠지만, 입력 값을 집어넣고(초기 상태를 준비하고) 출력을 읽어들이는 것과 같은 상호작용은 포함하지 않는다.

그렇다면 컴퓨터는 얼마나 작게 만들 수 있을까? 한 숫자는 얼마나 작게 표현될 수 있을까? 숫자는 1과 0으로 이루어진 비트로 표현할 수 있다. 이처럼 두 개의

상태가 있는 시스템을 원자라고 부르자. 그러면 n비트짜리 숫자는 n개의 원자들로 구성된 레지스터의 상태로 표현할 수 있다. 각 원자가 $|1\rangle$과 $|0\rangle$, 이 두 상태 중 어느 상태에 있는지에 따라 어떤 숫자든 표현할 수 있다. 그리고 레지스터에 들어있는 숫자는 각 원자들이 어떤 상태에 있는지를 결정, 또는 측정함으로써 읽어낼 수 있다. 이렇게 한 비트는 한 원자가 두 상태 중 어느 상태에 있는지로 표현할 수 있다고 하고, 두 상태는 $|1\rangle$과 $|0\rangle$이라고 부르자.

CONTROLLED CONTROLLED NOT을 예로 들어 어떻게 해야 할지 생각해 보겠다. 세 개의 원자 a, b, c가 G라는 연산을 거치면 각각 a', b', c'으로 바뀐다. 이때 a, b, c와 a', b', c' 사이의 관계는 a, b, c가 CONTROLLED CONTROLLED NOT 게이트의 입력선에 연결되었을 때 출력선으로 a', b', c'가 나올 때와 같다. 여기서 유의해야 할 점은 데이터를 어떤 위치에서 다른 위치로 옮기는 것이 아니라 그냥 원자의 상태를 바꾸는 것만 생각해야 한다. 전선으로 연결된 일반 컴퓨터처럼 한 전선에 걸린 전압이 다른 전선으로 넘어가는 게 아니고, 세 원자가 어떤 상태에 있을 때 연산을 수행하면 a', b', c'라는 새로운 상태로 바뀌는 더 간단한 상황인 것이다. 수학적으로 표현하자면 $|a', b', c'\rangle$이라는 상태는 $|a, b, c\rangle$ 상태에 단순히 G라는 연산을 적용한 결과라고 할 수 있다. 양자역학에서 상태를 변화시키는 연산은 선형 연산이므로 G도 선형이라고 가정하자. 따라서 G는 행렬이며, G의 행렬 원소인 $G^{a', b', c', a, b, c}$는 [표 6–1]과 같은 값을 가진다.

[표 6–1]은 CONTROLLED CONTROLLED NOT의 진리표와 같다. 이 연산은 분명히 가역적이며, 수학적으로 표현하면 $G^*G = 1$이다. 여기에서 *은 에르미트 수반연산자$^{\text{Hermitian adjoint}}$를 의미한다. 다시 말해 G는 유니터리^{unitary} 행렬이다 (사실 여기에 있는 G는 $G^* = G$인 실행렬$^{\text{real matrix}}$이기도 하지만, 모든 유니터리 행렬이 실행렬인 것은 아니다). 좀 더 구체적으로 이 G에 대해서 $A_{ab, c'}$을 구해 보자. 그리고 다른 기본 연산도 A 행렬을 아래 첨자만 바꿔서 표현해 보겠다.

우선 가장 간단한 예로, A_a로 표현할 수 있는 NOT은 다음과 같이 간단한 행렬로 나타낼 수 있다.

$$\begin{bmatrix} 0 & 1 \\ 1 & 0 \end{bmatrix}$$ 식 6-1

이 행렬은 2×2 행렬로, 다양한 표기법으로 표현할 수 있지만 여기서는 생성 및 소멸 연산자를 이용해 정의한다. 한 개의 줄 a에 대해 연산하는 경우를 생각해 보자. 우선 a 원소에 있는 1을 소멸시켜서 0으로 변환하는 행렬은 다음 식과 같다.

$$\underline{a} = \begin{bmatrix} 0 & 0 \\ 1 & 0 \end{bmatrix}$$ 식 6-2

$\underline{a}$는 $|1\rangle$ 상태를 $|0\rangle$으로 바꿔준다. 하지만 그 원자의 상태가 원래 $|0\rangle$이었다면 a 연산을 수행한 결과는 0이 될 것이다. 즉, 그 상태에서 이 연산을 적용하면 상태는 바뀌지 않고 0이라는 숫자만 나온다. 이 연산의 켤레 연산은 다음과 같다.

$$\underline{a}^* = \begin{bmatrix} 0 & 1 \\ 0 & 0 \end{bmatrix}$$ 식 6-3

이 연산은 0 상태를 1 상태로 만드는 생성 연산자로, $|0\rangle$을 $|1\rangle$로 바꿔준다. 그러나 $|1\rangle$ 상태에 이 연산을 적용하면 더 만들 상태가 없기 때문에 그냥 숫자 0만 나올 뿐이다. $\underline{a}$와 $\underline{a}^*$만 있으면 2×2 행렬로 표시되는 모든 연산자를 표현할 수 있다. 예를 들어 $\underline{a}^*\underline{a}$는 다음과 같다.

$$\underline{a}^*\underline{a} = \begin{bmatrix} 1 & 0 \\ 0 & 0 \end{bmatrix}$$ 식 6-4

이 행렬을 N_a라고 부르자. 이 연산자를 적용하면 $|1\rangle$ 상태일 때는 1이, $|0\rangle$ 상태일 때는 0이 나온다. 즉, 그 원자가 나타내는 상태의 숫자를 알려준다. 마찬가지로 $\underline{a}\underline{a}^*$는 [식 6-5]와 같은 행렬이 되며, $1-N_a$로 쓸 수 있다.

$$\underline{a}\underline{a}^* = \begin{bmatrix} 0 & 0 \\ 0 & 1 \end{bmatrix}$$
식 6-5

이 연산자는 아까와는 반대로 |1⟩에서는 0이, |0⟩에서는 1이 나온다. 1은 다음과 같은 대각 행렬로 표현한다.

$$\begin{bmatrix} 1 & 0 \\ 0 & 1 \end{bmatrix}$$
식 6-6

결과적으로 $\underline{a}\underline{a}^* + \underline{a}^*\underline{a} = 1$이다.

따라서 NOT 연산에 해당하는 행렬은 $A_a = \underline{a} + \underline{a}^*$로 나타낼 수 있으며, 가역적이어서 $A_a^* A_a 1$, 즉 A_a는 유니터리 행렬이다. 같은 방식으로 CONTROLLED NOT에 해당하는 행렬 $A_{a,b}$도 구할 수 있다. CONTROLLED NOT의 진리표(그림 6-3)를 보면 다음과 같이 쓸 수 있음을 알 수 있다.

$$\underline{a}^*\underline{a}\,(\underline{b} + \underline{b}^*) + \underline{a}\underline{a}^*$$
식 6-7

첫 번째 항에는 $\underline{a}^*\underline{a}$가 있어서 $a = 1$인지 확인한 다음, 그 조건이 만족되면 b에 NOT 연산인 $\underline{b} + \underline{b}^*$를 적용한다. 두 번째 항은 a 선이 0인 조건을 선택하는 부분으로, 이때는 b가 그대로 유지되어야 하므로 b에 대한 단위 행렬이 적용된다. 이 연산은 $1 + \underline{a}^*\underline{a}\,(\underline{b} + \underline{b}^* - 1)$이라고도 쓸 수도 있는데, 여기서 1은 아무 변화 없이 그대로 통과하는 모든 선을 나타내지만 a가 1인 경우에는 b를 그대로 두는 대신 b에 NOT을 적용하도록 해야 한다. CCN을 나타내는 행렬은 다음과 같이 쓸 수 있다.

$$A_{ab,c} = 1 + \underline{a}^*\underline{a}^*\underline{b}\,(\underline{c} + \underline{c}^* - 1)$$
식 6-8

이 연산자도 위에서 설명한 것과 같은 방법으로 이해할 수 있다.

지금까지 알아본 기본 요소의 조합으로 이루어진 일반적인 논리 장치는 행렬로 어떻게 표현할 수 있을까? 앞에서 살펴본 전가산기(그림 6-5)를 예로 들어보자.

여기서는 a, b, c, d로 표현되는 네 개의 선이 필요하다. d가 항상 0이어야 하는 것은 아니므로 일반적인 모든 값에 대해 연산이 어떤 식으로 돌아가는지 알아보자(d가 1로 바뀌면 d'은 d가 0일 때의 NOT 값이 된다). 전가산기는 a', b', c', d' 이렇게 네 개의 새로운 수를 만들어낸다. 우리가 생각하고 있는 시스템에는 a, b, c, d라는 네 개의 원자가 있고, 그 원자들에 $|a,b,c,d\rangle$라는 레이블이 붙어있는 상태며, M이라는 행렬을 적용시키면 논리 장치가 작동한 결과에 맞도록 $|a',b',c',d'\rangle$ 상태로 간다고 생각하면 된다. 즉 $|\Psi_{\text{IN}}\rangle$이 4비트의 입력 상태를 나타낸다면, M은 이 네 비트의 출력 상태인 $|\Psi_{\text{OUT}}\rangle = M |\Psi_{\text{IN}}\rangle$을 만들어내는 행렬이다. 예를 들어 입력 상태가 $|1,0,1,0\rangle$이라면 출력 상태는 $|1,0,0,1\rangle$이어야 한다. 첫 번째와 두 번째 선인 a', b'는 들어온 그대로 나가므로 1, 0이어야 하며, $d = 0$이기 때문에 마지막 두 자리 c', d은 a, b, c의 합과 올림수를 나타내므로 0, 1이 된다. 이 전가산기의 행렬 M은 다섯 개의 기본 연산을 순차적으로 적용한 결과로 볼 수 있으므로, 각 기본 연산에 해당하는 행렬들을 순서대로 곱한 행렬이 바로 M이 된다.

$$M = A_{a,b} A_{b,c} A_{bc,d} A_{a,b} A_{ab,d} \qquad \text{식 6-9}$$

첫 번째로 적용되는, 즉 맨 오른쪽에 있는 행렬은 $A_{ab,d}$로 CCN을 나타내며, a와 b는 제어선이고 d선에 NOT이 적용되는 연산을 나타낸다. [그림 6-5]를 보면 나머지 행렬들이 무엇을 뜻하는지 쉽게 알 수 있을 것이다. 예를 들어 마지막 행렬 A_{ab}는 CN으로, a선이 제어선이고 b선에 NOT이 적용된다. 모든 A들이 유니터리이므로 이 행렬 M도 유니터리이며 $M^*M = 1$이 성립한다. 즉, M은 가역 연산이며 그 역연산은 M^*이다.

그러면 일반적인 문제는 다음과 같다. 어떤 논리 장치에서 n행에 대해 연속적으로 처리할 $A_1, A_2, A_3, \ldots, A_k$라는 연산이 있다고 하자. 각 A가 간단한 행렬이라고 하면 그 목적을 달성하기 위해 필요한 $2^n \times 2^n$ 행렬 M은 $A_k \ldots A_3 A_2 A_1$이라는 행렬곱으로 나타낼 수 있다. 이렇게 간단한 기본 요소를 만드는 방법을 알고 있다면 M은 어떤 물리적 방법으로 만들어낼 수 있을까?

일반적으로 양자역학에서 입력 상태를, Ψ_{IN}, 시스템의 해밀토니안을 H라고 하면 시간 t에서의 출력 상태는 $e^{iHt}\Psi_{\text{IN}}$이다. 시간 t가 주어졌을 때 M이 비가환$^{\text{non-com-muting}}$ 행렬의 곱이라고 하면, 각 행렬 자체의 특성으로부터 $M = e^{iHt}$을 만족시키는 해밀토니안을 알아내는 것은 매우 어려워 보인다.

그러나 특정 시간 t에서 e^{iHt}을 $1 + iHt - H^2t^2/2 \ldots$ 같은 식으로 전개하면 H 연산자를 한 번, 두 번, 세 번 등 여러 번 반복해서 적용하여 결국 이런 확률이 중첩되어 총 상태가 만들어짐을 알 수 있다. 따라서 A 행렬들의 조합 문제는 다음과 같은 방식으로 풀 수 있음을 알 수 있다. 먼저 레지스터에 들어있는 n개의 원자에 $k+1$개의 원자를 새로 추가한다. 이 원자들을 '프로그램 카운터 사이트'라고 부른다. $i = 0$부터 k까지라고 하고, i번째 프로그램 사이트에 대한 소멸 및 생성 연산자가 각각 q_i와 q_i^*라고 하자. 비어있는 상태에서 다른 비어있는 상태로 이동하는 전자를 프로그램 카운터 사이트로 예를 들면, 한 사이트에 전자가 차 있으면 그 상태는 $|1\rangle$이고, 비어 있으면 $|0\rangle$이다.

해밀토니안은 [식 6-10]과 같이 쓸 것이다.

$$H = \sum_{i=0}^{k-1} q_{i+1}^* \quad q_i A_{i+1} + \text{복소켤레} \qquad \text{식 6-10}$$
$$= q_1^* q_0 A_1 + q_2^* q_1 A_2 + q_3^* q_2 A_3 + \cdots + q_0^* q_1 A_1^* + q_1^* q_2 A_2^* + q_2^* q_3 A_3^* + \cdots$$

이 식에서 가장 먼저 주목할 것은 프로그램 사이트가 비어 있어서 모든 프로그램 원자가 처음에 0 상태라면 아무 일도 일어나지 않는다는 것이다. 왜냐하면 해밀토니안에 있는 모든 항이 소멸 연산자로 시작하고 그 값이 0이 되기 때문이다.

그 다음으로 주목할 점은, 프로그램 사이트 중 하나만 차 있고($|1\rangle$상태) 나머지는 전부 비어 있다면($|0\rangle$상태) 이러한 상황은 변하지 않는다는 점이다. 사실 $|1\rangle$

상태에 있는 프로그램 사이트의 수는 보존량이다. 이 컴퓨터가 작동할 때는 모든 사이트가 비어 있거나(아무 일도 일어나지 않거나) 한 사이트만 차 있다고 가정하자. 정상적인 동작 중에는 두 개 이상의 프로그램 사이트가 차 있는 일은 절대 없다.

우선 0번 사이트가 차 있고($|1\rangle$ 상태) 나머지는 모두 비어 있는($|0\rangle$) 상태) 초기 상태에서 시작해 보자. 나중에 마지막 사이트인 k가 $|1\rangle$ 상태에 있고 나머지는 모두 $|1\rangle$ 상태라면, n개의 레지스터에 $A_k \ldots A_2 A_1$, 즉 행렬 M이 곱해진 것이라고 할 수 있다.

작동 과정은 다음과 같이 설명할 수 있다. 레지스터가 임의의 초기 상태 Ψ_{IN}, 즉 프로그램 카운터 사이트 중 0번 사이트가 차 있는 상태에서 시작한다고 가정하자. 그러면 해밀토니안을 여러 번 연속해서 적용할 때 첫 번째 연산에서는 첫 번째 항인 $q_1^* q_0 A_1$만 작용한다. 여기서 q_0은 0번 사이트를 비어 있는 사이트로 바꾸고, q_1^*는 1번 사이트를 차 있는 사이트로 바꾼다. 따라서 $q_1^* q_0$는 단순히 차 있는 상태를 0번 위치에서 1번 위치로 바꾸는 역할을 한다. 그런데 여기에 n개의 레지스터 원자에만 작용하는 행렬 A_1이 곱해지므로 이 연산은 n개의 레지스터 원자의 초기 상태에 A_1을 곱한 결과가 나온다. 이제 이 해밀토니안이 두 번째로 적용되면 첫 번째 항에서는 아무 일도 하지 않는다. q_0이 0번 사이트에 작용되면 빈 상태이므로 0밖에 나오지 않기 때문이다. 이번에 작용 가능한 항은 차 있는 점을 움직이게 할 수 있는 두 번째 항인 $q_2^* q_1 A_2$이다. 이렇게 차 있는 점을 '커서'라고 부르자. 커서는 1번 사이트에서 2번 사이트로 움직이지만 이번에는 레지스터에 A_2 행렬이 작용하므로 레지스터에는 $A_2 A_1$ 행렬이 적용된다. 이렇게 해밀토니안의 첫 번째 줄만 살펴보면 해밀토니안이 연속적으로 작용하면서 커서는 순서대로 0에서 k로 움직이고, 그 과정에서 n개의 레지스터 원자에 행렬 A들이 작용하게 되어 결과적으로 전체 M을 구성하게 된다.

하지만 해밀토니안은 에르미트 연산자여야 하므로 이 모든 연산자의 복소 켤레 연산자가 있어야 한다. 어떤 단계에서 커서가 2번 사이트에 있다면 레지스터에 A_2A_1 행렬이 작용하게 된다. 이제 차 있는 상태의 위치를 다른 위치로 옮길 q_2는 첫째 줄이 아닌 둘째 줄에서 올 수도 있다. 즉, 커서를 2번 위치에서 1번 위치로 되돌려 놓는 $q_2^*q_1A_2$ 항으로부터 올 수도 있는 것이다. 하지만 이렇게 되면 레지스터에 A_2^*가 작용해 전체 연산자는 $A_2^*A_2A_1$이 되고, $A_2^*A_2$는 1이므로 해당 연산자는 그냥 A_1이 된다. 커서가 다시 1번 위치로 되돌아오면 결과적으로 레지스터에 A_1 연산자만 작용되는 셈이다. 이런 식으로 해밀토니안의 여러 항에 의해 커서가 앞뒤로 움직이면서 A가 계속 쌓이기도 하고 서로 상쇄되기도 한다. 예를 들어, 어떤 단계에서 커서가 j사이트에 있다면 A_1에서 A_j까지의 행렬이 순서대로 n개의 레지스터에 작용된 것이다. j사이트에 있는 커서가 0에서 j까지 쭉 움직였는지 아니면 앞뒤로 왔다 갔다 하다 보니 j사이트에 온 것인지는 중요하지 않다. 따라서 커서가 k사이트에 있다면 n개의 레지스터 원자의 초기 상태에는 우리가 의도한 대로 행렬 M이 작용한 결과가 나오는 것이 증명되었다.

그렇다면 이 컴퓨터를 어떻게 작동시킬 수 있을까? 입력 비트를 레지스터에 집어넣고 커서가 0번 사이트를 차지하도록 만드는 것부터 시작하자. 그리고 나서 전자 산란 실험 등의 방법으로 k번 사이트가 비었는지, 아니면 그 사이트에 커서가 도달했는지 확인한다. 커서가 k번 사이트에 있는 것으로 밝혀진 순간 그 커서를 없애 버리면 프로그램 행을 따라 되돌아갈 수 없게 되고, 그러면 레지스터에 출력 데이터가 들어있게 된다. 우리는 그 데이터를 측정하기만 하면 된다. 물론 이러한 측정 및 판단 과정에는 외부의 개입이 필요할 테지만, 그 부분은 여기서 고려하고 있는 컴퓨터에는 포함되지 않는다. 실제 컴퓨터는 궁극적으로 데이터를 집어넣고 꺼내는 과정에서 외부와 상호작용을 할 수 있도록 만들어야 하지만 말이다.

수학적으로 보면 커서가 프로그램 행 위아래로 전파되는 방식은 A 연산자가 해밀토니안에 들어있지 않은 경우에도 똑같이 작동한다. 즉, 이미 많이 연구되어 있는 1차원에서의 타이트 바인딩[3] 전자 또는 스핀 파동의 전파 등에서 잘 알려진 것과 비슷하다. 행 위아래로 이동하는 파동들이 있으며, 특정한 모양의 파동 묶음을 만들 수도 있다. 컴퓨터 작동 방식을 개선시켜서 다음과 같은 식으로 탄도적으로 작동하게 할 수도 있다. 실제로 계산할 때 쓰는 내부적인 사이트 외에 다른 사이트들로 이루어진 행을 추가해 보자. 마치 앞뒤에 여러 사이트를 추가하는 것이다. 각각 행렬 A는 없고 그냥 1이 곱해지는, 0보다 작고 k보다 큰 q_i에 대한 인덱스 i 값이 있다고 보면 된다. 그러면 더 긴 스핀 사슬이 있어서 커서를 처음 시작 사이트인 0에 정확히 놓는 대신 다양한 사이트에 걸쳐 서로 다른 진폭을 가지는 초기 커서를 설정할 수 있다. 이는 거의 정확한 운동량을 갖는 폭이 넓은 파동 묶음 형태의 초기 입력 스핀 파동을 나타낸다. 그 결과 이 스핀 파동은 컴퓨터 전체를 탄도적인 방식으로 통과하여 프로그램 사이트 행에 추가한 바깥쪽 꼬리 부분으로 나오게 되고, 거기에서는 그 파동을 더 쉽게 확인할 수 있으며, 어딘가 다른 곳으로 이동시켜서 커서를 잡기도 더 쉬워진다. 이런 식으로 논리 장치는 탄도적인 방식으로 작동할 수 있다.

지금까지 설명한 내용은 적어도 컴퓨터 과학 분야에서는 매우 중요한 부분이며, 범용 컴퓨터를 만들 수 있다는 가능성을 보여준다. 어떤 논리 장치든 만들 수만 있다면 범용 컴퓨터를 만들 수 있기 때문이다. 어느 정도 경험이 없다면 지금 논의한 내용만 가지고는 기본 요소의 구성 및 분기가 가능한 범용 컴퓨터를 만들 수 있다는 사실을 분명하게 받아들이기 힘들 수도 있다. 이와 관련된 내용은 나중에 더 자세하게 논의하겠다.

---

[3] 옮긴이_ tight-binding. 밀접 결합 또는 꽉묶음으로 옮기기도 한다.

6.4 불완전성과 비가역적인 자유 에너지 손실

불완전성 같은 부분은 더 살펴봐야 할 문제점이 몇 가지 있다. 이 컴퓨터에 있는 불완전성의 원인은 다양하지만, 가장 먼저 생각해 볼 것은 프로그램 행에서 결합의 계수가 정확하게 똑같지 않을 가능성 문제다. 행이 아주 길어지면 실제 계산 과정에서 조금만 틀어져도 산란 가능성이 미약하게나마 생기고, 결과적으로 파동이 정확하게 탄도적으로 나가지 못해 앞뒤로 튈 수도 있다. 예를 들어 평범한 물리적 원자들을 가지고 이 시스템을 만든다면 원자의 열적 진동으로 인해 결합이 약간 바뀌면서 불완전한 부분이 생길 수 있다(사실 어느 정도 노이즈가 있어야 커서가 잡힐 수 있는 얕은 트래핑 영역이 생겨난다). 계산 단계마다, 즉 커서가 $i \to i+1$로 넘어갈 때마다 커서의 운동량이 무작위적이 될 확률이 p이고(수송 평균 자유 경로는 $1/p$이 된다) 이 p는 충분히 작다고 가정하자. 그러면 매우 긴 계산의 경우 파동이 반대편 끝으로 나오기까지 매우 오랜 시간이 걸릴 것이다. 산란 때문에 여러 번 앞뒤로 왔다갔다 해야 하기 때문이다. 이런 경우에는 외력으로 커서를 프로그램 행을 따라 끌어당기는 방법을 쓸 수 있을 것이다. 예를 들어 커서가 비어 있는 사이트 사이를 옮겨다니는 전자라면 전선을 따라 전기장을 거는 식으로 외력을 가할 수 있으며, 이때 불완전성, 즉 산란 가능성 때문에 저항이 생기는 것이다. 이런 경우 외력에 의해 에너지가 어느 정도 소모될지를 계산할 수 있다.

이런 분석은 사실 매우 간단한 편이다. 어떤 평균 자유 경로를 가지는 전자의 움직임을 고전적으로 분석하는 것에 불과하기 때문이다. 커서가 산란될 때마다 앞이나 뒤로 무작위로 산란된다고 가정하자. 물론 컴퓨터가 작동하려면 뒤로 돌아가는 확률보다는 앞으로 나가는 확률이 더 높아야 한다. 산란이 일어날 때 엔트로피의 손실은 커서가 앞으로 갈 확률을 뒤로 갈 확률로 나눈 값의 로그 값이다. 근사적으로 계산하면 (앞으로 갈 확률 − 뒤로 갈 확률) / (앞으로 갈 확률 + 뒤로 갈 확률)이 산란당 엔트로피 감소량이 된다. 더 중요한 값은 알짜 계산 단계당 엔트로피 감소량인데, 이 값은 그냥 p에 숫자를 곱한 값이 된다. 계산 단계당 엔트로피 비용을 구하는 식은 다음과 같다.

$$p \, v_D/v_R \qquad \text{식 6-11}$$

여기서 v_D는 커서의 표류 속도$^{\text{drift velocity}}$이고, v_R은 무작위적 운동의 속도$^{\text{random velocity}}$이다. 이 식은 p에 계산을 수행할 수 있는 최소 시간(모든 단계에서 앞으로만 나가는 경우에 걸리는 시간)을 곱하고 실제 가능한 시간으로 나눈 값이라고 이해할 수도 있다. 그러면 단계당 자유 에너지 감소량은 kT에 p를 곱하고 계산을 수행할 수 있는 최소 시간을 곱한 다음, 이를 실제로 계산을 수행하는 데 걸리는 시간으로 나눈 값이 된다. 이 공식은 베넷이 처음 유도한 것이다. p는 타력 인자$^{\text{coasting factor}}$로, 모든 사이트에서 커서를 무작위적으로 산란시키는 것이 아닌 아주 작은 확률을 가지는 상황을 나타낸다. 여기에서 단계당 에너지 소모량은 단순히 kT가 아니라 이를 두 인자로 나눈 값이다. 하나는 $1/p$로 컴퓨터를 얼마나 완벽하게 만들 수 있는지를 나타내며, 다른 하나는 계산을 수행하는 데 걸리는 시간에 비례하는 값이다. 이는 가역적으로 작동하기 위해 매우 느리게 작동해야 하는 카르노 엔진과도 아주 흡사하다. p가 0이거나 계산 시간이 무한히 오래 걸리는 이상적인 컴퓨터라면 평균 에너지 소모량이 0이 될 수 있다.

에너지와 시간의 불확정성 관계를 다루는 불확정성 원리는 여기서는 직접적인 문제가 되지 않는다. 우리가 생각하는 컴퓨터에는 계산하는 장치가 들어있기는 하지만, 커서가 움직이는 시간이나 반대쪽 끝에서 출력 레지스터를 측정하는 데 걸리는 시간(계산을 완료하는 데 걸리는 시간)은 정확하게 정해져 있지 않다. 이는 확률적인 문제이기 때문에 계산이 끝날 때까지 걸리는 시간은 상당히 불확실하다. 커서 에너지의 불확정성과 연관된 손실은 없다. 적어도 계산 단계의 개수에 비례하는 손실은 없다. 물론 완벽한 기계에서 탄도 계산을 하려면 원래 파동에 어느 정도 에너지를 집어넣어야 하겠지만, 프로그램 행의 끝으로 나올 때는 최종 파동에서 다시 그 에너지를 없앨 수 있다. 연산자의 불확정성 및 측정의 가역성과 관련된 모든 문제는 입출력 기능과 연관된다. 컴퓨터 자체의 양자적인 본질로 인해 생기는 문제는 없다. 즉, 계산 단계의 수에 비례하여 양자적인 문제가 생기지는 않는다.

지금 설명하는 컴퓨터에는 불완전성 때문에 생기는 다른 문제들이 매우 많다. 예를 들어 데이터를 저장하는 레지스터에는 같은 레지스터 안에 있는 원자들끼리 상호작용하거나 레지스터에 있는 원자와 프로그램 행에 있는 원자가 상호작용하여 혼선이 생길 수 있다. 즉, 앞에서 세웠던 해밀토니안에 다른 작은 값을 가지는 항이 끼어들어서 문제가 생길 수도 있는 것이다. 일반 컴퓨터에서 연구된 오류 수정 코드 등으로 이런 문제를 일부 해결할 수는 있을 것이다. 하지만 지금 논의하고 있는 컴퓨터를 구체적으로 구현한 장치가 나오기 전에는 혼선 등의 효과를 제대로 분석할 수 없다. 어찌 됐든 이러한 문제들은 실제 컴퓨터를 만드는 데 매우 중요한 문제가 될 것이다. 양자 컴퓨터는 매우 예민해서 사소한 불완전성도 꽤 중대한 문제를 일으킬 수 있다.

계산을 한 단계 수행하는 데 걸리는 시간은 해밀토니안 항에 있는 상호작용의 에너지 또는 세기에 의해 달라진다. 해밀토니안의 각 항은 대략 0.1 eV 수준이므로 커서가 탄도적으로 한 칸 이동하는 데는 약 6×10^{-15}초 정도가 걸릴 것이다. 사실 이 속도가 엄청나게 향상된 것이라고 할 수는 없다. 지금 나와 있는 트랜지스터의 시간 지연 값에 비해 네 자리 정도밖에 나아지지 않은 것이며, 여러 광학 시스템에서 이룰 수 있는 매우 짧은 시간에 비하면 그리 빠르지도 않다.

6.5 구현 단순화 방법

우리가 처음에 하려던 일, 즉 계산을 수행할 수 있는 시스템의 양자역학적 해밀토니안을 구하는 일은 끝났다. 하지만 더 단순하게 구현하는 방법을 조금 더 생각해 보자. 앞에서 만들었던 해밀토니안에는 5개의 원자 사이에서 일어나는 특별한 유형의 상호작용과도 연관시킬 수 있는 항이 포함되어 있다. 예를 들어 그 중 세 개는 CCN의 레지스터에 대응되고, 나머지 두 개는 프로그램 카운터에 나란히 있는 사이트에 대응된다고 해 보자. 이 항을 연결짓는 것은 꽤 복잡할 것이다. 그렇다면 더 단순한 부품들을 이용할 수는 없을까? 실제로 가능하다. 각 상호작용에서 원자가 세 개씩만 들어가도록 할 수 있다. 앞에서 썼던 기본 요소 대신 다른 기본 요소들로 시작해 보자. NOT은 그대로 두되, '스위치'(Priese[5] 참조)라는 것을 추가로 도입할 것이다.

해밀토니안에 $q^*cp + r^*c^*p$+켤레복소수가 있다고 가정해 보자. 여기에서 앞쪽 알파벳(a, b, c 등)은 레지스터 원자를, 뒤쪽 알파벳(p, q, r 등)은 프로그램 사이트를 나타낸다(그림 6-7).

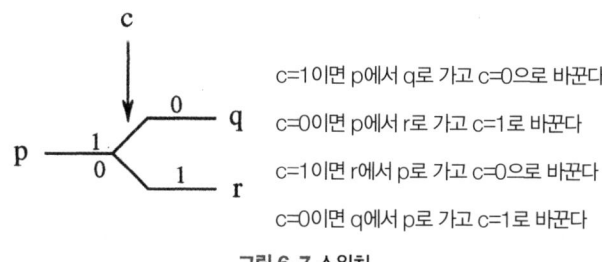

그림 6-7 스위치

c가 처음에 $|1\rangle$ 상태에 있다면 p에 있는 커서가 q로 움직이고, c가 $|0\rangle$ 상태라면 p에 있는 커서가 r로 움직이기 때문에 이런 항은 일종의 스위치이다. 스위치가 기능을 하는 동안 c 원자의 상태도 바뀐다(제어 원자의 상태가 바뀌지 않도록 $q^*c^*cp + r^*cc^*p$+켤레복소수와 같이 써도 되지만, 이 식과 앞에 나온 식 사이

에는 딱히 장단점이 없기 때문에 여기에서는 보다 간단한 식을 사용하겠다). 켤레복소수는 이 연산을 뒤집어 주는 역할을 한다. 커서가 q에 있고 c가 |1⟩ 상태라면(또는 커서가 r에 있고 c가 |0⟩ 상태라면) H는 0이 되고 커서는 다시 원래 위치로 돌아간다. 평상시 작동할 때는 이런 일이 일어나는 대신 이상적인 탄도 모드가 작동할 수 있도록 회로를 구축하고 적절한 초기 상태를 선택해야 할 것이다.

이 스위치를 이용하면 다양한 일을 할 수 있다. 예를 들어 [그림 6-8]처럼 CONTROLLED NOT을 만들 수도 있다.

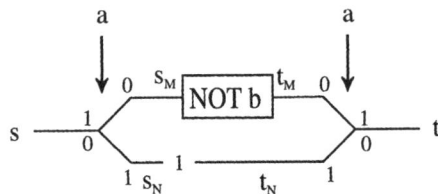

그림 6-8 스위치로 구현한 CONTROLLED NOT

연산은 스위치 a에 의해 제어된다. 커서가 s에서 시작한다고 해 보자. $a = 1$이면 프로그램 커서가 윗줄을 따라서 움직이고 $a = 0$이면 아랫줄을 따라 움직이는데, 어쨌든 결국은 t 프로그램 사이트에서 끝나게 된다. 그림에서 수평 또는 수직 방향 선은 프로그램 원자를 나타낸다. 대각선은 스위치를 나타내며, NOT b와 같이 레지스터에 작용되는 다른 행렬은 상자로 표현된다. 구체적으로 말해 s에서 시작해서 t로 끝나는 CONTROLLED NOT 부분에 해당하는 해밀토니안은 다음 식으로 표현할 수 있다(여기에서 c.c.는 앞에 있는 모든 항의 켤레복소수를 뜻한다).

$$H_C(s, t) = s_m^* a s + t^* a^* t_M + t_m^* (b + b^*) s_M + s_N^* a^* s + t^* a t_N + t_N^* s_N + c.c.$$

식 6-12

여기에는 두 가지 경로가 있어서 양자역학적인 복잡한 현상이 다양하게 나타날 것 같지만, 사실 그렇지는 않다. 전체 컴퓨터 시스템이 a의 어떤 정확한 상태에서 출발한다면 커서가 s에 왔을 때 a 원자는 여전히 어떤 정확한 상태에 있게 된다

(이전에 수행된 연산 때문에 처음 상태와 다를 수는 있지만 어떤 정확한 상태에 있다는 것은 분명하다). 따라서 여기에 있는 두 경로 중 한 가지만을 거칠 수밖에 없다. $s_N^* t_N$ 항을 생략하고 $t_N = s_N$으로 놓으면 식이 좀 더 간단해질 수도 있다. 이 경우에도 한 경로가 다른 경로보다 더 길다고 해서 문제되지는 않는다. 간섭이 일어나지 않기 때문이다. 결합된 사이트로 구성된 사슬에 임의의 개수의 사이트로 구성된 사슬을 추가하더라도 사이트 사이의 상호 결합이 같다면 산란은 발생하지 않는다(이는 전송선에서의 임피던스 매칭과 유사하다).

이제 각 부분을 연결하는 방법을 생각해 보자. [그림 6-9]처럼 상호작용하는 요소로 이루어진 어떤 논리 장치를 M이라고 표현하고 첫 번째 입력 커서 사이트를 s_M, 마지막 사이트를 t_M으로 나타낸다. s_M과 t_M 사이에 있는 다른 프로그램 사이트는 M의 내부 요소로 생각할 수 있으며, 자체 레지스터도 M 안에 포함되어 있다. 외부로 연결될 수 있는 부분은 s_M과 t_M뿐이다(그림 6-9).

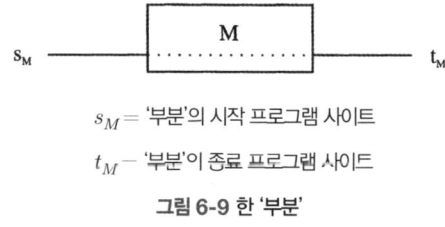

s_M = '부분'의 시작 프로그램 사이트
t_M = '부분'이 종료 프로그램 사이트

그림 6-9 한 '부분'

이 한 부분의 해밀토니안을 H_M, 입력 및 출력 프로그램 사이트의 이름을 s_M, t_M이라고 하면 $H_M(s_M, t_M)$을 만들 수 있다. 이 H_M은 전체 해밀토니안 중 상자 안의 모든 원자와 그 밖에 있는 시작 및 종료 프로그램 사이트를 나타내는 부분이다.

특히 중요하면서도 흥미로운 경우는, 한 논리 장치로부터 입력 데이터(일반 원자에 들어있는)를 받고 그 데이터를 다른 논리 장치로 전송해야 할 때이다(그림 6-10).

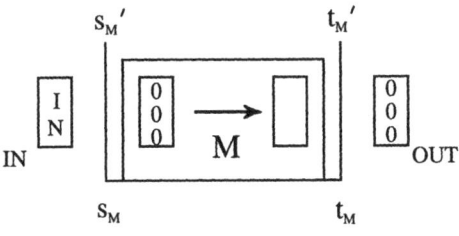

그림 6-10 외부 입출력이 있는 '부분'

상자 M의 입력 레지스터와 출력 레지스터(그 둘이 같은 레지스터일 수도 있음)가 모두 0으로 채워져 있는 상태에서 시작한다고 가정하자. 이 상자는 다음과 같은 식으로 사용할 수 있다. 우선 $s_M{'}$이라는 프로그램 행은 입력이 들어있는 외부 레지스터의 데이터와 현재 0으로 채워져 있는 M의 입력 레지스터의 데이터를 서로 맞바꾼다고 하자. 그러면 원래 입력 레지스터에는 0이 들어가고, 입력 레지스터에 있던 데이터는 M 내부의 레지스터로 옮겨진다. 그럼 커서는 s_M으로 옮겨진다(CONTROLLED NOT을 이용한 교환 연산 방법은 이미 앞에서 설명한 바 있다). 그리고 나서 프로그램이 s_M에서 t_M으로 진행되면 상자 M 안에 있는 출력 레지스터에 어떤 결과가 들어있게 된다. 처음에 0이 들어 있던 상자 외부의 별도 출력 레지스터로 그 결과를 옮기면 M 안에 있는 출력 레지스터는 비워진다. 이 작업은 비어 있는 외부 레지스터에 있는 데이터와 M의 출력 레지스터에 있는 데이터를 교환하여 t_M으로부터 $t_M{'}$으로 넘어가는 과정으로 진행된다.

이제 이런 장치를 다양한 방식으로 연결하는 방법을 생각해 보자. 가장 간단한 예는 직접 연결하는 것이다. M을 수행한 다음 N을 수행하고 싶다면 [그림 6-11]처럼 한쪽의 종료 사이트를 다른 쪽의 시작 사이트와 연결해서 새로운 연산자 K를 만들면 된다.

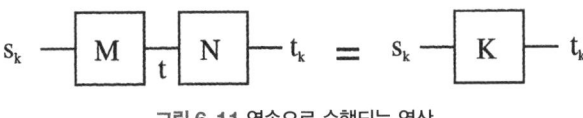

그림 6-11 연속으로 수행되는 연산

그러면 해밀토니안 H_K는 다음과 같이 쓸 수 있다.

$$H_K(s_K, t_K) = H_M(s_K, t) + H_N(t, t_K) \qquad \text{식 6-13}$$

조건에 따른 분기는 [그림 6-12]와 같이 구성할 수 있다. 이 그림에서는 a = 1이면 M이, a = 0이면 N이 처리된다.

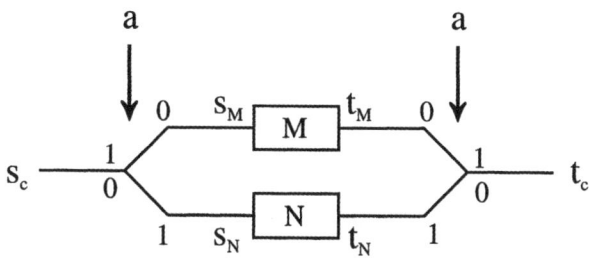

그림 6-12 조건문: a=1이면 M, 그렇지 않으면 N

이 경우 해밀토니안은 다음과 같다.

$$\begin{aligned}H_{cond}(s_C, t_C) = &(s_m^* a s_c + t_c^* a^* t_m + s_N^* a^* s_c + t^* a t_N + c.c.) + \\ &H_M(s_M, t_M) + H_N(s_N, t_N)\end{aligned} \qquad \text{식 6-14}$$

CONTROLLED NOT은 위와 같은 구조에서 $M = \text{NOT } b$에 대응되는 특별 케이스로, 이 경우 해밀토니안은 다음과 같은 식으로 쓸 수 있다.

$$H_{NOT\ b}(s, t) = s^*(b + b^*)t + c.c. \qquad \text{식 6-15}$$

N은 아무것도 하지 않는 연산, 즉 s^*t이다.

또 다른 예로 쓰레기 소거기를 만드는 방법을 생각해 보자. 앞에 있는 [그림 6-6]에서는 한 처리기와 그에 대응되는 역처리기, 이렇게 두 기계를 활용하여 쓰레기를 소거했지만, 여기에서는 처리기 1개만 가지고 스위치를 활용하여 데이터를 역방향으로 보내면 된다(그림 6-13).

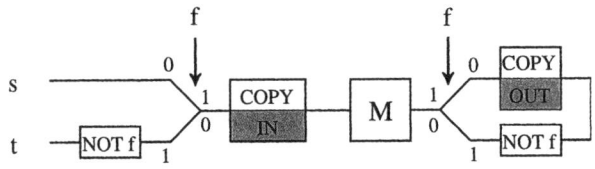

그림 6-13 쓰레기 소거기

이 시스템에는 f라는 특수 플래그가 있으며, 이 플래그는 처음에 반드시 0으로 설정되어 있다. 또한 외부 레지스터에 입력 데이터가 있으며, 출력을 저장할 비어 있는 외부 레지스터가 있고, 이 컴퓨터의 모든 레지스터는 비어 있다(즉, 0으로 채워져 있다). 처음에는 s에서 시작한다. 우선 CONTROLLED NOT을 써서 외부 레지스터를 M으로 복사한다. M이 작동하면 커서가 위쪽 줄로 움직인다. 그러면 M의 출력이 외부 출력 레지스터로 복사되고, 이때 M에는 쓰레기가 남는다. 그리고 나서 f를 NOT f로 바꾸면서 스위치의 다른 줄로 이동해 M을 다시 통과하면 쓰레기가 소거되고 입력이 다시 원래대로 복사된다. 데이터를 복사하고 같은 과정을 반복하면 레지스터 가운데 하나가 0으로 환원된다. 이 레지스터는 처음에 데이터를 복사했던 레지스터다. 복사가 끝나면 f가 바뀐 상태이므로 커서가 다른 줄로 이동하고, 그 과정에서 f는 다시 0으로 복귀하여 결과적으로 커서가 t로 나온다. 따라서 s와 t 사이에는 다음과 같은 성질을 가진 장치가 새로 들어간다. 처음 시작할 때는 IN이라는 레지스터에 입력 데이터가 들어있고, OUT이라는 외부 레지스터에는 0이 들어있다. 내부 플래그는 0으로 설정되어 있으며, 상자 M의 모든 데이터는 비어 있다. 모든 작업이 끝나고 커서가 종료 시점 t로 오면 입력 레지스터에는 여전히 입력 데이터가 들어있으며, 출력 레지스터에는 M에서 연산을 처리한 결과가 들어있다. 하지만 M은 여전히 비어 있으며 플래그 f는 다시 0으로 리셋된다.

컴퓨터 프로그램의 또 다른 주요 요소는 같은 서브루틴을 여러 번 사용할 수 있는 기능이다. 물론 논리적인 관점에서 보면 똑같은 부분을 필요한 횟수만큼 반복해서 작성하면 되지만, 실제 컴퓨터에서는 특정 연산을 처리하는 부분을 하나만 만들고 이를 반복해서 사용하는 편이 훨씬 낫다. 이러한 가능성을 알아보기 위해 우선 어떤 연산을 두 번 연속으로 반복하는 것을 생각해 보자(그림 6-14).

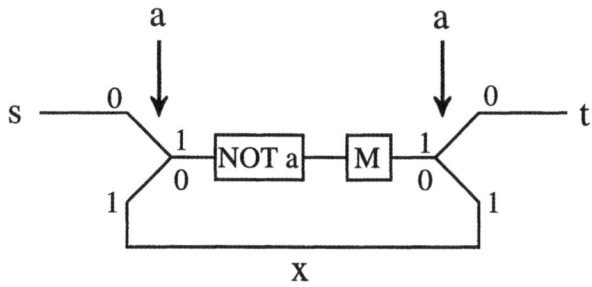

그림 6-14 M을 두 번 반복하는 연산

플래그 a가 0인 상태에서 s에서 시작해 선을 따라 움직이면 우선 a의 값이 바뀐다. 그리고 나면 M 연산이 처리된다. 이제 a가 바뀌었기 때문에 처음에 들어왔던 위쪽 줄로 이동하지 않고 아래쪽 줄로 움직여서 한 바퀴 돌면 a가 다시 원래대로 0으로 바뀐다. 두 번째로 통과할 때는 M을 통과한 후에 위쪽 줄을 지나가고 t로 나오면서 종료된다. 이 시스템의 해밀토니안은 다음과 같다.

$$H_{MM}(s,t) = (s_N^* a^* s + s_M^* (a^* + a) s_N + x^* a^* t_M + s_N^* ax \\ + t^* a t_M + c.c) + H_M(s_M, t_M)$$

식 6-16

이런 스위칭 회로를 여러 번 사용하면 같은 연산을 여러 차례 반복할 수 있다. 예를 들어 이 아이디어를 세 번 연속으로 중복해서 연결하면 [그림 6-15]처럼 연산을 8번 반복할 수 있다.

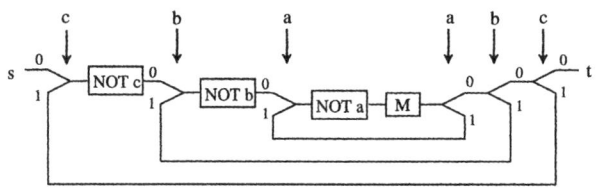

그림 6-15 M을 8번 반복하는 연산

위 시스템에서는 a, b, c 세 개의 플래그가 필요하다. 계산 결과를 되돌리거나 몇 번 반복했는지, 지금 어느 상태에 있는지를 추적해야 하기 때문이다. 일반 컴퓨터에서는 서브루틴을 쓸 때 어떤 일이 일어났는지 기록하지 않은 채 원하는 대로 반복해서 써도 되지만, 여기서는 플래그를 사용해 서브루틴을 사용하는 사이클의 정확한 상태를 파악할 수 있어야 한다. 서브루틴이 어떤 위치로부터 호출되었는데 다른 곳으로 되돌아가는 상태에서 다시 호출되면 시작점과 최종 목적지가 매번 달라진다. 이때는 항상 어디에서 왔고 어디로 가야 하는지 알고 있어야 하므로 더 많은 데이터를 보관해야 한다. 그래도 가역 컴퓨터에서 서브루틴을 반복해서 사용하는 것은 일반 컴퓨터에서보다 약간 더 복잡할 뿐이다. 이러한 고려 사항은 프레드킨, 토폴리, 베넷의 논문에도 모두 나타나 있다.

스위치를 활용하는 방법, 그리고 스위치를 트리에서 연속으로 사용할 수 있다는 점을 생각하면 데이터를 메모리 상의 어느 지점으로든 옮길 수 있다는 것을 알 수 있다. 메모리는 단순히 데이터를 복사해 넣고 다시 프로그램으로 돌아갈 수 있는 레지스터가 있는 위치라고 보면 된다. 커서는 데이터를 따라가야 하며, 시스템이 가역성을 유지하도록 데이터를 복사한 후에 커서를 반대로 옮겨서 꺼낼 수 있는 트리 스위치들이 있어야만 할 것이다.

[그림 6-16]은 증가 이진 카운터다. a, b, c, 이렇게 세 비트가 있으며, 이 중 c가 최상위 비트다. 이 카운터는 커서가 s에서 t로 통과한 회수를 세는 역할을 한다.

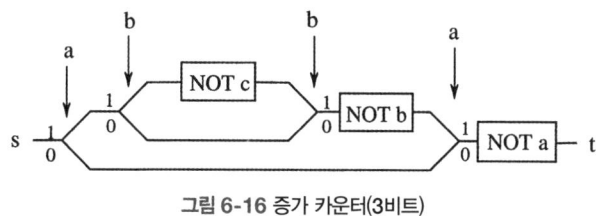

그림 6-16 증가 카운터(3비트)

지금까지 살펴본 몇 가지 예만 해도 SWITCH와 NOT을 가지고 모든 컴퓨터 기능을 실제로 구축할 수 있다는 것을 이해하는 데 충분할 것이다. 여기서 더 이상 자세한 내용은 다루지 않겠다.

6.6 결론

지금까지 살펴본 예를 보면 양자 컴퓨터에서 양자역학에서 쓰이는 미분방정식 고유의 특성들을 별로 사용하지 않는다는 것을 분명히 알 수 있다. 그저 일반적으로 쓰이는 순차적 아키텍처를 가진 디지털 기기와 비슷한 컴퓨터를 만들 수 있음을 보이는 데 주력했을 뿐이다. 일반 컴퓨터에서 트랜지스터의 아날로그적인 연속 특성을 모두 사용하지 않고 포화 상태의 ON 또는 OFF 디지털 상태로만 사용하는 것과 비슷하다고 볼 수 있다. 이는 시스템 특성을 논리적으로 분석하는 데 용이하기 때문이다. 또한 여기에서 다룬 시스템은 순차적으로만 작동한다. 예를 들어 두 개의 k 비트 숫자를 비교(XOR)할 때조차도 각 비트를 하나씩 순서대로 비교해야 한다. 여기서는 이 가역 양자계를 동시에 작동시킴으로써 속도를 향상시키는 방법에 대해서는 다루지 않았다.

비록 이론적이고 학술적인 이유로 완전하고 가역적인 시스템을 연구했지만, 그런 작은 컴퓨터를 정말로 만들 수 있다면 컴퓨터가 작동하는 과정에서 비가역이며 엔트로피를 증가시키는 상호작용을 완전히 배제시킬 필요는 없다. 예를 들어 복잡한 계산 과정에서 커서가 어떤 지점에 도달하고 나면 거기서 다시 되돌아가지 못하게 하는 것이 더 현명한 선택일 수도 있다. 아니면 별로 자주 쓰이지 않는 항목을 저장해 두기 위해 비가역적인 메모리 저장소를 가역적인 논리 장치나 단기 가역 저장소 레지스터에 연결하는 것이 실용적일 수도 있다. 장거리 통신에는 전선이나 빛이 더 쉽고 빠르므로 결합된 사이트가 줄줄이 연결된 구조를 반드시 고집할 이유도 없다. 어쨌든, 한 비트가 원자 크기까지 줄어들고 양자 특성이 두드러지게 나타나기 전까지는 컴퓨터 크기를 축소시키는 데 물리 법칙이 방해가 되는 일은 없어 보인다.

6.7 참고문헌[4]

1. Bennett, C. H. (1973). Logical reversibility of computation. *IBM Journal of Research and Development*, *17*(6), 525-532. https://doi.org/10.1147/rd.176.0525
2. Fredkin, E., & Toffoli, T. (1982). Conservative logic. International Journal of Theoretical Physics, 21(3-4), 219-253. https://doi.org/10.1007/BF01857727
3. Bennett, C. H. (1982). The thermodynamics of computation—A review. *International Journal of Theoretical Physics*, *21*(12), 905-940. https://doi.org/10.1007/BF02084158
4. Toffoli, T. (1981). Bicontinuous extensions of invertible combinatorial functions. *Mathematical Systems Theory*, *14*(1), 13-23. https://doi.org/10.1007/BF01752388
5. L. Priese, "On a Simple Combinatorial Structure Sufficient for Sublying Non-Trivial Self Reproduction", *Journal of Cybernetics*, 6 (1979), pp. 101–137.

---

[4] 파인만_ 참고문헌 정리에 도움을 준 T. 토폴리에게 감사의 뜻을 전한다.

CHAPTER 7

40년 후의 양자 컴퓨팅

존 프레스킬
리처드 P. 파인만 이론물리학 석좌교수
캘리포니아 공과대학교

7.1 파인만과 양자 계산

7.2 우리가 가는 곳, 우리가 있는 곳

7.3 양자 정보

7.4 양자 컴퓨터란 무엇일까?

7.5 양자 동역학 시뮬레이션

7.6 에너지 고윳값 및 고유상태

7.7 양자 오류 정정

7.8 전망

7.9 참고문헌

CHAPTER 7

40년 전, 리처드 파인만은 양자 물리학을 활용해 더 강력한 종류의 컴퓨터를 만들 것을 제안했다. 파인만의 비전을 실현하는 것은 21세기 과학기술이 직면한 원대한 도전 중 하나로 꼽을 수 있다. 이번 장에서는 양자 컴퓨터에 대한 탐험을 촉발시켰던 파인만의 공을 되짚어 보고, 40년이 지난 지금 이 분야의 현주소를 평가해 보겠다.

7.1절과 7.2절에서는 지난 수십 년간 양자 컴퓨팅이 어떻게 발전해왔는지를 간략히 설명한 후, 7.3절에서는 양자 정보의 주요 특징을 중심으로 이 분야의 기초를 설명한다. 7.4절에서는 양자 컴퓨팅의 수학적 모형을 공식화하고, 그 모형의 몇 가지 함의를 정리하면서 이 주제의 밑그림을 그린다. 7.5절과 7.6절에서는 파인만이 양자 컴퓨팅 분야에서 특히 유망할 것으로 전망했던 두 가지 응용 분야인 복잡한 양자계의 동역학 시뮬레이션과 그 정적 특성의 계산을 살펴본다. 7.7절에서는 양자 컴퓨터가 매우 어려운 문제를 해결하는 대규모 시스템으로 확장될 수 있다는 믿음의 기반이 되는 양자 오류 정정의 개념을 설명하겠다. 마지막으로 7.8절에서는 결론과 함께 파인만과 교류했던 인상 깊던 옛 경험을 회상해 볼까 한다.

7.1 파인만과 양자 계산

7.1.1 파인만의 1981년 강연

리처드 파인만은 폭넓은 지적 호기심으로 유명했으며, 계산은 그를 매료시킨 여러 주제 중 하나였다. 그는 컴퓨팅의 과학적 응용에도 관심이 많았지만 하드웨어와 소프트웨어의 실제 작동 방식과 계산 이론의 근본적인 문제에 대해서도 깊이 탐구했다. 그의 이러한 관심사는 이 책 전반에 충분히 잘 나타나 있다.

1981년 5월, 파인만은 한 학회에서 '컴퓨터로 물리학을 시뮬레이션하는 방법'이라는 주제로 강연을 했다. 이 강연에서 그는 기존의 고전적인 디지털 컴퓨터로는 시뮬레이션하기 어려운 양자계를 양자 컴퓨터로 시뮬레이션하자는 아이디어를 제안했다. 이후 간결하게 편집된 강의록[1] 형태로 출판된 파인만의 강연은 양자 컴퓨팅이라는 새로운 학문 분야를 만들어내는 데 중요한 역할을 한 것으로 평가받는다.

파인만은 해당 강연에서 시스템 규모에 따른 확장성이 좋은 자원을 사용하여 양자계를 시뮬레이션하고자 하는 목표를 분명하게 밝힌다.

> 제가 원하는 시뮬레이션의 규칙은 대규모 물리 시스템을 시뮬레이션하는 데 필요한 컴퓨터 요소의 수가 물리 시스템의 시공간 부피에 비례해야 한다는 것입니다.

그는 여러 입자의 양자 상태를 고전적으로 설명할 간결한 방법이 없기 때문에 디지털 컴퓨터가 이 작업에 적합하지 않다고 지적했다.

> 이제 저는 … 양자역학적 효과를 … 컴퓨터로 어떻게 시뮬레이션할 수 있는지에 대한 질문으로 넘어가겠습니다. 그러나 R개의 입자로 이루어진 큰 시스템 전체를 양자역학으로 설명하려면 $x_1, x_2, \ldots x_R$ 위치에서 그 입자를 찾을 수

> 있는 진폭이라고 불리는 함수가 필요한데, 변수가 너무 많기 때문에 **일반 컴퓨터로는 시뮬레이션할 수 없습니다.**[1]

이어서 다른 종류의 컴퓨터라면 그 일을 해낼 수 있을지도 모른다고 추측한다.

> 새로운 종류의 컴퓨터, 즉 양자 컴퓨터로 이 작업을 할 수 있을까요? 제가 아는 범위 안에서는 양자계, 즉 양자 컴퓨터 요소를 사용하면 양자역학적 효과를 시뮬레이션할 수 있을 것으로 보입니다. 이는 **튜링 머신이 아닌 다른 종류의 컴퓨터입니다.**[2]

그리고 그는 컴퓨터 과학자들에게 이 새로운 계산 모형의 가능성을 연구해 보는 게 어떻겠냐고 제안한다.

> 또 다른 흥미로운 문제를 하나 제시할까 합니다. 고전 컴퓨터에서 그랬던 것처럼 실제로 상호 시뮬레이션을 할 수 있는, 즉 동등한 여러 종류의 양자계 범주를 알아내는 것입니다.

강연의 절반 가까이는 디지털 컴퓨터가 양자계를 효율적으로 시뮬레이션하는 데 부적절하다는 주장을 풀어내는 데 할애된다. 그는 국소적인 숨은 변수 이론이 양자 역학 이론 분야에서 인정받을 수 없음을 강조하며, 벨 부등식에 대한 설명과 그 위배를 입증한 실험적 증거를 명쾌하게 다룬다. 참고문헌을 인용하거나 '벨'에 대한 언급조차 없이 말이다.

> (마지막 절에서 설명한 양자 유형의 컴퓨터가 아닌) 지금까지 설명했던 고전적인 유형의 컴퓨터라면, 그리고 어떤 물리 법칙의 변화도 없고 거짓말이나 사기 같은 게 없다면 대답은 확실히 '아니오!'입니다. 이를 숨은 변수 문제라

---

1 프레스킬_ 강조는 내가 추가했다.
2 프레스킬_ 강조는 내가 추가했다.

> 고 합니다. 고전적인 범용 장치로는 양자역학의 결과를 표현하는 것이 불가능합니다.

가장 유명한 대목은 아마도 이 강연의 대미를 장식하는 그의 열정 어린 결론일 것이다.

> 자연은 참 지랄맞게도 고전적이지 않아요. 자연을 시뮬레이션하려면 양자역학적으로 만들어야 할 텐데, 별로 쉬워 보이지는 않기 때문에 이건 꽤나 근사한 문제라고 봅니다.

당시 63세에 가까웠던 파인만은 근본적으로 새로운 유형의 컴퓨팅 머신을 요구했고, '자연의 시뮬레이션'이라는 자연스러운 응용을 예견했다. 이러한 비전을 실현하는 것은 참으로 '근사한 문제'이며, 40년이 지난 지금도 여전히 '쉽지 않아 보인다.'

7.1.2 마닌과 베니오프

비슷한 시기에 저명한 수학자 유리 마닌$^{\text{Yuri Manin}}$을 비롯한 몇몇 학자들도 계산의 양자역학적인 모형을 고민하고 있었다. 마닌은 1980년 저서 『**계산할 수 있는 것과 계산할 수 없는 것**[2]』에서 파인만과 마찬가지로 여러 개의 입자를 다루는 입자 시스템을 시뮬레이션할 때는 고전적인 컴퓨터로 기하급수적인 비용이 든다는 점을 강조했다. 그는 다음과 같이 썼다.[3]

> 이러한 물체 [양자 오토마타]는 우리에게 매우 특이한 특징을 가진 결정론적 과정의 수학적 모형을 보여줄지도 모른다. 그 이유 중 하나는 **양자 위상 공간**

---

[3] 러시아어 원문을 빅터 앨버트가 영어로 번역

> **이 고전 공간보다 훨씬 크기** 때문이다. 고전 공간에 N개의 불연속적인 준위가 있다면, 이들의 중첩이 가능한 양자계에는 c^N개의 플랑크 셀이 있다. 고전계 두 개를 결합시킬 때는 각각의 크기 N_1과 N_2를 곱하기만 하면 되지만, 결합된 양자계의 크기는 $c^{N_1+N_2}$이 된다. 이런 간단한 계산만 해 봐도 양자계의 동작이 그 양자계를 고전적으로 흉내낸 것보다 훨씬 더 복잡할 것임을 알 수 있다.[4]

또한 1980년에 폴 베니오프$^{Paul\ Benioff}$는 근본적으로 양자역학적인 관점에서 계산을 어떤 식으로 기술할지에 대해 설명했다[3]. 그는 이렇게 썼다.

> 이러한 고려 사항은 계산 과정의 양자역학적 해밀토니안 모형을 구축하는 것이 원칙적으로 불가능할 수도 있음을 시사한다. 그 이유는 그러한 모형은 총 에너지가 일정한 고립된 시스템으로 변화하기 때문이다. 이 논문의 요점은 이러한 모형을 구성함으로써 반드시 그렇지 않을 수도 있음을 제안하는 것이다.

마닌이나 파인만과 달리 베니오프는 양자 **복잡성에는** 관심이 없었다. 오히려 그는 양자 컴퓨터가 손실 없이 작동할 수 있는지에 주로 집중했다. 파인만도 이 문제에 깊은 관심을 가졌고, 1984년 CLEO/IQEC 학회에서 했던 강연 '양자역학 컴퓨터'에서 이 문제를 자세히 다루었는데, 그 내용은 이 책에 수록되어 있다.

이상하게도 파인만은 이 책에 담긴 강의에서 양자 컴퓨팅 주제를 다루면서도, 1981년 강연에서 분명히 밝힌 것처럼 양자 컴퓨터가 특정 문제를 기존 컴퓨터보다 훨씬 더 효율적으로 해결할 수 있다는 심도 있는 개념은 한 번도 언급하지 않았다. 하지만 '컴퓨팅 기계의 잠재력과 한계'에 대한 강의에 이보다 더 적합한 주제가 있을까? 나는 이런 내용이 빠져 있다는 것이 매우 당혹스럽다.

---

4 프레스킬_ 강조는 내가 추가했다.

7.1.3 파인만에서 쇼어, 그리고 그 너머

시간은 좀 걸렸지만 파인만이 제안한 개념의 영향력은 점차 커졌다. 데이비드 도이치는 1985년 양자 컴퓨터의 개념을 체계화했고[4], 양자 컴퓨터가 양자 물리학과는 무관한 문제를 풀 때 고전적인 컴퓨터보다 유리할 수 있는지에 대한 의문을 제기하며 중요한 진전을 이루었다. 1993년 우메시 바지라니와 그의 제자 에단 번스타인은 양자 컴퓨터가 고전적인 컴퓨터에 비해 초다항 수준으로 향상된 해결책을 제시할 수 있는 기발한 문제를 발굴했다[5]. 얼마 지나지 않아 다니엘 사이먼은 양자 컴퓨터가 함수의 주기를 찾는 이상화된 문제에서 기하급수적으로 속도를 개선할 수 있음을 보여주었다[6]. 사이먼의 문제는 뚜렷한 응용 분야는 없었지만 양자 컴퓨터를 사용해 푸리에 변환을 수행하는 매우 효율적인 방법을 고안했으며, 이는 피터 쇼어[7]에게 영감을 주어 이산 로그 계산을 위한 효율적인 양자 알고리즘을 공식화하는 데 적용되었다. 며칠 후, 쇼어는 비슷한 아이디어를 사용해 큰 수를 인수분해하는 효율적인 양자 알고리즘을 찾아냈다.

쇼어의 발견과 그것이 암호 해독 영역에 끼친 시사점으로 인해 양자 컴퓨팅에 대한 관심이 폭증했다. 하지만 롤프 란다우[8], 빌 언루$^{Bill\ Unruh}$[9], 세르주 아로슈$^{Serge\ Haroche}$[10] 같은 저명한 물리학자들은 양자 컴퓨터가 과연 효과적으로 작동할 수 있을지에 대해 매우 회의적인 의견을 표명했다. 이들은 일반적인 조건에서 **결어긋남**^{decoherence}의 약화 효과 때문에 복잡한 다입자 양자계가 양자 동작을 하지 못한다는 점을 잘 알고 있었고, 양자 컴퓨팅을 (아로슈와 래몽^{Raimond}의 조롱 섞인 표현을 빌리자면) '컴퓨터 과학자에게는 꿈, 실험물리학자에게는 악몽'으로 보았다. 놀랍게도 양자 오류 정정 코드[11, 12]와 잡음이 많은 하드웨어에서도 양자 계산을 안정적으로 실행하는 결함 허용 방법[13]을 발견해 중추적인 발전을 이끈 것도 쇼어였다. 1996년 말에는 하드웨어에 영향을 미치는 오류가 너무 흔하지 않거나 상관관계가 너무 강하지 않다는 가정 하에 양자 컴퓨팅을 매우 어려운 문제를 해결하는 대형 장치로 확장할 수 있다는 것이 적어도 원칙적인 수준에서는 이해되었다[14-18]. 양자 컴퓨팅에 대한 이 '정확도 임계값 정리'는 쇼어의 알고리즘이 발표된 지 불과 2년 반 만에 이미 확립되었다. 한편, 시락^{Cirac}과 졸러^{Zoller}는 원자 물리학 및 양자 광학의 도구를 양자 논리 연산을 수행하는 데 활용할 수 있다고 제안하여[19] 실험 물리학계의 관심을 증폭시켰다[20]. 그야말로 흥미진진한 시기였다[21].

7.1.4 미래에 대한 상상

우리는 파인만이 어떻게 양자 컴퓨터라는 개념을 떠올렸는지는 정확히 모르지만, 그가 1981년에 이미 수십 년에 걸쳐 컴퓨팅의 미래에 대해 고민하고 있었다는 사실을 알고 있다. 1959년에 나노기술이라는 분야를 예견했던 '바닥에는 충분한 공간이 있다'[22]라는 유명한 강연에서 그는 컴퓨팅 회로의 소형화에 대해 다음과 같이 고찰했다.

> 만약 부품이 수백만 배 많다면 판단을 내릴 수 있을 겁니다 … 여러 면에서 새로운 질적 특성이 있을 겁니다 … 컴퓨터 부품을 지금보다 훨씬 작게 만들 수 없다는 근거가 될 만한 물리법칙은 제가 알기로는 없습니다. 사실, 상섬이 더 많을지도 모릅니다.

그리고 그는 원자 하나하나를 정밀하게 배치하여 조립한 장치를 상상했다.

> 이런 장치는 완전히 똑같은 복제품으로 대량 생산할 수 있습니다 … 제가 봤을 땐 사물을 원자 하나 단위로 조작하는 것을 불가능하게 만드는 물리학 법칙은 없습니다.

현재 기술의 한계를 넘어 미래에 가능한 무엇을 상상하려는 의지는 '컴퓨터로 물리학을 시뮬레이션하는 방법' 강연에서도 잘 드러난다. 1980년대 초 컴퓨터 과학자들에게 양자 물리학은 궁극적으로 전기 회로의 소형화를 가로막는 장애물로 여겨졌지만, 파인만에게 양자 물리학은 눈부신 기회였다. 계산에 관한 강의에서도 알 수 있듯이, 그는 물리적으로 실현 가능한 범용 컴퓨터는 다른 모든 컴퓨터를 ('효율적으로'의 기준을 느슨하게 잡을 때) 효율적으로 시뮬레이션할 수 있다고 주장하는 '확장된 처치-튜링 논제'도 충분히 이해하고 있었다. 1981년 강연의 가장 중요하고 놀라운 통찰은, 우리가 알고 있는 이야기를 다시 써야 한다는 것이다. 왜냐하면 '빌어먹을 자연은 고전적이지 않기 때문이다.' 이 아이디어는 세상을 바꿀 수도 있다.

7.2 우리가 가는 곳, 우리가 있는 곳

7.2.1 양자 컴퓨터는 어떻게 사용될까?

쇼어의 알고리즘 때문에 우리가 인터넷을 통해 통신할 때 개인 정보를 보호하기 위해 사용하는 공개 키 암호화 프로토콜은 앞으로 양자 컴퓨터에 의한 공격에 취약해질 것이다. 이러한 위협으로부터 보호하기 위해 양자 컴퓨터로도 풀기 어려운 계산 문제를 기반으로 하는 '양자 내성' 프로토콜이 개발되고 있다[23]. 다른 대안으로는 양자 통신 네트워크를 통해 양자 상태를 교환하는 양자 암호화가 있는데, 양자 통신을 도청하면 불가피하게 탐지될 수밖에 없는 교란이 발생한다는 원칙에 따라 보안을 지킬 수 있다(이와 관련된 양자 기술도 흥미롭지만[24, 25], 안타깝게도 이 장에서 다룰 수준은 아니다). 아마도 사용자의 필요에 따라 이 두 가지 접근 방식을 모두 활용하게 될 것이다[26].

양자 컴퓨팅은 이전의 정보 처리 방식에서 워낙 크게 벗어나기 때문에 그 누구도 장기적인 파급력을 예측할 수 없다. 그러나 현재 양자 컴퓨팅의 위력에 대해 우리가 이해하고 있는 바에 따르면, 파인만이 제안한 양자 컴퓨터로 양자계를 시뮬레이션하는 일은 여전히 세상에 널리 영향을 미칠 것으로 보이는 응용 분야이다. 예를 들어, 더 강력한 계산 양자 화학 기술이 개발되면 궁극적으로 인류 건강(제약), 농업(질소 고정), 그리고 지구의 지속 가능성(에너지 저장 및 생산, 탄소 격리)을 크게 향상시킬 수 있다[27]. 이와는 대조적으로 쇼어의 인수분해 알고리즘은 비교적 단기적으로는 전자 상거래에 파괴적인 영향을 미칠 수 있겠지만 장기적인 면에서는 상대적으로 영향력이 덜할 것으로 보인다.

양자 컴퓨터에도 한계가 있다는 점을 분명히 하는 것도 중요하다. 특히, 양자 컴퓨터가 NP-하드 최적화 문제의 정확한 해를 효율적으로 찾을 수 있을 것이라고는 기대하지 않는다[28]. 양자 컴퓨터를 사용하여 어떤 해를 무작정 탐색하는 과정을 가속하는 일반적인 방법(그로버의 알고리즘)이 있지만, 이 경우에도 속도 향상은 이차적 수준이다[29]. 즉, 양자 컴퓨터는 고전 컴퓨터가 필요로 하는 시간의 제곱근에 해당하는 시간 안에 해를 찾을 수 있다. 고전 컴퓨터와 양자 컴퓨터의 클럭 속도가 동일하다(1초에 수행할 수 있는 기본 연산의 수가 같음)는 매우 이상적인 가정 하에서는 고전 컴퓨터가 **n 비트 길이의 해**를 찾는 데 걸리는 시간 내에 양자 컴퓨터는 **2n 비트 길이의 해**를 찾을 수 있다. 언젠가는 이 점이 중요해질 것이다. 그러나 큰 수의 인수분해나 양자계 시뮬레이션에서는 훨씬 놀라운 수준으로 빨라질 수 있다. 가장 어려운 경우, 고전 컴퓨터로 **n-큐비트** 양자계를 시뮬레이션하는 데 걸리는 시간은 n에 대해 기하급수적으로 증가하는 반면, 양자 컴퓨터에서는 그 시간이 n의 거듭제곱에 비례해서 증가한다. 이는 파인만이 얘기했듯이 세상의 판도를 바꿀 만한 차이다.

7.2.2 NISQ 시대의 개막

양자 컴퓨터는 아직 그다지 유용하지 않다는 점도 강조해야 할 것 같다. 파인만의 강연 이후 40년 동안 양자 하드웨어를 구축하기 위한 다양한 접근법이 등장하고 발전했지만, 양자 프로세서의 큐비트 수와 정확도는 여전히 매우 낮은 수준이다. 현재 상태를 나타내는 지표로 2019년에 구글 AI 퀀텀 그룹[30]이 주장한 '양자 계산 우월성'[31, 32]이라는 성과를 들 수 있다.

파인만이 강조했듯이, 양자 물리학의 놀라운 특징 가운데 하나는 고전계는 일반적으로 양자계를 효율적으로 시뮬레이션할 수 없다는 점이다. 이는 양자계와 고전계의 차이에 대해 알려진 가장 심오한 명제 중 하나이며, 실험실에서 이를 검증하기 위해 최선을 다하고 있다. 기존 고전 컴퓨터에서도 훨씬 오랜 시간에 걸쳐 해야 할 계산을 양자 컴퓨터로 수행할 수 있다는 것을 어떻게 보여줄 수 있을까?

이를 위해 구글 그룹은 초전도 양자 기술을 사용하여 시카모어^{Sycamore}라는 프로그래밍 가능한 양자 컴퓨터를 구축했다. 이 컴퓨터는 제대로 작동하는 53개의 큐비트를 2차원 배열로 배치하였고, 배열에서 인접한 큐비트 사이에서 2 큐비트 양자 게이트 얽힘을 수행할 수 있다 ('얽힘'의 의미는 7.3에서 알아보겠다). 연구진은 최대 20계층의 2큐비트 게이트를 실행한 후 마지막에 모든 큐비트를 측정했다. 하드웨어에서 가끔 오류가 발생하기 때문에 최종 측정 결과는 500번에 1번 정도만 올바른 출력을 얻을 수 있다. 하지만 단 몇 분 만에 동일한 계산을 수백만 번 반복함으로써 통계적으로 유용한 신호를 추출할 수 있었다.

시카모어로 몇 분 만에 할 수 있는 일을 고전적인 슈퍼컴퓨터로 수행하려면 현존하는 가장 강력한 고전 슈퍼컴퓨터에서 최고의 방법을 쓴다 해도 최소 며칠은 걸린다[33]. 게다가 고전적인 시뮬레이션의 비용은 큐비트 수에 따라 기하급수적으로 증가하므로 큐비트를 몇 개만 더 추가해도 고전 컴퓨터가 감당할 수 있는 범위를 훨씬 넘어선다. 고전 슈퍼컴퓨터는 테니스 코트 두 개에 해당하는 면적을 차지하며 메가와트 단위의 전력을 소비하는 반면, 시카모어는 희석 냉동기 안에 들어있는 칩 하나에 불과하다. 양자역학적인 다윗이 고전적인 골리앗을 쓰러뜨리는 격이다.

물론 시카모어가 수행한 이 작업은 양자 계산 우월성을 입증하는 것 외에는 특별한 목적이 없다. 그러나 이는 양자 하드웨어가 고전적 시뮬레이션이 매우 어려운 환경에서도 의미 있는 결과를 도출할 수 있을 만큼 충분히 잘 작동하고 있다는 신호이며, 더 의미 있는 응용 분야를 찾게 되는 동기가 될 수 있다.

지금 막 펼쳐지고 있는 새로운 양자 시대를 표현하는 단어로 NISQ가 널리 쓰이기 시작했다[34]. 이는 **잡음이 있는 중간 규모의 양자**$^{\text{Noisy Intermediate-Scale Quantum}}$를 줄인 말이다. '중간 규모'란 오늘날 50개 이상의 잘 제어된 큐비트를 갖춘 양자 장치는 현존하는 가장 강력한 고전적인 슈퍼컴퓨터로도 무차별 대입 시뮬레이션이 불가능하다는 것을 의미하며, '잡음이 있다'는 것은 이러한 장치가 오류 정정 기능이 없고 잡음으로 인해 계산 능력이 제한된다는 것을 뜻한다. 물리학자들에게 NISQ 기술은 이전에는 실험적으로 접근할 수 없었던 영역에서 매우 복잡한 다입자 양자계의 특성을 탐구할 수 있는 새로운 도구를 제공한다는 점에서 매우 흥미롭다. 더 광범위한 사용자 커뮤니티에서 관심을 가질 만한 다른 응용 분야도 있겠지만 아직 확실하지는 않다. NISQ는 그 자체로 당장 세상을 바꾸지는 못하지만, 미래에 더 강력한 양자 기술을 개발하기 위한 한 걸음이라고 생각할 수 있다.

현재 사용 가능한 가장 진보된 멀티 큐비트 양자 프로세서에서 2큐비트 양자 게이트가 상당한 오류를 일으킬 확률은 1%가 조금 안 된다. 그래서 53큐비트 시카모어 장치는 20개 이상의 시간 단계로 구성된 회로는 실행할 수 없었다. 대략 100개 규모의 큐비트로 100개 미만의 시간 단계를 가지는 양자 연산이 실질적인 문제를 해결할 수 있다는 근거는 아직 없다.

지금까지의 경험에 기반하여 양자역학/고전역학의 하이브리드 접근법을 사용해 최적화 문제에 대한 근사해를 찾는 것을 제안해볼 수 있다[35, 36]. 이는 강력한 고전 프로세서를 주로 사용하면서 NISQ 보조 프로세서로 그 성능을 강화하는 방식이다. 하지만 이러한 하이브리드 방식이 최고 성능의 순수 고전 하드웨어와 최적화된 고전 알고리즘을 능가할 수 있을지는 아직 알 수 없다. 솔직히 말해 고전적 방법론은 수십 년의 개발을 거쳐 잘 다듬어진 방법이고, NISQ 프로세서는 이제 막 쓰이기 시작했다는 점을 감안하면 만만치 않은 일이다. 하지만 일단 시도해보고 얼마나 잘 작동하는지는 지켜볼 필요가 있다. 이미 잠재적인 애플리케이션 사용자, 하드웨어 제공업체, 양자 알고리즘 전문가들 사이에서 활발한 논의가 진행되고 있다. NISQ 기술을 실험하다 보면 어떤 식으로 돌아가는지 더 잘 알게 될 것이고, 이를 통해 유망한 응용 아이디어도 얻을 수 있을 것이다.

7.2.3 NISQ 시대의 양자 시뮬레이션

상업적 잠재성을 지닌 실제 문제에 NISQ를 어떻게 적용할 수 있을지는 아직 확실하지 않지만, 나는 향후 5~10년 내에 양자 플랫폼을 사용해 물리학을 발전시킬 수 있을 것이라는 낙관적인 전망을 하고 있다. 비록 뚜렷한 한계가 있긴 하지만, NISQ 프로세서는 지금까지 물리학 실험실에서 다룰 수 없었던 이색적인 양자 상태를 만들고 연구할 수 있을 것이다.

고전 컴퓨터는 **양자 동역학** 시뮬레이션, 즉 고도로 얽힌 양자 상태가 시간에 따라 어떻게 변화할지 예측하는 데 특히 취약하다. 양자 컴퓨터는 이러한 작업에서 매우 유리할 것이다. 1960~1970년대에 고전적인 카오스 이론(고전적 동역학계에서 초기 조건에 극도로 민감하게 반응하는 특성으로, 우리가 2주 후 날씨를 예측하지 못하는 이유가 됨)이 고전적 컴퓨터로 카오스 동역학 시스템을 시뮬레이션할 수 있게 된 후에 급속도로 발전했다는 점을 떠올려 보자. 얽힘이 매우 빠르게 확산되는 카오스 양자계를 시뮬레이션하는 새로운 능력이 양자 카오스에 대한 이해의 발전을 촉진시킬 것으로 예상할 수 있다. 100개의 큐비트로 이루어진 잡음이 있는 장치에서 귀중한 통찰을 얻게 될지도 모른다.

아날로그 양자 시뮬레이션과 디지털 양자 시뮬레이션의 차이점도 언급할 필요가 있다. **아날로그 양자 시뮬레이터**는 우리가 연구하고 이해하려는 모형계의 동역학과 유사한 동역학을 가지는 여러 큐비트로 구성된 시스템을 뜻한다. 반면 **디지털 양자 시뮬레이터**는 게이트 기반의 범용 양자 컴퓨터로 적절히 프로그래밍함으로써 관심 있는 모든 물리계를 시뮬레이션할 수 있으며, 다른 용도로도 사용할 수 있다.

아날로그 양자 시뮬레이션은 지난 20년 동안 활발하게 연구된 분야였지만[37, 38], 범용 회로 기반의 양자 컴퓨터를 이용한 디지털 양자 시뮬레이션은 이제 막 걸음마를 뗐을 뿐이다. 포획 이온이나 초전도 회로와 같이 아날로그 및 디지털 시뮬레이션에 모두 쓸 수 있는 실험 플랫폼도 있으며, 포획 중성 원자나 분자처럼 아날로그 시뮬레이터에 더 잘 맞는 플랫폼도 있다. 아날로그 양자 시뮬레이터는 눈에 띄게 더 정교해지고 있으며, 이미 고전적인 시뮬레이터의 범위를 벗어난 영역에서 양자역학 연구에 쓰이고 있다[39, 40]. 또한 고도로 얽힌 양자 물질의 평형 상태를 생성하고 그 정적 특성을 연구하는 데에도 사용할 수 있다[41–43].

아날로그 양자 시뮬레이터는 점점 더 프로그래밍이 가능해지고는 있지만, 여전히 제어가 불완전하다는 한계를 안고 있다. 실험실의 실제 양자계는 대상 양자계를 대략적으로만 근사할 수 있을 뿐이다. 이러한 이유로 아날로그 시뮬레이터는 물리학자들이 **보편적**이라고 부르는 특성, 즉 작은 오차에 대해 상대적으로 강건한 특성의 연구에 적합하다. 아날로그 양자 시뮬레이터를 사용하는 연구에서는 오류에 대해 강인하면서도 고전적으로 시뮬레이션하기 어려운 양자계에서 접근할 만한 속성을 찾아내는 것이 중요하다.

아날로그 양자 시뮬레이터는 결국 쓸모 없어질 것으로 예상된다. 제어가 어렵기 때문에 언젠가는 양자 오류 정정을 통해 확실하게 제어할 수 있는 디지털 양자 시뮬레이터로 대체될 것이다. 그러나 양자 오류 정정에는 막대한 오버헤드가 필요하므로 아날로그 양자 시뮬레이터의 시대가 수년간 지속될 수도 있다. 따라서 미래 양자 기술의 단기적인 응용을 모색할 때 아날로그 양자 시뮬레이터의 잠재력을 간과해서는 안 된다.

다입자계를 사실적으로 시뮬레이션하려면 게이트가 여러 개 있어야 하기 때문에 양자 물질의 회로 기반 시뮬레이션이 단기적으로는 지나치게 비용이 많이 들 수 있다. 그러나 회로 기반 방식은 연구할 수 있는 해밀토니언과 준비할 수 있는 초기 상태 면에서 훨씬 유연하다는 장점도 있다. 따라서 디지털과 아날로그 시뮬레이션 방법을 모두 추구해야 하며, 단기적인 디지털 시뮬레이터 활용 경험이 향후 더 원대한 시뮬레이션을 수행할 수 있는 토대를 마련한다는 점을 염두에 두어야 한다. NISQ 기술을 보다 광범위하게 적용하는 데에도 마찬가지다.

7.2.4 NISQ에서 FTQC로

앞서 강조했듯이 NISQ 시대의 장치는 양자 오류 정정으로 보호되지 않으며, 잡음으로 인해 NISQ 기술을 사용하여 정확하게 실행할 수 있는 계산 규모가 심각하게 제한된다. 장기적으로는 양자 오류 정정$^{\text{Quantum Error Correction}}$(QEC)과 결함허용 양자 컴퓨팅$^{\text{Fault-Tolerant Quantum Computing}}$(FTQC)을 사용하여 잡음으로 인한 이러한 한계를 극복할 수 있을 것으로 기대하지만, QEC는 필요한 큐비트 수와 논리 게이트 수 측면에서 높은 오버헤드 비용을 수반한다[44, 45]. 이 비용은 실행할 알고리즘과 하드웨어의 품질에 따라 달라진다. 그러나 2큐비트 게이트 얽힘당 오류율이 0.1%(오늘날의 하드웨어보다 나은 수준)라고 가정해도 양자 화학이나 재료 과학에서 의미 있는 응용 사례를 실행하려면 10만 개 이상의 물리적인 큐비트가 필요할 수 있다[46, 47].

향후 몇 년 동안 우리가 달성할 수 있을 수준인 수백 개의 물리적 큐비트에서 수십만 또는 수백만 개의 물리적 큐비트로 도약하기까지는 상당한 시간이 걸릴 것으로 보인다. 나는 양자 컴퓨팅이 언젠가는 사회에 혁신적인 영향을 미칠 것이라고 확신하지만, 그때까지 수십 년이 더 걸릴 수도 있다. 얼마나 오래 걸릴지는 아무도 확신할 수 없다. 이 기술은 아직 초기 단계에 있으며, 다양한 방식들이 경쟁하고 있기 때문에 예기치 못한 돌파구가 갑자기 상황을 바꿔놓을 수도 있다는 점도 명심하자.

7.3 양자 정보

이제 양자 컴퓨터가 일반 디지털 컴퓨터와 무엇이 다른지 좀 더 자세히 살펴보자. 하지만 그 전에 먼저 양자 프로세서가 다루는 정보는 오늘날의 컴퓨터가 처리하는 정보와는 전혀 다르다는 점을 이해해야 한다.

7.3.1 양자역학 대 고전역학

양자 정보와 고전 정보의 차이는 무엇일까? 물리학에서 정보란 어떤 물리적인 프로세스를 통해 물리계에서 인코딩하고 저장하고 처리할 수 있는 것을 말한다. 근본적으로 물리학은 양자역학적이기 때문에 정보는 양자 상태로 저장하고 처리하는 것으로 볼 수 있다.

실용적인 목적을 위해 우리는 종종 양자성의 미묘한 차이를 무시하고 넘어가곤 한다. 우리가 일상에서 접하는 전형적인 거시적 시스템은 주변 환경과 잘 분리되어 있지 않으며, 환경과의 상호작용을 통해 계를 지속적으로 '측정'하게 된다. 이를 **결어긋남**^{decoherence}이라고 부른다. 주변 환경에 의해 지속적으로 관찰되는 양자계는 고전 물리학으로도 잘 설명된다. 그러나 주변 환경으로부터 충분히 잘 격리된 양자계(일반적으로 미시계)가 전달하는 정보는 고전적 정보와는 다른 내재적인^{intrinsic} 특징을 지닌다. 그 중 몇 가지를 소개한다.

• **무작위성**

방사성 핵이 알파 입자를 방출하려 한다고 가정해 보자. 우리는 그 핵이 1초 안에 붕괴할지 여부를 확실하게 예측할 수 없으며, 단지 그 일이 일어날 확률을 어느 정도 추정할 수 있을 뿐이다. 이 과정은 그 핵에 대해 물리학 법칙이 허용하는 한도 안에서 아무리 자세하게 알고 있다 하더라도 붕괴할지 여부를 알 수 없다는 의미에서 **내재적인 무작위성**을 지닌다. 나는 일상생활에서 흔히 접하는 **무지에서** 비롯되는 무작위성과 구별하기 위해 여기서는 **내재적인** 무작위성이라고 부른다. 동전을 던지면 앞면이나 뒷면이 나온다는 것은 알지만 보기 전까지는 어느 쪽인지 알 수 없다. 그래서 동전을 보기 전에 나의 무지를 반영하여 가능한 두 결과에 확률을 할당한다. 하지만 알파 붕괴에서 나타나는 양자역학의 내재적인 무작위성은 질적으로 전혀 다르다. 이는 이 계에 대해 최대한 완벽하게 설명할 수 있는 상황이라도 마찬가지다.

• **불확정성**

불확정성이란 양자 이론에서 관측 가능한 것들, 즉 우리가 측정할 수 있는 것들에 반드시 교환 법칙이 성립하지 않음을 뜻한다. 즉, 관측 가능한 서로 다른 변수들이 우리가 실험을 대충 해서가 아니라 근본적인 이유로 인해 서로 간섭할 수 있다는 뜻이다. 어떤 두 연산자 A와 B 사이에 교환 법칙이 성립하지 않으면, 내가 A를 측정했을 때 나중에 B의 측정에도 영향을 미칠 수밖에 없다. 고전역학적인 세계에서는 원칙적으로 역학계를 전혀 교란하지 않고도 시스템의 속성을 원하는 만큼 정확하게 측정할 수 있다. 하지만 양자역학적인 세계에서는 그렇지 않다.

• **얽힘**

양자 얽힘이란 우리가 전체 계에 대한 모든 정보를 알고 있다고 해도 각 부분들에 대해 전부를 알 수는 없다는 원리다. 복합 양자계 AB는 우리가 순수 상태라고 부르는, 즉 물리학 법칙이 허용하는 한 그 상태를 특징짓는 모든 정보를 완벽하게 가지고 있는 상태에 있을 수 있다. 그러나 우리가 부분 A나 부분 B만 단독으로 관찰해 보면 그 상태는 순수하지 않다. 오히려 A의 특성을 완전히 파악하는 데 필요한 정보 중 일부가 누락되어 있고, B의 경우도 마찬가지다. 하지만 고전계에서는 그렇지 않다. 고전 세계에서는 전체 계에 대해 아는 것이 전체를 이루는 각 부분에 대해서도 아는 것을 의미한다.

7.3.2 큐비트

고전 정보에서는 더 이상 쪼갤 수 없는 단위를 비트라고 부른다. 우리는 구별 가능한 두 가지 상태 중 하나에 속할 수 있는 모든 물리계에서 비트를 인코딩할 수 있다. 보통은 비트가 물리적으로 어떻게 구체화되는지에 신경 쓸 필요 없이 두 가지 가능한 상태를 0과 1로 표기하는 식으로 추상화시켜 생각하는 게 편하다.

비트에 대응되는 분할 불가능한 양자 정보 단위가 **큐비트**이다. 큐비트 역시 다양한 방법으로 물리적으로 구현될 수 있다. 하지만 여기에서는 큐비트를 인코딩하는 물리적 양자계(원자, 전자, 광자, 전기 회로 등)는 따지지 않고 추상적인 개념으로 생각해 보자. 비트는 0 또는 1 중 하나의 값을 갖는 이진 상대 시스템이지만 큐비트는 수학적으로 복소 힐베르트 공간의 벡터로 기술할 수 있으며, 두 개의 서로 직교하는 기저 상태를 각각 $|0\rangle$과 $|1\rangle$로 표기한다.

$$|\psi\rangle = a|0\rangle + b|1\rangle$$
$$a, b \in \mathbb{C}, |a|^2 + |b|^2 = 1, |\psi\rangle \sim e^{i\alpha}|\psi\rangle$$

식 7-1

큐비트의 상태를 기술하려면 두 개의 복소수 a와 b가 필요해 보이지만, 실제로는 두 개의 실수 매개변수만으로 충분하다. 그 이유는 벡터의 전체 정규화에는 크게 신경 쓰지 않기 때문이다(보통 관례상 1로 설정한다). 또한 벡터의 전체 위상에도 신경 쓰지 않기 때문에 벡터에 절댓값이 1인 복소수를 곱해도 물리적으로 의미 있는 것은 전혀 달라지지 않는다. 이처럼 정규화를 고정하고 전체 위상을 곱하는 자유도를 제거하면 큐비트의 일반적인 상태는 다음과 같이 쓸 수 있다.

$$|\psi(\theta, \varphi)\rangle = e^{-i\varphi/2}\cos(\theta/2)|0\rangle + e^{i\varphi/2}\sin(\theta/2)|1\rangle$$
$$0 \leq \theta \leq \pi, \, 0 \leq \varphi < 2\pi$$

식 7-2

비트는 벡터가 항상 $|0\rangle$ 또는 $|1\rangle$인 큐비트의 특수한 경우이다. 이런 상황을 상상해 보자. 앨리스가 큐비트의 상태를 준비해서 밥에게 보내면 밥이 큐비트를 측정하여 앨리스가 보낸 상태를 맞추는 게임이 있다고 하자. 앨리스가 항상 $|0\rangle$ 또는 $|1\rangle$을 보내겠다고 약속하면 밥은 게임에서 매번 이길 수 있다. 즉, 밥은 정확한 측정을 통해 직교 기저 상태를 완벽하게 구분할 수 있다.

앨리스가 보낸 상태가 반드시 서로 직교하는 상태 집합 중에서 선택되지 않는다면 게임은 더 어려워진다. 이 경우 밥이 게임에서 확실히 승리할 수 있는 전략은 없다. 예를 들어 앨리스가 밥에게 $|0\rangle$ 또는 $|+\rangle$ 중 하나를 보내겠다고 약속한다고 가정해 보자.

$$|+\rangle = \tfrac{1}{\sqrt{2}}(|0\rangle + |1\rangle) \Rightarrow \langle 0|+\rangle = \tfrac{1}{\sqrt{2}}$$

식 7-3

이제 가능한 두 상태는 직교하지 않으므로 밥이 어떻게 측정을 해도 이 둘을 완벽하게 구분할 수 없다. 만약 두 상태의 확률이 같다면 밥이 가능한 최선의 전략을 실행함으로써 $\cos^2(\pi/8) \approx 0.853$의 확률로 게임에서 이길 수 있다. 밥은 앨리스가 $|0\rangle$ 또는 $|1\rangle$를 보냈다는 것은 확실히 알고 있지만, 둘 중 어떤 상태를 받았는지 확신할 방법은 없다. 이것이 큐비트와 비트가 다른 중요한 점 중 하나이다.

더 일반적인 측정도 가능하지만, 여기에서는 큐비트 자체를 $|0\rangle$ 또는 $|1\rangle$로 선언하여 하나의 고전적인 상태가 되도록 하는 가장 간단한 방식만 고려하는 정도면 된다. 양자 이론의 규칙에 따라 큐비트 상태(식 7-2)를 측정하면 그 결과는 확률 $p_0 = \cos^2(\theta/2)$로 $|0\rangle$이 되고, 확률 $p_1 = \sin^2(\theta/2)$로 $|1\rangle$이 된다. 밥이 큐비

트가 $|\psi(\theta, \varphi)\rangle$ 상태에 있다는 것을 확실히 알고 있더라도, $\cos^2(\theta/2)$가 0이나 1이 아닌 이상 측정 결과를 확실하게 예측할 수는 없다. 이것이 큐비트와 비트가 다른 근본적인 이유 중 하나다.

7.3.3 텐서 곱

양자 컴퓨팅을 이해하려면 양자역학에서 복합계를 설명하는 방법을 이해해야 한다. 두 개의 개별 양자계 A와 B가 있다고 하자. 그러면 복합계 AB는 수학적으로 어떻게 설명해야 할까?

먼저 A계의 차원이 d_A라고 가정하자. 즉, 힐베르트 공간 $\mathcal{H}_A$는 정규 직교 기저 상태의 집합 $|i\rangle_A$, $i = 1, 2, \ldots, d_A$에 걸쳐 있다. 마찬가지로 B계는 차원이 d_B이고 그의 힐베르트 공간 $\mathcal{H}_B$는 정규 직교 기저 상태의 집합 $|a\rangle$, $a = 1, 2, \ldots, d_B$에 걸쳐 있다. 복합계를 구축하는 규칙은 상태가 직교하면 완벽하게 구분할 수 있다는 개념에 부합해야 한다. 즉, 복합계에서의 내적은 다음과 같이 정의해야 한다.

$$((\langle j| \otimes \langle b|)(|i\rangle \otimes |a\rangle)) = \delta_{ij}\delta_{ab} \qquad \text{식 7-4}$$

A계의 기저 상태를 B계의 기저 상태와 결합하는 경우, 시스템 A계의 기저 상태가 상호 직교하면 복합 상태를 완벽하게 구분할 수 있다. A계를 보는 것만으로도 완벽하게 구분할 수 있다는 뜻이다. 마찬가지로 B계에서 상호 직교하는 복합 시스템의 기저 상태를 고려하면 B계를 보는 것만으로도 이를 구분할 수 있다. 이러한 관찰을 반영하면 [식 7-4]의 기저 상태는 $i \neq j$ 또는 $a \neq b$이면 서로 직교한다. 이와 같이 구성한 것을 두 힐베르트 공간의 **텐서 곱**^{tensor product} $\mathcal{H}_A \otimes \mathcal{H}_B$라고 한다.

예를 들어 두 개의 큐비트가 있는 경우, 서로 직교하는 기저 상태는 다음과 같이 선택할 수 있다.

$$\{|00\rangle, |01\rangle, |10\rangle, |11\rangle\} \qquad \text{식 7-5}$$

이는 두 비트의 가능한 상태를 표시하는 것과 마찬가지다(벡터의 텐서 곱 $|0\rangle \otimes |0\rangle$을 간단하게 줄여서 $|00\rangle$으로 표기하기도 한다). 이 네 벡터는 완벽하게 구별될 수 있으므로 복합계의 힐베르트 공간에서 상호 직교 벡터로 간주된다.

이 개념은 여러 큐비트로 일반화할 수 있다. n개의 큐비트에 대한 힐베르트 공간은 다음과 같다.

$$\mathbb{C}^{2^n} = \underbrace{\mathbb{C}^2 \otimes \mathbb{C}^2 \otimes \cdots \otimes \cdots \otimes \mathbb{C}^2 \otimes \mathbb{C}^2}_{n\text{번}} \qquad \text{식 7-6}$$

이는 2^n개의 서로 직교하는 벡터에 걸쳐 있는 2^n 차원의 복소 힐베르트 공간이며, 비트 문자열로 레이블이 붙는다.

$$|x\rangle = |x_{n-1}\rangle \otimes |x_{n-2}\rangle \otimes \cdots \otimes |x_1\rangle \otimes |x_0\rangle, \quad x \in \{0,1\}^n \qquad \text{식 7-7}$$

여기에서 $\langle x | y \rangle = \delta_{x,y}$를 만족한다. 만약 i번째 큐비트에서 $x_i \neq x_j$라면 i번째 큐비트를 관찰하는 것만으로도 기저 상태를 구분할 수 있으며, 이에 따라 다른 비트의 값에 상관없이 기저 상태는 서로 직교한다.

이 n-큐비트 시스템에서 가능한 **순수** 양자 상태(가장 완전하게 설명할 수 있는 상태)는 복소 계수를 가진 2^n차원 공간 안에 있는 벡터이다.

$$|\psi\rangle = \sum_{x=0}^{2^n-1} a_x |x\rangle, \ a_x \in \mathbb{C} \qquad \text{식 7-8}$$

물리학 법칙이 허용하는 한 가장 완전하게 기술된 순수 양자 상태의 경우 고전 역학적으로 완전하게 설명하려면 방대한 양의 고전적인 데이터가 필요하다. 예를 들어 큐비트가 300개 있다면 그 상태는 2^{300}차원, 즉 10^{90}차원 공간의 벡터가 된다. 눈에 보이는 우주의 모든 원자를 총동원하더라도 그 상태를 고전적으로 완전히 기술할 수 없다. 이는 양자 세계의 복잡성을 보여주는 근본 원리로, n개의 큐비트로 이루어진 일반적인 양자 상태를 고전적으로 간결하게 기술하는 것은 불가능하다.

고전 세계에서 n개의 비트를 저장할 수 있는 메모리가 있다고 가정하자. n비트의 가능한 문자열 중 하나를 저장하고 어떤 문자열을 저장했는지 알려주지 않는다. 내가 선택할 수 있는 모든 문자열을 모두 나열한다면 그 목록은 관리할 수 없을 정도로 길어질 것이다. 하지만 2^n개의 가능한 문자열 중 하나를 알려주고 싶다면 n비트만 보내면 된다. 양자역학적인 상황은 이와 전혀 다르다. 일반적인 양자 상태를 완전히 구체적으로 특정 짓는다고 하더라도 그 상태를 고전적으로 간결하게 기술할 방법은 없다.

하지만 여기에는 한 가지 주의할 점이 있다. 방금 설명한 의미에서는 양자 상태가 고전적인 비트 문자열보다 훨씬 더 복잡해 보이지만 그 양자 상태에 대해 아무리 상세하게 설명해도 직접 접근할 수가 없다는 점이다. 누군가에게 n-큐비트 양자 상태를 보내고 그 상태에 대해 아무것도 알려주지 않는다면 측정을 통해 무언가를 알아내려 할 것이다. 측정은 결국 기능한 2^n개의 문자열 중에서 하나의 특정 n비트 문자열 x를 얻게 만든다. 즉, 측정을 통해 얻을 수 있는 것은 오직 n비트의 고전적인 데이터뿐이다. 좀 더 영리한 전략을 사용해 양자 상태로부터 고전 정보를 추출할 수도 있겠지만, 매우 엄밀하게 연구한 결과(홀레보의 정리[48])에 따르면 어떤 방법을 사용해도 n-큐비트 양자 상태의 단일 사본으로부터 n비트 이상의 고전 정보를 얻을 수 있는 방법은 없다. 유용한 양자 알고리즘을 설계하는 기술은 이 양자 세계의 숨겨진 이면을 어떻게든 활용하는 데 달려 있다. 우리는 양자 장치를 읽을 때마다 근본적인 양자역학적 현실의 빈약한 그림자를 엿보는 수준을 넘어서지 못하는 한계를 극복해야만 한다.

여러 개의 큐비트로 양자계를 구축한다고 할 때, 기하급수적으로 높은 차원의 힐베르트 공간이 주어진다면 그 공간은 어떻게 큐비트(또는 다른 저차원계)로 분해할 수 있을까? 수학적 관점에서 보면 어떤 식으로 분해할지 임의로 정할 수 있지만, 물리적인 관점에서는 더 나은 분해 방법이 있다. 일반적으로 큰 양자계를 작은 계의 텐서 곱으로 분해하는 방식은 공간적 국소성에 의해 결정된다. 즉, 서로 다른 위치에 큐비트들이 있다고 간주하는 경향이 있다. 예를 들어 큐비트들이 패서디나와 뉴욕 같이 서로 다른 도시에 있다고 해 보자. 패서디나와 뉴욕 전체에 걸쳐 있는 양자계를 고려한다면 매우 자연스럽게 패서디나에 있는 큐비트와 뉴욕에 있는 큐비트로 분해할 수 있다. 만약 공간적으로 서로 분리된 원자가 n개 있다면, 나는 그 양자계를 개별 원자 안에 존재하는 큐비트로 설명할 것이다.

그렇게 생각하는 이유는 큐비트 간의 상호작용이 일반적으로 공간에서 국지적이기 때문이다. 즉, 뚜렷한 상호작용은 아주 가까이 있는 계 사이에서만 일어난다. 이러한 상호 작용의 구조는 큰 양자계를 작은 하위계로 자연스럽게 나눌 수 있는 방법을 제공한다. 만약 큐비트가 서로 다른 도시 $A_1, A_2, \ldots A_n$에 위치한다면 곱 상태$^{\text{product state}}$는 다음과 같이 간단하게 만들 수 있다.

$$|\psi\rangle = |\psi_1\rangle_{A_1} \otimes |\psi_2\rangle_{A_2} \otimes \cdots \otimes |\psi_n\rangle_{A_n} \qquad \text{식 7-9}$$

그럼 n개의 도시에 있는 친구들에게 전화를 걸어 각자에게 단일 큐비트 상태를 준비해 달라고 부탁할 수 있다. 앞서 살펴본 것처럼 각 단일 큐비트 상태는 2개의 실수 매개변수로 설명되기 때문에 모든 곱 상태는 $2n$개의 실수 매개변수로 간결하게 설명할 수 있다.

곱 상태가 아닌 상태는 '얽힌' 상태라고 한다. 이런 상태는 각 도시에 있는 n명의 친구에게 아무리 요청해도 국소적으로는 생성할 수 없는 상태다. 얽힌 상태는 양자 통신(큐비트를 도시 간에 전송하는 것)이나 큐비트 간의 상호작용을 통해서만 생성될 수 있다. n명의 친구들은 (고전적인) 전화로 어떤 내용이든 주고받을 수 있지만, 애초에 얽힘이 없었다면 얽힘을 생성할 수 없고 곱 상태만 만들 수 있다.

n개의 도시에서 공유되는 얽힘을 만들려면 큐비트들을 한 데 모아 상호 작용하도록 하거나, 한 도시에서 얽힌 상태를 만든 다음 얽힌 큐비트를 각각 다른 도시로 보내야 한다. 지금은 여러 기술적인 한계로 인해 큐비트를 먼 거리(예: 패서디나에서 뉴욕까지)로 보낼 때 상태 손상 없이 전송하기 어렵다. 하지만 언젠가는 가능해질 것이며, 그렇게 되면 전 세계에 분산된 양자 네트워크 노드들 간에 여러 큐비트가 얽힌 양자 상태를 공유할 수 있을 것이다.

앞서 살펴본 것처럼, n-큐비트의 일반적인 얽힌 상태는 n에 대해 선형적인 개수의 매개변수로 설명되는 곱 상태와 달리 지수 함수적인 개수의 매개변수로 설명된다. 하지만 원칙적으로 큐비트를 한 번에 두 개씩 상호작용시키기 위해 모으면 곱 상태부터 시작해서 어떤 상태든 만들 수 있다는 것이 밝혀졌다. 이는 수학적으로 그리 심오한 의미까지는 아니지만 물리적으로는 매우 중요한 일이다. 한 번에 두 개씩 입자를 상호작용시킬 수 있다면 원칙적으로 양자 세계를 제어할 수 있다는 뜻이다.

하지만 한 가지 문제가 있다. 일반적으로 우리가 원하는 양자 상태를 효율적으로 만들 수 없다는 것이다. 가능한 n-큐비트 상태의 공간이 매우 방대하기 때문이다. n 큐비트 힐베르트 공간은 n에 대해 기하급수적인 차원과 그 차원에 대한 기하급수적인 부피를 가지므로 n에 대해 이중으로 기하급수적이다. 큐비트를 두 개씩 상호작용시켜 T번 연속할 수 있는 모든 방법을 생각해 보면 근사할 수 있는 양자 상태의 개수는 T에 대해 기하급수적이다. 즉, 어떤 일반적인 n-큐비트 상태가 주어졌을 때 그 상태에 아주 가까운 상태를 만들려면 T가 n에 대해 기하급수적이어야 한다는 뜻이다. 이런 수학적 의미에서 n-큐비트의 광대한 힐베르트 공간은 어느 정도 환상이라고 볼 수 있다. 미래의 양자 엔지니어들은 힐베르트 공간을 지금보다 훨씬 더 광범위하게 탐험하는 재미를 만끽하겠지만, 아무리 기술이 발달하더라도 대부분의 양자 상태는 여전히 우리 손이 닿을 수 없는 곳에 남아 있을 것이다. 생각만 해도 겸허한 마음이 우러난다.

7.4 양자 컴퓨터란 무엇일까?

이제 양자 정보에 대해 충분히 알게 됐으니, 양자 컴퓨터의 수학적 모형을 공식화할 수 있다.

7.4.1 양자 회로 모형

힐베르트 공간: 먼저 양자 계산이 이루어지는 영역, 즉 힐베르트 공간 $\mathcal{H} = \mathbb{C}^{2^n}$을 지정하자. 힐베르트 공간은 매우 큰 벡터 공간일 뿐만 아니라 작은 하위계, 즉 n개의 큐비트의 텐서 곱으로 자연스럽게 분해된다는 점이 중요하다. 앞서 강조했듯이 이러한 자연스러운 분해는 실제로 공간적 국소성에 의해 정해진다. 바람직한(선호되는) 분해가 중요한 이유는 양자 계산이나 양자 상태의 복잡성에 대해 논할 필요가 있기 때문이다. 어떤 양자 상태의 경우 그 상태를 준비하는 데 필요한 단계의 수로 상태의 복잡성을 정의할 수 있지만, 그 단계의 수는 시작점이 무엇이고 각 단계에서 어떤 종류의 연산을 수행할 수 있는지에 따라 달라진다. 각 기본 단계는 실험실에서 비교적 쉽게 수행할 수 있는 것이어야 하며, 여러 큐비트에 집합적으로 작용하는 연산은 '어려운' 반면, 한두 개의 큐비트에만 작용하는 연산은 '쉬운' 것이라고 말할 수 있다.

초기 상태: 계산의 자연스러운 시작점인 초기 상태는 곱 상태이다. '곱 상태'라고 말할 때 우리는 이미 큐비트 단위로 쪼개는 바람직한(선호하는) 분해 방식을 염두에 두고 있다. 관례에 따라 n개의 큐비트는 각각 $|0\rangle$ 상태에서 시작한다고 하자. 곱 상태로 시작하는 이유는 준비하기 쉬우며 초기 상태 준비 자체를 복잡하게 만들고 싶진 않기 때문이다. 한 번에 하나의 큐비트에만 작용하는 연산을 사용하여 각 큐비트를 하나씩 $|0\rangle$으로 설정할 수 있기 때문에 간단히 수행할 수 있다. 예를 들어 $\{|0\rangle, |1\rangle\}$ 기저에서 각 큐비트를 측정한 다음(아래 참조), 필요한 경우

큐비트를 뒤집으면 $|0\rangle$ 상태를 얻을 수 있다.

범용 양자 게이트: 이제 양자 상태 $|0\rangle^{\otimes n}$에서 시작하여 양자 상태를 구축하거나 계산을 수행하는 방법을 생각해 보자. 이를 위해서는 회로에서 함께 구성할 수 있는 특정한 기본 연산 집합이 필요하다. 이때도 '쉬운' 연산과 '어려운' 연산을 구분해야 하며, 이를 위해 큐비트로의 바람직한 분해를 다시 한 번 활용한다. 적은 수(n과 무관한 상수)의 큐비트에 작용하는 연산은 '쉬운' 연산으로, 많은 수(n에 따라 증가하는 수)의 큐비트에 작용하는 일반적인 연산은 '어려운' 연산으로 간주한다. 기본 연산을 선택할 때 복잡한 걸 넣고 싶진 않다. 따라서 계산을 실행하는 데 필요한 기본 연산의 수에 따라 계산의 복잡성을 정량화하는 것이 합리적이다.

구체적인 예로, 유한한 알파벳이 있다고 가정해 보자.

$$\mathcal{G} = \{\mathcal{U}_1, \mathcal{U}_2, \ldots, \mathcal{U}_{n_G}\} \quad \text{식 7-10}$$

유니터리 변환은 각각이 일정한 수의 큐비트에 작용하는데, 큐비트는 양자 프로세서에 하드와이어링되어 있다. $m \times m$ 복소 행렬 $\mathcal{U}$는 $\mathcal{U}^\dagger\mathcal{U} = I$이면 유니터리unitary 행렬이라 부르며, $\mathcal{U}^\dagger$는 $\mathcal{U}$의 수반adjoint 행렬이다. 여기에서 유니터리 변환을 고려하는 이유는 유한 차원 양자계가 바뀔 수 있는 방법의 규칙상 유니터리 변환만 허용되기 때문이다(큐비트 집합에 추가 큐비트를 채운 뒤 기존 큐비트와 함께 전체에 유니터리 변환을 수행한 다음 추가 큐비트를 버리면 더 일반적인 변환도 허용된다. 하지만 이 경우 추가 큐비트를 양자 컴퓨터의 힐베르트 공간에 포함시킬 수 있으므로 단일 연산만 사용하더라도 일반성을 잃지는 않는다). 고전 회로 모형에서의 기본 불리언 게이트에 대응하는 것이 양자 컴퓨터의 이러한 하드와이어링된 기본 유니터리이기 때문에, 이를 양자 게이트라고 부른다(문장을 간결하게 하기 위해 문맥상 의미가 명확할 때는 '유니터리 변환' 대신 '유니터리'로 줄여서 쓰겠다).

앞서 언급했듯이 두 큐비트에만 작용하는 양자 게이트는 이미 보편적이며, 두 큐비트 게이트로 구성된 회로를 사용하면 모든 n-큐비트 유니터리 변환을 원하는 만큼 정확하게 근사할 수 있다. 일반적으로 물리 실험실에서는 2큐비트 게이트가 $k>2$인 경우의 k-큐비트 게이트보다 구현하기 더 쉽기 때문에 보통 한 번에 하나 또는 두 개의 큐비트에 작용하는 게이트만 우리의 기본 알파벳에 포함시킨다.

이제 유니터리 변환은 불리언 고전 논리 게이트와 달리 가능한 연산의 연속체를 형성한다. 게이트를 실행시킬 때 조절할 수 있는 매개변수는 실수이며, 이 매개변수가 변화하면 실행되는 유니터리도 계속 변화한다. 따라서 양자 게이트의 알파벳이 유한 집합이라고 고집하는 것이 이상해 보일 수도 있지만 실은 그렇지 않다. 양자 하드웨어는 신뢰성이 아주 높지 않기 때문에 더욱 견고하게 만들려면 양자 오류 수정 코드를 사용해야 한다. 그리고 일단 코드를 선택하고 나면 코드 구조와 호환되는 1큐비트 및 2큐비트 게이트의 유한한 집합만이 효율적이고 정확하게 수행될 수 있다. 이 유한 집합에서 강건한 게이트만 게이트 집합에 포함시킬 수 있으며, 보편성을 유지하려면 이러한 게이트를 선택해야 한다.

단일 큐비트에 작용하는 유니터리 변환을 정확하게 근사하려면 두 개의 비가환 noncommuting (교환법칙이 성립하지 않는) 기본 게이트만으로 회로(게이트 시퀀스)를 구축하면 충분한다. 이러한 게이트들은 특히 좋은 속성을 가지는 양자 오류 정정 코드를 사용할 때 자연적으로 만들어지기 때문에 널리 사용된다. 한 가지 조합으로 다음과 같은 연산을 들 수 있다.

$$H = \frac{1}{\sqrt{2}} \begin{pmatrix} 1 & 1 \\ 1 & -1 \end{pmatrix}, T = \begin{pmatrix} 1 & 0 \\ 0 & e^{i\pi/4} \end{pmatrix} \qquad \text{식 7-11}$$

H는 '아다마르Hadamard 게이트'라고 부르고, T는 딱히 괜찮은 이름이 없다 보니 'T 게이트'라고 부른다. 이 두 게이트는 비가환이기 때문에 이들로 구성된 게이트 배열은 길이에 따라 기하급수적으로 증가하는 수의 단일 큐비트 유니터리에 도달할 수 있으며, 길이가 증가함에 따라 유니터리 군을 조밀하게 채운다. 금방 이해하

기는 어렵지만 분명하면서도 중요한 사실은, 어떤 1비트 유니터리가 주어졌을 때 그 유니터리를 정해진 오차 범위 안에서 근사할 수 있는 게이트 배열을 찾아내는 효율적인 고전 알고리즘이 존재한다는 점이다[6, 49].

단일 큐비트 게이트와 초기 곱 상태만으로는 오직 곱 상태에만 도달할 수 있다. 그러나 이러한 단일 큐비트 게이트에 단 하나의 얽힌 2큐비트 게이트를 보강하는 것만으로도 보편성을 달성할 수 있다. 이러한 2큐비트 게이트로는 CNOT[controlled-NOT] 게이트를 표준적으로 사용한다. 그 이유는 아까와 마찬가지로 양자 오류 정정 코드로 보호되는 양자 정보에 대해 수행하기가 편리하기 때문이다.

$$\text{CNOT} = |0\rangle\langle 0| \otimes I + |1\rangle\langle 1| \otimes X, \quad X = \begin{pmatrix} 0 & 1 \\ 1 & 0 \end{pmatrix} \quad \text{식 7-12}$$

즉, 첫 번째 (제어) 큐비트가 $|0\rangle$이면 CNOT 게이트는 두 번째 (대상) 큐비트를 그대로 보내주지만, 제어 큐비트가 $|1\rangle$인 경우 게이트는 대상 큐비트에 비트 뒤집기(X) 연산을 적용한다. CNOT은 표준 기저 상태를 다른 표준 기저 상태로 대응시킨다는 점에서 고전적인 연산이지만, 예를 들어 다음과 같이 기저 상태의 중첩으로 구성된 제어 큐비트에 작용하면 얽힘을 만들어낼 수 있다.

$$\text{CNOT}: \frac{1}{\sqrt{2}}(|0\rangle + |1\rangle) \otimes |0\rangle \rightarrow \frac{1}{\sqrt{2}}(|00\rangle + |11\rangle) \quad \text{식 7-13}$$

일단 범용 게이트 집합을 고정하고 나면 고전 계산의 회로 모형으로부터 특정 불리언 함수를 계산하는 것이 얼마나 어려운지 알 수 있는 것처럼, 특정 n-큐비트 유니터리 변환에 도달하는 것이 얼마나 어려운지에 대한 개념이 생긴다. 원하는 유니터리를 생성하기 위한 최소 회로의 크기는 얼마일까 하는 질문을 할 수 있는 것이다. 고전적인 경우와 다른 점은 유니터리 변환이 연속체를 형성하기 때문에 일반적으로는 약간의 오차를 받아들여야 한다는 것이다. 즉, 원하는 유니터리에 정확히 도달하는 회로가 없을 수 있으며, 이 경우 적절한 거리 개념에 따라 원하는 유니터리에서 ε만큼 떨어져 있는 유니터리를 구성하는 것으로 만족해야 한다.

지금까지는 범용 집합 중에서 단 한 가지 게이트 집합 $\mathcal{G} = \{H, T, \text{CNOT}\}$만을 고려했다. 이러한 선택도 충분히 좋지만 상황에 따라 다른 범용 게이트 집합을 써야 할 수도 있다. 사용하는 하드웨어 종류가 다를 수도 있고, 어디에서는 쉽게 할 수 있는 일이 다른 구성에서는 어려울 수도 있다. 서로 다른 게이트 집합을 가지고 있더라도 어떤 유니터리가 구성하기 쉽고 어떤 유니터리가 구성하기 어려운지에 대해서는 의견을 일치시킬 수 있다. 어느 정도 오버헤드가 필요하겠지만 각자의 범용 게이트를 이용하여 상대방의 범용 게이트를 효율적으로 시뮬레이션할 수 있기 때문이다. 범용 게이트가 있다면 각각이 상수 개의 큐비트에 작용하기 때문에 상대방의 어떤 범용 게이트든 $\text{polylog}(1/\varepsilon)$개의 게이트를 사용하여 오차 ε으로 근사할 수 있다(즉, 필요한 게이트의 수는 점근적으로 작은 ε에 대해 $\log(1/\varepsilon)$의 다항식을 따라 커진다). 이 원리를 솔로베이–키타예프$^{\text{Solovay-Kitaev}}$ 정리라고 한다[16, 49].

상대방이 T개의 게이트를 사용해 오차 δ 이내로 n-큐비트 유니터리 $\mathcal{U}$에 도달할 수 있다고 가정해 보자. 상대방의 각 게이트를 오차 δ/T로 시뮬레이션한다면 $O(\text{polylog}(T/\delta))$개의 게이트로 가능하다. 오차는 최악의 경우 게이트 수에 따라 선형적으로 누적되므로 $O\left(T\left(\text{polylog}(T/\delta)\right)\right)$개의 게이트를 사용하여 상대방의 회로를 시뮬레이션할 수 있고, 전체 오차는 최악의 경우 2δ까지 커질 수 있다. 상대방의 회로가 '효율적'이라면(일반적으로 T의 상한이 큐비트 수 n에 대해 다항식으로 제한된다는 의미로 쓰인다), 내 회로도 마찬가지로 효율적이다.

고전적인 제어: 양자 회로를 설계할 때 뭔가 복잡한 걸 숨겨놓는 건 바람직하지 않다. 고전적 계산의 회로 모형에서도 마찬가지다. 고전적인 경우, 우리는 해결하려는 문제와 입력의 크기를 지정하면 해당 회로를 설계하는 튜링 머신과 같은 추가 컴퓨터로 회로 모형을 보강해야 한다. 이때 이 추가 고전 컴퓨터의 실행 시간도 입력의 크기에 따라 다항식이어야 한다. 다항식 크기의 양자 회로는 (비록 그

회로가 입력 양자 상태에 작용하는 방식은 그렇지 않더라도) 고전적으로 간결하게 기술할 수 있기 때문에 동일한 개념을 사용해 양자 회로 모형을 보강할 수 있다. 고전적인 회로 모형에서와 마찬가지로 우리는 입력 크기가 가변적인 문제를 해결하는 양자 회로들은 균일한 속성을 가지고 있다고 생각한다. 간단히 말해, 특정 크기의 문제 인스턴스에 대해 작동하는 $\text{poly}(n)$ 크기의 회로를 찾으면 더 큰 입력 크기에 적합한 회로를 찾는 문제는 그리 어렵지 않다는 뜻이다.

최종 측정: 지금까지는 주로 특정 초기 상태에 작용하는 유니터리 변환의 복잡성에 대해 논의했다. 하지만 양자 컴퓨터를 사용하여 문제를 해결하더라도 손쉽게 받아적거나 친구들과 공유할 수 있는 고전적인 정보로 출력하는 쪽이 편하다. 고전적인 결과를 얻으려면 양자 계산이 끝날 때 측정을 수행해야 하며, 판독 절차에 뭔가 복잡한 게 숨어드는 것은 바람직하지 않다. 따라서 표준 기저를 기준으로 큐비트(또는 큐비트의 일부 부분집합)를 측정하여 각 큐비트에 대해 0 또는 1이라는 결과를 얻는 방식으로 최종 판독을 수행한다고 가정하자. 이로써 양자 회로 계산 모형에 대한 설명이 모두 끝났다. 초기 상태 준비와 최종 측정은 쉽다. 양자 계산이 쉬운지 어려운지를 결정짓는 요소는 바로 초기 상태 준비와 최종 측정 사이에 수행해야 하는 게이트 연산 횟수이다.

양자 상태의 측정은 결정론적이지 않기 때문에 양자 컴퓨팅은 확률적인 계산 모형이라는 점을 잊어서는 안 된다. 예를 들어, 정답이 예 또는 아니오인 의사 결정 문제는 양자 계산을 실행한다고 해서 항상 정답이 나오는 것은 아니다. 하지만 충분히 높은 성공 확률로 정답을 얻는다면 그리 큰 문제가 되지 않는다. 보통 관례상 마지막 판독에서 3분의 2 이상의 확률로 정답이 나오면 충분하다고 본다. 그러면 계산을 적당한 횟수만큼 실행하고, 과반수 투표(예라는 답이 더 많으면 예라고 판단하고, 아니오라는 답이 더 많으면 아니오라고 판단하는 것)를 통해 1에 가까운 확률로 정답을 얻을 수 있다.

7.4.2 계산 가능성 및 효율성

이제 양자 계산 모형을 공식화했으니 이 모형의 성능을 이해해 보자. 이걸로 어떤 계산을 실행할 수 있을까? 그리고 어떤 문제를 해결할 수 있을까? 특히 같은 문제를 해결할 때 기존의 가장 좋은 성능의 고전적 알고리즘보다 더 빠르게 계산할 수 있는 양자 알고리즘은 어떻게 설계할 수 있을까?

요약하자면, 양자 모형의 구성 요소는 다음과 같다.

1. 확장 가능한 큐비트 수
2. 표준 초기 상태 준비
3. 범용 양자 게이트 집합
4. 균일한 양자 회로군을 설계하기 위한 고전 컴퓨터
5. 표준 기저를 바탕으로 하는 판독

이 모든 요소는 최종 양자 측정의 비결정적 특성을 반영하는 난수 생성기를 갖춘 일반 고전 컴퓨터로도 시뮬레이션할 수 있다. 고전적인 컴퓨터가 해야 할 일은 힐베르트 공간에서 벡터를 추적하면서 일련의 행렬을 그 벡터에 적용하는 것이다. 최종 판독을 위해서는 그 벡터를 표준 축 집합으로 투영하고 그에 따라 다양한 측정 결과에 확률을 할당하면 된다. (무작위) 고전 컴퓨터는 양자 컴퓨터가 하는 모든 작업을 수행할 수 있으므로 계산 가능성에는 차이가 없으며, 양자 컴퓨터로 계산할 수 있는 것은 고전 컴퓨터로도 가능하다.

양자 모형과 기존 모형의 중요한 차이점은 **효율성**에 관한 것이다. 일반적으로 고전적인 컴퓨터가 양자 컴퓨터를 시뮬레이션하려면 큐비트 수에 따라 기하급수적인 차원을 가진 공간에서 벡터를 처리해야 한다. 가장 어려운 문제의 경우, 큐비트 수에 따라 기하급수적으로 증가하는 자원을 사용하지 않고는 고전 컴퓨터에서 이러한 시뮬레이션을 수행할 수 있는 방법은 알려져 있지 않다.

물리학 또는 컴퓨터 과학 이론의 관점에서 볼 때, 우리는 양자 계산이라는 추상적 모형이 자연의 물리적 세계에서 실제 효율적으로 수행될 수 있는 정보 처리를 담아내는 데 적합한지 의문을 가질 필요가 있다. 사실 우리는 그것이 사실인지 아닌지 확신할 수 없다. 이는 **확장된 양자 처치-튜링 가설**이라고 부르는 가설에 불과하다. 이 가설이 맞는지 여부는 전적으로 명확하지 않다. 기본 입자를 설명하기 위해 물리학자들은 국소 양자장론$^{\text{local quantum field theory}}$이라는 이론을 사용한다. 공식적으로 양자장론은 단위 공간 부피당 자유도가 무한대인 이론이다. 유한한 기계로는 무한한 자유도를 정확히 시뮬레이션할 수 없다. 물리학자들 사이에서는 모든 자유도가 실제로는 필요하지 않으며, 단위 부피당 유한한 수의 자유도만 유지해도 좋은 근사치를 얻을 수 있다는 믿음이 있다. 필요한 자유도의 수는 연구하고자 하는 프로세스의 총 에너지와 같은 시뮬레이션의 입력 매개변수에 의해 제어된다. 제한된 에너지로는 임의의 짧은 거리 스케일에서의 물리를 알아낼 수 없으므로 사물을 정확하게 설명하기 위해서는 제한된 수의 자유도만 필요하다. 이 경우에는 양자장론으로 설명되는 물리적 과정을 양자 회로 모형을 사용하여 정확하고 효율적으로 시뮬레이션할 수 있다는 주장이 설득력을 가질 수 있다[50, 51].

물리학자들은 물리적 우주에서 일어나는 대부분의 현상을 국소 양자장론으로 정확하게 설명할 수 있다고 믿는다. 하지만 양자 물리학 및 중력 물리학이 모두 중요한 역할을 하는 상황에서는 예외가 발생할 수 있다. 예를 들어, 현재 우리는 블랙홀이 양자 정보를 처리하는 방식에 대해 불완전하게 이해하고 있을 뿐이다. 양자 회로 모형이 블랙홀의 작동 방식을 효율적으로 설명하기에 충분한지는 아직 확실히 알 수 없다. 만약 양자 회로 모형이 실제로 물리학에서 일어나는 모든 현상을 포착할 수 있다면, 우리는 미래에 양자 컴퓨터를 사용하여 매우 깊은 수준의 기초 물리학을 탐구할 수 있을 것이다. 하지만 그렇지 않다면 오히려 더 흥미로운 일이다. 궁극적으로 자연이 지금 우리가 예견하는 양자 컴퓨터보다 훨씬 더 강력한 정보 처리기를 허용할 것이라는 뜻이기 때문이다.

7.4.3 양자 하드웨어

양자 하드웨어에 대한 자세한 내용은 이 장의 범위를 벗어나지만, 오늘날 우리가 실제로 구축하고 작동할 수 있는 물리적 시스템이 우리가 정립한 양자 컴퓨팅의 추상적 모형과 어떻게 일치하는지에 대해 잠시 설명하고자 한다. 실제 큐비트는 결코 완벽할 수 없지만, 우리는 이상적인 모형에서 설명하는 큐비트와 매우 유사한 큐비트를 원한다. 이번에는 실제 소자가 이 기준을 충족하는지 여부에 초점을 맞추면서 양자 하드웨어가 갖추어야 할 기준을 다시 살펴보자[52].

1. 제어 가능한 큐비트를 갖춘 확장 가능한 시스템
2. 충분히 정확한 $|0\rangle$ 상태의 큐비트
3. 게이트 실행 시간에 비해 충분히 긴 큐비트 결맞음 시간
4. 충분히 정확한 범용 양자 게이트 집합
5. 표준 기저에서의 충분히 정확한 큐비트 측정

다양한 양자계가 이러한 요구 사항을 충족할 잠재력을 가지고 있지만, 여기에서는 그중 두 가지만 언급하겠다. 이 논의에서 참고문헌이 부족한 점은 양해 바란다. 더 자세한 내용은 최근 두 개의 리뷰[53, 54]에서 찾아볼 수 있다.

1990년대 중반 쇼어 알고리즘으로 인해 양자 컴퓨팅에 대한 관심이 급증했을 당시, 마침 우연의 일치로 양자 컴퓨팅과 관련된 실험 도구가 다른 목적으로 개발되고 있었다. 하나는 전자기장에 갇힌 개별 원자 이온을 조작하는 기술인데, 이는 더 정확한 원자 시계를 만들고자 하는 열망에서 비롯된 것이었다.

이온 트랩에서는 바닥(최저 에너지) 상태 또는 수명이 긴 들뜬 상태에 있는 전하를 띤 원자(즉, 이온) 하나씩이 큐비트 역할을 할 수 있으며, 수십 개의 큐비트를 트랩에 로드한 상태에서 각 큐비트를 정밀하게 제어할 수 있다. 적절한 이온과 적절히 들뜬 상태를 선택함으로써 다른 기준들도 충족할 수 있다. 특히 유휴 큐비트는 오류율이 매우 낮은데, 이온에 따라 결맞음 시간이 1초 이상으로 매우 긴 것도

있다. 또한 정보 처리, 상태 준비 및 측정은 모두 매우 안정적인 레이저의 빛 펄스를 이온에 쏘는 방식으로 구현할 수 있다.

판독할 때는 적절한 진동수의 빛을 원자에 비춘다. 이때 바닥 상태의 원자는 빛을 강하게 산란시키고 들뜬 상태의 원자는 빛을 투과시켜 투명하게 보인다. 조명을 받은 이온이 발광하는지 여부를 관찰하는 것만으로도 큐비트의 상태가 $|0\rangle$인지 $|1\rangle$인지를 높은 신뢰도로 판단할 수 있다. 수백 마이크로초 동안 이온을 조사하면 측정 오차율을 10^{-4} 미만으로 달성할 수 있다. 또한 이온의 내부 원자 상태를 레이저로 조작하면 초기 상태를 효율적으로 정확하게 준비할 수 있다.

이온 트랩에서는 단일 큐비트 양자 게이트 또한 간단하고 꽤 정확하게 구현할 수 있다. 레이저 펄스를 사용해 정해진 시간 동안 큐비트의 두 기저 상태 사이에 결맞는 결합을 유도할 수 있는데, 이렇게 하면 원하는 유니터리 연산을 큐비트에 적용할 수 있다. 이러한 단일 큐비트 게이트는 오류율이 10^{-4} 미만이며, 몇 마이크로초 안에 실행할 수 있다.

이온 트랩의 경우에도 대부분의 다른 양자 플랫폼과 마찬가지로 두 원자가 서로 강하게 상호작용해야 하는 2큐비트 게이트 얽힘을 수행하는 것이 가장 어렵다. 필요한 상호작용은 이온 간의 정전기적 반발로부터 얻을 수 있다. 이 반발력 덕분에 이온은 트랩 안에서 공유된 표준 진동 모드를 형성할 수 있다. 레이저 펄스는 두 이온이 공유하는 표준 모드를 내부 상태에 결합시켜서 두 큐비트 상태가 두 원자의 내부 상태에 따른 위상을 획득하는 동안 해당 모드를 유도하며, 그 결과 얽힌 2큐비트 게이트가 생성된다[55, 56]. 이 게이트의 속도는 레이저의 광출력과 트랩 내 이온의 진동수에 따라 달라지며, 일반적으로 최소 수십 마이크로초가 걸린다. 게이트는 일반적으로 게이트 충실도를 저하시킬 수 있는 큐비트 간의 불필요한 결합을 피하기 위해 병렬이 아닌 순차적으로 실행한다. 현재 최고 수준 멀티큐비트 장치에서 얽힘 2큐비트 게이트당 오류율은 일반적으로 약 1% 내외이지만, 아주 이상적인 조건에서는 10^{-3} 미만의 오류율도 달성된 바 있다.

실제 원자 대신 인위적으로 만들어진 '인공 원자'로도 큐비트를 만들 수 있다. 특히, 충분히 낮은 온도에서 저항이 거의 없이 전기가 통하는 초전도 전기 회로를 사용하면 상당히 높은 품질의 큐비트를 구현할 수 있다. 이러한 회로에 비선형 소자(조셉슨 접합)를 추가하여 원자와 유사한 에너지 준위 구조를 만들 수 있는데, 큐비트는 회로의 최저 에너지 상태 |0⟩와 첫 번째 들뜬 상태 |1⟩를 이용하여 부호화할 수 있다. 이 두 상태 사이의 에너지 차이는 일반적으로 약 5GHz이며, 소자 온도는 큐비트의 열적 상태가 양자역학적 바닥 상태에 매우 근접할 정도로 충분히 낮게(10−20mK $\approx$, 즉 200−400MHz 수준) 유지된다. 보통 수십에서 수백 마이크로초의 결맞음 시간은 충분히 달성 가능하다.

단일 큐비트 게이트를 실행하는 방식은 개념적으로 이온 트랩에서 사용되는 방식과 유사하지만, 큐비트가 레이저가 아닌 마이크로파 펄스에 의해 구동된다는 점이 다르다. 불필요하게 더 높은 에너지 준위로 전환하는 일이 없도록 펄스 형태를 잘 만들면 수십 나노초 안에 1%보다 훨씬 낮은 단일 큐비트 게이트 오류율을 달성할 수 있다.

2큐비트 게이트 얽힘을 수행하는 데는 여러 가지 방식이 있다. 예를 들어 자석을 가하여 큐비트의 진동수를 조정할 수 있으며, 큐비트 한 쌍의 두 양자 상태를 지정된 시간 동안 거의 일치하는 진동수로 유도하여 원하는 게이트를 얻을 수도 있다. 다중 큐비트 소자에서는 거의 1%에 달하는 2큐비트 게이트 오류율을 수십 나노초 내에 달성할 수 있다(이온의 경우와 마찬가지로, 현재 매우 우수한 조건에서는 10^{-3}보다 낮은 2큐비트 게이트의 오류율을 달성할 수 있다).

큐비트를 읽을 때는 해당 큐비트를 마이크로파 공진기에 연결한다. 그러면 공진기의 진동수가 큐비트 상태가 |0⟩인지 |1⟩인지에 따라 서로 다른 값만큼 바뀐다. 그 상태에서 마이크로파 구동에 대한 공진기의 응답을 관찰하면 진동수 이동을 감지할 수 있다. 수백 나노초 내에 약 1% 수준의 측정 오차율을 달성할 수 있다.

이온 트랩과 초전도 회로는 현재 큐비트 기술을 선도하는 두 가지 기술로, 각각 특유의 장단점이 있다. 예를 들어 원자는 서로 거의 비슷하며 결맞음 시간이 매우 길다. 또한 2큐비트 게이트를 트랩의 모든 이온 쌍에 작동시킬 수 있으며, 게이트의 정확도는 이온들 간의 공간적 거리와 거의 무관하다. 반면, 초전도 큐비트의 결맞음 시간은 제작 방식의 불완전성으로 인해 제한적이며, 큐비트마다 특성이 다르고 시간이 지나면서 달라질 수도 있다. 따라서 이러한 큐비트는 수시로 세심하게 보정을 반복해야 한다. 장거리 결합을 위한 제안도 나와 있긴 하지만, 오늘날의 최첨단 양자 프로세서에서도 1차원 또는 2차원 배열에서 인접한 큐비트 사이에서만 고품질의 2큐비트 게이트를 작동시킬 수 있다.

반면 초전도 장치에서는 양자 게이트의 속도가 훨씬 더 빠르며, 게이트 충실도를 심각하게 떨어뜨리지 않으면서도 여러 게이트를 병렬로 실행시킬 수 있다. 이는 향후 정답을 구하는 데 필요한 전체 시간에 따라 양자 계산의 성능을 판단할 때 큰 장점이 될 수 있다.

지금 우리가 가진 수십 개의 큐비트에서 앞으로 필요하게 될 수백만 개의 물리적 큐비트로 규모를 확장하는 일은 이온 트랩이든 초전도 회로든 오늘날 알려진 다른 모든 양자 기술에 있어서 어려운 도전이 될 것이다. 트랩에 약 100개가 넘는 이온을 넣으면 결합된 진동 모드를 모두 제어하기 너무 어렵다. 규모를 더 확장하려면 비교적 작은 트랩을 여러 개 네트워크로 연결해 큰 시스템으로 만드는 일종의 모듈식 설계가 필요할 것이다. 이러한 모듈 간에 양자 정보를 공유하기 위한 아이디어도 몇 가지 제안되었다. 광자를 결맞음을 유지한 상태에서 한 트랩에서 다른 트랩으로 이동할 수 있는 광 인터커넥트를 만들어낼 수도 있을 것이다. 아니면 이온의 내부 상태의 결맞음을 유지한 채로 트랩 간에 이온을 이리저리 옮길 수도 있다. 이 두 가지 접근 방식은 모두 아직 개발 중이지만, 대규모 모듈형 양자 컴퓨터를 실용화하기까지는 아직 갈 길이 멀다.

초전도 회로의 경우에도 큐비트 수가 늘어날수록 시스템 제어가 점점 더 어려워지는데, 이는 부분적으로는 혼선과 같은 문제를 더욱 악화시키는 마이크로파 제어 라인의 급증 때문이기도 하다. 이러한 문제 중에는 엔지니어링의 발전을 통해 완화시킬 수 있는 것도 있지만, 기초 연구 측면에서도 많은 기회가 존재한다. 초전도 회로는 소자를 다양한 방식으로 설계할 수 있으며, 아직 탐색해볼 만한 가능성이 많이 열려 있다.

이 외에도 양자 하드웨어에 대한 여러 가능성이 연구되고 있지만 여기서는 더 자세히 다루지 않겠다. 무엇보다도 양자 컴퓨팅 시스템 개발은 아직 초기 단계에 있으며, 앞으로도 깜짝 놀랄 만한 일이 더 일어날 것이라는 데는 의심의 여지가 없다. 지금까지 간단하게 설명한 내용들은 조만간 멀고 먼 옛일이 되고 말 것이다.

7.5 양자 동역학 시뮬레이션

다음으로는 파인만이 예견한 대로 양자 컴퓨터가 양자 물리학 문제를 해결하는 데 어떻게 사용될 수 있을지 자세히 살펴보자. 특히 중요한 응용 분야는 시간에 따른 슈뢰딩거 방정식을 푸는 것, 즉 몇 가지 다체 해밀토니언을 따르는 n-양자계가 시간에 따라 어떻게 변화하는지 알아내는 것이다. 특정한 경우에는 고전적인 컴퓨터로 이 문제를 효율적으로 해결할 수 있으며, 때로는 분석적 해법이 있는 경우도 있다. 그러나 일반적으로는 가장 뛰어난 고전 알고리즘조차도 실행 시간이 n에 대해 지수함수적으로 증가한다. 반면 양자 컴퓨터로 시간에 따른 변화를 시뮬레이션하면 해밀토니언 H가 국소적인 경우 n에 대한 다항식에 따라 증가한다[57]. 여기서는 최첨단 양자 알고리즘을 직접 설명하기보다는 이러한 지수함수적 양자 속도 향상이 가능한 이유를 설명해 보겠다.

n개의 큐비트로 구성된 시스템의 경우, 다음과 같은 식이 성립하면 H는 k-국소

성을 가진다고 한다.

$$H = \sum_a H_a$$ 식 7-14

여기서 각 항 H_a는 최대 k개의 큐비트에 대해 비자명하게 작용한다. 즉, $H_a = \tilde{H}_a \otimes I^{n-k}$이고, 여기에서 $\tilde{H}_a$는 최대 k개의 큐비트 집합에 대해 작용한다(물론 큐비트가 아닌 어떤 상수 $d>2$가 주어졌을 때, d차원 부분계로 구성된 계에 대해서도 비슷한 정의를 사용할 수 있다). H가 어떤 상수 k에 대해 k-국소성을 가지는 경우, H가 국소성을 가진다고 한다.

가끔 더 강력한 국소성 개념을 쓸 때도 있는데, 이를 **기하학적 국소성** 또는 **공간적 국소성**이라고 부른다. 큐비트를 단위 부피당 제한된 수의 큐비트로 (평평한) D차원 공간에 배열할 수 있고, H_d가 비자명하게 작용하는 k개의 큐비트가 모두 일정한 반경의 공 안에 들어 있는 경우, **k-국소** 해밀토니언은 D차원에서 기하학적으로 국소적이다. 이러한 의미에서 큐비트 사이에는 **장거리** 상호작용이 존재하지 않는다. H가 어떤 상수 D와 k에 대해 D차원에서 기하학적으로 **k-국소적**이면, 우리는 이 해밀토니언이 기하학적으로 국소적이라고 말한다.

서로 다른 k개의 큐비트 집합에 대해 유일한 H_a가 있을 때, $H = \sum_a H_a$라고 쓰면 k-국소적인 H에는 최대 $\binom{n}{k} = O(n^k)$개의 항이 있을 수 있다. 그리고 기하학적으로 국소적인 H의 항 개수는 $O(n)$이다(n개의 큐비트 각각이 상수 개의 상호작용하는 집합 안에 들어간다). 또한 H_a 각각이 유계^{bounded}라고 가정해 보자.

$$\text{모든 } a\text{에 대해 } \|H_a\|_\infty \leq h,\ h\text{는 상수}$$ 식 7-15

물리학자들이 기하학적으로 국소적인 해밀토니언에 관심을 가지는 이유는 자연을 정확하게 설명하는 것으로 보이기 때문이다. 따라서 양자 회로가 국소 해밀토니언을 따르는 양자 변화를 효율적으로 시뮬레이션할 수 있다는 점에 주목할 필요가 있다. 즉, n개의 큐비트의 시간 t 동안의 변화를 크기가 n과 t에 대한 다항식에 따라 커지는 회로를 이용하여 일정한 정확도로 시뮬레이션할 수 있다.

그 문제는 이렇게 구성할 수 있다. 초기 양자 상태 $|\psi(0)\rangle$ 또는 그 상태를 만들어 낼 수 있는 양자 회로에 대한 고전적인 설명이 주어졌다고 가정하자. 우리의 목표는 다음을 구성하는 것이다.

$$|\psi(t)\rangle = \mathcal{U}(t)|\psi(0)\rangle \qquad \text{식 7-16}$$

여기에서 $\mathcal{U}(t)$는 $\frac{d}{dt}\mathcal{U}(t) = -iH(t)\mathcal{U}(t)$를 만족시키며, 경계조건은 $\mathcal{U}(0) = I$이다(따라서 H가 시간에 따라 변하지 않는다면 $\mathcal{U}(t) = e^{-iHt}$이다). 그리고 $|\psi(t)\rangle$는 정확도 δ로 계산하고자 한다. 즉, 다음을 만족시키는 $|\tilde{\psi}(t)\rangle$를 만들 수 있으면 된다.

$$|||\tilde{\psi}(t)\rangle - |\psi(t)\rangle|| < \delta \qquad \text{식 7-17}$$

상황에 따라 δ가 충분히 작은 상수이기만 하면 될 수도 있고, 오차가 시스템 크기 n의 특정 거듭제곱보다 작아야 한다는 더 엄격한 요건을 부과할 수도 있다. 이 시뮬레이션 작업을 고전적으로 설명할 수 있는 작업과 연관시키기 위해, 확률 분포에서 표본을 추출하는 것을 목표로 한다고 가정해 보자.

$$\langle\psi(t)|\Pi_a|\psi(t)\rangle \qquad \text{식 7-18}$$

여기서 Π_a는 양자 컴퓨터로 효율적으로 측정할 수 있는 관측가능량[observable] A의 고윳값 a를 가진 고유 상태에 투영된다. 고전적으로 이 작업은 종종 어려운 것으로 여겨지는데, 그 이유는 유니터리 행렬 $\mathcal{U}(t)$가 지수적으로($2^n \times 2^n$) 크기 때문이다. 그러나 H가 국소 해밀토니언인 경우 시뮬레이션을 양자적으로 효율적으로 수행할 수 있다.

고전 또는 양자 컴퓨터에서 연속적인 시간에 따른 변화를 시뮬레이션할 때는 어떤 작은 스텝 크기 Δ를 선택하고 시간 t에 의한 변화를 일련의 t/Δ 스텝으로 근사한다(H가 시간에 따라 달라지는 경우라면 시간이 Δ만큼 흐르는 동안 H의 변화가 무시될 수 있을 만큼 Δ가 아주 작다고 가정한다). 그럼 우리는 원하는 정확도는 다음과 같은 식으로 표현할 수 있다.

$$\|\tilde{\mathcal{U}}(t) - \mathcal{U}(t)\|_\infty < \delta \qquad \text{식 7-19}$$

여기서 $\tilde{\mathcal{U}}$는 시뮬레이션된 유니터리이고 $\mathcal{U}$는 이상적인 유니터리이다. 따라서 시간 단계당 오차는 $\delta\Delta/t$보다 작아야 한다.

$H = \sum_a H_a$가 M개($M = O(n)$)의 k-국소 항의 합이라고 가정하고, 기하학적으로 국소적인 경우를 고려해 보자. 아래에서 단일 시간 단계를 M개의 로컬 '게이트'(상수 개의 큐비트에 작용하는 유니터리 변환)의 곱으로 시뮬레이션할 수 있음을 보이겠다(이때 '게이트' 각각의 오류는 $O(\Delta^2 h^2)$이다). 따라서 시간 t에 따른 변화를 시뮬레이션하기 위해서는 총 Mt/Δ개의 게이트를 써야 하므로 다음과 같은 식이 만족되어야 한다.

$$\frac{Mt}{\Delta}\Delta^2 h^2 \approx \delta \Rightarrow \Delta = O\left(\frac{\delta}{h^2 Mt}\right) \qquad \text{식 7-20}$$

따라서 게이트의 총 개수는 다음과 같다.

$$L = O\left(\frac{h^2(Mt)^2}{\delta}\right) \qquad \text{식 7-21}$$

게다가 솔로베이-키타예프 정리에 의하면 각각의 '게이트'는 범용 게이트 집합으로 $\text{polylog}\left(\frac{1}{\Delta^2 h^2}\right) = \text{polylog}\left(\frac{h^2(Mt)^2}{\delta}\right)$ 개의 게이트를 써서 $O(\Delta^2 h^2)$의 정확도로 시뮬레이션할 수 있다. 따라서 크기가 다음과 같은 양자 회로로 시뮬레이션할 수 있다는 결론이 나온다.

$$L = O\left(\frac{h^2(Mt)^2}{\delta} \text{ polylog}\left(\frac{h^2(Mt)^2}{\delta^2}\right)\right) \qquad \text{식 7-22}$$

H가 기하학적으로 국소적인 경우, 계의 공간적인 부피가 V라고 할 때 $M = O(n) = O(V)$이다. h는 상수이므로 정해진 정확도로 시간에 따른 변화를 시뮬레이션하는 데 드는 비용은 다음과 같이 증가한다.

$$L = O\left(\Omega^2 \operatorname{polylog} \Omega\right) \qquad \text{식 7-23}$$

여기서 $\Omega = V_t$는 시뮬레이션된 시공간의 부피를 나타낸다.

이제 단일 시간 단계를 시뮬레이션하는 방법을 알아보자. 여기서는 $\|A\| \ll 1$이면 $\exp\left(\sum_a A_a\right)$를 $\prod_a \exp(A_a)$로 근사할 수 있다는 아이디어를 사용하겠다. 정확도를 확인하기 위해 지수함수를 확장해 보자(여기서 $+\ldots$는 A_a에 대해 더 높은 차수의 항을 뜻한다).

$$\begin{aligned}
&\exp\left(\sum_a A_a\right) - \prod_a \exp(A_a) \\
&= \left(1 + \sum_a A_a + \frac{1}{2}\sum_{a,b} A_a A_b + \ldots\right) - \prod_a \left(1 + A_a + \frac{1}{2}A_a^2 + \ldots\right) \\
&= \left(1 + \sum_a A_a + \frac{1}{2}\sum_{a,b} A_a A_b + \ldots\right) - \left(1 + \sum_a A_a + \sum_a \frac{1}{2}A_a^2 + \sum_{a<b} A_a A_b + \ldots\right) \\
&= \frac{1}{2}\left(\sum_{a<b} A_a A_b + \sum_{a<b} A_b A_a\right) - \sum_{a<b} A_a A_b + \ldots \\
&= -\frac{1}{2}\sum_{a<b} [A_a, A_b] + \ldots
\end{aligned} \qquad \text{식 7-24}$$

$H = \sum_a H_a$라고 쓰면 다음과 같은 식이 성립함을 알 수 있다.

$$e^{-iH\Delta} - \prod_a e^{-iH_a\Delta} = \frac{1}{2}\Delta^2 \sum_{a<b} [H_a,\ H_b] + \text{고차항} \qquad \text{식 7-25}$$

이제 이 합에서 0이 아닌 교환자 $\{[H_a, H_b]\}$가 몇 개 나올 수 있을까? 해밀토니안이 기하학적으로 국소적이라고 가정할 때 H에 있는 항의 개수는 $O(n)$이고, 각 항은 일정한 수의 항과 가환될 수 없다. 따라서 $O(n) = O(M)$개의 0이 아닌 교환자가 존재한다. 그럼 (기하학적으로 국소적인 경우) 다음과 같은 결론을 내릴 수 있다.

$$\left\| e^{-iH\Delta} - \prod_a e^{-iH_a\Delta} \right\| = O\left(M\Delta^2 h^2\right) \qquad \text{식 7-26}$$

$\Pi_a e^{-iH_a\Delta}$는 M개의 게이트 곱이므로 게이트당 정확도는 $O\left(\Delta^2 h^2\right)$임이 검증된다(이때 지수함수를 확장할 때 고차 항에서 발생하는 항은 $\Delta^3 h^3$ 수준이므로 전체 계 차원에서 다른 인자인 $\Delta h = O(\delta/hMt) = O((\delta/L)^{1/2})$에 의해 억눌리게 된다는 점에 주의하자).

유계 항의 합이면서 기하학적으로 국소적인 H의 경우, 시공간 부피 Ω의 변화는 다음과 같은 크기의 양자 회로로 달성될 수 있음을 보였다.

$$L = O\left(\Omega^2 \text{ poly } \log \Omega\right) \qquad \text{식 7-27}$$

이 시뮬레이션은 시뮬레이션할 부피의 제곱에 따라 (최대 폴리로그 계수까지) 스케일링되는 양자 자원을 사용하여 달성할 수 있다. 보다 정교한 방법을 사용하면 Ω를 따르는 스케일링과 디불이 오차 δ를 따르는 스케일링도 개선될 수 있다. 물리학자나 화학자들이 관심을 갖는 문제를 양자 컴퓨터로 푸는 데 걸리는 시간을 줄일 수 있다면 앞으로 매우 중요할 수 있겠지만, 여기서는 이러한 개선점에 대해서는 논의하지 않겠다. 일단은 물리적인 계의 크기가 커짐에 따라 최선의 범용 고전 알고리즘은 지수함수적으로 스케일링되는 반면, 양자 컴퓨팅 실행 시간은 다항함수적으로 스케일링된다는 핵심만 짚고 넘어가는 정도로 만족하자.

7.6 에너지 고윳값 및 고유상태

물리학자와 화학자들은 시간에 따른 변화를 시뮬레이션하는 것 외에 다체 해밀토니안의 '대각선화', 즉 에너지 고윳값과 에너지 고유상태의 특성을 찾는 데에도 관심이 있다. 이때도 특별한 경우에는 고전적인 컴퓨터를 사용하여 분석 해를 찾거나 좋은 근사 해를 효율적으로 얻을 수도 있다. 그러나 물리학적으로 중요한 많은 문제가 해밀토니안 행렬이 $2^n \times 2^n$으로 아주 크기 때문에 고전적으로는 어려워 보인다. 양자 컴퓨터를 사용하면 몇 가지 중요한 전제가 깔리긴 하지만 그러한 문제들을 효율적으로 '해결'할 수 있다.

양자 컴퓨터를 사용하여 고윳값을 추정하고 국소 해밀토니안 H의 고유상태를 준비하는 알고리즘은 시간에 따른 변화를 시뮬레이션하기 위해 7.5절에서 설명했던 알고리즘과 같다. 시간에 따른 변화를 기술하는 연산자 $U(t) = \exp(-iHt)$에 대한 효율적인 양자 회로를 구축한 후에 행렬의 고윳값을 추정하기 위한 일반적인 절차를 적용하면 된다. 위상 추정$^{phase\ estimation}$[58]이라 하는 이 일반적인 절차는 양자 컴퓨터에서 푸리에 변환을 평가하는 데 매우 효율적인 절차를 활용한다. 위상 추정은 쇼어의 인수분해 알고리즘을 비롯한 다양한 양자 알고리즘에서 사용되는 필수적인 기본 요소이다.

7.6.1 양자 푸리에 변환

위상 추정을 설명하기 전에 양자 컴퓨터를 사용하여 함수를 푸리에 변환하는 방법을 살펴보자. 함수가 m개의 큐비트 양자 상태의 **진폭**으로 인코딩되어 있다고 가정한다.

$$\sum_{x=0}^{N-1} f(x) |x\rangle \quad \text{식 7-28}$$

여기서 $x = x_{m-1}x_{m-2}\ldots x_1x_0$는 이진 표기법으로 확장된 정수 x를 축약해서 쓴 표현이며, $N = 2^m$이다. 이산 양자 푸리에 변환$^{\text{Quantum Fourier Transform}}$(QFT)은 이 상태에 대해 다음과 같이 작동한다.

$$\text{QFT}: \sum_{x=0}^{N-1} f(x)|x\rangle \rightarrow \sum_{k=0}^{N-1} \left(\frac{1}{\sqrt{N}} \sum_{x=0}^{N-1} e^{2\pi ikx/N} f(x)\right) |k\rangle \quad \text{식 7-29}$$

이 행렬은 행렬 요소가 $\left\{\left(e^{2\pi i/N}\right)^{kx}/\sqrt{N}\right\}$인 $N \times N$ 유니터리 행렬이다. 여기서 N은 기하급수적으로 커질 수 있지만, QFT의 간단한 구조 덕분에 게이트 수가 $O(m^2)$개에 불과한 아주 효율적인 양자 회로로 구현할 수 있다.

x와 k를 이진수로 확장해서 쓰면 다음과 같다.

$$\begin{aligned} x &= x_{m-1} \cdot 2^{m-1} + x_{m-2} \cdot 2^{m-2} + \ldots + x_1 \cdot 2 + x_0, \\ k &= k_{m-1} \cdot 2^{m-1} + k_{m-2} \cdot 2^{m-2} + \ldots + k_1 \cdot 2 + k_0 \end{aligned} \quad \text{식 7-30}$$

그러면 2의 m 거듭제곱 이상에 해당하는 항은 $\exp(2\pi ikx/2^m)$에서 아무 의미가 없기 때문에 무시해도 된다. 따라서 다음과 같이 쓸 수 있다.

$$\begin{aligned} \frac{kx}{2^m} &\equiv k_{m-1}(.x_0) + k_{m-2}(.x_1x_0) + k_{m-3}(.x_2x_1x_0) + \ldots \\ &+ k_1(.x_{m-2}x_{m-3}\ldots x_0) + k_0(.x_{m-2}x_{m-1}\ldots x_0) \end{aligned} \quad \text{식 7-31}$$

여기서 괄호 안의 인자는 이진 확장한 값을 나타낸다. 예를 들면 다음과 같은 식이다.

$$.x_2x_1x_0 = \frac{x_2}{2} + \frac{x_1}{2^2} + \frac{x_0}{2^3} \quad \text{식 7-32}$$

[식 7-31]을 사용하면 양자 푸리에 변환이 계산상의 기저 상태를 각각 m개의 큐비트의 곱 상태로 대응시켜준다는 것을 알 수 있다.

$$\text{QFT}: |x\rangle \to \frac{1}{\sqrt{N}} \sum_{k=0}^{N-1} e^{2\pi ikx/N} |k\rangle$$

$$= \frac{1}{\sqrt{2^m}} \underbrace{(|0\rangle + e^{2\pi i(.x_0)}|1\rangle)}_{k_{m-1}} \otimes \underbrace{(|0\rangle + e^{2\pi i(.x_1 x_0)}|1\rangle)}_{k_{m-2}} \otimes$$

$$\cdots \otimes \underbrace{(|0\rangle + e^{2\pi i(.x_{m-1} x_{m-2} \cdots x_b)}|1\rangle)}_{k_0}$$

식 7-33

따라서 이 계산은 효율적으로 구현된다. 구체적인 예로 $m = 3$인 경우를 생각해 보자. 이때는 다음과 같은 회로로 위 계산을 수행할 수 있음을 쉽게 확인할 수 있다(단, 출력에서 비트 순서가 뒤바뀌었다는 점에 유의하자).

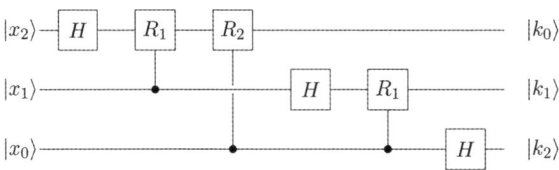

각 아다마르 게이트 H는 다음과 같이 작동한다.

$$H: |x_j\rangle \to \frac{1}{\sqrt{2}}(|0\rangle + (-1)^{x_j}|1\rangle) = \frac{1}{\sqrt{2}}\left(|0\rangle + e^{2\pi i(x_j)}|1\rangle\right)$$

식 7-34

j번째 큐비트 내에서 $|0\rangle$과 $|1\rangle$의 상대적인 위상에 영향을 끼칠 수 있는 다른 성분으로는 다음과 같은 식으로 표현되는 2큐비트 제어 회전이 있다.

$$R_d = \begin{pmatrix} 1 & 0 \\ 0 & e^{i\pi/2^d} \end{pmatrix}$$

식 7-35

여기에서 $d = (j - \ell)$은 큐비트 사이의 '거리'를 나타낸다(회로도에 표시된 제어 회전 R_d에는 두 큐비트 상태가 $|11\rangle$인 경우에만 1이 아닌 위상 $e^{i\pi/2^d}$를 적용한다).

$m = 3$인 경우, QFT는 세 개의 H 게이트와 세 개의 제어 R_d 게이트로 구성된다. 일반적인 m의 경우, 이 회로를 일반화하려면 H 게이트 m개와 제어 R_d 게

이트 $\binom{m}{2} = \frac{1}{2}m(m-1)$개가 필요하다. 큐비트의 각 쌍마다 2큐비트 게이트가 적용되며, 이 경우에도 큐비트 사이의 '거리'가 d라면 제어된 상태 위상 $\pi/2^d$가 적용된다. 따라서 QFT를 구현하는 회로군의 크기는 $(\log N)^2$ 정도가 된다. 양자 컴퓨터에서는 푸리에 변환을 구현하기가 매우 쉬운데, 이는 N이 지수함수적으로 큰 경우에도 다르지 않다. 반면 고전적인 '고속 푸리에 변환' 알고리즘은 $O(N \log N)$의 실행 시간을 요구한다.

7.6.2 위상 추정

위상 추정은 QFT를 서브루틴으로 사용하여 단일 연산자 U의 고윳값을 추정하는 양자 알고리즘이다. 양자 회로는 정수 값을 가지는 '시간' 매개변수 t를 기록하는 보조 레지스터를 사용하며, 이 시간 레지스터는 $t = 0$에서 $t = 2^m - 1$까지 모든 t값의 균일한 중첩 상태로 초기화된다. 그런 다음 시간 레지스터에 의해 제어되는 유니터리 $\mathcal{U}$는 데이터 레지스터에 대해 t번 실행된다. 데이터 레지스터의 초기 상태가 $|\psi\rangle$인 경우, 이 절차를 통해 다음과 같은 상태를 준비할 수 있다.

$$\frac{1}{\sqrt{2^m}} \left(\sum_{t=0}^{2^m-1} |t\rangle \otimes \mathcal{U}^t |\psi\rangle \right) \quad \text{식 7-36}$$

구체적으로 살펴보면 $m = 3$인 경우에 이 상태를 준비하는 회로는 다음 그림과 같다.

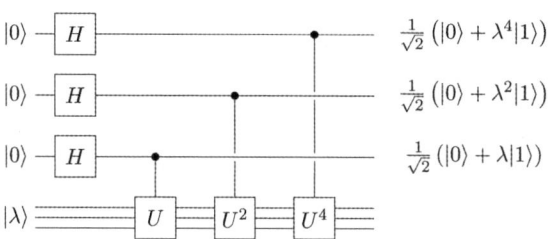

$|0\rangle^{\otimes 3}$에 작용하는 세 개의 아다마르 게이트는 2^3개의 계산 기저 상태 $\{|t_2 t_1 t_0\rangle\}$의 균일한 중첩을 준비해 주는 역할을 한다. 그런 다음 최하위 비트 $|t_0\rangle$에 조건부로 $\mathcal{U}$를 적용하고, 다음 비트 $|t_1\rangle$에 조건부로 $\mathcal{U}^2$을 적용하는 식으로 돌아간다. 만약 데이터 레지스터의 초기 상태가 어쩌다 보니 고윳값이 λ인 $\mathcal{U}$의 고유상태 $|\lambda\rangle$이라면 위 회로를 통해 다음과 같은 상태가 만들어진다.

$$\frac{1}{\sqrt{2^3}} \underbrace{(|0\rangle + \lambda^4 |1\rangle)}_{t_2} \otimes \underbrace{(|0\rangle + \lambda^2 |1\rangle)}_{t_1} \otimes \underbrace{(|0\rangle + \lambda |1\rangle)}_{t_0}$$

식 7-37

$$= \frac{1}{\sqrt{2^3}} \sum_{t=0}^{7} \lambda^t |t\rangle \otimes |\lambda\rangle$$

이제 시간 레지스터에 QFT를 적용한 다음 계산 기저로 측정함으로써 λ의 값을 구할 수 있다. $k = k_{m-1} k_{m-2} \ldots k_1 k_0$이고 $\lambda = e^{-2\pi i k/2^m}$ 측정 결과는 확률 1로 k가 된다. 보다 일반적으로 $\lambda = e^{-2\pi i \phi}$인데 ϕ를 이진수로 전개했을 때 반드시 m비트 이내에 끝나지 않는다면 측정했을 때 높은 성공률로 ϕ를 약 m비트의 정확도로 구할 수 있다. 즉, 조건부로 $\mathcal{U}$를 최대 $2^m \approx 1/\delta$회 적용함으로써 ϕ를 $\delta \approx 2^{-m}$의 정확도로 추정할 수 있다.

만약 데이터 레지스터의 초기 상태가 $\mathcal{U}$의 고유상태가 아니라면 $\mathcal{U}$ 고유상태를 항으로 하여 확장할 수 있다. 위상 추정 회로를 적용하여 측정 결과 k를 얻으면 데이터는 $e^{-2\pi i k/2^m}$에 가까운 고윳값을 가진 $\mathcal{U}$ 고유상태에 투영된다. 이러한 방식으로 $\mathcal{U}$의 (대략적인) 고유상태가 준비되면 추가 측정을 수행하여 이 상태의 속성에 대한 추가 정보를 수집할 수 있다. 이러한 $\mathcal{U}$ 고유상태의 준비와 해당 고유상태에 대한 추가 측정은 모두 비결정론적이기 때문에 통계적으로 유용한 정보를 얻기 위해 전체 절차를 여러 번 반복해야 할 수도 있다. 또한 특정 고유상태를 찾을 확률은 위상 추정이 적용되는 데이터 레지스터의 초기 상태에 따라 달라진다.

7.6.3 해밀토니안 고유상태

만약 우리가 해밀토니안 H를 따르는 양자적인 변화를 시뮬레이션할 수 있다면 위상 추정 알고리즘을 사용하여 고윳값을 찾고 H의 고유상태를 준비할 수 있다. m비트의 정확도로 고윳값을 얻기 위해 편리한 시간 단위 T를 선택하고 시간에 따르는 변화 연산자 $e^{-iHs} = \mathcal{U}^t$를 실행한다. 이때 $\mathcal{U} = e^{-iHT}$, 그리고 $t \in \{1, 2, 4, 8, \ldots 2^{m-1}\}$로 조건을 건다. 즉, 위상 추정에 사용되는 제어 매개변수 t를 이제 T 단위로 표현되는 시간 s로 해석할 수 있다. $\mathcal{U}^t$를 처리하는 효율적인 회로가 있다면 단일 제어 큐비트에 의해 조건부로 작용하는 $\mathcal{U}^t$도 비슷한 개수의 게이트로 효율적으로 만들 수 있다는 점을 참고하자.

7.6.2에서 했던 것과 마찬가지로 해밀토니안 H의 고윳값이 E일 때 $\frac{ET}{2\pi}$의 분수 부분을 m비트 정확도로 구하기만 하면 위상 추정이 가능하다. e^{-iHs} 시뮬레이션에서 스텝 크기를 결정할 때는 $s = 2^m T$일 때 정확도가 $\delta \approx 2^{-m}$이 될 수 있도록 해야 한다. 해밀토니안이 기하학적으로 국소적이라면 [식 7-22]에서 보았듯이 다음과 같은 크기의 회로로 이러한 근사를 달성할 수 있다(여기서는 폴리로 그 계수를 무시했음을 나타내는 의미로 $\tilde{O}$ 표기를 썼다).

$$L = \tilde{O}\left(\frac{h^2(ns)^2}{\delta}\right) = \tilde{O}\left(h^2(nT)^2 \times \frac{2^{2m}}{2^{-m}}\right) = \tilde{O}\left((hT)^2 n^2 2^{3m}\right) \quad \text{식 7-38}$$

시스템 크기가 n일 때 에너지 고윳값을 n에 대한 다항식 수준의 정확도로 구하려면 다음과 같은 식으로 값을 고를 수 있다.

$$\delta \approx 2^{-m} \approx \frac{1}{n^c} \Rightarrow m = c\log_2 n \quad \text{식 7-39}$$

여기서 c는 상수이다. 이 알고리즘은 효율적이며, 양자 회로의 크기는 다음과 같이 n에 대한 다항식이 된다.

$$\tilde{O}\left((hT)^2 n^2 2^{3m}\right) = \tilde{O}\left(n^2 2^{3c}\right) \qquad \text{식 7-40}$$

이러한 근사에는 개선의 여지가 아주 많지만, 여기에서는 지수함수적인 양자 이점이 있다는 것을 최대한 단순하게 설명하고자 했기 때문에 이 정도로만 설명하겠다. e^{-iHT}를 측정하기 위한 위상 추정 알고리즘을 도식화하면 [그림 7.1]과 같다.

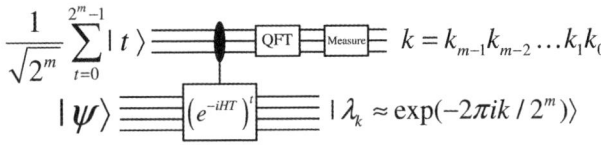

그림 7-1 e^{-iHT}의 고윳값을 측정하기 위한 위상 추정 알고리즘

특정한 입력 상태 $|\psi\rangle$를 정해진 방식으로 준비한 다음 계산을 여러 번 반복하고 결과의 히스토그램을 그려본다고 가정하자. 그러면 각각의 좁은 피크의 위치로 에너지 고윳값 E_a를 $2\pi/T$로 나눈 나머지를 추정할 수 있다. 피크의 높이는 해당 에너지 고유상태 $|E_a\rangle$와 $|\psi\rangle$가 겹친 정도인 $|\langle E_a\psi\rangle|^2$의 추정치가 된다.

그러나 (예를 들어) 양자 다항식 시간 내에 바닥 상태 에너지 E_0를 다항식 정확도로 추정하려면, 바닥 상태 $|E_0\rangle$와의 중첩이 다항식 수준으로 작지는 않은 어떤 상태 $|\psi\rangle$를 준비할 수 있어야만 한다.

$$|\langle E_0\psi\rangle|^2 > 1/\text{poly}(n) \qquad \text{식 7-41}$$

이 경우, 시도 회수가 다항식 수준만 되어도 E_0의 괜찮은 근사치를 구할 수 있다. 이에 덧붙여, 측정된 고윳값 E_0에 해당하는 값 E_0를 구한다는 것은 $|\psi\rangle$ 상태를 바닥 상태 $|E_0\rangle$로 투영시킨 것이므로, 확률 분포 $\text{Prob}(a) = \langle E_0|\Pi_a|E_0\rangle$를 비롯한 $|E_0\rangle$의 추가적인 속성도 계산할 수 있다. 여기에서 Π_a는 효율적으로 측정 가능한 관측가능량의 고유공간에 대한 투영자[projector]이다.

7.6.4 초기 상태 준비

하지만 주의해야 할 점이 있다. 경우에 따라 바닥 상태와 상당 부분 중첩되는 초기 상태를 준비하는 것이 어려울 수 있다는 점이다. 이건 고전역학에서도 마찬가지다. 고전적인 스핀 유리의 바닥 상태에 대한 괜찮은 근사를 찾아내는 문제는 NP-난해 문제, 즉 해를 고전적인 컴퓨터로 효율적으로 확인할 수 있는 다른 문제만큼 어려운 문제다[59]. 국소 해밀토니안을 가지는 양자계의 바닥 상태를 찾아내는 문제는 그보다도 더 어려운 QMA-난해[49] 문제로 보인다. 이는 양자 컴퓨터로 풀이를 효율적으로 확인할 수 있는 난이도의 문제로, QMA가 NP보다 더 큰 유형일 것으로 예상된다. 놀랍게도 기하 국소성과 병진 불변성을 지닌 1차원 양자계에서도 바닥 상태 에너지를 계산하는 것이 난해한 문제인 것으로 보인다[60]. 즉, 물리학적으로 관심을 가질 것 중에 해를 쉽게 구할 수 있는 것도 있지만, 복잡도 이론상으로 비교적 약한 가정을 바탕으로 얘기할 때 1차원 버전의 바닥 상태 에너지 문제 중에도 난해한 문제는 있다는 뜻이다.

바닥 상태는 일반적으로 단열 변화 절차를 통해 준비할 수 있다. 더 쉽고 간단하게 준비할 수 있는 해밀토니안 $H(0)$의 바닥 상태에서 시작한 다음, $H(0)$를 $H(1) = H$로 연결하는 경로 $H(s)$를 따라 해밀토니안을 느리게 변형함으로써 H의 바닥 상태와 상당 부분 겹치는 상태를 준비할 수 있다. $H(s)$의 바닥 상태와 첫 번째 들뜬 상태 사이의 에너지 갭 $\Delta(s)$가 경로 상의 모든 $s \in [0, 1]$에 대해 n에 대한 다항식의 역수보다 작지 않다면 이 절차를 다항식 시간 안에 수행할 수 있다. 양자적으로 난해한 문제 인스턴스의 경우에는 그 갭이 경로 상의 어딘가에서 다항식을 초월한 수준으로 작아질 수 있다[61].

일반적인 문제는 양자 난해 수준이지만, 국소 양자계 중에는 기저 상태 에너지를 계산하는 것이 고전적으로는 난해해도 양자적으로는 쉬운 것도 있다고 추측할 수 있다. 예를 들어, 원자핵이 고정된 위치에 있는 분자의 전자 구조는 국소 해밀토니안으로 정확하게 설명할 수 있으며, 화학자들은 (증명 없이) (고전적으로 풀 수 있는) 하트리–포크 해밀토니안에서 (풀고 싶지만 일반적으로 고전적으로 해법을 모르는) 완전 배열 상호작용$^{\text{Full configuration interaction}}$ (FCU) 해밀토니안으로 단열적으로 진화하는 것이 가능하며, 이때 단열 경로를 따라 모든 지점에서 갭 Δ가 0이 아닌 상수보다 크다고 주장한다[62]. 이 주장이 맞다면 언젠가는 완벽한 확장성을 가진 내결함성 양자 컴퓨터가 분자 화학을 발전시켜줄 수 있는 강력한 도구가 될 것이다.

7.7 양자 오류 정정

고전적인 디지털 컴퓨터는 실제로 존재하며 우리 삶에 혁신적인 영향을 미쳤지만 대규모 양자 컴퓨터는 아직 존재하지 않는다. 왜일까?

신뢰할 수 있는 양자 하드웨어를 구축하는 것이 어려운 이유는 양자계를 정확하게 제어하기 어렵기 때문이다. 양자 게이트에서 발생하는 작은 오류는 대규모 회로 속에서 누적되어 결국 계산을 망치는 큰 오류로 이어질 수 있다. 또한 양자 컴퓨터의 큐비트는 필연적으로 주변 환경과 상호작용을 하는데, 환경과의 원치 않는 상관성으로 인해 일어나는 결어긋남은 고전 컴퓨터에서는 무해하다. 오히려 비트가 우발적으로 뒤집히지 않도록 방해하는 역할을 함으로써 도움이 될 수도 있다. 그러나 양자 컴퓨터에서는 이러한 결어긋남이 양자 프로세스에서 처리해야 할 섬세한 중첩 상태에 돌이킬 수 없는 손상을 입힐 수 있다.

양자 오류 정정 코드를 이용하면 양자 정보를 노이즈로부터 더 잘 보호할 수 있는데, 이때 '논리' 정보는 여러 물리적인 큐비트 블록에 중복적으로 인코딩된다[11, 12]. 양자 오류 정정은 고전적인 오류 정정과도 꽤 비슷하지만 더 까다롭기도 하다. 고전적인 코드에서는 비트가 뒤집히는 것만 방지하면 되지만 양자 코드는 비트가 뒤집히는 것은 물론 위상 오류까지 모두 방지해야 하기 때문이다.

7.7.1 양자 오류 정정의 조건

예를 들어 E_a 집합에 들어있는 모든 오류로부터 보호되는 단일 논리 큐비트를 정규 직교 기저 상태(각각 $|\bar{0}\rangle$ 및 $|\bar{1}\rangle$로 표기)로 인코딩한다고 해 보자. 에러가 발생하더라도 기저 상태를 구별할 수 있으려면 다음 조건이 만족되어야 한다.

$$E_a |\bar{0}\rangle \perp E_b |\bar{1}\rangle \qquad \text{식 7-42}$$

여기서 E_a, E_b는 오류 기저의 두 원소이다. 이는 그 자체로 고전 비트의 안정적인 저장의 충분조건이 된다.

그러나 큐비트를 저장할 때는 상태가 $|\bar{0}\rangle$인지 $|\bar{1}\rangle$인지에 대한 정보가 주변 환경으로 빠져나갈 때 생길 수 있는 위상 오류도 막아야 한다. 즉, 쌍대 기저 상태인 $(|\bar{0}\rangle \pm |\bar{1}\rangle)/\sqrt{2}$에 대해서도 구별성을 유지할 수 있어야 한다.

$$E_a (|0\rangle + |1\rangle) \perp E_b (|0\rangle - |1\rangle) \qquad \text{식 7-43}$$

이때 E_a, E_b는 오류 기저의 임의의 두 원소다. 실제로 이 두 구별성 조건 [식 7-42]와 [식 7-43]은 $|\bar{1}\rangle$과 $|\bar{1}\rangle$의 임의의 선형 결합에 작용하는 E_a에 들어있는 모든 오류를 정정하는 복원 사상의 존재를 알려주는 충분조건이다[63].

[식 7-42]와 [식 7-43]을 합치면 다음이 성립한다.

$$\langle \bar{0} | E_a^\dagger E_b | \bar{0} \rangle = \langle \bar{1} | E_a^\dagger E_b | \bar{1} \rangle \qquad \text{식 7-44}$$

따라서 집합 $\{E_a^\dagger E_b\}$에 속한 어떤 연산자를 어떻게 측정하더라도 논리 큐비트의 두 기저 상태를 구분하는 것은 불가능하다. 일반적으로 여러 큐비트에 한꺼번에 집합적으로 작용하는 노이즈는 쉽게 제거할 수 있을 것으로 기대되기 때문에, 코드 블록에 있는 모든 큐비트 중 충분히 작은 일부분에 대해 특이하게 작용하는 가중치 낮은 오류만 보정하는 것으로 충분하다. 결국 [식 7-44]에 따르면 코드 블록 중 작은 부분계를 조사했을 때 논리 큐비트의 모든 상태는 똑같아 보이게 된다. 상태를 제대로 보호하려면 논리 상태를 고도로 얽히게 만들어서 어떤 논리 정보도 국소적으로 접근할 수 없도록 만들어야 한다.

7.7.2 보호된 양자 메모리와 위상론적 질서

고전 오류 정정과 양자 오류 정정의 차이를 보다 물리적인 용어로 표현하면 도움이 될 것 같다(그림 7-2와 7-3 참조). 보호된^{protected} 고전적 메모리의 예로 강자성체를 들 수 있는데, 대부분의 스핀이 위를 향하는지 아래를 향하는지에 따라 한 비트를 저장할 수 있다. 인코딩된 비트는 모든 스핀에 대해 국소적인 측정을 수행한 다음 다수결로 방향을 결정하는 식으로 읽어낼 수 있는데, 이렇게 하면 스핀이 뒤집히는 소수의 오류로부터 결과를 보호할 수 있다. 메모리에 오류가 발생하면 인접한 스핀의 방향이 서로 반대인 자기 구역벽$^{domain\ wall}$이 만들어지며, 이 구역벽이 샘플을 가로지르면 여러 스핀에 대해 작용하는 전역적인 작용이 가해진다. 이 메모리는 충분히 낮은 0이 아닌 온도에서는 매우 안정적이다. 그 이유는 뒤집힌 스핀 방울이 커지려면 그만큼 에너지 비용도 커지는데, 열 요동으로는 그런 에너지를 감당할 수 없기 때문이다. 이러한 메모리는 고전 오류 정정 코드 중에서도 매우 단순한 물리적 특성을 활용한 예이며, 이보다 더 복잡한 것도 있다.

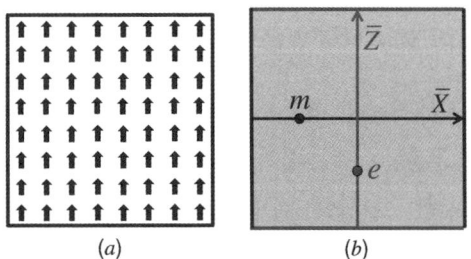

그림 7-2 (a) 고전적인 메모리의 한 예로 들 수 있는 강자성체
(b) 양자 메모리의 예로 들 수 있는 위상론적 질서를 지닌 매체

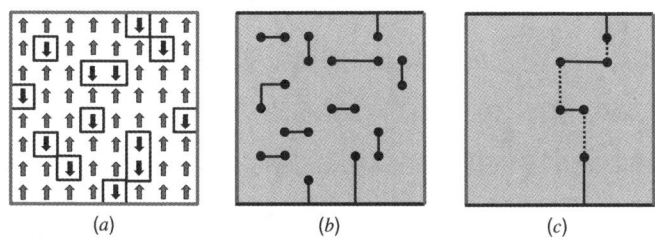

그림 7-3 (a) 2차원 강자성체에서는 구역벽이 뒤집힌 비트가 모인 방울을 감싸는 모양이 만들어진다.
(b) 2차원 위상론적 양자 메모리에서는 뒤집힌 큐비트 사슬의 끝에 점과 같은 애니온이 나타난다.
(c) 실제 오류(어두운 색)가 오류 진단(검은 점선)과 결합하여 매체를 가로지르는 경로가 만들어지면 논리 오류가 발생한다.

보호된 양자 메모리의 전형적인 예는 $\{E_a^\dagger E_b\}$ 위상론적 질서$^{\text{topological order}}$를 가지는 2차원 매체이다[64]. 강자성체와는 달리 이 매체에서의 오류는 구역벽이 아니라 점 같은 들뜸(애니온^{anyon})을 만든다. 애니온에는 두 가지 종류가 있으며 각각 e 애니온(전기적^{electric})과 m 애니온(자기적^{magnetic})으로 부른다. '$\mathbb{Z}_2$ 위상론적 질서'라고 부르는 이유는 e 애니온이 m 애니온 주위를 돌거나 m 애니온이 e 애니온 주위를 돌면 다체 파동 함수가 -1의 '위상론적 위상$^{\text{topological phase}}$'을 획득하기 때문이다. 이 위상은 특정 e 애니온이 어떤 경로를 따르는지와는 무관하게 특정 m 애니온 주위를 홀수 번 감싸고 지나가는지 여부에 의해서만 결정되는 특성이 있기 때문에 위상론적이다. $\mathbb{Z}_2$는 위상론적 위상 값이 $+1$과 -1, 이렇게 두 값 중 하나만 가질 수 있다는 것을 뜻한다.

이 2차원 매체의 1차원 가장자리에는 [그림 7-2b]에 표시된 것과 같이 두 가지 유형이 있다. 샘플의 위쪽과 아래쪽 가장자리에서는 e 애니온이, 왼쪽과 오른쪽 가장자리에서는 m 애니온이 나타나거나 사라질 수 있다.

보호된 코드 공간$^{\text{protected code space}}$은 어떤 애니온도 존재하지 않는 양자 상태의 공간이다. 이러한 코드 공간을 보존하는 자명하지 않은 물리적 프로세스가 있다. 예를 들어 어떤 e 애니온이 아래쪽에서 생겨나 샘플을 가로질러 전파되고 위쪽에서 사라질 수 있다. 이 프로세스는 시스템에 어떤 유니터리 연산자를 적용시키는데, 이를 $\bar{Z}$라고 하자. 어떤 m 애니온이 왼쪽에서 생겨나서 샘플을 가로질러 전파되고 오른쪽에서 사라질 수도 있다. 이 프로세스는 그 시스템에 $\bar{X}$라 불리는 또 다른 유니터리 연산자를 적용시킨다. e가 m 주위를 한 바퀴 감고 돌아갈 때마다 발생하는 위상론적 위상 -1 때문에 이 두 연산자 사이에서는 교환법칙이 성립하지 않는 대신 다음과 같은 법칙이 성립한다.

$$\bar{X}^{-1}\bar{Z}^{-1}\bar{X}\bar{Z} = -I \qquad \text{식 7-45}$$

따라서 이 두 반교환 연산자가 모두 코드 공간을 보존하므로 코드 공간은 1차원이 될 수 없다. 실제로 이 코드 공간은 2차원이며, $\bar{Z}$와 $\bar{X}$는 보호된 큐비트에 작용하는 파울리 연산자로 해석할 수 있다.

$$\bar{Z} = \begin{pmatrix} 1 & 0 \\ 0 & -1 \end{pmatrix}, \quad \bar{X} = \begin{pmatrix} 0 & 1 \\ 1 & 0 \end{pmatrix} \qquad \text{식 7-46}$$

$\bar{Z}$와 $\bar{X}$에서 위에 선을 그은 이유는 인코딩된 큐비트에 작용하는 '논리' 파울리 연산자를 앞으로 7.7.3에서 다룰 물리적인 파울리 연산자와 구분하기 위해서이다.

우리가 고려해볼 만한 또 다른 프로세스도 있다. 샘플의 경계가 아닌 안쪽 벌크에서 애니온(또는 m 애니온)이 쌍으로 생성되는 것이다. 이러한 애니온은 경계에는 절대로 접근하지 않고 한동안 돌아다니다가 결국 둘이 다시 만나서 소멸하여 사라진다. 이 프로세스에서도 코드 공간은 보존되지만 $\bar{Z}$나 $\bar{X}$ 연산자와는 달리 보호된 큐비트에는 영향을 미치지 않는다. 즉, $\bar{Z}$와 $\bar{X}$ 모두에 대해 교환법칙이 성립한다는 뜻이다. 예를 들어, 왼쪽 가장자리에서 오른쪽 가장자리로 이동하는 m 애니온의 경로는 벌크 안에서 돌아다니는 e 애니온 쌍에서 멀리 떨어지도록 변형할 수 있다. 그렇다고 해서 $\bar{X}$가 코드 공간에 작용하는 방식이 바뀌는 건 아니지만, e 애니온 쌍의 확산이 $\bar{X}$에는 아무 영향도 끼치지 않는다는 것은 분명하게 알 수 있다.

이 시스템은 애니온 쌍을 생성하는 데 필요한 에너지 비용인 '0이 아닌 에너지 갭' 에 의해 보호된다. 따라서 갭에 비해 온도가 낮다면 양자 정보를 장시간 저장할 수 있지만, 2차원 강자성체의 경우와는 달리 시스템 크기가 커져도 저장 시간이 길어지지 않는다. 강자성체에서는 뒤집힌 스핀 거품이 커질수록 에너지 비용이 증가하는 반면, 한 쌍의 애니온이 열적으로 들뜰 때 애니온이 시료의 반대편으로 이동하여 논리적인 $\bar{Z}$ 또는 $\bar{X}$ 오류를 일으키는 것을 막는 에너지 장벽이 더 이상 존재하지 않는다. 그러나 입자가 시료를 통해 확산될 때 이를 **모니터링하면** 입자가 들키지 않고 시료를 가로질러 이동하는 경우에만 논리적 오류가 발생하며, 이런 사건은 시스템 크기가 커질수록 점점 더 일어나기 어려워진다[65]. 7.7.3절에서 설명할 강건한 양자 계산 방식은 이러한 관찰에 기반한다.

7.7.3 표면 코드 정확도 임곗값

안정적인 양자 메모리를 생성하기 위해 반드시 위상론적으로 정렬된 물질을 합성할 필요는 없다. 대신 일반적인 양자 컴퓨팅 하드웨어를 사용해 물길을 시뮬레이션할 수 있다. 키타예프는 7.7.2절에서 설명한 것처럼 $\mathbb{Z}_2$ 위상론적 질서를 보이는 간단한(각각의 격자 사이트에 큐비트가 위치한) 이차원 격자 모형(표면 코드)을 구축했다[64, 66, 67]. 비록 이 방식은 약 25년 전에 처음 제안되었지만 표면 코드는 여전히 확장성 있는 결함 허용 양자 컴퓨팅을 위한 유망한 방법으로 꼽힌다. 여기에는 두 가지 주요 이점이 있다. 첫째, 오류를 진단하고 수정하는 데 필요한 양자 처리가 매우 간단하다. 둘째, 첫째 이점과 무관하지 않은데, 비교적 높은 게이트 오류율을 견딜 수 있다는 점이다.

양자 메모리에 영향을 미치는 오류는 다중 큐비트 파울리 연산자로 확장할 수 있으며, 각각의 파울리 연산자는 각 큐비트에 X 또는 항등 연산자가 작용하는 X형 오류와 각 큐비트에 Z 또는 항등 연산자가 작용하는 Z형 오류의 곱으로 표현할 수 있다(예를 들어 $Y = -iZX$ 오류는 X와 Z가 모두 같은 큐비트에 작용하는 경우다). 따라서 X형 오류와 Z형 오류를 모두 높은 성공 확률로 정정할 수 있다면 양자 메모리는 잘 보호될 수 있다. 표면 코드의 경우 X 오류를 수정하는 방법과 Z 오류를 수정하는 방법이 따로 있으며, 둘 다 본질적으로 동일한 방식으로 작동하므로 여기서는 Z 오류를 수정하는 방법을 논의하는 것으로 충분할 것이다.

(한 버전의) 표면 코드에서 물리적 큐비트는 정사각형 격자의 가장자리에 존재하며, e 애니온은 격자 위치에 존재할 수 있다. 인코딩된 $\bar{Z}$의 고유상태를 $|\bar{0}\rangle$과 $|\bar{1}\rangle$이라고 할 때, 이 코드 공간에 미지의 양자 상태 $\alpha|0\rangle + \beta|1\rangle$가 저장되어 있다고 가정하자. 이 상태가 인코딩된 다음에는 일부 큐비트에 Z 오류가 발생하여 e 애니온을 생성함으로써 코드 공간 밖으로 쫓겨나게 된다. 이러한 오류 구성의 예를 [그림 7-3(b)]에서 찾아볼 수 있는데, Z 오류가 발생한 큐비트의 가장자리(어두운 색)에 의해 연결된 '오류 사슬'의 집합이 정의되며, 각 오류 사슬의 양 끝점에 애니온 쌍이 나타난다. 애니온의 위치(오류 사슬의 끝점)는 간단한 양자 계산으로 식별할 수 있다. 애니온의 위치를 찾아내고 나면 이러한 애니온을 한 쌍씩 제거할 수 있다. 한 쌍의 애니온을 선택하고, 쌍을 연결하는 '복구 사슬'을 따라 모든 큐비트에 Z를 적용하면 결과적으로 애니온을 다시 만나게 하여 소멸시킬 수 있다. 또는 해당 애니온을 위쪽 또는 아래쪽 가장자리와 연결하는 복구 체인을 선택하여 애니온 한 개를 제거할 수도 있다. 우리의 목표는 모든 애니온을 제거하여 상태를 코드 공간으로 되돌리고 인코딩된 초기 상태를 복원하는 것이다.

애니온의 위치는 코드 블록 내 물리적 큐비트에 발생한 손상을 진단하는 데 도움이 되기 때문에 오류 '증후군'을 구성한다고 할 수 있다. 이 증후군은 오류 사슬의 경계점을 찾아주지만 오류 사슬 자체의 구성은 알 수 없으므로 복구 사슬이 오류 사슬과 반드시 일치하거나 같은 쌍의 애니온을 연결하는 것은 아니며, 그럴 필요도 없다. 오류 사슬과 복구 사슬을 결합하여 연결된 각 경로가 벌크 내에서 닫힌 고리를 형성하거나, 두 끝점이 (위든 아래든) 모두 같은 가장자리에 있는 개방 경로를 형성하기만 하면 오류 복구는 성공한다. 이는 앞서 언급한 위상론적으로 정렬된 매체의 특성 때문인데, 한 쌍의 애니온이 생성된 후 쌍으로 소멸하는 경우나 아래쪽(또는 위쪽) 가장자리에서 단일 애니온이 생성된 후 같은 가장자리에서 소멸하는 것은 코드 공간에 대해 영향을 주지 않는 작용이기 때문이다. 반면 오류 사슬이 복구 사슬과 결합되어 [그림 7-3(c)]처럼 아래쪽과 위쪽 가장자리가 이어지는 경로가 만들어지면, 이러한 경로의 개수가 홀수인 경우 논리적 $\bar{Z}$ 오류가 발생하여 복구 프로세스는 실패한다.

이를 좀 더 간단히 설명하겠다. 코드 블록의 각 큐비트에 확률 ε으로 Z 오류가 발생하는 확률적 독립 잡음 모형을 생각해 보자. 복구 사슬을 선택할 때는 가능한 최소 가중치를 갖도록 선택한다고 가정한다. 즉, 가능한 한 적은 수의 큐비트에 Z를 적용하여 코드 공간으로 상태를 되돌리는 것이다. 애니온의 위치가 알려져 있다면 이 최소 사슬은 고전적인 컴퓨터로 효율적으로 계산할 수 있다. 이때 다음과 같은 과정을 통해 논리적 오류 확률의 상한을 찾을 수 있다[65].

아래쪽 가장자리에서 위쪽 가장자리까지 연결된 경로의 최소 가중치를 d로 표시하자. 즉, d(코드의 거리)는 $\bar{Z}$라는 논리 연산자의 최소 가중치이기도 하다. 복구 시도로 인해 논리 $\bar{Z}$오류가 발생한 경우 코드 블록의 아래쪽 가장자리와 위쪽 가장자리를 연결하는 경로가 반드시 있어야 하며, 이 경로의 격자 각 가장자리는 오류 사슬 또는 복구 사슬 중 하나에 속해야 한다. 이 연결된 경로의 길이가 $\ell \geq d$이고, 이 경로를 C_ℓ로 표시한다고 가정해 보겠다. C_ℓ의 오류 수는 ℓ이 짝수이면 $\ell/2$이상, ℓ이 홀수이면 $(\ell+1)/2$ 이상이어야 하며, 그렇지 않으면 C_ℓ에 포함된 오류 사슬에 Z를 적용하여 C_ℓ의 오류 사슬에 상보적인 C_ℓ의 큐비트보다 더 낮은 가중치의 복구 사슬을 찾을 수 있다. Z 오류가 있는 가장자리가 C_ℓ을 따라 분산될 수 있는 방법은 많아야 2^ℓ이다(C_ℓ의 각 큐비트에 오류가 있는 경우와 없는 경우 모두). 각 물리적 큐비트에 대해 Z 오류는 확률 ε으로 발생하므로, 오류 사슬과 복구 사슬의 합집합에 C_ℓ이 포함될 확률은 다음 부등식을 따른다.

$$P(C_\ell) \leq 2^\ell \varepsilon^{\ell/2} \qquad \text{식 7-47}$$

아래쪽 가장자리와 위쪽 가장자리를 길이 ℓ로 연결하는 경로의 수를 N_ℓ이라고 하자. 논리적 오류가 발생하려면 오류 사슬과 복구 사슬의 조합이 아래쪽 가장자리와 위쪽 가장자리를 연결하는 경로를 최소 한 개 이상 생성해야 한다. 이러한 각 경로의 확률에 대한 상한(식 7-47)을 사용하고 합집합 경계를 적용하면 논리적 $\bar{Z}$ 오류의 확률이 다음과 같은 부등식을 만족한다는 결론을 내릴 수 있다.

$$P_{\text{논리}} \leq \sum_{\ell=d}^{n} N_\ell 2^\ell \varepsilon^{\ell/2} \qquad \text{식 7-48}$$

합의 하한은 아래쪽 가장자리와 위쪽 가장자리를 연결하는 최단 경로의 길이인 $\ell = d$이다. 상한은 코드 블록의 총 큐비트 수인 n이며, 고려할 수 있는 모든 경로의 최대 길이이다.

N_ℓ에 대해서도 간단한 상한을 찾을 수 있다. 정사각형 격자가 $d \times d$라고 가정하자. 아래쪽 가장자리에서 위쪽 가장자리까지의 경로는 아래쪽 가장자리를 따라 d개의 위치 중 하나에서 시작할 수 있으며, 경로를 따라 1개의 단계 각각에서 직진, 좌회전 또는 우회전, 이렇게 세 가지 가능한 움직임 중 하나를 따라야 한다. 따라서 (경로가 꼭 위쪽 가장자리에 도달해야 한다고 고집하지 않더라도) 다음과 같이 쓸 수 있다.

$$N_\ell \leq d3^\ell \Rightarrow P_{\text{논리}} \leq d\sum_{\ell=d}^{n} (36)^{\ell/2} \qquad \text{식 7-49}$$

이제 ε이 1/36 미만이라고 가정하자. 그러면 ℓ이 커질 때 ℓ에 대해 모든 항을 더한 합은 감소한다. 정사각형 격자의 경우 코드 블록의 모서리(큐비트) 수는

$n = O\left(d^2\right)$이므로 위의 합에 들어가는 항의 개수 또한 $O\left(d^2\right)$이며, 다음과 같은 결론을 내릴 수 있다.

$$P_{논리} \leq O\left(d^3\right) \left(\varepsilon/\varepsilon_0\right)^{d/2}, \quad \varepsilon < \varepsilon_0 = 1/36 \approx .028 \qquad \text{식 7-50}$$

따라서 위 표면 코드가 정확도 임곗값을 가지는 양자 메모리라는 결론을 내릴 수 있다. 임의의 상수 $\varepsilon < \varepsilon_0$에 대해 논리 오류의 확률은 코드 거리 d가 증가함에 따라 기하급수적으로 줄어든다(다항식 전인자 제외). 물리적 오류율이 임곗값 ε_0 미만인 경우 충분히 큰 코드 블록을 선택하면 논리적 오류율을 임의로 작게 만들 수 있다. 물론 이 논거가 아주 정확한 것은 아님을 고려할 때 실제 오류 임곗값 ε_0은 방금 추정한 것보다 더 크다. 몬테 카를로 시뮬레이션에 따르면 $\varepsilon_0 \approx 0.103$이다[68].

7.7.4 확장 가능한 양자 컴퓨팅

결함 허용 양자 컴퓨팅의 오버헤드 비용에 대한 정량적 결론을 내리기 위해서는 이 논증을 좀 더 정교하게 다듬을 필요가 있다. 첫째, 우리는 오류 증후군 측정이 완벽하다고 암묵적으로 가정했다. 그러나 실제로는 측정 오류가 발생하며, 이는 애니온의 위치에 대해 충분히 신뢰할 수 있는 정보를 얻기 위해서는 측정을 $O(d)$회 반복해야 한다는 것을 의미한다. 둘째, 이러한 측정에 사용된 양자 회로의 구조를 고려하지 않았다. 특정 위치에 애니온이 존재하는지 확인하려면 얽힌 2-큐비트 게이트 네 개가 필요한데 이 중 어느 하나라도 결함이 있을 수 있으며, 하나의 결함이 측정 결과의 오류와 데이터 큐비트의 오류 모두를 유발할 수 있다. 보다 철저한 분석에 따르면 2-큐비트 게이트의 문턱값 오류율은 1%에 가깝다[69, 70]. 수치 시뮬레이션에 따르면 증후군 측정의 각 라운드에 대해 논리적 오류율의 확률은 대략 다음과 같이 스케일링된다[71].

$$P_{논리} \approx 0.1(100p)^{(d+1)/2}$$ 식 7-51

여기서 p는 2-큐비트 게이트 오류율을 나타내며, d는 홀수라고 가정한다.

지금까지는 보호된 큐비트 한 개에 대한 저장 오류의 확률만을 고려했지만 확장 가능한 결함 허용 양자 컴퓨팅에서는 보호된 큐비트가 여러 개 필요하며, 이러한 큐비트에 작용하는 고도로 신뢰할 수 있는 범용 양자 게이트를 동작시켜야 한다. 논리적 큐비트가 표면 위에 정사각형 타일처럼 배열되고 그 틈에는 버퍼 큐비트가 간격을 채우는 아키텍처를 상상해 보자[72–74]. 논리 게이트가 어떻게 실행되는지는 자세히 설명하지 않겠지만, 논리 블록 쌍에 대해 얽힘 측정을 수행함으로써 많은 논리 프로세싱을 실행할 수 있다는 점은 알아두는 것이 좋겠다. 예를 들어 블록 1과 2가 인접한 타일에 위치한 경우, 수평 방향 모서리를 따라 블록을 융합한 다음 블록을 다시 절단하는 '격자 수술'[75]이라는 공정을 통해 $\bar{X}_1 \otimes \bar{X}_2$를 측정할 수 있다. 이 융합과 절단은 두 블록의 모서리 사이에 있는 버퍼 큐비트를 활성화하는 측정과 버퍼 큐비트를 분리하는 측정을 통해 이루어진다.

다행히도 논리 게이트의 오류율은 앞서 설명한 저장 오류율보다 크게 나쁘지 않지만, 각 논리 게이트 사이클마다 증후군 측정을 $O(d)$회 반복해야 한다는 점을 염두에 두어야 한다. 나쁜 소식도 있는데, [식 7-51]에 따르면 논리적 오류율을 매우 작게 만들려면 코드 거리가 상당히 길어야 한다는 것이다. 예를 들어 RSA 암호 시스템을 깨뜨리기 위해 쇼어의 알고리즘을 실행하여 2048비트 숫자를 인수분해하는데, 물리적 2-큐비트 게이트 오류율이 현재의 멀티큐비트 장치보다 나은 10^{-3}이라고 가정해 보자. [76]의 분석을 위해서는 증후군 측정 라운드당 논리적 오류 확률이 $\approx 10^{-15}$이어야 하므로 코드 거리 $d = 27$이다. 증후군 측정과 격자 연산에 필요한 앤실라 큐비트까지 포함한 코드 블록당 물리적 큐비트 수는 $\approx 10^{-15}$개이며, 이 버전의 인수분해 알고리즘에 필요한 총 논리적 큐비트 수는 약 14,000개로 물리적 큐비트 수는 총 2천만 개가 넘게 된다[76]. 실로 엄청나게 많은 큐비트가 필요한 것이다!

대규모 결함 허용 양자 컴퓨팅을 실용화하기 위해서는 여러 가지 심각한 시스템 엔지니어링 문제를 포함한 많은 난제를 해결해야 한다. 결함 허용 방식이 확장 가능하려면 무엇이 필요한지, 노이즈 모형은 어떤 조건을 충족해야 하는지 등 원칙적인 문제도 고려해야만 한다. 한 가지 필수 요건은 노이즈로 인해 발생하는 엔트로피를 빼내기 위한 일종의 냉각 과정이다[77]. 위에서 설명한 절차에서 엔트로피는 각 증후군 측정 라운드에서 앤실라 큐비트를 측정하고 리셋하여 뽑아낸다. 또한 동시에 컴퓨터의 여러 부분에서 노이즈를 제어할 수 있도록 병렬 운영도 필요하다.

[식 7-51]로 이어지는 분석은 게이트 오류가 결맞는 것이 아니라 확률적이며, 서로 다른 게이트의 오류 간에 상관관계가 없는 단순한 노이즈 모형을 기반으로 한다. 이 결함 허용 방법은 오류가 충분히 약하고 상관관계가 너무 강하지 않다면 보다 현실적인 노이즈 모형에서도 작동할 수 있다. NISQ 시대에 상대적으로 작은 양자 코드를 사용하여 논리적 오류율을 벤치마킹함으로써 양자 오류 수정이 실제 양자 하드웨어에서 수행되는 계산을 얼마나 효과적으로 보호하는지에 대한 귀중한 통찰을 얻을 수 있을 것이다.

7.8 전망

나는 리처드 파인만과 물리학뿐만 아니라 다른 주제에 대해서도 매우 즐거운 대화를 나눴던 기억을 소중히 간직하고 있다. 하지만 양자 컴퓨팅은 우리가 한 번도 논의한 적이 없는 주제였다. 파인만이 양자 컴퓨팅에 관심이 있다는 것은 알고 있었지만, 당시 나는 그다지 관심이 없어서 그에 대해 묻지도 않았다. 지금은 당연히 후회하고 있다. 파인만이 세상을 뜬 지 6년이 지나서야 관심을 갖기 시작했는데, 때는 너무 늦어버린 뒤였다.

1980년대 초에 우리가 논의했을지도 모를 핵심 이슈는 오늘날에도 여전히 남아 있다. 강력한 대규모 양자 컴퓨터를 만들 수 있을까? 어떻게 만들어야 할까? 언제쯤 가능할까? 그리고 그 놀라운 기계로 우리는 무엇을 할 수 있을까? 첫 번째 질문에 대한 대답은 '그렇다'고 확신한다. 하지만 40년이 지난 지금도 다른 질문에 대한 답은 아직 명확하지 않다. 파인만은 1981년 강연을 마무리하며 '이건 멋진 문제입니다. 왜냐하면 그리 쉽지 않아 보이기 때문이지요.'라고 말했는데, 정말 맞는 말이었다.

양자 컴퓨팅 시스템을 구축하려는 사람들은 어려운 공학적 도전에 직면해 있지만, 거기에는 그 이상의 의미가 담겨 있다. 물리적 게이트 오류율(현재 2-큐비트 게이트 얽힘의 경우 약 1%)을 몇 배로 개선할 수 있다면 실용적인 양자 컴퓨팅 응용 분야에 대한 전망이 크게 달라질 것이다. 지금까지의 진보는 큐비트 설계, 제어 기술, 제조 방법 및 재료의 발전에 힘입어 이루어졌으며, 앞으로도 점진적인 개선은 분명 기대할 수 있다. 그러나 양자 하드웨어는 아직 초기 단계에 있으며, 진정한 전환점은 양자 정보를 강력하게 인코딩하고 조작하는 방법에 대한 새로운 아이디어에서 비롯될 수 있다. 양자 커뮤니티는 양자 하드웨어 구축과 운영에 대한 새로운 접근 방식에 대해 폭넓고 창의적인 사고를 계속해야 한다.

파인만이 양자 물리학 및 화학의 문제를 해결하기 위해 양자 컴퓨터를 사용하자고 제안했을 때 그는 올바른 방향을 제시했다. 이는 여전히 우리가 명확하게 예측할 수 있는 가장 중요한 응용 분야이며, 양자 컴퓨터를 과학 발전에 가장 잘 활용할 수 있는 아이디어를 구체화할 수 있는 기회는 여전히 많다. 더 광범위한 응용 분야도 가능하다. 양자 컴퓨터로 최적화 문제에 대한 해를 찾기 위해 완전 탐색의 속도를 높일 수 있겠지만, 이 경우 속도 향상은 단지 이차적인 수준에 불과하기 때문에 먼 미래가 아닌 이상 별 쓸모가 없을지도 모른다. 최적화 및 관련 문제에 대한 보다 극적인 양자 속도 향상은 아직 배제할 수 없으며, 앞으로도 계속해서 양자 알고리즘 연구의 목표로 삼을 필요가 있다.

완전히 확장 가능한 결함 허용 양자 컴퓨팅은 아직 멀었지만, NISQ 시대의 도래는 이미 고도로 얽힌 양자 다체계의 특성을 탐구할 수 있는 전례 없는 기회를 예고하고 있다. 또한 NISQ 기술을 통해 휴리스틱 하이브리드 양자/고전 알고리즘의 성능을 평가하여 실용적인 응용 분야로 나아갈 수 있으며, 앞으로 양자 플랫폼의 잡음을 감소시키고 오류를 수정하는 툴킷을 발전시켜 나갈 것이다. 오늘날의 양자 컴퓨터는 미래의 더 강력한 양자 컴퓨터를 구축하는 데 도움을 줄 수 있다.

이 장에서는 양자 컴퓨터의 구축과 사용에 대한 전망에 초점을 맞추었다. 하지만 파인만이 지금 이 자리에 있다면 나는 그에게 양자 정보 개념이 물리학의 여러 영역에 걸쳐 새로운 지평을 열어준 무수한 방법에 대해 신나게 설명하고 있을 것이다. 두 가지 중요한 예를 들자면, 우리는 장거리 양자 얽힘의 구조에 따라 물질의 서로 다른 양자 위상을 구분할 수 있음을 이해했고[78], 양자 중력 모델에서 시공간 기하학은 중력을 전혀 포함하지 않은 양자 시스템의 양자 얽힘으로 인코딩된 기하학으로 바꿔서 설명할 수 있음을 깨닫게 되었다[79]. 이와 같은 강력한 통찰은 양자 정보 과학이 자연의 숨겨진 비밀을 파악하려는 인류의 노력에 없어서는 안 될 힘이 되었다는 것을 보여준다. 앞으로 양자 컴퓨터 과학과 양자 물리학은 함께 손잡고 발전해 나갈 것이다.

7.9 참고문헌

1. Richard P Feynman. Simulating physics with computers. *International Journal of Theoretical Physics*, 21(6/7):467–488, 1981.
2. Yuri Manin. *Computable and Uncomputable.* Sovetskoye Radio, Moscow,

128, 1980.

3. Paul Benioff. The computer as a physical system: A microscopic quantum mechanical Hamiltonian model of computers as represented by Turing machines. *Journal of Statistical Physics*, 22(5):563–591, 1980.

4. David Deutsch. Quantum theory, the Church–Turing principle and the universal quantum computer. *Proceedings of the Royal Society of London. Series A: Mathematical and Physical Sciences*, 400(1818):97–117, 1985.

5. Ethan Bernstein, and Umesh Vazirani. Quantum complexity theory. *SIAM Journal on Computing*, 26(5):1411–1473, 1997.

6. Daniel R Simon. On the power of quantum computation. *SIAM Journal on Computing*, 26(5):1474–1483, 1997.

7. Peter W Shor. Polynomial-time algorithms for prime factorization and discrete logarithms on a quantum computer. *SIAM Review*, 41(2):303–332, 1999.

8. Rolf Landauer. Is quantum mechanics useful? *Philosophical Transactions of the Royal Society of London. Series A: Physical and Engineering Sciences*, 353(1703):367–376, 1995.

9. William G Unruh. Maintaining coherence in quantum computers. *Physical Review. Part A*, 51(2):992, 1995.

10. Serge Haroche, and Jean-Michel Raimond. Quantum computing: Dream or nightmare? *Physics Today*, 49(8):51–54, 1996.

11. Peter W Shor. Scheme for reducing decoherence in quantum computer memory. *Physical Review. Part A*, 52(4):R2493, 1995.

12. Andrew M Steane. Error correcting codes in quantum theory. *Physical Review Letters*, 77(5):793, 1996.

13. Peter W Shor. Fault-tolerant quantum computation. In *Proceedings of 37th Conference on Foundations of Computer Science*, pages 56–65. IEEE, 1996.

14. Dorit Aharonov, and Michael Ben-Or. Fault-tolerant quantum

computation with constant error rate. *Proceedings of the Twenty-Ninth Annual ACM Symposium on Theory of Computing*, pp. 176–188, 1997.

15. Emanuel Knill, Raymond Laflamme, and Wojciech H Zurek. Resilient quantum computation. *Science*, 279(5349):342–345, 1998.

16. Aleksei Yur'evich Kitaev. Quantum computations: Algorithms and error correction. *Uspekhi Matematicheskikh Nauk*, 52(6):53–112, 1997.

17. John Preskill. Reliable quantum computers. *Proceedings of the Royal Society of London. Series A: Mathematical, Physical and Engineering Sciences*, 454(1969):385–410, 1998.

18. John Preskill. Fault-tolerant quantum computation. In *Introduction to Quantum Computation and Information*, edited by Hoi-Kwong Lo, Tim Spiller, and Sandu Popescu, pages 213–269. Singapore: World Scientific, 1998.

19. Juan I Cirac, and Peter Zoller. Quantum computations with cold trapped ions. *Physical Review Letters*, 74(20):4091, 1995.

20. Chris Monroe, David M Meekhof, Barry E King, Wayne M Itano, and David J Wineland. Demonstration of a fundamental quantum logic gate. *Physical Review Letters*, 75(25):4714, 1995.

21. John Preskill. Quantum computing: Pro and con. *Proceedings of the Royal Society of London. Series A: Mathematical, Physical and Engineering Sciences*, 454(1969):469–486, 1998.

22. Richard P Feynman. There's plenty of room at the bottom. In *California Institute of Technology, Engineering and Science Magazine*, pages 22–36. Pasadena, CA: California Institute of Technology, 1960 February.

23. Daniel J Bernstein, and Tanja Lange. Post-quantum cryptography. *Nature*, 549(7671):188–194, 2017.

24. Stephen Wiesner. Conjugate coding. *ACM Sigact News*, 15(1):78–88, 1983.

25. Charles H Bennett, and Gilles Brassard. Quantum cryptography: Public

key distribution and coin tossing. *arXiv preprint arXiv:2003.06557*, 2020.

26. Michele Mosca. Cybersecurity in an era with quantum computers: Will we be ready? *IEEE Security and Privacy*, 16(5):38–41, 2018.

27. Sam McArdle, Suguru Endo, Alan Aspuru-Guzik, Simon C Benjamin, and Xiao Yuan. Quantum computational chemistry. *Reviews of Modern Physics*, 92(1):015003, 2020.

28. Charles H Bennett, Ethan Bernstein, Gilles Brassard, and Umesh Vazirani. Strengths and weaknesses of quantum computing. *SIAM Journal on Computing*, 26(5):1510–1523, 1997.

29. Lov K Grover. Quantum mechanics helps in searching for a needle in a haystack. *Physical Review Letters*, 79(2):325, 1997.

30. Frank Arute, Kunal Arya, Ryan Babbush, Dave Bacon, Joseph C Bardin, Rami Barends, Rupak Biswas, Sergio Boixo, Fernando G S L Brandao, David A Buell, et al. Quantum supremacy using a programmable superconducting processor. *Nature*, 574(7779):505–510, 2019.

31. John Preskill. Quantum computing and the entanglement frontier. *arXiv preprint arXiv:1203.5813*, 2012.

32. Aram W Harrow, and Ashley Montanaro. Quantum computational supremacy. *Nature*, 549(7671):203–209, 2017.

33. Cupjin Huang, Fang Zhang, Michael Newman, Junjie Cai, Xun Gao, Zhengxiong Tian, Junyin Wu, Haihong Xu, Yu Huanjun, Bo Yuan, et al. Classical simulation of quantum supremacy circuits. *arXiv preprint arXiv:2005.06787*, 2020.

34. John Preskill. Quantum computing in the NISQ era and beyond. *Quantum*, 2:79, 2018.

35. Edward Farhi, Jeffrey Goldstone, and Sam Gutmann. A quantum approximate optimization algorithm. *arXiv preprint arXiv:1411.4028*, 2014.

36. Alberto Peruzzo, Jarrod McClean, Peter Shadbolt, Man-Hong Yung, Xiao-

Qi Zhou, Peter J Love, Alan Aspuru-Guzik, and Jeremy L O'Brien. A variational eigenvalue solver on a photonic quantum processor. *Nature Communications*, 5(1):1–7, 2014.

37. Dieter Jaksch, Christoph Bruder, Juan Ignacio Cirac, Crispin W Gardiner, and Peter Zoller. Cold bosonic atoms in optical lattices. *Physical Review Letters*, 81(15):3108, 1998.

38. Markus Greiner, Olaf Mandel, Tilman Esslinger, Theodor W Hansch, and Immanuel Bloch. Quantum phase transition from a superfluid to a Mott insulator in a gas of ultracold atoms. *Nature*, 415(6867):39–44, 2002.

39. Hannes Bernien, Sylvain Schwartz, Alexander Keesling, Harry Levine, Ahmed Omran, Hannes Pichler, Soonwon Choi, Alexander S Zibrov, Manuel Endres, Markus Greiner, et al. Probing many-body dynamics on a 51-atom quantum simulator. *Nature*, 551(7682):579–584, 2017.

40. Jiehang Zhang, Guido Pagano, Paul W Hess, Antonis Kyprianidis, Patrick Becker, Harvey Kaplan, Alexey V Gorshkov, Z-X Gong, and Christopher Monroe. Observation of a many-body dynamical phase transition with a 53-Qubit quantum simulator. *Nature*, 551(7682):601–604, 2017.

41. Christie S Chiu, Geoffrey Ji, Annabelle Bohrdt, Muqing Xu, Michael Knap, Eugene Demler, Fabian Grusdt, Markus Greiner, and Daniel Greif. String patterns in the doped Hubbard model. *Science*, 365(6450):251–256, 2019.

42. Biswaroop Mukherjee, Parth B Patel, Zhenjie Yan, Richard J Fletcher, Julian Struck, and Martin W Zwierlein. Spectral response and contact of the unitary fermi gas. *Physical Review Letters*, 122(20):203402, 2019.

43. Giulia Semeghini, Harry Levine, Alexander Keesling, Sepehr Ebadi, Tout T Wang, Dolev Bluvstein, Ruben Verresen, Hannes Pichler, Marcin Kalinowski, Rhine Samajdar, et al. Probing topological spin liquids on a programmable quantum simulator. *arXiv preprint arXiv:2104.04119*, 2021.

44. Daniel Gottesman. An introduction to quantum error correction and faulttolerant quantum computation. In *Quantum Information Science and Its Contributions to Mathematics, Proceedings of Symposia in Applied Mathematics*, volume 68, edited by Samuel J. Lomonaco, pages 13–58. Washington, DC: American Mathematical Society, 2010.

45. Earl T Campbell, Barbara M Terhal, and Christophe Vuillot. Roads towards fault-tolerant universal quantum computation. *Nature*, 549(7671):172–179, 2017.

46. Ian D Kivlichan, Craig Gidney, Dominic W Berry, Nathan Wiebe, Jarrod McClean, Wei Sun, Zhang Jiang, Nicholas Rubin, Austin Fowler, Alan Aspuru-Guzik, et al. Improved fault-tolerant quantum simulation of condensed-phase correlated electrons via trotterization. *Quantum*, 4:296, 2020.

47. Earl T Campbell. Early fault-tolerant simulations of the Hubbard model. *arXiv preprint arXiv:2012.09238*, 2021.

48. Alexander Semenovich Holevo. Bounds for the quantity of information transmitted by a quantum communication channel. *Problemy Peredachi Informatsii*, 9(3):3–11, 1973.

49. Alexei Yu Kitaev, Alexander Shen, Mikhail N Vyalyi, and Mikhail N Vyalyi. *Classical and Quantum Computation*. Number 47. Providence, RI: American Mathematical Soc., 2002.

50. Stephen P Jordan, Keith S M Lee, and John Preskill. Quantum algorithms for quantum field theories. *Science*, 336(6085):1130–1133, 2012.

51. John Preskill. Simulating quantum field theory with a quantum computer. *arXiv preprint arXiv:1811.10085*, 2018.

52. David P DiVincenzo. The physical implementation of quantum computation. *Fortschritte der Physik: Progress of in Physics*, 48(9–11):771–783, 2000.

53. Colin D Bruzewicz, John Chiaverini, Robert McConnell, and Jeremy M

Sage. Trapped-ion quantum computing: Progress and challenges. *Applied Physics Reviews*, 6(2):021314, 2019.

54. Morten Kjaergaard, Mollie E Schwartz, Jochen Braumuller, Philip Krantz, Joel I-J Wang, Simon Gustavsson, and William D Oliver. Superconducting qubits: Current state of play. *Annual Review of Condensed Matter Physics*, 11:369–395, 2020.

55. Klaus Molmer, and Anders Sorensen. Multiparticle entanglement of hot trapped ions. *Physical Review Letters*, 82(9):1835, 1999.

56. Anders Sorensen, and Klaus Molmer. Quantum computation with ions in thermal motion. *Physical Review Letters*, 82(9):1971, 1999.

57. Seth Lloyd. Universal quantum simulators. *Science*, 273:1073–1078, 1996.

58. A Yu Kitaev. Quantum measurements and the abelian stabilizer problem. *arXiv preprint quant-ph/9511026*, 1995.

59. Francisco Barahona. On the computational complexity of Ising spin glass models. *Journal of Physics A: Mathematical and General*, 15(10):3241, 1982.

60. Daniel Gottesman, and Sandy Irani. The quantum and classical complexity of translationally invariant tiling and Hamiltonian problems. In *2009 50th Annual IEEE Symposium on Foundations of Computer Science*, pages 95–104. IEEE, 2009.

61. Edward Farhi, Jeffrey Goldstone, Sam Gutmann, and Michael Sipser. Quantum computation by adiabatic evolution. *arXiv preprint quantph/0001106*, 2000.

62. Alan Aspuru-Guzik, Anthony D Dutoi, Peter J Love, and Martin Head-Gordon. Simulated quantum computation of molecular energies. *Science*, 309(5741):1704–1707, 2005.

63. Emanuel Knill, and Raymond Laflamme. Theory of quantum error-correcting codes. *Physical Review A*, 55(2):900, 1997.

64. A Yu Kitaev. Fault-tolerant quantum computation by anyons. *Annals of*

Physics, 303(1):2–30, 2003.

65. Eric Dennis, Alexei Kitaev, Andrew Landahl, and John Preskill. Topological quantum memory. *Journal of Mathematical Physics*, 43(9):4452–4505, 2002.

66. Sergey B Bravyi, and A Yu Kitaev. Quantum codes on a lattice with boundary. *arXiv preprint quant-ph/9811052*, 1998.

67. Michael H Freedman, and David A Meyer. Projective plane and planar quantum codes. *Foundations of Computational Mathematics*, 1(3):325–332, 2001.

68. Chenyang Wang, Jim Harrington, and John Preskill. Confinement-Higgs transition in a disordered gauge theory and the accuracy threshold for quantum memory. *Annals of Physics*, 303(1):31–58, 2003.

69. Robert Raussendorf, and Jim Harrington. Fault-tolerant quantum computation with high threshold in two dimensions. *Physical Review Letters*, 98(19):190504, 2007.

70. Robert Raussendorf, Jim Harrington, and Kovid Goyal. Topological faulttolerance in cluster state quantum computation. *New Journal of Physics*, 9(6):199, 2007.

71. Austin G Fowler, Simon J Devitt, and Cody Jones. Surface code implementation of block code state distillation. *Scientific Reports*, 3(1):1–6, June 2013.

72. Austin G Fowler, and Craig Gidney. Low overhead quantum computation using lattice surgery. *arXiv preprint arXiv:1808.06709*, 2018.

73. Daniel Litinski. A game of surface codes: Large-scale quantum computing with lattice surgery. *Quantum*, 3:128, 2019.

74. Daniel Litinski. Magic state distillation: Not as costly as you think. *Quantum*, 3:205, 2019.

75. Clare Horsman, Austin G Fowler, Simon Devitt, and Rodney Van Meter. Surface code quantum computing by lattice surgery. *New Journal of*

Physics, 14(12):123011, 2012.

76. Craig Gidney, and Martin Ekera. How to factor 2048 bit RSA integers in 8 hours using 20 million noisy qubits. *Quantum*, 5:433, 2021.
77. Dorit Aharonov, Michael Ben-Or, Russell Impagliazzo, and Nisan Noam. Limitations of noisy reversible computation. *arXiv preprint quant-ph/9611028*, 1996.
78. Bei Zeng, Xie Chen, Duan-Lu Zhou, and Xiao-Gang Wen. *Quantum Information Meets Quantum Matter*. New York: Springer, 2019.
79. Shinsei Ryu, and Tadashi Takayanagi. Holographic derivation of entanglement entropy from the anti–de Sitter space/conformal field theory correspondence. *Physical Review Letters*, 96(18):181602, 2006.

CHAPTER 8

계산의 물리적 측면

8.1 반도체 소자 물리학
8.2 컴퓨터에서의 에너지 사용 및 열 손실
8.3 VLSI 회로 구축
8.4 컴퓨터 설계와 연관된 몇 가지 추가 제약조건

CHAPTER 8

엮은이로부터...

지난 30년 동안 실리콘 기술이 정말 극적으로 발전했기 때문에 이 장은 이 강의의 모든 주제 중에서 가장 시류의 영향을 많이 받는 부분이다. 그럼에도 불구하고 반도체 소자의 물리학에 대한 파인만의 설명은 여전히 타당하며 그의 깊은 통찰력을 보여준다. 마찬가지로 에너지 사용과 열 손실에 대한 그의 논의는 컴퓨팅에 소비되는 에너지에 대한 그의 우려와도 맞아떨어진다. 파인만은 "CMOS 인비터에서는 상태를 유지하는 데 에너지가 필요하지 않으며, 단지 상태를 바꾸는 데에만 필요하다"고 설명한다. 이는 1970년대 말과 1980년대 초에 CMOS 기술로의 전환을 이끈 주요 원동력 중 하나였다. 칼텍에서 파인만의 오랜 동료였던 카버 미드는 1971년 인텔 공동 창립자 중 한 명인 고든 무어의 질문에 답하면서 트랜지스터 반도체 기술의 크기를 축소하여 회로를 더 복잡하고 빠르게 실행하면 전력을 덜 소모할 수 있다는 것을 보여주었다. 파인만은 이러한 스케일링 예측과 1980년에 출간된 린 콘웨이의 고전적인 저서 『Introduction to VLSI Systems』(Addison-Wesley)에 흥미를 느꼈다. 이 책은 전기 공학 및 컴퓨터 공학을 전공하는 학생들을 위한 최초의 VLSI$^{\text{Very Large Scale Integration}}$ 설계 교과서였다. 파인만의

VLSI 회로 구성에 대한 논의는 평면 제조 공정의 다양한 층에 대한 설계 규칙 논의와 밀접하게 연관되어 있다. 40여 년이 지난 오늘날 상황은 훨씬 더 복잡해졌다. 현재 주요 제조 시설들은 미드와 콘웨이가 설명한 방식이 아닌 최대 14개의 금속층을 지원할 수 있는 '3나노미터 공정 기술'을 내세우고 있다. 그러나 '3나노'라는 명칭은 마케팅 용어에 가까우며, 더 이상 물리적 형상 크기와는 관련이 없다. 일반적인 게이트와 금속의 간격은 실제로 수십 나노미터 수준이다. 여기에 평면 CMOS 트랜지스터를 대체할 새로운 트랜지스터 기술이 등장했는데, 소위 핀펫^{FinFET} 기술을 통해 산업은 3차원 제조로 나아가고 있다. 2023년에는 핀펫 기술이 나노와이어와 나노시트를 사용하는 게이트-올-어라운드 FET^{GAAFET}에 의해 대체될 것으로 보인다. 파인만이 살아 있었다면 이러한 새로운 기술과 그 제약을 분석하는 것을 매우 좋아했을 것이다!

이 책의 주된 주제는 컴퓨터로 할 수 있는 일과 할 수 없는 일, 그리고 그 이유다. 앞에서 컴퓨터 내부의 기본 요소 구성으로부터 기인하는 제약 조건, 기초적인 수학에 의한 제한, 자연 그 자체의 법칙에서 비롯되는 한계 등을 살펴보았다면, 이번 장에서는 여러 장애물 가운데 가장 현실적인 문제인 실제 컴퓨터를 만드는 기술에서 생기는 제약 조건을 알아볼 것이다. 이는 우리가 사용하는 물질로 인해 생기는 것과 기본적인 구성요소를 배치하는 과정에서 생기는 것 모두를 포함한다.

현재 대부분의 컴퓨터는 트랜지스터나 다이오드 같은 소자를 만들어 내는 반도체 기술에 기반을 두고 있다. 실리콘 칩의 제작과 활용을 다루는 VLSI라는 마이크로 전자공학은 컴퓨팅의 핵심적인 분야이며, 그 자체만으로도 매우 방대한 주제이므로 여기서는 간단하게만 짚고 넘어갈 수밖에 없다. 전자공학에 대한 지식이 있다면 앞으로 설명할 내용을 비교적 쉽게 이해할 수 있을 것이다. 하지만 가능하면 전자기학에 대한 지식을 약간만 갖춘 독자도 알아들을 수 있도록 설명하고자 하며, 더 자세한 내용을 알고 싶어하는 독자를 위해 각 절마다 참고문헌을 적어놓았다.

우선 다이오드라는 간단한 소자를 간략하게 살펴보자. 다이오드는 전류를 한 방향으로만 흐르게 해주는 소자다. 여기서는 다이오드의 동작과 관련된 물리 현상을 생각해 보고, 장효과 트랜지스터(전계효과 트랜지스터$^{\text{FET; Field Effect Transistor}}$)의 공학적 측면에서 다이오드가 동작하는 방식을 살펴볼 것이다.

8.1 반도체 소자 물리학

우리는 고체의 '띠 이론$^{\text{band theory}}$'이라는 것을 바탕으로 금속 및 기타 물질의 전기적 성질을 이해하고 있다. 이 이론에 따르면 어떤 물질 안에 있는 전자들이 차지하고 있는 물리적 상태는 일련의 (사실상 연속적인) '띠^{band}'라는 층으로 배치되며, 각 띠는 그 안에서 전자가 가질 수 있는 특정 에너지 범위에 의해 기술된다. 띠는 전자와 물질의 원자 격자 내에 위치한 부모 원자 사이의 복잡한 상호작용에 의해 생성되며, 기본적으로 양자역학적인 효과다.

서로 다른 원자 상태에 속한 전자는 서로 다른 띠를 차지한다. 일반적으로 전류의 전도와 관련하여 두 가지 서로 다른 유형의 띠가 있는데, 하나는 '차 있는^{filled}' 띠 또는 '원자가^{valence}' 띠이고, 다른 하나는 '전도^{conduction}' 띠다. 차 있는 띠의 상태는 그 부모 원자에 묶여 있는 전자에 대응되며, 실질적으로 물질 내의 특정 영역에 국한되어 여기저기 돌아다닐 수 없다. 반면 전기적 전도는 전자가 부모 원자를 떠나 도체 내를 자유롭게 돌아다닐 수 있을 때 일어난다. 이런 종류의 이동성 전자는 '전도 띠' 내의 상태를 차지하고 있다고 말한다. 일반적으로 차 있는 띠와 전도 띠 사이에는 불연속적인 에너지 간격$^{\text{energy gap}}$이 있다. 어떤 물질이 도체인지 부도체인지는 대체로 이 간격에 의해 결정된다. [그림 8-1]의 에너지 띠 구조를 살펴보자.

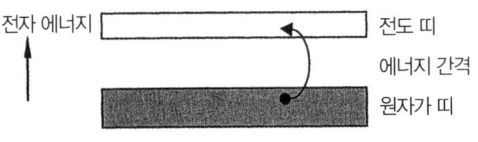

그림 8-1 띠 구조

이 그림을 보면 원자가 띠와 전도 띠가 어떤 에너지 간격만큼 떨어져 있으며, 위로 올라갈수록 띠의 에너지가 증가하는 것으로 나와 있다. 아래쪽 띠가 꽉 차 있으면 그 물질은 부도체가 된다. 외부에서 가해진 전기장으로부터 전자가 에너지를 얻어서 움직일 수 있는 상태가 없으며, 그로 인해 전류가 형성될 수 없다. 전류가 흐르려면 전자가 들어갈 수 있는 빈 상태가 전도 띠에 많이 있어야 한다. 그런 전자를 만들어 내려면 원자가 전도 띠에 있는 전자들에게 충분한 에너지를 공급해 띠에 들어있는 전자가 에너지 간격을 뛰어넘어 전도 띠로 넘어갈 수 있어야 한다. 이 최소한의 에너지를 '밴드갭 에너지$^{band\ gap\ energy}$'라고 하며, 앞에서도 얘기했듯이 이 값이 그 물질의 전기적 특성을 결정하는 데 큰 역할을 한다. 좋은 도체는 밴드갭 에너지가 매우 작거나 아예 없기 때문에(심지어 차 있는 띠와 전도 띠가 겹칠 수도 있음) 일반적인 조건에서도 자유 전자를 충분히 제공할 수 있어 어렵지 않게 전류가 흐르게 만들 수 있다. 하지만 부도체에서는 간격이 수 eV 정도로 상당히 크기 때문에 웬만해서는 전류가 흐를 수 없다. 그러나 이 외에도 에너지 간격이 1eV 전후로 비교적 작은, 도체와 부도체의 중간쯤 되는 반도체라는 물질이 있다. 이 물질에 대해 조금 더 알아보자.

전자가 차 있는 띠에서 전도 띠로 넘어가는 현상을 설명하는 가장 중요한 메커니즘은 열들뜸$^{thermal\ excitation}$이다. 열들뜸이란 무작위적인 열 요동 자체가 충분히 커서 전자가 옮겨가는 현상이다. 상온에서 열에너지는 약 25meV 정도이며, 이 값이 밴드갭 에너지보다 크면 전자가 전이할 수 있다. 금속의 경우 밴드갭 에너지가 열에너지보다 작지만, 밴드갭 에너지가 수 eV 이상인 부도체의 경우에는 그렇지 못하다.

임의의 물질이 주어졌을 때 열 요동에 의해 전도 전자가 생길 수 있는 가능성은 다음과 같이 구할 수 있다. 물질의 온도가 T이고 밴드갭 에너지가 E라면 전자가 자발적으로 높은 띠로 올라갈 확률은 볼츠만 분포에 의해 결정되며, $\exp(-E/kT)$에 비례한다. 여기서 k는 볼츠만 상수다. 예를 들어 상온 $(\exp(-E/kT))$에서는 $kT \approx 1/40$ eV, 즉 25meV이다. 이 식이 지수함수 형태라는 것을 감안하면 전이 확률은 온도가 증가할 때 매우 급격하게 올라간다. 그럼에도 불구하고 대부분의 부도체는 녹는점 가까이 가지 않는 이상 이 확률은 거의 0에 가깝다.

이제 반도체를 살펴보자. 절대 0도, 또는 일반적으로 저온에서 반도체인 실리콘(앞으로 Si로 표기)은 사실상 부도체에 가깝다. 밴드갭이 대략 1.1eV 정도이므로 열에 의한 옮김이 거의 없기 때문이다. 하지만 원자가 전자에 에너지를 공급하여 전류가 흐르게 할 수 있으며, 이때 반도체 연구에서 매우 중요하고 흥미로운 현상이 일어난다. 전자를 전도 띠로 들뜨게 만들면 그 전자가 자유롭게 움직이면서 전도도가 커지며, 아래쪽 띠에는 양공^{hole}(정공이라고도 부름)이라는 것이 만들어진다. 양공은 양전하를 띠며, 전도 띠에 있는 전자와 마찬가지로 움직이면서 전류를 수송할 수 있다. 열에 의해 들뜬 입자로 인해 생기는 빈 공간을 근처에 있는 전자가 메우면 원래 위치에는 양전하가 남는다. 마치 양공이 위치를 옮긴 것처럼 되는 것이다. 사실 양공은 양전하를 띠는 입자처럼 행동하는, 원자가 띠에 있는 빈 공간에 불과할 뿐 '진짜' 자유 입자는 아니다. 양공은 부도체에도 나타나긴 하지만 금속에서는 좀체 보기 힘들다.

컴퓨터에서 사용하기에 좋도록 Si의 성질을 변경시킬 수 있는 특별한 기술이 있다. 바로 도핑^{doping}이라는 공정으로, 다른 원자^{impurity}(불순물)를 Si 격자에 추가하는 기술이다.[1] 대표적인 첨가물로는 주기율표에서 Si 바로 옆에 있는 인(P)을 들

---

[1] 엮은이_ 도핑하지 않은 반도체를 보통 진성 반도체(intrinsic semiconductor)라고 부른다. 반대로 도핑한 반도체는 불순물 반도체(extrinsic semiconductor)라고 한다.

수 있다. Si는 원자가 전자가 4개지만 인은 5개다. 즉, 제일 바깥쪽 껍질에 있는 전자 개수가 Si는 4개지만, 인은 5개다. 보통 실리콘 결정 격자에서는 이 4개의 원자가 전자가 모든 원자를 격자의 제자리에 잡아두는 역할을 하므로 결정 안에서 자유롭게 움직일 수가 없다. 즉, 원자가 띠가 꽉 찬다. 하지만 불순물인 P 원자가 추가되면 각 불순물 원자는 5개의 원자가 전자 중 4개를 써서 주변에 있는 4개의 실리콘 원자와 결합한다. 그러면 P 원자 하나당 전자가 1개씩 남아서 물질 내부를 마음대로 돌아다니면서 전류를 전달할 수 있게 된다(그림 8-2).

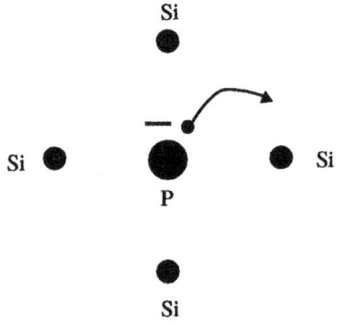

그림 8-2 인 도핑으로 생성되는 자유 전자

이렇게 만들어지는 물질을 n형 반도체^{n-type semiconductor}라고 부른다. 음전하^{negative charge} 운반자가 많이 있기 때문이다. 도핑 수준이 별로 높지 않다면 이런 종류의 물질도 금속에 비하면 전도도가 많이 떨어진다. 금속에서는 금속 원자 하나마다 자유 전자가 한두 개씩 있지만, n형 반도체에는 인 원자 하나당 자유 전자 한 개씩만 추가될 수 있기 때문이다.

n형 Si에는 전자가 열적으로 들뜨게 되는 높은 온도에서도 양공이 거의 없다. P 원자에서 나오는 전자가 전도 띠를 채우기 전에 낮은 띠에 있는 양공을 채우기 때문이다. 화학 반응에서 쓰이는 질량 작용의 법칙에 의하면 전자 밀도와 양공 밀도를 각각 n_e와 n_h라고 할 때, 그 두 값은 특이하게도 물질에 들어있는 불순물의 농도와는 무관한 값과 다음 식으로 연관된다.

$$n_e \cdot n_h = n_i^2 \qquad \text{식 8-1}$$

여기서 n_i는 순수하고 도핑되지 않은 진성 실리콘에서의 전자와 정공의 밀도를 나타낸다(도핑되지 않은 Si의 경우 $n_e = n_h$이므로 당연히 위 식이 성립해야 한다). 가장 이상적인 방법은 n_i 같이 물질 특성이나 온도가 예상할 수 없는 방식으로 약간 바뀌더라도 제대로 작동하는 구성 요소를 만드는 것이다.

또 다른 도핑은 일부 Si 원자를 주기율표에서 3족에 있는 원자로 치환하는 것이 있다. 이는 붕소(B) 같이 Si보다 최외각 전자 수가 하나 적은 불순물 원자를 추가하는 방법이다.[2] 이렇게 하면 전자가 아닌 양공이 더 많은 다른 종류의 반도체가 만들어진다. 전자기학 법칙에 따르면 양공은 전기장 내에서 마치 양전하를 띠는 거품 방울처럼 생각할 수 있다. 액체 안에 있는 공기 방울이 마치 음의 질량을 갖고 위로 올라가듯이 양공도 전기장 내에서 반대 방향으로 움직인다. 이는 마치 양전하$^{\text{positive charge}}$처럼 행동하기 때문에 붕소로 도핑된 Si는 p형 Si$^{\text{p-type Si}}$이라고 불린다. 그리고 이 경우에도 [식 8-1]이 여전히 성립한다.

8.1.1 np 접합 다이오드와 npn 트랜지스터

이제 반도체가 컴퓨터 부품 제조에 유용하게 쓰이는 이유를 살펴보자. 먼저 p형 실리콘과 n형 실리콘 조각이 서로 맞닿아 있을 때 생기는 현상을 살펴보겠다. 이 현상은 **다이오드**라는 소자의 기본 원리다. 여기서는 자질구레한 내용은 생략하고 이상적인 상황을 정성적으로 논의하겠다. [그림 8-3]과 같은 상황을 생각해 보자.

---

[2] 엮은이_ 파인만의 실제 강의에서는 붕소 대신 알루미늄을 사용했다. 알루미늄은 주기율표에서 규소 바로 앞에 있긴 하지만 3가 불순물로 사용된 경우는 매우 드물다.

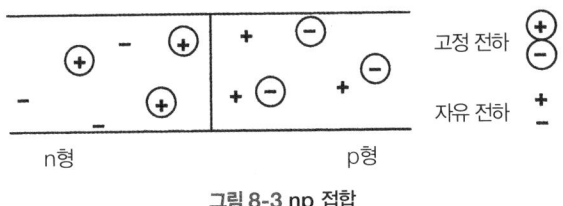

그림 8-3 np 접합

왼쪽에 있는 n형 물질은 고정된 양전하와 자유롭게 움직일 수 있는 음전하가 많이 들어있는 상태로 생각할 수 있다. 오른쪽에는 그와 반대되는 특성을 가지는 물질이 있다. 우리는 고정되어 있는 B 원자와 P 원자의 개수로부터 자유 전자와 자유 양공의 개수를 알 수 있다(P 한 개당 전자 하나씩, B 한 개당 양공 하나씩이다). 상온에서는 열 요동에 의해 전하 운반자도 추가로 생성된다.

이 소자를 회로에 연결해서 전압을 거는 것은 잠시 후에 하기로 하고, 우선 아무런 전기장이 없을 때 어떤 일이 일어나는지 알아보자. 전하 운반자는 원래 자기가 있던 자리에만 머무르지 않고 마치 수증기가 주전자에서 빠져나오듯이 맞닿아 있는 다른 물질 쪽으로 넘어간다. 하지만 전자가 p형 물질 쪽으로 넘어가고 양공이 n형 물질 쪽으로 넘어가는 확산이 계속 일어나는 것은 아니다. 왼쪽 영역에 있는 고정된 양전하에 의해 만들어지는 전기장으로 인해 반대편으로 넘어가는 전하가 끌려가게 되며, n형 물질로 넘어가는 양공에 의해 그 전기장은 더욱 강해진다. 양공도 마찬가지로 오른쪽에 있는 고정된 음전하와 경계를 넘어 오른쪽으로 간 전자에 의해 오른쪽 부분으로 힘을 받는다. 이렇게 np 접합[3]에서 생기는 현상은 크게 4가지로 나눌 수 있다.

(1) 열 요동에 의한 전자-양공 쌍의 생성과 소멸
(2) 전기력에 의해 유도되는 전도(전하 운반자의 표류^{drift})
(3) 전하 밀도를 부드럽게 만들려는 전하 운반자의 확산
(4) 고정된 전하에 의한 정전기적 과정

---

3 옮긴이_ 이 책에서는 np 접합이라고 쓰지만 실제로는 p를 먼저 써서 pn 접합이라고 부르는 경우가 많다.

이 복잡한 물리계는 어느 정도 시간이 경과하면 접합 양쪽에 고정 전하가 [그림 8-4]와 같은 밀도로 분포하게 되면서 안정된 상태가 된다.

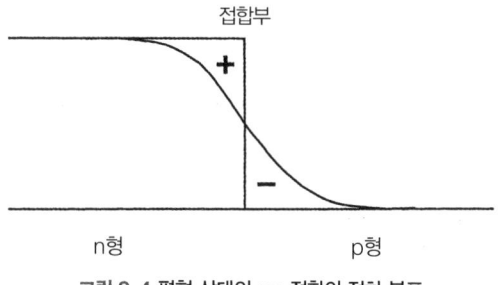

그림 8-4 평형 상태의 np 접합의 전하 분포

가운데 부분에는 전하 운반자가 결핍되어 있기 때문에 이를 결핍 영역$^{\text{depletion region}}$이라고 부른다. P와 B의 유효질량이 다르기 때문에 이 영역 내 고정 전하의 밀도가 그림처럼 완전한 거울 대칭형은 아니지만, 여기서는 그렇다고 가정하자. 전자, 양공, 고정 전하의 부호를 전부 감안하면 이 소자의 알짜 전하밀도는 [그림 8-5]처럼 표현할 수 있다.

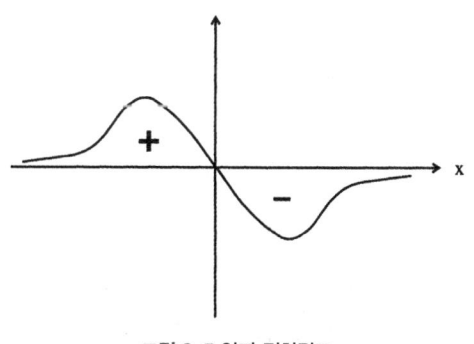

그림 8-5 알짜 전하밀도

이때 평형 상태에서의 물리적인 상황이 정적인 것은 아니라는 점을 꼭 기억해 두자. 확산에 의해 전류가 흐르기 때문이다. 하지만 평형 상태에서는 오른쪽으로 흐르는 전류와 왼쪽으로 흐르는 전류가 상쇄되어 결과적으로 알짜 전류는 0이 된다.

이 계에 전압을 걸면 어떤 일이 일어나는지 살펴보자. 전지를 연결하는 방향은 두 가지다. + 전극을 n형 물질에 연결할 수도 있고, p형 물질에 연결할 수도 있다. 우선 p형 물질 쪽에 연결하는 경우를 생각해 보면 결핍 영역에 있는 고정 전하에 의해 전류 흐름이 방해받는 것이 줄어든다는 것을 알 수 있다. 오른쪽에 걸린 양전압에 의해 n형 물질에 있는 전자들이 p형 물질 쪽으로 끌려가기 때문이다. 전압이 커지면 점점 더 많은 전자들이 경계를 넘어서 확산될 수 있고, 양공도 반대편으로 더 많이 확산된다. 간단히 말해 정방향으로 연결하면 이 소자의 전도도가 미친 듯이 올라간다(흐름을 유지하려면, 즉 전류가 계속 흐르도록 하려면 전지의 양극과 연결된 n형 물질 부분에 자유전자가 계속 공급되어야 한다. 반도체 안에 원래 들어있던 전하 운반자 가운데 상당수가 경계를 넘어갈 때 반대 극성의 전하와 만나서 재결합하기 때문이다. 이때는 전하가 반드시 외부로부터 공급되어야 한다).

전압을 반대 방향으로 가하면 어떻게 될까? 흥미롭게도 이 물질은 더 이상 전기를 통하지 않는다. 왜 그럴까? n형 물질 쪽에 있는 자유전자는 왼쪽으로, p형 물질 쪽에 있는 양공은 오른쪽으로 움직여 접합 부분에서 멀어져 결국 반도체를 빠져나가 회로로 흘러가 버리기 때문이다. 이때 가해진 전압 때문에 결핍 영역의 퍼텐셜 경계는 더 높아지며, p형 물질에 있는 전자들이 지나갈 수 없을 만큼까지 올라간다(물론 이 경우 전지와 접촉하는 부분에서 전자가 공급되는 것도 불가능하다). 이와 마찬가지로 양공도 계속해서 오른쪽으로 갈 수 있는 것이 아니므로 처음에 어느 정도 전하가 이동하고 나면 전류가 뚝 떨어진다. 전류를 유지시키는 데 필요한 전하 운반자가 거의 남지 않지 않기 때문이다. 이런 식의 전압을 이 접합에 역방향 바이어스$^{\text{reverse-bias}}$가 걸려 있다고 말한다. 그리고 전류가 잘 흐르는 방향으로 전압이 걸렸을 때는 접합에 순방향 바이어스$^{\text{forward-bias}}$가 걸려 있다고 한다. 이런 소자를 접합 다이오드$^{\text{junction diode}}$라고 부르며, 이는 한 방향으로는 전류가 흐르게 하지만 반대 방향으로는 전류가 흐르지 않게 하는 기본 속성을 가지고 있다.

그럼 접합에 역방향 바이어스가 걸리면 전류가 전혀 흐르지 않을까? 꼭 그렇지만은 않다. 접합부에서 열에 의해 전자-양공 쌍이 생성되기 때문에 전류가 약간은 흐를 수 있다. 이렇게 전자와 양공이 만들어지면 전자와 양공이 서로 반대 방향으로 움직인다. 이렇게 생성되는 전류의 크기는 온도 증가에 따라 지수함수적으로 증가하지만, 역전압의 크기와는 무관한 편이다. 원한다면 전자-양공 쌍을 직접 만들어 역방향 바이어스가 걸린 다이오드에 열 공정을 가할 수도 있다. 일반적으로 열전류는 상당히 작기 때문에 전자-양공 쌍이 생성되면 그 전류는 열에 의한 배경 신호로부터 쉽게 구분할 수 있다. 전자-양공 쌍을 만드는 방법은 반도체 밴드갭에 따라 달라진다. 갈륨 비소(GaAs) 반도체를 쓸 때는 빛을 이용해서 만들 수 있다(사실 Si에서도 이 방법이 꽤 잘 통한다). 물론 반대 방향으로 작동하기도 한다. 전기장을 반대로 가해서 다이오드에 순방향 바이어스가 걸리면 전자와 양공이 서로 만나서 소멸되며, 이때 광자(GaAs의 경우) 또는 포논(Si의 경우)이 생성된다. 바로 이런 현상을 이용해서 반도체 레이저나 LED를 만들 수 있다.

앞에서 설명했듯이 전자와 양공은 n_i^2의 비율로 소멸된다. 만약 이 값이 0이라면 역방향 바이어스가 걸릴 때 [식 8-1]에 의해 n_e와 n_h도 0이 되어야 하므로 전류도 0이 될 것이다. 하지만 순방향 바이어스가 걸리면 접합부를 넘어서 p형 물질 쪽으로 전자가 점점 더 많이 들어가면서 전류가 흐를 수 있다. 이때 전압 방향이 다시 반대로 바뀌면 그 전자들이 다시 돌아가야 하며, 다이오드는 전류가 반대 방향으로 흐르지 못하게 하는 역할을 제대로 못해 그저 커다란 축전기처럼 작동하게 될 것이다. 하지만 소멸 과정은 이런 문제를 해결해 준다. p형 물질에 있는 전자들이 접합으로부터 점점 더 먼 곳에 저장되는 것이 아니라 양공, 즉 빈 구멍을 채워주기 때문이다. 따라서 이런 소멸 과정 없이는 다이오드가 제대로 작동할 수 없다고 할 수 있다.

전기장에 의해 전류가 온전하게 흐를 수 있는 경우로 돌아가 보자. 다이오드를 통해 흐르는 전류 I는 다이오드에 걸린 전압 V의 함수로 구할 수 있다. 계산 방법이 그리 어려운 것은 아니지만, 여기서는 자세히 다루지는 않겠다(참고문헌 참조). I 와 V 사이의 관계식은 다음과 같이 비선형적인 식이 된다.

$$I(V) = I_0 \left[\exp\left(qV/kT\right) - 1 \right] \qquad \text{식 8-2}$$

여기서 V는 소자 양단 사이에 걸리는 유효 퍼텐셜, 즉 경계에 있는 고정 전하에 의해 '잘못된' 방향으로 걸리는 전압을 제한 퍼텐셜이며, q는 전하 운반자의 전하량(쿨롱 단위), I_0는 상수다. 따라서 $I - V$ 그래프는 [그림 8-6]과 같다.

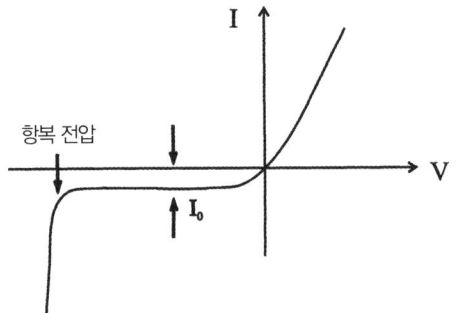

그림 8-6 전압에 따른 다이오드 전류 변화

실제로는 $I(V)$가 V에 대해 지수함수적으로 무한히 증가하지는 않고 다른 현상들도 작용하기 때문에 접합부에 걸리는 퍼텐셜 차이는 다이오드 양단에 걸리는 전압과 달라진다. 또한 역방향 바이어스가 걸렸을 때 흐르는 전류가 소위 말하는 항복 전압[breakdown voltage]에서 갑자기 증가한다는 점도 잘 살펴보자. 항복 전압은 적게는 5볼트에서 크게는 수백 볼트에 이르기까지 달라질 수 있으며, 상황에 따라 회로에서 전압을 제한하는 용도로 쓰기도 한다.

이제 또 다른 반도체 소자인 트랜지스터에 대해 살펴보자. 트랜지스터는 다양한 모양과 크기로 존재하지만 VLSI 칩에 많이 쓰이는 트랜지스터는 취미용으로 사용되는 트랜지스터와는 전혀 다르다. 후자의 예로 유서 깊은 npn 양극성 접합 트랜지스터[BJT; Bipolar Junction Transistor]에 대해 간단하게 알아보자. npn BJT는 요즘 쓰이는 트랜지스터 소자의 조상 중 하나라고 할 수 있다. 이 트랜지스터는 두 n형 물질 사이에 아주 얇은 p형 물질을 끼워 넣은 형태를 띤다(그래서 'npn' BJT라고 부른다). 각 층은 베이스^{base}, 이미터^{emitter}, 컬렉터^{collector}라고 부른다(그림 8-7).

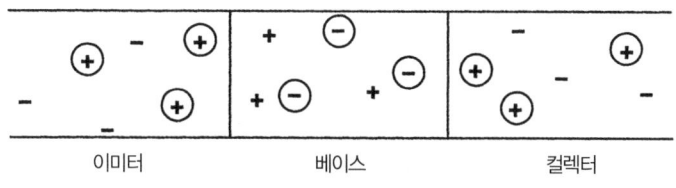

그림 8-7 npn 양극 접합 트랜지스터의 구조

베이스라는 이름이 붙은 이유는 트랜지스터가 그 물질로부터 만들어지기 때문이고, 이미터와 컬렉터라는 이름은 옛날 옛적 진공관을 사용하던 시절로부터 유래하였다. 베이스는 나머지 두 조각에 비해 훨씬 얇은데, 트랜지스터가 제대로 작동하려면 반드시 이런 구조로 만들어져야 한다. 이 소자를 정상적으로 작동시키면 증폭기 역할을 한다. 즉, 베이스에 흐르는 작은 전류가 이미터에서 증폭되어 나온다. 또한 이 소자는 스위치 역할을 할 수도 있으며, 이 책에서 지금까지 다룬 모든 트랜지스터 회로에서도 사용할 수 있다. 하지만 VLSI 칩에서는 BJT를 잘 사용하지 않기 때문에 전자와 양공 수준에서 이 트랜지스터가 어떤 식으로 작동하는지는 자세히 살펴보지 않겠다. 다른 여러 교재에서 이와 관련된 자세한 내용을 찾아볼 수 있다(참고문헌 참조). 여기서는 VLSI 시스템에서 가장 널리 쓰이는 유형의 트랜지스터, 즉 일반적으로 실리콘 칩 위에 만들어지는 유형의 트랜지스터인 MOSFET에 대해 알아보자. MOSFET이란 금속 산화물 반도체 장효과 트랜지스터$^{Metal\ Oxide\ Semiconductor\ Field\ Effect\ Transistor}$의 약자다.

8.1.2 MOSFET

MOSFET의 구조를 나타내는 그림을 우선 살펴보자(실제 칩 위에 MOSFET을 만드는 방법은 나중에 알아보겠다).

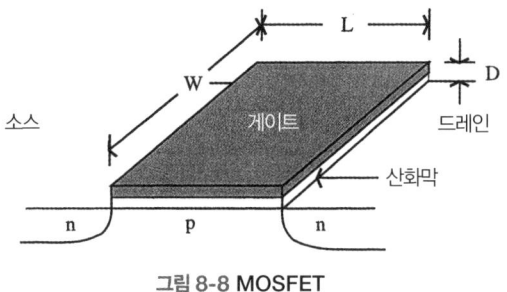

그림 8-8 MOSFET

실리콘 칩은 약하게 도핑된 실리콘으로 만들어지며, 그 기판 위에 트랜지스터와 기타 소자가 배치된다. p형으로 도핑된 실리콘을 쓰면 nMOS, n형으로 도핑된 실리콘을 쓰면 pMOS라 한다. 여기서는 [그림 8-8]과 같은 nMOS에 대해 알아보자. 이 MOSFET 그림을 보면 세 부분이 있다. 게이트는 폴리실리콘(금속에 가까운 물질)으로 만들어진 전도층으로, 전도성이 없는 얇은 산화막 층에 의해 실리콘으로부터 분리된다. 게이트 양쪽에는 역시 산화막 층에 의해 분리되어 있는 n형 확산층이 있다. 이 부분을 확산층이라고 부르는 이유는 그림처럼 확산에 의해 도핑 영역이 만들어지기 때문이다. 그리고 이를 각각 소스^{source}와 드레인^{drain}이라 부른다. npn BJT 소자에는 이미터와 컬렉터가 있지만 MOSFET에는 소스와 드레인이 있다. 이 확산층 역시 전도성을 띤다.

이 트랜지스터의 작동 원리는 정말 간단하다. 우선 np 접합 다이오드를 설명할 때 얘기했던 것과 비슷한 방식으로 외부 전압을 걸기 전에 소자 안에 어떤 일이 일어나는지 대략적으로나마 알 수 있다. 기판 물질은 약하게 도핑된 p형 물질이며, 보통은 접지되어 있다. 기판은 n형 층과 다이오드 같은 구조를 형성한다. 사실 MOSFET은 서로 반대로 연결된 2개의 다이오드로 구성된다고 할 수 있다. 전과 마찬가지로 평형 상태가 되면 n-p 접합 부분에 전자나 양공이 거의 확신되지 않는 결핍 영역이 생긴다. 따라서 소스와 드레인은 사실상 완전히 단절되며, 그 사이에 전압이 걸려도 전류가 흐르지 않는다. 하지만 게이트에 양전압을 걸면 상황이 달라진다. 게이트 전압에 의해 전자가 산화막 아래쪽으로 끌려가는 것이다 (산화막 층은 절연체이므로 게이트쪽으로 흘러가지는 않는다). 이 전자들은 주로 소스와 드레인으로부터 온다. 양의 전압 때문에 결핍층에서 전하의 움직임을 방해하던 장벽이 낮아지기 때문이다. 산화막 밑에 모인 전자들은 역전층$^{\text{inversion layer}}$이라는 것을 형성한다. 이 상태에서 소스와 드레인 사이에 전압을 걸면 전류가 흐른다. 역전층이 두 접점 사이에서 전자가 움직일 수 있게 하는 채널을 만들어 주기 때문이다. 따라서 이 소자는 스위치 역할을 할 수 있다. 게이트와 소스 사이에 걸리는 전압 V_{gs}가 스위치를 제어하는 역할을 하며, 이 값이 클수록 게이트 아래쪽에 더 많은 전하 운반자가 모여서 더 많은 전류가 흐를 수 있다. 하지만 $V_{gs} < 0$일 경우 이 MOSFET은 전도성이 없다. 이때는 게이트 아래쪽에 있는 전자들이 밀려 나가 역전층이 만들어지지 않기 때문이다.

방금 설명한 내용에 몇 가지 보충 설명을 하자면, $V_{gs} > 0$이라고 해서 무조건 전류가 흐르는 것은 아니다. V_{gs}가 어떤 최소값, 즉 문턱 전압$^{\text{threshold voltage}}$ V_{th}보다 커야만 전류가 흐를 수 있다(V_{th}는 보통 약 $0.2 V_{DD}$ 정도다. 여기서 V_{DD}는 5V 같은 공급 전압을 뜻한다). 이런 특성 때문에 다음과 같은 식으로 치우친 게이트-소스 전압을 정의해서 쓰는 것이 편하다.

$$V'_{gs} = V_{gs} - V_{th}$$

식 8-3

이렇게 정의해 두면 $V'_{gs} > 0$이면 전류가 흐른다고 할 수 있다. 흥미롭게도 MOSFET 설계 과정에서 이 문턱 전압을 양수 또는 음수로 만들 수 있다. 게이트 바로 아래에 도핑을 해서 소스와 드레인을 이어주는 얇은 전도성 n형 반도체층을 만들어 주면 된다. 앞에서 설명한 $V_{th} > 0$인 트랜지스터는 향상 모드^{enhancement}

mode 트랜지스터라고 부르고, $V_{th} < 0$인 트랜지스터는 결핍 모드^{depletion mode} 트랜지스터라고 부른다(뒤에서 더 자세히 알아보겠지만 nMOS VLSI에서 저항을 만들 때 이런 결핍 모드 트랜지스터를 활용할 수 있다).

지금까지 살펴본 내용을 조금 더 정량적으로 따져보자. 게이트-소스 전압과 게이트-드레인 전압이 주어졌을 때 드레인-소스 전류 I_{ds}를 구하고 싶다고 해 보자. 별로 관심이 없는 독자라면 이 부분은 꼭 필요한 내용이 아니니 건너뛰어도 괜찮다. 게이트/산화막/실리콘 샌드위치 구조는 면적이 $A = WL$(W는 폭, L은 소스와 드레인 사이의 거리), 극판 사이의 간격이 산화막 두께인 D, 유전율이 ε인 두 도체판으로 이루어진 축전기라고 생각할 수 있다. 이 축전기의 전하량, 즉 게이트 밑에 있는 전하량은 q_g라고 했을 때 평행판 축전기의 전기용량 공식인 $C\varepsilon A/D$를 쓰면 이 계의 전기용량 C_g는 다음과 같다.

$$C_g = \varepsilon W L/D \qquad \text{식 8-4}$$

축전기에 걸리는 전압과 축전기에 저장된 전하량 사이의 관계를 이용하면 다음과 같은 식을 유도할 수 있다.

$$q_g = C_g V'_{gs} \qquad \text{식 8-5}$$

우선 드레인-소스 전압 V_{ds}가 작다고 가정해 보자. 게이트 밑에 있는 전하량을 전자가 소스에서 드레인까지 표류해 가는 데 걸리는 시간으로 나누면 전류 I_{ds}를 구할 수 있다. 그렇다면 전자가 이동하는 데 걸리는 시간은 얼마나 될까? 공학적인 방법을 쓰면, 표류속도 v_{drift}는 전하 운반자의 이동도^{mobility} μ와 드레인/소스 사이에 걸려 있는 전기장 E를 사용하여 $v_{drift} = \mu E$라는 식으로 나타낼 수 있다. 여기서 E는 V_{ds}/L이다. 그러면 표류시간 τ는 다음과 같이 구할 수 있다.

$$\tau = L/\mu E = L^2/\mu V_{ds} \qquad \text{식 8-6}$$

이 식을 [식 8-5]의 q_g와 결합시키면 전류(전하량 나누기 시간)는 다음과 같은 식으로 쓸 수 있다.

$$\tau = L/\mu E = L^2/\mu V_{ds} \qquad \text{식 8-7}$$

이는 매우 단순화시킨 계산으로, 소스-드레인 전압인 V_{ds}가 작은 경우에만 성립한다. 하지만 V_{ds}가 충분히 작기만 하다면 이 트랜지스터에는 흐르는 전류가 가해진 전압에 비례한다는 특성을 알 수 있다. 즉, 이 트랜지스터는 ($V = IR$이므로) 낮은 소스-드레인 전압에서 저항값이 $1/V'_{gs}$에 비례하는 저항 역할을 할 수 있다.

드레인-소스 전압이 증가하면 상황이 복잡해지기 시작한다. 전하 운반체의 표류속도는 전기장 E에 의존하며, 그 값은 V_{ds}와 $1/V'_{gs}$에 의해 달라진다. 하지만 V_{ds}가 너무 커지면 트랜지스터를 통과하는 전류가 V_{ds}와 무관해지는데, 이 현상을 포화라고 부른다. 이때 전류는 $\left(V'_{gs}\right)^2$에 비례한다. 유체 모형에 비유해 보면 이 이상한 현상을 조금 쉽게 이해할 수 있다(미드와 콘웨이가 쓴 책 참조). 전기 회로보다 물과 중력을 더 좋아한다면 이 설명이 더 잘 이해될 것이다.

가운데 칸막이가 있는 물통을 생각해 보자. 여기서 물은 마치 꿀처럼 관성이 없어서 사방팔방 튀지 않고 천천히 흐른다. 우선 [그림 8-9]처럼 가운데에 움직일 수 있는 칸막이가 있고 양쪽에 물이 들어있는 상황을 생각해 보자.

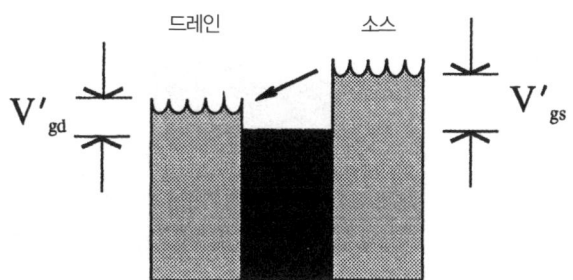

그림 8-9 순방향 바이어스 MOSFET을 유체에 비유한 그림

이 그림에는 편의상 MOSFET 관련 용어를 추가해 놓았다. 이 경우에는 당연히 물이 소스에서 드레인으로 움직인다는 것을 알 수 있다. 이때 물이 흐르는 것이 트랜지스터에서 전류가 흐르는 것이며, 칸막이는 전하 운반자가 뛰어넘어야 하는 퍼텐셜 장벽이라고 생각하면 된다. 위 그림과 같은 상황에서는 트랜지스터에 순방향 바이어스가 걸려 있다고 생각할 수 있다. 그리고 칸막이 위 오른쪽의 물기둥 높이는 V'_{gs}, 왼쪽 물기둥 높이는 V'_{gd}라고 생각하면 된다. 이때 칸막이를 넘어서 움직이는 물의 흐름은 드레인 쪽의 물 높이에 의해 결정된다. 이어서 [그림 8-10]과 같은 두 번째 상태를 생각해 보자.

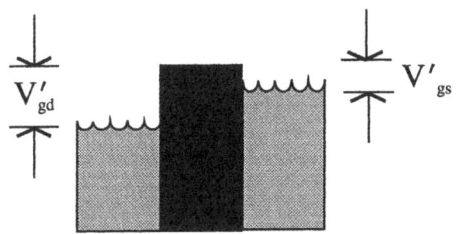

그림 8-10 역방향 바이어스 MOSFET을 유체에 비유한 그림

이 경우에는 물이 아예 흐르지 않는다. MOSFET의 경우에는 $V_{gs} < 0$인 역방향 바이어스가 걸린 경우에 해당한다. 마지막으로 포화 상태를 생각해 보자(그림 8-11).

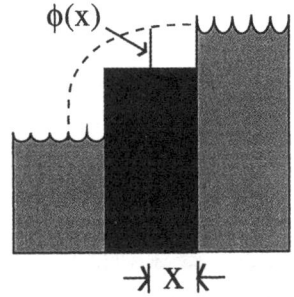

그림 8-11 포화 상태의 MOSFET을 유체에 비유한 그림

이 경우에는 드레인 쪽의 수위가 칸막이 높이보다 낮기 때문에 드레인의 수위와는 전혀 상관없이 소스 쪽에 있는 물이 균일한 속도로 드레인 쪽으로 쏟아져 들어간다. MOSFET에서는 드레인 쪽의 수위가 칸막이와 같은 높이에 있을 때, 즉 $V_{ds} = V'_{gs}$인 경우에 이런 현상이 나타난다. 이때는 전류가 V_{ds}와 상관없이 일정해진다.

이 비유를 물리적으로 따져 보면 포화 과정을 조금 더 자세히 살펴볼 수 있다. MOSFET을 통해 흐르는 전류의 크기를 전과 다른 방식으로 구해 보자. [그림 8-11]처럼 게이트 밑의 전압을 $\varphi(x)$라고 정의해 보자. Si의 에너지 레벨 구조로 인해 이 값은 게이트 밑에 있는 자유전자의 개수에 비례한다. 게이트 밑에 걸린 전기장은 전압의 미분값인 $d\varphi/dx$에 비례한다. 따라서 전류는 전하밀도에 전자의 표류 속도를 조절하는 역할을 하는 전기장을 곱한 값에 따라 달라지므로 다음과 같은 식으로 표현할 수 있다.

$$I = K\varphi(x)\, d\varphi/dx = (K/2)\ d/dx\left(\varphi^2\right) \qquad \text{식 8-8}$$

여기서 K는 상수다. 위 식을 보면 전류 I가 x와 무관하게 상수여야 한다는 것을 알 수 있다. 즉, φ^2은 x의 1차식 형태여야 하므로 $\varphi \propto \sqrt{x}$가 성립한다. 따라서 다음과 같은 일반식을 얻을 수 있다.

$$I = (K/2L)\ \left(\varphi^2[0] - \varphi^2[L]\right) \qquad \text{식 8-9}$$

하지만 포화 상태에서는 $\varphi(0) = V'_{gs}$, $\varphi(L) = 0$이므로 앞에서도 언급했듯이 I가 V_{gs}의 제곱에 비례함을 알 수 있다. 여기서 [식 8-7]을 다시 유도할 수도 있겠지만, 조금 더 나은 식을 찾아보자. 포화되지 않은 상태에서는 $\varphi(L)V'_{gd}$, 즉 게이트-드레인 전압이 되며, 결과적으로 다음과 같은 관계를 알 수 있다.

$$I \propto (1/2)\left(V'_{gs} + V'_{gd}\right)V_{ds} \qquad \text{식 8-10}$$

여기서 $V_{ds} = V'_{gs} - V'_{gd}$이다. 왜 이 식이 더 나은 표현일까? 이 식에는 앞에 나왔던 [식 8-7]과 같은 변칙성이 없다. [식 8-7]에서는 이상하게도 전류 I가 소스와 드레인에 대해 비대칭적이었다. 직관적으로 볼 때, 게이트(소스 전압과 게이트) 드레인 전압의 평균값을 대신 사용하는 쪽이 더 나을 것이다. [식 8-10]은 그런 방식으로 고친 식과 같다. 이 절에서 다룬 다양한 전압과 전류 사이의 관계를 [그림 8-12]에 정리해 보았다.

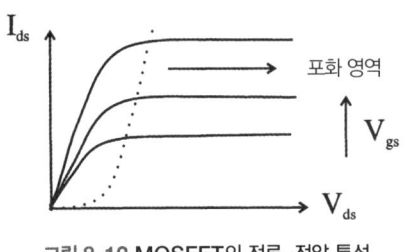

그림 8-12 MOSFET의 전류-전압 특성

MOSFET에 관하여 한 가지 더 생각해 볼 것이 있다. 전류가 흐르지 못하는 상태의 MOSFET 소자는 얼마나 좋은 절연체일까? 접합 다이오드에서는 역방향 바이어스가 걸려 있더라도 열에 의해 생기는 전류가 약간 흐를 수 있었다. 그럼 트랜지스터에서는 어떤 일이 일어나는지 간단히 살펴 보겠다. 역방향 바이어스가 걸려 있는 경우에 대응되는 [그림 8-10]을 다시 떠올려 보자.

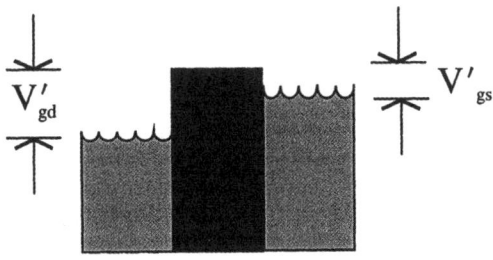

전자가 소스에서 드레인 쪽으로 넘어갈 확률은 퍼텐셜 장벽 V'_{gs}를 넘는 데 필요한 열에너지를 획득할 수 있는 확률, 즉 $\exp\left(-qV'_{gs}/kT\right)$이다. 따라서 순방향

으로 흐르는 전류는 이 값에 비례한다. 역방향으로 흐르는 전류도 있을텐데, 이 역시 마찬가지 방식으로 $\exp\left(-qV'_{gs}/kT\right)$에 비례함을 알 수 있다. 따라서 총 전류는 $V'_{gs} < 0$일 때 다음과 같은 식으로 표현할 수 있다.

$$I = (상수) \cdot \exp\left(-qV'_{gs}/kT\right)\left[1 - \exp\left(-qV_{ds}/kT\right)\right] \qquad \text{식 8-11}$$

따라서 전류가 흐르고 있을 때 역방향 바이어스를 걸어도 전류가 바로 끊어지지 않는다(소자의 온도는 상온보다 높을 것이다). 하지만 $kT \sim 1/40$ eV이면 약 5볼트에서 작동하는 회로에서는 전류가 거의 바로 차단된다. [그림 8-12]에 역전류에 의한 효과를 추가하면 [그림 8-13]과 같이 고칠 수 있다.

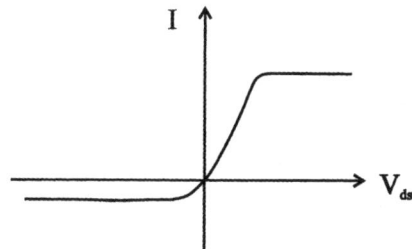

그림 8-13 트랜지스터에 흐르는 전류를 소스-드레인 전압의 함수로 표현한 그래프

지금까지 배운 MOSFET의 특성을 한번 정리해 보자. 매번 [그림 8-8]을 그릴 수는 없는 노릇이므로 기호를 한번 만들어 보겠다. VLSI 분야에서는 트랜지스터 종류에 따라 다양한 기호를 사용한다. [그림 8-14]가 MOSFET을 나타내는 일반적인 기호인데, 이 책에서도 같은 기호를 쓰도록 하겠다.

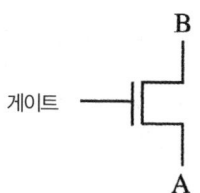

그림 8-14 MOSFET을 나타내는 기호

이 기호로 트랜지스터가 n형인지 p형인지도 표기할 수 있으며(나중에 CMOS에서 2가지 유형을 모두 사용하므로 그 종류를 표기하는 방법을 보여주겠다) n형, p형에 상관없이 둘 다 스위치 역할을 한다. 게이트 전압 V_g가 충분히 크면 전류가 흐른다. n형 MOSFET에 대해 적용되는 규칙은 다음과 같다. A와 B 둘 중에서 더 낮은 전압이 걸려 있는 쪽이 소스, 다른 쪽이 드레인이 된다. 게이트 전압이 소스 전압보다 문턱 전압 V_{th} 이상이면 이 트랜지스터는 전도성을 띠게 된다. 즉, 스위치가 닫힌 상태가 되어 전류가 흐른다. p형 소자에서는 A와 B 중 더 큰 전압이 걸려 있는 쪽이 소스이며, 게이트에 걸린 전압이 소스 전압보다 문턱 전압보다 더 낮으면 전도성을 띠게 된다.

또한 MOSFET의 2가지 작동 모드인 향상 모드와 결핍 모드에 대해서도 배웠다. 향상 모드는 n형의 경우 $V_{th} > 0$, p형의 경우 $V_{th} < 0$일 때이다. 결핍 모드는 그 반대이다. 결핍 모드 MOSFET의 장점은 $V_g = V_s$(소스 전압)이면 항상 전류가 흐른다는 것이다. 따라서 소스와 게이트를 직접 연결해서 항상 같은 전압이 되도록 해 놓으면 그 트랜지스터는 더 이상 스위치가 아닌 저항처럼 작용하는 것을 알 수 있다(그림 8-15).

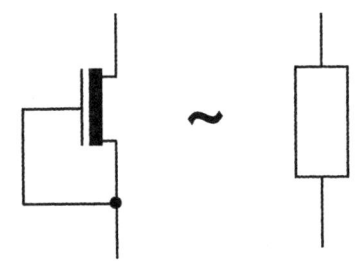

그림 8-15 저항 역할을 하는 결핍 모드 MOSFET

그렇다면 왜 이런 것이 필요할까? 바로 경제성과 설계상의 문제 때문이다. 칩 위에 일반적인 저항을 만들려면 비용도 많이 들거니와 공간도 많이 차지하는데, 결핍 모드 MOSFET을 사용하면 이 두 문제가 모두 해결된다(참고로 향상 모드 소

자에서는 이런 방법을 쓸 수 없다).**4**

연습문제 8.1

연습문제를 하나 풀어보자. 곧 정답도 알려줄 테지만 독자 여러분이 직접 연습해 보기 바란다. 축전기에 관한 문제로, 다이오드에서는 전류뿐 아니라 전기용량도 전압의 비선형 함수 형태로 표현된다. MOSFET에서도 마찬가지다. 대부분의 전기용량은 산화막 부분에 의해 만들어지지만 전체적인 값은 매우 비선형적이며, 꽤 흥미로운 특성을 보인다. 이는 이런 비선형성의 원인을 알아보기 위한 문제다.

MOSFET 게이트에서의 전극 접촉을 [그림 8-16]의 방식으로 생각해 보자. 가볍게 도핑된 p형 물질이 있고, 이 물질의 두께는 이론적으로 무한히 두껍다고 가정한다(그림에서 수직 방향). 그 위에 수평면 방향으로 아주 커다란 금속판이 놓여 있다고 하자.

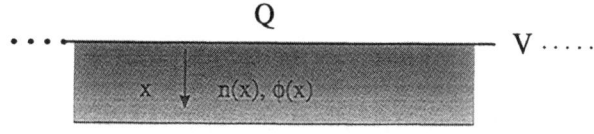

그림 8-16 게이트-반도체 전극 접촉부를 모형화한 그림

금속판에 양의 전압 V를 걸면 그 아래쪽에 음전하 운반자들이 모인다. 금속판에 의한 정전기력이 충분히 작은 아래쪽에서는 음전하 운반자의 개수는 그냥 도핑된 이온 수와 같을 것이다. 하지만 전극(금속판)에 걸린 전압 때문에 전극 근처의 전하 운반자 밀도는 다른 곳보다 더 크며, 극판에서 멀어질수록 그 값이 떨어진다. p형 물질에서 아래쪽으로 내려간 거리를 x라고 하면 밀도도 x의 함수 $n(x)$로 표현할 수 있다. 또한 물질 내부에 형성되는 전기적 퍼텐셜은 $\varphi(x)$, 초기 도핑 농도는 n_0라고 하자. 이제 질문은 다음과 같다. 전극의 전하량은 얼마일까? 다시 말

---

4 옮긴이_ CMOS 기술이 발전함에 따라(뒤쪽 내용 참조) nMOS 결핍 모드 트랜지스터는 이제 거의 사용되지 않는다. 대신 p-채널 향상 모드 트랜지스터로 대체되었다.

해, 여기에 나온 장치의 전기용량은 얼마일까?

문제 풀이에 도움이 될 만한 힌트를 몇 가지 제시하겠다. 우선 $\varphi(0)$, 즉 전극에서의 전위는 극판의 전압 V로 잡고, 이상적인 경우의 무한원점에서의 전위 $\varphi(\infty)$는 0으로 수렴한다고 가정한다. 열역학적으로 생각하면 $n(x)$와 $\varphi(x)$ 사이에는 다음과 같은 관계가 있다.

$$n(x) = n_0 \exp\left[q\varphi(x)/kT\right] \qquad \text{식 8-12}$$

여기서 q는 음전하 운반자의 전하량, T는 온도, n_0는 상수다. 그리고 물질 안쪽으로 들어갈 때 $\varphi(x)$의 변화량, 즉 반도체 내의 전기장과 극판 위에 있는 전하 밀도 Q 사이의 관계도 매우 중요하다. 여기서 전하 밀도라고 썼다는 점이 아주 중요하다. 무한히 넓은 판에서 총 전하량을 따진다는 것이 무의미하기 때문이다. 결과적으로 [식 8-4] 또는 가우스 정리로부터 $x = 0$에서 다음과 같은 식을 얻을 수 있다.

$$\partial \varphi / \partial x = Q/\varepsilon \qquad \text{식 8-13}$$

여기서 ε은 도핑된 물질의 유전율이며, 판에서 멀어지면서 전기장이 얼마나 빠르게 작아지는지를 결정하는 역할을 한다. $\partial\varphi/\partial x = Q/\varepsilon$가 물질 내의 전하 밀도이며 $n(x)$와 n_0로 표현 가능하다고 할 때, 프와송 방정식 $\partial^2 \varphi/\partial x^2 = -\rho(x)$를 가지고 경계 조건을 사용하여 적분하면 [식 8-14]와 같은 결과를 얻을 수 있다.

$$Q = V\left[2\left(e^V - V - 1\right)/V^2\right]^{1/2} \qquad \text{식 8-14}$$

여기서는 $kT/q = 1$, $n_0 q\varepsilon = 1$을 만족하는 단위를 사용했다. 루트 안에 V^2이 들어 있어서 루트 밖에 있는 V와 상쇄되어야 할 것 같지만, 위와 같은 식으로 써야 Q의 부호를 제대로 표현할 수 있다. 이제 전기용량을 정의하기 위한 표준 공식 $Q = CV$와 비교해 보면 이 계의 전기용량은 극판에 걸린 전압 V와 비선형적인 관계를 가짐을 알 수 있다. 내가 아는 범위 내에서 VLSI 분야에서는 이런 특성이 별로 활용되지 않는다(최근에 핫 클라킹$^{hot-clocking}$에서 응용하기는 했다. 이에 대해서는 잠시 후에 논의해 보자).

지금까지 실리콘 기판 위에 있는 고립된 MOSFET 소자를 생각해 보았다. 이제 VLSI의 핵심으로 더 들어가서 이런 트랜지스터들이 어떤 식으로 칩 내에서 조합되어 논리회로를 만드는지 살펴보자.

8.1.3 MOSFET 논리 게이트 및 회로 요소

논리회로를 만들려면 논리 게이트를 만들 수 있어야 하는데, 우리는 이미 2장에서 일반적인 트랜지스터로 논리회로를 만드는 방법을 살펴본 바 있다. MOSFET에서도 똑같은 방식으로 접근하면 된다. 트랜지스터와 저항을 [그림 8-17]처럼 연결하고 전압 V_{DD}를 걸어놓은 경우를 생각해 보자.

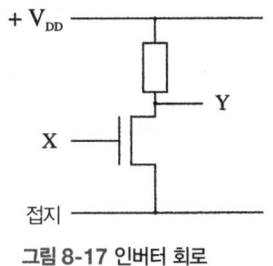

그림 8-17 인버터 회로

여기서 트랜지스터는 향상 모드에서 동작하는 nMOS 트랜지스터라고 가정하자(VLSI는 다양한 방식으로 설계할 수 있지만 여기서 모든 방식을 다 살펴볼 수는 없으므로 한 가지 방식에만 집중한다). X에 걸린 전압이 0에 가까우면 이 트랜지스터는 절연체처럼 작동하므로 Y의 전압은 거의 공급전압 V_{DD}와 같아진다. 이 상태를 Y가 논리적으로 1 값을 가지는 상태라고 하자. X가 거의 V_{DD}이면 이 트랜지스터가 전도성을 띄게 되는데, 연결된 저항에 비해 전도성이 훨씬 좋다고 하면 Y는 거의 0이 된다. 이 상태를 논리적인 0 상태라고 하자. 일반적으로 순간적인 상환을 제외하면 이 소자는 항상 이 두 극단적인 상태에서만 작동한다. 따라서 이 MOSFET 소자는 NOT 게이트(인버터) 역할을 한다. 2장에서도 봤듯이 입력 신호를 뒤집어주기 때문이다.

2장과 비슷한 방식으로 다른 게이트들도 만들 수 있다. 예를 들어 NAND(NOT AND) 게이트는 다음과 같이 구성된다(그림 8-18).

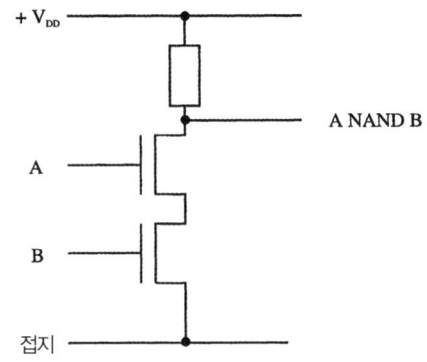

그림 8-18 MOSFET으로 만들어진 NAND 게이트

여기서는 A와 B가 모두 논리적으로 1 값을 가져야만 Y에서 0이 출력된다. AND 게이트를 만들고 싶다면 출력단에 인버터만 달면 된다. NOR 게이트를 만드는 법이 궁금하다면 2장을 다시 한 번 살펴보자.

MOSFET을 사용하여 논리 게이트가 아닌 다른 요소들을 칩 위에서 구현할 수도 있다. 조금 전에 얘기했던 저항을 생각해 보자. 실리콘 칩 위에 보통 저항을 집어 넣으려면 비용이 많이 들고 면적을 많이 차지하므로 결핍 모드 트랜지스터를 저항 용도로 쓰는 편이 더 낫다. 따라서 nMOS를 사용한다면 실제 인버터는 [그림 8-19]와 같은 식으로 만들 수 있을 것이다.

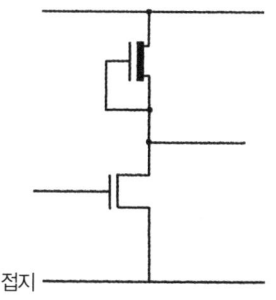

그림 8-19 MOSFET 저항을 사용하는 nMOS 인버터

MOSFET에는 순수하게 논리면에서만 따지면 조금 이상하게 보일 수도 있는 특이한 성질이 있다. 바로 증폭기로서의 특성이다. 인버터 2개를 연결하면 어떻게 될지 생각해 보자(그림 8-20).

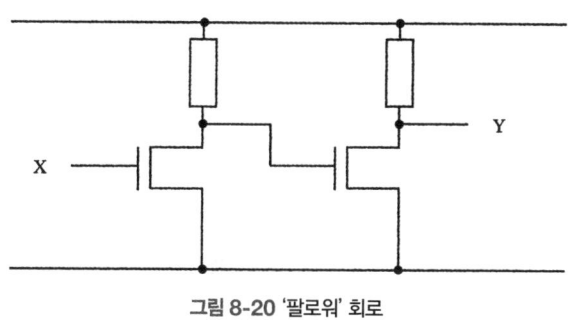

그림 8-20 '팔로워' 회로

이 회로는 논리적인 관점에서 보면 별 볼 일 없는 회로라고 할 수 있다. 그냥 입력된 것과 같은 값이 출력되기 때문이다. 즉, 아무런 계산도 하지 않는 셈이다. 그러나 작동 과정을 생각해 보면 그리 간단하지만은 않다. 트랜지스터에서는 에너지를 방출하고, 소자들을 이런 식으로 줄줄이 연결하면 매 단계마다 전력이 떨어질 테니 결국은 전압이 점점 작아져서 아무것도 남지 않게 되리라고 생각할 수도 있다. 정말 그렇게 된다면 아주 심각한 문제지만 실제로는 발생하지 않는다. 두 번째 트랜지스터로 들어가는 입력 전류가 살짝 떨어질 수는 있지만 이 트랜지스터의 작동 상태(전류 전도 여부)를 바꿀 만큼 충분하지는 않으며, Y로 출력되는 전

압은 다시 공급 전압 수준까지 올라가게 된다(또는 상황에 따라 접지 상태의 전압으로 내려갈 것이다). 즉, 출력값은 항상 어떤 분명한 논리값을 나타내며, 서로 연결된 소자 간의 사소한 전력의 요동에는 상대적으로 둔감하게 반응한다. 이런 회로는 매우 효율적인 '팔로워' 역할을 할 수 있다. '팔로워follower'란 전선 뒷편의 전력 또는 임피던스를 끌어올려주는 것을 뜻한다(이중 증폭기라고 부르기도 한다). 트랜지스터가 수천, 수만 개가 넘게 들어있는 회로가 제대로 작동하려면 신호를 계속해서 끌어올릴 수 있어야 한다. 어떤 계산 기술에서든 이런 증폭 기능은 필수적이다.

다른 컴퓨팅 분야와 마찬가지로 VLSI 분야에서도 타이밍 문제가 중요하다. 따라서 인버터가 얼마나 빨리 작동할 수 있는지 살펴볼 필요가 있다. 인버터 여러 개가 줄줄이 연결돼 있을 때 맨 끝에 있는 입력을 변경하면 반대편 끝에 있는 출력은 어떤 식으로 변할까? 순간적으로 바로 스위칭되지 않으리라는 것은 쉽게 예상할 수 있다. 각 트랜지스터의 출력이 다른 트랜지스터의 입력으로 연결되어 있으므로 게이트를 충전시키는 과정에서 시간이 걸리기 때문이다. 어떤 유효 전기용량 C_g를 가지는 게이트의 게이트 전압이 V만큼 바뀌어야 한다고 해 보자. 그런 경우에 시간이 얼마나 걸리는지 따져보고, 더 빠르게 작동시킬 수 있는 방법을 생각하면 더 좋은 컴퓨터를 만들 수 있을 것이다. [그림 8-21]에 있는 회로를 가지고 한 번 따져보자. 이 그림에서는 게이트 전기용량을 표현하기 위해 별도의 축전기를 회로에 추가해 놓았다.

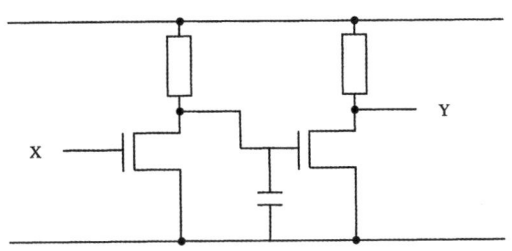

그림 8-21 팔로워 회로와 효과적으로 동일한 회로

트랜지스터의 상태가 바뀌는 데 필요한 게이트 전압을 걸어주는 데 필요한 전하량을 Q라고 해 보자. 그러면 $Q = C_g V$가 성립한다. 이런 전하를 충전시키거나 방전시키는 데 걸리는 시간은 얼마일까? 우선 $X = 1$ 상태라고 하더라도 첫 번째 트랜지스터의 출력 전압이 정확하게 0볼트는 아님에 주의하자. 트랜지스터에는 어떤 최소 저항(R_{min})이 있어서 약간의 전압 강하가 생기게 된다. [그림 8-22]과 같은 일반적인 RC 회로를 생각하면 전하가 방전되는 데 걸리는 시간은 $R_{min}C_g$이다.

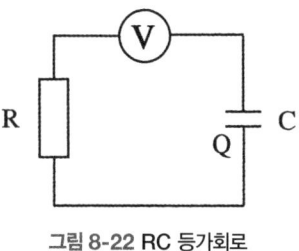

그림 8-22 RC 등가회로

회로이론에 따르면 시간 t일 때 축전기에 저장되어 있는 전하량 Q, 즉 $Q(t)$는 다음 식을 따른다.

$$Q(t) \propto \exp(-t/R_{min}C_g) \equiv \exp(-t/\tau)$$
$$(\text{이때 } \tau = R_{min}C_g)$$

식 8-15

인버터를 더 빠르게 작동하고자 한다면 회로를 더 작게 만들어서 R과 C를 감소시키면 된다. 하지만 여기에도 한계가 있다. MOSFET에서는 비활성 상태에서도 소스와 드레인에서 일부 전자가 실리콘 기판 쪽으로 들어갈 수 있기 때문이다. 소자를 작게 만들수록 전하 운반자들이 서로 반대 방향으로 점점 더 다가가다가, 언젠가는 게이트 아랫부분이 단락되어 게이트 전압과 무관하게 무조건 전류가 흐르는 상황이 닥칠 수 있다. 이렇게 되면 그 트랜지스터를 기존 방식으로 사용할 수 없기 때문에 새로 설계해야 한다. 자연 법칙 때문에 기술 발전에 큰 장애물이 생기는 셈이다.

그렇다면 어떻게 해야 더 작은 컴퓨터를 만들 수 있을까? 방금 얘기했듯이 규칙이 바뀌면 새로 설계하는 수밖에 없다. 예를 들어 공기가 비압축성이라고 생각하고 비행기 속도가 꽤 느렸던 시절의 항공 공학을 떠올려보자. 당시 사람들은 여러 분석 끝에 프로펠러를 기반으로 해서는 소리보다 더 빠른 비행기를 만들 수 없다는 결론을 내렸다. 음속의 장벽이 있었기 때문이다. 초음속으로 날 수 있는 비행기를 만들려면 거의 처음부터 모든 것을 다시 시작해야 했다. 실리콘을 기반으로 하는 컴퓨터의 크기 제한도 마찬가지다. 이 경우에는 아직 음속의 장벽 같은 문제는 없다. 대신 남들과 다르게 생각할 수 있어야 한다. 그러다 보면 얼떨결에 뭔가 새로운 것을 만들어낼 수도 있을 테니 말이다. 현재 최신형 소자들은 $RC \approx 10$ 피코초 수준이다. 이 값을 한참 줄여놓고 나면 아마 누군가가 또 다른 기술을 만들어 낼 것이다. 실제로 초전도 컴퓨터 소자 분야에서도 이런 일이 일어났다. 많은 사람들이 이를 열심히 연구하는 동안 VLSI 기술이 크게 발전하면서, 결국 초전도 컴퓨터를 연구하는 사람들이 점차 줄어들고 말았다.

지금까지 컴퓨터에 사용되는 다양한 반도체 소자의 구조를 살펴봤는데, 이 분야의 실질적인 한계에 대해서는 거의 언급하지 않았다. 이제부터는 발열 및 에너지 손실 면에서 시작하는 몇 가지 제약 조건을 살펴보자.

8.2 컴퓨터에서의 에너지 사용 및 열 손실

일반적인 트랜지스터에서는 한 번 스위칭할 때마다 약 $10^8 \ kT$ 정도씩 열을 방출한다고 5장에서 언급한 바 있다. 이는 상당히 큰 열량인데, 이 값을 열 배, 또는 백 배 낮출 수 있다면 팬을 없애면서도 컴퓨터를 훨씬 단순하게 만드는 것이 가능하다. nMOS에서 가장 골치 아픈 점 중 하나는 MOSFET이 정상 상태에 있어도, 예를 들어 $X = 1 \, (Y = 0)$에서 값을 변경하지 않은 채로 가만히 있어도 전류가 계속 흐른다는 것이다. 결국 트랜지스터에서 아무 일도 하지 않을 때조차도 계속 전력을 낭비하는 셈이다. 따라서 더 경제적으로 작동할 수 있는 기술이라면 무엇이든 탐색해 볼 가치가 있다. 대표적으로 CMOS$^{\text{Complementary Metal Oxide Semiconductor}}$를 꼽을 수 있는데, 이 절에서 살펴보겠다.

8.2.1 CMOS 인버터

CMOS에서는 회로 내에 n형과 p형 MOSFET을 섞어 쓴다. 두 방식의 MOSFET을 혼합하여 CMOS 인버터를 만드는 방법이 [그림 8-23]에 나와 있다. nMOS 인버터와 마찬가지로 논리적인 1은 $+V$가 되지만, 논리적인 0은 0볼트가 아니라 $-V$가 된다.

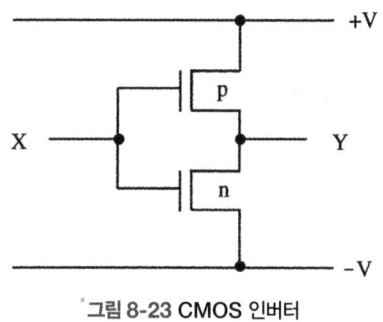

그림 8-23 CMOS 인버터

각 MOSFET의 도핑 유형(n 또는 p)은 MOSFET 기호 옆에 n 또는 p를 적어서 표시했다. 주목할 점은 nMOS 결핍 모드 트랜지스터 대신 일반적인 p채널 트랜지스터로 대체되었다는 것이다. 과연 이 회로는 쓸모가 있을까? 분명 그렇다. 그 이유를 따져 보면 다음과 같다. 우선 입력 X가 양의 값을 가진다고 해 보자. 그러면 n형 MOSFET의 게이트 전압은 소스 전압보다 크기 때문에 전도성을 띠게 된다. 반면에 p형 소자에는 역방향 바이어스가 걸려 있으므로 전도성을 띠지 않는다. 따라서 출력 Y의 전압은 $-V$가 된다. 이제 X를 0으로 바꿔보자. 그러면 [그림 8-23]의 위쪽 트랜지스터가 전도성을 갖게 되고 아래쪽 트랜지스터는 전도성이 없어져 Y가 공급 전압까지 올라간다. 지금까지는 별로 새롭진 않다. 원래 인버터의 성질을 그대로 나타낼 뿐이다. 하지만 이 회로만의 새로운 특성이 있다. 일단 스위칭이 끝나고 나면 회로에 전류가 흐르지 않는다는 점이다. $-V$로 연결되는 경로가 n형 MOSFET에 의해 차단되기 때문이다(입력이 다시 반대로 바뀔 때 어떤 일이 일어나는지는 직접 따져보기 바란다).

이런 특성은 매우 중요하다. CMOS 인버터에서는 상태를 바꿀 때만 에너지가 필요할 뿐, 한 상태를 유지하는 데는 에너지가 전혀 소모되지 않는다.[5] 또한 CMOS 인버터는 논리 게이트의 에너지를 살펴보기 위한 간단한 실험실 용도로도 쓰일 수 있다. 어떤 논리 연산을 처리하는 데 필요한 에너지 문제는 5장에서도 다루었지만, 더 실질적인 면에서도 한번 따져볼 필요가 있다. 물론 소자를 작동시키는 데 필요한 에너지는 최소한으로 줄이는 것이 좋으며 스위칭에 드는 에너지, 소요된 시간, 부품의 신뢰성, 크기 등을 모두 감안해야 한다. 그 전에 우선 CMOS 인버터의 전기적인 특징을 좀 더 자세히 살펴보자. 조금 부정확한 면도 있지만 여기서는 편의상 간략하게 표현된 모형을 사용하겠다(미드와 콘웨이가 사용한 모형).

이 모형에서는 두 트랜지스터를 단순히 제어 가능한 저항으로 생각한다. 등가회로를 그리면 다음과 같다(그림 8-24).

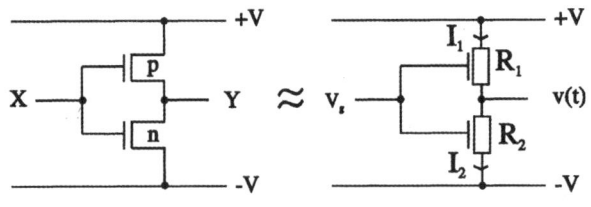

그림 8-24 CMOS 인버터를 단순화시킨 모형

---

5 파인만_ 엄밀히 말하면 역방향 바이어스가 걸린 트랜지스터를 통해 아주 작은 전류가 흐르긴 하지만 여기에서는 무시해도 괜찮은 수준이다.

여기에 나와 있는 CMOS 소자는 줄줄이 연결된 인버터 중 한 부분이라고 생각하자. 즉 입력 X는 이전 게이트로부터 받아오는 것이고, 출력 Y는 다음 게이트의 입력으로 쓰인다. 다음 게이트는 접지선에 대해 어떤 전기용량 C를 가진다고 하자(엄밀하게 따지면 틀릴 수도 있지만, 여기서는 일단 이 값이 상수라고 간주한다). Y에 연결된 게이트 전압 $V_g(t)$가 바뀔 때 출력 전압이 어떻게 바뀌는지 알아보는 것, 즉 스위칭 과정에서의 출력 전압을 생각하는 것이 지금 우리가 하려는 일이다. 먼저 입력 게이트에 걸린 전압이 같은 값으로 유지되는 간단한 경우를 생각해 보자. 이 경우에는 전류가 흐르게 된다. 그러면 출력부에서의 평형 전압은 얼마일까? 트랜지스터를 통해 흐르는 전류를 각각 I_1, I_2라 하고, 그 둘 사이의 차(즉, Y에 연결된 부분 쪽으로 흐르는 전류)는 $I = I_1 - I_2$라고 정의하자. Y에서의 전압은 $v(t)$라는 시간의 함수로, Y에 축적되는 전류는 $Q(t)$라고 하면 기본적인 회로이론으로부터 다음 식을 얻을 수 있다.

$$dQ/dt = I_1 - I_2 = C\,dv(t)/dt \qquad \text{식 8-16}$$

그리고 [식 8-11]로부터 드레인-소스 전압이 작을 경우 전류 I_n은 다음과 같은 식으로 쓸 수 있음을 알 수 있다.

$$dQ/dt = I_1 - I_2 = C\,dv(t)/dt \qquad \text{식 8-17}$$

여기서 $V_{ds\ n}$은 n번 트랜지스터의 드레인-소스 전압이며, R_n은 다음과 같은 식으로 주어진다. 여기서는 다루고 있는 소자를 모두 이상적인 소자로 간주하여 문턱 전압 V_g의 부호를 모두 없앴다.

$$R_1 = R_0 \exp(qV_g/kT),\quad R_2 = R_0 \exp(-qV_g/kT) \qquad \text{식 8-18}$$

이제 I_1과 I_2에 대한 식을 변형시켜보자.

$$I_1 = (V - v)/R_1,\quad I_2 = (v + V)/R_2 \qquad \text{식 8-19}$$

위 식과 [식 8-16], [식 8-18]을 함께 풀고 $V_T = kt/q$로 설정하면 C, $v(t)$, R

간의 관계를 나타내는 미분 방정식을 유도할 수 있다.

$$Cdv/dt = -(2V/R_0)\sinh(V_g/V_T) - (2v/R_0)\cosh(V_g/V_T)$$ 식 8-20

만약 게이트 전압을 고정시키면 평형 상태에서의 출력단 전압은 얼마가 될까? 즉, 모든 것이 차분하게 가라앉았을 때 전압 값은 무엇일까? 평형 상태에 이르게 되면 $dv/dt = 0$이며, 전압의 평형값, 즉 v_e는 다음과 같은 식으로 쓸 수 있다.

$$v_e = -V\tanh(V_g/V_T)$$ 식 8-21

여기서 v_e는 상수다. V_g/V_T는 일반적으로 매우 큰 절대값을 가지는 양수 또는 음수이므로 평형 상태에서의 출력단 전압은 $+V$ 또는 $-V$가 될 것이다.

이 결과로 CMOS 인버터를 줄줄이 연결한 회로의 증폭 특성을 분석할 수도 있다. 게이트 전압을 V_g에서 $V_g + \delta V_g$로 살짝 바꿨다고 가정해 보자. 이때 출력 전압의 변화는 $\delta v_e = AV_g$라고 나타낸다. 그러면 전압 v_e가 가해진 게이트의 출력 전압인 v'도 변화되어 결과적으로 $\delta v' = Av_e = A^2 V_g$가 된다. 사슬에 줄줄이 연결된 다른 인버터도 마찬가지로 생각할 수 있다. 물론 이 CMOS 소자가 제대로 작동하려면 이 인자 $|A|$의 크기가 1보다 커야 한다. 그렇지 않으면 왼편에 있는 입력의 변화가 사슬을 따라 쭉 전달될 수 없다. 증폭인자 A는 다음 $v_e - V_g$ 그래프의 원점, 즉 $V_g = 0$인 점에서의 기울기다(그림 8-25).

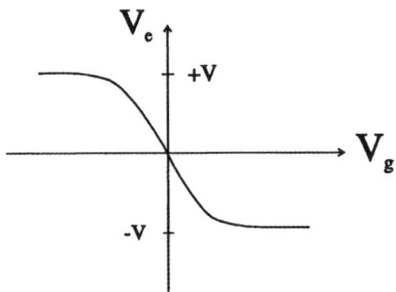

그림 8-25 CMOS 인버터에서 게이트 전압의 변화에 따른 출력 전압의 변화

원점에서의 기울기는 $V_g = 0$이다(직접 확인할 수 있다). 따라서 DC 공급 전압이 약 1/40 볼트보다 크기만 하면 이 사실은 정상적으로 작동한다. 물론 실제 공급 전압은 5~6볼트 정도로 이보다 훨씬 크기 때문에 증폭 효과가 매우 잘 나타난다. 입력 전압이 조금만 바뀌어도 출력단에서는 크게 증폭되기 때문에 출력 전압은 입력 전압의 변화에 매우 민감하게 반응한다.

연습문제 8.2

그리 쉽진 않지만 몇 가지 연습문제를 풀어보자. 지금까지 CMOS 회로의 평형 상태에서의 특성을 살펴보았다. 이제 [식 8-20]을 풀면서 입력을 스위칭했을 때 출력 값이 바뀌는 데 걸리는 시간을 구하여 시간 변화에 따른 특성을 분석해 보자. V_g가 시간에 대한 임의의 함수로 주어질 때 대응되는 일반 해는 너무 어려우므로, 여기서는 입력 전압이 무한히 빠르게 스위칭된다고 가정하겠다. 그리고 인버터에서의 에너지 방출량을 구해 보자. 평형 상태의 회로에 전류가 흐르지 않는다는 이상적인 상황을 가정하고 문제를 풀면 여러모로 편리하겠지만, 실제로 그렇지는 않다. 역방향 바이어스가 걸린 트랜지스터는 저항값이 매우 큰 저항이라고 할 수 있다. 이로 인해 전력이 지속적으로 약간씩 소모되며, 전력 소모량은 전압 강하가 V이고 비전도Non-Conducting 저항이 R일 때 V^2/R로 쓸 수 있다. 또는 누설 전류가 I일 때 I^2R이라고 쓸 수도 있다. 스위칭 과정에서도 전력 손실이 생길 수 있다. 게이트에 있는 전하를 (전도성) 저항을 통해서 흘려보낼 때 전력이 손실되기 때문이다. 스위칭할 때의 전력 손실은 $2Cv_e^2$이 됨을 유도해 보자. 마지막으로 유효 게이트 전기용량의 시간상수 τ는 얼마일까?

여기서 CMOS 기술을 다루는 주된 이유는 VLSI의 에너지 문제 때문이지만, 잠깐 시간을 내서 CMOS 인버터를 이용해 범용 논리 게이트를 구축하는 방법을 살펴보겠다. 우선 NAND 게이트를 만드는 방법을 생각해 보자. 이 게이트를 만들 수 있으면 앞으로 무엇이든 만들 수 있기 때문이다. NAND 게이트는 [그림 8-26]과 같은 회로로 만들 수 있다.

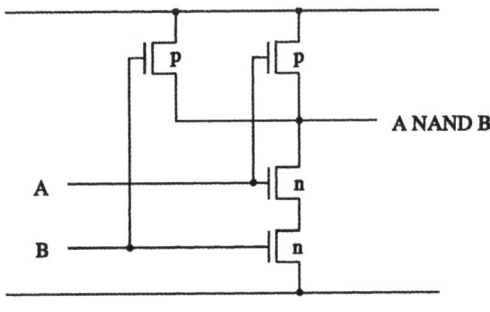

그림 8-26 CMOS로 만든 NAND 게이트

이 회로가 어떻게 작동하는지 살펴보자. NAND 게이트에서는 입력이 둘 다 1일 때만 1이 출력되고, 그 외에는 항상 0이 출력된다. 여기서도 같은 결과가 나와야 한다. [그림 8-26]의 출력 전압은 아래쪽 트랜지스터가 둘 다 전도성을 가질 때만 $-V$가 될 수 있다. 즉, 그 경우에만 논리적인 0 값이 출력된다. 만약 아래쪽 트랜지스터가 모두 전도성이 되려면 두 입력 모두에 양전압이 걸려야 한다. 입력 전압 가운데 하나라도 음이면 해당 트랜지스터는 비전도성이 되어 출력 전압은 $+V$에 머무르게 된다.

CMOS 소자에서의 에너지 방출 문제로 되돌아가 보자. 실제로 스위칭할 때마다 배출되는 에너지는 $10^8 kT$ 정도다. 이 값은 사실 너무 크기 때문에 공학적인 측면에서 개선의 여지가 아직 많이 남아 있다. 발열량이 반드시 이렇게 커야 할 이유는 없기 때문이다. 물론 소자를 만드는 방법에 따라 전압이 어느 정도 크기가 되어야 하지만 근본적인 제약 조건이 되는 것은 아니며, 에너지 방출량은 분명히 줄일 수 있다(이미 5장에서 이론적으로 $kT \log 2$까지 가능하다는 사실을 보인 바 있다). 이제 이 부분에서 무엇을 개선할 수 있는지 논의해 보자.

스위칭 과정 중에 실제로 어떤 일이 일어나는지 생각해 보자. 스위칭을 하기 전에 입력단 축전기에 어떤 전압이 걸려 있으면 결과적으로 전하가 대전되어 있다. 스위칭을 하면 전압은 반대로 바뀌지만 축전기에 저장되는 에너지는 여전히 똑같다. 따라서 처음과 마지막의 에너지 조건은 똑같은데, 전압을 바꾸면서 회로 안에 있던 전하를 전부 내다 버리고 전원 공급기로부터 다시 충전시키는 어리석은 짓을 하고 있는 셈이다. 이는 고속도로에서 빠른 속도로 달리다가 갑자기 끼이익 소리를 내며 급브레이크를 밟아 정지한 다음, 반대 방향으로 다시 처음과 똑같은 속도로 달리는 것과 같다고 할 수 있다. 이는 처음이나 나중이나 시속 100킬로미터로 똑같은 에너지로 움직이지만 중간 과정에서 상당한 에너지를 낭비하는 것과 같다. 그런데 자동차의 에너지를 플라이휠 같은 데 저장한다고 해보자. 그러면 일단 멈추고 난 후에 엔진을 새로 돌리는 대신 플라이휠로부터 에너지를 받아 다시 움직일 수도 있을 것이다. 즉, 에너지를 낭비하지 않아도 된다. 그렇다면 VLSI에서도 플라이휠에 해당하는 것을 만들 수 있을까?

우선 전기 회로에서 관성에 대응되는 인덕턴스에 에너지를 저장하는 방법을 생각할 수 있다. 에너지를 그냥 버리지 않고 어딘가에 잘 담아뒀다가 나중에 사용할 수 있도록 회로를 만들면 된다. 그럼 이런 회로를 정말 만들 수 있는지 생각해 보자. 인덕턴스의 개념을 설명하기 위해 이번에도 물을 예로 들어보겠다. 전기 회로에 익숙한 독자라면 물과 전기가 여러모로 비슷하다는 것을 알고 있을 것이다. 전기보다 역학 쪽에 더 익숙한 독자도 어렵지 않게 이해할 것이다. 커다란 물통이 하나 있고, 거기에 파이프가 2개 연결되어 있는 [그림 8-27]과 같은 구조를 생각해 보자.

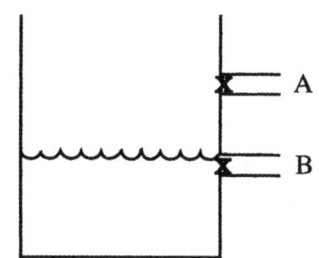

그림 8-27 CMOS 스위치를 물통에 비유한 그림

각 파이프는 그림에는 나와 있지 않은 무한히 깊은 저수조에 연결되어 있으며, 그 저수조로부터 물이 물통으로 들어오거나 나갈 수 있다. 물의 흐름은 각 파이프에 있는 밸브에 의해 조절된다. 여기서 파이프와 밸브는 트랜지스터를, 저수조에 있는 물은 전원공급기로부터 공급받는 전하를 뜻한다고 볼 수 있다. 위쪽에 연결된 저수조는 $+V$ 전원, 아래쪽에 연결된 저수조는 $-V$ 전원이며 물통의 수위는 전하가 어느 전압으로 버려질지를 뜻한다. 그리고 주어진 상황상 밸브는 서로 연동되어 있어서 한쪽이 열리면(전도성이면) 다른 쪽은 닫힌다고(절연성이 된다고) 가정하자. 인버터에서의 스위칭 과정을 모형화하기 위해 이 시스템에서 밸브를 여닫을 때 어떤 일이 일어나는지 살펴보자.

초기 조건은 [그림 8-27]처럼 위쪽 밸브는 닫혀 있고 아래쪽 밸브는 열려 있다. 이때 물은 어떤 평형 수준만큼 차 있다. 아래쪽 밸브를 닫고 위쪽 밸브를 열어서 (게이트 전압에 음전압을 걸어주는 상황에 해당) 이 시스템을 스위칭해 보자. 그러면 위쪽 저수조에 들어있는 물이 왕창 쏟아지면서 새로운 평형 수준만큼 찰 때까지 들어온다. 그 과정에서 소리, 마찰, 난류와 같은 다양한 과정을 통해 에너지가 방출된다. 즉, 전력 손실이 생기는 것이다. 그 결과로 새로운 평형점에 다다르게 된다. 이제 다시 처음 상태로 돌아가기 위해 반대로 스위칭하는, 즉 아래쪽 밸브를 열고 위쪽 밸브를 닫는 경우를 생각해 보자. 그러면 물 높이가 다시 내려가면서 다양한 방식으로 에너지가 방출되고, 물은 원래 높이로 되돌아간다. 처음 상태로 돌아왔지만 그 과정에서 적지 않은 에너지를 소모하고 말았다.

스위칭할 때마다 이렇게 많은 에너지를 잃지 않도록 설정을 변경하는 방법을 생각해 보자. 여러 방법이 있겠지만 한 가지 방법은 다음과 같다. 첫 번째 물통 옆에 다른 물통을 갖다 놓고 두 물통을 밸브가 달린 튜브로 연결하는 것이다(그림 8-28).

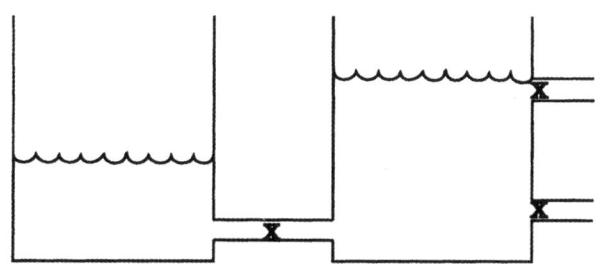

그림 8-28 CMOS 스위치에서 에너지를 절약하는 방법

처음에는 [그림 8-28]처럼 위쪽 밸브가 열려 있고, 위쪽 밸브 높이에 맞게 물통에 물이 차 있다고 하자. 이제 위쪽 밸브를 닫고 옆에 있는 나머지 물통으로 연결된 밸브를 열면 가운데 있는 관을 통해서 물이 왼쪽 물통으로 흘러 들어간다. 왼쪽 물통에 물이 가장 높이 채워졌을 때 밸브를 닫는다. 밸브를 계속 열어두면 양쪽 물통의 물 높이가 같아질 때까지 물이 계속 왼쪽 오른쪽 물통으로 왔다 갔다 할 것이다. 이 경우 양쪽의 압력이 같아지기는 하겠지만, 물이 움직일 때의 관성을 감안하면 수면이 잠잠해질 때까지는 오랜 시간이 걸릴 것이다. 밸브를 처음 열었을 때는 물이 계속 왔다 갔다 하며 도달하는 평형 수위보다 더 높은 수위까지 올라간다. 그리고 그때 오른쪽 물통의 수위는 평형 수위보다 낮다. 왼쪽 물통의 수위는 최고, 오른쪽 물통의 수위는 최저가 될 때 밸브를 재빨리 잠그면 물을 최대한 왼쪽 물통으로 많이 옮길 수 있으며, 결과적으로 퍼텐셜 에너지를 대부분 보존시킬 수 있다. 물론 마찰 등으로 인해 어느 정도 에너지 손실이 있으므로 에너지를 전부 보존하는 것은 불가능하다. 하지만 물의 퍼텐셜 에너지를 다시 활용하고 싶다면 오른쪽 물통의 수위가 낮은 상태에서 두 물통 사이를 이어주는 관의 밸브를 열기만 하면 된다.

방금 설명한 방법을 실리콘으로 구현하려면 전기 회로에서 물의 관성에 해당하는 것을 만들 수 있어야 한다. 그리고 앞에서도 얘기했듯이 인덕턴스를 이용하면 된다. [그림 8-29]가 이를 전기 회로로 구현한 것이다.

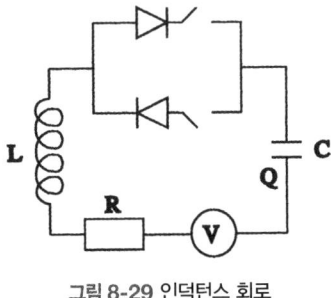

그림 8-29 인덕턴스 회로

이 회로에는 축전기, 인덕터, 저항, 그리고 다이오드 기반의 밸브 2개가 있다. 두 스위치 중 하나가 닫히면 연결된 다이오드 방향에 따라 전류가 한 방향으로만 흐를 수 있다. 이는 앞에서 살펴본 물통에 나왔던 두 밸브의 예와 비슷하다. 이 회로의 특성은 다음 식으로 나타낼 수 있다.

$$Ld^2Q/dt^2 + RdQ/dt + (Q/C) = V \qquad \text{식 8-22}$$

여기서 V는 회로에 걸린 전압이다. CMOS를 기반으로 이런 개념을 실제로 구현하는 방법은 여러분이 직접 생각해 보기 바란다. 사실 실리콘 반도체에서는 인덕터를 만들기가 정말 어렵다. 긴 전선으로 코일을 만들어야 하는데 공간상의 제약이 있기 때문이다. 따라서 이런 방식으로 에너지 손실을 줄이는 것은 그리 유용하지 못하다. 그렇다고 해서 이런 기본 아이디어를 포기해야 한다는 뜻은 아니다. 스위치마다 하나씩, 여러 개의 인덕터를 만드는 대신 칩 외부에 인덕터를 1개만 연결해서 여러 스위치에서 공용으로 쓰는 것도 한 가지 방법이다.

8.2.2 핫 클라킹

에너지 방출량을 줄이는 또 다른 방법은 조금 전에 생각한 것과는 전혀 다른 방식인데, 이것도 꽤 훌륭하다. 핫 클라킹hot-clocking이라는 기법으로, 전원 공급기로부터 들어오는 전압을 변화시켜 에너지를 절약한다. 그럼 핫 클라킹이 어떤 식으로 작동하는지 살펴보자. 이번에도 전류를 물의 흐름에 비유해 보면, 앞에서도 살펴봤듯이 물통의 수위가 낮은 상태에서 위쪽 밸브를 열면 물이 위쪽에서 쭉 내려오기 때문에 에너지를 잃게 될 것이다. 이때 문제는 수위가 서로 다른 상태에서 밸브를 연다는 것이다. 이렇게 하면 에너지를 잃을 수밖에 없다. 하지만 원칙적으로 그렇게 에너지를 많이 잃어버리지 않으면서 물통을 채울 수 있는 방법이 있다. 예를 들어 어떤 물통에 여닫을 수 있는 밸브가 있는 파이프가 연결되어 있고, 그 파이프는 저수조에 연결되어 있다고 하자. [그림 8-30]처럼 밸브를 열고 파이프를 옮기는 일을 반복해서 파이프 높이가 항상 물통의 수위와 같도록 맞추면 에너지를 방출하지 않을 수 있다.

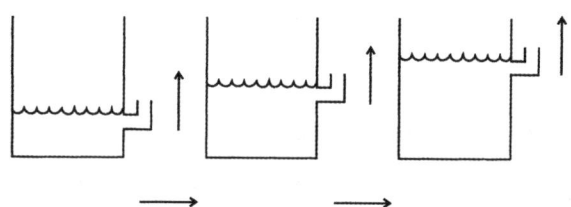

그림 8-30 에너지 방출 없이 물통을 채우는 방법

물론 에너지를 전혀 방출하지 않으면서 물을 채우려면 위 과정을 한없이 천천히 진행해야 한다(5장에서 자주 얘기했던 방식이나). 이 과정을 정말 느리게 수행하면 파이프와 물통 안의 수위가 다른 상태에서 밸브를 열지만 않으면 에너지 손실을 없앨 수 있다. 회로 쪽에도 비슷한 원칙이 있다. 전압이 걸려 있는 상태에서 스위치를 열거나 닫지 말라는 것이다. 지금까지는 항상 전압이 걸린 상태에서 스위치를 열거나 닫았다.

핫 클라킹의 기본 원리는 다음과 같다. [그림 8-31]처럼 변형된 인버터 회로를 생각해 보자.

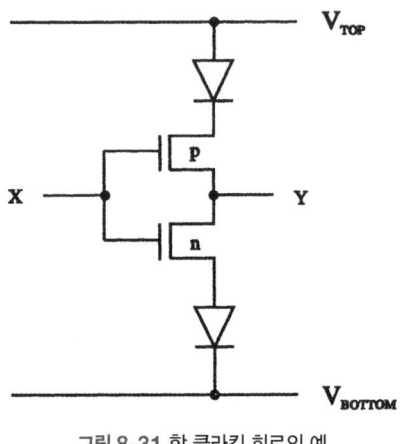

그림 8-31 핫 클라킹 회로의 예

[그림 8-31]에서 위쪽 부분의 전압 V_{TOP}과 아래쪽 부분의 전압 V_{BOTTOM}은 (V_{TOP}, $V_{BOTTOM} = -V_{TOP}$같은 식으로) 상수가 아니다. 실제로 바뀔 수 있으며, 여기서는 이 값들이 바뀌는 경우를 생각할 것이므로 주의한다. 먼저 두 가지 주요 상태를 정의해 보자. 하나는 위쪽 전압이 음전압이고 아래쪽 전압이 양전압인 상태인 휴지 상태$^{\text{quiescent state}}$이고, 다른 하나는 그와 반대로 위쪽 전압이 양전압, 아래쪽 전압이 음전압인 활성 상태$^{\text{hot state}}$이다. 어느 쪽이 활성 상태이고 어느 쪽이 휴지 상태인지는 중요하지 않다. 반대로 생각해도 상관없다. 이 소자의 작동 원리는 이렇다. 우선 휴지 상태에서 시작해서 [그림 8-31]의 위쪽 전압이 음전압이며 X가 양전압($+V$)이라고 하자. 그러면 p-MOSFET은 열린 상태가 되고 n-MOSFET은 닫힌 상태가 되어 전류가 흐르지 않는다(n-MOSFET 양단에 전압이 걸리지 않는다). 사실 X가 음전압이어도 다이오드의 정류 특성 때문에 전류는 흐르지 않는다. 따라서 휴지 상태에서는 싫든 좋든 입력을 스위칭할 수 있으며, 회로는 입력 전압과 무관하게 반응한다. 결국 Y의 초기 상태는 아무렇게나 선택해도 되는데, 여기서는 양전압이라고 하겠다.

이제 전압이 천천히 반대로 바뀌어서 활성 상태가 된다고 해 보자. 그럼 아래쪽 다이오드에는 점차 양전압이 걸리면서 그 다이오드가 전도성을 띠게 되고 출력

Y의 전압이 아래쪽 전압, 즉 음전압과 같아진다. 다이오드의 저항이 작기 때문에 이 과정에서의 에너지 방출량도 작다. 전압이 바뀌는 과정이 끝나고 안정된 상태에 이르게 되면 다시 휴지 상태로 전환한다. 출력 Y는 원래 값으로 되돌아가려 하지만 다이오드가 전류의 흐름을 막기 때문에 그렇게 할 수는 없다. 일단 안정 상태에 들어서면 X를 바꿔서 스위칭을 할 수 있다. 중요한 점은 Y가 바뀔 때 사이클의 첫 번째 부분을 가능하면 느리게 처리해야 한다는 것이다. 휴지 상태로 돌아가는 두 번째 단계는 빠르게 처리해도 된다.

이제 Y 출력이 다른 게이트로 연결되어야 할 텐데, 출력 전압이 바뀌고 있는 동안에는 그것을 사용할 수 없으므로 다음 게이트의 전압 사이클은 다른 전원 공급기에 연결되어 마치 2상 클락처럼 어느 정도 어긋난 위상으로 돌아가야 한다. 플립플롭에서 흔히 볼 수 있듯이 두 번째 신호를 첫 번째 신호의 반대로 설정하고 나서 전원 공급기를 하나만 쓰는 방법도 가능하다. 하지만 이는 위험할 수 있으며, 휴지 상태로 돌아가는 과정에서 Y가 약간 바뀔 수도 있기 때문에 혼동스러울 수 있다. 따라서 보수적으로 설계하여 전원 공급기를 2개 쓰는 편이 더 안전하다. 두 전원 공급기에서 공급되는 전압을 그림으로 표시하면 [그림 8-32]와 같다.

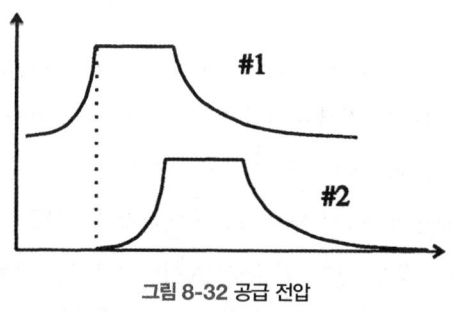

그림 8-32 공급 전압

각 펄스를 보면 올라가는 쪽이 내려가는 쪽보다 가파른데, 이는 두 단계에서 각각 스위칭 시간이 다른 점을 반영했기 때문이다. 그리고 이 두 전원 공급기는 칩 전체, 또는 여러 칩에 걸쳐 보편적으로 사용할 수 있다는 점도 중요하다. 만약 그럴 수 없다면 공급 전압을 바꾸는 데 필요한 에너지가 이런 방법을 사용함으로써 절약할 수 있는 에너지보다 오히려 더 커질 수도 있다. 여기서는 다른 곳으로 빠져나갈 에너지가 전원 공급기 부분에 저장된다.

다이오드 배치로 돌아가 스위칭 과정에서 손실되는 에너지를 계산해 보자. 공급 전압이 바뀌는 데 걸리는 상승 시간$^{\text{rise time}}$을 t라고 하자. 이 변화 과정에서 이동시켜야 할 전하량은 $Q = CV$이므로 이때 평균적으로 흐르는 전류는 $Q/t = CV/t$로 쓸 수 있다. 스위치를 닫을 때 다이오드의 저항을 R(트랜지스터의 경우와 마찬가지로 작은 값)이라고 하면 에너지 손실률은 $P = I^2R = Q^2R/t^2$이다. 따라서 스위칭 과정에서 생기는 총 에너지 손실량은 다음과 같다.

$$\Delta E = Pt = C^2V^2R/t = \left(CV^2\right)\left(CR\right)/t = \left(CV^2\right)\tau/t \qquad \text{식 8-23}$$

여기서 τ는 원래 일반 CMOS 인버터 회로의 시간상수다. 그리고 CV^2은 일반 CMOS 인버터 회로에서 스위칭할 때마다 생기는 에너지 손실량이다. 따라서 에너지 손실량에 그 에너지가 손실되는 데 걸리는 시간을 곱한 값은 기존 회로나 이 회로에서나 모두 똑같다. 이는 다음과 같은 일반적인 관계식과 일맥상통한다.

$$(\text{에너지 손실})(\text{손실 소요 시간}) = \text{상수} \qquad \text{식 8-24}$$

위 식은 각 스위칭 단계 또는 단순 논리연산에 대해 성립한다. 또한 5장에서 확인한 결과와도 잘 맞는다. 더 천천히 처리할수록 에너지 손실이 줄어들기 때문이다. 실제 회로에서는 트랜지스터에 비해 클락이 훨씬 느리다(약 50 대 1 정도). 따라서 클라킹을 이용하면 계산 과정에서 상당한 에너지를 절약할 수 있다. 하지만 속도를 맹목적으로 추구하는 현재 상황에서는 이런 전력 감소 문제는 별로 중요시되지 않는다. 물론 전력을 최대한 적게 사용하는 컴퓨터는 더 느리고 추가 부품 때문에 더 크기는 하겠지만, 그 대신 더 적은 비용으로 계산을 처리할 수 있고 냉각을 위해 팬이나 펌프를 사용할 필요가 없다는 점을 생각하면 반드시 나쁜 것만도 아니다.

[그림 8-31]의 예에서는 다이오드를 사용했지만 [그림 8-33]처럼 부품 종류 수를 줄여 다이오드를 사용하지 않는 회로를 만들 수도 있다. 여기서는 다이오드 대신 트랜지스터가 쓰였다.

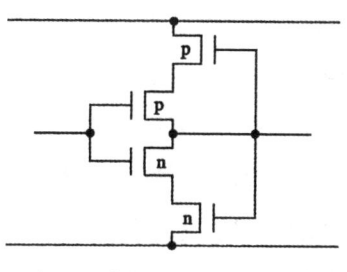

그림 8-33 다이오드 없는 핫 클라킹 회로

지금까지 살펴본 방법은 에너지 방출을 줄이기 위한 여러 핫 클라킹 방법 중 하나에 불과하다. 이 기법들(상당수가 칼텍[6]에서 개발되었음)을 쓰면 클락선을 통해서 전력을 전달할 수 있기는 하지만 본래는 시간을 늘이고 에너지를 줄이기 위해 만들어진 것은 아니다. 핫 클라킹은 비교적 최근에 개발되었으며, 아직 밝혀지지 않은 부분이 많기 때문에 여러분이 기여할 기회 또한 많이 남아 있다고 할 수 있다. 앞에 그려 놓은 회로는 내가 직접 설계한 것으로, 지금까지 사용된 다른 회로들과는 다르며 그보다 나은 점이 있는지는 잘 모르겠다. 하지만 여러분은 다양한 아이디어를 직접 시험해 보기 바란다. 예를 들어 공급 전압이 사인파 형태의 교류라면 어떨까? 교류이면서 위상이 어긋나 있는 두 개의 전원 공급기를 사용하는 건 어떨까? 왜 논리요소에 교류 전압을 걸면 안 될까? 어쩌면 전원 공급기와 위상이 일치하는 상태를 논리 1로, 위상이 어긋나 있는 상태를 논리 0으로 정의할 수도 있지 않을까? 분명 새로운 것을 알아낼 수 있는 기회가 많을 것이며, 더 깊이 계속 탐구하다 보면 흥미로운 것을 발견할 수 있을지도 모른다.

---

6 엮은이_ 칼텍의 척 자이츠와 동료들이 썼던 1985년 논문 〈Hot-Clock nMOS〉에는 다음과 같은 감사의 글이 실려 있다. "칼텍 동료인 알랭 J. 마틴, 리처드 P. 파인만과 '핫 클럭킹'에 대한 흥미로운 토론을 통해 여러 가지 유익한 정보를 얻을 수 있었습니다."

8.2.3 몇 가지 일반론과 특이한 관계

앞에서 발견한 핵심적인 내용 중 하나는 좀 더 일반화시킬 수 있는데, 정리하자면 스위칭에 필요한 에너지에 스위칭하는 데 걸리는 시간을 곱한 값이 상수라는 것이다. 적어도 저항성 시스템에서는 그렇다. 이 상수는 방출 작용$^{\text{dissipated action}}$이라고 부르겠다(내가 방금 만든 용어다). 인버터의 시간 상수 τ는 약 0.3ns 정도로 꽤 작다. 이 값은 반드시 이렇게 작아야만 할까? 물론 최대한 빠르게 작동하려면 그래야 하겠지만 조금 다른 각도에서 접근해 보자. 전선에서 발생하는 시간 지연이나 각 부품이 다른 부품으로 신호를 보내야 하는 등의 이유 때문에 실제 클락 사이클은 그 시간 상수보다 100배 정도는 길다. 모든 것이 너무 빨리 작동하면 서로 꼬일 수 있기 때문이다. 그렇다고 해서 인버터를 약간 늦추는 것도 그리 간단하진 않다. 전체 계산에 걸리는 총 시간이 그에 비례해서 변하진 않기 때문이다. 이 부분이 불분명하기 때문에 앞에서 얘기한 상수 $(Et)_{sw}$의 정확한 값을 구하는 것이 중요하다.

이 상수를 구하는 한 가지 방법은 특정 스위치에 대해 이 상수를 실제로 계산해 보는 것이다. 여기서는 가능한 가장 빠른 스위치를 중심으로 직접 계산해 보자. 우선 기본 방정식을 되짚어 보면 트랜지스터 1개로 구성되는 이 스위치에는 어떤 전기용량 C_g가 있을 것이며, 여기에 전압 V_g를 걸면 전하량이 $Q = C_g V_g$만큼 대전된다. 따라서 스위칭 에너지는 $E_{sw} = C_g V_g^2$이 된다. 또한 $\tau = C_g R$이므로 $(Et)_{sw} = C_g V_g^2 R Q^2 R$, 즉 스위치를 작동시키는 데 필요한 전하량의 제곱에 스위치가 켜졌을 때의 최소 저항을 곱한 값이 된다(전류를 가지고 전력 손실량을 계산해도 같은 결과를 얻을 수 있다). 그러면 일반 트랜지스터에서 이 방출 작용 상수는 무엇을 뜻할까? 이걸 제대로 알아야 소자를 적절히 설계하여 에너지 또는 시간을 줄이는 것이 가능해질 것이다.

계산을 마무리하려면 물리적인 상수가 몇 개 필요하다. 우선 전자의 전하량

$e = 1.6 \times 10^{-19}$ C을 알아야 한다. 그리고 상온에서 kT/e 1/40 V라는 것도 알아야 한다. 운동 에너지 관계식 $((1/2)mv^2 = (3/2)kT$(여기서 m은 전자의 유효질량)로부터 열 속도$^{\text{thermal velocity}}$ v_{th}를 정의할 수 있는데, 이 값은 약 1.2×10^7 cm/s 정도다. 그리고 약하게 도핑된 실리콘 소재의 물성도 몇 가지 알아야 한다. 전하 수송체의 표면 채널 이동도는 $\mu = 800$ cm^{2}V^{-1}s^{-1}이고 평균 자유경로는 $l_{col} = 5 \times 10^{-6}$ cm이다. 앞에서 MOSFET을 분석했을 때와 마찬가지로 게이트 밑에 있는 실리콘의 길이는 L cm, 너비는 W cm라고 하자. 1978년 기준으로 L은 보통 6마이크론 정도였으며, 1985년에는 3마이크론까지 떨어졌다.

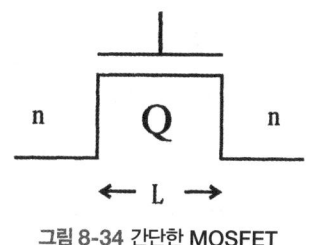

그림 8-34 간단한 MOSFET

게이트 아래쪽에 전자가 들어있다고 가정하고, 그 전자에 힘 F를 시간 τ_{col} 동안 가한다고 하자. 여기서 시간 τ_{col}은 전자가 한 번 충돌하고 나서 다음에 충돌할 때까지의 시간을 뜻하며, 주어진 물리적 상황을 고려하면 이런 시간을 선택하는 것이 자연스럽다는 것을 이해할 수 있을 것이다. 충돌시간과 평균 자유경로 사이에는 $l_{col} = v_{th}\tau_{col}$이라는 관계식이 성립한다. 이제 일정한 힘을 받는 입자의 운동을 생각해 보면 시간이 τ_{col} 만큼 지나고 나면 그 입자의 운동량 변화량은 $mv_D = F\tau_{col}$로 쓸 수 있는데, 여기서 v_D는 힘이 가해진 방향으로의 표류속도$^{\text{drift velocity}}$로 v_{th}와는 무관한 양이며 값도 훨씬 작다. 이동도^{mobility}는 $v_D = \mu F$라는 식으로 정의되므로 $\mu = \tau_{col}/m$임을 알 수 있다. 이제 게이트 아래쪽에서 흐르는 전류를 I라고 해 보자. I는 전하량 Q를 게이트 아래를 가로질러가는 데 걸리는 시간으로 나눈 값이므로 $I = Q/(L/v_D) = (Q/L)(\mu e)(V_{ds}/L)$이 된다. 그런데 소스-드레인 전압은 $V_{ds} = IR$이므로 저항은 $RL^2/(Q\mu e)\, mL^2/(Qe\tau_{col})$이다(실리콘 내에 있는 전자의 유효질량과 전자의 자유질량의 차이는 10%가 안되므로 여기서는 질량을 그냥 전자의 자유질량이라고 하자). 방출 작용을 Q와 R의 식으로 표현하고 지금까지 유도한 관계식을 사용하면 다 식을 쓸 수 있다.

$$(Et)_{sw} = N(L/l_{col})^2 (3kT) \tau_{col}$$

식 8-25

여기서 N은 게이트 밑에 있는 (자유) 전자의 개수로, $N = Q/e$이다. 이제 [식 8-25] 우변에 있는 마지막 두 항에 주목하자. $3kT$는 전자 한 개의 운동 에너지에 해당하고, τ_{col}은 각 충돌 사이에 걸리는 평균 시간이다. 이 두 항의 곱을 방출 작용, 그 중에서도 한 번 충돌할 때의 방출 작용으로 정의하면 조금 더 수월하게 이해할 수 있을 것이다. 꼭 이렇게 해야 하는 것은 아니지만 어떤 결과가 나오는지 한번 살펴보자. 이 작용을 $(Et)_{col}$이라고 하면 위 식을 다음과 같이 고쳐 쓸 수 있다.

$$(Et)_{sw} = N(L/l_{col})^2 (Et)_{col}$$

식 8-26

따라서 전체 스위치에 필요한 (Et)는 단일 충돌에 대한 (Et)에 두 항을 곱한 값이 된다. 하나는 게이트 밑에 있는 전자의 개수이고 다른 하나는 게이트의 길이를 평균 자유경로로 나눈 값을 제곱한 값이다. L을 6마이크론이라고 하면 L/l_{col}은 약 100 정도이며, 게이트 밑에 있는 전자 개수 N이 10^6 정도라면 위 식은 다시 다음과 같이 고쳐 쓸 수 있다.

$$(Et)_{sw} = 10^{10}(Et)_{col} \approx 10^{10} kT\tau_{col}$$

식 8-27

위 식은 전에 인용했던 값과 비슷하다. 사실 어마어마하게 큰 값이기 때문에 이 값을 어떻게든 줄여야 할 것이다. 이 숫자는 왜 이렇게 큰 것일까? 5장에서 살펴보았듯이 이 값은 근본적인 에너지 한계와는 별 상관이 없다. 그렇다면 어떻게 해야 이 값을 줄일 수 있을까?

물론 지금까지 우리가 계산한 것들은 모두 일반적인 실리콘 VLSI 접근법에 기반한 것이었다. 따라서 실리콘 VLSI를 벗어나 조금 다른 방법을 생각해야 할 수도 있다. 이제 이 의문점을 조금 더 일반적이고 추상적인 관점에서 살펴보자. 계산용 소자의 기초 부품으로 사용할 스위치를 설계하는데, 스위칭 에너지가 E_{part}이고 스위칭하는 데 걸리는 시간은 t_{part}라고 하자. 어떤 사람이 이 부품을 잔뜩 사용해서 회로를 구축하는데, 다음과 같이 아주 비효율적으로 회로를 만든다고 해 보자 (처음에는 약간 추상적으로 들릴지도 모르지만 조금만 참고 넘어가길 바란다). 우선 p개의 스위치를 병렬로 연결한 다음 모든 스위치를 같은 입력에 연결한다 (그림 8-35).

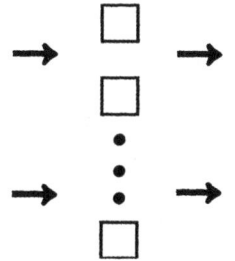

그림 8-35 기본 부품을 병렬로 연결한 상태

이 스위치는 모두 동시에 작동하며, 신호가 왼쪽에서 오른쪽으로 전달된다. 따라서 이 모든 부품들이 스위칭할 때 방출되는 에너지는 $E_{sys} = pE_{part}$이며, 스위칭하는 데 걸리는 시간은 단지 $t_{sys} = t_{part}$이다. 즉, $(Et)_{sys} = p(Et)_{part}$이 된다. 어차피 모든 부품에서 같은 결과를 내놓는다는 점을 감안하면 이런 방출 작용 값은 우스운 수준이다.

이제 그 회로를 만드는 이가 더 바보스럽게도 s개의 부품을 병렬로 연결하기까지 한다고 하자(그림 8-36).

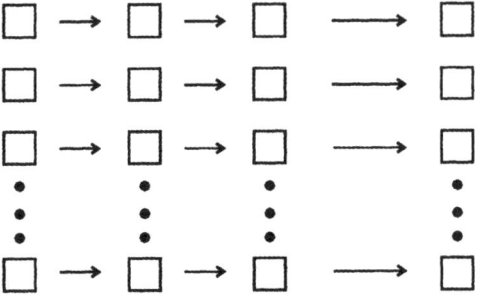

그림 8-36 부품들을 직렬로 연결한 상태

정말 한심하기 짝이 없는 일이다. 사슬로 연결된 각 스위치는 바로 앞에서 전달받은 값을 뒤집어줄 뿐이기 때문에 결과적으로 단순한 스위치에 지나지 않는다. 처음에 병렬로 만들었던 것보다 전혀 나을 것이 없다. 게다가 이제는 $(Et)_{sys} = ps^2(Et)_{part}$이다. 도대체 지금 이것들이 무슨 상관이란 말인가? 전자 충돌은 1전자 스위치(1-electron switch)와 비슷하며, 결국 $(Et)_{part} = 3kT\tau_{col}$이라는 양과 연관시킬 수 있다. 이런 충돌을 기초 연산이라고 볼 수 있다. 이제 게이트 밑에서 이리저리 움직이는 전자들은 서로 부딪히고 표류하면서 같은 일을 하고 있는 셈이며, 실제로 병렬로 동작하고 있다고 볼 수 있다. 이때 병렬로 작동하는 부품의 개수는 $p = N$, 즉 게이트 밑에 있는 전자의 개수라고 할 수 있다. 물론 충돌 한 번만으로 전자의 모든 행동을 설명할 수는 없다. 실제로 평균 충돌 회수가 $(L/l_{col}) \sim s$라면 이 부분을 스위치들이 직렬로 작동하는 것에 비유할 수 있다. 결국 앞에서 구한 $(Et)_{sw}$의 결과는 조금 전에 예로 든 바보 같은 친구의 회로와 마찬가지로 $10^{10} = ps^2$이라고 해석할 수 있다. 어떤가? 확실히 개선할 여지가 있지 않은가?

좋다. 그러면 어떻게 개선시킬 수 있을까? 우선 스위치들을 병렬로 연결하는 게 정말 바보 같은 일일까? 전혀 그렇지 않다. 정확도 면에서는 병렬 연결이 좋다. 부품이 아주 예민해서 열 요동이나 기타 요인에 의해 쉽게 엉뚱한 값으로 뒤집힐 수 있다면 특히 그렇다. 부품들을 병렬로 연결한 다음 평균, 또는 다수를 따르는 식으로 출력을 결정하면 시스템의 신뢰도를 향상시킬 수 있다. 예를 들어 오작동할 가능성이 4분의 1인 부품을 400개만 연결하면 이 시스템에서 오답을 내놓을 확률은 10^{18}분의 1 수준으로 줄어든다. 정말 놀라운 값이다! 그러면 부품들을 직렬로 연결하는 것은 어떨까? 꽤 곰곰이 생각해 봤지만 아직 별다른 장점을 찾지는 못했다. 사실 $s = 1$을 제외한 여러 부품들을 직렬로 연결할 이유를 아직 모르겠다.

연습문제 8.3

전자를 이용한 모형에서 $s = 1$인 상황은 (L/l_{col})이 1이 되는 경우에 해당한다. 그런데 실제로 이런 상황에 다다르게 되면 한 가지 생각해 볼만한 문제가 있다. 가장 극단적인 예로, 게이트 밑에 있는 전자의 평균 자유경로가 무한대인 경우를 생각해 보자. 즉, 충돌이 없는 경우다. 그런 소자의 특성을 분석해 보고, 소자가 어떤 식으로 작동할지 생각해 보자. 얼핏 보면 그런 소자는 항상 전도성이기 때문에 스위치 역할을 할 수 없다고 생각할 수 있다. 하지만 관성을 생각하면 그렇지 않음을 알 수 있다. 전도성을 띠려면 전자들이 가속되면서 전자 속력이 바뀌어야 하며, 전자의 처음 속력은 반드시 0이어야 한다. 따라서 게이트 밑에는 반드시 어떤 전하 밀도가 존재한다. 사실 평균 자유경로가 무한대인 경우의 분석은 이미 진공관에서 이루어진 바 있고, 실제로 잘 맞아떨어졌다. 따라서 이런 종류의 스위치를 만들고 분석하는 것도 분명히 가능할 것이다. 단지 실리콘으로는 만들 수 없을 뿐이다. 실리콘 안에서는 전자가 끈적끈적한 꿀 속을 움직인다고 상상하면 된다.

일반적으로 어떤 식으로든 평균 자유경로를 늘이고 L을 줄여야만 한다. $(Et)_{sw}$는 100배 정도까지 줄일 수 있다(10^4배까지는 아니다. 평균 자유경로가 바뀔 때 τ_{col}도 같이 바뀌기 때문이다). 지금 나와 있는 하드웨어는 에너지 손실이 어마어마하여 별로 잘 설계되었다고 할 수 없다. 더 빠르게 작동하면서도 에너지는 적게 소모하도록 만들지 못할 이유가 전혀 없는 것이다. 그러니 도전해 보자. 맞서야 할 상대는 자연의 한계가 아니라 인간의 상상력뿐이다.

가장 쉽게 생각할 수 있는 방법은 크기를 줄이는 것이다. 크기를 줄이면 많은 것을 얻을 수 있다. L을 α배로 바꾼다고 해보자. 1보다 작은 α로 스케일링하는 상황, 즉 $L \to \alpha L$인 스케일링을 생각하면 l_{col}은 바뀌지 않으므로 $(L/l_{col})^2 \to \alpha^2(L/l_{col})^2$이 됨을 알 수 있다. 게이트 아래의 전자 개수는 면적에 비례하므로 $N \to \alpha^2 N$이다. 따라서 다음과 같은 결론을 내릴 수 있다.

$$(Et)_{sw} \to \alpha^4 (Et)_{sw} \qquad \text{식 8-28}$$

이것이 소자를 축소시키면 매우 큰 효과를 얻는 뛰어난 스케일링의 특성이다. 비록 α가 아주 작은 경우에도 이런 관계식이 성립한다고 확신할 수는 없지만, 부품을 더 작게 만드는 것만으로도 적지 않은 이익이 있음을 보여준다.

지금까지 살펴본 (Et) 개념은 내가 개인적으로 생각한 관점이기 때문에 틀릴 수도 있다. (Et)가 상수라는 생각은 양자역학에서의 불확정성 원리와 상당히 비슷한 냄새를 풍기는데, 만약 정말 그렇다면 거기에 뭔가 근본적인 설명이 있었으면 한다. 분명 독자 여러분이 대답할 수 있는 것도 있을 것이다. 지금까지 언급한 내용을 비판하거나 논의하기 위해 직접 뭔가를 할 수 있다면 여러분에게 도움이 될 것이다. 전부 말도 안 되는 내용이라 하더라도 다음과 같은 관계식이 보여주듯이 방출 작용 (Et)을 줄이면 빠르게 작동하는 컴퓨터에서의 전력 손실을 줄일 수 있다는 점은 분명하다.

$$\text{전력} = E/t = (Et)/t^2 \qquad \text{식 8-29}$$

8.3 VLSI 회로 구축

마침내 VLSI의 바탕이 되는 실제 물리적인 기술을 논의할 차례이다. 트랜지스터는 어떻게 만들어질까? 그리고 어떻게 그렇게 조그만 칩에 집어넣을 수 있을까? 답은 '아주 잘 하면 된다.' 기본 개념은 꽤 간단하다. VLSI 접근법은 진정한 공학과 생산 기술의 승리이며, VLSI가 얼마나 위대하고 아름다운지 보통 사람들이 모른다는 것은 정말 안타깝다는 말밖에는 할 말이 없다. 칩을 만들기 위해 필요한 정확도와 기술은 아주 환상적이다. 미래에는 핀 끝에다 글씨를 쓰는 것이 가능해질 것이라고 얘기하는 사람들도 있는데, 사실 그 기술은 지금 당장에도 실현 가능하다. 신이 아닌 보통 사람들도 책 한 권, 심지어는 백과사전이나 성경까지도 핀 머리 위에 모두 기록할 수 있다. 이 절에서는 매우 간단한 수준에서 VLSI 부품을 만들기 위한 기초 공정을 살펴보겠다. 주로 nMOS 기술을 중점적으로 볼 것이다.

8.3.1 평면형 공정 제조 기법

모든 공정은 순수한 실리콘 결정에서 시작된다. 이 물질은 전자공학에서 응용되기 오래 전부터 연구되고 있었다. 처음에는 꽤 희귀하고 비쌀뿐 아니라 순수하게 분리해 내기 힘든 편이었지만 요즘은 실험실에서 손쉽게 매우 순수한 결정을 만들 수 있다. 먼저 가로, 세로가 각각 10cm 정도[7] 되는 길다란 블록을 썰어서 얇은 웨이퍼를 만든다. 이 기판에 집적회로를 만들려면 설계에 필요한 규격에 맞춰 웨이퍼에 산화막, 폴리실리콘, 금속 등을 입혀 여러 층을 만들어야 한다. 앞에서도 살펴보았듯이 MOSFET에서 소스와 드레인은 약하게 도핑된 p형 Si 물질 위에 얹혀진 n형 영역이 아니라 p형 Si 안에 심어진 n형 영역이다. 우리가 사용하는 실리콘 웨이퍼가 실제로 이런 p형 물질이라는 점이 중요하다.

---

[7] 엮은이_ 지금은 지름이 30cm인 실리콘 원통형을 업계 표준으로 쓴다.

앞으로 진행될 일들을 살펴보기 위해 우선 첫 번째 단계인 실리콘에 절연성 산화막 층을 만들고 조작하는 단계를 자세히 설명하겠다. 산화막 층은 트랜지스터의 게이트 밑에 절연층을 만드는 데 매우 중요한 역할을 한다. 우선 고온에서 웨이퍼 표면 위로 산소를 통과시키면 이산화규소(SiO_2) 층이 자라난다. [그림 8-37]의 SiO_2 층도 이렇게 만들어진 것이다. 이제 이 산화막을 선택적으로 제거해야 한다. 이때 꽤 교묘한 방법을 쓰는데, 산화막 위에 유기물로 만들어진 감광제를 바르고 접착력을 증가시키기 위해 가열 과정을 거친다. 감광제는 자외선에 노출되면 끊어지는 특성이 있으며, 이 특성을 이용해 웨이퍼에 실제 회로 모양을 새길 수 있다. 그리고 틀 역할을 하는 마스크를 감광제 위에 덮는다. 이 마스크는 투명한 물질 위에 자외선을 차단하는 물질이 올라가 있는 형태이며, 이렇게 하면 자외선을 가린 부분에는 SiO_2가 드러나게 된다(보통 마스크는 여러 번 반복해서 쓸 수 있기 때문에 한 웨이퍼로 같은 칩을 여러 개 만들 수 있다. 각 칩들은 나중에 잘라서 쓰게 된다). 그리고 나서 웨이퍼에 자외선 또는 X선을 쪼인다. 마스크에서 투명한 부분 밑에 있는 감광제는 자외선에 의해 결합이 끊어져 벗겨질 수 있는 상태로 바뀐다. 이렇게 감광제가 벗겨진 부분의 SiO_2는 불산(HF) 같은 강한 산으로 제거할 수 있다. 감광제는 산에 의해 제거되지 않기 때문에 그 밑에 있는 SiO_2를 보호할 수 있으므로 원하는 부분의 SiO_2를 그대로 남길 수 있다. 이 단계까지 끝나면 맨 위에 감광제, 그 밑에 SiO_2, 그 밑에는 그냥 실리콘이 있는 구조가 만들어진다. 이제 웨이퍼를 유기용제에 담그면 감광제가 벗겨지고 그 밑에 있는 산화막이 드러난다. 결과적으로 실리콘 구멍이 나 있는 산화막 층이 남는다고 할 수 있다(그림 8-37).

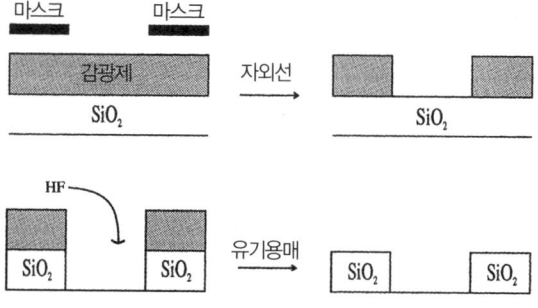

그림 8-37 칩 제조의 첫 번째 단계

지금까지 칩을 제조하는 첫 번째 단계를 살펴보았다. 두 번째 단계는 회로에서 저항 등의 용도로 사용할 결핍 모드 트랜지스터의 기본 물질을 배치하는 단계이다. 결핍 모드 트랜지스터에는 향상 모드 트랜지스터와 비교했을 때 소스와 드레인 사이의 게이트 밑에 얇은 n형 실리콘 층이 있다는 차이점이 있다.

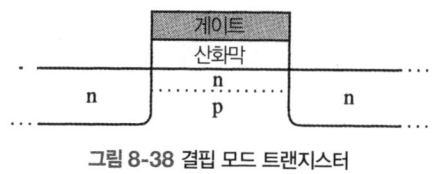

그림 8-38 결핍 모드 트랜지스터

이런 트랜지스터는 항상 닫혀 있으며, 게이트에 음전압을 걸어 전류의 흐름을 막아 스위치를 열지 않는 한 항상 전류가 흐를 수 있다(앞에서도 설명했듯이 $V_{th} < 0$이다). 칩에 이런 트랜지스터를 집어넣으려면 다른 공정을 거치기 전에 미리 기반을 만들어 놓아야 한다. 즉, 게이트 영역의 윤곽을 잡은 다음 그 영역 위에 아주 얇게 n형이 도핑된 실리콘 층을 만들어야 한다. 이때도 웨이퍼에 자외선 또는 X선을 쬐어서 일부 영역에서만 감광제 밑의 실리콘 층이 노출되도록 만든다. 그리고 나서 노출된 영역에 인, 비소, 안티몬 등을 도핑해 결핍 영역을 만든다. 이때 감광제는 다른 영역에 이온이 침투하는 것을 막는 역할을 한다. 작업이 끝나면 남은 감광제를 씻어낸다.

다음은 폴리실리콘(다결정 실리콘^{polycrystalline silicon}) 층을 만들 차례다. 고농도로 도핑된 폴리실리콘은 금속만큼은 아니지만 전도성이 좋기 때문에 트랜지스터의 게이트를 만드는 데 사용된다. 이러한 게이트는 얇은 절연성 산화막 층에 의해 기판으로부터 분리되기 때문에(그림 8-38) 폴리실리콘 작업을 하기 전에 처음에 했던 것처럼 얇은 산화막 층을 한 번 더 입혀야 한다. 이번에도 산소가 공급되는 상황에서 웨이퍼를 가열한다(이렇게 하면 웨이퍼 전체에 걸쳐 산화막의 두께가 들쑥날쑥할 것이다). 그리고 나서 웨이퍼에 폴리실리콘을 입히고 다른 마스크를 써서 불필요한 폴리실리콘을 제거한다. 이 모든 작업을 마치고 나면 트랜지스터의 드레인과 소스, 그리고 확산층을 만들어야 한다. 남아있는 실리콘을 모두 적절히 인을 써서 도핑하면 되는데, 이때 폴리실리콘 밑에 있지 않은 모든 산화막을 제거하고 노출된 실리콘 영역을 한꺼번에 도핑한다. 폴리실리콘 밑에 있는 결핍 영역은 가려져 있기 때문에 추가로 오염되는 일은 일어나지 않는다.

이제 지금까지 설명한 공정을 통해 어떻게 향상 모드 트랜지스터가 만들어지는지 알아보자. 그림에서 각 층은 [그림 8-39]와 같이 표시하겠다(보통 각 층은 서로 다른 색으로 구분한다).

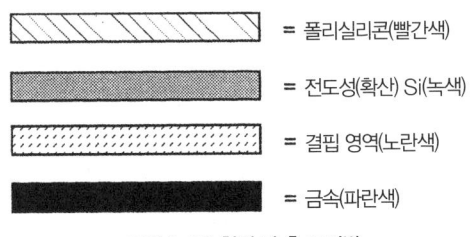

그림 8-39 칩의 각 층 표기법

여기에는 금속 층[8]이 하나 더 추가되어 있다. 이 층은 비교적 먼 거리에 있는 위치에 전류를 보내기 위한 용도로 사용하는 '전선'으로, 폴리실리콘이나 확산층 대

---

8 엮은이_ 최선 공정 기술은 이제 10개 이상의 금속층을 지원할 수 있다.

신 쓰기 위함이다(전원 공급기는 보통 이런 금속 경로로부터 들어온다). 필요에 따라 각 층 사이로 전류가 자유롭게 흐를 수 있도록 접점을 추가할 때도 이런 금속층이 필요하다. 위와 같은 표기법을 이용하면 향상 모드 트랜지스터는 [그림 8-40]과 같이 그릴 수 있다.

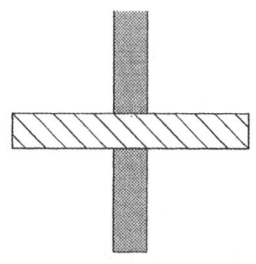

그림 8-40 향상 모드 트랜지스터를 개괄적으로 나타낸 다이어그램

실제 트랜지스터는 폴리실리콘 경로와 전도성 실리콘 경로가 교차하는 부분이다. 물론 그 사이에는 절연성 산화막 층이 있기 때문에 이 두 경로가 실제로 접촉한다는 의미에서 교차하는 것은 아니다.

온전한 인버터를 만들려면 직렬로 연결된 저항이 필요하다. 앞서 얘기했듯이 이런 용도로는 결핍 모드 트랜지스터를 쓰면 된다. 인버터 회로는 [그림 8-41]처럼 만들 수 있다.

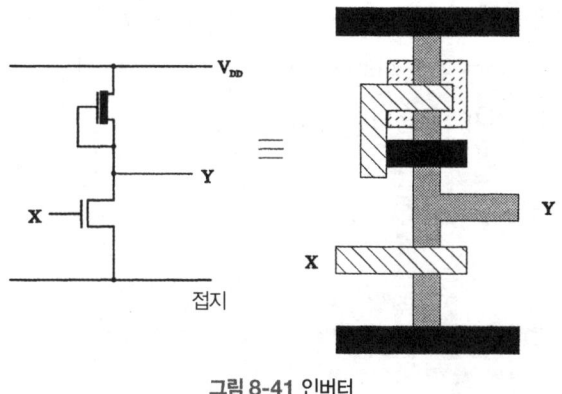

그림 8-41 인버터

[그림 8-41]을 보면 전원 공급선과 접지선이 모두 금속선으로 표시되어 있다. 반도체 제조 공정에서는 확산 실리콘 경로 가운데 일부분을 금속과 바로 연결될 수 있도록 노출시켜 놓아야 한다. 그러한 부분은 위 그림과 같이 위에서 바라본 도면만으로는 표현할 수 없다(실제 회로는 [그림 8-41]처럼 완전히 평평하게 배치되지 않고 꽉 짜인 상자처럼 여러 층으로 구성된다. 자세한 내용은 미드와 콘웨이의 책을 참조하자). 트랜지스터의 소스나 드레인을 다른 게이트에 대한 입력선으로 사용할 때도 비슷한 공정을 거쳐야 한다. 이런 경우에는 확산 실리콘 경로를 폴리실리콘 경로와 연결해야 하는데, 어떤 식으로든 직접적으로 접촉시켜야 한다. 그렇지 않으면 두 경로가 교차하는 지점에서 축전기나 트랜지스터가 생겨버리기 때문이다. 이때는 [그림 8-42]처럼 확산 실리콘과 폴리실리콘 접촉부 위에 금속층을 덮어주는, 소위 버팅 접촉$^{butting\ contact}$이라는 방법을 쓸 수 있다.

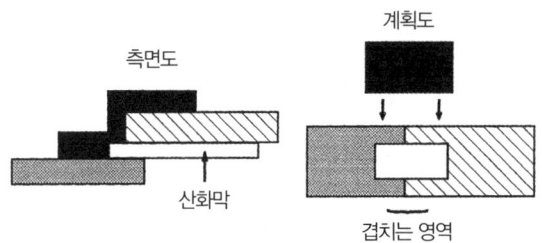

그림 8-42 폴리실리콘 층과 확산 실리콘 층 접촉 방법

조금 더 복잡한 논리 유닛의 예로 NAND 게이트를 한 번 살펴보자. NAND 게이트를 만들기 위해서는 기존 회로에서 확산 실리콘 경로를 다른 폴리실리콘 경로와 교차시켜서 트랜지스터를 하나 더 만들면 된다(그림 8-43).

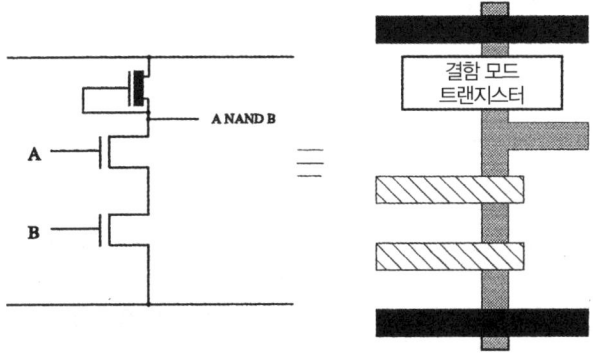

그림 8-43 NAND 게이트

이 회로에서 폴리실리콘 경로는 두 트랜지스터에서 모두 확산 실리콘 경로보다 조금 더 나아가 있음을 알 수 있다. 왜 이렇게 했을까? 칩의 여러 경로들을 서로 어떤 식으로 배치해야 하는지, 경로의 크기는 어떻게 해야 하는지 등에 대한 여러 규칙들이 있는데, 여기서 몇 가지만 간단하게 짚고 넘어가겠다('람다 기반' 설계 규칙에 대한 보다 자세한 설명은 미드와 콘웨이의 책을 참조하기 바란다). 우선 어떤 단위 길이 λ를 정의한 다음 칩에서 이 값을 기준으로 모든 길이를 표현하자. 1978년에는 λ가 3마이크론이었고 1985년에는 1마이크론까지 떨어졌으며, 시간이 지나면서 이 값은 계속 작아진다. 확산 영역 및 폴리실리콘 경로의 최소 폭은 2λ지만 금속 원자가 전류 방향으로 표류해 움직이는 현상인 일렉트로마이그레이션^{electromigration} 때문에 금속선의 폭은 최소 3λ는 되어야 한다. 금속선이 특히 얇은 경우에는 이 현상에 의해 회로가 망가질 수도 있다(그림 8-44).

그림 8-44 실리콘 칩에서의 경로 폭

다시 말하지만 이 값들은 최소값일 뿐이며, 더 넓은 폭으로 만들어도 된다. 선들 사이의 거리와 관련된 규칙도 있다. 전도성 경로끼리 너무 가까이 있으면 두 선

사이에서 전류가 회로를 교차하여 흐를 수도 있기 때문에 최소값 이상은 반드시 떼어 놓아야 한다(그림 8-45).

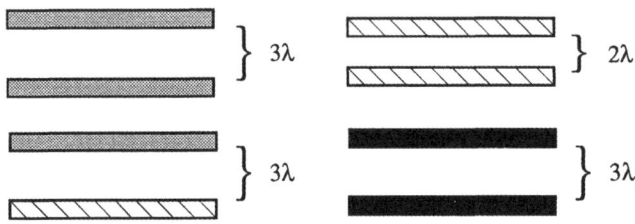

그림 8-45 실리콘 칩에서의 경로 사이의 거리

금속 경로(파란색)는 접촉하지 않으면서도 폴리실리콘 경로(빨간색) 또는 확산 실리콘 경로(녹색) 위를 지나갈 수 있다. 빨간색과 녹색이 서로 교차할 때는 앞에서도 얘기했듯이 트랜지스터가 형성된다. 이런 식으로 트랜지스터를 만들 때는 게이트를 이루는 폴리실리콘 선이 확산 영역의 가장자리보다 조금 더 튀어나와야 한다. 그렇지 않으면 옆으로 전도 경로가 생기면서 드레인과 소스가 단락될 수 있기 때문이다. 생산 과정에서 생길 수 있는 오차까지 감안하면 가장자리 밖으로 튀어나오는 부분은 최소 2k는 되어야 한다(그림 8-46).

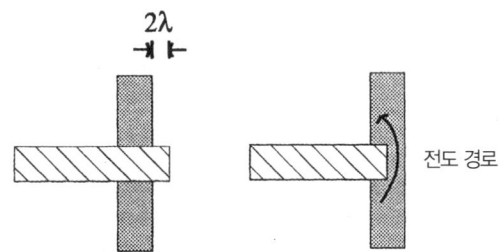

그림 8-46 트랜지스터를 만들 때 따라야 하는 규칙

또한 여러 층 사이를 연결하는 방법도 고려해야 한다. 금속선을 다른 경로와 연결하려면 접촉이 잘 될 수 있도록 만들어야 한다(이런 접촉은 보통 정사각형 모양으로 만든다). 이때는 단순히 금속을 다른 경로와 면끼리 맞닿는 식으로만 접촉시키지 않고 금속 주변을 최소 λ 거리만큼 해당 경로 물질이 둘러싸도록 해야 한다. 그래야 금속을 통해 주변으로 전류가 새는 것을 막을 수 있기 때문이다. 이는 폴리실리콘, 확산 실리콘, 금속선 중 어떤 물질과 접촉시키더라도 적용되는 규칙이다(그림 8-47).

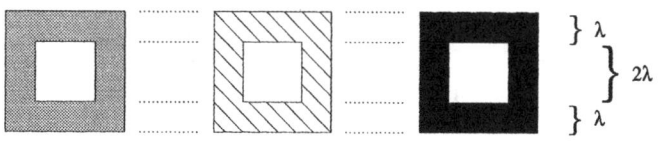

그림 8-47 접촉부와 관련된 규칙

8.3.2 회로 설계 및 패스 트랜지스터

실제로 어떤 회로를 만들 땐 필요한 마스크(보통 어마어마하게 복잡하다)를 모두 만들어서 제작사로 보내야 한다. 제작사는 지시한 대로 공정을 처리하여 제품을 보내준다. 이번에는 기하적인 모양이 아닌 회로 배치의 위상 관계만 보여주는 회로도를 그릴 때 알아두면 좋을 만한 몇 가지 노하우를 살펴보자. 이 회로도에는 실제 크기, 즉 각 경로의 길이 등에 대한 정보는 포함되지 않는다. 예를 들어 NAND 게이트의 회로도는 [그림 8-48]과 같으며, 이런 그림을 '막대 그림^{stick} ^{figure}'이라고 부른다. 각 경로는 그림 오른쪽에 나와 있는 식으로 구분했다.

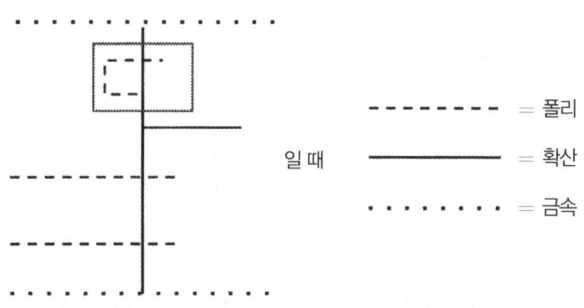

그림 8-48 NAND 게이트 회로도

이 회로도는 중요한 연결을 보여주지만 실제 만들어지는 칩에서 각 부품의 위치나 크기 같은 것은 크게 다를 수 있다. 그러나 이를 우리가 신경 쓸 필요는 없으며, 회로에서 서로 다른 선들의 교차 형태 등을 봐야 할 때는 여기 있는 막대 그림 형태의 회로도를 사용하기로 하자. 기존 회로도와 이 막대 그림을 반반씩 섞어 회로의 일부분을 적당한 기호로 표현하면 회로도를 더 간단하게 그릴 수 있다. 예를 들어 인버터가 사슬처럼 연결된 회로라면 복잡한 트랜지스터 막대 그림을 계속 그리는 것보다는 [그림 8-49]와 같이 그리는 편이 훨씬 쉬울 것이다.

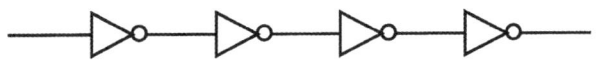

그림 8-49 인버터 사슬을 간단하게 표시한 회로도

여기서 삼각형에 동그라미가 붙어 있는 기호들은 일상적으로 쓰이는 인버터 기호이며, 실선은 [그림 8-48]의 표기법을 따른 확산 실리콘 경로다.

디지털 회로에서 자주 쓰이는 회로 중에는 시프트 레지스터가 있다. [그림 8-50]은 이중 클락이 입력되는, 줄줄이 연결된 인버터 형태로 표현한 시프트 레지스터로, 폴리실리콘 선이 확산 실리콘 선을 가로지르고 있다.

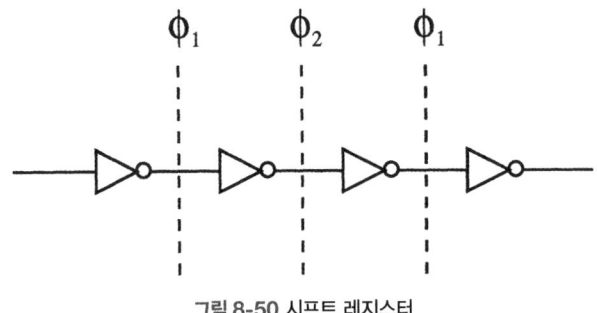

그림 8-50 시프트 레지스터

2개의 서로 상보적인 클락 펄스는 폴리실리콘 선을 따라 전송되며, 폴리실리콘 선은 확산 실리콘 선과 교차되면서 패스 트랜지스터라는 것을 형성한다. 패스 트랜지스터란 이 트랜지스터가 게이트에서 순방향 바이어스가 걸렸을 때 전류를 소

스에서 드레인으로(위 그림에서는 왼쪽에서 오른쪽으로)만 흐를 수 있게 해 주는 역할을 하기 때문에 붙은 이름이다. 즉, 폴리실리콘 선으로 들어오는 클락 펄스가 ON이 될 때마다 소스에서 드레인으로 전류가 흐른다. 그 다음 펄스가 들어오면 바로 뒤에 연결된 인버터가 스위칭되며, 다음 클락 펄스가 들어올 때까지 그 값을 유지하게 된다. 2장에서 살펴본 클락 레지스터에 대한 논의를 떠올려 보면 [그림 8-50]에 나온 회로가 어떤 식으로 작동하는지 이해할 수 있을 것이다. 이는 플립플롭과 논리 게이트가 잔뜩 섞여 있는 회로보다는 확실히 간단한 구성의 회로이다. 참고로 메모리 저장용으로 쓰고 싶다면 위와 같은 회로를 닫아서 계속 안에서만 돌게 하면 된다.

8.3.3 PLA

PLA^{Programmable Logic Array}(프로그래밍 가능한 논리 배열)를 가지고 컴퓨터에서의 조건문 제어 문제를 살펴보자. 즉, 일련의 입력 데이터가 주어졌을 때 다음에 할 일을 결정하는 방법을 알아보는 문제이다. 예를 들어 '만약 ~~이 0이면 멈춰라'라든가 '두 비트가 모두 1이면 1을 올린다'와 같은 작업을 생각하면 된다. 추상적으로 말하면 어딘가에서 특정 정보가 전달되어 그 정보에 의해 다음 할 일이 결정되는 것이 바로 조건문이다. 이 정보는 현재 상태를 알려주는 어떤 센서를 건드리게 된다. 이렇게 현재 상태를 알아내면 가산기에 두 값을 더하거나 빼라는 식으로 특정 명령을 내릴 수 있다. 이런 명령은 일련의 선을 따라 전달되는 데이터 형태를 띠게 될 것이다(그림 8-51).

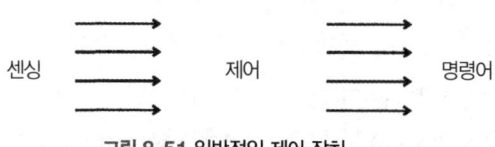

그림 8-51 일반적인 제어 장치

이런 작업을 하기 위한 장치를 만들 때 가장 먼저 할 일은 주어진 입력 조건에 따라 내려야 할 명령을 파악하는 것이다. 과정은 단순하다. 예를 들어 [표 8-1]과 같은 식으로 명령을 나열할 수도 있다.

표 8-1 제어 장치용 명령어 집합의 예

센서 라인					명령어					
1	2	3	4	5	a	b	c	d	e	f
1	1	0	1	0	1	0	1	1	0	1
1	0	0	1	1	1	0	1	1	0	1
0	1	1	0	1	0	1	1	0	1	0
		⋮					⋮			

왼쪽에 있는 각 행은 센서 라인으로 들어오는 각 비트 값 설정이다(이 예에서는 입력선이 5개이다). 오른쪽에 있는 행은 그 왼쪽에 있는 비트 값들이 입력되었을 때 명령선(여기서는 6개)으로 전송될 비트다. 예를 들면 1은 '이 선으로부터 들어가는 입력이 1이면 덧셈을 한다든가 불을 켠다든가 하는 식으로 뭔가를 하라'는 뜻일 수 있고, 0은 아무것도 하지 않거나 X 상태를 그대로 두거나 불을 끈다든가 하는 식의 다른 일을 하라는 식으로 명령을 정의하면 된다. 제어 시스템을 만드는 아주 직접적이만 비효율적인 방법은 입력선을 메모리 주소로 하고 제어선을 각 주소에 담긴 내용으로 하여 [표 8-1]과 같은 메모리에 저장하는 것이다. 이렇게 하면 모든 가능한 입력선의 조합에서 수행할 행동을 따로따로 저장할 수 있다. 이 메모리에 저장될 내용물은 고정되어야 하므로 모든 내용을 읽기 전용 메모리(ROM^{Read Only Memory})에 저장해도 된다. 가장 큰 문제는 타이밍이다. 어떤 명령은 다른 명령어보다 먼저 ROM에서 나가 컴퓨터의 상태를 변경시켜 입력단의 내용을 바꿔놓는 일이 일어날 수도 있다. 그러면 이전에 들어왔던 입력 내용이 완전히 처리되기 전에 새로운 조건들이 입력되어 치명적인 문제가 생길 수 있다. 그러나 이런 경우는 보통 메모리마다 클락 레지스터를 배치하여 명령을 가져오고 사용하는 타이밍을 조절함으로써 미연에 방지할 수 있다(그림 8-52).

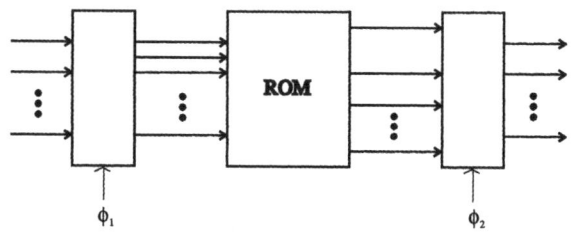

그림 8-52 클락이 있는 ROM 제어 시스템

φ_1이 ON이면 입력선이 메모리로 전달되며 그 입력 내용에 대응하는 제어 신호가 결정된다. 하지만 φ_2가 OFF이므로 신호가 밖으로 나가지 못한다. 모든 입력 정보가 다 들어오고 명령이 결정되어서 전체적인 상황이 안정되고 나면 스위치 φ_2를 켠다. 그동안 φ_1은 꺼서 메모리 입력을 차단한다. 외부 클락이 켜지면 명령어가 밖으로 나가서 시스템의 다른 부분에 영향을 주지만, 이때 메모리는 아무 영향도 받지 않는다. 이런 과정이 계속 반복되면서 명령들이 수행된다.

지금까지 아주 간단하게 제어 시스템을 만드는 방법을 살펴보았다. 하지만 효율성 면에서 보면 그리 만족할 만한 수준은 아니다. 메모리에 2n개의 항목을 꾸역꾸역 채워 넣는 것은 메모리 낭비가 심하다. 입력 상태는 서로 다른데 출력 상태는 같은 경우도 있고, 여러 개의 입력선을 ROM에 집어넣기 전에 다중 OR 게이트를 통해 미리 걸러내는 경우도 있기 때문이다. 이렇게 하면 테이블에 중복된 정보가 너무 많아져 자연스레 아예 ROM을 쓰지 않고 다시 원점으로 돌아가 여러 개의 논리 게이트로 이루어지는 회로를 개발하는 것이 차라리 낫겠다는 생각이 들 수도 있다. 실제로 초창기에는 이런 식으로 일이 진행되었다. 필요한 게이트의 최소 개수를 구하는 법칙 등을 적용하면서 아주 복잡한 논리 회로를 만들어 ROM을 아예 없애 버리기도 했다. 하지만 요즘은 회로들이 워낙 복잡해지고 인간 두뇌에도 한계가 있어 ROM을 써야 하는 경우도 종종 있다. 또한 논리회로만으로 더 간결하게 구현할 수 있을 정도로 출력 종류가 적어서 ROM이 굳이 필요하지 않은 어중간한 경우도 있다. 2장에서 처음 등장한 PLA를 써서 그 예를 살펴보기로 하자, PLA는 입력을 집어넣으면 필요한 명령을 출력하는, 즉 논리 게이트를 정렬해서 배열한 것이다. 이상적으로 보자면 그런 배열에는 중복이 없다. 블랙박스 형태로 표현하면 일반적인 PLA는 [그림 8-53]과 같은 형태이다.

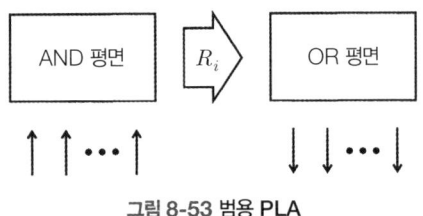

그림 8-53 범용 PLA

[그림 8-53]과 같이 PLA는 AND 게이트만으로 이루어진 AND 평면과 OR 게이트만으로 이루어진 OR 평면의 두 부분으로 구성된다. 이 두 평면은 전선으로 된 다리로 연결되는데, 그 다리에 R이라는 레이블을 붙이기로 하자. 입력은 AND 평면으로 들어가서 처리된 다음 R 전선에 의해 OR 평면으로 전달된다. 그런 다음 몇 가지 처리 과정을 거친 후 OR 평면으로부터 최종 신호가 출력된다. 이 신호는 특정 입력에 대응되는 '다음 할 일'을 알려주는 일련의 명령이다.

입력선이 A, B, C 세 개, 출력선이 Z_1, $\cdots$, Z_4 네 개인 경우를 생각해 보자. 각 입력은 AND 평면으로 들어가기 전에 두 부분, 즉 원래 입력값 A와 그 부정값에 해당하는 NOT A로 갈라진다. 이렇게 하면 각 신호를 NOT, AND, OR로 조작할 수 있는, 즉 어떤 논리 함수든 나타낼 수 있는 장치가 마련된 셈이다. 이제 그런 배열의 실제 트랜지스터 구조를 보여주는 PLA를 골라보자. 컴퓨터의 특정 부분의 상태를 알려주는 입력값 3개와 4가지 출력이 있다. 이 4개의 출력은 펄스 형태로 출력되며 컴퓨터에게 다음에 할 일을 알려주는 역할을 한다. 이제 4개의 출력은 다음과 같은 입력값에 대한 불리언 함수로 주어진다고 가정하자($\vee$=OR, $\wedge$=AND, $'$=NOT).

$$\begin{aligned} Z_1 &= A \\ Z_2 &= A \vee (A' \wedge B' \wedge C) \\ Z_3 &= B' \wedge C' \\ Z_4 &= (A' \wedge B' \wedge C) \vee (A' \wedge B \wedge C') \end{aligned}$$

식 8-30

여기에 있는 A, B, C의 불리언 함수를 일련의 AND 연산을 쭉 처리한 다음 일련의 OR 연산을 처리한 결과로 계산할 수 있는지는 간단하게 알 수 없다. 하지만 2장에서 증명한 일반적인 논리함수처럼 이 논리함수도 AND만 한꺼번에 처리한 다음 OR를 다시 한꺼번에 처리하는 식으로 계산할 수 있다. 이렇게 계산할 때 AND 평면으로부터 나오는 R_i는 A, B, C의 AND 및 NOT 연산만으로 만들어져야 한다. 따라서 R_i는 다음과 같은 식으로 정의할 수 있다.

$$R_1 = A, \quad R_2 = B' \wedge C', \quad R_3 = A' \wedge B' \wedge C, \quad R_4 = A' \wedge B \wedge C'$$ 식 8-31

그러면 Z 값들은 다음과 같이 3개의 R에 대한 OR 연산만으로 표현할 수 있다.

$$Z_1 = R_1, \ Z_2 = R_1 \vee R_3, \ Z_3 = R_2, \ Z_4 = R_3 \vee R_4$$ 식 8-32

일반적으로 모든 불리언 연산은 위와 같이 일련의 AND와 일련의 OR 연산으로 분해할 수 있다. 그리고 이 함수에 대한 PLA는 [그림 8-54]와 같이 표현할 수 있다.

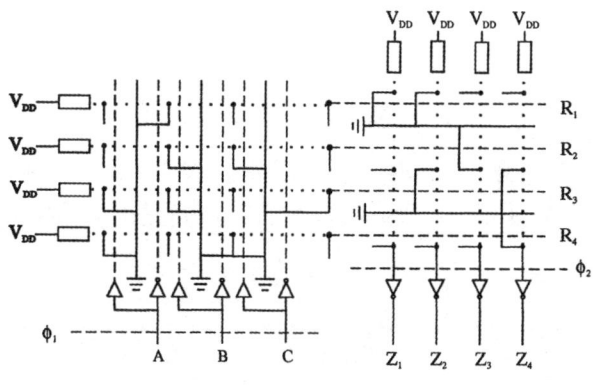

그림 8-54 PLA의 회로도

이 회로가 어떻게 앞에서 얘기했던 논리함수를 계산할 수 있는지는 각자 직접 따져보기 바란다.

기본적으로 PLA의 구조의 약 90% 이상은 회로에서 계산하는 함수와 무관하다. 그래서 PLA는 대개 표준 회로에 몇 가지 사항만 추가하여 만들어진다. 예를 들어 위에 있는 회로는 범용 AND 평면에 확산 실리콘 경로를 적당한 위치에 추가해 만들면 된다(그림 8-55).

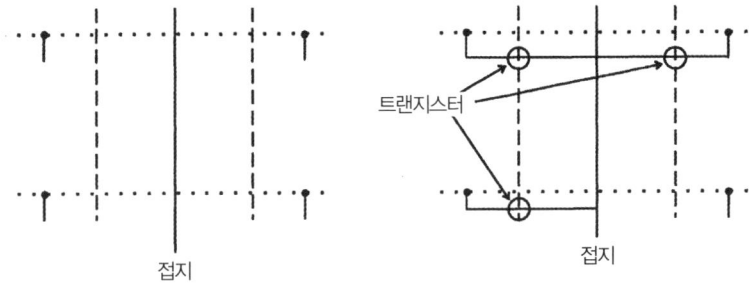

그림 8-55 범용 AND 평면 및 수정된 AND 평면

이런 방식은 실용성 면에서 정말 훌륭하다. 더 복잡한 회로를 원한다면 PLA 제작사 카탈로그를 뒤져서 제공하는 더 많은 코어 배열을 구해서 쓰기만 하면 된다. 그리고 [그림 8-54]를 보면 알겠지만 범용 OR 평면은 AND 평면을 그저 90도 회전시킨 모양에 불과하다.

연습문제 8.4

흥미로운 연습문제를 하나 풀어보자. 실제 소자를 설계하는 과정에서 만든 문제다. 제어선 C를 통해 A와 B라는 선을 교환하려고 한다. C와 그 보수 C'이 주어지며, C가 ON이면 A와 B가 서로 바뀌고 OFF이면 바뀌지 않는다. 이는 이전에 살펴본 제어 교환controlled exchange 게이트가 변형된 것이라고 볼 수 있다. 회로도는 [그림 8-56]과 같다.

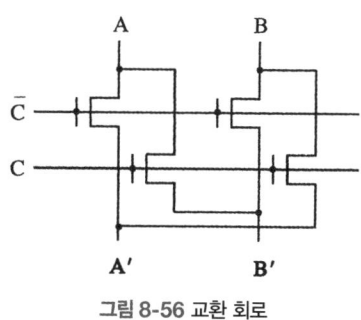

그림 8-56 교환 회로

규칙을 다시 정리해 보면 $C = 0 \Rightarrow A' = A, \ B' = B; \ C = 1 \Rightarrow A' = B, \ B' = A$이다. 이때 다음과 같은 질문에 답해 보자.

(a) 앞에 나왔던 폴리실리콘, 확산 실리콘, 금속 선 표기법에 따라 막대 그림을 그려보자(힌트: 입력 A, B는 금속선을 통해 들어온다).

(b) λ 설계 규칙을 준수하여 모눈종이 위에 실제 선 배치를 그려보자.

(c) 이 회로는 그 구조를 반복하고 C, NOT C 선을 확장하기만 하면 A, B 외에 다른 입력도 쉽게 추가할 수 있다. 이제 위쪽에서 여덟 쌍의 선이 들어온다고 해 보자. 각 쌍에 대해 수평 방향으로 14λ밖에 여유가 없으며, 총 너비 132λ 외에 경계 부분에 16λ에서 20λ 정도의 공간이 추가로 있다. 그런데 깊이는 150λ만큼이 주어졌다고 하자. 이제 A'과 B' 역시 금속선으로 회로에서 나가야 한다. 필요하다면 왼쪽에서 C가 추가로 들어온다고 가정해도 좋다.

8.4 컴퓨터 설계와 연관된 몇 가지 추가 제약조건

컴퓨터에서 가장 중요한 부품 가운데 하나가 바로 전선이다. 하지만 대부분의 사람들이 전선을 지나치게 이상적으로 간주하여 물리적인 성질을 가진 물리적인 실체라는 것을 종종 잊곤 한다(여기서 전선은 폴리실리콘 선을 포함한 모든 전송

경로를 뜻한다). 이런 특성은 우리가 컴퓨터를 설계하는 방법에 영향을 줄 수 있다. 마지막 절에서는 컴퓨터 설계에서 전선이 중요한 영향을 미치는 두 가지 경우를 살펴보고자 한다. 첫 번째는 클락 불균형$^{clock\ skew}$ 문제로, 전선 길이에 따라 클락이 서로 안 맞는 것과 연관된다. 두 번째는 전선이 공간을 차지하기 때문에 컴퓨터를 만들 때 전선이 들어갈 자리를 충분히 마련해야 하는 것과 관련된 문제다.

8.4.1 클락 불균형

일반적인 PLA에서 클락을 공급하는 문제로 돌아가 보자. 일반적으로 다음과 같은 형태를 띠는 2개의 클락 펄스 φ_1과 φ_2를 사용한다(그림 8-57).

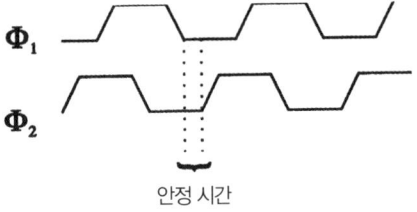

그림 8-57 PLA 클락 펄스

φ_1이 켜져 있는 동안 PLA에 데이터를 집어넣고 상태가 안정될 때까지 기다린다. 즉, 논리 게이트에서 필요한 계산을 마치고 데이터를 출력할 준비가 될 때까지 기다린다. 이렇게 안정된 상태에 이를 때까지 기다리는 것이 중요하기 때문에 그냥 위상이 반대가 되도록 하지 않고 일정한 지연 시간을 두는 것이다. 그런 다음 φ_2를 켜면 φ_2가 ON 상태인 동안 데이터가 출력된다. 여기까지는 매우 직관적이고 간단하다.

그런데 실제 컴퓨터에서는 문제가 생기기도 한다. 우선 회로에서 게이트를 충전하는 데 시간이 걸리고 이로 인해 시간 지연이 발생한다. 클락 신호 자체도 금속이든 폴리실리콘이든 간에 전선을 통해서 전달되는 전류 펄스이므로 전송에 시간이 걸린다. 짧은 선을 통해 전달된 펄스는 긴 선을 통해서 전달된 펄스보다 빨리 도착하게 마련이다. [그림 8-58]처럼 부품들이 무한히 연결되어 있는 경우를 생각해 보자(유한한 경우라면 패스 트랜지스터가 줄줄이 연결된 모형으로 생각할 수 있다).

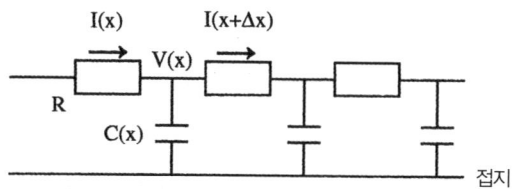

그림 8-58 간단한 전선이 무한히 많이 연결된 모형

저항이 축전기와 교차되어 연결되어 있다. 이 작은 저항과 축전기가 무한히 가까이, 그리고 무한히 많이 연결되어 있고 전선의 단위 길이당 저항은 R, 단위 길이당 전기용량은 C라고 생각하자. 이제 선(꼭 금속일 필요는 없고 폴리실리콘일 수도 있음)의 한쪽 끝에 전압을 걸고 다른 쪽 끝까지 신호가 전파되기를 기다리면 된다. 전선의 원점으로부터의 거리가 x라고 하면 각 접합부의 전위 $V(x)$와 거기로 들어오는 전류 $I(x)$를 정의할 수 있다. $\Delta x \to 0$인 극한을 고려하면 다음과 같은 방정식을 세울 수 있다.

$$\partial I/\partial x = -C\partial V/\partial t \qquad \text{식 8-33}$$

$$\partial V/\partial x = -IR \qquad \text{식 8-34}$$

$$\partial^2 V/\partial x^2 = RC\partial V/\partial t = \tau\partial V/\partial t \qquad \text{식 8-35}$$

여기서 $\tau = RC$이다. [식 8-35]는 확산 방정식$^{\text{diffusion equation}}$의 일종으로, 전하가 한쪽 끝에서 들어와 이 시스템을 통해 확산되는 상황을 기술한다. 이 방정식의 일반해는 그린 함수 형태로 잘 알려져 있다. 문제에서 가해지는 경계 조건을 적용하면 다음과 같은 해를 구할 수 있다.

$$V(x,\ t) = \exp\left(-x^2 \tau / 4t\right)$$ 식 8-36

전선의 전체 길이를 X라고 하면 전선에 신호를 전달하는 데 걸리는 시간은 X^2의 비율로 변화한다. 즉, 1mm 길이의 폴리실리콘이라면 이 시간은 약 100ns 정도이고, 2mm라면 400ns이다. 이 정도면 상당히 느린 편이며, 특히 전송 시간이 거리에 비례하는 일반적인 전송선과 비교하면 정말 심하게 느림을 알 수 있다. 하지만 금속선은 저항이 훨씬 작기 때문에 신호가 전달되는 데 걸리는 시간이 상대적으로 훨씬 짧다. 따라서 신호를 멀리 보낼 때는 금속선을 이용하는 것이 좋다.

클락 문제는 컴퓨팅에서 매우 중요한 문제이기 때문에(사실 내가 지금까지 별로 언급하지 않은 것에 비해 훨씬 더 중요하다) 정보의 흐름을 제어하는 다른 방법도 생각해 보고 넘어가는 것이 좋다. 지금까지 살펴본 동기식 클라킹synchronous clocking이라는 표준적인 방법에는 컴퓨터를 설계하는 데 있어서 시스템의 각 부분마다 최악의 시나리오를 고려해야 한다는 문제점이 있다. 예를 들어 어떤 결과가 나올 때까지 t에서 5t까지 시간이 걸리는 복잡한 가산기가 있다면 혹시라도 늦게 나올 경우를 대비해 5t가 모두 경과할 때까지 시스템 전체를 대기시켜야 한다는 문제가 있다. 이런 방식은 시간 면에서 효율성이 크게 떨어진다. 아직 흔하게 쓰이지는 않고 있지만 비동기식 클라킹asynchronous clocking이라는 방식도 있다. 이 방식에서는 가산기 자체가 타이밍을 결정한다. 가산기에서는 알아서 계산을 처리하고 데이터를 보낼 준비가 되면 그 사실을 알리는 신호를 내보낸다. 이렇게 하면 타이밍은 외부 클락이 아닌 계산을 처리하는 부분에 의해 자체적으로 결정된다.

조금만 생각해 보면 동기식 시스템에서도 몇 가지 비동기성과 관련된 문제를 해결해야 한다는 사실을 알 수 있다. 예를 들어 컴퓨터가 키보드 같이 컴퓨터에 연결된 다른 장비로부터 데이터를 받아들여야 한다면 어떨까? 키보드에서는 언제 데이터를 보내야 할지를 알 수 없다. 따라서 컴퓨터의 클락이 적절한 상태에 있을 때만 데이터를 보내주기 위한 용도로 버퍼를 사용해야 한다. 키보드에서는 데이터를 바로 받아들일지 아니면 너무 늦었으니 다음 번 사이클까지 기다릴지를 결정해야 한다. 이렇게 어떤 결정을 내리기에 충분히 빠르지 못한 바로 그 순간(즉, 버퍼에서 제때 결정을 내리지 못할 만한 시기)에 데이터가 들어오면 시스템이 멎을 수도 있다. 이 문제도 상당히 중요하며, 분명히 생각해 볼 만한 가치가 있다.

8.4.2 전선 패킹: 렌트의 규칙

지금까지 컴퓨터 설계에서 가장 어려운 부분이라고 할 수 있는 트랜지스터, VLSI 등을 알아보았다. 하지만 복잡한 설계를 마무리하고 그것을 실제로 만들 무렵이면 그동안 주로 생각했던 복잡한 알고리즘만으로는 충분하지 않다는 사실을 깨닫게 된다. 즉, 항상 무언가가 방해 요소로 작용하기 마련이다. 전선이 바로 그런 장애물에 해당한다. 이제 이런 전선에 대해 생각해 보자.

전선은 시스템 설계에서 정말 큰 문제로 작용한다. 방금 전에 살펴본 문제는 전선에 신호를 걸 때 생기는 시간 지연 문제였다. 하지만 그것 말고도 전선 배치와 관련된 또 다른 문제가 있다. 칩과 칩을 연결하려면[9] 트랜지스터와 같이 각 기능을 제공하는 부품들 사이를 연결하는 데 필요보다 더 많은 공간이 필요하다. 이러한 경우 전선이 지금처럼 승승장구하며 남아 있으리라는 보장은 없다. 예를 들어 광섬유를 이용하면 서로 다른 주파수의 빛을 이용해 한 가닥의 광섬유에 여러 메시지를 한꺼번에 보내는 것도 가능하다. 상상의 나래를 펼쳐 보자면, 라디오 방송처럼 각 부품에 LED 같은 것으로 특정 색의 빛을 방출하면 컴퓨터 전체로 그 빛이 퍼지며, 특정 진동수에만 반응하는 부분에서 그 신호를 받아서 쓰는 방법도 떠올릴 수 있다. 하지만 이 글을 쓰고 있는 현 시점에서는 여전히 전선을 통해 전류를 전송하는 방법이 가장 많이 쓰이기 때문에 여기서도 이에 대해 살펴보도록 하겠

---

[9] 파인만_ 요즘은 개인적으로 칩 안에 있는 전선보다는 칩들 사이를 이어주는 전선에 더 관심을 두고 있다. 칩들 사이에는 정말 많은 전선이 연결되어야 하는데, 이는 칩들을 더 촘촘하게 배치하는 데 방해가 된다.

다. 특히 일반적인 설계 과정에서 필요한 전선의 양에 초점을 맞춰서 설명하고자 한다.

어차피 전선에 딱히 특별한 것이 없기 때문에 전선 패킹 자체에 관해 논의할 것이 그리 많지는 않지만, 필요한 전선의 양에 관해서는 렌트의 규칙^{Rent's rule}이라는 경험 법칙이 도움이 된다. 이 규칙은 꽤 특이한 편이어서 일반적으로 아주 정밀한 규칙이라고 보증할 수는 없지만, IBM의 경험에 따르면 실제로 어느 정도 맞아떨어지는 것 같다. 회로 기판과 같은 어떤 기본 단위가 있고, 이 단위 위에 올라가는 요소들을 너무 크지도, 너무 작지도 않은 셀^{cell}로 분리시킬 수 있다고 가정하자. 각각의 칩을 셀이라고 할 수도 있다. 이제 다음과 같이 가정하자.

(1) 각 셀에는 t개의 핀, 또는 터미널이 있다.
(2) N개의 셀이 모여서 하나의 기본 단위가 된다.
(3) 기본 단위에 들어있는 터미널, 또는 출력핀의 개수는 T이다.

물론 이 숫자들은 어느 정도 융통성 있게 해석되어야 할 것이다. 이제 각 부품들끼리 서로 최대한 가깝게 배치한다고 가정하자. 즉, 최대한 조밀하게 배치하여 전선의 길이를 최소화시키려는 것이다. 렌트의 규칙은 다음과 같다.

$$T = tN^r \qquad \text{식 8-37}$$

여기서 $0.65 \leq r \leq 0.70$이다(어차피 이 범위는 근삿값에 불과하므로 여기서는 $r = 2/3$라고 생각한다). 다시 말해, 기본 단위로 드나드는 전선의 개수($= T$)와 기본 단위에 들어있는 셀의 밀도($= N$) 사이의 관계식이 바로 렌트의 규칙이다. 이 식을 보면 아마 '왜 그냥 $T = tN$이 아닐까?' 하는 생각이 가장 먼저 들 것이다. 가장 쉽게 생각할 수 있는 이유는, 전선 중 상당수가 기본 단위 내부에서 쓰이기 때문이다(그림 8-59).

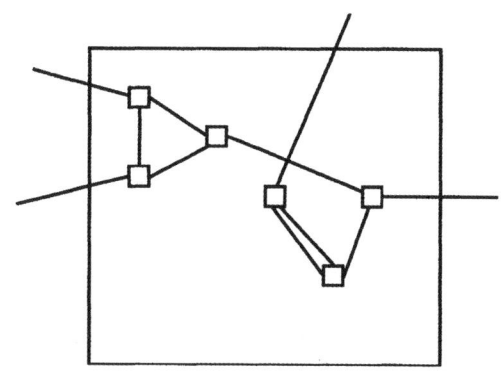

그림 8-59 기판 위에 있는 셀들을 그린 개요도

기본 단위와 셀의 계층 구조를 따라 올라가 보면 [식 8-37]이 어떻게 나오는지 알 수 있다. 지금까지는 서로 연결된 셀로 이루어지는 기본 단위에 대해 생각했다면, 이제는 기본 단위가 서로 연결된 것을 생각해 보자. 즉 기본 단위가 셀 역할을 하고, 기본 단위들이 모인 것이 새로운 기본 단위가 되는 것이다. 이처럼 거대 기본 단위^{superunit}에 M개의 기본 단위가 들어있다고 하면 앞에서 얘기한 경우와 다를 것이 없기 때문에 이 두 상황 사이에는 어떤 일관성이 있어야 할 것이다. 거대 기본 단위에 있는 터미널의 개수를 T_s라고 하자. M개의 기본 단위에는 각각 T개씩의 터미널이 있으므로 렌트의 규칙을 다음과 같은 식으로 쓸 수 있다.

$$T_s = TM^r \qquad \text{식 8-38}$$

그런데 거대 기본 단위는 NM개의 셀로 이루어져 있고, 각 셀에는 t개의 핀이 있으므로 렌트의 규칙을 한 번 더 적용하면 다음과 같은 결과를 얻을 수 있다.

$$T_s = t(NM)^r \qquad \text{식 8-39}$$

[식 8-37]을 보면 [식 8-38]과 [식 8-39]가 잘 맞음을 알 수 있고, 결국 렌트의 규칙은 올바른 스케일링 속성을 가지고 있다는 것을 알 수 있다. 이 성질은 아주 중요하다.

스케일링 속성이 올바르다는 것은 확인할 수 있었지만 그렇다고 해서 r의 값이 맞다고는 할 수 없다(규칙의 모양 및 [식 8-37] 이후에 나와 있는 논의를 감안하면 r이 1보다 작아야 한다는 점은 명백하다). 그렇다면 r의 값은 도대체 어디에서 오는 것일까? 앞에서 얘기했던 값은 경험에서 비롯되었으며, 그 경험치를 결정하는 데는 논리회로를 연결하고 설계할 때 나타나는 기하적인 문제가 큰 영향을 끼쳤을 것이다. 즉, r의 값을 결정하는 데는 뭔가 깔끔한 논리적인 이유가 있거나 수학적으로 딱 떨어지는 뭔가가 있어야 할 것 같지만, 실제로는 관습적인 설계 방식에서 나왔을 수도 있다. 하지만 지금 언급한 내용을 일단 잘 기억해 두고, 일반적인 경우에 이 규칙이 옳다고 가정하고 어떤 식으로 전선 패킹을 해야 할지 알아보자.

2차원인 경우를 다시 살펴보자. 변의 길이가 Lcm인 정사각형 판이 있으며, 이 판이 하나의 기본 단위라고 하자. 여기에 한 변의 길이가 lcm인 정사각형 모양의 셀들을 집어넣는다고 하자. 그러면 판에 있는 셀의 개수는 $N = (L/l)^2$으로 표현할 수 있다(그림 8-60).

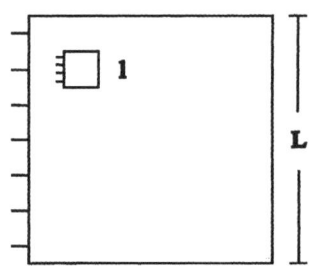

그림 8-60 일반적인 2차원 기본 단위

터미널 사이의 거리에도 제한이 있을 것이므로, 각 셀에 집어넣을 수 있는 터미널의 개수에도 제한이 있다고 가정한다. 그리고 셀 테두리 위에 1cm당 s_C개의 핀이 올라갈 수 있다고 하자. 기본 단위를 이루는 판의 테두리에도 올릴 수 있는 핀의 개수가 제한되어 있고, 그 최대값은 1센티미터당 s_B개라고 하면 렌트의 규칙은 다음과 같이 바뀐다.

$$T = (4s_B L) = tN^r = (4s_C l)(L/l)^{2r} \qquad \text{식 8-40}$$

따라서 결과적으로 다음과 같은 식을 얻을 수 있다.

$$s_B = s_C (L/l)^{2r-1} \qquad \text{식 8-41}$$

이 식으로부터 r이 2분의 1보다 크면 L이 커질 때 안에 있는 회로를 제대로 소화시키기 위해 테두리의 단위 길이당 핀 개수가 더 커져야 한다는 것을 알 수 있다. 결국 L이 아주 커지면 더 이상 핀을 배치할 수 없게 되어 회로가 커질수록 전선 배치 문제가 더 복잡해진다. 이런 문제가 생기는 근본적인 이유는 둘레의 길이는 넓이의 제곱근에 비례하지만 터미널의 개수는 렌트의 규칙에 의해 넓이의 2/3제곱에 비례하기 때문에 터미널 개수가 훨씬 빠르게 증가하기 때문이다. 전선이 복잡하게 엉키는 것을 피할 수는 없기 때문에 셀 사이의 간격을 늘려야 하고, 결국 판의 크기를 키워 각 판 사이의 간격도 벌려야 하며, 결과적으로 이런 과정을 반복하면서 공간을 확보해야 한다. 그런데 흥미롭게도 방금 생각한 내용을 2차원이 아닌 3차원으로 다시 적용해 보면 전혀 다른 결과가 나온다. 3차원에서는 둘레의 길이 대신 표면적(길이²)을, 넓이 대신 부피(길이³)를 고려한다. 그러면 표면적은 부피의 2/3제곱에 비례하게 되어 터미널의 개수와 같은 비율로 증가하게 된다. 따라서 3차원에서는 이런 문제가 생기지 않는다. 그냥 표면 전체에 일정한 비율로 핀을 배치하기만 하면 칩이 커지더라도 터미널을 배치하는 데 전혀 문제가 없을 것이다. 하지만 이런 형태의 3차원 설계 안을 들여다보려면, 즉 뭔가를 하려면 그 안에 들어가야 할 텐데, 그렇게 하기가 아주 까다롭다는 문제가 있다. 2차원의 경우에는 위에서도 그냥 회로가 다 보이기 때문에 이런 문제가 없다.

렌트의 규칙이 맞다고 가정한 상태에서 한 가지 또 다른 문제를 생각해 보자. 컴퓨터에서 전선 길이의 분포는 어떻게 될까? 셀과 전선으로 가득 차 있는 판 형태의 커다란 2차원 컴퓨터 칩이 있다고 가정해 보자. 전선 중에는 바로 인접해 있는 셀들 사이를 이어주는 짧은 것도 있겠지만 판의 반대쪽 끝에 있는 셀들을 연결하기 위한 아주 긴 것도 있을 것이다. 그렇다면 아무 전선이나 임의로 골랐을 때 그 전선의 길이가 어떤 특정한 값일 확률은 얼마일까? 렌트의 규칙을 이용하면 이 값을 추정할 수 있다. [그림 8-60]의 2차원 회로를 생각해 보자. 그리고 판 위의 임의의 기본 단위의 변의 길이를 L이라고 하면 이 기본 단위 안에 들어있는 셀들 사이를 연결하는 전선의 길이는 L보다 작다고 생각할 수 있다. 물론 대각선 방향으로 연결하는 경우를 생각하면 전선의 길이가 L보다 클 수 있겠지만, 지금은 대략적인 값을 구하는 것이 목표이므로 그런 자질구레한 상황은 무시하기로 하자. 전선 중에는 이 기본 단위를 벗어나 다른 기본 단위에 있는 셀로 연결되는 것도 있을 것이다. 이런 전선의 길이는 L보다 크다고 간주한다. 렌트의 규칙에 따르면 길이가 L 이상인 전선의 개수, 즉 기본 단위에 있는 터미널의 개수인 T를 구할 수 있으며, 이 경우에는 다음과 같은 식으로 쓸 수 있다.

$$T = t(L/l)^{2r} \qquad \text{식 8-42}$$

이제 임의로 선택한 전선의 길이가 L보다 클 확률을 계산할 수 있다. [식 8-42]의 우변을 기본 단위에 들어있는 전선의 총 개수로 나누기만 하면 된다. 전선의 총 개수는 $t(L/l)^2$에 비례한다. 따라서 전선의 길이가 L보다 길 확률을 $P(L)$이라고 하면 다음과 같은 결과를 얻을 수 있다.

$$P(L) \propto \left(\frac{L}{l}\right)^{2r-2} \quad \text{즉} \quad P(L) \propto 1/L^{2/3} \qquad \text{식 8-43}$$

위 식에서는 렌트의 규칙에 $r = 2/3$을 대입했다.

이 통계를 조금 더 확장해 보자. 확률 밀도 $p(L)$을 도입하여 전선의 길이가 L 이상 $L + \delta L$ 이하일 확률을 $p(L)\delta L$이라고 정의하자. 그러면 다음과 같은 식을 쓸 수 있고,

$$P(L) = \int_L^\infty \rho(L')\, dL' \qquad \text{식 8-44}$$

이때 ρ는 다음과 같이 쓸 수 있다.

$$\rho(L) = dP/dL \propto 1/L^{5/3} \qquad \text{식 8-45}$$

이제 전선의 평균 길이는 통계적인 논리를 거쳐 같은 식으로 구할 수 있다.

$$\left[\int_l^{L_{\max}} L\rho(L)dL\right] / \left[\int_l^{L_{\max}} \rho(L)dL\right] \qquad \text{식 8-46}$$

[식 8-46]을 보면 적분 구간을 조금 손본 것을 알 수 있다. 이 식에서 전선의 길이 L의 범위를 0에서 무한대까지로 잡으면 분자 쪽에서는 적분한 식이 L의 양수제곱 형태로 주어져서 L이 무한대로 가는 부분에서 문제가 생기고, 분모 쪽에서는 적분한 식이 L의 음수제곱 형태로 주어져서 L이 0으로 가는 부분에서 문제가 생기기 때문이다. 그래서 L의 상한값을 $L_{\max}$, 최솟값을 셀의 크기인 l로 잡았다. 이 적분을 계산해 보면 다음과 같은 전선 길이의 평균값을 구할 수 있다.

$$2l\,(L_{\max}/l)^{1/3} \qquad \text{식 8-47}$$

위 식을 보면 발산함을 알 수 있다. 즉, 컴퓨터의 크기(대략 $L_{\max}$ 정도)가 커지면 전선의 평균 길이도 점점 더 길어진다. 이는 그리 놀라운 일이 아니다. 이 식을 보면 셀의 크기 l도 큰 영향을 미친다는 사실을 알 수 있다. 전선의 평균 길이는 셀 크기(셀 사이 간격과 마찬가지)의 2/3제곱에 비례하지만, 컴퓨터 크기에는 1/3제곱만 비례한다. 셀 사이 간격을 조금만 벌리면 컴퓨터 크기는 그 이상으로 훨씬 더 커져야 한다.

1980년대 초에는 훌륭한 엔지니어라면 약간의 천재성과 약간의 노력만으로도 렌트의 규칙을 초월하여 촘촘한 회로를 만들 수 있다고들 했다. 하지만 최종 결과물을 보면 항상 추가 회로가 필요하다든가 레지스터를 넣어야 한다든가 인덕턴스를 추가해야 한다든가 하는 여러 문제로 인해 완성된 제품은 결국 렌트의 규칙을 따르고 있었다. 회로에 따라서 렌트의 규칙이 깨지는 경우도 있기는 하지만, 전반적으로 볼 때 최종 생산된 칩을 보면 렌트의 규칙은 거의 항상 잘 들어맞는다. 요즘은 칩에 들어갈 내용물을 입력받아 컴퓨터 내부 최소한의 공간에 배치해 주는 프로그램도 있다.

CHAPTER

9

무어의 법칙을 넘어선 컴퓨팅의 미래

존 샬프 John Shalf
선임 연구원
로렌스 버클리 국립 연구소

9.1 소개

9.2 새로운 계산 모형의 부완적 역할

9.3 특화 설계

9.4 CMOS 대체: '새로운 트랜지스터' 발명하기

9.5 가역성 돌아보기

9.6 결론

9.7 참고문헌

CHAPTER 9

9.1 소개

9.1.1 개요

우리는 가전제품 개발은 물론 과학적 발견, 국가 안보, '빅 데이터' 및 하이퍼스케일 데이터 센터(구글, 메타)의 진흥 등을 위해 컴퓨팅 성능을 낮은 비용으로 빠르고 예측 가능하게 발전시켜야만 하는 세상에서 살고 있다. 이외에도 항공기의 비행 시스템, 자동차 산업(자율 주행), 스마트 그리드 등 여러 산업과 경제 분야가 정보 기술과 컴퓨팅의 극적인 발전과 밀접하게 관련되어 있다. 그러나 리소그래피 스케일링의 한계가 다가옴에 따라 4조 달러 규모에 이르는 전자 산업의 지속적인 성장이 저해될 위험이 커지고 있으며, 이는 컴퓨팅과 전자 제품에 의존하는 많은 관련 분야에 영향을 미칠 것으로 우려되고 있다. 나아가 상당한 시장 성장에도 불구하고 전자 기술의 에너지 효율이 기하급수적으로 개선되지 않으면 기후 변화 대응을 위한 에너지 효율 목표 달성이 매우 어려워져 에너지 위기를 초래할 수도 있다. 이 글을 쓰고 있는 시점의 데이터 센터만 해도 전 세계 에너지 소비의 8%를 차지하며[1], 에너지 효율을 크게 개선하지 못하면 [그림

9-1]처럼 그 비중이 전 세계 전력 소비량의 20~30%[2]까지 다다를 것으로 예상된다.

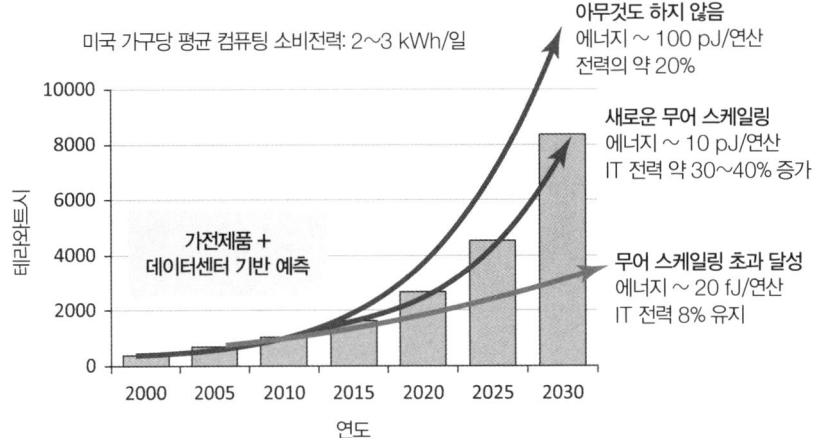

그림 9-1 데이터센터는 이미 전 세계 전력 소비의 8%를 차지하고 있으며, 향후 마이크로일렉트로닉스 시스템의 에너지 효율을 크게 개선하지 못할 경우 그 비중은 전 세계 전력의 25~30% 수준까지 증가할 것으로 예상된다.

무어의 법칙[3]은 정보기술(IT) 업계가 고정된 비용, 전력, 면적 내에서 디지털 전자기기의 성능과 기능을 약 2년마다 두 배 가까이 향상시킬 수 있었던 기술-경제적 모형이다. 이러한 기대는 x86, ARM, Power 명령어 집합 구조(ISA$^{\text{instruction set architecture}}$)와 같은 범용 프로세서 기술을 중심으로 구축된 전자 설계 자동화 도구, 컴파일러, 시뮬레이터, 에뮬레이터 등 비교적 안정적인 에코시스템으로 이어졌다. 그러나 앞으로 10년 내에 리소그래피가 원자 수준까지 내려가면 고든 무어가 설명한 공정의 기술적 토대는 사라질 것이다. 그 시점이 되면 리소그래피로 제조된 소자는 원자 규모에 가까운 크기로 만들어질 것이며, 소자의 핵심 기능은 실리콘 원자 수십 개 이하에서 작동하게 될 것이다. 따라서 디지털 컴퓨팅을 위한 로직 게이트를 구현하는 데 있어 곧 실질적인 한계를 마주하게 될 것이다[4]. 실제로 2015년, 지난 30년간 리소그래피의 역사적 발전을 추적해 온 국제 반도체 기술 로드맵 ITRS$^{International\ Technology\ Roadmap\ for\ Semiconductors}$는 [그림 9-2]에서 보듯이 2021년 이후에는 더 이상 발전이 없을 것으로 예측했으며, 이후 ITRS 자체도 더 이상 존재 이유가 사라짐에 따라 해산되었다. 지난 50년 동안 무어의 법칙을 뒷받침해 온 고전적인 기술 동인은 이제 한계에 도달하고 있으며[5], [그림 9-3]과 같이 2025년에는 거의 평평해질 것으로 예상된다. 무어의 법칙이 유효하지 않은 상태에서 기술을 발전시키려면 지금부터 컴퓨터 아키텍처와 기초 과학(재료 과학 포함)에 투자하여 차세대 후보 물질과 대안이 될 수 있는 소자 물리학을 연구하여 기술 확장을 지속적으로 촉진해야 한다.

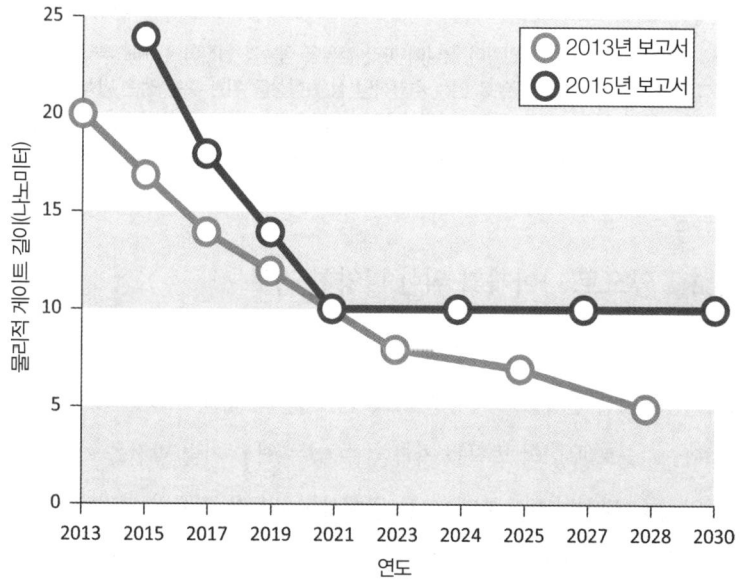

그림 9-2 마지막으로 나온 ITRS 보고서에서는 트랜지스터 스케일링이 2021년에 종료될 것으로 예측하고 있다. 이는 2013년 예측보다 10년이나 앞당겨진 것이다. (그림 제공: ITRS)

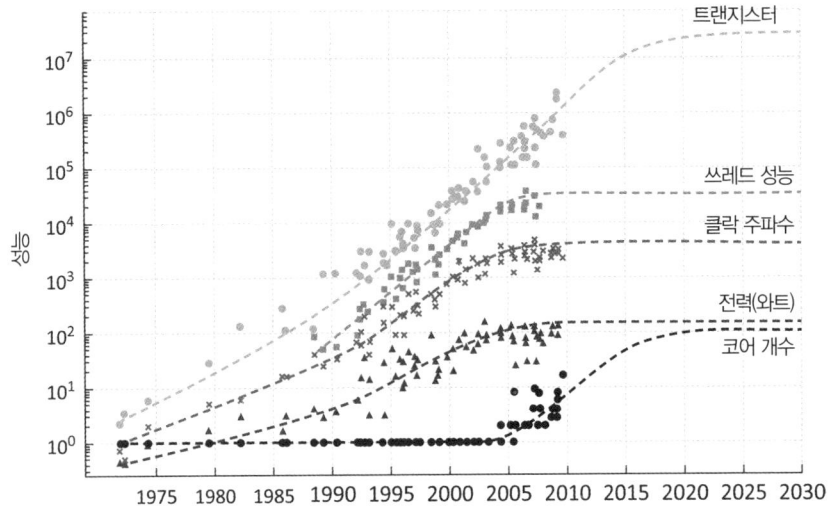

그림 9-3 2004년 데나드 스케일링이 끝남에 따라 컴퓨팅 성능의 원천이 한계에 부딪혔으며, 반도체 리소그래피 개선 로드맵의 종말로 인해 추가적인 성능 향상을 위한 모든 접근 방식도 약 2025년에 종료될 것으로 전망된다. (그림 제공: 쿤레 올루코툰(Kunle Olukotun), 랜스 해먼드(Lance Hammond), 허브 서터(Herb Sutter), 마크 호로비츠(Mark Horowitz). 존 샬프가 확장).

9.1.2 앞으로 나아가기 위한 다양한 경로

이 난제를 해결하기 위해서는 중기적(10년)으로는 진화적 전략, 장기적(10~20년)으로는 혁명적 전략으로 다양한 각도에서 접근해야 한다. 중기적으로는 현재의 CMOS 기술로 무어의 법칙을 지속할 수 있는 제조 기술 발전을 기반으로 한 진화적인 접근 방식이 필요하다. 이를 위해서는 새로운 컴퓨팅 아키텍처와 모놀리식 3D 통합(3차원 칩 구현), 데이터 이동 비용 완화를 위한 포토닉 코패키징 등의 첨단 패키징 기술이 필요하다[6, 7]. 장기적인 해결책으로는 에너지 흐름의 한계에서 정보 요소를 제어하고 조작할 수 있는 재료와 경로에 대한 근본적인 지식의 발전이 필요하며, 궁극적으로는 1아토줄/연산(atto = 10^{-18}) 미만의 에너지 사용량을 달성하여 현행 소자 대비 에너지 소비량을 여섯 자릿수가량 줄일 수 있어야 한다. 장기적으로 볼 때, 스케일링의 에너지 이점을 실현하려면 제어 경로에 대한 근본적인 지식과 새로운 시스템 아키텍처 및 프로그래밍 모델뿐만 아니라, CMOS를 뛰어넘는 획기적인 소자 기술을 개발해야 한다. 실리콘 핀펫^{FinFET}의 역사를 예로 들면, 기본적인 소자 물리학의 발전이 주류 기술로 자리 잡기까지는 약 10년이 걸린다. 따라서 새로운 기술을 개발하려면 10년에서 20년이 넘는 긴 개발 기간과 지속적인 연구 개발이 수반되어야 한다. 이는 선택지는 많고, 경쟁의 결과는 불확실하지만 상당한 보상이 따를 수 있는 일이다. 이 경쟁의 승자는 칩 기술에만 영향을 미치는 것이 아니라 컴퓨팅 산업 전체는 물론 컴퓨팅 기술에 크게 의존하는 다른 많은 산업에도 새로운 방향을 제시하게 될 것이다.

[그림 9-4]에서 볼 수 있듯이 리소그래피 스케일링이 한계에 도달한 이후에도 다양한 경로를 통해 성능을 계속 확장할 수 있다. 이 세 개의 축은 리소그래피 스케일링이 끝난 후에도 추가적인 성능을 끌어내기 위해 사용할 수 있는 다양한 기술 스케일링 경로를 나타낸다. 단기적으로는 기존 빌딩 블록(그림 9-4의 가로축)을 배치하는 더욱 전문화된 아키텍처와 고급 패키징 기술의 개발에 초점이 맞춰질 것이다. 중기적으로는 수직 축에 표시해 놓은, 보다 효율적인 기본 논리 소자를 만들어 성능을 향상시키는 재료 및 트랜지스터의 개선에 기반한 CMOS 소자를 개발하는 데 중점을 둘 것으로 보인다. 세 번째 축은 디지털 컴퓨팅으로 잘 해결되지 않는 문제를 해결하는 뉴로모픽 컴퓨팅 또는 양자 컴퓨팅과 같이 새로운 컴퓨팅 모델을 개발할 수 있는 기회를 나타낸다.

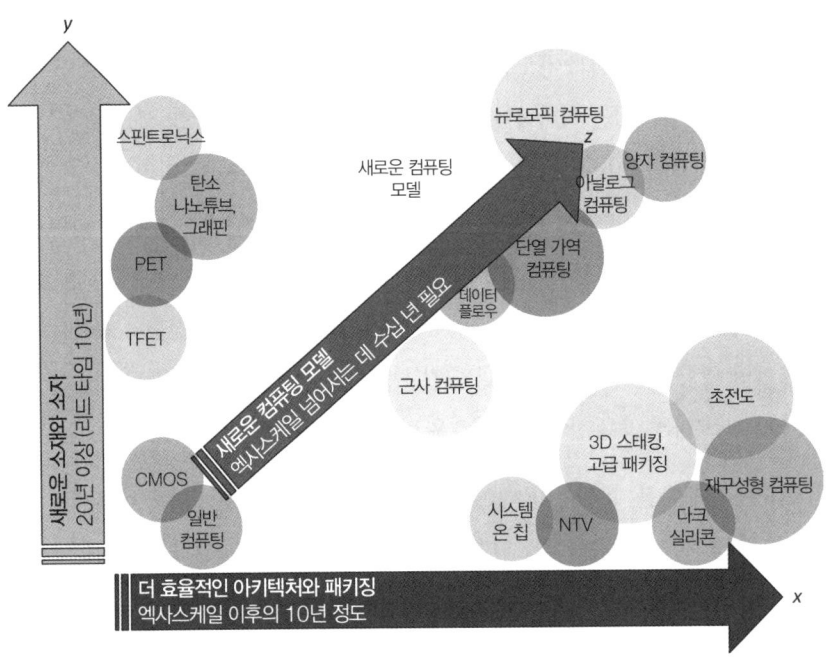

그림 9-4 디지털 전자 기술의 지속적인 성능 향상을 실현하기 위한 세 가지 잠재적 경로

9.2 새로운 계산 모형의 보완적 역할

최근 양자 컴퓨팅, 뉴로모픽, 인공지능(AI) 기술이 빠른 속도로 발전하면서 많은 주목을 받고 있다. 이러한 기술 분야에 자금이 빠르게 유입되고 있긴 하지만, 현재 우리가 이해하고 있는 디지털 전자제품의 대체 기술은 아니라는 점을 분명히 이해해야 한다. 물론 디지털 컴퓨팅이 기존 디지털 컴퓨팅의 부족한 영역을 확장하는 것은 분명하다. 디지털 컴퓨팅은 정밀한 디지털 표현의 한계 내에서 정확하고 재현 가능하며 설명 가능한 계산을 제공하는 것으로 잘 알려져 있다. AI와 머신러닝(ML) 알고리즘의 신경망 모델은 기존의 패턴 인식 알고리즘에 비해 빅데이터의 패턴을 인식하고 데이터 마이닝 프로세스를 자동화하는 능력을 크게 향상

시켰지만, 정확한 응답과 재현 가능성(그리고 설명 가능성까지)이 필요한 작업을 처리하는 데는 신뢰성이 다소 떨어진다. 또한 양자 컴퓨팅 알고리즘은 조합적으로 복잡한 문제를 다항 시간 내에 해결하는 능력을 확장할 수 있지만, 예를 들어 워드 프로세싱이나 그래픽 렌더링 같은 애플리케이션에는 그다지 유용하지 않을 것으로 보인다. 컴퓨팅이 새로운 영역으로 확장되는 것을 지켜보는 건 매우 흥미롭고 기쁜 일이지만, [그림 9-5]에 설명된 개념처럼 새로운 컴퓨팅 방식이 성장하더라도 디지털 컴퓨팅은 여전히 우리 사회에서 보완적인 역할을 수행할 것이며 완전히 대체될 수도 없다는 점은 확실히 알고 넘어가야 한다.

디지털 컴퓨팅 분야의 수많은 첨단 아키텍처 개발과 신생 스타트업 기업들 대부분은 폭발적인 시장 성장률을 보이는 AI/ML 시장을 겨냥하고 있다. 급성장하는 시장은 빠른 수익 성장의 기회를 제공하기 때문에 기업과 벤처 캐피탈에게 훨씬 더 매력적인 비즈니스 기회인 반면, 정적인 대규모 시장은 시간이 지남에 따라 서서히 수익을 잠식하는 식의 경쟁이 필요하다. 그 결과 상대적으로 시장 규모가 작더라도 빠른 속도로 확장되는 기술에 훨씬 더 많은 관심이 쏠리게 되어 있다.

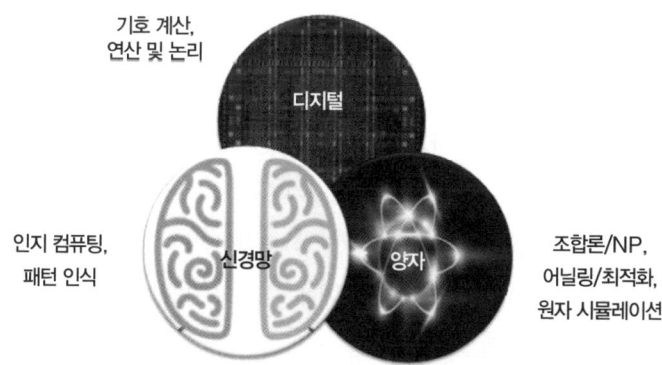

그림 9-5 양자 및 AI/신경망 기술은 기존 디지털 컴퓨팅이 취약한 새로운 영역으로 컴퓨팅을 확장할 수 있는 접근법을 제시한다. 이 기술들은 디지털 전자제품을 대체하는 기술이 아니라 보완하는 기술이다.

따라서 지금은 시장 기회로 인해 양자 및 AI/ML 컴퓨팅에 대한 관심이 과열되어 있지만, 이러한 새로운 컴퓨팅 방향을 추구하면서도 디지털 컴퓨팅을 발전시키는 것이 여전히 시급한 과제이다.

9.3 특화 설계

9.3.1 특화된 하드웨어를 위한 도전 과제

지속적인 기술 확장을 가능케 하는 기적적인 새로운 트랜지스터나 다른 소자가 없는 상황에서, 컴퓨터 아키텍트에게 남아있는 가장 유망한 수단은 특정한 과학적 문제를 타깃으로 아키텍처를 전문화하여 트랜지스터를 보다 효율적으로 사용하는 것이다. 단기적으로 성능 향상을 이어갈 수 있는 가장 실용적인 방법은 다양한 종류의 가속기 형태로 설계를 특화시키는 것이다. 역사적으로 실험실에서 새로운 트랜지스터 개념을 도입한 후 상업적 제조 공정에 통합되기까지 약 10년이 걸렸기 때문에 이러한 예측은 타당하다고 본다. 로버트 릴랜드와 함께 미국 과학기술정책국(OSTP$^{\text{Office of Science and Technology Policy}}$) 보고서를 만들기 위해 CMOS를 대체할 수 있는 여러 후보 기술들을 찾아봤지만[7], 현재로서는 실험실 수준에서도 확실한 대체 기술이 시연되지 않았다. 따라서 우리는 이미 스케일링 가능한 포스트-CMOS의 길을 찾아 이 위기를 해결하기에는 10년은 늦은 셈이다. 신뢰할 수 있는 대안이 없기 때문에 향후 10년 동안 하드웨어적인 면에서는 특화된 설계와 고급 패키징이라는 옵션 밖에 없다. 과거에는 긴 리드타임과 높은 개발 비용으로 인해 특화된 하드웨어가 기하급수적으로 발전하는 범용 컴퓨팅 에코시스템과 경쟁하는 것이 매우 어려웠다. 그러나 무어의 법칙의 경제성을 평가한 톰슨과 스패너스의 논문[8]은 현재 무어의 법칙의 개선 속도가 점차 둔화되면서 특화된 설계가 범용 프로세서에 대한 의존을 대체할 수 있는 신뢰할 수 있고 경제적으로 유효한 대안이 되고 있다고 밝혔다. 다만 이러한 경로는 알고리즘 개발과 프로그래밍 환경에 중대한 영향을 미칠 수 있음을 인지해야 한다.

전반적으로 무어의 법칙이 점점 약화되면서 지난 30~40년 동안 보아왔던 것보다 더 광범위한 가속기와 특화 기술이 등장할 것이라는 데 강한 공감대가 형성되어 있다. 이러한 추세의 예로는 칩 하나에 수십 개의 전용 가속기가 함께 탑재된 스마트폰 기술[9], 머신러닝 작업을 위한 텐서플로 프로그래밍 프레임워크를 가속하는 구글의 텐서 처리 장치(TPU)와 같은 대규모 데이터 센터에 설치된 하드웨어, 빙 검색 및 기타 애플리케이션에 사용되는 마이크로소프트 클라우드의 FPGA[Field Programmable Gate Array], 기타 이미 나와 있는 다양한 딥러닝 가속기 등을 들 수 있다. 업계에서는 이미 AI 및 ML 시장을 중심으로 다양한 가속 기술의 상용화에 박차를 가하고 있다. 예를 들면 구글의 TPU[10], 너바나[Nervana]의 AI 아키텍처[11], 마이크로소프트의 FPGA 기반 구성 클라우드 및 FPGA 가속 검색을 위한 프로젝트 캐터펄트[12] 등이 대표적이다. AI/ML 시장이 폭발적으로 성장하기 전에도 임베디드 시스템, 사물 인터넷(IoT), 스마트폰 애플리케이션용 시스템 온 칩(SoC) 공급업체들은 이미 특수화를 통해 좋은 효과를 거두고 있었다. 하버드 대학의 소피아 샤오 등[9]은 아이폰 칩에 탑재된 전문 가속기의 성장률을 추적한 결과 분리형 하드웨어 가속기 유닛의 성장률이 꾸준히 증가하고 있음을 발견했다. 애플의 6세대 아이폰 SoC에서 약 22개였던 분리형 가속기는 11세대 칩에서 40개가 넘는 수준으로 증가했다. 기업들이 이렇게 다양한 이종 가속기를 개발하는 이유는 이 전략이 실제로 먹히기 때문이다!

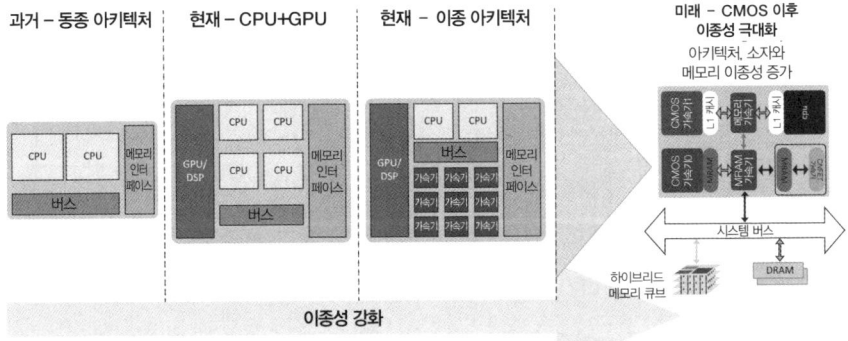

그림 9-6 설계 특화와 극도의 이종성은 고전적인 기술 스케일링의 종식에 대한 단기적인 대응책이 될 것으로 예상된다. (그림 제공: 딜립 바수데반(Dilip Vasudevan), LBNL)

분자 동역학(MD$^{\text{Molecular Dynamics}}$) 시뮬레이션을 최신 HPC 시스템보다 180배 가까이 가속하는 D.E. 쇼^{Shaw}의 안톤 컴퓨터[13]나 우주론 및 분자 역학에 특화된 가속기인 GRAvity PipE(GRAPE) 시리즈[14] 같은 과학 전용 가속기도 성공적으로 개발되었다[15]. 이처럼 아키텍처의 이종성과 다양성은 현재의 아키텍처 추세를 고려할 때 거의 불가피한 것으로 보인다. 실제로 IEEE 이종 통합 로드맵 (HIR$^{\text{Heterogeneous Integration Roadmap}}$)[15]과 같은 주요 산업 단체에서도 극도로 이기종화된 미래를 가져올 첨단 패키징 기술에 대한 선경쟁 단계 로드맵을 구축함으로써 이러한 접근 방식에 경제적 미래를 걸고 있다. [그림 9-6]에서 볼 수 있듯이 극도로 이질적인 다양한 가속기의 코패키징 추세는 이미 활발히 진행되고 있다.

특화 설계는 모든 과학 컴퓨팅 시스템 사용자가 요구하며 전년 대비 성능 향상을 지속적으로 제공하기 위한 가장 유망한 단기 전략이지만, 특화된 아키텍처를 위해서는 잘 정의된 대상 애플리케이션도 필요하다. 따라서 과학 분야에서는 분석과 시뮬레이션을 위한 과학 컴퓨팅의 고유한 측면에 집중해야 하는 특별한 필요성이 대두된다. 요즘 컴퓨팅 업계 리더들과 대화해 보면 엑사스케일 이후의 HPC 플랫폼은 점점 더 이종적인 환경이 될 것이라고 한다. 따라서 이종 프로세서 가속기는 상용 설계(예: 현재 GPU 또는 CPU 기술의 진화), 새롭게 등장하는 재구성 가능한 하드웨어, 또는 특정 과학 애플리케이션을 위해 맞춤화된 맞춤형 아키텍처 등 특정 작업이나 알고리즘에 맞춰 하드웨어와 소프트웨어를 최적화할 것으로 보인다. 이를 통해 일반적인 접근 방식으로는 실현할 수 없는 성능/에너지 효율성 향상을 달성할 수 있다. 이러한 기본 하드웨어 기술의 장기적인 추세는 그 기초가 되는 물리적 한계로 인해 미래 시스템에서 HPC 코드의 생산성을 유지하고 성능을 지속적으로 확장하는 데 상당한 어려움을 야기할 것이다.

9.3.2 프로그래밍 시스템 및 소프트웨어 도전 과제

새로운 아키텍처로 처리할 수 있는 과학 기술을 발전시키려면 새로운 소프트웨어 구현, 그리고 많은 경우 새로운 수학적 모형과 알고리즘적인 접근법이 필요하다. 멀티코어 시스템에서 하이브리드 시스템으로 전환하면서 이미 많은 코드 팀이 구현을 리팩터링하고 재설계한 바 있으며, 이러한 추세는 앞으로도 지속될 뿐 아니라 더욱 심화될 것이다. 그러나 한 가지 유형의 가속기뿐만 아니라 다양한 이종 아키텍처를 활용하는 시스템을 구현하려면 알고리즘과 소프트웨어 접근 방식에서 보다 근본적이고 파괴적인 변화가 요구된다[16]. 이는 시뮬레이션, 데이터 분석, 학습에 사용되는 광범위한 알고리즘에 모두 적용된다. 구현에서 아키텍처의 세부 사항을 숨기는 새로운 프로그래밍 모델이나 저수준 소프트웨어를 구성하면 향후 프로그래밍 시간을 단축할 수는 있겠지만 알고리즘을 재설계할 필요성을 완전히 없애는 것은 불가능하며, 많은 경우 완화하기조차도 쉽지 않다. 발전 경로의 핵심 요소는 다음과 같다.

- 제안된 아키텍처가 현재의 수학적 커널과 알고리즘에 미치는 영향을 이해하고, 이러한 지식을 활용하여 반복적인 공동 설계^{codesign} 과정에서 피드백을 통해 HPC 하드웨어 배포 선택을 조정한다.

- 제안된 아키텍처에 대응하여 기존 알고리즘을 재설계하며, 하드웨어를 선택할 때는 현재의 알고리즘뿐만 아니라 새로운 알고리즘의 잠재적 성능과 새로운 과학적 활용 사례까지 고려한다.
- 이러한 새로운 알고리즘과 수치 라이브러리의 구현을 용이하게 하고 다양한 이종 가속기용 코드를 생성할 수 있는 고급 프로그래밍 환경을 개발한다.

애플리케이션 및 과학 기술과 관련된 가속기를 공동 설계하려면 응용 수학이 매우 중요하다. 이종 가속 환경에서 효과적으로 작동하기 위해 재설계해야 하는 애플리케이션에는 두 가지 범주가 있다.

첫 번째 유형에서는 고정된 공간 패턴을 가진 스텐실 계산과 같이 단일 계산 모티프 또는 커널이 가장 중요하다. 이 경우 하드웨어 설계에 대한 단 한 가지 최선의 선택이 가능하며, 특화된 아키텍처의 성공 사례 대부분이 이 범주에 속한다. 수치적 기법의 발전은 FFT용 SPIRAL[17], 조밀 선형 대수를 위한 기본 선형 대수 서브프로그램(BLAS$^{\text{Basic Linear Algebra Subprograms}}$) 구성 가능 기본 요소[18], 희소 반복 솔버를 위한 SuperLU[19], 그래프 분석 애플리케이션을 위한 구성 가능 기본 요소 집합인 GraphBLAS[20] 등의 수치 라이브러리와 AMReX[21] 같은 애플리케이션 프레임워크에 캡슐화되며, 이러한 발전은 커뮤니티에서 널리 이용된다. 이러한 수치 라이브러리에서는 무수히 많은 복잡한 알고리즘을 구현하기 위해 다양한 방식으로 구성할 수 있는 몇 가지 간단한 기본 요소^{primitive}를 정의한다. 현재 이 방식을 통해 공급업체가 소수의 기본 커널을 직접 조정하여 광범위한 애플리케이션을 위한 플랫폼에서 최대 성능을 끌어낼 수 있지만, 이와 동일한 접근 방식을 사용하면 이러한 기본 요소에 대한 인터페이스를 중심으로 구축된 전용 하드웨어 가속기를 보다 접근하기 쉬운 방식으로 패키징할 수 있다.

두 번째이자 더 복잡한 유형은 과학 기술 문제를 해결하기 위해 근본적으로 이질적인 연산이 필요한 경우다. 데이터 파이프라인에서 상상할 수 있듯이 이질적인 연산을 엇갈리게 배치하면 각 단계에서 서로 다른 연산을 수행하면서 데이터가 파이프라인을 통해 이동하도록 할 수 있다. 이 시나리오에서는 데이터가 소스에서 대상으로 물리적으로 이동하며, 계산의 여러 단계마다 서로 다른 아키텍처를 투명하게 분리하여 사용할 수도 있다. 예를 들어, 시간이 흐르는 상태 또는 반복 솔루션 절차의 시뮬레이션의 경우 각 단계에는 이질적인 하위 단계가 여러 개 포함될 수 있으며, 구성 요소의 서로 다른 상대적(즉, 동적으로 변화하는) 비용에 따라 여러 번 반복될 수도 있다. 하나의 특화된 아키텍처가 모든 단계에 이상적일 수는 없으므로 단일 코드로 여러 개의 특화된 구성 요소를 활용할 수 있는 아키텍처 레이아웃이 필요하다. 기존의 하이브리드 CPU/GPU 시스템에서는 이미 이러한 기능을 허용하고 있으며, 애플리케이션은 이 기능을 활용하도록 리팩터링되고 있다. 이처럼 서로 다른 알고리즘 구성 요소로부터 만들어지는 부하를 각기 다른 특화된 아키텍처로 분산하는 현재의 일반적인 추세는 앞으로도 지속적으로 확산될 전망이다.

이러한 다양한 가속기의 사용성과 접근성을 높이기 위해서는 우선 대상 계산 모티프의 요구 사항을 중심으로 설계된 새로운 컴파일러 기술 및 도메인별 언어($DSL^{\text{Domain-Specific Language}}$)의 코드 설계가 필요하다. 필 콜렐라가 제안한 7가지 알고리즘 난쟁이^{dwarfs}를 확장한 13가지 모티프[22]가 이러한 DSL 개발의 기반이 된다. DSL이 제공하는 높은 수준의 추상화와 선언적 의미론은 솔루션을 과도하게 규정하는 기존의 명령형 언어에 비해 더 높은 자유도를 제공하여 알고리즘을 다양한 하드웨어에 최적으로 매핑할 수 있게 해준다. 이렇게 하면 매핑 문제의 복잡성이 크게 증가하기 때문에 최적화를 위한 새로운 수학을 개발해야 하며, 루프라인 모델의 확장을 통해 (하드웨어 및 소프트웨어 기반의 온라인 성능 내부 관찰 메커니즘을 포함한) 더욱 향상된 성능 성찰이 필요하다[23]. 또한 동적 최적화의 분석과 자동화를 위해서는 머신 러닝과 AI 기술의 사용이 필수적이다.

9.3.3 데이터 이동의 도전 과제

더 많은 컴퓨팅 성능을 끌어내는 것만으로는 미래 시스템에서 성능 향상을 실현하기에 충분하지 않을 수 있다. 미래 디지털 기술에 대한 잠재적인 난제는 컴퓨팅이 아닌 데이터 이동 비용에서 이미 전력 손실에 큰 영향을 미치고 있으며, 이를 해결하지 않으면 전반적인 컴퓨팅 에너지 효율이 떨어질 수 있다. 2004년 데나드 스케일링의 종말 이후 새로운 기술 스케일링 체제가 등장했다. 전기 저항과 정전 용량의 법칙에 따르면, 리소그래피의 무어의 법칙 개선으로 크기가 줄어들어도 전선의 본질적인 에너지 효율은 눈에 띄게 개선되지 않는다[24, 25]. 이와 반대로 트랜지스터의 소비 전력은 게이트 크기와 정전 용량이 줄어들면서 계속 감소한다. 트랜지스터의 에너지 효율은 크기가 줄어들면서 개선되는 반면 전선의 에너지 효율은 개선되지 않고 있기 때문에, [그림 9-7]과 같이 데이터를 이동하는 데 필요한 에너지가 해당 데이터에 대한 연산을 수행하는 데 사용되는 에너지를 초과하는 시점에 도달하게 된다. 이에 따라 데이터 이동 비용이 거리에 따라 크게 달라지기 때문에 데이터 액세스 비용에 극심한 병목 현상과 이질성을 초래하게 된다. 게다가 컴퓨팅 성능은 지속적으로 향상되었지만 칩당 핀 수의 개선은 그 수준에 미치지 못하고 있다[26]. 이로 인해 대역폭 경합이 발생하면서 성능이 더욱 불균일해진다. 이러한 기술적 한계로 인해 구리/전기 통신을 사용하는 한 데이터 이동의 이질성이 커지고 비균일 메모리 액세스(NUMA$^{nonuniform\ memory\ access}$) 효과가 필연적으로 증가하는 결과가 발생한다. 오래전부터 데이터의 국소성과 대역폭 제약은 슈퍼컴퓨터의 애플리케이션 개발에 문제가 되어 왔지만, 최근의 설계 추세는 이러한 문제를 루프 블로킹$^{loop\ blocking}$이나 컴파일러 기술과 같은 기존 방법으로는 더 이상 감당할 수 없을 정도로 악화시켰다. 앞으로 성능과 에너지 효율을 개선하기 위해서는 반드시 하드웨어 아키텍처, 고급 패키징 기술, 새로운 알고리즘 설계에 대한 보다 근본적인 변화가 필요할 것이다.

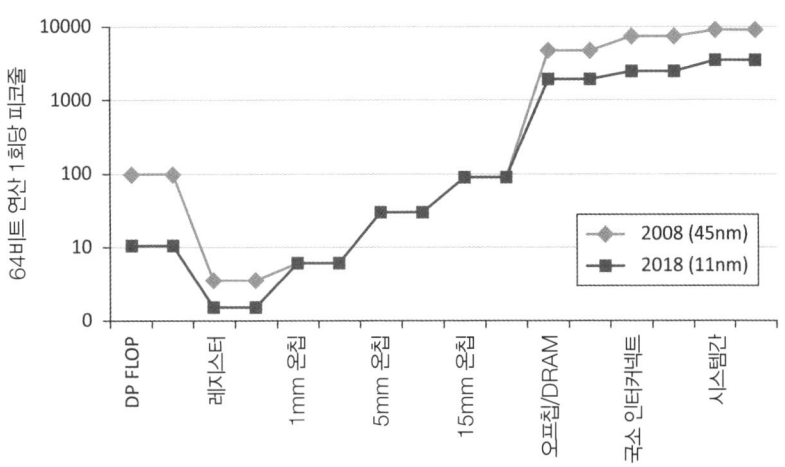

그림 9-7 리소그래피는 개선된 반면 전선의 에너지 효율은 트랜지스터의 효율만큼 빠르게 개선되지 않았다. 그 결과, 실리콘 칩에서 피연산자 두 개를 불러 2mm 이동하는 데에 부동 소수점 연산을 수행하는 것보다 더 많은 에너지가 소모되고 있다. (이 그래프의 데이터는 2009년 ITRS 보고서에서 가져온 것으로, 2016년에 2015년 ITRS 데이터를 사용하여 업데이트했다.)

이러한 주장이 가장 크게 시사하는 바는 현재 HPC 시스템에서 실행되는 과학 기술 애플리케이션에 미치는 영향인데, 이 중 다수는 수년간의 과학 기술 분야 지식과 현대 컴퓨터 시스템에 대한 개선 사항을 코드화한 것이다. 2025년 이후의 컴퓨팅 아키텍처에 적응하려면 개발자는 새로운 하드웨어를 파악하고 어떤 프로그래밍 모델과 알고리즘이 미래에도 성능과 에너지 효율을 가장 잘 조화시킬 수 있는지 판단할 수 있어야 한다. 수치적 방법에 대한 복잡성 이론조차도 부동소수점 연산 횟수를 세는 것에 기반하고 있기 때문에 어떤 알고리즘에 필요한 데이터 이동의 복잡성이 대략 어느 정도일지 파악하기도 힘들 수 있다. 궁극적으로 알고리즘 복잡성에 대한 우리의 기존 이론은 최신 계산의 기본 물리학 및 비용 모델과 맞지 않는다. 미래의 시스템은 기존 프로그래밍 모델에서 우리가 익숙하게 사용하던 것보다 더 많은 수준의 계층 구조를 갖게 될 것이다. 계층 구조의 레벨 수가 더 많아질 뿐만 아니라 통신의 토폴로지를 최적화하는 것이 중요해질 가능성도 높다. 프로그래머들은 이미 노드 내에서 NUMA 성능 문제에 직면해 있으며, 향후 시스템에서는 개별 칩 패키지 내의 코어 간에서도 NUMA 효과가 증가할 전망이다[27, 16]. 통신 토폴로지 최적화의 중요성이 커지겠지만 현재의 프로그래밍 모형은 이러한 최적화에 필요한 정보를 제공하지 못하며, 현재의 스케줄링 시스템과 런타임 역시 이러한 정보가 제공되더라도 제대로 활용하기에는 역부족이다. 전반적으로 현재의 프로그래밍 방법론은 기초가 되는 추상 머신 모형의 변화를 받아들일 준비가 되어 있지 않으며, 이는 현재의 프로그래밍 시스템을 손상시킬 수 있다. Unat 외의 데이터 국소성을 위한 프로그래밍 추상화(PADAL$^{\text{Programming Abstractions for Data Locality}}$) 워크숍 관련 논문[28]에서는 최신 프로그래밍 시스템의 데이터 국소성 관리의 현주소를 간략하게 파악하고, 이 분야에서 자동화를 크게 개선할 수 있는 수많은 기회를 제시하고 있다.

통신 회피 알고리즘 및 고차 연산자 등 데이터 이동을 최소화하거나 연산 강도를 높이는 새로운 알고리즘이 이미 개발되고 있다. 또한 데이터 국소성에 대한 알고리즘 정보를 기반 소프트웨어 체계에 제공하기 위해 데이터 중심 프로그래밍 추상화를 새로운 분할된 전역 주소 공간(PGAS$^{\text{partitioned global address space}}$) 프로그래밍 체계에 구축해야 한다. 이러한 기능은 가속기마다 메모리/통신 속도가 서로 다른 이종 아키텍처에서 더욱 중요하다. 알고리즘이 복잡해질수록 성능 모델링은 어려워지며, 이질성을 고려할 수 있도록 루프라인 모델과 같은 도구도 개선해야 한다. 핵심 시뮬레이션 및 분석 알고리즘의 리팩터링은 응용 수학자가 주도해야 하겠지만 알고리즘, 애플리케이션, 소프트웨어, 컴퓨터 아키텍처 및 성능 분석 등 다양한 전문가가 포함된 협업 팀에서 함께 작업해야 할 것이다. 미래에는 여러 특화된 아키텍처를 대상으로 하는 시뮬레이션 알고리즘의 재설계를 실현하고, 최첨단 시설에서 프로덕션 배포 및 도입으로 전환할 수 있을 정도로 소프트웨어 프로토타입을 개선할 수 있을 것으로 예상된다.

9.3.4 포토닉스와 자원 분리

아키텍처 특화로 인해 머신러닝 워크로드를 위한 새로운 가속기 기술 지원과 현재의 상호 연결된 기술의 한계를 뛰어넘는 랙 분리 전략 등 새로운 데이터 센터 요구 사항이 생겨나고 있다. 많은 CPU/GPU 코어를 갖춘 최신 고성능 프로세서 칩은 본질적으로 매우 까다로운 컴퓨팅 작업을 처리할 수 있지만, 리소스를 완전하고 효율적으로 활용하는 데 필요한 오프칩 대역폭은 충분하지 않다. 이 문제를 해결하려면 현재 사용되는 전기적 패키지의 대역폭 밀도 한계를 극복해야 한다. 이 대안으로 데이터 이동 거리의 제약을 받지 않는 광자 기술의 상호 통합을 모색할 수 있다. 광자 인터커넥트 기술은 잘 알려진 대역폭 밀도 및 에너지 효율성을 바탕으로 이러한 중요 데이터 이동 문제를 해결하기 위해 제안되어 왔다. 그러나 기존 링크와 스위치를 단순히 포토닉으로 일대일 교체하는 것만으로는 시스템 전반의 에너지 효율과 성능 향상을 달성할 수 없다. 대신 포토닉 멀티칩 모듈(MCM$^{\text{multi-chip module}}$)을 위한 패키지 내 소자로 광소자를 함께 패키징하는 방법이 매력적인 대안으로 제시되고 있다[29]. 구리 필러 또는 솔더 마이크로범프 기술로 구현되는 극도로 높은 핀 밀도 덕분에 가능한 패키지 내 대역폭 밀도는 포토닉스 기술과 매우 잘 어울린다. 현재 포토닉스 기술은 더 높은 대역폭과 에너지 효율성(예: 낮은 비트당 피코줄)을 근거로 팔리고 있지만, 향후 새로운 워크로드와 기술 트렌드는 단순한 대역폭이 아닌 대역폭 밀도, 지연 시간 단축, 성능 일관성과 같은 다른 지표로 초점이 옮겨갈 것이다. 이러한 지표는 단순한 소자 개선만으로는 달성할 수 없으며, 컴퓨팅 플랫폼에서 포토닉스에 대한 시스템 관점이 필수적이다.

9.4 CMOS 대체: '새로운 트랜지스터' 발명하기

9.4.1 도전 과제

더 나은 트랜지스터나 디지털 로직 기술 같은 새로운 소자를 개발하면 로직 연산에 소비되는 에너지를 크게 낮출 수 있다. 그러나 이러한 '새로운 트랜지스터'를 개발하려면 재료에 대한 근본적인 혁신이 필요하며, 미래의 컴퓨팅 장치에 적합한지 여부는 회로 및 전체 시스템 아키텍처의 맥락에서 평가해야 한다. 이를 통해 이러한 새로운 소자를 최대한 활용하는 방법과 소자 규모에서의 효율성 개선이 칩 및 시스템 규모에서의 애플리케이션 개선으로 이어질 수 있는지 여부를 결정할 수 있다. 이 문제의 핵심은 이 두 가지 주요 경로를 3D 통합 및 새로운 메모리 기술과 같은 다른 유망한 방법과 결합하고, 새로운 재료 또는 기술 개선으로 인해 발생하는 패키징 및 통합 문제를 극복하는 것이다. 이러한 연구에서 얻은 정보와 계측 자료는 차세대 포스트-CMOS 트랜지스터 및 로직 기술 개발의 길잡이가 될 것이다. 2013년에 로버트 릴랜드와 내가 미국 과학기술정책국(OSTP)을 위해 작성한 후 2015년에 〈IEEE Computer〉에 다시 발표한 논문[7]에서는 현재 사용 가능한 다양한 기술 옵션을 조사하고 그 가능성을 평가한 바 있다. 현재의 최첨단 전자 기기는 '볼츠만의 폭정$^{Boltzmann's\ tyranny}$'이라고 불리는 한계에 봉착해 있다. 모든 최신 트랜지스터의 작동 기반이 되는 전위 장벽에 의존하는 전자 장치의 스위칭 효율은 통계 열역학, 특히 전자가 특정 에너지 상태를 점유할 확률 분포 함수에 의해 궁극적인 한계가 정해져 있다. 기존 트랜지스터에서 전류가 열 배 변하려면 볼츠만의 폭정에 의해 $k_B T \ln(10)/q$, 즉 60 mV 제한이 있을 수밖에 없는데(로그 스케일에서 흔히 '열 배에 60mV'라고 표현) 이는 전위 장벽을 작동 모드로 사용하는 이론적으로 완벽한 스위치의 스위칭 성능에 대한 기본적인 이론적 한계로 작동한다. 이 한계는 아주 분명하며 물리적으로 근본적이라 극복이 불가능하다. 니코노프와 영의 2016년 논문[30]에서는 전자 소자에 대한 '볼츠만의 폭정' 문제를 검토하고 있으며, 이러한 기술 옵션이 현재의 CMOS 기술을 완전히 대체할 수 있는 확실한 후보에서 얼마나 멀리 떨어져 있는지도 정량적으로 설명한다.

9.4.2 발견의 속도를 가속화하는 심층 공동 설계

일반적으로 새로운 트랜지스터나 메모리 소자와 같은 새로운 전자 소자는 물리적 수준에서 개별적으로 평가되기 때문에 소자의 아키텍처 수준이 미치는 영향을 제대로 파악할 수 없다. 기존의 하드웨어 설계 도구는 미래 디바이스의 장점과 한계를 적절히 고려하지 못한다. 특히 아키텍트와 시스템 설계자에게는 각각의 새로운 소자가 아키텍처와 설계에 미치는 영향과 기존 기술과의 복잡한 상호 작용을 추론하는 데 사용할 수 있는 메트릭이 필수적인데, 현재는 부재한 실정이다. 이러한 단점을 보완하려면 급진적인 신기술이 성숙할 때까지 성능 확장이 지연되지 않도록 새로운 소자 기술과 함께 특화된 아키텍처 설계 공간을 효율적이고 체계적으로 탐색하는 것이 시급하다. 미래 소자의 개발을 올바로 이끌어 나가려면 목표 애플리케이션에서 달성할 수 있는 궁극적인 결과를 바탕으로 성능을 평가해야 한다. 새로운 소재나 소자 기술의 가치는 현재 시스템 차원에서 제대로 파악되지 않고 있다. 시스템 차원의 성능과 동작은 현재 소자나 소재 수준에서는 명확히 이해하기 어렵다. 새로운 소자와 소재를 포함하는 미래 시스템을 발전시키기 위한 진정한 코드 설계를 위해서는 [그림 9-8]과 같이 새로운 과학 기술 응용 분야의 요구를 충족하기 위해 원자 규모의 소재부터 대규모 복합 시스템에 이르기까지 모든 계층을 아우르는 피드백이 필요하다.

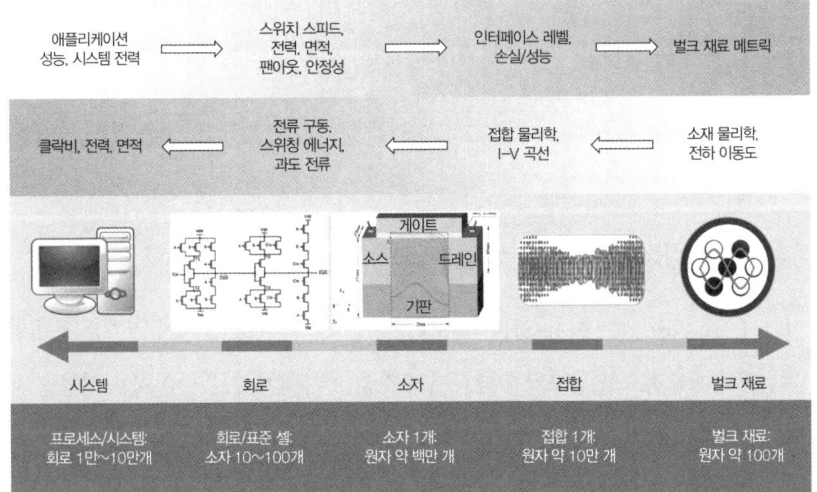

그림 9-8 CMOS 대체 기술의 발견을 가속화하기 위한 심층적인 공동 설계 프레임워크에는 신소재 설계부터 프로세서 및 시스템 설계에 이르기까지 모든 규모의 연구 개발이 포함되어야 한다.

이와 같이 광범위한 영역을 포괄하는 코드 설계와 제조 과제를 고려해야만 모든 영역에서 종합적인 진전을 이루어 IT 에너지 전망에 실질적인 변화를 가져올 수 있다. 또한, 이 작업의 결과는 새로운 과학적 발견을 가능하게 하고 IoT와 소비자 가전부터 데이터 센터와 슈퍼컴퓨팅에 이르기까지 컴퓨팅 시장의 전반에서 경제적 활력을 유지하기 위해 컴퓨팅 역량의 기하급수적인 성장을 지속할 수 있는 길을 제시할 것이다. [그림 9-8]은 미래 트랜지스터의 발견 과정을 획기적으로 가속화하기 위해 기초 소재 연구부터 아키텍처, 회로, 전체 시스템 아키텍처에 이르는 포괄적인 접근 방식의 초기 프로토타입을 보여준다. 우리의 비전은 복잡한 시스템의 물리적 계층과 논리적 계층을 통합하는 공동 설계^{codesign} 프레임워크를 개발하여 정량적 정보를 전달함으로써 더 나은 솔루션 개발을 위한 결정을 유도하는 데 있다. 이 공동 설계 프레임워크는 통합된 소재/소자/회로/시스템 전자 설계 자동화 및 시뮬레이션 도구를 개발하여 미션 크리티컬 과학 기술의 개발 일정을 단축할 수 있다. 장기적인 해결책을 위해서는 에너지 흐름의 한계에서 정보 요소를 제어하고 조작할 수 있는 소재와 경로에 대한 근본적인 지식을 통해 CMOS를 뛰어넘는 획기적인 소자 기술 발전과 확장의 에너지 이점을 실현할 수 있는 시스템 아키텍처 및 프로그래밍 모델의 발전이 필요하다. 이를 위해 소자 모형과 소재를 회로에 연결하는 완전한 업무 흐름을 구축해야 하며, 이러한 회로들은 특화된 하드웨어 아키텍처 모형을 효율적으로 생성함으로써 평가할 수 있으므로 기초 기술의 다양한 발전이 궁극적인 시스템 성능에 미치는 이점을 비교할 수 있다. 이 작업의 결과로 나온 아키텍처 시뮬레이션은 이러한 새로운 접근 방식이 대상 애플리케이션에 미치는 성능 영향을 더 잘 이해할 수 있도록 도와줄 것이다. 또한 이러한 새로운 아키텍처의 활용성을 제고하고 프로그래밍을 가능하게 만들어줄 새로운 소프트웨어 시스템을 조기에 탐색할 수 있게 해준다.

더 장기적으로는 연구 커뮤니티에서 모델링 프레임워크를 확장하여 신경망 기반 아키텍처나 양자 가속기와 같은 비전통적 컴퓨팅 모델과 가속기를 시뮬레이션 인프라의 구성 요소로 포함할 수 있을 것으로 기대된다. 또한 개발자가 향후 하드웨어 개발 사이클 초기에 자신의 아이디어를 평가할 수 있도록 알고리즘/아키텍처/소프트웨어-환경 시스템 공동 설계 프로세스를 자동화하는 기술을 개발해야 한다. 궁극적으로는 소프트웨어에서 소자 수준에 이르기까지 피드백 고리를 완성함으로써 소프트웨어가 이 인프라의 통합된 일부분이 될 수 있도록 해야 한다.

9.5 가역성 돌아보기

파인만은 강연에서 가역 컴퓨팅을 사용하여 논리 연산에 소비되는 최소 에너지에 대한 란다우어 한계[31]를 낮출 수 있는 가능성에 대해 설득력 있게 설명했다. 이제 CMOS 기술과 트랜지스터 축소에 기반한 무어의 법칙이 점차 둔화됨에 따라 대안을 재검토할 때가 되었다. 논리 연산에 소비되는 에너지의 $k_B T \ln(2)$라는 란다우어 한계는 열역학 제2법칙과 정보 표현에 대한 섀넌의 한계를 절묘하게 통합한 개념이다. 오늘날 우리가 알고 있는 모든 디지털 연산에는 이 한계가 적용되며, 최첨단 CMOS 기술을 사용하더라도 여전히 이 한계에서 몇 배나 더 멀리 떨어져 있다. 하지만 전선을 통해 전자를 이동시켜 정보를 전달하는 것은 근본적으로 비가역적이기 때문에 이 분석에서는 다루지 않는다. 현재의 CMOS 기반 디지털 전자기기에서도 데이터 이동이 실제 컴퓨팅 연산보다 더 많은 전력을 소비한다는 데는 이견이 없다[32]. 가역적 연산에 대한 현재의 분석에서는 연산 요소 간의 통신 중 저항에 의한 손실이 근본적으로 비가역적이라는 문제는 다루지 않는다.

그렇다고 가역 컴퓨팅이 막다른 골목에 이르렀다고 말하는 것은 아니다. 오히려 이 접근 방식을 성공적으로 구현하는 데 필요한 기초 물리학 및 기술이 지금까지 우리가 사용해온 것과는 근본적으로 달라야 한다는 사실을 강조할 필요가 있다. 반도체는 이제 논외로 하자. 손실 없이 정보를 전송할 수 있는 새로운 물리학과 이를 뒷받침할 수 있는 소재가 필요하다. 예를 들면 초전도 기술을 이용한 가역적 컴퓨팅[33]을 생각해 볼 수 있다. 손실이 적은 다른 가능성으로는 광학 가역 컴퓨팅[34], 등방성(가역 단열) 거동을 보이는 나노 구조 열역학 장치[35], 그리고 위상 절연체와 같이 위상론적으로 설계된 물질에서 스커미온[36] 같은 이색적인 준입자까지도 생각할 수 있다. 이를 위해서는 다시금 물리, 재료, 새로운 계산 이론을 포괄하는 심층 공동 설계 접근법이 필요하다. 파인만의 가역성 연구에 따르면 논리 연산의 에너지 손실에 하한은 없지만 실제 구현에 필요한 공학적 장애물을 극복하는 데 적합한 물리 법칙과 재료를 찾기까지는 수십 년의 탐구가 필요할 수 있다. 그러나 파인만의 분석을 통해 우리는 컴퓨팅 성능과 효율 개선이 한계에 이르렀다는 주장을 매우 회의적으로 바라보게 되었고, 앞으로도 계속해서 더 나은 접근법을 찾아야 한다고 촉구할 수 있게 되었다. 비록 우리가 알고 있는 무어의 법칙은 막을 내리고 있지만, 앞으로도 컴퓨팅 성능의 확장을 계속하겠다는 의지는 무어의 법칙에 남아 있다. 가역 컴퓨팅에 대한 파인만의 분석은 현재 우리가 상상할 수 있는 범위를 훨씬 넘어서는 근본적인 에너지 손실의 한계를 제시했다. 우리가 알고 있는 기존 컴퓨팅의 종말은 분명하지만, 파인만은 이것이 컴퓨팅의 끝은 아니라는 것을 보여주었다. 아직 저 밑에는 갈 길이 많이 남아 있다!

9.6 결론

반도체 기술은 미래의 에너지, 경제, 기술 보안 전반에 걸쳐 광범위한 역할을 할 것이다. 이러한 광범위한 맥락에서 사회적 요구와 기대에 효과적으로 부응하려면 경제적으로 대규모 제조가 가능하고 기하급수적인 발전 경로를 제공할 수 있는 새로운 소자와 컴퓨팅 패러다임이 나와야 한다[7]. 이러한 요구 사항을 실현하려면 진공관에서 반도체로의 전환에 버금가는 상당한 기술적 전환이 필요할 수 있다. 이러한 전환을 이루려면 몇 년이 아니라 수십 년이 걸릴 것이다. 반도체 기술 로드맵의 생명력이 10년이든 20년이든, 연구자들은 지금부터 변화를 위한 전략적 토대를 마련하기 시작해야 한다.

9.7 참고문헌

1. International Energy Agency. *Gadgets and Gigawatts: Policies for Energy Efficient Electronics*. International Energy Agency (IEA), 2009.
2. Nicola Jones. How to stop data centres from gobbling up the world's electricity. *Nature*, 561(7722):163–167, 2018.
3. Gordon E. Moore. Cramming more components onto integrated circuits. *Electronics*, 38(8), April 1965.
4. Chris Mack. The multiple lives of Moore's law. *IEEE Spectrum*, 52(4):31–31, 2015.

5. I.L. Markov. Limits on fundamental limits to computation. *Nature*, 512(7513):147–154, 2014.
6. Robert Colwell. The chip design game at the end of Moore's law. In *2013 IEEE Hot Chips 25 Symposium (HCS)*, pages 1–16, 2013.
7. John M. Shalf and Robert Leland. Computing beyond Moore's law. *Computer*, 48(12):14–23, 2015.
8. Neil C. Thompson and Svenja Spanuth. The decline of computers as a general purpose technology. *Communications of the ACM*, 64(3):6472, February 2021.
9. Yakun Sophia Shao, Sam Likun Xi, Vijayalakshmi Srinivasan, Gu-Yeon Wei, and David M. Brooks. Co-designing accelerators and soc interfaces using gem5-aladdin. In *49th Annual IEEE/ACM International Symposium on Microarchitecture, MICRO 2016*, Taipei, Taiwan, October 15–19, 2016, pages 48:1–48:12. IEEE Computer Society, 2016.
10. N. Jouppi, C. Young, Nishant Patil, David A. Patterson, Gaurav Agrawal, R. Bajwa, Sarah Bates, Suresh Bhatia, N. Boden, Al Borchers, Rick Boyle, Pierre luc Cantin, Clifford Chao, Chris Clark, Jeremy Coriell, Mike Daley, M. Dau, J. Dean, Ben Gelb, T. Ghaemmaghami, R. Gottipati, William Gulland, R. Hagmann, C.R. Ho, Doug Hogberg, J. Hu, R. Hundt, D. Hurt, J. Ibarz, A. Jaffey, Alek Jaworski, Alexander Kaplan, Harshit Khaitan, Daniel Killebrew, Andy Koch, N. Kumar, Steve Lacy, J. Laudon, James Law, Diemthu Le, Chris Leary, Z. Liu, Kyle A. Lucke, Alan Lundin, G. MacKean, A. Maggiore, Maire Mahony, K. Miller, R. Nagarajan, Ravi Narayanaswami, Ray Ni, K. Nix, Thomas Norrie, Mark Omernick, Narayana Penukonda, A. Phelps, J. Ross, Matt Ross, Amir Salek, E. Samadiani, C. Severn, G. Sizikov, Matthew Snelham, J. Souter, D. Steinberg, Andy Swing, Mercedes Tan, G. Thorson, Bo Tian, H. Toma, Erick Tuttle, Vijay Vasudevan, Richard Walter, W. Wang, Eric Wilcox, and D. Yoon. In-datacenter performance analysis of a tensor processing unit.

In *2017 ACM/IEEE 44th Annual International Symposium on Computer Architecture (ISCA)*, pages 1–12, 2017.

11. Jeremy Hsu. Nervana systems: Turning neural networks into a service resources startups. *IEEE Spectrum*, 53(6):19, 2016.

12. Adrian M. Caulfield, Eric S. Chung, Andrew Putnam, Hari Angepat, Jeremy Fowers, Michael Haselman, Stephen Heil, Matt Humphrey, Puneet Kaur, Joo-Young Kim, Daniel Lo, Todd Massengill, Kalin Ovtcharov, Michael Papamichael, Lisa Woods, Sitaram Lanka, Derek Chiou, and Doug Burger. A cloud-scale acceleration architecture. In *2016 49th Annual IEEE/ACM International Symposium on Microarchitecture (MICRO)*, pages 1–13, 2016.

13. David E. Shaw, J.P. Grossman, Joseph A. Bank, Brannon Batson, J. Adam Butts, Jack C. Chao, Martin M. Deneroff, Ron O. Dror, Amos Even, Christopher H. Fenton, Anthony Forte, Joseph Gagliardo, Gennette Gill, Brian Greskamp, C. Richard Ho, Douglas J. Ierardi, Lev Iserovich, Jeffrey S. Kuskin, Richard H. Larson, Timothy Layman, Li-Siang Lee, Adam K. Lerer, Chester Li, Daniel Killebrew, Kenneth M. Mackenzie, Shark Yeuk-Hai Mok, Mark A. Moraes, Rolf Mueller, Lawrence J. Nociolo, Jon L. Peticolas, Terry Quan, Daniel Ramot, John K. Salmon, Daniele P. Scarpazza, U. Ben Schafer, Naseer Siddique, Christopher W. Snyder, Jochen Spengler, Ping Tak Peter Tang, Michael Theobald, Horia Toma, Brian Towles, Benjamin Vitale, Stanley C. Wang, and Cliff Young. Anton 2: Raising the bar for performance and programmability in a special-purpose molecular dynamics supercomputer. In *Proceedings of the International Conference for High Performance Computing, Networking, Storage and Analysis*, SC '14, page 4153. IEEE Press, 2014.

14. Itta Ohmura, G. Morimoto, Y. Ohno, Akifumi Hasegawa, and M. Taiji. Mdgrape-4: A special-purpose computer system for molecular dynamics simulations. *Philosophical Transactions. Series A: Mathematical, Physical,*

and Engineering Sciences, 372(2021), 2014.

15. William Chen and Bill Bottoms. Heterogeneous integration roadmap: Driving force and enabling technology for systems of the future. In *2019 Symposium on VLSI Technology*, pages T50–T51, 2019.

16. H. Johansen, L.C. McInnes, D. Bernholdt, J. Carver, M. Heroux, R. Hornung, P. Jones, B. Lucas, A. Siegel, and T. Ndousse-Fetter. Software productivity for extreme-scale science report on DOE workshop, 2014.

17. Christopher K. Turnes and Justin K. Romberg. Spiral FFT: An efficient method for 3-d FFTS on spiral MRI contours. In *ICIP*, pages 617–620. IEEE, 2010.

18. L. Susan Blackford, Antoine Petitet, Roldan Pozo, Karin Remington, R. Clint Whaley, James Demmel, Jack Dongarra, Iain Duff, Sven Hammarling, Greg Henry, et al. An updated set of basic linear algebra subprograms (BLAS). *ACM Transactions on Mathematical Software*, 28(2):135–151, 2002.

19. Xiaoye Sherry Li, James Demmel, John Gilbert, Laura Grigori, and Meiyue Shao. *SuperLU*. Springer US, Boston, MA, pages 1955–1962, 2011.

20. Jeremy Kepner, Henning Meyerhenke, Scott McMillan, Carl Yang, John D. Owens, Marcin Zalewski, Timothy Mattson, Jose Moreira, Peter Aaltonen, David Bader, et al. Mathematical foundations of the graphblas. In *2016 IEEE High Performance Extreme Computing Conference (HPEC)*, September 2016.

21. W. Zhang et al. AMReX: A framework for block-structured adaptive mesh renement. *Journal of Open Source Software*, 4(37):1370, 2019.

22. Krste Asanovic, Ras Bodik, Bryan Christopher Catanzaro, Joseph James Gebis, Parry Husbands, Kurt Keutzer, David A. Patterson, William Lester Plishker, John Shalf, Samuel Webb Williams, and Katherine A. Yelick. The landscape of parallel computing research: A view from Berkeley. Technical Report UCB/EECS-2006-183, EECS Department, University of

California, Berkeley, December 2006.

23. Samuel Williams, Andrew Waterman, and David Patterson. Roofline: An insightful visual performance model for multicore architectures. *Communications of the ACM*, 52(4):6576, April 2009.

24. David A.B. Miller. Optical interconnects to electronic chips. *Applied Optics*, 49(25):F59–F70, September 2010.

25. D.A.B. Miller. Rationale and challenges for optical interconnects to electronic chips. *Proceedings of the IEEE*, 88(6):728–749, 2000.

26. M. Horowitz, Chih-Kong Ken Yang, and S. Sidiropoulos. High-speed electrical signaling: Overview and limitations. *IEEE Micro*, 18(1):12–24, 1998.

27. Peter M. Kogge and John Shalf. Exascale computing trends: Adjusting to the "new normal" for computer architecture. *Computing in Science and Engineering*, 15(6):16–26, 2013.

28. Didem Unat, Anshu Dubey, Torsten Hoefler, John Shalf, Mark Abraham, Mauro Bianco, Bradford L. Chamberlain, Romain Cledat, H. Carter Edwards, Hal Finkel, Karl Fuerlinger, Frank Hannig, Emmanuel Jeannot, Amir Kamil, Jeff Keasler, Paul H.J. Kelly, Vitus Leung, Hatem Ltaief, Naoya Maruyama, Chris J. Newburn, and Miquel Perics. Trends in data locality abstractions for HPC systems. *IEEE Transactions on Parallel and Distributed Systems*, 28(10):3007–3020, 2017.

29. Nathan C. Abrams, Qixiang Cheng, Madeleine Glick, Moises Jezzini, Padraic Morrissey, Peter O'Brien, and Keren Bergman. Silicon photonic 2.5d multi-chip module transceiver for high-performance data centers. *Journal of Lightwave Technology*, 38(13):3346–3357, 2020.

30. D.E. Nikonov and I.A. Young. Overview of beyond-CMOS devices and a uniform methodology for their benchmarking. *Proceedings of the IEEE*, 101:2498–2533, 2016.

31. R. Landauer. Irreversibility and heat generation in the computing process.

IBM Journal of Research and Development, 5(3):183191, July 1961.

32. Shekhar Borkar. Role of interconnects in the future of computing. *Journal of Lightwave Technology*, 31(24):3927–3933, December 2013.

33. Naoki Takeuchi, Yuki Yamanashi, and Nobuyuki Yoshikawa. Reversible computing using adiabatic superconductor logic. In Shigeru Yamashita and Shin-ichi Minato, editors, *Reversible Computation*, pages 15–25. Cham. Springer International Publishing, 2014.

34. Huanan Li, Lucas J. Fernandez-Alcazar, Fred Ellis, Boris Shapiro, and Tsampikos Kottos. Adiabatic thermal radiation pumps for thermal photonics. *Physical Review Letters*, 123(16):165901, October 2019.

35. T.E. Humphrey and H. Linke. Reversible thermoelectric nanomaterials. *Physical Review Letters*, 94(9):096601, March 2005.

36. Yan Zhou. Magnetic skyrmions: Intriguing physics and new spintronic device concepts. *National Science Review*, 6(2):210–212, 10, 2018.

CHAPTER

10

파인만과 인공지능

에릭 몰스네스 [Eric Mjolsness]

컴퓨터 과학과 및 수학과 교수
캘리포니아 주립대학교 어바인 분교

10.1 소개
10.2 1980년대의 물리학과 유사한 신경망
10.3 AI/ML의 봄
10.4 계산 과학을 위한 AI/ML
10.5 수학적 합성과 기호주의 AI로의 회귀?
10.6 결론
10.7 참고문헌

CHAPTER 10

10.1 소개

양자 컴퓨팅의 발전에 불씨를 지핀 리처드 파인만의 역할과 컴퓨팅 기계에 대한 그의 애정은 익히 잘 알려져 있다. 하지만 그가 인공지능(AI), 그리고 1980년대 인공지능에 대한 접근 방식으로서의 신경망에 진지하게 관심을 가졌다는 사실은 그리 잘 알려지지 않았다. 당시 칼텍에서는 정교수로 새로 합류한 존 홉필드가 그 분야를 이끌고 있었다.

계산의 물리학 강의는 파인만, 홉필드, 그리고 VLSI 컴퓨터 칩 설계의 선구자이자 새로운 하드웨어 패러다임으로서의 신경 컴퓨팅에 관심을 갖고 있던 카버 미드가 공동으로 개설한 과목으로 시작했다. 파인만은 주류였던 기호주의 접근법에서 벗어나 신경망, 특히 패턴 인식과 머신러닝(ML)을 통해 AI의 발전을 이룰 수 있는 방법에 대해 상당한 고민을 했다.

1980년부터 1985년까지 칼텍 물리학과의 대학원생으로 지내는 동안 나는 리처드 파인만과 여러 차례 교류할 수 있는 행운을 누렸고, 그중에는 그가 관심을 가졌던 신경망과 인공지능에 관한 것도 있었다. 내게 칼텍에서의 이 시기는 여러 방면으로 지적 성장을 거듭하는 시기였다. 이 글은 수십 년 전의 가물가물한 기억을 재구성한 것이다. 사람마다 기억하는 바가 조금씩 다를 수도 있을 것이다.

지금은 신경망이 워낙 잘 나가기 때문에 당시에 그러한 사고가 얼마나 비주류적이었는지 이해하기 어려울 수 있다. 신경망은 프랭크 로젠블랫, 버나드 위드로 등의 획기적인 하드웨어 업적에도 불구하고 1950년대 말과 1960년대 초에 있었던 폰 노이만 컴퓨터 아키텍처와의 기술 경쟁에서 패배했다. 신경망 연구에 대한 열정과 연구비 지원 역시 마빈 민스키와 시모어 파퍼트가 쓴 『Perceptrons』(MIT Press, 1969)의 영향으로 정작 실제 내용과는 다르게 위축되고 말았는데, 이 책에는 오늘날로 말하자면 숨겨진 유닛이 없는 단일 계층 피드 포워드 신경망이라고 부르는 것에 대한 부정적인 결과가 포함되어 있었다. 하지만 1980년대 초 존 홉필드, 제프리 힌튼, 테리 세즈노스키, 후쿠시마 쿠니히코 등은 새로운 정량적 동역학 알고리즘과 아키텍처로 신경망을 되살리기 위한 시도를 하고 있었다. 이 접근법이 물리학과 닮아 있었기 때문에 다른 물리학자들과 마찬가지로 파인만도 관심을 가졌다. 신경망의 본질은 대부분 방정식을 통해 컴퓨터 코드보다 더 높은 수준으로 추상화되어 정량적으로 설명할 수 있었다. 파인만은 분명 홉필드의 연구는 잘 알고 있었고 다른 신경망 연구에 대해 얼마나 알고 있었는지는 단정하기 어렵지만, 모든 것을 원점에서부터 독립적으로 재창조하는 것을 선호하는 편이었기 때문에 스스로 재구성하려 했을 가능성이 크다.

MIT의 마빈 민스키는 신경망을 사용하지 않는 고전적인 '기호주의^{symbolic}' 인공지능 분야의 선구자였으며, 파인만과 민스키는 친구 사이였다. 파인만이 AI에 관심을 가지자, 민스키는 파펄트의 전 박사과정 학생이자 프로그래밍 언어뿐만 아니라 당시 주류인 기호주의 AI 분야에서 두각을 나타내고 있던 제럴드 서스만에게 장기 안식년을 맞아 칼텍을 방문해 파인만과 AI에 대해 교류하고 자신이 구상했던 비용 효율적인 특수 목적의 '디지털 오러리(행성 궤도 컴퓨터)' 구축 계획을 실행하는 것이 어떻겠냐고 제안했다. 그렇게 해서 제럴드 서스만은 파인만의 계산의 물리학 강의에도 참여하게 되었으며 자신이 개발한 리스프^{Lisp}의 변종인 스킴^{Scheme}을 사용한 하드웨어와 프로그래밍, 그리고 AI에 대한 강의를 진행했다.

내가 파인만에 대해 가장 잘 알게 된 계기는 1983년부터 1985년까지 여러 차례에 걸쳐 계산의 물리학 수업의 조교로 일하면서였다. 또한 존 홉필드의 물리학/신경망 박사 과정 학생으로 파인만의 여러 강의에서 테이프 레코더의 버튼을 누르고 테이프를 뒤집는 일을 맡기도 했다. 파인만은 민주적인 사고 방식을 가졌기 때문에 수업이 끝나면 몇 걸음 떨어진 연구소의 소박한 카페테리아에서 조교 및 서스만을 비롯한 다양한 방문객들과 함께 토론을 이어가는 경우가 많았다. (요즘 미국 대학들은 많이 변해서 카페테리아는 더 이상 소박하지 않다.) 가끔은 대학원생도 이용할 수 있는 교수회관인 칼텍 아테네움에서 만나기도 했다. 이후 강의에서 조교를 맡았던 인물 중에는 당시 디지털 오러리 소프트웨어의 대가이자 AI에 정통한 물리학 대학원생인 마이크 더글러스도 있었다. 그는 훗날 끈 이론으로 명성을 떨치게 된다. 두말할 필요도 없이 점심 토론은 언제나 흥미롭고 때로는 경이로울 정도였다. 조교들은 종종 파인만의 연구실에서 그를 만나기도 했는데, 그 후로도 오랫동안 그의 목소리가 귓가에 맴돌곤 했다.

파인만이 제2차 세계대전 중 맨해튼 프로젝트가 진행되던 1943년부터 1945년까지 로스알라모스에서 계산 관련 업무를 조직하는 데 주도적인 역할을 했다는 사실은 잘 알려져 있다. 당시의 '컴퓨터'는 기계식 계산기를 조작하는 사람을 지칭하는 단어였지만, 이들 사이의 정보 흐름 또한 어떻게든 설계해야 했다. 1980년대 점심시간에 나누었던 사적인 대화 속에서 우리는 파인만의 로스알라모스 시절 이야기와 훗날 그의 회고록에 실린 여러 일화들을 미리 들을 수 있었다. 그는 1980년대 중반 계산의 물리학 수업이 진행되던 시기에 컴퓨터 회사 씽킹 머신즈의 자문을 맡았다는 사실도 잘 알려져 있다. 그는 고도로 병렬화된 커넥션 머신 CM-1 컴퓨터의 비트-직렬 메시지 라우팅 프로토콜을 연구하고 메시지 오버플로 버퍼의 필요성에 대한 분석도 수행했다. 또한 이 시기에 그는 이 책의 다른 부분에서 다루는 양자 컴퓨팅 연구도 수행했다. 이러한 동시대의 프로젝트는 수업 시간에도 언급되었으며, 이처럼 파인만의 컴퓨팅에 대한 관심은 오랫동안 폭넓게 지속되었다.

파인만에게는 완성하지 못한 여러 꿈의 프로젝트들이 있었다. 그는 이 강연을 한 지 불과 몇 년 후인 1988년, 69세의 나이로 세상을 떠났다. 그는 통계 물리학에서 몇 가지 유명한 문제를 시각화했던 것처럼 강한 핵력의 이론인 양자 색역학의 배위 공간을 자신만의 방식으로 생각하고 시각화하여 이를 심층적으로 이해하고 싶어했다. 또한 그는 시각과 언어를 갖춘 인공지능을 구현하기 위해 신경망을 훈련하고, 형태를 만들고, 진화시키고자 했다. (세부 사항은 다소 불명확했지만) 그는 신경망/학습 기계가 분명히 인간, 그중에서도 여성과 비슷할 것으로 생각했다. 파인만은 '그녀'가 올바른 학습 과제를 적절한 순서로 제공하는 과학자들에 의해 훈련된 인간 아기처럼 기술을 하나씩 습득해 나갈 것이라고 했다.

인공지능에 회의적인 분위기 속에서도 칼텍 캠퍼스에서 AI에 가장 정통한 전문가였던 제럴드 서스만은 방문 당시 신경망 방식의 학습 기계에 대한 파인만의 계획을 그리 탐탁치 않아 했다. 그는 이것이 1950년 말에서 1960년 초반의 구식 아이디어이며, 실질적인 성과 없이 실패한 방식의 회귀라고 여겼다. 반면 당시 주류 AI는 성과 부족과 예산 삭감으로 이른바 'AI 겨울' 단계로 막 접어들고 있었기 때문에, 서스만 역시 당시의 성과만으로는 AI의 미래에 대한 논쟁에서 이길 수 없었다. 반면 파인만은 서스만이 "너무 많은 것을 알고 있는 것이 문제"이며(당시에는 분야가 훨씬 작았기 때문에 서스만은 거의 전부를 꿰뚫고 있었을 것이다), 그래서 진짜 돌파구는 완전히 다른 방향에서 올 것이라는 가능성을 보지 못한다고 생각했다. 이 같은 상반된 평가들은 그 자리에 있던 젊은 과학자들의 끈질긴 질문에 의해 비로소 밝혀졌다. 30년이 지난 후, 특히 2010~2020년대 컴퓨터 비전과 자연어 분야에서 신경망이 비약적으로 발전한 지금, 돌이켜보면 파인만이 이 기호주의 AI 대 신경망 기반 AI 논쟁에서 결정적인 우위를 점한 것처럼 보이지만, 상황은 앞으로 다시 바뀔 수도 있다!

10.2 1980년대의 물리학과 유사한 신경망

우리는 통계 역학에 대한 파인만의 접근법을 사용해 홉필드의 신경망과 이와 밀접하게 관련된 네트워크를 이해할 수 있다. 특히 파인만의 변분법([1], 섹션 3.4)은 이러한 신경망의 핵심적인 측면을 이해하는 데 용이하다. 연결망에서 이웃하고만 상호작용하는 이상화된 '뉴런'의 네트워크와 고체 물질에서 이웃하고만 상호작용하는 단순화된 '원자'의 견고한 격자 사이에서 수학적으로 유추해 보자. 두 네트워크 노드(뉴런 또는 원자, 정수 i와 j로 인덱싱)가 서로 영향을 미치는지 여부와 그 강도, ± 부호를 지정하는 실수인 연결 강도 또는 상호작용 강도 값 T_{ij}를 사용한다는 것은 양쪽 모두 동일하다. $T_{ij} = 0$이면 네트워크 또는 격자 연결이 없고 노드 i와 j 사이에도 직접적인 영향력이 없으며, 대규모 시스템의 경우 이것이 가장 일반적이라고 생각할 수 있다. 즉, '네트워크'를 규정하는 것은 0이 아닌 연결 강도이다. 신경망과 물리학에서 고체 물질 모형의 주된 차이점은 신경망의 연결 강도는 학습의 동역학에 따라 변경될 수 있다는 점이다.

물리학 기반 물질 모형에서는 상태의 확률에 대해 다음과 같은 평형 통계역학의 볼츠만 확률 분포를 가정한다.

$$p_{Boltz}(상태) \propto e^{-\beta 에너지(상태)}$$

이러한 비례 관계는 적절하다. 에너지는 크기 성질이고(상호 작용하지 않는 하위 시스템에 대해 덧셈 법칙 성립), 확률은 연결되지 않은 하위 네트워크로 구성된 네트워크와 같은 독립적인 하위 시스템에 대해 곱셈 법칙이 성립하기 때문이다.

10.2.1 신경 활성화 동역학

다음으로 기존 통계 역학의 맥락을 정립하고, 파인만의 볼록성 부등식을 입증하고, 평균장 이론(MFT) 근사치를 도출하여 신경망 활성화 동역학에 적용한다.

볼츠만 분포의 경우, 고전적인 원자 '스핀' 변수 $s_i \in \{\pm 1\}$에 대한 평형 통계 역학 모형의 자유 에너지 $F(\beta, T, h) = \langle H \rangle - TS$는 다음을 만족한다.

$$e^{-\beta F} = Z(\beta, T, h) = \sum_{\{s_i \in \{\pm 1\}\}} e^{-\beta H[s]} \qquad \text{식 10-1}$$

예를 들어 이징 모형의 경우 다음과 같이 쓸 수 있다.

$$H_{\text{Ising}}[s] \equiv -\frac{1}{2} \sum_{i \neq j} T_{ij} s_i s_j - \sum_i h_i s_i \qquad \text{식 10-2}$$

여기서 $\beta = 1/T$는 온도의 역수이며 꺾쇠 괄호($\langle \rangle$)는 볼츠만 확률 $p_{Boltz}[s] = e^{-\beta H[s]}/Z$에 대한 열적 평균을 표기한 것이다. $S = -\langle \log p[s] \rangle$는 엔트로피이다. 여기에서는 볼츠만 상수 k_B를 1로 놓는 단위를 썼는데, 그렇지 않은 경우에는 $\beta = 1/k_B T$이라고 써야 한다. 연결 강도 행렬 T는 대칭 행렬이며 희소 행렬이거나 구조화된 행렬일 수도 있다. 인덱스가 붙은 연결 행렬 $T = [T_{ij}]$를 스칼라 온도 매개변수 T와 혼동하지 않도록 주의하자. [식 10-1]을 검증하려면 p_{Boltz}를 S에 대입하는 것으로 충분하다. 또한 변수 $s_i \in \{\pm 1\}$는 i번 뉴런이 '켜진/꺼진' 또는 '활성/비활성' 상태를 이상화된 이진값으로 표기한 것으로 해석할 수 있다. 아래에서는 '아날로그' 실수 값 뉴런의 에너지를 최소화하는 동역학을 구할 것이며, 그 실수 값은 활성/비활성 확률로 유도된다. 이러한 유도 과정은 평균장 이론을 통해 이루어진다. 자유 에너지 F와 분배 함수 Z는 계산하기 어려울 수 있으므로 계산이 더 쉬운 일부 유관 시스템 (H_0, F_0)에서의 값과 비교한다.

$$Z = \frac{\sum_{\{s_i\}} e^{-\beta(H[s]-H_0[s])} e^{-\beta H_0[s]}}{\sum_{\{s_i\}} e^{-\beta H_0[s]}} e^{-\beta F_0} = \left\langle e^{-\beta(H-H_0)} \right\rangle_0 e^{-\beta F_0}$$

지수함수의 볼록성으로부터 파인만은 다음과 같은 부등식이 성립함을 지적했으며,

$$\left\langle e^{-\beta(H-H_0)} \right\rangle_0 \geq e^{-\beta\langle H-H_0\rangle_0}$$

결과적으로 다음과 같이 쓸 수 있다.

$$e^{-\beta F} = Z = \left\langle e^{-\beta(H-H_0)} \right\rangle_0 e^{-\beta F_0} \geq e^{-\beta\langle H-H_0\rangle_0} e^{-\beta F_0}$$

따라서 다음과 같은 결과를 얻을 수 있다.

$$F \leq F_0 + \langle H - H_0 \rangle_0 \text{ 혹은 } F \leq \langle H \rangle_0 - TS_0 \qquad \text{식 10-3}$$

물론 파인만은 실제로 경로 적분과 양자계에서 이 작업을 수행했다. 계산하기 어려운 양(F와 Z)을 계산하기 훨씬 쉬운 양과 연관시키는 이 핵심 부등식은 깁스-보골류보프-파인만 부등식이라고도 부른다.

이제 [식 10-3]에서 모든 고전적인 스핀의 독립 곱 분포를 선택함으로써 (MFT) 근사식을 도출할 수 있다

$$H_0 = \sum_i \mu_i s_i = -\sum_i u_i s_i$$

그러면 다음과 같이 쓸 수 있다.

$$TS_0 = -\sum_i u_i \langle s_i \rangle_0 - F_0 \quad \text{이때} \quad -\beta F_0 = \sum_i \log\left(2\cosh\beta u_i\right)$$

변분법적 한계는 다음과 같이 계산할 수 있다.

$$F \leq \langle H \rangle_0 - TS_0$$
$$= -\frac{1}{2}\sum_{i\neq j} T_{ij} \langle s_i \rangle_0 \langle s_j \rangle_0 - \sum_i (h_i - u_i) \langle s_i \rangle_0 - \frac{1}{\beta}\sum_i \log\left(2\cosh\beta u_i\right)$$

$\langle s_i \rangle_0 = -\partial F_0/\partial u_i$를 계산하면, 즉 이 상한을 u_i에 대해 최소화하면 $v_i \equiv \langle s_i \rangle_0$ = $\tanh(\beta u_i)$가 되며, 이때 $v_i \in (-1,\ 1)$이다. 그러면 변분법적 한계에서 u_i를

소거하고 대신 v_i만 남길 수 있다. 그러면 위 식을 다음과 같이 고쳐 쓸 수 있다.

$$F \leq E_{MFT}[v] \equiv -\frac{1}{2}\sum_{i \neq j} T_{ij} v_i v_j - \sum_i h_i v_i + \sum_i \varphi(v_i) \qquad \text{식 10-4}$$

이때 φ는 다음과 같이 쓸 수 있다.

$$\varphi(v) = \frac{1}{\beta}\left[v\tanh^{-1}(v) - \log\left(2\cosh\left(\tanh^{-1}(v)\right)\right)\right]$$

다음과 같은 v에 대해서

$$v \in (-1, 1)$$

다음과 같은 관계가 성립하므로

$$\tanh^{-1}(v) = \frac{1}{2}\log\left(\frac{1+v}{1-v}\right)$$

다음과 같이 쓸 수 있는데,

$$\varphi(v) = \frac{1}{\beta}\left[\left(\frac{1+v}{2}\right)\log\left(\frac{1+v}{2}\right) + \left(\frac{1-v}{2}\right)\log\left(\frac{1-v}{2}\right)\right] = -TS_{MFT}[v]$$

여기에서 $(1 \pm v)/2 \in [0, 1]$이면서 합이 1이기 때문에 이 식도 $\sum p \log p$ 엔트로피 표현으로 볼 수 있다.

[식 10-4]에 있는 근사식의 적절성은 우변에 있는 $E_{MFT}[v]$가 좌변에 있는 F와 얼마나 가까운지를 가지고 측정하면 된다. 이런 유형에서 최선의 근사식은 $E_{MFT}[v]$를 모든 v_i의 함수로 최소화함으로써 구할 수 있다. 이 근사는 알고리즘적인 방법으로 할 수도 있고, v_i에 대한 어떤 **동역학**을 추출한 다음 그 동역학을 컴퓨터에서, 또는 더 직접적으로 아날로그 전자 하드웨어로 구현할 수도 있다.

따라서 스핀 s_i로 구성된 벡터 $s = [s]$의 신속한 평형화 외에 비가역적으로 더 느린 시간 스케일로 진행되는 소산성 동역학으로 $E_{MFT}[v]$로 모형화되는 자유 에너지 근사식을 최소화하는 방법을 생각해볼 수도 있다. 퍼텐셜 $\varphi(v)$를 미분하면 $\tanh^{-1}(v)/\beta$이므로 $E_{MFT}[v]$는 다음 조건에서 최소화된다.

$$v_i = \tanh(\beta u_i \equiv -(\beta \partial E_{Ising}[v])/(\partial v_i))$$

따라서 국소 최솟값에서는 다음 식이 성립한다.

$$v_i = \tanh^{-1}\left(\beta \sum_j T_{ij} v_j + \beta h_i\right) \qquad \text{식 10-5}$$

에너지를 최소화하는 계가 어떤 고립된 국소적인 최소 에너지에 도달하고 나면 더 이상 갈 곳이 없기 때문에 멈춰야 하며, 동역학적으로 어떤 '고정점'에 도달하게 된다. [식 10-5]는 홉필드의 (실수 값을 가지며 $v_i \in (-1, 1)$인) '아날로그' 신경망에 대한 고정점 방정식이다. 유사한 방식으로 평균장 이론과 {0, 1} 값을 가지는 '뉴런' 또는 '단위'에 대해 다음과 같은 엔트로피 식을 유도할 수 있다.

$$\varphi(v) = \frac{1}{\beta}(v \log v + (1-v)\log(1-v))$$

이때 v는 다음과 같다.

$$v = g(u) = \frac{e^{\beta u}}{1 + e^{\beta u}} = \frac{1}{1 + e^{-\beta u}}$$

보다 일반적으로 $\varphi(v) = \int^v g^{-1}(v)\,dv$인데, 이때 g는 인공 뉴런의 (단조) 활성화 함수이다. 그러면 고정점 방정식은 다음과 같이 쓸 수 있다.

$$v_i = g_i\left(\sum_j T_{ij} v_j + h_i\right) \qquad \text{식 10-6}$$

또한 [식 10-6]에 표시된 것처럼 퍼텐셜 함수 φ와 활성화 함수 $g = \varphi'^{-1}$가 변수 인덱스 i에 의해 정해지도록 허용할 수도 있으며, 동시에

$$E[v] = -\frac{1}{2}\sum_{i \neq j} T_{ij} v_i v_j - \sum_i h_i v_i + \sum_i \varphi_i(v_i)$$

를 통해 유용한 네트워크의 에너지 최소화 최적화 특성을 유지할 수 있다. 그러나 이렇게 일반화면 평형 평균장 이론으로부터 유도하는 것은 포기해야 할 수 있다.

홉필드는 에너지 최소화를 통해 이러한 고정점을 찾아낼 수 있는 꽤 괜찮은 동역학을 도입하기도 했다[2].

$$v_i = g(u_i) \text{ 그리고 } \tau_i \frac{du_i}{dt} + u_i = \sum_j T_{ij} v_j + h_i \qquad \text{식 10-7}$$

시스템에 대한 입력은 h를 통해, 또는 초기 조건 $v(t=0)$를 통해 제공할 수 있다. 이 아키텍처는 소규모의 여행하는 세일즈맨 문제와 같은 조합론 최적화 문제에 적용된 바 있다.

이렇게 변분법적인 평균장 이론을 통해 유도하는 방식은 자연스럽게 이징 '스핀' $s_i \in \{\pm 1\}$에서 포츠 모형 이산 상태 변수로 일반화[3]될 수 있으며, $s_{ia} \in \{0, 1\}$와 $q_i = \sum_a a s_{ia}$를 이용하여 (이때 $\sum_a s_{ia} = 1$) 인코딩할 수 있는 고정된 유한 개의 값 $q_i \in \{1, \ldots, A\}$ 중 하나를 취할 수 있다. 그러면 퍼텐셜 에너지 함수는 다음과 같이 표현할 수 있다.

$$\varphi([v_{i*}]) = \frac{1}{\beta} \sum_a v_{ia} \log v_{ia} = -T\tilde{S}[v]$$

(i번째 부드러운 선택 분포의 엔트로피) 활성화 함수는 다음과 같다.

$$v_{ia} = e^{\beta u_{ia}} / \sum_b e^{\beta u_{ib}} \text{ 이때 } u_{ia} \equiv \partial E_{Potts}[v] / \partial v_{ia} \qquad \text{식 10-8}$$

이는 그 유명한 '소프트-맥스' 활성화 함수로, 매개변수 β에 따라 u_{ia}를 인덱스 a에 대해 최대화하는 대안의 유한집합으로부터 하나를 부드럽게 고를 수 있으며 이때 자동으로 $v_{ia} \geq 0$과 $\sum_a v_{ia} = 1$이라는 요건이 준수된다. 이 함수는 두 개 이상의 대안 중에서 미분 가능한 선택을 제공하기 때문에 시간에 따라 그 사용성과 중요성이 꾸준히 증가해왔다. 더 자연스러운 일반화 방법으로는 [식 10-8]과 같이 행과 열을 번갈아 가며 정규화하고 이중 확률 행렬 또는 '할당' 행렬($v_{ia} \geq 0$, $\sum_a v_{ia} = 1$ 및 $\sum_i v_{ia} = 1$)이라는 요건을 만족시키는 해에 수렴하는 빠른 동역학으로 '부드럽게 할당'하는 방법이 있다. 부드러운 할당 아키텍처는 인지와 관련된 여러 반기호주의$^\text{semi-symbolic}$ 문제(예: [4])에 적용되었다.

10.2.2 신경 학습 동역학

다소 느슨한 방식으로 통계 역학의 개념을 사용하여 신경망의 **학습 동역학**을 얻을 수도 있다. 활성화 스핀 변수와 유사하게 대칭적인 실수값 연결 행렬 T를 동적으로 만들 수 있으며, 여기서 선택한 퍼텐셜 함수 $\Phi(T_{ij})$를 추가하여 결과적으로 생성되는 T_{ij}에 대한 활성화 함수 Φ'^{-1}가 선형이 되도록 할 수 있다.

$$H[s, T] = -A\sum_i h_i s_i - B\sum_{i<j} T_{ij} s_i s_j + B\sum_{i<j} \Phi(T_{ij})$$

$$\Phi(T) = \frac{1}{2c}T^2$$

식 10-9

여기서 매개변수 $A, B (A \geq 0, B \geq 0)$는 학습 모드와 호출 모드에서 각각 크기가 다르다. 학습 A가 B보다 훨씬 커서($A \gg B$) s가 h를 추적 및 이진화하며, T는 그 입력에 따라 값이 맞춰진다. 낮은 온도에서는 에너지가 최소화되며 행렬 원소 T_{ij}가 경사 $\partial H/\partial T_{ij}$를 따라 $T_{ij} = cs_i s_j$를 향해 옮겨진다. 예를 들면 다음과 같은 소산 동역학을 사용할 수 있다.

$$\tau_T \frac{dT_{ij}}{dt} + T_{ij} = c s_i s_j \qquad \text{식 10-10}$$

만약 어떤 작은 입력 벡터의 집합 $\{h\}$의 원소가 반복해서 적용되고 학습률 $1/\tau_T$이 충분히 낮다면, 이진화된 입력 벡터 s는 입력 모집단에 대한 평균값을 가지게 된다.

$$T_{ij} \to c \langle s_i s_j \rangle_{\text{population}}$$

이와 반대로 호출 모드에서는 $B \gg A$이고 학습률은 0이므로 $\dot{T} = 0$이고, 낮은 온도에서는 활성화 상태 s가 현재 입력 h 또는 $s(t=0)$와 가장 잘 맞는 $-\sum_{i<j} T_{ij} s_i s_j$의 어떤 국소적 최솟값이 된다.

그 결과 계산 기능은 [5]에서 이 학습 규칙의 이산 시간 버전에 대해 계산적으로 입증된 것처럼 입력 벡터와의 유사성에 따라 학습된 메모리를 검색하는 '내용 주소화 기억장치content addressable memory'와 같아진다. 이는 볼츠만 머신러닝 알고리즘[6]과 유사하며 심지어 로젠블랫(1962)의 퍼셉트론 학습 규칙과도 비슷하다. 연결 또는 '시냅스' T_{ij}를 연결되는 '뉴런' 간의 우연성 또는 상관관계에 따라 강화 또는 약화되는 것으로 모델링하는 [식 10-10]과 같은 방정식도 신경생물학에서 제안된 학습을 매개하는 시냅스 가소성에 대한 '헵Hebb의 규칙'을 구현한다.

또 다른 중요한 학습 규칙은 [식 10-6] 또는 [식 10-7]에서 시작하여 다음과 같이 도출할 수 있다. 뉴런(단위)을 $l \in 0, \dots L$로 인덱싱된 계층으로 분할하여 가중치 T에 희소성 패턴을 적용하고, 인접한 계층($l-1, l$) 간 (또는 더 일반적으로 이전 계층에서 이후 계층까지) 연결 가중치만 0이 아닌 것으로 허용한다. 또한 이러한 가중치를 ε^l의 인자만큼 (이때 $\varepsilon 0$) 더 확장하고 활성화 함수 $g_l(v_{il})$에서 계층에 의존하는 $\beta \propto \varepsilon^l$ 보상 매개변수를 허용하면 계층 l은 사실상 계층 $l-1$에서만 입력을 받고 계층 $l+1$에서는 아무 입력도 받지 못한다. 그 결과 흔히 '다층 퍼셉트론(MLPmultilayer perceptron)'이라고 불리는 피드 포워드 다층 신경망이 만들어지며, 다음과 같이 고정점 방정식만 바꿔주면 해를 구성하는 동역학이 만들어진다.

$$v_{il} = g(u_{il}), \text{이때 } u_{il} = \sum_{j=1}^{J_l} T_{ij}^{(l)} v_{jl-1} + h_{jl-1} = \sum_{j=1}^{J_l+1} T_{ij}^{(l)} v_{jl-1} \quad \text{식 10-11}$$

이때 한 계층에 한 번씩, 계층 번호가 증가하는 순서대로 갱신한다. 여기에서 $v_{J_l+1\,l} \equiv 1$이고 $T_{iJ_l+1}^{(l)} \equiv h_{jl-1}$인 관행을 따르기 때문에 바이어스 h_{jl}별로 새로 다른 학습 규칙이 필요하다는 것을 분명하게 알 수 있다.

이제 효율적으로 계산할 수 있는 가중치 T_{ij} 대한 경사를 따라 학습을 진행할 수 있다. 마지막 계층의 출력 활성화 v_{jL}에 $E(T) = \sum_p E_p(T)$ (이때 $E_p(T) = \frac{1}{2}\sum_i (v_{iL} - y_{pi})^2$)와 같은 목적 함수를 부과한다. 여기서 p는 입력 패턴 벡터 $x_i = v_{i0}^{(p)}$를 인덱싱하며 활성화에 대한 추가 (p) 인덱스는 제외시킨다. 이제 연쇄 법칙을 사용하여 모든 활성화 변수 u, v가 자체 및 이전 계층의 모든 가중치에 따라 달라진다고 가정하여 모든 도함수를 재귀적으로 찾기만 하면 된다. 이렇게 하면 입력 벡터 x에서 출력 벡터 y로의 근사 매핑(함수)을 학습할 수 있다.

$l > 0$인 임의의 계층에 대해 [식 10-11]의 u_{il}을 미분하면 다음과 같은 식을 얻을 수 있다. (이때도 p 인덱스는 제외)

$$\frac{\partial E_p}{\partial T_{ij}^{(l)}} = \frac{\partial E_p}{\partial u_{il}} \frac{\partial u_{il}}{\partial T_{ij}^{(l)}} \equiv \delta_i^l v_{jl-1}$$

우리는 이 식의 δ를 찾아야 한다. 출력 계층 L에 대해서만 따져보자면 [식 10-11]의 E_p와 v_{il}을 미분하여 다음과 같은 식을 구할 수 있다.

$$\delta_i^{(L)} \equiv \frac{\partial E_p}{\partial u_{iL}} = \frac{\partial E_p}{\partial v_{iL}} \frac{\partial v_{iL}}{\partial u_{iL}} = (v_{iL} - y_{pi}) g'(u_{iL}) \quad \text{식 10-12}$$

마지막 층을 제외한 다른 모든 계층$(l - 1 \geq 0)$에 대해서는 [식 10-11]을 미분하여 다음과 같은 식을 구할 수 있다.

$$\delta_i^{(l-1)} \equiv \frac{\partial E_p}{\partial u_{il-1}} = \sum_k \frac{\partial E_p}{\partial u_{kl}} \frac{\partial u_{kl}}{\partial u_{il-1}} = g'(u_{il-1}) \sum_k \delta_k^{(l)} T_{ki}^{(l)}$$

따라서 다음과 같은 식이 성립함을 알 수 있다.

$$\delta_i^{(l-1)} = g'(u_{il-1}) \sum_k T_{ik}^{(l)transpose} \delta_k^{(l)} \qquad \text{식 10-13}$$

여기에서 k에 대한 합은 (i, k) 인덱스 공간에서의 행렬곱이다. 이 방법을 '일반화된 델타 규칙'이라고 부른다. 이 계산을 통해 결정적인 오류 신호 Δ_{il}이 각 계층의 가중치 행렬의 전치행렬을 따라 네트워크의 계층을 거꾸로 이동한다는 사실을 알 수 있다. 그래서 이 알고리즘을 '오류의 역전파' 또는 '역전파backpropagation' 알고리즘이라고 부른다.

이제 연속 하강 동역학continuous descent dynamics을 위한 재료가 모두 준비되었다.

$$\tau_T dT_{ij}^{(l)}/dt = -\eta_{cont} \partial E / \partial T_{ij}^{(l)}$$
$$= -\eta_{cont} \sum_p \partial E_p / \partial T_{ij}^{(l)} = -\eta_{cont} \sum_p \delta_i^{(pl)} v_{jl-1}^{(p)}$$

시간에 대해서 1차로 불연속화하면 다음과 같이 쓸 수 있다.

$$\Delta T_{ij}^{(l)} = \sum_p \Delta_p T_{ij}^{(l)} = -\eta \sum_p \delta_i^{(pl)} v_{jl-1}^{(p)} \qquad \text{식 10-14}$$

이때 $\eta = \eta_{cont} \Delta t / \tau_T > 0$이다. 이 규칙을 보다 비용 효과적으로 만든 '확률적 경사 하강(SGD stochastic gradient descent)' 버전에서는 [식 10-10]에서처럼 한 번에 하나의 입력 패턴 p에 따라 업데이트한다.

$$\Delta T_{ij}^{(l)} = \Delta_p T_{ij}^{(l)} = -\eta \Delta_{il}^{(p)} v_{jl-1}^{(p)}$$

[식 10-13]에 따른 결론을 생각해 보자. 이 식에 따르면 여러 계층으로 이루어진(심층) 네트워크에는 g의 여러 인자의 모든 곱이 포함되며, 각각은 아주 크거나 작을 수 있고 $T^{(l)transpose}$의 여러 인자에 의해 행렬의 조건수$^{condition\ number}$가 아주 커질 수 있다. 이러한 수치적 문제 때문에 이를 해결하기 위한 특별한 묘책이 만들어졌다. 가장 일반적인 방법 중 하나는 가중치 감소로, 목적함수 E에 정규화 함수 $\frac{\lambda}{2}\sum_{lij}\left(T_{ij}^{(l)}\right)^2$을 추가하는데, 그 음의 도함수가 학습을 위한 경사 하강 동역학에 반영된다.

위에서 사용한 계층화된 가중치 행렬 $T(\varepsilon \to 0)$ 매핑 외에도 홉필드 아날로그 신경망을 다층 피드 포워드 신경망으로 매핑하는 더 엄격한 방법이 있다. 바로 이산화된 시간 인덱스를 추가하여 '펼치는' 방식으로 접근하는 방법이다. 예를 들어 [식 10-7]에 대한 순방향 오일러 해법은 다음과 같이 표현할 수 있다.

$$v_{ik} = g\left(u_{ik}\right) \text{ and } \tau_i \frac{u_{ik} - u_{ik-1}}{\Delta t} + u_{ik-1} = \sum_j T_{ij} v_{jk-1} + h_i + O\left(\Delta t^2\right)$$

그리고 이를 이산 시간 동역학으로 근사하면 다음과 같다.

$$v_{ik} = g\left(u_{ik}\right) \text{ and } u_{ik} = \left(1 - \frac{\Delta t}{\tau_i}\right) u_{ik-1} + \frac{\Delta t}{\tau_i}\left(\sum_j T_{ij} v_{jk-1} + h_i\right)$$

식 10-15

비록 $\tau_i \neq \Delta t$일지라도 [식 10-15]는 특히 상대 시간 인자를 T와 h에 반영하면 [식 10-11]의 형태와 아주 흡사하다. 따라서 이 아키텍처는 오류의 역전파를 통한 학습을 위한 수정된 '델타 규칙'을 지원한다. 아니면 [식 10-11]과 [식 10-15]를 공통으로 일반화하여 역전파 학습을 위한 델타 규칙을 추가한 [식 10-10]의 약간 일반화된 형태가 몇 가지 있다. 예를 들어, 추가 선형 단위 $(g_i(u_i) = u_i)$를 추가하여 $l-1$ 계층의 u 정보를 l 계층으로 전달할 수 있다. [식 10-15]와 [식

10-11]의 보다 실질적인 차이는 사실 특화에 있다. [식 10-15]에서는 모든 계층이 동일한 연결 행렬 $T_{ij}^{(l)} = T_{ij}$을 갖는 반면, [식 10-11]에서는 일반적으로 다르다.

이러한 매개변수의 감소는 '가중치 공유'의 한 예로, (아키텍처의 희소성 패턴을 존중한) 전체 연결 행렬은 더 적은 수의 매개변수 θ의 함수이며, 연쇄 법칙을 사용하여 자유 가중치 T에 대한 역전파된 경사로부터 θ에 대한 경사를 계산하는 역전파 버전을 만들 수 있다.

이러한 방식으로 일종의 '순환 신경망'인 피드백이 있는 홉필드식 연속 시간 아날로그 신경망에 대한 경사 하강 학습 알고리즘군을 얻게 된다. 더 나은 ODE 통합 체계를 사용하면 다소 복잡한 학습 알고리즘을 만들 수 있다. 이 방법은 신경망 외에도 다른 종류의 매개변수를 사용하는 다른 미분 방정식으로 일반화할 수 있다. 연속적 한계 $\Delta t \to 0$에서는 미분 방정식 모형에서 매개 변수를 국소적으로 최적화하기 위한 '인접 방법'을 다시 복원하는데, 이때도 훈련 신호는 시간을 거꾸로 흐른다.

10.3 AI/ML의 봄

1980년대 이후 어떤 변화가 있었을까? 그리고 어떤 변화가 파인만에게 큰 영향을 미쳤을까?

신경망은 일반적으로 대수 방정식과 (학습 가능한) 자유 매개변수의 조합으로 특정되며, 이러한 방정식에서 변수가 서로 어떻게 연결되는지 보여주는 블록 다이어그램으로 설명할 수 있다. 아키텍처를 지정하는 데 필요한 총 정보의 양은 일반적으로 인식, 패턴 식별 또는 기타 여러 성공적인 응용 분야에서 비슷하게 자명하지 않은 문제를 목표로 하는 컴퓨터 프로그램에 필요한 정보에 비해 실제로는 매우 적다. 학습된 네트워크의 거의 모든 정보는 네트워크를 훈련시키는 데 사용되는 데이터 집합에서 비롯되며, 하나의 인공 뉴런 또는 '단위'가 다른 인공 뉴런에 영향을 미치는 수치적 '가중치'인 수많은 학습된 매개변수에 저장된다.

신경망 분야는 1980년대 이후 여러 변화를 겪어왔다. 간단한 식으로 표현할 수 있는 몇 가지 혁신은 다음과 같다.

- 신경생물학에서 영감을 얻은 후쿠시마의 '네오코그니트론' 네트워크
- 홉필드의 최적화 또는 에너지 최소화 네트워크(식 10-7)
- 볼츠만(확률론적) 머신
- 피드 포워드 다층 퍼셉트론을 통한 오류의 역전파([식10-11] 및 [식 10-13]의 변형 및 특화)
- 심층 컨볼루션 네트워크(본질적으로 오류 학습의 역전파가 있는 네오코그니트론 네트워크)
- 전문가들의 '소프트-맥스' 혼합
- '소프트 할당' 대응 최적화 네트워크
- '가중치 붕괴' 및 무작위 단위 '드롭아웃'과 같은 정규화 방법을 통한 성공적인 일반화
- 제한된 볼츠만 머신
- 그래픽 확률론적 모델
- 잠재 의미 공간
- 변형 자동 인고디
- 확산에 기반한 생성 모델
- 장단기 기억
- 잔여 네트워크
- 텐서 네트워크
- '트랜스포머' 아키텍처([식 10-8]을 통합한 소프트 최대 '주의' 방정식 기반)
- 그래프 신경망
- 멀티스케일/멀티그리드 신경망
- 대형 언어 모델

반드시 신경망이 아니더라도 수학적이며 수식으로 표현되는 다른 종류의 학습 아키텍처로는 다음과 같은 것들이 있다.

- 자기 조직화 맵
- 커널 메서드
- 매니폴드 학습
- 정보 기하학

실무에 종사하는 사람들은 종종 이러한 아키텍처를 컴퓨터 코드나 잘 정의되지 않은 다이어그램의 형태로 접하곤 한다. 그러나 이를 구체화하기 위해 반드시 필요한 것은 비교적 간결한 방정식과 충분한 훈련 데이터다. 이 조합은 이론 및 실험 물리학과도 유사하다. 묘한 시기적 우연의 일치로, 그리고 이 책에서 볼 수 있듯이 파인만과 홉필드는 모두 전통적이지 않은 컴퓨팅 기계를 간단한 방정식 형태의 해밀토니안으로 기술했다. 파인만은 양자 컴퓨팅(1986년, 계산의 물리학 수업에서 처음 제시), 홉필드는 신경망(1982년)에서 기술한 것이다. 애클리, 힌튼, 세이노브스키의 볼츠만 기계(1985) 또한 통계 물리학적 해밀토니안 방식으로 기술되었다.

신경망 성능 향상의 또 다른 측면은 수학적이라기보다는 절차적 측면이 더 강하다. 정규화의 절차적 접근 방식 중 하나는 훈련 최적화 알고리즘의 '조기 중단'이다. 또 다른 예로는 파인만이 동물 훈련에서 '형성'으로 알려진 개념과 관련하여 주의 깊게 설계된 학습 작업의 순서를 언급한 것을 들 수 있다. 이는 현재 신경망 분야에서 '전이 학습'으로 불리며, 여러 영역에서 매우 효과적으로 사용되고 있다. 이는 '평생 학습', 즉 말 그대로 '평생에 걸친 학습'에도 적용된다. (동일한 네트워크가 공동으로 훈련되는 학습 작업의 모음('다중 작업 학습')보다는 순서가 덜 중요할 수 있을 것이다.) 그리고 강화 학습이나 비지도 학습과 같은 패러다임은 세상의 데이터가 학습 과정에 어떻게 들어오는지에 대한 각각 다른 전제로부터 시작된다. 앞서 언급한 목록에 포함되지 못한 훌륭한 아키텍처와 알고리즘을 개발한 많은 동료들에게 이 자리를 빌려 사과드린다. 수십 년에 걸친 수준 높은 연구와 미묘한 차이점들을 여기에 전부 담지는 못했다.

이러한 머신러닝 아키텍처와 절차를 통해 2010~2020년대에 엄청난 발전이 이루어졌다. 널리 알려진 바와 같이 이러한 발전은 컴퓨터 비전, 자연어 처리, 로보틱스, 게이밍, 그리고 최근에는 기호주의 AI 분야의 최고봉이라 할 수 있는 정리 증명(뉴웰과 사이먼의 〈논리 이론가〉(1956년) 및 로빈슨의 〈해결 기반 정리 증명〉(1965년)) 분야에 이르기까지 전통적인 AI 분야를 완전히 새롭게 재창조했다. 상업용 및 산업용 애플리케이션이 무수히 많아졌으며, 지금은 머신러닝을 사용하지 않고는 경쟁력을 갖출 수 없는 분야도 많다. 심지어 물리학을 비롯한 순수 과학 분야에서도 '물리 정보 기반 머신러닝$^{physics-informed\ machine\ learning}$'이라는 기치 아래 과학적 지식을 통합한 AI/ML 방법이 도입되기 시작했다.

최근 신경망 분야에서 가장 잘 알려져 있고 영향력 있는 성공 사례로는 컴퓨터 비전의 이정표가 된 AlexNet[7], 지적으로 까다로운 보드 게임인 바둑과 체스를 플레이하는 알파고[8] 및 알파고제로(2017), 자연어 입력에 반응하여 읽기 쉬운 자연어 텍스트를 생성하는 GPT-2[9]를 들 수 있다. 최근 등장한 대형 언어 모델(LLM)은 훨씬 더 이상적이지만, AI에 대한 보다 기호주의적인 접근 방식이 제공할 수 있는 유효성 검증의 혜택으로 보완될 수 있다. 이러한 사례는 AI의 초창기부터 제기된 고전적인 문제에 대한 해답을 제시한다. 예를 들어 MIT의 초기 컴퓨터 비전, 6×6 보드에 비숍이 없는 '로스 알라모스 체스', 텍스트 상호작용 프로그램인 'SHRDLU' 및 'ELIZA' 등은 모두 현재 기준으로 보면 아주 작은 용량의 컴퓨터에서 실행되었다. 반면 최근 주목할 만한 성공 사례는 수천만에서 수천억 개의 매개변수로 구성된 신경망 훈련으로, 1980년대 중반의 AI 역량과 비교하면 엄청난 혁신을 이루었다. 더 중요한 것은 앞서 소개한 기술을 사용하여 현재 다양한 애플리케이션이 성공적으로 활용되고 있다는 점이다. 우리 모두가 매일 접하는 하드웨어와 소프트웨어를 포함한 첨단 기술 산업의 점점 더 많은 부분이 신경망 및 이와 관련된 머신러닝 학습 가능 모델에 의존하고 있다. 그 결과 매일 엄청난 양의 컴퓨팅이 학습에 투입되고 있다.

파인만이 이러한 모든 발전에 대해 어떻게 생각했을지는 확신할 수 없다. 개인적이고 독립적인 관점을 갖고자 했던 그의 신념과 위대한 지성은 모방할 수 없기 때문이다. 그럼에도 불구하고 내 생각에는 다음과 같이 얘기할 수 있을 것 같다.

1. 파인만은 1980년대 이전의 기호주의 AI에서 발전하고 있긴 했으나 보편적이지는 않았던 이 분야의 데이터 중심적 특성과 새로운 기술 개발의 일환으로, 일종의 '실제 데이터'를 사용하여 진지하게 검증하는 컴퓨터 실험이 일반적으로 기대된다는 사실을 매우 익숙하게 받아들였을 것이다. 이러한 특성은 물리학자 및 기타 정량적 사고를 가진 사람들이 이 분야로 많이 유입되었기 때문일 수도 있다.

2. 그러나 파인만은 늘 실험을 비판적으로 검토했다. 그는 수업과 공개 강연에서 과학에 대해 "가장 쉽게 속일 수 있는 사람은 바로 나 자신"이라고 자주 강조했다. 나는 그가 성공한 지점에서 멈추는 행위, 경쟁 대상 중 최고 성과에 대한 선별적 보고, 벤치마크에 대한 커뮤니티의 과잉 훈련 등을 과학계에서 "지나치게 들떠 있는 이야기"라고 불렀던 것을 보면, AI/ML 방법론 및 사회학적 문제에 대해서도 경계했을 것이라고 생각한다.

3. 그는 전이 학습과 비전, 자연어 및 이들의 제한된 조합에서 성공을 거둔 특정 신경망 아키텍처에 열광했을 것이다. 이러한 방법들은 그가 마음속에 품고 있던 머신러닝 프로젝트의 목표를 본질적으로 달성했기 때문이다.

4. 방정식을 학습 아키텍처의 숨겨진 화폐로 여긴 그는 아마도 양면적인 감정을 느꼈을 것이다. 한편으로는 그가 수학을 잘했기 때문에 끌렸을 것이고, 다른 한편으로는 그가 수학을 잘하는 이유가 각 방정식의 의미를 심도 있게 시각화할 수 있었기 때문에 반감을 가졌을 수도 있다. 신경망 방정식 대부분은 개념적으

로 그렇게 깊지 않다. 오래된 AI 연구 접근 방식을 '지저분한' 대 '깔끔한'이라는 이분법에서 보자면, ML 방정식은 깔끔하긴 하지만 그가 만족할 만큼 충분히 깔끔하지는 않았을지도 모른다.

5. 그는 이러한 모든 성공을 거두는 데 필요한 수많은 작고, 겉보기에 서로 연결되지 않은 자잘한 기술이나 살아있는 '신경' 네트워크의 신경생물학과의 연결성 부족에 대해서는 별로 걱정하지 않았을 것이다. 예를 들어 컴퓨터 체스 프로그램이 무차별 대입 검색으로 더 잘 작동할지 아니면 전문가가 도출한 휴리스틱으로 더 잘 작동할지는 그에게는 경험적 문제에 지나지 않았을 것이다. '지저분한' 접근 방식과 '깔끔한' 접근 방식이라는 오래된 AI 이분법에서 민스키가 주장한 것처럼 '지저분하지만 제 기능을 하는' 방식도 괜찮게 여겼을 것이다.

6. 그럼에도 불구하고 그는 일반 상대성 이론과 분명히 연관되는 매니폴드 학습과 같이, 물리학과 연결되는 개념적으로 더 깊고 덜 임기응변적인 아키텍처와 인공 신경망을 실제 신경생물학과 연결하려는 시도에도 흥미를 느꼈을 것이다.

7. 그는 '구조 방정식에 의한 인과적 추론'이라는 접근 방식이 실제 동역학이 없으며 주된 인과성 문제, 즉 그가 1964년 메신저 강연[10]에서 일찍이 설명한 것처럼 과학에 대한 멀티스케일 및 환원주의적 관점에 부합하지 않기 때문에 더 부드러운 과학의 추론에 AI/ML을 도입하는 데 회의적이었을 수 있다. 적어도 근본적인 수준에서 '인과성'은 파인만 전파 인자와 연산자의 공간적 가환성 및 반가환성에 따른 양자장 이론으로 더 잘 설명할 수 있다고 여겼을 것이다.

8. 파인만은 계산 물리학, 화학 및 생물학을 수행하기 위해 다양한 아키텍처, 표현 및 방법으로 추구되고 있는 현재의 '물리학 기반 머신러닝' 의제에 다소 회의적이기는 하지만 상당한 관심을 가졌을 것이다. 오늘날의 신경망, 머신러닝, AI에서 리처드 파인만이 가장 관심을 가졌을 분야를 하나만 꼽으라면 바로 이것일 것이다.

9. 그는 분명 그 누구도 생각하지 못한 창의적이고 잠재력 있는 강력한 새로운 아이디어를 가지고 있었을 것이다.

10.4 계산 과학을 위한 AI/ML

이론에 관심이 많은 과학자에게 오늘날(2021년 현재) AI/ML 분야에서 가장 흥미로운 일 중 하나는 계산 과학 분야로의 채택이 급증하고 있다는 점이다. 이러한 목적에 적합한 신경망 아키텍처로는 검색 가능한 함수 공간에 물리적 또는 기타 과학적 원리와 제약 조건을 통합하는 아키텍처가 있다. 예를 들어, 다전자 양자 역학은 순열 반대칭성에 대한 슬레이터 행렬식을 포함하는 파동 함수 기저를 가진 변분법(파인만의 전문 분야[1])을 사용하여 공략할 수 있다. 이 방법을 신경망으로 일반화한 방법 중 하나로 '페르미넷^{FermiNet}'이 그 가능성을 보였다[11]. 양자 퍼텐셜 에너지 함수를 계산하는 또 다른 ML 강화 방식은 여러 밀도범함수 이론 양자 전자 기저 상태 계산에서 이를 근사할 수 있도록 신경망을 학습시킨다[12].

파인만이 즐겨 설명했던 스케일 계층구조를 따라 올라가서 생물학, 생화학, 재료 과학에서 다분자 시스템을 시뮬레이션하는 대표적인 방법은 분자 동역학(MD$^{molecular\ dynamics}$) 입자 기반의 (비양자) 확률 동역학을 사용하는 것이다. 머신 러닝을 사용하면 이러한 시뮬레이션의 속도를 높일 수 있다[13]. 또한 ANI−1이나 페르미넷과 같은 신경망은 MD 시뮬레이션에 나타날 수 있는 퍼텐셜 에너지 함수를 학습할 수 있기 때문에 진정한 멀티스케일 모델 스택을 구축할 수 있다. 파인만은 "계층구조가 서로 연결된 이 엄청난 세계"가 중요하다고 생각했지만, 실제로는 계층 사이의 연결이 "조금 약하다, 아직 그것들을 모두 따져보지 못했다"고 걱정했다[10]. 이제 인공지능의 도움으로 이러한 문제를 어느 정도 잘 따져볼 수 있게 되었다.

스케일 계층구조에서 한 단계 더 올라가면 이론가들은 유체 흐름이나 탄성 역학에서와 같이 편미분 방정식(PDE)으로 모델링된 공간 연속체 모형으로 넘어가게 된다. 이제 이러한 방정식 및 기타 여러 가지 편미분 방정식의 풀이를 크게 가속화할 수 있으며, 실제로 다양한 신경망과 유관 ML 방법을 사용하여 데이터로부터 편미분 방정식 자체를 학습할 수 있다[14]. ML을 이용한 멀티스케일 모델 축소와 관련하여 내가 상당히 기대하는 작업으로는 가산 기본 프로세스 연산자[15]에 동적인 버전의 볼츠만 ML 알고리즘을 사용하거나 그래프 신경망을 그러한 용도로 사용하는 분야가 있으며, 실제로 협업에 참여하고 있기도 하다. 계산 과학을 위한 ML의 또 다른 예는 리뷰 논문[16]에서 찾아볼 수 있다.

물론 과학은 데이터를 만들어 내는 실험과 관찰에 근거하고 있으며, 이러한 모든 측면은 머신러닝에 의해 혁신되고 있고[17], 아직 ML을 더 적용할 수 있을 만한 심층적인 이론적 구조로도 체계화되어 있다[18]. 현재 멀티스케일, 즉 '계층구조적' 계산 과학을 위해 AI/ML이 활짝 꽃피우고 있는 현상은 리처드 파인만에게 굉장히 매력적이어서 공감을 불러일으켰을 것이며, 실제로도 그가 상당한 노력을 기울였을 것이라고 생각한다.

10.5 수학적 합성과 기호주의 AI로의 회귀?

수치적 AI에서 기호주의 AI로 시계추가 다시 돌아갈 수 있을까? 그 가능성의 한 가지 원동력으로는 널리 언급되는 '설명 가능한' 버전의 ML 모델에 대한 필요성을 들 수 있다. 또 다른 이유로는 대부분의 ML 기법의 실제 수학적 규격이 (기호적) 방정식으로 가장 명확하고 간결하게 표현된다는 점을 기억해야 한다. 이러한 ML 방정식은 통계 모형에서 파생되어 자연스럽게 미분 및 매개변수 최적화가 가능하지만, 이제는 일부 일반 컴퓨터 프로그램에서도 자동 미분 및 최적화가 가능해졌다. 따라서 적어도 수학적인 궤적을 따라 현재의 ML 방법을 완전히 흡수한다면 시계추가 다시 돌아갈 수도 있다. 이와 관련하여 현재 수학을 중심으로 한 기호주의 컴퓨팅에는 크게 두 가지 흐름이 있다.

민스키의 박사 과정 학생이었던 조엘 모제스$^{Joel\ Moses}$는 1970년대 MIT에서 적분 미적분, 거듭제곱 급수 조작, 미분 방정식 해법 및 기타 여러 유용한 응용 수학적 방법을 사용할 수 있는 맥시마^{Macsyma} 프로그램 형태의 컴퓨터 대수학을 이끌었다. 컴퓨터 대수(CA$^{computer\ algebra}$) 시스템은 서서히 확산되어 'AI' 풍의 기호주의 컴퓨팅을 위한 틈새 시장을 꾸준히 만들어 내는 데 성공했으며, AI의 겨울을 겪지 않았다. 학술적으로는 성공했지만 상업적 성공은 거두지 못했던 자동 정리 증명(ATP$^{automatic\ theorem\ proving}$) 시스템도 그 이후 수십 년 동안 계속 발전했다. 예를 들면 제출된 모든 논문을 자동으로 검증하는 〈Journal of Formalized Mathematics〉라는 수학 저널도 있었다. 최근에는 차세대 대화형 정리 검증(ITV$^{interactive\ theorem\ verification}$) 시스템을 사용하여 케플러 추측[19]과 같은 수학 분야의 여러 중요한 결과들이 증명되었다. 이러한 시스템에는 자동화된 정리 증명을 사용하여 ITV에서 검증 가능한 증명 단계를 제안하는 'hammers'와 같은 강력한 추론 엔진과 확장 가능한 'SMT$^{Satisfiability\ Modulo\ Theories}$' 논리 솔버 알고리즘이 있다. 이처럼 수학 영역에서 기호주의 AI는 아주 작은 규모로나마 살아 숨 쉬고 있다. 기호주의 AI가 이 작지만 중요한 틈새 시장(수학을 자동화하는 CA 및/또는 ITV)에서 벗어나 수학적인 성향의 과학 컴퓨팅 또는 일반 컴퓨팅으로 진출할 수 있을까?

현 시점에서 ML 방식과 경쟁하는 유일한 실행 가능한 전략은 그것을 채택하는 것이다. 다행히도 최근 발표된 몇 가지 논문에서 볼 수 있듯이 ML과 CA 및 ITV를 결합하는 방법은 분명히 효과가 있으며, 곧 더 강력한 결과가 나올 것으로 보인다. 기호 적분 및 미분 방정식 풀이를 위한 컴퓨터 대수학 영역에서는 심층 신경망[20]을 통해 이러한 문제에 접근하는 데 상당한 진전이 있었지만, 아직 더 해야 할 일이 남아 있다[21]. 또한 ML은 각각 심층 강화 학습, GPT-2, 그래프 신경망,

cd k-최근접 이웃을 기반으로 한 ITV[22-26]의 ATP 추론 엔진 개선과 여러 관련 작업에 대한 공동 학습에 적용되었다. 반대로, ITV는 ML 이론을 검증하고(예: [27]) 잠재적으로 ML 코드의 안정적인 생성을 개선하는 데 사용될 수 있다.

물론 더 나은 증명만으로는 충분하지 않다. 파인만은 수학적 혁신가였지만 여러 강연에서 "증명할 수 있는 것보다 더 많은 것을 알 수 있다"는 물리학자의 정서를 표현한 바 있다. 또 다른 기호주의적 방법은 '기호주의 회귀'로, 파인만의 그 유명한 물리학 강의에 등장하는 물리학 공식을 재발견하는 흥미로운 실험도 여기에 포함된다[18]. 아직 비공식적이긴 하지만 계산 과학에서 심화된 기호주의/ML 통합에 대한 나의 제안은 [28]의 마지막에 요약되어 있다. 최근 이러한 다양한 연구는 CA 및 ITV에서의 ML과 함께 수학적 AI에 대한 기호주의적인 접근법과 수치적인 접근법의 강력한 시너지 조합이 처음에는 계산 과학과 같은 응용 수학 영역에, 궁극적으로는 일반 컴퓨팅에도 적용될 수 있다는 가능성을 시사한다.

10.6 결론

요약하자면, 신경망과 유사한 머신러닝 시스템의 미래에 내한 리저드 파인만의 아이디어 중 많은 부분이 실현되었다. 이러한 시스템은 현재도 잘 작동하기 때문에, 파인만이 지금도 살아있다면 특히 과학 분야에서 이러한 시스템이 가능하게 할 다음 단계의 깊은 개념적 돌파구를 찾는 데 시간과 에너지를 쏟았을 것이다.

10.7 참고문헌

1. R. P. Feynman, *Statistical Mechanics*. Reading, MA: Benjamin, 1972. https://hdl.handle.net/2027/uc1.b4227910.

2. J. J. Hopfield. Neurons with Graded Response Have Collective Computational Properties Like Those of Two-State Neurons. *Proceedings of the National Academy of Sciences of the United States of America*, May 81(10), 3088–3092, 1984. https://doi.org/10.1073/pnas.81.10.3088.

3. Carsten Peterson, Bo Soderberg. A New Method for Mapping Optimization Problems Onto Neural Networks. *International Journal of Neural Systems* 1(1), 3–22, January, 1989. https://doi.org/10.1142/S0129065789000414.

4. Anand Rangarajan, Steven Gold, Eric Mjolsness. A Novel Optimizing Neural Network Architecture with Applications. *Neural Computation* 8(5), 1041–1060, 1996.

5. J. J. Hopfield. Neural Networks and Physical Systems with Emergent Collective Computational Abilities. *Proceedings of the National Academy of Sciences of the United States of America* 79(8), 2554–2558, 1 April 1982. https://doi.org/10.1073/pnas.79.8.2554.

6. David H. Ackley, Geoffrey E. Hinton, Terrence J. Sejnowski. A Learning Algorithm for Boltzmann Machines. *Cognitive Science* 9(1), 147–169, January–March 1985.

7. Alex Krizhevsky, Ilya Sutskever, Geoffrey E. Hinton. Advances in Neural Information Processing Systems (NIPS 2012). https://papers.nips.cc/paper/4824-imagenet-classification-with-deep-convolutional-neural-networks.pdf.

8. David Silver, Aja Huang, Chris J. Maddison, Arthur Guez, Laurent Sifre, George van den Driessche, Julian Schrittwieser, Ioannis Antonoglou, Veda Panneershelvam, Marc Lanctot, Sander Dieleman, Dominik

Grewe, John Nham, Nal Kalchbrenner, Ilya Sutskever, Timothy Lillicrap, Madeleine Leach, Koray Kavukcuoglu, Thore Graepel, Demis Hassabis. Mastering the Game of Go with Deep Neural Networks and Tree Search. Nature 529(7587), 484–489, 28 January 2016.

9. Alec Radford, Jeffrey Wu, Rewon Child, David Luan, Dario Amodei, Ilya Sutskever. Language Models Are Unsupervised Multitask Learners. https://cdn.openai.com/better-language-models/language models are unsupervised multitask learners.pdf.

10. R. P. Feynman. *The Character of Physical Law*. MIT Press 1967; 2017, pp. 121–126. "a little weak …": p. 125; "… this tremendous world …": p. 126. Transcription of R. P. Feynman, Messenger Lecture #5: The Distinction of Past and Future. See Lecture 5, Section 9, Minutes 39–48 (or Start at Min. 33 for More Context). As of June 2021 a video recording is available at https://www.feynmanlectures.caltech.edu/messenger.html, although access could change.

11. David Pfau, James S. Spencer, Alexander G. D. G. Matthews, W. M. C. Foulkes. *Ab Initio* Solution of the Many-Electron Schrodinger Equation with Deep Neural Networks. *Physiological Reviews Research* 2(3), 033429–033416, September 2020. https://journals.aps.org/prresearch/abstract/10.1103/PhysRevResearch.2.033429 #fulltext.

12. J. S. Smith, O. Isayev, A. E. Roitberg. ANI-1: An Extensible Neural Network Potential with DFT Accuracy at Force Field Computational Cost. *Chemical Science* 8(4), 3192–3203, 2017.

13. Weile Jia, Han Wang, Mohan Chen, Denghui Lu, Lin Lin, Roberto Car, E. Weinan, Linfeng Zhang. Pushing the Limit of Molecular Dynamics with Ab Initio Accuracy to 100 Million Atoms with Machine Learning. *Supercomputing '20*, https://dl.acm.org/doi/abs/10.5555/3433701.3433707; https://arxiv.org/abs/2005.00223.

14. M. Raissi, P. Perdikaris, G. E. Karniadakis. Physics-Informed Neural

Networks: A Deep Learning Framework for Solving Forward and Inverse Problems Involving Nonlinear Partial Differential Equations. *Journal of Computational Physics* 378, 686–707, 1 February 2019. https://doi.org/10.1016/j.jcp.2018.10.045.

15. Oliver K. Ernst, Tom Bartol, Terrence Sejnowski, Eric Mjolsness. Learning Dynamic Boltzmann Distributions as Reduced Models of Spatial Chemical Kinetics. *Journal of Chemical Physics* 149, 034107, July 2018. Also arXiv 1803.01063, March 2018.

16. Giuseppe Carleo Ignacio Cirac, Kyle Cranmer, Laurent Daudet, Maria Schuld, Naftali Tishby Leslie Vogt-Maranto, Lenka Zdeborova. Machine Learning and the Physical Sciences. *Reviews of Modern Physics* 91(October–December), 2019.

17. Eric Mjolsness and Dennis DeCoste. Machine Learning for Science: State of the Art and Future Prospects. *Science* 293(5537), 2051–2055, 14 September 2001. https://doi.org/10.1126/science.293.5537.2051.

18. Silviu-Marian Udrescu, Max Tegmark. AI Feynman: A Physics-Inspired Method for Symbolic Regression. *Science Advances* 6(16), 15 April 2020. https://doi.org/10.1126/sciadv.aay2631.

19. Thomas Hales, Mark Adams, Gertrud Bauer, Tat Dat Dang, John Harrison, Hoang Le Truong, Cezary Kaliszyk, Victor Magron, Sean McLaughlin, Tat Thang Nguyen, Quang Truong Nguyen, Tobias Nipkow, Steven Obua, Joseph Pleso, Jason Rute, Alexey Solovyev, Thi Hoai An Ta, Nam Trung Tran, Thi Diep Trieu, Josef Urban, Ky Vu, Roland Zumkeller. A Formal Proof of the Kepler Conjecture. *Forum of Mathematics, Pi* 5, e2, 2017. https://doi.org/10.1017/fmp.2017.1.

20. Guillaume Lample, Francois Charton. *Deep Learning for Symbolic Mathematics*. https://arxiv.org/abs/1912.01412.

21. Ernest Davis. *The Use of Deep Learning for Symbolic Integration: A Review of (Lample and Charton, 2019)*. https://arxiv.org/abs/1912.05752.

22. Aditya Paliwal, Sarah Loos, Markus Rabe, Kshitij Bansal, Christian Szegedy, Graph Representations for Higher-Order Logic and Theorem Proving. *Proceedings of the AAAI Conference on Artificial Intelligence.* Vol n34, No. 03, 2020. DOI: 10.1609/aaai.v34i03.5689.
23. Kshitij Bansal, Sarah M. Loos, Markus N. Rabe, Christian Szegedy, Stewart Wilcox. HOList: An Environment for Machine Learning of Higher-Order Theorem Proving. https://arxiv.org/abs/1904.03241.
24. Stanislas Polu, Ilya Sutskever. Generative Language Modeling for Automated Theorem Proving. https://arxiv.org/pdf/2009.03393.pdf.
25. Jan Jakubův, Karel Chvalovsky, Miroslav Olšak, Bartosz Piotrowski, Martin Suda, Josef Urban. ENIGMA Anonymous: Symbol-Independent Inference Guiding Machine (System Description). https://arxiv.org/abs/2002.05406.
26. T. Gauthier, C. Kaliszyk, J. Urban, R. Kumar, M. Norrish. TacticToe: Learning to Prove with Tactics. *Journal of Automated Reasoning* 65(2), 257–286, 2021. https://doi.org/10.1007/s10817-020-09580-x.
27. A. Bentkamp, J. C. Blanchette, D. Klakow. A Formal Proof of the Expressiveness of Deep Learning. *Journal of Automated Reasoning* 63(2), 347–368, 2019. https://doi.org/10.1007/s10817-018-9481-5.
28. Eric Mjolsness. Prospects for Declarative Mathematical Modeling of Complex Biological Systems. *Bulletin of Mathematical Biology* 81(8), 3385–3420, August 2019. https://doi.org/10.1007/s11538-019-00628-7.

파인만과의 기억

칼텍에서의 파인만

존 프레스킬

리처드 P. 파인만 이론물리학 석좌교수
캘리포니아 공과대학교

만남

리처드 파인만과 나는 1983년 8월 내가 칼텍 교수로 임용됐을 때부터 1988년 2월 파인만이 세상을 떠날 때까지 4년 반 동안 같은 곳에 있었다. 우리는 동료로서 아주 훌륭한 관계를 시작했다.

내가 칼텍에 온 지 얼마 안 됐을 무렵, 복도를 걷다가 누군가 벽을 두드리는 소리가 들려서 파인만일 거라 생각하고 사무실 밖으로 나와 그를 맞이했다. 우리 이론 그룹의 행정직원인 헬렌 터크가 그에게 나를 소개했다.

"파인만 박사님, 이쪽은 새로 교수로 부임하신 프레스킬 박사입니다!"

파인만이 물었다. "어느 그룹이요?"

파인만은 정말 내가 누군지도 몰랐던 걸까? 나는 어색하게 대답했다. "음… 입자 이론 그룹입니다."

"입자 이론을 한다는 사람들은 각자 여러 가지 일을 하잖아요. 그래서 뭘 하시죠?"

나는 입자 물리와 우주론의 연관성에 대해 한참 동안 횡설수설하다가 어설프게 결론을 내렸다.

"최근에는 쿼크와 렙톤이 합성된 모형을 연구하고 있는데 별 성과는 없습니다."

한참 가만히 듣던 그는 이렇게 말하고 사라졌다.

"음, 그 별 성과 없음은 다들 많이 경험하는 거죠, 뭐."

그 순간 나는 바로 알았다. 우리가 친구가 될 것임을.

칼텍 세미나

사실 파인만과 나는 그 전에 내가 칼텍에 세미나를 하러 왔을 때 이미 몇 번 만난 적이 있었다. 파인만과 겔만의 시대에 칼텍 입자 이론 세미나에서 발표한 건 결코 잊을 수 없는 경험이었다. 스티브 와인버그는 이렇게 묘사한 바 있다[1].

> 오래 전 버클리에서 물리학 조교수로 재직하던 시절(1960~1966년), 저는 1년에 한 번 정도 칼텍에서 초청을 받아 강연을 하곤 했습니다. 보통 그때가 한 해 중 가장 바쁜 시기였죠. 칼텍의 청중석에는 현대 물리학의 두 지도자인 머레이 겔만과 리처드 파인만이 앉아 있었는데, 그들은 제가 말하는 내용을 정말 이해하고 있는지, 새로운 내용이 있는지를 가차 없이 질문하며 제 강연을 끊곤 했습니다. 두 사람 중 파인만이 더 무서웠어요. 겔만은 주로 제 강연에 자신이 알아야 할 내용이 있는지에만 관심이 있었기 때문에 내용이 가치 있다면 별로 문제될 게 없었어요. 하지만 파인만은 그저 재미로 그랬습니다.

15년 후, 내가 칼텍에서 첫 세미나를 했을 때는 그렇게 무섭진 않았다. 그때 나는 파인만과 겔만을 서로 대결시킬 수 있다는 것을 알아냈다. 파인만이 나를 공격하면 머레이가 나를 옹호했고, 머레이가 이의를 제기하면 파인만이 내 편을 들었다. 다사다난했던 세미나였지만 '그 해 최악의 경험'까지는 아니었다.

과학의 세계

파인만과의 진짜 첫 '만남'은 사실 그보다 훨씬 이전, 내가 아홉 살 때 제인 워너 왓슨이 쓴 『과학의 세계』[2]라는 놀라운 책을 구입했을 때였다. 그 책에는 이론 물리학에 관한 장이 있었는데, 거기에는 뒤에 공이 달린 작은 빨간 수레를 탄 소년의 이야기가 나온다. 소년은 수레를 앞으로 끌면 공이 뒤로 굴러가고, 끄는 것을 멈추면 공이 앞으로 굴러간다는 것을 발견하고 아버지에게 이유를 물었다. 그러자 아버지는 이렇게 대답했다. "그건 관성이라고 하는데, 왜 그런지는 아무도 몰라."

그로부터 약 20년 후, 나는 크리스토퍼 사이크스가 파인만과 진행한 '알아내는 즐거움'이라는 멋진 다큐멘터리[3]에서 파인만이 같은 이야기를 하는 것을 보았다. 어라! 내가 어렸을 때 읽은 책에 나왔던 얘기를 파인만이 베낀 건가? 몇 년 만에 그 책을 다시 들춰보고 나서야 무슨 일이 있었는지 깨달았다. 아동 도서 작가인 제인 워너 왓슨은 칼텍 학장인 어니스트 왓슨의 부인이었고, 그녀는 칼텍 교수진과의 인터뷰를 바탕으로 이 책을 쓴 것이었다.

그 책에서 특히 인상 깊었던 내용은 책이 출간되기 불과 1년 전에 이루어진 발견, 즉 소립자를 지배하는 물리학 법칙이 왼쪽과 오른쪽의 차이를 알고 있다는 사실에 대한 이야기였다. 이 놀라운 사실이 내게 물리학에 대한 열정을 불러일으켰고, 결국 21년 후 나는 칼텍으로 가서 파인만 교수와 함께 교수로 일하게 되었다.

물리학 이야기

칼텍 동료로서 파인만과 나는 양자 색역학의 비섭동적 측면, 특히 쿼크가 하드론 안에 갇혀 있는 이유에 대해 둘 다 관심이 있다는 것을 알게 되었고 이에 대해 자주 이야기를 나누었다. 가끔 내가 논문에서 접한 아이디어나 계산을 파인만에게 설명하면서 출처를 말해주면 파인만은 출처보다는 아이디어 자체에 더 관심을 보였다. 한번은 파인만이 토론을 마치고 사무실로 돌아가면서 헬렌에게 하는 말을 우연히 들었다. "프레스킬은 백과사전 같아. 아니, 백과사전보다 더 낫지!" 그 말 덕분에 하루 종일 기분이 좋았다. 하지만 가끔 파인만이 '프레스킬'과 '[마이클] 페스킨'을 헷갈리곤 했기 때문에 내 이름을 제대로 아는 건지 궁금할 때도 있었다 (아마 그 사람하고도 비슷한 이야기를 나눈 적이 있을 것이다).

파인만과 겔만은 한때 친한 사이였지만 1980년대에 들어서는 둘 사이에 분명한 긴장감이 감돌았다. 두 사람을 더 잘 알게 된 후 나는 그들에게 무슨 일이 있었는지 물어봤다. 흥미롭게도 둘 다 같은 대답을 했다. 파인만이 쪽입자^{parton} 모델을 연구하던 1969년 무렵까지만 해도 사이가 좋았다는 것이다. 몇 년 후 머레이는 파인만이 그것들을 '쿼크'라고 부르기를 거부했던 것을 '허세$^{put-on}$'라고 비웃으며 여전히 불쾌감을 드러냈다. 파인만은 겔만이 쿼크가 하드론 내부에서 거의 자유 입자처럼 행동할 것이라는 생각을 비꼬았다고 회상했다. 과학적 이견으로 시작된 두 사람의 관계는 점점 더 개인적인 감정 싸움으로 번졌고, 그들의 관계는 끝내 완전히 회복되지 못했다.

파인만의 허리띠 트릭

데이비드 굿스타인은 파인만에게 소립자 이론에서 다소 난해한 주제인 스핀과 통계 사이의 연관성[4]에 대해 설명해 달라고 부탁한 적이 있다. 파인만은 이에 대해 신입생 수준의 강의를 준비하겠다고 약속했다. 그러나 얼마 후 그는 머쓱한 얼굴로 돌아와서 이렇게 말했다. "못 하겠어. 대학교 1학년생한테 설명할 수 있는 수준으로 만들 수가 없어. 우리가 아직 진짜로 이해하지 못하고 있다는 뜻이야."

하지만 나중에 그는 마음을 바꿨다. 그리고 매우 즐겁게 스핀과 통계를 설명하는 자기만의 방식을 나에게 보여주었다. 나는 그 이후로 칼텍에서 물리 12라는 2학년 수업을 가르칠 때마다 이 방법을 사용하고 있다. 설명은 다음과 같다.

먼저 그는 문제의 본질을 간추렸다. 스핀과 통계 사이의 연결은 이런 뜻이다. 두 개의 기본 입자, 예를 들어 두 개의 전자가 서로 위치를 바꾼다는 것은 입자 중 하나가 360도 회전하는 것과 같다. 그는 360도 회전한다는 것이 무엇을 의미하는지를 설명하기 위해 몸을 빙 돌린 다음 허리띠를 풀었다. 그리고 이렇게 말했다.

> 보세요. 제 벨트의 양 끝에 전자가 하나씩 있어요. 두 전자를 맞바꾸면 어떻게 될까요? 처음에는 벨트에 아무 변화도 없는 것처럼 보이지만 잠깐, 이 벨트는 꼬였습니다! 이제 한쪽 끝을 360도 꼬아 봅시다. 이제 이 허리띠는 처음 시작할 때와 똑같아졌어요. 따라서 두 전자를 교환하고 나면 그 중 하나를 꼬아 줘야 아무것도 하지 않는 것과 똑같아집니다! 이것이 바로 스핀과 통계의 관계입니다.

아주 직관적인 설명이다. 그리고 나는 지난 35년 동안 그 허리띠를 어떻게 해석해야 할지 고민해왔다.

1987년, 파인만이 세상을 떠나기 몇 달 전에 학생들과 함께 동네 식당에서 저녁 식사를 하던 중 우연히 스핀과 통계에 대한 얘기가 나왔다.

파인만은 그 어느 때보다 즐거운 마음으로 테이블에서 일어나 자신의 허리띠를 풀기 시작했다. 바로 그때 웨이트리스가 테이블로 다가와서 손가락을 흔들며 꾸짖었다. "거기까지만 해요!"

마지막 칠판

1988년 파인만이 세상을 떠났을 때 그의 사무실 칠판이 사진으로 찍혀 널리 퍼졌다. 그 사진에는 두 개의 눈에 띄는 구절이 적혀 있었다. "내가 만들 수 없는 것은 내가 이해하지 못하는 것이다."와 "이미 해결된 문제는 모두 해결할 수 있어야 한다." 파인만은 왜 그런 말을 적어놨을까? 내가 어느 정도는 설명해볼 수 있을 것 같다.

1986년 말, 로저스 위원회가 챌린저호 사고에 대한 조사를 마치자 파인만은 다시 물리학에 뛰어들고 싶어 했고, 특히 QCD에 대한 추가 연구에 기대가 컸다. 파인만은 자신이 수십 년 전에 발명했던 경로 적분법[5]의 아름다운 응용 분야라고 인정했던 격자 QCD에 관심이 있었지만, 당시에는 정확한 결과를 얻기에는 컴퓨터의 계산 능력이 불충분했고 앞으로도 한동안은 그럴 것이라고 생각했다. 그동안 그는 분석적 방법 또는 수치적 방법과 분석적 방법의 결합을 통해 진전을 이룰 수 있기를 바랐다.

특히 그는 재규격화군을 써서 개선시킨 섭동 이론으로 다룰 수 없는 물리학인 QCD의 부드러운 부분을 다루는 데 적분 가능한 모델을 푸는 도구들이 도움이 되기를 바랐다. 그는 자신이 이 주제를 배우는 데 몇몇 학생들이 도움을 주기를 원했다. 파인만은 학생을 원했고 나한테는 학생이 있었기 때문에 우리는 약속을 잡았다. 파인만과 학생들은 일주일에 한 번씩 그의 사무실에서 만났고, 그 만남은 오후 내내 이어지기도 했으며, 파인만이 학생들을 저녁 식사에 초대한 일도 몇 번이나 있었다.

파인만은 학생들에게 "우리는 지금까지 해결된 모든 문제를 해결할 수 있어야 한다"고 말하며 "내가 만들 수 없는 것은 내가 이해하지 못하기 때문에 스스로 문제를 풀어야 한다"고 강조했다. 우선 그는 여섯 개의 꼭짓점 모형을 설명하며 참고 문헌을 찾아보지 말고 직접 풀라고 지시했다[6]. 그 후 몇 주가 지나도록 별다른 진전이 없었고, 파인만은 마침내 자신의 해법을 자랑스럽게 발표했다. 그 다음 과제는 여덟 개의 꼭짓점 모형이었지만 아무도 그 문제를 풀지 못했고, 파인만도 풀지 못했다!

학생 중 한 명이었던 산딥 트리베디는 당시 파인만이 투병 중이었지만 학생들에게 "믿을 수 없을 정도로 열정적이고 극도로 인내심이 강했다"고 회상했다. 마지막 투병 기간 동안 그는 헬렌에게 자신의 노트를 학생들에게 공유하라고 말했고, 학생들은 모두 복잡한 계산으로 가득 찬 꼼꼼하고 상세한 노트를 보고 놀라며 영감을 얻었다고 한다.

1988년 2월 15일, 우리는 리처드 파인만을 잃었다. 그날은 칼텍에서 매우 슬픈 날이었다. 파인만은 캠퍼스 공동체의 많은 사람들에게 사랑과 존경을 받았으며 학교의 정신적 지주였고, 그를 아는 사람들은 여전히 그를 몹시 그리워하고 있다. 그 이후로 파인만을 개인적으로 알지 못한 많은 학생들이 이곳을 드나들며 그의 업적과 저작물, 아이디어, 그리고 독특한 개성에 깊은 영향을 받았다. 리처드 파인만의 정신은 전 세계의 호기심 많은 사람들 사이에서 여전히 살아 숨 쉬고 있다.

파인만에게 바치는 시

『파인만 씨 농담도 잘하시네』[7, 8]의 독자들을 비롯해 파인만의 삶과 경력을 잘 아는 분들이라면 2018년 5월 11일 파인만 탄생 100주년을 기념하여 내가 썼던 이 시를 이해해 주시리라 믿는다.

> 파인만의 전설은, 사람들이 말하길
> 퀸즈의 파 록어웨이에서 시작되었네
> 거기서 멈춰서서 생각에 잠겼던 한 소년
> 고장난 라디오를 눈 깜짝할 새에 고쳐내었네
>
> 그는 호기심 많은 소년으로 자라
> 여동생에게 밤하늘을 보여주었지

왜 그럴까 궁금해했고, 왜 그럴까 궁금해했고
왜 그럴까 궁금해했고, 왜 그럴까 궁금해했네

뉴저지 다음 MIT
홍차에 넣은 크림과 레몬이
파인만씨에게 언제 농담을 할지
어떻게 보통 사람처럼 행동할지 알려줬지

재미있게 금고를 열던 그 사람
모두로부터 숨을 수는 없었네
그 미소 짓는 이마 뒤의 마음
새로운 다락, 그러나 이제는 인간적이네

뉴욕 주에서 그는 접시를 돌렸네
1948년에 이르러서 결국
우리가 QED 프로세스를 볼 수 있게
파인만 다이어그램을 만들어냈네

동부를 떠나 멀리 옮겨간 파인만씨
마침내 칼텍에 도착했네
그의 천재성 덕분에 우리는 큰 명성을 얻었지
이곳은 이제 이전과 같을 수가 없네

딕의 가르치는 기술은 최고였지
그가 재창조해낸 물리학 1 강의
그의 지혜를 이제는 모두가 볼 수 있지
1, 2, 3권이라는 번호가 붙은 빨간 책

항상 활기차고 절대 우울하지 않았지
그림 그리기와 드럼 연주를 사랑했지
그의 마음은 모든 것에 몰두했지
세상 모든 것이 흥미로웠지

딕은 매력이라는 것이 괴짜에게도 어울린다는 것을 증명했지
어떤 논문을 읽든 어떤 이야기를 듣든
우리는 항상 파인만에게 빚을 지고 있지
우리가 잊을 수 없는 거인 파인만

물리학과 계산: 파인만, 홉필드, 서스만에게 배운 것

마이클 R. 더글러스

사이먼스 기하학 및 물리학 센터 교수
스토니 브룩 대학교

칼텍에서 들었던 리처드 파인만의 컴퓨팅 강의와 존 홉필드가 같은 시기에 가르친 신경망 강의는 내 경력, 나아가 내 인생에 지대한 영향을 미쳤다.

1983년 봄, 칼텍과 프린스턴 중 어느 대학원에 진학할지 결정하기 위해 칼텍을 방문했을 때 리처드 파인만을 처음 만났다. 당시 나는 기초 물리학과 인공 지능에 똑같이 매료되어 있었는데, 파인만, 홉필드, 그리고 카버 미드가 '계산의 물리학'이라는 과목을 가르친다는 사실을 알고 단번에 빠져들고 말았다. 내 일정표에 전설적인 이름이 적혀 있다는 사실이 믿기지 않았고, 그의 사무실에 들어섰을 때는 솔직히 긴장되기도 했다. 하지만 왠지 모르게 파인만은 나를 금세 편안하게 해주었고, 앞으로 논의할 주제에 대해 설명하는 그의 열정은 매우 강렬했다. 곧 그는 이렇게 덧붙였다. "하지만 어디로 갈지는 걱정하지 않아도 되네. 칼텍이나 학생이 말한 다른 학교들 모두 아주 좋은 학교들이니까. 그냥 여자친구가 가는 곳으로 가!"

당시 여자친구는 없었지만 매우 고무적인 말이었다. 그리고 마치 칼텍에 와야 할 이유가 더 필요하지 않은 것처럼, 제럴드 서스만이 다음 해에 안식년을 보내며 파인만과 공동 강의를 하고 천체 물리학을 연구하며 컴퓨터를 만들 예정이라는 소식도 들을 수 있었다. 이 디지털 오러리라는 컴퓨터는 천체 역학 방정식을 통합하여 태양계의 카오스를 탐구하기 위해 특별히 설계되었다. 서스만은 이미 인공지능 분야 연구로 유명했으며, 이 조합 덕분에 내 결정은 더욱 확고해졌다.

사람들은 대학원 생활을 '소방 호스로 물을 마시는 것'에 비유하기도 한다. 그해 가을에는 파인만과 홉필드의 강의를 들으면서 제럴드 서스만과 함께 일하고, 가끔은 카버 미드의 수업에 들어가서 지금은 '뉴로모픽 VLSI'라고 부르는 분야에 대해 공부하고, 신경생물학 입문 강의를 듣는 건 물론 양자장 이론과 물리학과 필수 과목까지 들어야 했으니 정말 바쁘긴 했다.

지금 돌이켜보면 내가 강의 내용보다 더 중요하게 배웠던 것은 그동안 상상했던 것과는 전혀 다른 방식으로 과학하는 법을 배웠다는 점이다. 모든 학생은 자신의 전공에 아무리 매료되더라도 흡수해야 하는 지식의 무게에 압도당하기 마련이다. 세부 사항에 너무 몰두한 나머지 큰 그림을 놓치거나, 다른 사람을 설득할 수 있는 논리를 세우는 데 필요한 기초 없이 지름길만 택하다가 궤도에서 이탈하기 십상이다. 이 딜레마를 극복하는 방법은 여러 가지가 있는데, 이를 찾아내는 일은 과학자로서의 성장에 필수적이며 그 사람의 인격 형성에도 중요한 영향을 미친다.

파인만, 홉필드, 서스만은 아마도 칼텍의 학풍에 따르듯이 모두 모험가 기질이 있었다(적어도 내가 보기에는 그랬다). 그들은 자신의 학위와 논문 목록이 아니라 자신의 판단과 그보다 훨씬 더 강력한 사고 능력을 가지고 있다는 자신감을 바탕으로 새로운 분야에 기꺼이 뛰어들었다. 이러한 태도는 종종 물리학자들에게서 볼 수 있는 것으로, 실제로 파인만의 강의 제목인 '컴퓨팅 기계의 잠재력과 한계'는 컴퓨터공학과의 반발을 사기도 했다. 하지만 서스만 역시 컴퓨터 과학자라는 다소 다른 툴킷을 들고 이를 공유했다. 여러 분야의 문제를 해결하는 데 도움이 되는 구체적인 계산적 사고 방식이 있다는 그의 믿음은 시대를 앞서가는 것이었고 나에게도 깊은 영향을 주었다.

파인만의 실제 강의를 보면 어떤 식으로든 컴퓨터 과학 교과 과정의 필수적인 내용을 두 분기 안에 가르치고, 나머지 한 분기는 완전히 새로운 주제로 채운다. 강의 계획서에는 하드웨어와 논리, 계산 이론, 물리적 장치 제작, 직렬 및 병렬 아키텍처, 알고리즘, 그리고 로보틱스, 시각, 음성 인식, 지식 표현과 같이 '보다 어려운 컴퓨터 응용 분야'를 모두 포함하는 대단히 야심찬 계획이 담겨 있었다. 계산의 물리적 한계와 양자 컴퓨팅에 대한 강의는 두 달도 채 걸리지 않았다.

어쨌든 효과는 있었다. 물론 수강생 중 상당수가 컴퓨터 과학에 대한 사전 지식이나 독학 경험이 있었지만, 그보다는 강의 목표 자체가 컴퓨터 과학자를 양성하는 것이 아니라 기본적인 물리 법칙에서 시작하여 개념적인 지름길을 택하지 않고 깊은 기초를 다지는 데 있었기 때문이 아닐까 생각한다. 이는 컴퓨터 과학의 특성과도 관련이 있을 수 있는데, (적어도 나에게는) 홉필드의 강좌에서 신경과학을 바닥부터 설명하려는 시도가 그다지 성공적이지 못했기 때문이기도 하다. 나는 파인만이 "어떤 과목 이름에 '과학'이라는 단어가 들어가면 그건 과학이 아니라는 뜻이야"라고 말하는 것을 여러 번 들었다. 이는 여러 가지 측면에서 부당한 주장이라고 할 수 있는데(특히 신경과학에 적용한다면 더욱 그렇다), 그가 나중에 이런 주장을 철회하는 것도 들은 적이 있다. 하지만 컴퓨터 과학의 지적 핵심은 공학에 있으며, 컴퓨터 과학자는 자연 과학자보다 무엇이 흥미로운지 정의하고 자신의 분야를 형성하는 데 더 많은 능력을 가지고 있는 것은 사실이다(이는 수학자도 마찬가지다). 신경과학에는 경험적 사실이 너무 많고, 그중 어떤 것이 근본적인 것인지에 대한 합의가 당시에는 (그리고 지금도) 덜 이루어졌기 때문에 한 강좌에서 그 기초를 제시하는 것은 불가능했을지도 모른다.

디지털 오러리 프로젝트가 본격적으로 시작되면서 나는 제럴드 서스만과 더 많은 시간을 보내게 되었고, 그해 어느 가을날 그는 나를 파인만과의 수업이 끝난 후 점심 식사에 초대했다. 파인만이 최신 과학 발전에 대해 설명하는 것을 들으면서 그의 폭넓은 관심사와 지식을 직접 보는 것은 정말 고무적이었다. 정작 강의보다도 바로 그 자리에서 인공지능에 대한 그의 견해를 더 많이 엿볼 수 있었다.

파인만이 AI의 중요한 이정표로 여겼던 '도전 과제'가 있었다. 바로 패서디나의 레이크 애비뉴를 스스로 주행할 수 있는 자동차를 만드는 것이었다. 물론 자율 주행 자동차는 2004년부터 몇 년 동안 개최된 DARPA 그랜드 챌린지의 주제이기도 했다. 대중적인 사용에 필요한 신뢰성을 확보하는 것이 현실적으로는 어렵지만, 파인만이라면 이 문제가 해결되었다고 인정했으리라 생각한다. 그리고 에릭 몰스네스가 회고록에 쓴 것처럼, 그는 비전과 로보틱스의 많은 발전이 신경망의 진보를 통해 이루어졌다는 사실에 분명 기뻐했을 것이다.

한편으로, 다양한 영역에서 인간 수준의 능력을 발휘할 수 있는 인공 일반 지능 실현을 향한 우리의 진전에 대해 파인만이 어떻게 생각했을지는 전혀 확신할 수 없다. 그는 1980년대에 유행하던 기호주의적 방법론에 대해 매우 회의적이었다. 나는 또 다른 유명한 인공지능 연구자인 더그 레나트와의 대화에서 이 사실을 알게 되었다. 당시 레나트는 CYC 프로젝트를 막 시작하면서 여러 과학자들을 대상으로 인사이트를 얻기 위한 설문조사를 하고 있었다. 간단히 말해, CYC는 컴퓨터가 일상적인 주제에 대해 추론하는 데 필요한 상식적인 지식을 제공하고, 이를 표현할 수 있는 정확한 공식 언어를 개발한 뒤 이를 입력할 인간 팀을 구성하는 프로젝트였다. 레나트는 '스무고개' 게임을 통해 이 과제의 규모를 추정했는데, '일반적으로 알려진' 항목의 수가 약 2^{20}개, 즉 100만 개에 달할 것으로 예상했다. 이는 엄청나게 낙관적인 추정이었고, 실제로 위키데이터(완전하진 않지만 어느 정도 유사한 면이 있는 데이터베이스)에는 현재 9천만 개가 넘는 항목이 수록되어 있다.

대부분의 사람들은 컴퓨터가 상식을 직접 학습해야 한다고 생각했고, 이를 어떻게 할 수 있을지에 대한 논쟁이 지금도 활발히 진행되고 있었다. 또한 파인만은 물리학의 원리와는 다르긴 하지만 유사성이 있는 지능 뒤에 있는 심층 원리를 발견함으로써 진보가 이루어질 것이라고 생각했다. 특히 마빈 민스키처럼 많은 사람들이 지능은 수많은 문제 해결 요령과 기술을 결합한 결과라고 주장하고 있기 때문에 이는 AI 분야에서 또 다른 오랜 논쟁거리 중 하나이기도 하다.

하지만 파인만의 회의론은 여기서 그치지 않았던 것 같다. 1984년 봄 어느 주말 오후, 아직도 인상 깊게 남는 일이 있다. 한참 동안 서스만과 함께 오러리 작업을 한 후, 차를 한 잔 하기 위해 천체 물리학 휴게실로 걸어갔다. 우리는 과학이 언젠가 인식과 의식의 신비를 풀 수 있을지에 대해 이야기하고 있었는데, 그때 파인만이 킵 손과 함께 휴게실에 들어왔다. 우리의 대화를 엿듣던 그는 곧장 끼어들며 말했다. "인식이라는 그 신비한 감각이란 게 뭔데? 난 그런 거 없어, 무슨 뜻인지도 모르겠구만!" 그가 그 말을 하면서 장난스럽게 웃었기에 우리는 그가 이 말을 얼마나 심각하게 꺼낸 건지 알 수조차 없었다. 하지만 과학은 아무리 널리 공유된 것이라 하더라도 주관적인 감정에 근거해서는 안 되며, 객관적이고 합의된 관찰에 근거해야 한다는 그의 암묵적인 메시지는 매우 분명했다.

내게 큰 영향을 줬던 파인만 강의에서는 특이하게도 기말고사 대신 학생 각자가 선택하고 파인만이 승인한 주제에 대한 개별 학기 프로젝트를 기반으로 학점을 부여하는 방식을 채택했다. 학생과 교수 모두가 더 힘들어지는 방향이었지만 이는 학생들에게 동기를 부여하고 다른 방식으로 가르치기 어려운 기술을 습득할 수 있게 해 줬으며, 그중에서도 연구 대상으로 삼을 만한 흥미로운 주제를 선택하는 기술을 배울 수 있었기 때문에 매우 좋은 시스템이라고 생각한다. 이후 몇 년 동안 파인만은 나를 채점 조교로 고용했고, 이 프로젝트들을 채점해서 마지막 평가를 파인만에게 넘기는 일이 내 주된 임무였다. 학생들의 관심 분야는 매우 폭넓었고 나 자신도 이런 방식에서 많은 것을 배웠다. 그 이후로도 내 수업에서는 가능한 한 이와 같은 방침을 따르고 있다.

당시 나는 기말 프로젝트로 양자 컴퓨터가 충족 가능성 문제, 즉 논리적 명제 집합에 대한 만족할 만한 대입을 찾는 NP-난해 문제를 다항 시간 내에 풀 수 있을까 하는 문제를 선택했다. 고전 컴퓨터에서 이는 유명한 P=?NP 문제다. 파인만은 양자 컴퓨터가 고전 컴퓨터보다 문제를 더 빨리 풀 수 있는지에 대한 의문을 분명히 제기했지만, 수업 시간에 이 문제를 토론한 기억은 없다. 물론 나는 꽤나 야심찬 문제를 선택한 덕분인지 크게 진전을 보지는 못했다. 양자역학의 다세계 해석을 바탕으로 변수에 대한 진리 값의 기하급수적으로 많은 모든 대입을 시험하는 순진한 접근 방식에는 반박할 수 있었지만, 다른 접근 방식으로 양자 컴퓨터의 속도를 높일 수 있다는 생각에 반대할 수 있는 논리는 만들 수 없었다. 결국 파인만은 나에게 낮은 점수를 주었다. 쇼어, 그로버 등이 돌파구를 찾은 이후에도 오늘날 대부분의 사람들은 양자 컴퓨터가 다항 시간 내에 NP 문제를 해결할 수 없다고 믿고 있는데, 이 점에 대해서는 곧 다시 설명해 보도록 하겠다.

강의가 끝나고 난 후, 나는 다른 학생들과 마찬가지로 우리 시대 최고의 지성 중 한 명이 새로운 지식 분야를 접하고 미래에 오랫동안 논의될 질문을 던지는 것을 보면서 특별한 경험을 공유했다고 느꼈다. 디지털 오러리는 작동 중이었고, 우리는 명왕성의 궤도가 혼란스럽다는 것을 증명할 계산을 시작하고 있었다. 하지만 1984년 여름, 기초 물리학계에서 가장 큰 뉴스는 초끈 이론의 그린-슈바르츠 이상 현상 상쇄였다. 나를 포함한 많은 칼텍 이론물리학 대학원생들은 그 즉시 끈 이론을 연구하기 시작했다.

잘 알려진 것처럼 파인만은 끈 이론에 대해 부정적인 견해를 가지고 있었다. 그가 나에게 여러 번 강조했듯이 물리학의 즐거움은 실제 세계를 이해하고, 실험 물리학자들이 뛰어난 영리함과 기술로 얻은 데이터를 살펴보고 평가하며, 종종 분석의 차이를 지적하고 때로는 새로운 발견을 하는 데 있었다. 파인만은 끈 이론이 이에 도움이 될 것이라 확신하지 못했고, 지금까지도 끈 이론이 그러한 역할을 한 사례는 많지 않다. 물론 몇 가지는 존재하다. 그중 하나는 코브툰, 손, 스타리네츠의 홀로그래피 이론을 통해 얻은 초유체 점도의 하한선이다. 이는 초유체 헬륨과 중이온 충돌 데이터와도 부합한다. 끈 이론은 수학에 훨씬 더 많은 영향을 미쳤는데, 이에 대해서는 다른 곳에서 더 자세한 내용을 찾을 수 있을 것이다. 그러나 양자 컴퓨팅을 상상에서 현실로 바꾸는 데 수십 년이 걸리듯, 많은 물리학자들은 언젠가는 끈 이론도 실세계 데이터를 통해 검증될 날이 오리라고 생각한다.

파인만이 이런 걸 좀 더 좋아했을지 여전히 확신할 순 없지만 끈 이론, 블랙홀, 다중 우주에 대한 연구로 인해 기초 물리학과 계산학 사이에 새로운 연결고리가 생긴 것은 확실하다. 이러한 연결에 대한 나의 관심은 2005년 스콧 애런슨이 발표한 〈NP-완전 문제와 물리적 현실〉이라는 논문에서 다시 불붙었는데, 이 논문에서 그는 양자역학뿐만 아니라 그 일반화 및 다른 물리 이론으로 왜 NP-완전 문제를 해결하지 못할 것인지에 대해 설명한다. 당시 나는 끈 이론에 대한 '풍경landscape' 접근법에 집중했는데, 이는 끈 축소화compactification의 수학을 단백질 접힘, 피트니스 풍경 및 기타 복잡한 시스템을 연구하는 데 사용되는 아이디어와 결합하여 여러 가능성 중에서 우리 우주를 선택한 초기 우주론을 연구하는 것이었다. 여기서 다 말할 수는 없지만, 복잡계와 풍경에 대한 나의 관심은 신경망 이론과의 연관성을 통해 홉필드의 강의로 거슬러 올라간다. 2003년에 나는 이러한 아이디어를 끈 이론에 적용하기 시작했고, 그 결과 진공 구성(가능한 우주)의 수에 대해 많이 인용되는 10,500이라는 추정치를 도출해 낼 수 있었다.

2006년에 프레데릭 데네프와 나는 단백질 접힘 문제, 여행하는 세일즈맨 문제, 심지어 홉필드 모델의 바닥 상태를 찾는 문제와 마찬가지로 관측과 일치하는 끈 이론의 진공 구성을 찾는 문제도 (우리가 설명한 것처럼) NP-난해하다는 것을 보였다. 2017년에는 브라이언 그린, 클레어 주코프스키와 함께 이러한 아이디어를 활용해 다중 우주 우주론의 급진적인 재구성을 제안했다. 우리의 관점에서 우주는 물리 법칙이 생명체의 존재를 허용해야 하는 인간 중심 원리anthropic principle를 만족하는 해결책을 찾는 컴퓨터에 의해 만들어진다. 우리의 물리 법칙이 선택된 이유는 그 법칙들이 컴퓨터가 이를 수행하는 가장 쉬운 방법이기 때문이다.

그 외에도 계산과 물리학 사이에는 여러 가지 연결고리가 제안되었다. 패트릭 헤이든과 존 프레스킬은 양자 계산과 블랙홀 정보 역설을, 레니 서스킨드와 공동 연구자들은 블랙홀이 계산의 물리적 한계를 포화시키므로 물리적으로 실현 가능한 가장 강력한 컴퓨터라고 주장했다. 서스킨드와 후안 말다세나는 양자 얽힘과 시공간 웜홀 사이의 관계를 추측했는데, 이는 시공간을 구성하는 더 깊은 구조를 이해하는 데 중요한 통찰이 될 수 있다. 아마도 양자 중력의 선구자 중 한 명이었던 파인만도 우리가 제시한 이러한 추측들을 듣고 즐거워했을 것이다.

민스키가 지능에 대해 말한 것처럼, 장기간에 걸친 과학적 진보 역시 다양한 접근 방식과 관점의 결합에서 비롯된다. 그리고 내가 파인만의 강의에서 배운 폭넓은 태도, 즉 모험심을 가지고 과학을 하려는 자세는 나에게 큰 도움이 되었다.

파인만을 추억하며

토니 헤이
수석 데이터 과학자
러더퍼드 애플틴 연구소
영국 과학기술시설위원회

1970년 10월 어느 햇살 좋던 날 아침. 칼텍에 처음 도착한 날이 아직도 생생하게 기억난다. 그 시절에는 대학원생들도 넥타이와 와이셔츠를 입고 다녀야 했던 옥스포드를 나온 나로서는 머레이 겔만과 처음 만날 때 무엇을 입어야 할지 확신이 서지 않았다. 결국 대충 고른 양복을 차려 입고는 이론 그룹의 비서인 줄리 쿠르시오 사무실 앞에 도착했는데, 가면 갈수록 복장이 너무 과하다는 생각이 들면서 옷깃에다가 '옥스포드에서 방금 도착한 신참 박사'라고 달아놓은 듯한 기분까지 들었다.

전에도 영국에서 겔만을 한 번 본 적이 있었지만 줄리 사무실에 앉아있던 목이 풀어 헤쳐진 셔츠를 입고 수염을 기른 남자가 그 저명한 교수라고는 생각하지 못했다. 내 소개를 잠시 하고 그 남자가 "안녕하세요, 머레이입니다"라며 악수를 청하고 나서야 그 사람이 겔만이라는 것을 알 수 있었다. 이 에피소드는 내가 캘리포니아로 와서 느꼈던 문화적 충격의 극히 작은 일부분에 불과하다. 6년 동안 옥스포드에서 지내면서 교수님을 '달리츠 교수님'이라고 부르는 데 너무 익숙해진 탓에 교수님을 성이 아닌 이름으로 부르는 일은 감히 상상도 할 수 없었다.

파사데나에 도착해서 가장 먼저 할 일은 차를 사는 것이었다. 그러나 생각만큼 쉽지 않았다. 파사데나의 중고차 매장은 가히 미국답게 콜로라도 블러버드를 따라 몇 마일에 걸쳐 넓게 흩어져 있었고, 그 시절 최악의 대중교통을 자랑하는 로스앤젤레스에서 중고차 매장까지 가는 건 정말 힘든 일이었다. 나중에는 경찰이 왜 걸어가냐며 불러 세웠는데, 그제야 나와 내 아내는 캘리포니아에서는 차를 사려면 차가 필요하다는 역설을 깨달을 수 있었다. 닭이 먼저냐 달걀이 먼저냐 문제는 이뿐만이 아니었다. 전에는 들어본 적 없던 'ID' 때문에 문제가 생긴 적도 있었다. 우리를 불러 세운 경찰은 당연히 신분증을 보여달라고 했고, 그 무렵 파사데나 촌구석에서 통하는 신분증은 캘리포니아주 운전면허증뿐이었다. 사진도 없는 영국 운전면허증은 쓸모가 없었고 여권을 내밀어 봤자 의심의 눈초리만 더 커질뿐이었다. 그 이후 중고차 판매원을 통해 미국 생활의 기초를 배웠는데, 혹시 원수진 사람이 있다면 기꺼이 중고차 판매원에게서 미국 생활을 소개받으라고 하겠다. 나는 결국 칼텍 대학원생들에게 조언을 구했다. 주변인들이 추천해 준 친구는 디트로이트에서 온 스티브 엘리스였다. 스티브를 찾으러 세미나실에 갔는데 그는 전에 본 중고차 판매상과 인상이 약간 비슷해 보이는 사람과 한참 논쟁 중이었다. 나는 그렇게 파인만을 처음 만났다. 사실 파인만을 빨간 물리책, 『파인만의 물리학 강의』에 있는 오래된 사진으로만 기억하고 있었기 때문에 처음에는 그를 알아보지 못했다. 이상하게도 10년 넘게 파인만을 알고 지내면서 아직도 그를 딕이라는 애칭보다는 파인만이라는 성으로 부르는 쪽이 더 편하게 느껴진다.

옥스포드의 대학원생 생활과 비교하면 칼텍에 적응하는 것은 고속도로에서 차선을 1차선으로 바꾸는 것과 같았다. 옥스포드가 세상의 중심인 줄 알고 지냈건만 칼텍에서는 유럽과 영국이 아예 존재하지 않았다. 또한 파인만과 겔만의 이론 그룹에서는 그 시절에 가장 유행하는 근본적인 문제를 정면으로 공략하는 것을 미덕으로 삼고 있었다. 대신 어렵지만 궁극적으로는 잘 이해되고 있는 분야를 꾸준히 연구하는 것은 별로 높게 치지 않았다. 한번은 물질이 쿼크로 이루어져 있다는 개념을 만들어낸 사람 중 하나인 조지 츠바이크에게 내 논문을 보여주며 조언을 부탁했다. 그 유명한 〈SLAC-PUB 1000〉 논문은 아니었고, 스탠포드 선형 가속기(SLAC$^{\text{Stanford Linear Accelerator Center}}$)에서 일하던 실험 물리학자 친구와 함께 쓴 3체의 최종 상태에 대한 분석 논문이었다. 조지는 그답지 않은 점잖은 말투로 "어차피 회전 불변성에 대해서는 다들 이해하고 있지 않은가?"라고 말했다. 사실 그 논문은 유용하고 옳은 내용이지만 칼텍 분위기에서는 과학의 가장자리 정도만 훑는 수준에 불과했다. 그 시절 나는 정말 츠바이크만큼 훌륭한 물리학자가 되고 싶었는데, 지금 생각하면 양자역학 초창기에 하이젠베르크나 본 같은 사람이 아닌 조던이 한 것과 비슷한 일을 하고 싶어하는 것과 마찬가지 아니었나 싶다.

칼텍에서 가장 멋졌던 일 중 하나는 바로 파인만과 겔만 곁에서 일할 수 있다는 점이었다. 영국에서 온 박사후 과정 연구원이었던 나는 꽤 빨리 학위를 받았지만 그리 많은 것을 배우지 못한 상태였고, 나이도 박사 말년차 학생들과 비슷했기 때문에 그들과 꽤 많이 어울렸다. 파인만은 그중 갓 박사 학위를 받은 핀 래븐달, 마크 키슬링거와 함께 자신만의 쿼크 모형을 만드는 일을 하고 있었다. 그 무렵에는 워낙 래븐달, 키슬링어와 보내는 시간이 많았기 때문에 파인만도 웬만하면 박사 말년차 학생과 함께 칼텍의 셀프 서비스형 카페테리아인 그리시에서 점심을 먹었다. 말할 것도 없이 우리 테이블은 항상 사람들의 주목을 받았다. 그때 가장 활발하게 논의되던 주제는 SLAC에서 나온 전자-양성자 충돌 실험 결과에 대한 해석이었다. 파인만의 '파톤 모형'은 양성자가 점 성질의 입자들로 이루어진다고 보는 모형이었는데, 파인만은 그 모형으로 모든 것을 설명하려 했고, 머레이는 당연히 그런 설명에 심기가 불편했다. 나 역시 옥스포드를 떠날 때 파톤 모형을 이용하는 것과 그런 개념을 만들어낸 파인만에게서 설명을 직접 듣는 것에 크게 기대하고 있었다. 흥미롭게도 파인만의 파톤에 대한 유일한 논문은 양성자 간의 충돌에 관한 것이었다. 그리고 그가 SLAC에 방문했을 때 실험을 전공하는 사람들이 전자와 양성자의 충돌 실험 결과를 얘기해줬고, 파인만은 그의 파톤 모형을 더 간단하게 응용할 수 있다는 것을 깨달았다. 그는 즉석에서 파톤을 이용한 실험 결과를 설명하는 세미나를 했다. 하지만 실제로 '파인만의 파톤 모형' 실험 결과를 분석한 논문은 파인만이 아니라 파인만이 방문했을 때 SLAC을 잠시 떠나 있던 비요르켄과 SLAC에서 일하는 박사후 연구원 파스초스가 정리했다.

파인만과 기술적인 수준에서 처음 마주한 경험은 꽤 위압적이었다. 당시 칼텍에서 실험을 전공한 배리 바리시와 프랭크 시울리가 냈던 뉴트리노-양성자 연구 계획이 막 승인받았을 무렵이었는데, 내가 실험가들과 일하는 것을 좋아한다는 얘기를 들었는지 그들은 내게 점심시간에 편안한 분위기에서 그 실험에 파톤 모형을 적용하는 방법을 설명해 달라고 제의를 해왔다. 그런데 세미나 장소에 도착하니 파인만이 거기에 앉아있는 것을 발견하고 얼마나 긴장되었을지 상상해 보라. 다행히도 세미나는 그럭저럭 마무리되었고, 파인만도 마음에 들어 하는 눈치였다. 세미나 초반에 파인만이 어떤 관계식을 어떻게 유도했는지를 물어왔을 때 나는 무모하게도 "보존 벡터 흐름 이론을 썼는데, 파인만 교수님께서 직접 만드시지 않았습니까?"라고 대답해 버렸다. 그리고 나서는 거의 끝날 때까지 별 문제없이 잘 진행되었다. 그리고 앞으로 어떤 결과를 예측할 수 있을지 정리하고 있을 무렵, 파인만이 말을 끊었다. "잠깐, 선을 그어야지. 그 위로는 전부 파톤 모형이고 그 아래는 그냥 비요르켄하고 파스초스가 추측한 것이니까…" 그리고 얼마 지나지 않아 파인만이 그 부분에 민감하게 대응한 이유를 알 수 있었다. 바로 머레이가 칼텍의 로리스텐 4층 근처를 돌아다니면서 "파톤은 멍청한 아이디어야… 파톤 모형이 예측하는 바를 알고 싶으면 다들 파인만에게 가서 빌어야 한다니까?"라며 투덜거리고 있었기 때문이다. 사실 내가 발표한 세미나에서 파인만이 그었던 선 위쪽에 있는 내용은 모두 머레이가 훨씬 더 복잡한 대수적 기법을 써서 도출했던 예측 내용과 똑같았다. 파인만은 다른 사람들이 내놓은 파톤 모형으로 하는 예측과 그의 모형 자체 사이에 어느 정도 선을 긋고, 자신의 가장 간단하고 직관적인 접근법만으로도 겔만의 복잡한 방식과 똑같은 결과를 예측할 수 있다는 점을 강조하고 싶었던 듯하다. 그리고 안타깝게도 내가 발표한 세미나가 파인만 입장에서 그런 내용을 주장하기 딱 좋게 구성되어 있었다.

물론 파인만, 겔만과 같은 그룹에 있는 것에도 단점은 있었다. 칼텍에 처음 올 때는 파인만의 파톤 모형을 연구하겠다고 굳게 마음먹은 상태였다. 그런데 칼텍이 파톤에 대한 연구 논문을 출판할 수 없는 유일한 곳이라는 사실은 미처 모르고 있었다. 왜 그랬을까? 물론 겔만이 파톤 접근법 자체를 아주 싫어한다는 것도 중요하게 작용했지만 그 이상한 '파인만의 노트'라는 것만 없었어도 그 정도까지 문제가 되지는 않았을 것이다. 나는 가끔씩 파인만에게 가서 칠판에 새로운 아이디어를 자랑스럽게 적어보곤 했는데, 그럴 때마다 파인만은 내 얘기를 경청한 다음 몇 가지 조언을 해주거나 잘못된 부분을 고쳐주곤 했다. 그리고 열역학, 회전 불변성 등 온갖 다른 방식으로 내가 '새로' 내놓은 결과를 다시 유도했다. 같은 결과를 몇 가지 서로 다른 물리적인 접근법을 통해 유도할 수 있으면 그 결과가 정말 맞다고 확신할 수 있다는 것이다. 그런 경험은 교육적인 면에서도 도움이 되고 꽤 많은 자극을 주기도 했지만, 어떤 면에서 보면 기운을 빼놓고 좌절감을 안겨주었다.

파인만이 이미 알고 있고 그 유명한 '노트'에 적어놓았으면서도 굳이 논문으로 내지 않는 내용을 칼텍에서 출판하는 것은 거의 불가능했다. 상황이 이렇다 보니 거의 자포자기 상태에서 겔만의 대수적인 접근법 같은 더 정형적인 틀 안에서 연구하는 쪽을 택할 수밖에 없었다. 그래서 조교수였던 제프 만둘라와 함께 전자와 양성자가 모두 같은 방향으로 편광된 경우, 즉 스핀이 같은 방향으로 정렬된 경우의 전자-양성자간 충돌에 대해 연구했다. 그 결과 파톤 모형으로는 쉽게 예측할 수 없는 결과를 얻을 수 있었다. 요약하자면 에너지가 높을 때는 파톤의 스핀 방향이 전자와 충돌한다고 해서 바뀌지 않는다는 것이다. 우리가 얻은 결과는 충돌 과정에서 파톤 스핀의 방향이 바뀔 확률이었다. 즉, 파톤 모형에서는 보통 무시하고 넘어가는 스핀 뒤집힘 진폭에 관한 것이었다. 나는 이런 결과를 손에 쥐고 파인만에게 가서 파톤을 이용한 접근법으로도 같은 결과를 만들어볼 수 있겠냐고 물었다. 그리고 다음 학기에 파인만의 강의에서 그가 어떤 식으로 대응했는지를 언급하기도 했는데, 그 강의는 『Photon-hadron Interactions』(Perseus, 1972)라는 책으로도 출판되었다.

칼텍에서 파인만, 겔만과 함께 지내다 보니 결코 지루할 틈이 없었다. 그와 관련된 무용담은 『파인만씨 농담도 잘 하시네』(사이언스북스, 2000)에도 잘 나와있지만, 그 외에 다른 일화도 많다. 한 친구가 겔만 수업에 들어가려 하고 있었는데 그때 마침 겔만도 그 강의실 문 앞에 도착했다고 한다. 막 문을 열려 하자 머레이가 "잠깐만!" 하더니 문을 못 열게 했다. 밖에는 비바람이 몰아치고 있었는데, 갑자기 번개가 좀 심하게 치자 겔만이 "지금이야!"라고 외치며 꽤나 큰 천둥 소리에 딱 맞춰 강의실로 들어섰다. 완벽한 연출이었다.

또 파인만에 대해서는 이런 소문이 돌기도 했다. 하루는 파인만이 약한 상호작용의 V-A 모형에 대해 겔만과 함께 연구해서 발견한 내용을 발표하고 있었다. 발표가 끝난 뒤 청중 한 사람이 다가와 "파인만 교수님, 실례합니다만, 합동 연구 결과를 발표할 때는 보통 공동 연구자들에 대해 언급하지 않나요?"라고 물었다. 그러자 파인만은 이렇게 응수했다. "보통은 그렇지. 그런데 그 공동 연구자가 뭐라도 했을 때나 그렇지!" 보통 이런 일화들은 당연히 여기저기로 퍼지면서 그 내용이 부풀려지게 마련이다. 그런데도 이건 너무 과장된 것 같아서 파인만에게 직접 물어봤다. 그러자 그가 웃으면서 "설마 그 얘기를 정말 믿는 건 아니겠지?"라고 되물었다. 사실 내가 알고 있는 파인만은 노벨상을 받은 후의, 아내 그웨네스와 행복한 결혼 생활을 즐기고 있는 파인만뿐이다. 파인만의 전기를 보면 더 날카롭고 공격적인 면이 적지 않아 보이는데, 나는 그런 면은 별로 경험해 보지 못했기 때문에 상상이 잘 안 된다. 물론 간단한 농담을 던지는 것은 매우 좋아했다. 그의 이런 성향은 외부 연사들이 세미나를 할 때 특히 두드러졌다. 한번은 연사가 '포메론 부트스트랩'이라는 발표 제목을 칠판에 썼는데, 그걸 보자마자 파인만이 "말도 안 되는 단어를 두 개씩이나 쓰다니!"라고 외쳤고 강의실은 이내 웃음바다가 되었다. 불행히도 그 연사는 한쪽 에너지 영역에서만 유효한 방식으로 이론적인 결과를 유도하다가 그 결과를 다른 영역에 적용해버렸다. 그런 일은 파인만이 특히 싫어하는, 즉 학문적으로 부정직한 일 중 하나였다. 그 날 그 연사는 청중들로부터 쏟아지는 야유를 견뎌내느라 아주 힘든 시간을 보냈다. 물론 파인만도 가끔씩은 자제하는 모습을 보였다. 언젠가는 세미나 도중에 나에게 귓속말로 "저 사람 자주 오는 사람만 아니었어도 완전히 박살 냈을 텐데…"라고 얘기한 적도 있었다.

파인만이 베크만 강당에서 마야 문자 해독에 대한 그 유명한 강의를 했던 것도 내가 칼텍에 있던 무렵이었다. 그가 두 번째 부인인 메리 파인만과 멕시코로 신혼여행을 갔던 얘기와 드레스덴 코덱스를 해독했던 이야기는 『파인만씨 농담도 잘하시네』(사이언스북스, 2000)에도 잘 나와 있다. 그 강의는 파인만의 걸작 가운데 하나였으며, 그가 새로운 주제를 공략하는 접근법을 보여주는 완벽한 사례였다. 파인만은 코덱스를 해석해 놓은 것을 아예 보지 않고 자신이 그 문서를 처음 발견한 사람이라고 생각하면서 문서를 읽었다. 그는 마야 문자의 선과 점을 테이블에 늘어놓고 고민하다 선 1개가 점 5개와 같음을 알아냈고, 0을 나타내는 기호를 찾아냈다. 선과 점들은 20에서 한 자리 올라가지만 18에서 또 한 자리 올라가서 360을 주기로 돌아갔다. 특히 584라는 숫자가 많이 나오는 곳이 있었는데, 거기에는 236, 90, 250, 8이 주기적으로 나왔다. 또 자주 나오는 수로 2,920, 즉 584 × 5도 있었으며, 거기에서 멀지 않은 곳에 2,920의 배수가 13 × 2,920까지 나와 있었다. 파인만은 교과서 뒤에 나온 답을 힐끗 쳐다보는 것과 비슷한 행동을 했다. 그는 천문학 서적을 샅샅이 뒤져서 584와 관련된 무언가를 찾아냈고, 지구에서 본 금성의 주기가 583.92라는 것을 발견했다. 그리하여 236, 90, 250, 8은 금성의 모양과 연관지을 수 있는 수였다.

드레스덴 코덱스에는 11,959를 주기로 하는 표도 있었는데, 파인만은 그 표가 월식을 예측하기 위한 용도였다는 것도 발견했다. 그는 이러한 마야인들의 특별한 숫자에 대한 집착이 요즘 사람들이 자동차 거리계에서 10,000마일, 20,000마일, 30,000마일과 같은 숫자가 나오면 좋아하는 성향과 비슷하다고 했다. 파인만의 이런 강연에 대해 머레이 겔만이 며칠 뒤 여섯 번에 걸쳐 전 세계 모든 언어의 언어학적인 관계에 대한 강의로 맞대응했다. 머레이는 책을 한 아름 들고 와서는 여러 언어를 비슷한 어원을 가진 어군으로 분류하는 분류법을 강의했다. 그는 항상 영어와 독일어의 유사성에 흥미를 가지고 있어서 종종 조지 츠바이크$^{George\ Zweig}$를 조지 트위그$^{George\ Twig}$라고 부르면서 놀리곤 했다. 그의 강의 시간에 적어 놓은 노트를 아직 가지고 있는데, 거기에는 북부, 아프로-아시아, 인도-태평양, 니게르-카르도파니아, 나일-사하라 어족 등에서 가져온 예문들이 담겨 있다. 입자물리를 전공하는 물리학자가 비교언어학에 대한 강의를 듣는 게 조금 이상해 보이겠지만 칼텍에서의 삶은 이처럼 여러모로 흥미로운 일이었다. 랠프 라이튼과 함께 냈던 파인만의 두 번째 일화집인 『남이야 뭐라 하건!』(사이언스북스, 2004)이라는 책을 보면 파인만의 아버지가 들려주는 얘기가 나오는데, 어쩌면 겔만의 언어와 이름에 대한 열정을 염두에 둔 것은 아니었을까 하는 생각이 든다. 그 일화에서 파인만의 아버지는 "저 새의 이름을 전 세계 모든 말로 안다고 해도 결국 저 새에 대해서는 아무것도 모를 거다"라고 이야기한다. 파인만은 아버지와의 이런 경험 덕에 일찍이 어떤 것의 이름을 아는 것과 어떤 것을 아는 것 사이의 차이를 파악할 수 있었다고 했다.

파인만에 대한 다른 기억들도 아직 생생하다. 어느 날 점심 시간에 그리시 카페테리아에 커피를 가지러 갔다 왔더니 파인만이 우리 집사람을 주말에 멕시코에 있는 그의 집으로 초대해 놓았다. 물론 그의 가족과 함께 말이다. 그리고는 잠시 생각하더니 나도 함께 초대했고, 얼마 후 멕시코의 해변을 거닐며 밤 늦게까지 파인만과 물리 이야기를 할 수 있었다. 그때 파인만은 내게 소설을 너무 많이 읽는 것 같다고 조언했다. 그는 처음에는 매우 좁은 영역에 초점을 맞춰서 시작해 시간이 어느 정도 지나고 나서야 여러 방향으로 관심 분야를 넓히기 시작했다고 했다. 좋은 충고이기는 했지만, 파인만을 알고 지내는 시간 동안 나는 그를 흉내내는 것이 사실상 불가능함을 깨달았다. 그에게는 각종 위원회라든가 행정 관련 업무 같이 '중요하지 않은' 일을 무시하는 능력과 함께 한 물리 문제를 여러 다른 각도에서 공격할 줄 아는 그만의 독특한 능력이 있었다. 몇 년 후에 칼텍에 다시 방문했을 때는 알타데나에 있는 그의 집 정원에 함께 앉아 있었는데, 갑자기 벨트를 풀더니 스핀 통계 규칙을 새로운 방식으로 이해했다면서 그 내용을 설명하기도 했다. 이 이야기는 파인만이 영웅으로 생각했던 반물질의 발견자 폴 디랙을 기리는 추모 강연에도 등장한다. 이는 『파인만의 물리학 강의』가 출판된 지 20여 년 후의 일이었는데, 그는 그 책에서 규칙을 쉽게 설명할 수 없었던 점을 사과하며 이렇게 썼다. "이건 아마도 우리가 이와 관련된 근본적인 원리를 제대로 이해하고 있지 못하고 있다는 뜻일 겁니다."

파인만의 강의는 어떻게 그렇게 독특할 수 있었을까? 코넬의 유명한 물리학자 데이비드 머민은 다들 잘 이해하고 있다고 생각하는 문제를 꿰뚫는 통찰력을 가지고 있는 학자로도 잘 알려져 있는데, 그런 그조차도 "파인만이 하는 강의라면 하수 처리 체제에 대한 강의라도 기꺼이 듣겠다"라고 말할 정도였다. 1967년 〈LA 타임즈〉의 과학 담당 편집장인 어빙 벵겔스도르프도 이렇게 썼다.

> 파인만 박사의 강연은 정말 행복한 경험이다. 유머와 감동, 긴장과 재미는 브로드웨이 공연에 필적할 정도다. 그리고 무엇보다도 더 이상 깔끔할 수 없을 정도로 명료하다. 물리학이 그 밑에 깔려있는 과학의 '멜로디'라면, 파인만 박사는 그 위에서 빛나는 음유시인이다.

그리고 같은 기사에서 파인만의 접근법의 정수를 이렇게 요약했다. "중력에서 양자역학과 상대론에 이르기까지, 아무리 어려운 주제를 다뤄도 날카롭고 명확하게 설명한다. 대강 뭉개고 넘어가거나 적당히 얼버무리는 일은 전혀 없다." 같은 해에 뉴욕 타임즈에서는 이렇게 평했다. "파인만은 마치 빌리 로즈가 무대에서 아름다운 여인들을 자유자재로 이용하듯이 제스쳐와 억양을 바꿔가면서 강연한다. 극적이면서도 우아하다."

내가 파인만의 강의를 가장 파인만답다고 느끼는 것은 바로 그의 단어 선택 때문이다. 같은 뉴욕 타임즈 기사에도 "그의 강의는 힘차고 거친 듯한 문장 속에서도 편안한 느낌을 선사한다"라고 했다. 멋진 문장의 예는 셀 수 없이 많다. 파인만은 "두 상태를 잽싸게 요리하고…"라든가 "겔만과 패즈가 '참 재밌는 상황이군'이라고 말했죠…" 같은 식으로 따분하고 어려운 내용을 그럴 듯하게 포장하는 솜씨를 발휘하곤 했다. 1971년에는 물리 교육에 대한 공로를 인정받아 외르스테드상을 받았는데, 그때 초청 강연에서는 익살스럽게도 "가르치는 것에 대해서는 아는 게 하나도 없어요…"라면서 이야기를 시작하고 나서는 자신이 하고 있는 연구 문제에 대해 한참을 늘어놓았다. "양성자는 무엇으로 만들어졌을까요? 아직 아무도 모르지만 이제 곧 알게 될 것입니다"라면서 말이다. 그는 양성자 두 개를 서로 충돌시키는 과정이 시계 두 개를 충돌시키는 과정과 비슷하다고 했다. 시계가 부서지면서 기어라든가 각종 부품 조각이 튀고, 사람들은 그렇게 튀어나오는 것들을 살펴보면서 어떤 일이 일어나는지 알아내려고 노력한다고 말이다. 그러면서 전자 같은 점입자를 양성자에 충돌시키면, 양성자끼리 충돌시키는 경우에 비해 시계 한 개가 부서지면서 나오는 물건들만 살펴보면 되기 때문에 더 편하다고 얘기하곤 했다. 한번은 이탈리아 에리체에서 열린 여름학교에서 나온 보존법칙에 대한 질문에 이렇게 답하기도 했다.

> 파사데나에서 고양이가 사라졌는데 동시에 에리체에서 고양이가 나타난다면 그런 현상은 전지구적인 고양이 보존법칙의 예라고 할 수 있겠죠. 하지만 고양이가 이런 식으로 보존되지는 않을 것입니다. 고양이나 전하, 바리온은 훨씬 더 연속적인 방식으로 보존됩니다.

파인만의 노벨상 수상 강연은 큰 야망을 품고 있는 과학자라면 누구나 한 번쯤은 읽어봐야 할 글이다. 이 강연에서도 파인만은 언제나 그랬듯이 새로운 이론을 구축하는 데 쓰였던 발판들을 전부 없애버린 대신, 그 위대한 발견을 이룩하는 과정에서 통과해야 했던 어두운 뒷골목, 그리고 엉뚱한 아이디어 등을 털어놓는다. 이 글은 파인만의 강연 기법도 잘 보여준다. "과학적으로는 물론이고 아이디어를 발견하는 과정을 이해하는 데 전혀 도움 되지 않는 자질구레한 일화 몇 가지 소개할게요. 그냥 강의가 너무 재미없을 것 같아서 집어넣어 봤습니다." 이런 부분이 바로 파인만 강의의 핵심이 아닐까? 그 글에는 파인만이 상대론적 양자역학에서 항상 골칫거리였던 무한대 문제와 관련하여 디락이 지적한 부분을 해결하기 위해 처음에 어떤 것을 시도했는지가 나온다. 디락은 그의 유명 저서의 마지막 문단에서 이렇게 말한다. "여기에는 뭔가 새로운 물리적인 아이디어가 있어야만 할 것으로 보인다." 파인만은 그 문제를 풀기 위해 시작된 젊은 시절의 아이디어에 대해 이렇게 말했다.

> 그렇게 시작된 그 아이디어는 너무나 명확하고 우아해서 저는 금방 그 아이디어에 푹 빠지고 말았습니다. 이는 마치 여자와 사랑에 빠지는 것과 같아서, 그 여자에 대해 제대로 알지도 못하는 상황에서 단점은 눈에 들어오지 않을 때나 가능한 일이죠. 언젠가는 단점이 드러나겠지만, 그렇게 단점까지 속속들이 알고 나면 그 여자와 평생 함께할 수 있을 만큼 사랑이 강해집니다. 그래서 저는 이 이론을 계속 고수할 수 있었습니다. 모든 어려움에도 불구하고, 나의 젊은 열정을 무기 삼아서 말이죠.

그리고는 조금 뒤에 "갑자기 내가 얼마나 바보 같은 사람인지 깨닫게 됐습니다. 열심히 설명하고 계산했던 것은 방사 반응이 아니라 그냥 별 것 아닌 반사된 빛이었으니까요"라고 얘기한다. 20세기 가장 위대한 물리학자 가운데 하나라고 할 수 있는 사람에게서 이렇게 솔직한 얘기를 듣는 것은 정말 신선한 경험이었고, 나의 또 다른 영웅 요하네스 케플러를 떠올리게 했다. 케플러는 물리학의 법칙을 수학적 언어로 정확하고 검증 가능한 선언문 형태로 표현하는 일을 최초로 한 사람이다. 그는 코페르니쿠스나 뉴턴과는 달리 화성의 궤적이 원이 아니라 타원이라는 충격적인 결론에 다다르기까지의 복잡하고 까다로운 과정을 자세하게 기록해 놓았다. 케플러는 그 힘든 과정을 겪은 후에 "아, 나는 정말 새만도 못한 바보였구나"라고 얘기했다고 한다.

강의와 관련된 아주 흥미로운 이야기 중에 슬로트닉이라는 물리학자와 나눈 '케이스의 정리'에 대한 일화가 있다. 파인만은 그 사건을 통해 자신의 다이어그램이 정말 새로운 발견임을 깨달았다고 한다. 이야기는 이렇다. 뉴욕에서 있었던 미국 물리학회 정기총회에서 슬로트닉이 두 가지 서로 다른 형식의 전자-중성자 결합을 비교하는 논문을 발표했다. 길고 복잡한 계산 과정 끝에 슬로트닉은 두 형식이 서로 다른 결과를 보여준다는 결론을 내렸다. 이를 본 로버트 오펜하이머가 청중 틈에서 일어나더니 케이스의 정리를 위반했기 때문에 슬로트닉의 계산이 어딘가 틀렸을 거라고 지적했다. 불행히도 슬로트닉은 그런 정리를 들어본 적이 없었고, 오펜하이머는 친절하게도 다음날 있을 케이스 교수의 발표를 들으면 될 것이라고 해줬다. 그날 밤, 호텔에서 잠을 못 이루던 파인만은 슬로트닉의 계산을 그가 새로 고안한 방법으로 새로 계산해 보기로 했다. 파인만이 한 얘기를 옮겨보면 이렇다.

> 다음 날 아침에 회의장에서 슬로트닉을 만나서는 "슬로트닉씨, 어젯밤에 내가 그걸 풀어봤는데요, 당신과 같은 답이 나왔는지 궁금하네요. 결합 방식에 따라 서로 다른 답이 나오기는 했는데 내가 썼던 방법이 맞는지 잘 몰라 당신 답과 맞춰보고 싶어서요."라고 얘기했죠. 그러자 그는 "어젯밤에 풀었다고요? 그거 내가 계산하는 데 6개월이나 걸렸는데요!"라고 하더군요. 그리고 나서 내 답을 보더니 "여기 이 변수 Q는 뭔가요?"라고 물었습니다. 그래서 "전자에 의해 전달된 운동량이요. 전자들이 다른 각도로 튕길 수 있잖아요."라고 대답했죠. 그랬더니 그가 "아… 저는 Q가 거의 0에 가까운 경우, 즉 전방향 산란에 대해서만 풀었어요."라고 하더군요. 그래서 그냥 Q를 0으로 놓고 나니 그가 푼 것과 같은 답이 나왔어요. 운동량 전달량이 0인 경우에 대해서만 푸는데도 6개월이나 걸린 문제를 저는 하룻밤 만에 임의의 운동량 전달량에 대해서 풀어버린 것이었습니다. 정말 짜릿한 순간이었어요. 드디어 다른 사람들은 할 줄 모르는 뭔가를 제가 할 수 있고, 그런 것을 할 수 있는 방

> 법, 기법을 만들어 냈음을 확신할 수 있었기 때문이죠. 지금 이렇게 노벨상을 받는 것만큼이나 말이죠. 뭔가 중요한 것을 해내는 데 성공했다는 것을 실감하게 된 승리의 순간이었습니다.

강연 기록에는 그 후의 얘기는 나와 있지 않은데, 파인만은 케이스의 발표가 끝날 무렵 자리에서 일어나 이렇게 말했다고 한다. "당신의 정리는 틀렸어요. 어젯밤에 슬로트닉이 했던 계산을 다시 확인해 봤는데 저도 같은 결과를 얻을 수 있었지요." 그 일은 슬로트닉의 계산이 6개월씩이나 걸리던 시절에 '파인만 다이어그램'이 유명해질 수 있었던 일대 사건이었다.

전공을 불문하고 모든 학생이 꼭 읽어야 하는 글 중에는 파인만의 '카고 컬트 과학'이 있다. 이 글은 원래 1974년 칼텍 학위 수여식에서 파인만이 연설한 것으로, 과학과 유사과학에 대한 내용과 유사과학에 속아넘어가지 않는 방법에 대해 이야기한다. 이 연설 전체를 아우르는 주제는 '순수한 과학적 진실성'에 대한 강렬한 믿음이다. 즉, 연구의 응용 가능성을 가지고 연구비 지원 기관을 오도하지 않는 것, 자신이 좋아하는 이론에 도움이 되지 않더라도 실험 결과를 발표하는 것, 정부 측에서 귀기울여 듣지 않을 것 같더라도 올바르게 조언하는 것, 실험을 명확하고 깔끔하게 설계하는 것 등에 대한 믿음 말이다. 파인만은 "자기 자신을 속이지 않는 방법을 배우는 것은, 이렇게 얘기하기도 참 유감스럽지만, 내가 아는 바로는 그 어떤 교과 과정에도 포함되어 있지 않습니다. 우리는 그저 여러분이 몸소 체험할 수 있길 바랄 뿐입니다."라고 얘기한다. 그리고는 졸업생들을 향해 하나의 바람을 남긴다.

> 여러분에게 내가 얘기한 정직성을 자유롭게 지킬 수 있는 곳에서 일할 수 있는 행운이 있길 기원합니다. 그리고 여러분이 조직 내에서 자기 자리를 지킨다거나 재정 지원을 계속 받기 위해 어쩔 수 없이 정직성을 포기해야 하는 상황에 이르지 않아도 되는, 그런 곳에 있는 행운이 있기를 바랍니다.

거만하게 들릴지도 모르겠지만, 나는 리처드 파인만에게 그런 환경을 제공한 칼텍에 전 세계 사람들이 고마운 마음을 가져야 한다고 생각한다. 파인만은 특정 분야만 연구해야 한다는 제약을 받은 적이 없었다. 이런 책이 이 세상에 나올 수 있던 것도 바로 이런 자유 덕분이다.

파인만 이야기를 두어 개쯤 풀어놓으면서 이 글을 마무리할까 한다. 첫 번째 이야기는 로스 알라모스에서 금고털이를 하고 지내던 시절로 거슬러 올라간다. 1971년에 어바인에서 열린 한 학회에서 파인만은 학회 마지막에 있을 토론회에 패널로 참석하기로 했다. 어떤 사람이 그에게 물리학자들이 '어려운 질문'에 대답하는 결과로 무엇을 얻느냐고 생각하는지 물었다. 그러자 파인만은 이렇게 대답했다.

> 무엇을 얻느냐고요? 예전에 똑같은 질문을 받았던 상황이 떠오르네요. 언젠가 금고를 열려고 낑낑거리고 있었죠. 그런데 누군가가 와서 인사를 하더니, 그렇게 하면 뭐가 나오냐고 묻더군요. 뭐가 나올지는 문을 열기 전까지는 알 수 없습니다. 그래도 이 숫자 저 숫자 시도해 보고는 그 숫자들로는 문이 열리지 않는다는 사실은 알아가지요.

두 번째는 파인만의 가장 마지막 이야기이다. 병원에서 파인만이 혼수상태에 빠져 있을 때, 부인 그웨네스가 그의 침대 머리맡에 있었다. 그런데 파인만이 그녀와 손을 잡고 싶기라도 한 듯이 손을 움직이고 있었다. 그녀가 의사에게 이것이 가능한 일이냐고 묻자, 의사는 자동적인 반응일 뿐이니 의미를 두지 말라고 했다. 바로 그 순간 하루 반 동안 혼수상태에 빠져 있던 파인만이 양손을 치켜들고 흔들더니 손을 머리 뒤로 넘겨서 베고 누웠다고 한다. 파인만은 그런 식으로라도 사람이 혼수상태에서도 듣고 생각할 수 있음을 의사에게 알리고 싶었던 것이 아니었을까? 그리고 소위 전문가라고 하는 사람들이 하는 말에는 항상 의심을 품어야 한다는 얘기를 하고 싶었던 건 아닐까?

마지막 한 마디는 파인만의 전기를 쓴 제임스 글릭에게 맡겨야 할 것 같다. 글릭은 과학에 대한 파인만의 철학을 다음과 같은 문장으로 요약했다.

"그는 의심의 중요성을 믿었다. 우리가 뭔가를 알아내는 능력이 부족해서 생기는 의심이 아닌, 알아가는 것의 정수로써의 의심을."